Die Kabinettsprotokolle
der Bundesregierung

Ministerausschuß für die Sozialreform
1955–1960

Die Kabinettsprotokolle der Bundesregierung

herausgegeben
für das Bundesarchiv
von
Friedrich P. Kahlenberg

Die Kabinettsprotokolle der Bundesregierung

Ministerausschuß für die Sozialreform 1955–1960

Bearbeitet
von
Bettina Martin-Weber

R. OLDENBOURG VERLAG MÜNCHEN 1999

Die Deutsche Bibliothek – CIP-Einheitsaufnahme

Deutschland <Bundesrepublik> / Ministerausschuß für die
Sozialreform 1955–1960:
Die Kabinettsprotokolle der Bundesregierung, Ministerausschuß für
die Sozialreform 1955–1960 / bearb. von Bettina Martin-Weber. –
München : Oldenbourg, 1999
    (Die Kabinettsprotokolle der Bundesregierung)
    ISBN 3-486-56398-X

© 1999 Oldenbourg Wissenschaftsverlag GmbH, München
Rosenheimer Straße 145, D-81671 München
Internet: http://www.oldenbourg.de

Gedruckt auf säurefreiem, alterungsbeständigem Papier (chlorfrei gebleicht)
Gesamtherstellung: R. Oldenbourg Graphische Betriebe GmbH, München

ISBN 3-486-56398-X

INHALTSVERZEICHNIS

Die Arbeit der Kabinettsausschüsse der Bundesregierung ergänzt die Beratungen des Kabinetts in zentralen politischen Fragen einer jeden Legislaturperiode. Um die Arbeit der Bundesregierung im gesamten Umfang zu dokumentieren, ist daher die Einbeziehung der Sitzungsniederschriften der Kabinettsausschüsse in die Edition der Kabinettsprotokolle unerläßlich. Wenige Monate nach der Drucklegung der Protokolle des im Jahre 1951 begründeten Kabinettsausschusses für Wirtschaft folgen nunmehr die Niederschriften über die Sitzungen des Ministerausschusses für die Sozialreform aus den Jahren 1955 bis 1960. Während ein zweiter Band mit Protokollen des Wirtschafts-Kabinetts der Jahre 1954 und 1955 ebenfalls noch in diesem Jahr zur Veröffentlichung kommt, wird die vorliegende Edition zunächst keine Fortsetzung erfahren. Nach dem Ende der Beratungen des Sozialkabinetts im Jahre 1960 wurde ein entsprechender Kabinettsausschuß für sozialpolitische Fragen erst wieder in der Zeit der Großen Koalition im September 1968 eingerichtet. Der Schwerpunkt der Arbeit der Editionsgruppe im Bundesarchiv wird in den kommenden Jahren bei der Vorbereitung der Jahresbände der Kabinettsprotokolle liegen; der Band des Jahres 1957 geht binnen weniger Wochen in Druck.

Seit Gründung der Bundesrepublik Deutschland ist die Erneuerung, die Reform des Sozialsicherungssystems ein Leitthema der Innenpolitik. Die Notwendigkeit, die im „Sozialstaat" vorgesehenen Leistungen den sich verändernden Bedingungen einer Gesellschaft im Wandel anzupassen, beschäftigt seit den Fünfziger Jahren jede Bundesregierung, Sozialpolitik gehört zu den zentralen Aufgabenfeldern.

In seiner Regierungserklärung zu Beginn der zweiten Legislaturperiode hatte Bundeskanzler Konrad Adenauer am 20. Oktober 1953 eine umfassende Sozialreform angekündigt, die das Sozialleistungssystem an die veränderten wirtschaftlichen und gesellschaftlichen Bedingungen anpassen sollte. Die Notwendigkeit einer Reform war angesichts eines zersplitterten Leistungsrechts und vielfach unzureichender Leistungen selbst in der Regierung unumstritten, unterschiedlich aber waren die Zielvorstellungen vor allem des Bundesministeriums für Arbeit und des Bundesministeriums der Finanzen. Nachdem bis zum Frühjahr 1955 kein substantielles Fortkommen zu erkennen war, ergriff Adenauer die Initiative und richtete den Ministerausschuß für die Sozialreform als zweiten Kabinettsausschuß neben dem Kabinettsausschuß für Wirtschaft ein. In acht rasch aufeinanderfolgenden Sitzungen trat der Ministerausschuß von August 1955 bis Februar 1956 zusammen. Die Beratungen, die zunächst Grundsatzfragen galten, verengten sich angesichts der Unmöglichkeit, ein umfängliches Reformwerk bis zur nächsten Bundestagswahl zu realisieren, schließlich auf die Reform der Alterssicherung.

Die angekündigte „umfassende Sozialreform" mündete allein in die Rentenreform von 1957, die allerdings mit dem „Generationsvertrag" und der „dynamischen Rente" zukunftsweisende Ordnungsprinzipien einführte, die für viele Jahrzehnte Bestand haben sollten. Andere Leistungsbereiche blieben unberührt und die Fortschreibung der Sozialreform wurde für die dritte Wahlperiode in Aussicht gestellt.

Im Jahre 1958 lebte das „Sozialkabinett" im nunmehr so genannten „Ministerausschuß für Sozialreform" wieder auf. Seine Einrichtung sollte Kontinuität signalisieren und angesichts der bevorstehenden Wahlen an den Erfolg des Vorgängers, der die Rentenreform entscheidend vorbereitet hatte, anknüpfen. Auch sollten Zweifel an einer eigenständigen Bedeutung der Sozialpolitik neben der Wirtschaftspolitik zerstreut werden. Für die dritte Legislaturperiode kündigte der Nachfolger Anton Storchs im Amt des Bundesarbeitsministers, Theodor Blank, in Übereinstimmung mit der Regierungserklärung Adenauers vom 29. Oktober 1957 eine „Sozialpolitik neuen Stils" an, die die Förderung von Selbsthilfe und privater Initiative einerseits und Bedürftigkeitsfeststellung andererseits zu sozialpolitischen Leitmotiven erklärte. Der „Ministerausschuß für Sozialreform" trat von Oktober 1958 bis Juli 1960 zu nur vier Sitzungen zusammen und beriet unter anderem die Krankenversicherungsreform, die Neuordnung der Kriegsopferversorgung, spezielle Fragen der Alterssicherung sowie die Vermögensbildung der Arbeitnehmer.

Der Ministerausschuß für (die) Sozialreform sollte das Kabinett von der Erörterung spezieller sozialpolitischer Themen entlasten. Er trat nicht an die Stelle des Kabinetts: die weitere Erörterung und Beschlußfassung der im Ministerausschuß in Grundzügen vorberatenen Gesetzentwürfe blieb dem Gesamtkollegium vorbehalten.

Im vorliegenden Band sind die Sitzungsniederschriften des „Sozialkabinetts" in den Jahren der Kanzlerschaft Konrad Adenauers vollständig veröffentlicht. Die Bearbeitung der Ausschußprotokolle folgt den bewährten Editionsgrundsätzen der Kabinettsprotokolle. Zu den angesprochenen Themen sind die im Bundesarchiv verwahrten einschlägigen Akten der Ressorts und des Bundeskanzleramtes möglichst vollständig nachgewiesen. Ein Verweissystem zeichnet die vorhergehende und nachfolgende Beratung im Kabinett nach. Zur Entlastung des Kommentars wurden die Protokolle ergänzt durch den Abdruck der Sitzungsvorlagen des als Arbeitsstab des Ministerausschusses eingerichteten Interministeriellen Ausschusses, des federführenden Bundesarbeitsministeriums und des Bundeskanzleramtes. Aufgenommen wurden auch die dem Ministerausschuß unterbreiteten Stellungnahmen zur Frage der Alterssicherung des Bundesministers für Wirtschaft, Ludwig Erhard, sowie des die Sitzungen anfänglich leitenden Vizekanzlers und Bundesministers für wirtschaftliche Zusammenarbeit, Franz Blücher.

Für die Unterstützung bei der Vorbereitung des vorliegenden Bandes danke ich insbesondere dem Direktor des Instituts für Zeitgeschichte, Prof. Dr. Horst Möller, für die Unterstützung bei der Benutzung des Nachlasses des Generalsekretärs für die Sozialreform, Kurt Jantz, sowie Dr. Günter Buchstab, dem Leiter des

Archivs für Christlich-Demokratische Politik der Konrad-Adenauer-Stiftung, Dr. Monika Faßbender im Archiv des deutschen Liberalismus der Friedrich-Naumann-Stiftung sowie Prof. Dr. Michael Schneider, dem neuen Leiter des Archivs der sozialen Demokratie der Friedrich-Ebert-Stiftung.

Besonderen Dank schulde ich der Bearbeiterin des vorliegenden Bandes, Frau Archivoberrätin Bettina Martin-Weber. Zu danken habe ich auch den Mitarbeitern der Editionsgruppe Kabinettsprotokolle, die das Entstehen des Bandes kollegial unterstützten, insbesondere Archivoberrat Dr. Michael Hollmann, der mit Wilhelm Valder und Uwe Heyen die Bearbeiterin bei der Vorbereitung einer druckfähigen Vorlage, die in dieser Form erstmals im Bundesarchiv selbst erfolgte, EDV-seitig unterstützte. Herzlich danke ich Frau Dr. Ursula Hüllbüsch, die den Fortgang der Edition Kabinettsprotokolle auch nach ihrem Eintritt in den Ruhestand kollegial begleitet; Frau Anita Wennholz gebührt für das Schreiben des Manuskripts, Klaus Wagner für die Ermittlung biographischer Daten und Frau Stefanie Struben für das Korrekturlesen der Druckfahnen Dank.

Der vorliegende Band der Protokolle des Ministerausschusses für die Sozialreform ist nach den Kabinettsprotokollen 1956 und dem ersten Band des Kabinettsausschusses für Wirtschaft 1951–1953 die dritte Publikation, der unter der Leitung von Archivdirektor Dr. Josef Henke vorgelegt wird, der dieses Amt im Oktober 1996 antrat. Den Kolleginnen und Kollegen in der Editionsgruppe und ihm wünsche ich Kontinuität in der Wahrnehmung der gegenwärtigen Aufgabe.

Koblenz, im Juli 1999

Prof. Dr. Friedrich P. Kahlenberg
Präsident des Bundesarchivs

9

ZUR EDITION

Gegenstand der vorliegenden Edition in der Reihe „Die Kabinettsprotokolle der Bundesregierung" sind die Sitzungsniederschriften des Ministerausschusses für die Sozialreform aus den Jahren 1955 und 1956 und des Ministerausschusses für Sozialreform aus den Jahren 1958 bis 1960, die in Form von Kurzprotokollen von Referenten des Bundeskanzleramtes angefertigt wurden. Die Ausfertigungen der Protokolle wurden bis 1998 als geheime Verschlußsache im Bundeskanzleramt verwahrt und dann an das Bundesarchiv abgegeben. Die in einem Band organisierten Protokolle liegen nun in B 136/36235 vor. Dieser Band enthält auch die ausgefertigten Einladungen zu den Sitzungen. Für die Sitzungen 1955 bis 1956 sind den Einladungen Vorlagen des Interministeriellen Ausschusses bzw. des Bundeskanzleramtes beigefügt. Die Entwürfe der Protokolle des Ministerausschusses liegen in den im Jahr 1999 herabgestuften Bänden B 136/50207 (Entwürfe der Protokolle 1955 und 1956) und B 136/50208 (Entwürfe der Protokolle 1958 bis 1960) vor; beide Bände enthalten auch weitere Korrespondenz. Die Entwürfe aller Einladungen werden in dem ebenfalls nunmehr zugänglichen Band B 136/50206 verwahrt.

Die Edition bietet in aller Regel den Text der Protokollausfertigungen. Sie werden hiermit ungekürzt, aber in graphisch gestalteter Form vorgelegt. Von den Ausfertigungen abweichende Entwurfsstadien sind im Anmerkungsapparat nur dann nachgewiesen, wenn es inhaltlich angemessen erscheint; bei rein stilistischen Bearbeitungen und orthographischen, syntaktischen oder stilistischen Korrekturen ist auf den Nachweis von Abweichungen verzichtet worden. Nachträgliche Protokollkorrekturen sind dagegen berücksichtigt und die ursprünglichen Textfassungen der Ausfertigungen in diesen Fällen in den Anmerkungen nachgewiesen.

Für alle Teile des Protokolltextes gilt - ebenso wie für Zitate im Kommentar -, daß offensichtliche orthographische oder syntaktische Fehler der Textvorlagen stillschweigend korrigiert wurden. In Zweifelsfällen sind die Korrekturen durch die Bearbeiterin kenntlich gemacht. Darüberhinaus wurden keine Vereinheitlichungen und Normalisierungen vorgenommen, um eine möglichst authentische Wiedergabe des Textes sicherzustellen.

Die Dokumentenköpfe wurden von der Bearbeiterin gestaltet. Sie enthalten in einheitlicher und übersichtlicher Form die formalen Angaben der Protokolltexte zu Teilnehmern, Zeit und Ort der Sitzungen in Abweichung von der originalen Textgestaltung. Die Reihenfolge der genannten Teilnehmer entspricht der Vorlage; Bundesminister, Staatssekretäre und andere Sitzungsteilnehmer sind jedoch durch Semikola voneinander abgetrennt. Soweit dies in den Vorlagen nicht geschehen ist, sind die Ministerialbeamten durch Zusatz des entsendenden Ressorts gekennzeichnet. Die Tagesordnung ist den Einladungsschreiben entnommen.

Der Wortlaut des Tagesordnungspunktes entspricht grundsätzlich dem des Protokolls. Änderungen oder Hinzufügungen sind als Eingriffe der Bearbeiterin mit eckigen Klammern gekennzeichnet. Da das Bundesarbeitsministerium für die im Ministerausschuß behandelten Tagesordnungspunkte regelmäßig federführend war, wurde abweichend von der Edition der Kabinettsprotokolle auf die Angabe des federführenden Ressorts beim Tagesordnungspunkt verzichtet. Um jeden Tagesordnungspunkt eindeutig zu kennzeichnen, sind nur die Numerierungen der ordentlichen Tagesordnungspunkte übernommen, alle außerhalb der Tagesordnung behandelten Themen werden mit fortlaufenden Großbuchstaben in eckigen Klammern markiert. Ordentliche einzige Punkte der Tagesordnung werden im Interesse der Zitierfähigkeit durch die Ziffer 1 in eckigen Klammern gekennzeichnet.

Die sprechenden Personen, die in der Vorlage in der Regel durch Unterstreichung gekennzeichnet sind, sind in der vorliegenden Edition im Kursivsatz wiedergegeben. Sofern die Ressortzugehörigkeit des Sprechenden im Protokolltext der Vorlage nicht angegeben ist, ist sie hier in eckigen Klammern eingefügt.

Ergänzend ist in das Protokoll der 1. Sitzung des Ministerausschusses für die Sozialreform das Vortragsmanuskript Prof. Neundörfers inseriert und durch Kursivsatz vom eigentlichen Protokolltext unterschieden.

In den Dokumentenanhang sind Vorlagen für die Sitzungen des Ministerausschusses aufgenommen, deren Abdruck einem besseren Textverständnis dient und die Kommentierung ergänzt. Es handelt sich hierbei vor allem um die Vorlagen des Interministeriellen Ausschusses und des Bundeskanzleramtes, die im Verbund mit den Einladungen und Protokollausfertigungen in B 136/36235 vorliegen. Daneben wurden die Schreiben der Bundesminister Erhard und Blücher an die Mitglieder des Ministerausschusses, in denen sie zu Fragen der Alterssicherung Stellung nehmen, abgedruckt. Der Entwurf von Professor Wilfrid Schreiber für seinen Vortrag vor dem Ministerausschuß wurde ebenso abgedruckt wie sein Memorandum zur Altersversorgung, das er dem Bundeskanzler zum Jahreswechsel 1955/1956 vorlegte. Die Dokumente im Anhang bleiben bis auf textkritische Bemerkungen unkommentiert.

Die Kommentierung der Protokolltexte in den Anmerkungen bietet eine textkritische Beschreibung, soll den Protokolltext verständlich machen und an den Beratungsgegenstand heranführen. Nicht allgemein bekannte oder gebräuchliche Ereignisse, Institutionen oder Begriffe sind erläutert. Im Protokolltext angesprochene Besprechungen, Schreiben, Vermerke, Gesetzestexte, Drucksachen, Zeitungsartikel etc. sind verifiziert und - wenn möglich - nachgewiesen. Insbesondere gilt das für die den Ministerausschußberatungen zu Grunde liegenden Vorlagen, die in den Beständen des jeweils federführenden Ressorts im Bundesarchiv sowie in der Regel auch im Bestand 136 (Bundeskanzleramt) überliefert sind. Darüber hinaus soll dem Benutzer der Edition durch die Bezeichnung weiterer Unterlagen der zuständigen und qualifiziert beteiligten Ressorts der gezielte Einstieg in die einschlägige Sachaktenüberlieferung der Bundesressorts ermöglicht werden, ohne daß freilich eine vollständige sachthematische Inventarisierung angestrebt ist. Auch auf Unterlagen in den Nachlässen von Mitgliedern des Ministerausschusses im Bundesarchiv und in den Parteiarchiven ist gegebenenfalls hingewiesen. Auf die Nachzeichnung der sich an die Beratung im Ministerausschuß und im Kabinett anschließenden parlamentarischen Behandlung wurde im allgemeinen verzichtet. Die betreffenden Drucksachen des Bundesrats und des Bundestags sowie die amtliche Veröffentlichung des Gesetzes oder der Verordnung sind nachgewiesen.

Im Text genannte Personen erhalten bei ihrer ersten Nennung eine biographische Anmerkung. Ausgenommen bleiben die im Text namentlich genannten Teilnehmer an den Kabinettssitzungen, über deren Biographie, vor allem ihren beruflichen Werdegang, ein eigener Anhang informiert. Diese Kurzviten sind im Personenregister durch Fettdruck der betreffenden Seitenzahl gekennzeichnet.

Schließlich ist im Kommentar der Gang der Beratungen einer Angelegenheit im Ministerausschuß selbst und im Kabinett durch den Hinweis „Siehe" (für Rückverweise) und „Fortgang" nachgezeichnet.

Wissenschaftliche Literatur ist angegeben, wenn der Sachkommentar dadurch wesentlich entlastet werden konnte. Die Zitierung erfolgt unter Verwendung von Kurztiteln, die im Literaturverzeichnis aufgelöst sind.

Aufgrund der eng umrissenen Thematik des Ausschußbandes wurde auf ein Sachregister verzichtet. Ein Verzeichnis der Sitzungen und Tagesordnungspunkte führt zu den beratenen Gegenständen. Eine weitere Aufstellung gibt Aufschluß über die im Anhang abgedruckten Dokumente. Ein spezifizierter Personenindex erschließt sachlich die Redebeiträge.

EINLEITUNG

Die Sozialreform als Regierungsprogramm der zweiten Legislaturperiode

Die Einrichtung des Ministerausschusses für die Sozialreform 1955

Die Beratungen im Ministerausschuß für die Sozialreform:
von der Sozialreform zur Rentenreform

Der neue Minister und das sozialpolitische Programm der
dritten Legislaturperiode

Organisatorische Änderungen im Bundesministerium für Arbeit und
Sozialordnung und die Einrichtung des Ministerausschusses
für Sozialreform 1958

Die Beratungen im Ministerausschuß für Sozialreform:

    Das Krankenversicherungs-Neuregelungsgesetz (KVNG)

    Vermögenswirksame Ergebnisbeteiligung der Arbeitnehmer

Fazit

DIE SOZIALREFORM

ALS REGIERUNGSPROGRAMM DER ZWEITEN LEGISLATURPERIODE

Die Sozialpolitik der ersten Legislaturperiode 1949–1953 stand im Zeichen der Wiederherstellung der traditionellen Sozialversicherung Bismarckscher Prägung[1] und der Bewältigung der unmittelbaren Kriegsfolgen[2]. Aus der zeitlichen Distanz erscheint die Sozialpolitik dieser Jahre vor allem aufgrund ihrer integrativen Kraft als erfolgreiche Bewältigung der „Gründungskrise"[3]. Die Zeitgenossen hingegen empfanden stark die Reformbedürftigkeit des Sozialleistungssystems. Die zahlreichen Gesetze, in den frühen Jahren der Bundesrepublik schnell aufeinanderfolgend verabschiedet, um vor allem den vom Krieg materiell Geschädigten und körperlich Versehrten rasch zu helfen, hatten zu einer Unübersichtlichkeit des Leistungsrechts geführt, das vielfach als „Sozialrechtsdschungel" bezeichnet wurde[4]. Die Entschädigung der Kriegsopfer zum einen, aber auch Leistungsverbesserungen in der Sozialversicherung zum anderen führten zwar zu einem im Verhältnis zum Sozialprodukt beträchtlichen Leistungsvolumen, das die Bundesrepublik im europäischen Vergleich eine Spitzenstellung einnehmen ließ. Vor allem die Altersrentner und Invaliden aber waren nach wie vor vielfach unzureichend gesichert. Vom Produktivitätszuwachs blieben die Rentner ausgeschlossen und die von ihnen in der Vergangenheit geleisteten Versicherungsbeiträge unterlagen einem stetigen Wertverlust. Hinzu kam, daß die Renten traditionell nur einen Zuschuß zum Lebensunterhalt darstellten, ihn aber häufig keineswegs alleine zu sichern vermochten. Andere Einkommensquellen wie Grundbesitz, Wohnungseigentum und Vermögen, auch die Möglichkeit der Erwerbsarbeit, waren infolge des Krieges in vielen Fällen nicht mehr gegeben. Unter den Arbeitnehmern war die Angst vor materieller Not im Rentenalter verbreitet. 1953 betrug die durchschnittliche jährliche Rente eines Arbeiters 945,60 DM, die eines Angestellten 1452 DM[5]. Das durchschnittliche Bruttoarbeitsentgelt der Versicherten der Rentenversicherung belief sich zur

---

[1] Zur Kontinuität in der Alterssicherung vgl. Conrad, Alterssicherung.

[2] Vgl. hierzu und zu den sozialpolitischen Reformplanungen bis 1955 grundlegend Hockerts, Entscheidungen, S. 131–319.

[3] Vgl. Hockerts, Integration.

[4] Vgl. Hockerts, Entscheidungen, S. 198 f.: „So bestanden im Herbst 1953 mindestens 46 Rechtsgrundlagen für laufenden Rentenbezug; die Möglichkeit einer Kumulation von zwei oder drei Renten in einer Hand ergab hundertfache Varianten. Dabei ist noch nicht berücksichtigt, daß die Sozialversicherungsrenten sich aus Einzelbestandteilen zusammensetzten, die auch ihrerseits gesonderte gesetzliche Grundlagen und unterschiedliche Rechtsqualität hatten."

[5] Vgl. Abbildung 9: „Durchschnittliche Höhe der laufenden Renten in Mark/Monat".

gleichen Zeit auf 4061 DM im Jahr[6]. Die verbreitete Armut der Sozialleistungsempfänger erschien in einer Periode wachsenden Wohlstandes der Beschäftigten immer unangemessener.

Bereits gegen Ende der ersten Legislaturperiode wurde der Ruf zum einen nach Überarbeitung des Sozialrechts, nach Systematisierung, bedarfsgerechter Umschichtung und der Anpassung an die infolge des Krieges veränderten gesellschaftlichen Bedingungen laut, zum anderen aber auch nach Verbesserungen der Leistungen für Rentner und Invalide. So beantragte die SPD-Fraktion am 21. Februar 1952 im Deutschen Bundestag die Einrichtung einer „Sozialen Studienkommission", die die Aufgabe haben sollte, „die gegenwärtigen sozialen Einrichtungen und Leistungen Deutschlands festzustellen, die Möglichkeiten der Entflechtung dieser sozialen Leistungen und ihrer systematischen Intensivierung zu prüfen und einen Plan der sozialen Sicherung in Deutschland aufzustellen"[7]. Die Berufung der Sachverständigen sollte durch den Bundestag erfolgen. Die Regierungskoalition lehnte den Antrag mit dem Hinweis ab, die Federführung für diese schwierige Problematik läge beim Bundesminister für Arbeit, und beauftragte diesen, einen unter seinem Vorsitz arbeitenden Sachverständigenbeirat zur „Vorbereitung gesetzgeberischer Maßnahmen über die finanzielle Sicherung, Neuordnung und fortschrittliche Entwicklung der sozialen Leistungen" zu bilden. Dem Bundesarbeitsministerium unter Anton Storch blieb so zwar die führende Rolle in der Vorbereitung einer Reform des Sozialleistungssystems gesichert[8], die Aufgabe wurde dort aber wenig motiviert aufgegriffen. Das Bundesarbeitsministerium erscheint vielmehr in den folgenden drei Jahren als retardierender Faktor in den Reformbemühungen. Es verging mehr als ein Jahr – inzwischen hatte der Bundestag im November 1952 den Bundesarbeitsminister zudem aufgefordert, möglichst rasch einen Gesetzentwurf zur Reform der Sozialversicherung vorzulegen[9] – bis der geforderte Beirat für die Neuordnung der sozialen Leistungen am 3. März 1953 zu seiner konstituierenden Sitzung zusammentrat[10].

Innerhalb der Bundesregierung drängte das Bundesfinanzministerium und dort insbesondere der Leiter des Generalreferats Sozialleistungen und gleichzeitige Leiter des für den Haushalt des Bundesarbeitsministeriums zuständigen Referats in

---

[6] Vgl. die Tabelle „Durchschnittliche Bruttoarbeitsentgelte der Versicherten der Rentenversicherungen der Arbeiter und Angestellten von 1891 bis 1956", in: Übersicht über die soziale Sicherung in der Bundesrepublik Deutschland, hrsg. vom Bundesminister für Arbeit und Sozialordnung (Generalsekretariat für die Sozialreform), 1958, S. 49. – Zur „Sozialenquête" des Statistischen Bundesamtes für die Jahre 1953 und 1955 vgl. 1. Sitzung des Ministerausschusses am 16. August 1955 TOP 1 B, Anm. 24.

[7] BT-Drs. 3024; siehe auch Stenographische Berichte, Bd. 10, S. 8376–8380.

[8] Die Einrichtung einer Studienkommission durch den Deutschen Bundestag hätte die „Führungsinitiative der Regierung beschnitten" und der Opposition einen stärkeren Einfluß auf die sozialpolitischen Reformbestrebungen eingeräumt. – Die Sozialdemokraten legten im September 1952 einen knapp gefaßten, sich auf wesentliche Linien beschränkenden Sozialplan („Grundlagen des sozialen Gesamtplans der SPD") vor. Vgl. Hockerts, Entscheidungen, S. 218–222.

[9] Vgl. 238. Sitzung am 26. Nov. 1952 (Stenographische Berichte, Bd. 13, S. 11000).

[10] Unterlagen in B 149/410 und B 136/1363.

der Etatabteilung, Konrad Elsholz[11], auf eine umfassende Sozialreform. Das Bundesfinanzministerium versuchte früh, Einfluß auf die sozialpolitische Linie der Bundesregierung zu nehmen und konkurrierte mit dem Arbeitsressort auch in konzeptionellen Fragen. Die Reformvorstellungen im Finanzressort zielten auf eine Mitteleinsparung durch Umschichtung und auf eine Bedürftigkeitsprüfung bei steuerfinanzierten Leistungen. Die Neuordnung sollte sich nicht auf die Sozialversicherung beschränken, sondern umfassend alle sozialen Leistungen einbeziehen. Die Bemühungen des Bundesfinanzministeriums, die Beratungen zu forcieren und hierbei den eigenen Einfluß auszubauen, blieben aber in der ersten Legislaturperiode letztlich erfolglos.

Als das Bundesarbeitsministerium auch zu Beginn der zweiten Wahlperiode in Passivität verharrte, unternahm Bundesfinanzminister Schäffer, angeregt durch Elsholz, einen weiteren Versuch, die Reform anzustoßen. In einem Schreiben an den Bundeskanzler vom 13. Oktober 1953 forderte Schäffer eine „Sozialreform an Haupt und Gliedern" und sprach sich für eine Regierungskommission zur Erarbeitung einer Reformkonzeption beim Bundeskanzleramt aus: „Angesichts der Erfahrungen, die bei der Sozialgesetzgebung während des ersten Bundestages gemacht worden sind, ist zu befürchten, daß auch der zweite Bundestag hierin nur Stückwerk leisten und die bestehende sozialrechtliche Verwirrung noch vergrößern könnte, indem er erst Leistungsverbesserungen bei einzelnen Sozialsparten vornimmt und sich dann zur Abgleichung aller Sozialleistungen an die präjudiziell geschaffene Höhe genötigt sieht, ohne der Deckungsfrage jene Bedeutung beizumessen, die sie für die Stabilität der Währung und damit die Gesunderhaltung des Wirtschaftslebens besitzt."[12] Das Gremium sollte mit Vertretern der beteiligten Ministerien, der Wissenschaft, kommunaler Spitzenverbände und der sozialen Selbstverwaltungskörperschaften besetzt werden, und gleichzeitig sollte der Beirat für die Neuordnung der sozialen Leistungen in ihm aufgehen. Beim Bundesarbeitsministerium sollte nur ein technischer Arbeitsstab verbleiben, um die Vorschläge der Kommission in gesetzestechnische Form zu bringen.

Nur wenige Tage später stellte Storch in seiner Vorlage für die Regierungserklärung des Bundeskanzlers, nachdem er zunächst ausführlich auf arbeitsmarktpolitische Probleme und Fragen der betrieblichen Mitbestimmung sowie der Gestaltung der Lohn- und Arbeitsbedingungen eingegangen war, lapidar fest, die „große Reform der Sozialversicherung" sei bereits „eingeleitet": „Ziel der Reform ist vornehmlich eine durchgreifende Verbesserung der Altersversorgung. Der Versicherte, der Jahrzehnte hindurch gearbeitet und während dieser Zeit Beiträge zu den gesetzlichen Rentenversicherungen gezahlt hat, soll am Ende seines Arbeitslebens eine

---

[11] Elsholz gehörte später zu den regelmäßigen Teilnehmern und exponierten Ministerialbeamten im Ministerausschuß. Er war zunächst Leiter des Referates 6 der Unterabteilung II C (Bund und Länder) und gleichzeitig des Referates 11 (a.) E.Pl. XI Bundesminister für Arbeit und b.) E.Pl. XXVI Soziale Kriegsfolgelasten) der Unterabteilung II A (Bundeshaushalt). Im Juli 1954 wurden die Aufgaben im Elsholz unterstehenden Referat II C 10 (Sozialreform; Sozialversicherung; Kriegsopferversorgung, Haushalt E.Ple. 11 und 40) zusammengefaßt. – Vgl. die Kurzbiographie von Konrad Elsholz in Anhang 2.

[12] Schreiben Schäffers an Adenauer vom 13. Okt. 1953 in B 136/1358.

Rente erhalten, die in einem sozial gerechten Verhältnis zu dem der Versicherung zu Grunde liegenden Einkommen steht."[13] Unbeeindruckt von den Forderungen nach einer umfassenden Reform formulierte Storch hier das Ziel, mit dem er sich letztlich durchsetzte: Verengung der Sozialreform auf die Altersversorgung und Herstellung einer Relation der Rentenansprüche zu den Arbeitseinkommen.

Mit seiner Regierungserklärung vom 20. Oktober 1953 erhob Adenauer die Sozialreform zum Regierungsprogramm für die zweite Legislaturperiode und griff dabei die Ansätze sowohl des Bundesarbeits- als auch des Bundesfinanzministers, wenn auch kursorisch und interpretationsfähig, auf. Das besondere Anliegen der neuen Bundesregierung sei die Verbesserung der wirtschaftlichen Lage der Rentner, Invaliden, Waisen und Hinterbliebenen. Dieses Ziel solle 1. durch eine „weitere Erhöhung des Sozialprodukts" und 2. durch eine „umfassende Sozialreform" erreicht werden. Die Bundesregierung habe Vorarbeiten zur Durchführung einer Sozialreform mit dem Ziel der Umschichtung des Sozialhaushaltes eingeleitet. Man werde ein umfassendes Sozialprogramm vorlegen.[14]

In den ersten Sitzungen des zweiten Kabinetts Adenauers im November 1953 drängten die Haushaltsberatungen andere Themen in den Hintergrund. Im Kontext dieser Beratungen legte Storch Anfang November dem Kabinett „Material für einen vorläufigen Arbeitsplan für die Neuordnung der sozialen Leistungen"[15] vor. Der Leiter der Abteilung Sozialversicherung, Josef Eckert[16], stellte hierin ausführlich zu reformierende Bereiche in der Altersversorgung, der Rehabilitation und der Krankenversicherung dar. Vor weiteren Schritten sollten aber zunächst umfängliche Untersuchungen in Auftrag gegeben werden[17]. Die Vorlage wurde im Kabinett nicht erörtert, zur Sprache kam lediglich die von Storch geforderte Aufwertung der Altrenten[18].

Zu Beginn des Jahres 1954 aber begann der Bundeskanzler in der Frage der Sozialreform zu drängen. Er wollte eine umfassende, den gesellschaftlichen Veränderungen entsprechende Neuordnung, eine Kodifikation des Sozialrechts in einem einheitlichen Gesetzeswerk, aber auch materielle Verbesserungen dort, wo sie nötig waren. In der Sozialreform sah Adenauer „eine Chance zur innenpolitischen

---

[13] Schreiben Storchs an Globke vom 16. Okt. 1953 in B 136/3772; vgl. hierzu auch Kabinettsprotokolle 1954, S. XLVIII.

[14] Vgl. Stenographische Berichte, Bd. 18, S. 11–22, hier S. 13.

[15] Kabinettsvorlage des BMA vom 31. Okt. 1953 für die Kabinettssitzung am 4. Nov. 1953 in B 149/392.

[16] Josef Eckert (1889–1970). 1920–1945 Reichsarbeitsministerium, 1947–1949 ehrenamtliche Mitarbeit im bayerischen Arbeitsministerium, 1949–1954 BMA, dort Leiter der Abteilung Sozialversicherung und Kriegsopferversorgung.

[17] Der vorläufige Arbeitsplan sah vor, daß neben einem bereits bei Professor Walter Bogs in Auftrag gegebenen Gutachten zur Lage der Sozialversicherung zunächst weitere medizinische, sozialrechtliche, volkswirtschaftliche, soziographische und sozialstatistische sowie versicherungsmathematische Untersuchungen in Auftrag gegeben bzw. fortgesetzt werden sollten. Der Arbeitsplan konzentrierte sich auf Fragen der Reform der Sozialversicherung.

[18] Vgl. 6. Kabinettssitzung am 5. Nov. 1953 TOP 1 (Kabinettsprotokolle 1953, S. 497–499).

Grundlegung des neuen Staates, komplementär – wenn auch phasenverschoben – zu der außenpolitischen Grundlegung, die in diesen Jahren abgeschlossen wurde."[19] Nicht zuletzt aber war sein Interesse an einem Erfolg in diesem Bereich auch machtpolitisch, vor allem wahltaktisch motiviert.

Am 19. Januar 1954 erklärte Adenauer in der Sitzung des Parteivorstandes der CDU, die Reform der Sozialversicherung müsse in Angriff genommen und durchgeführt werden, weil sie besonders entscheidend für die Landtagswahlen und auch für die nächste Bundestagswahl sein werde[20]. Er forderte Storch, dem im Bundeskanzleramt eine absichtlich „hinhaltende Taktik" unterstellt wurde[21], Anfang Februar 1954 zum mündlichen Vortrag über dessen Konzeption für die Durchführung einer Sozialreform auf. Noch vor dem Gespräch, das am 18. Februar stattfand[22], wies der Bundeskanzler den Bundesarbeitsminister in einem Schreiben darauf hin, daß er „unter einer Sozialreform etwas anderes verstände als lediglich Rentenerhöhungen auf einzelnen Teilgebieten des Sozialleistungssystems" und plädierte gleichzeitig für die Einrichtung der von Schäffer im Oktober 1953 vorgeschlagenen Regierungskommission[23]. Storch entfaltete in den wenigen Tagen bis zum Gespräch mit dem Bundeskanzler rege Aktivitäten, baute den bestehenden Beirat beim Bundesarbeitsministerium aus und setzte die Unterausschüsse des Beirats für Grundsatzfragen, für die Rentenversicherung und für Invalidität ein[24].

Die Einrichtung einer unabhängigen Regierungskommission stand bis zum Herbst 1954 in fünf Sitzungen des Kabinetts auf der Tagesordnung[25]. Unter Hinweis auf den institutionellen Ausbau und die personelle Verstärkung des Beirats, auf eine forcierte Beratung der Beiratsgremien und auch auf die Vorlage eines im Auftrag des Bundesarbeitsministeriums erstellten Gutachtens[26] gelang es Storch in

---

[19] Hockerts, Adenauer, S. 15.

[20] Vgl. das Protokoll der Sitzung des CDU-Bundesvorstandes vom 19. Jan. 1954, in: CDU-Bundesvorstand, S. 109.

[21] Der sozialpolitische Referent im Bundeskanzleramt Karl-Heinz Pühl stellte in einem Vermerk für Globke vom 21. Jan. 1954 hierzu fest: „Wie sieht es nun bei der Bundesregierung, insbesondere beim Bundesarbeitsministerium aus? Die Pläne des Bundesarbeitsministers erschöpfen sich in einer Verengung des Gedankens der Sozialreform, indem er von einer Reform der Sozialversicherung spricht. Das ist jedoch nur eine Säule unseres Sozialleistungssystems neben den zwei anderen Säulen der Versorgung und Fürsorge. Der Bundesarbeitsminister versteht unter einer Reform eine allgemeine Erhöhung bzw. Aufwertung der Renten. [...] Es muß leider festgestellt werden, daß sämtliche der Öffentlichkeit zugänglichen Äußerungen des Bundesarbeitsministers zur Frage der Sozialreform nichtssagend sind und den Eindruck erwecken, als verfolge er mit Absicht eine hinhaltende Taktik" (B 136/1358).

[22] Aufzeichnungen hierüber konnten nicht ermittelt werden.

[23] Vgl. das Schreiben Adenauers an Storch vom 10. Febr. 1954 in B 136/1358.

[24] Unterlagen zu den Unterausschüssen des Beirates in B 136/1366–1372.

[25] Vgl. die Kabinettssitzungen am 19. Febr. 1954 TOP 4, am 6. April 1954 TOP 9, am 1. Juni 1954 TOP 2, am 13. Juli 1954 TOP 3 und am 29. Sept. 1954 TOP 1 (Kabinettsprotokolle 1954, S. 73–75, 153–156, 237–240, 315–317, 411–415).

[26] Das Gutachten „Die gegenwärtige Lage der Sozialversicherung und die Möglichkeit einer Reform des geltenden Rechts über die soziale Sicherung unter Beibehaltung der Unterscheidung von Versicherung, Versorgung und Fürsorge" war im Frühjahr 1953 unmittelbar nach der Übernahme des „Generalreferats für die Reform der Sozialversicherung" (IV 1) im Bun-

diesen Monaten, die Bildung einer Regierungskommission zu verhindern. Das überrascht insofern, als sich nicht nur eine speziell zur Prüfung dieser Frage gebildete Runde aus Abteilungsleitern der Bundesministerien für Arbeit, der Finanzen und des Innern ausdrücklich für die Einrichtung einer Studienkommission unter dem Vorsitz einer unabhängigen Persönlichkeit aussprach[27]. Auch Adenauer war der Ansicht, daß in der Vorbereitung der Reform personell über die Bundesregierung hinausgegriffen werden sollte[28].

Sowohl das Ziel als auch der zu beschreitende Weg waren im Kabinett im Frühjahr 1954 umstritten. Der Bundesarbeitsminister wandte sich noch immer gegen eine umfassende Sozialreform und plädierte für nacheinander zu vollziehende reformerische Teilmaßnahmen mit dem Schwerpunkt auf der Sozialversicherung[29]. Für eine umfassende, alle Komplexe des Sozialleistungssystems – Versicherung, Versorgung und Fürsorge – einbeziehende Reform traten hingegen vor allem Adenauer und Schäffer ein, unterstützt durch den Bundesminister für Vertriebene, Flüchtlinge und Kriegsgeschädigte, Oberländer, und den Staatssekretär des Bundesministeriums des Innern, Bleek[30].

Wohl auch unter dem Eindruck vehementer Angriffe der SPD-Opposition im Bundestag beschloß das Kabinett in der Sitzung am 1. Juni 1954 „die Neukodifizierung des gesamten Sozialrechts noch in dieser Legislaturperiode"[31]. Am 21. Mai 1954 hatte die SPD den Bundesarbeitsminister anläßlich ihrer Großen Anfrage zur Sozialreform scharf attackiert und ihm vorgeworfen, daß seit dem Auftrag des Bundestages, einen Beirat zur Neuordnung der sozialen Leistungen beim BMA einzurichten, zwei Jahre vergangen und trotz ständigen Ankündigens einer umfassenden Reform keine substantiellen Schritte zu erkennen seien[32].

Ende September 1954 stellte Storch im Kabinett erste Arbeitsergebnisse für die zweite Oktoberhälfte in Aussicht und schlug zur Beratung der Sozialreform die

---

desarbeitsministerium durch den späteren Generalsekretär für die Sozialreform, Kurt Jantz, in Auftrag gegeben und im April 1954 fertiggestellt worden. Das Gutachten bot zwar einen Überblick über das bestehende Sozialrechtssystem, seine Reformvorschläge beschränkten sich aber auf den Bereich der Renten- und Krankenversicherung. An dem Gutachten arbeitete neben dem Professor für Arbeits- und Sozialrecht an der Hochschule für Arbeit, Politik und Wirtschaft, Wilhelmshaven, Walter Bogs, dessen Assistent Dietrich Schewe mit, der 1954 als Hilfsreferent in das Generalreferat kam. Gutachten in B 136/1382. Das Gutachten wurde mit Änderungen publiziert (Walter Bogs, Grundfragen des Rechts der sozialen Sicherheit und seiner Reform, Berlin 1955 [Sozialwissenschaftliche Abhandlungen, hrsg. von der Hochschule für Arbeit, Politik und Wirtschaft, Wilhelmshaven, Heft 3]).

[27] Vgl. 34. Kabinettssitzung am 1. Juni 1954 TOP 2 (Kabinettsprotokolle 1954, S. 240) und 39. Kabinettssitzung am 13. Juli 1954 TOP 3 (Kabinettsprotokolle 1954, S. 315–317).

[28] 39. Kabinettssitzung am 13. Juli 1954 TOP 3 (Kabinettsprotokolle 1954, S. 317).

[29] 28. Kabinettssitzung am 6. April 1954 TOP 9 (Kabinettsprotokolle 1954, S. 154) und 34. Kabinettssitzung am 1. Juni 1954 TOP 2 (Kabinettsprotokolle 1954, S. 237).

[30] 34. Kabinettssitzung am 1. Juni 1954 TOP 2 (Kabinettsprotokolle 1954, S. 237–240).

[31] Vgl. 28. Kabinettssitzung am 6. April 1954 TOP 9 (Kabinettsprotokolle 1954, S. 154).

[32] Vgl. BT-Drs. 314 und Stenographische Berichte, Bd. 20, S. 1402–1430.

Bildung eines Ministerausschusses vor[33]. Schäffer, der im Laufe des Jahres die geringen Erfolgsaussichten für die von ihm favorisierte unabhängige Regierungskommission erkannt hatte, gab in dieser Frage nach, mahnte aber in einem vertraulichen Schreiben an Storch vom 6. Oktober 1954 die Einhaltung von dessen Zusagen an[34].

Der Ressortrivalität zwischen Bundesarbeits- und Bundesfinanzministerium, die in der Diskussion um die Einrichtung einer unabhängigen Regierungskommission zutage getreten war, lagen sachliche Gegensätze zugrunde: Der Bundesarbeitsminister lehnte die vom Bundesfinanzminister verlangte Bedürftigkeitsprüfung bei steuerfinanzierten Sozialversicherungsleistungen ab und trat für einen Rechtsanspruch auf diese Leistungen ein; er forderte gleichzeitig den Ausbau ihres Anteils am Sozialprodukt. Im Bundesarbeitsministerium befürchtete man außerdem, daß bei umfassenden Reformplänen leistungsverbessernde Einzelgesetze auf unabsehbare Zeit nicht durchzusetzen seien und daß die Umschichtungspläne eher mit Leistungskürzungen verbunden sein würden.

Storch konnte 1954 trotz aller Kritik, die außer im Kabinett, im Parlament und in den Medien auch in den Reihen der Fraktion und der Beiratsmitglieder laut wurde, letztlich die Federführung des Bundesarbeitsministeriums in der Reformvorbereitung behaupten[35]. Es gelang ihm auch, in diesem Fall mit Unterstützung der CDU/CSU-Fraktion, sich mit einem Gesetz zur Leistungsverbesserung bei Altrenten durchzusetzen, obwohl im Kabinett mehrheitlich eine umfassende Reform statt der Realisierung von Teillösungen favorisiert wurde und das neue Prinzip der Rentenanhebung, die Aufwertung der in der Vergangenheit geleisteten Beiträge zum Ausgleich des Wertverlustes, auf Ablehnung stieß[36].

---

[33] Vgl. 48. Kabinettssitzung am 29. Sept. 1954 TOP 1 (Kabinettsprotokolle 1954, S. 411–415), Kabinettsvorlage des BMA vom 27. Sept. 1954 in B 149/392.

[34] U.a. führte Schäffer aus: „Ich würde es für sehr gut halten, wenn wir uns alle bemühen, die Beschlüsse des Kabinetts wörtlich und genau einzuhalten, weil ich sonst annehmen muß, daß der Herr Bundeskanzler, der damals nicht anwesend war, die Frage neu aufwirft. Ich möchte Dich daher dringend bitten, versuche auch Du, den Termin, den Du für das erste Arbeitsergebnis Deiner Kommission genannt hast (3 Wochen nach jener entscheidenden Kabinettssitzung), einzuhalten. Es könnten neue Schwierigkeiten entstehen, wenn dieser Termin nicht eingehalten würde. Nimm mir das nicht übel, aber ich schreibe Dir nur, damit wir den Frieden, den wir so schwer errungen haben, auch erhalten können." (Abschrift des Schreibens Schäffers an Storch vom 6. Okt. 1956 in B 136/1360).

[35] Der spätere Fraktionsvorsitzende der CDU/CSU Heinrich Krone notierte noch am 7. November 1954 in seinem Tagebuch: „Nach der Kundgebung traf ich Anton Storch. Er werde dem Bundeskanzler seinen Rücktritt anbieten, sagte er. Ich habe dem nicht widersprochen. Storch sollte gehen. Er kommt nicht mehr über seine Zeit hinaus." (Krone, Tagebücher, S. 148).

[36] Vgl. 44. Kabinettssitzung am 14. Sept. 1954 TOP B (Kabinettsprotokolle 1954, S. 384–386 und LII f.). – Gesetz zur Gewährung von Mehrbeträgen in den gesetzlichen Rentenversicherungen und zur Neufestsetzung des Beitrags in der Rentenversicherung der Arbeiter, der Rentenversicherung der Angestellten und der Arbeitslosenversicherung vom 23. Nov. 1954 (BGBl. I 345). – Unterlagen hierzu in B 136/788 und B 149/3963.

DIE EINRICHTUNG DES

MINISTERAUSSCHUSSES FÜR DIE SOZIALREFORM 1955

Später als angekündigt legte Storch Ende November 1954 sehr allgemein gehaltene Grundsätze für die Sozialreform vor und fügte einen Bericht über die Arbeit des Beirats bei[37]. Im Bundeskanzleramt konzedierte der sozialpolitische Referent, Karl-Heinz Pühl, in einem Vermerk für die Kabinettssitzung am 14. Dezember 1954, daß die „entwickelten Grundsätze [...] durchweg in der Linie der sozialreformerischen Bestrebungen" lägen, zweifelte aber am „festen Willen" des Bundesarbeitsministers, die „sofortige Realisierung im Rahmen des politisch Möglichen" anzustreben. Pühl plädierte daher für organisatorische Maßnahmen, die auf eine Beschneidung der Einflußmöglichkeiten des Bundesarbeitsministers hinausliefen: Neben der Installierung eines unabhängigen Vorsitzenden des Beirates und eines Sekretariats zur Unterstützung des Beiratsvorsitzenden schlug Pühl die Einrichtung eines Interministeriellen Ausschusses vor[38], Vorschläge, auf die Adenauer im Januar 1955 zurückkommen sollte.

Zunächst kamen diese Überlegungen nicht zur Sprache. In der Sitzung am 14. Dezember 1954 folgte das Kabinett dem Vorschlag des Bundesarbeitsministers und beschloß erstmals die Einrichtung eines Ministerausschusses „für die Fragen der Sozialreform". Adenauer hatte zuvor kritisiert, daß die Arbeiten bisher nur sehr langsam vorangekommen seien; wenn „man eine Sozialreform noch in dieser Legislaturperiode wolle, müsse man die gesetzesvorbereitenden Arbeiten bis Ende 1955 abgeschlossen haben, damit das Parlament Gelegenheit habe, im Laufe des Jahres 1956 die Sozialreform zu verabschieden". Vordringlichste Aufgaben des Ministerausschusses seien die „Festlegung eines Zeitplans" und der „Aufbau eines personellen Apparates" zur wirksamen Vorbereitung gesetzgeberischer Maßnahmen[39]. Dem Ministerausschuß sollten die Bundesminister für Arbeit, des Innern, der Finanzen, für Vertriebene, Flüchtlinge und Kriegsgeschädigte sowie für besondere Aufgaben Schäfer angehören[40].

Der Zeitplan stand nach den Ausführungen Adenauers in der Sitzung fest. Vordringlich war nun der Aufbau eines Apparates, denn für die schleppende Be-

---

[37] Kabinettsvorlagen vom 27. Nov. 1954 und vom 4. Dez. 1954 in B 149/392 und B 136/1363. – In der Vorlage vom 27. Nov. 1954 wurde festgehalten, daß die Sozialreform alle sozialen Leistungen umfassen sollte. Auf Leistungen der Sozialversicherung und möglichst auch solcher zur Abwehr von „Massennotständen" sollte ein Rechtsanspruch bestehen. Die Notwendigkeit neuer Leistungen im Bereich der Prävention und Rehabilitation wurde betont. Im übrigen forderte Storch neue Planstellen für sein Ressort.

[38] Vermerk Pühls vom 6. Dez. 1954 in B 136/1362.

[39] Kabinettsprotokolle 1954, S. 562 f.

[40] Schäfer war von Adenauer mit einer besonderen Zuständigkeit für Fragen des unselbständigen Mittelstandes betraut worden (vgl. Kabinettsprotokolle 1955, S. 22). – In der 64. Kabinettssitzung am 21. Dez. 1954 wurde außerdem der Bundesminister für Familienfragen auf seinen Wunsch hin in den Ausschuß aufgenommen (Kabinettsprotokolle 1954, S. 583).

handlung des Reformprojektes im Bundesarbeitsministerium waren neben sachlichen Gründen auch strukturelle und personelle Defizite verantwortlich. Das im Februar 1953 eingerichtete Generalreferat für die Reform der Sozialversicherung war immer noch personell dürftig ausgestattet[41]. Weitere Personalentscheidungen standen ohnehin an, da auch der für die Sozialreform zuständige Abteilungsleiter Eckert, der für eine umfassende Sozialreform nur wenig Verständnis aufgebracht hatte, zum 1. November 1954 aus dem Amt geschieden war.

Der Bundeskanzler griff im Januar 1955 die Vorschläge Pühls vom Dezember 1954 auf und schlug den Aufbau eines ständigen Sekretariates mit einem „schlagkräftigen personellen Apparat" vor, der dem Beirat und dem Ministerausschuß zur Verfügung stehen und die jeweiligen Sitzungen formell und materiell detailliert vorbereiten sollte: „Dieses Sekretariat müßte mit einem Stab hervorragender, gut bezahlter Fachleute aus der Wissenschaft und der Verwaltung besetzt werden, die sich – ungestört durch die laufende Gesetzgebungs- und Verwaltungsarbeit – ausschließlich ihrer Aufgabe widmen können." Die Leitung dieses Sekretariates könnte man, so Adenauer, vielleicht in Personalunion dem Beamten übertragen, dem die Leitung der Abteilung für Sozialversicherung obliege[42].

Nachdem Adenauer entschieden hatte, die Führungsinitiative zumindest zunächst beim Bundesarbeitsminister zu belassen, brachen die Gräben zwischen Bundesarbeits- und Bundesfinanzminister wieder auf. Ressorttrivalitäten und sachliche Kontroversen bestimmten die Diskussion im Frühjahr 1955.

Die Einrichtung eines Generalsekretariats fand die Zustimmung des am 18. und 25. Januar 1955 tagenden Ministerausschusses[43]. Auf strikte Ablehnung der Bundesminister der Finanzen, des Innern, für Familienfragen und für besondere Aufgaben Schäfer aber stieß die von Adenauer vorgeschlagene Personalunion von Abteilungsleitung im Bundesarbeitsministerium und Leitung des Generalsekretariats. Storch versuchte, die Widerstände zu ignorieren und Fakten zu schaffen. Mit Hinweis auf eine Verfügung vom 20. Januar 1955 gab er im Bundesarbeitsblatt im Februar die Ernennung des vormaligen Leiters des Generalreferats für die Reform der Sozialversicherung, Ministerialrat Kurt Jantz, zum Leiter der neugebildeten Abteilung IV Sozialversicherung/Sozialreform und gleichzeitig die Unterstellung des Generalsekretariates für die Sozialreform unter Jantz bekannt[44]. Diese Personalentscheidung wurde im Kanzleramt gebilligt. In einem Vermerk vom 14. Februar 1955 für die Kabinettssitzung am übernächsten Tag notierte Pühl: „Der seit eineinhalb Jahren mit dem Bundesarbeitsminister geführte Kampf um eine unabhängige Regierungskommission hat den Erfolg gehabt, daß der Bundesarbeitsminister offenbar

---

[41] Unterlagen hierzu in B 149/495. – Dem Leiter des Referats, Kurt Jantz, unterstand zunächst mit Amtsrat Minkwitz nur ein Mitarbeiter. 1954 trat Dietrich Schewe, zuvor wissenschaftlicher Assistent für Arbeit und Sozialrecht bei Walter Bogs an der Hochschule für Arbeit, Politik und Wirtschaft in Wilhelmshaven, in das Generalreferat ein.

[42] Schreiben Adenauers an Storch vom 7. Jan. 1955 in B 136/1360.

[43] Protokolle der Beratungen dieses Vorläuferausschusses liegen nicht vor. Unterlagen in B 136/1360.

[44] Vgl. BArbBl. 1955, S. 70. Dienstverfügung Nr. 1/1955, Ia5–1006, in: Dienstliche Mitteilungen des BMA, Nr. 1 vom 20. Jan. 1955, S. 1.

endlich zur Durchführung einer großen Sozialreform bereit ist. [...] Es besteht die begründete Hoffnung, daß der Bundesarbeitsminister und auch sein Staatssekretär heute die Sozialreform als die große Aufgabe ihres Hauses ansehen, zumal sie in dem Ministerialrat Dr. Jantz eine Persönlichkeit gefunden haben, die[45] zur Durchführung dieser Aufgabe geeignet ist."[46]

In der Kabinettssitzung am 2. März 1955 konnte der Bundesarbeitsminister Kurt Jantz als „Generalsekretär für die Sozialreform" bezeichnen, ohne daß Widerspruch laut wurde[47]. Zu dem förmlichen Antrag Storchs auf Einrichtung eines Generalsekretariats in der Sondersitzung des Kabinetts am 22. März blieb ein Entschluß allerdings aus. Nachdem sowohl beim Bundeskanzler als auch bei Schäffer sich wieder der Eindruck verfestigt hatte, es gehe Storch letztlich nur um eine Reform der Sozialversicherung, wurde die Entscheidung über die von Storch beantragte personelle Verstärkung ausgesetzt[48]. In der Sitzung hatte der Staatssekretär im Bundesarbeitsministerium, Max Sauerborn, zuvor in Aussicht gestellt, sein Ministerium werde dem Kabinett „bis Ostern eine Gesamtkonzeption" vorlegen. Auf diesen Termin ließ sich Adenauer ein. Über den personellen Ausbau sollte erst nach Vorlage der Gesamtkonzeption entschieden werden.

Nach der Vorlage der „Grundgedanken für die Gesamtreform der sozialen Leistungen" im April 1955[49] klagte Storch erneut, bisher sei die Schaffung von Stellen für das Generalsekretariat nicht erfolgt und der Bundesminister der Finanzen weigere sich, den Nachtragshaushalt für die Sozialreform dem Kabinett vorzulegen. Adenauer intervenierte und der Ergänzungshaushalt wurde im Umlaufverfahren genehmigt[50]. Die Entscheidung Adenauers, den personellen Ausbau im Bundesarbeitsministerium zu forcieren, war weniger von einer Zustimmung zu den vorgelegten Grundgedanken, als vielmehr von seiner Entschlossenheit getragen, das Projekt Sozialreform jetzt ohne jede weitere Verzögerung voranzutreiben. Er fürchtete, die SPD werde der Regierung mit der Vorlage eines Programms für die Sozialreform noch vor der Sommerpause zuvorkommen[51].

Adenauer unterstützte Storch zwar im Frühjahr 1955, war aber offensichtlich weiterhin skeptisch, was dessen Reformwillen und Gestaltungskraft betraf[52]. Vor

---

[45] Korrigiert aus „der".

[46] Vermerk Pühls vom 14. Februar 1955 für die Kabinettssitzung am 16. Februar 1955 in B 136/1360.

[47] Vgl. 73. Kabinettssitzung am 2. März 1955 TOP 2 (Kabinettsprotokolle 1955, S. 163).

[48] „Der Bundeskanzler glaubt feststellen zu müssen, daß der Bundesminister für Arbeit in erster Linie immer nur eine Reform der Sozialversicherung im Auge habe. Dagegen schwebe ihm eine Reform aller sozialen Leistungen, d.h. eine wirkliche Sozialreform vor." (Sondersitzung des Kabinetts am 22. März 1955 TOP 1: Kabinettsprotokolle 1955, S. 198). – Vgl. auch den Vermerk Pühls vom 14. April 1955 in B 136/1360.

[49] Siehe Abdruck der Vorlage des BMA in Anhang 1, Dokument 1.

[50] Kabinettsvorlage des BMF vom 28. April 1955 in B 136/1360.

[51] Vgl. die Sondersitzung des Kabinetts am 22. März 1955 TOP 1 (Kabinettsprotokolle 1955, S. 196).

[52] Zur anhaltend kritischen Beurteilung des Bundesarbeitsministers auch in den Medien vgl. „Der Spiegel" Nr. 1 vom 4. Jan. 1956, S. 12–20.

allem war er nicht bereit, sich nur auf seinen Arbeitsminister zu verlassen und abzuwarten. Schon im Dezember 1954 hatte sich Adenauer mit dem Professor für Christliche Sozialwissenschaften in Münster, Joseph Höffner, in Verbindung gesetzt, um zu klären, ob Höffner mit anderen zu einer Ausarbeitung über Grundsatzfragen der Sozialreform bereit sei[53]. Am 25. Februar 1955 trug Adenauer das gleiche Anliegen den Sozialwissenschaftlern Hans Achinger, Hans Muthesius und Ludwig Neundörfer vor[54]. Der Ministerausschuß habe die Aufgabe – nachdem nun ein Zeitplan ausgearbeitet sei und „die organisatorischen Voraussetzungen für eine erhebliche Intensivierung der Arbeiten an einer Sozialreform" gegeben seien – aus einer Gesamtkonzeption über die Neuordnung des Systems der sozialen Sicherheit heraus „Grundsätze aufzustellen, die richtungsweisend für die gesetzesvorbereitenden Arbeiten des Generalsekretariats bzw. der Bundesministerien" sein sollten. Dem Beirat sei es bislang nicht gelungen, ein solches Gesamtbild zu entwickeln. Es sei der Bundesregierung aber nicht zuzumuten, „zu reformerischen Einzelmaßnahmen Stellung zu nehmen, ohne das Ganze zu sehen". Adenauer bat angesichts der „Zeitnot", in der sich die Bundesregierung befände, um einen möglichst kurzfristigen Abschluß des Auftrags und um eine „streng vertrauliche Behandlung"[55].

Mit diesen Professoren zog Adenauer nicht wirklich neue oder unabhängige Kräfte heran. Sie gehörten alle auch dem Beirat des Bundesarbeitsministeriums an und waren in der Vergangenheit auch von hier aus mit unterschiedlichen Untersuchungen beauftragt worden. Adenauer erwartete von ihnen eine Ausarbeitung zu seiner Orientierung und Meinungsbildung. Vor allem aber verstärkte er durch seinen persönlichen, zeitlich eng terminierten Auftrag erheblich den Druck auf das Bundesarbeitsministerium.

Die Professoren arbeiteten auf Burg Rothenfels am Main in Klausur die sog. „Rothenfelser Denkschrift" aus und übergaben sie dem Bundeskanzleramt am 26. Mai 1955[56]. Schon am folgenden Tag ließ der Staatssekretär im Bundeskanzleramt,

---

[53] Vgl. Hockerts, Entscheidungen, S. 280 f.

[54] Prof. Dr. Hans Muthesius (1885–1977). 1940–1945 Leiter des Fürsorge-Referates im RMI, 1948–1953 Beigeordneter des Deutschen Städtetages und Leiter des Sozialreferates, 1950–1965 Vorsitzender des Deutschen Vereins für öffentliche und private Fürsorge, seit 1956 Honorarprofessor an der Universität Frankfurt/Main für Fürsorgecht, Jugendwohlfahrtsrecht und Recht der Sozialversicherung. – Zu den Biographien Neundörfers, Achingers und Höffners, die als Gäste an Sitzungen des Ministerausschusses teilnahmen, siehe Anhang 2. – Neundörfer und Höffner gehörten von Beginn an auch dem Beratenden Beirat für die Neuordnung der sozialen Leistungen an, Höffner mit Achinger und Muthesius auch dem Arbeitsausschuß für Grundsatzfragen des Beirats.

[55] Entwurf des Schreibens Adenauers an die Professoren in B 136/1381; Schreiben an Muthesius in Kl. Erw. 765–1, abgedruckt in: Adenauer, Briefe 1953–1955, S. 242–244.

[56] Adenauer dankte den Professoren mit einem Schreiben am 6. Juni 1955 (Schreiben an Muthesius in Kl. Erw. 765–1): „Aufgrund meines ersten Eindrucks möchte ich mein Urteil dahingehend zusammenfassen, daß die von Ihnen verfaßte Denkschrift im hohen Maße geeignet sein dürfte, die von mir seit langem gesehene Lücke in der Diskussion um die Sozialreform auszufüllen. [...] Ich darf der Hoffnung Ausdruck geben, daß durch Ihre Denkschrift die ins Stocken geratene Diskussion um die Sozialreform entscheidend belebt wird und daß damit das Ziel der Bundesregierung, in dieser Legislaturperiode durch die Entwicklung von Grundsätzen eine weitangelegte Sozialreform anzulegen, erreicht wird." – Nach der Verabschiedung der

Hans Globke, die Denkschrift durch die CDU-nahe Arbeitsgemeinschaft Demokratischer Kreise in einer Auflage von 10 000 Exemplaren drucken[57].

In der Kabinettssitzung am 2. Juni 1955 informierte Adenauer das Kabinett über das Zustandekommen der Denkschrift. Auf Einzelheiten ging er nicht weiter ein, hob nur hervor, die Arbeit enthalte „zum Teil ausgezeichnete Gedanken". Zu den Grundgedanken des Bundesarbeitsministeriums nahm er nicht Stellung. Der Bundeskanzler war, nachdem nun verschiedene grundsätzliche Ausarbeitungen vorlagen, entschlossen, den institutionellen Rahmen für die Verabschiedung der Reformgesetze innerhalb des nächsten Jahres zu schaffen und schlug noch in der gleichen Sitzung die Bildung eines ständigen interministeriellen Arbeitsausschusses vor. Außerdem forderte er die erneute Einrichtung eines „kleineren Kabinettsausschusses für Sozialreform"[58].

Zur Grundsatzaussprache über die Sozialreform in der Kabinettssitzung am 13. Juli 1955 legte der Bundeskanzler dann ein Konzept vor, das alle bisher vorgeschlagenen Institutionen – ein Generalsekretariat, einen Interministeriellen Ausschuß und einen Ministerausschuß – umfaßte. Adenauer befürchtete mittlerweile, daß eine umfassende Neuordnung des Sozialleistungssystems in der laufenden Legislaturperiode nicht mehr zu erreichen sein würde. Aus „allgemeinpolitischen und insbesondere aus sozialpolitischen Erwägungen" aber betonte er „die unausweichliche Notwendigkeit, die künftige Sozialreform schon heute wenigstens in ihren Grundzügen festzulegen"[59]. Der Bundeskanzler schlug die Neubildung eines Ministerausschusses für die Sozialreform unter seinem Vorsitz vor und beauftragte Vizekanzler Franz Blücher mit seiner ständigen Vertretung. Dem Ausschuß sollten die Bundesminister für Arbeit, des Innern, der Finanzen, für Wirtschaft, für Vertriebene, Flüchtlinge und Kriegsgeschädigte, für Familienfragen und für besondere Aufgaben Schäfer angehören. Die Geschäftsführung sollte beim Staatssekretär des Kanzleramtes liegen, den der Generalsekretär für die Sozialreform unterstützen sollte. Ein Interministerieller Ausschuß unter dem Vorsitz des Generalsekretärs sollte die Beschlußfassung im Ministerausschuß vorbereiten[60]. Seine Mitglieder sollten an allen Kabinettsausschußsitzungen teilnehmen. Beim Bundesarbeitsministerium sollte – in Distanz zum ministeriellen Alltag – ein auf die Sozialreform konzentriertes Generalsekretariat unter Kurt Jantz ausgebaut werden. Mit diesem Konzept beließ Adenauer das „Gravitationszentrum der Reformvorbereitung"

Rentengesetze schrieb Adenauer am 9. Febr. 1957 an seinen Sohn Paul (Adenauer, Briefe, S. 283): „Ich habe gestern den 4 Professoren, die ich damals um ein Gutachten ersuchte, für ihre Arbeit gedankt. Ihre Arbeit war ja die Ursache dafür, daß wir endlich mit dem Arbeitsministerium vorankamen."

[57] Unterlagen hierzu in B 136/1381.

[58] Vgl. 84. Kabinettssitzung am 2. Juni 1955 TOP E (Kabinettsprotokolle 1955, S. 337–339). – Vgl. die undatierte handschriftliche Skizze Adenauers in B 136/1360 (Abbildung 12 im Bildteil).

[59] Kabinettsvorlage des Bundeskanzlers vom 11. Juli 1955 in B 136/1360. – Vgl. hierzu 91. Kabinettssitzung am 13. Juli 1955 TOP 1 (Kabinettsprotokolle 1955, S. 422–424).

[60] Dem Interministeriellen Ausschuß sollte je ein Vertreter, Abteilungsleiter oder Referent, der im Ministerausschuß vertretenen Ressorts angehören.

(Hockerts) im Bundesarbeitsministerium. Das Kabinett stimmte der Vorlage des Bundeskanzlers zu.

Kurt Jantz wuchs damit eine zentrale Rolle zu: Er lenkte und koordinierte die Arbeit sowohl im Bundesarbeitsministerium und als Geschäftsführer des Beirates, der in der bisherigen Form weiterbestehen sollte, als auch zwischen den Ressorts auf der Arbeitsebene. Damit – und über seine Einbindung in die Geschäftsführung des Ministerausschusses – konnte er entscheidenden Einfluß auf die Reformdiskussion nehmen. Jantz, der schon vor 1945 zunächst im Reichsversicherungsamt und dann im Reichsarbeitsministerium tätig gewesen war, kehrte 1951 zunächst als Leiter des Referates Sozialversicherung und Kriegsopferversorgung im Bundesfinanzministeriums in die Ministerialverwaltung zurück. In den Jahren nach dem Krieg hatte er zunächst Theologie studiert und dann als Vikar und Dozent an der Kirchlichen Hochschule in Bethel gearbeitet. Anfang 1953 hatte Jantz dann das neugebildete „Generalreferat für die Reform der Sozialversicherung" übernommen[61]. Mit Jantz saß an der Schaltstelle im Bundesarbeitsministerium ein Reformer, der die Aufgabe mit herausragendem Engagement und besonderer Zielstrebigkeit aufgriff, dabei allerdings in erster Linie die Sozialversicherung und hierin die Alterssicherung im Auge hatte. Seine in der zeitgenössischen Presse gerne zitierte Formulierung, der Rentenempfänger müsse aus der Nachbarschaft der Fürsorge wieder in die Nähe des Lohnempfängers gerückt werden, traf sein reformpolitisches Bestreben im Kern[62]. Er baute das Generalsekretariat zügig aus und warb „eine ganz neue Generation von Beamten [...] an: junge, wenig traditionsverhaftete und reformfreudige Akademiker, teils juristisch-sozialwissenschaftlicher, teils volkswirtschaftlicher Provenienz"[63].

Über den Ministerausschuß wurden auch die übrigen beteiligten Ressorts in die Verantwortung für das Fortschreiten der Reformplanungen eingebunden. Angesichts des Einflusses des Bundesarbeitsministeriums, zwar nicht in Gestalt des zuständigen Ministers, aber doch der des Abteilungsleiters und Generalsekretärs Jantz, kann jedoch kaum die Rede davon sein, daß die Federführung praktisch an das Kollegialorgan abgetreten worden sei[64]. Blücher wies in der 1. Sitzung des Ministerausschusses explizit daraufhin, daß sich dieser auf die Fassung von Rahmenbeschlüssen beschränken müsse und daß „die praktische Durchführung der

---

[61] Zur Biographie von Jantz siehe Anhang 2; vgl. auch Hockerts, Entscheidungen, S. 236 f. und die Unterlagen im Nachlaß Kurt Jantz im IfZ ED 431. Zu den regen publizistischen Aktivitäten von Jantz vgl. die Vortragsmanuskripte und Aufsätze in den Handakten Jantz' in B 149/116801; Handakten Jantz' zur Vorbereitung der Sozialreform 1954/55 in B 149/116 802.

[62] Vgl. hierzu die Presseausschnitte im Nachlaß Jantz im IfZ ED 431/30.

[63] Hockerts, Entscheidungen, S. 117. – Im April 1956 (vgl. die Anlage zur Dienstverfügung 9/56: Liste der Referenten und Hilfsreferenten des BMA) gehörten folgende Mitarbeiter dem Generalsekretariat an: als Referenten Verwaltungsdirektor Antoni, Oberregierungsrat Doubrawa (Leiter des Referates IV a 4: Selbstverwaltung und Aufsicht, Versicherungsbehörden) und Abteilungsdirektor Dr. Malkewitz, als Hilfsreferenten Verwaltungsrat Eicher, die Regierungsräte Fischwasser, Dr. Haase, Koch und Schewe sowie die Dipl.-Volkswirte und wissenschaftlichen Angestellten Dr. Zöllner und Dr. Hensen. Außerdem arbeiteten die Regierungsoberinspektoren Eiden-Jaegers, Nordhorn und Stegner mit.

[64] So Hockerts, Entscheidungen, S. 299.

Vorbereitung der Sozialreform beim Bundesarbeitsministerium und den dafür geschaffenen Institutionen" liege[65].

Der Ministerausschuß erhielt den Auftrag, die Denkschriften des Bundesarbeitsministeriums und der vier Professoren, die Empfehlungen des Beirats[66] und die Stellungnahmen der Ressorts zu dem Problem der „Entwicklung zum Versorgungsstaat"[67] zu beraten, um dem Kabinett Grundsätze zur Sozialreform zur Beschlußfassung vorzulegen.

DIE BERATUNGEN IM MINISTERAUSSCHUSS FÜR DIE SOZIALREFORM:

VON DER SOZIALREFORM ZUR RENTENREFORM

Adenauer wollte im Sommer 1955 aus „Gründen der politischen Optik"[68] möglichst rasch eine erste Sitzung des Sozialkabinetts. Er selbst war im Urlaub und überließ die Vorbereitung und auch die Leitung der ersten Sitzung dem Vizekanzler. Blücher übernahm diese Aufgabe keineswegs nur formal, sondern engagierte sich in der Sache und versuchte den Verlauf der Beratungen durch eigene Vorlagen zu beeinflussen.

Mit dem Bundeskanzleramt und dem Bundesfinanzministerium stimmte Blücher darin überein, daß die Beratung im Ministerausschuß sehr grundsätzlich mit Begriffsbestimmungen, einer Erörterung der veränderten gesellschaftlichen Rahmenbedingungen und potentieller Ordnungsprinzipien einsetzen sollte. In der Vorbereitung der ersten Sitzung bemühte er sich, den Einfluß des Bundesarbeitsministeriums, vor allem des Generalsekretariats, zurückzudrängen. Die Tagesordnung der ersten Sitzung des Ministerausschusses und das Arbeitsprogramm der folgenden Sitzungen beriet der Vizekanzler ohne einen Vertreter des Arbeitsmini-

---

[65] Vgl. S. 68. – Zur Stellung der Kabinettsausschüsse im Organisationszusammenhang der Bundesregierung vgl. Bockenförde, Organisationsgewalt, S. 246.

[66] Niederschriften der Sitzungen des Beirates und weitere Unterlagen in B 149/410–413 und B 136/1363–1365. – Der Beirat für die Neuordnung der sozialen Leistungen hatte auf seiner Arbeitstagung vom 2. bis 4. Juni 1955 in Königswinter vor allem Fragen der Rentenversicherung beraten. Vgl. die Bekanntmachung der Ergebnisse der Arbeitstagung in BArbBl. 1955, S. 539–542.

[67] Der Bundeskanzler hatte mit Schreiben vom 16. Jan. 1955 (B 136/1385) die Ressorts aufgefordert, ihm bis Ende Februar 1955 zu berichten, „auf welchen Gebieten und in welchem Umfang der Staat auf Bundes-, Landes- und kommunaler Ebene unmittelbar oder mittelbar Hilfe leistet, die versorgungsstaatliche Elemente in sich tragen" und „ob und inwieweit noch nicht realisierte weitere Forderungen auf diesem Gebiet erkennbar" seien. Übereinstimmend hatten die Minister in ihren Stellungnahmen erklärt, daß die Entwicklung zum Versorgungsstaat Einhalt geboten werden müsse. Der BMA hatte in seinem Schreiben vom 8. März 1955 hervorgehoben, daß das Problem nicht durch den Verzicht auf Leistungsverbesserungen gelöst werden könne und daß schon durch das bestehende, auf die Beitragsleistungen bezogene Versicherungssystem der Entwicklung zum Versorgungsstaat entgegengewirkt werde. – Stellungnahmen der Ressorts in B 136/1385.

[68] Schreiben Adenauers an Blücher vom 22. Juli 1955 in B 136/4802 und in Nachlaß Blücher N 1080/82.

steriums in einer kleinen Runde mit Pühl, Elsholz und Professor Neundörfer[69]. Das Bundesarbeitsministerium konnte später immerhin durchsetzen, daß für die erste Sitzung neben einem Vortrag Neundörfers als dem Vertreter der Professorengruppe auch ein Referat von Jantz vorgesehen wurde, in dem er ausgehend von den „Grundgedanken" die Konzeption des Bundesarbeitsministeriums vorstellen konnte.

Die Darlegungen von Jantz und Neundörfer waren weniger gegensätzlich als man dies hatte annehmen müssen[70]. „Was uns unterscheidet, ist die Weite und Tiefe des Ansatzes", erklärte Neundörfer und benannte die Differenzen: Er sei gegen Verbesserungen der Sozialleistungen von Fall zu Fall und glaube nicht, daß es damit getan sei, einige Novellen zu schaffen. Primär sei die Vereinheitlichung und Kodifizierung der Reichsversicherungsordnung. Konsens bestand dahingehend, daß die Altersrenten zu niedrig und für die angemessene Sicherung des Lebensunterhalts anzuheben seien. Auf die Rente sollte ein Rechtsanspruch bestehen, eine Bedürftigkeitsprüfung lehnten auch die Professoren ab. Allerdings gingen sie davon aus – und hierin bestand hinsichtlich der Rentenreform der eigentliche Dissens mit dem Arbeitsministerium[71] –, daß die Rente nicht die alleinige Einkommensquelle der alten Menschen darstelle und insofern eine Rente in Höhe von 50 % des letzten Gehalts ausreiche. Einig war man sich wiederum in der Bedeutung einer verstärkten Rehabilitation und Prävention zur Bekämpfung der Invalidität.

Auch die beiden folgenden Sitzungen am 14. September und 7. Oktober 1955 standen ganz im Zeichen einer grundsätzlichen Beratung der Leitlinien der Sozialreform. Vor allem die Ordnungsprinzipien Solidarität und Subsidiarität wurden umfänglich erörtert. Auf die Anwendung dieser Prinzipien konnte man sich im Prinzip verständigen, in ihrer Auslegung aber traten die vorhandenen Gegensätze zutage. So stellte Elsholz, der nach wie vor für eine Bedürftigkeitsprüfung eintrat, dem „positiven" Subsidiaritätsbegriff des Bundesarbeitsministeriums (Vorrangigkeit staatlicher Hilfen) einen "klassischen" (Vorrangigkeit der Eigenhilfe bzw. der kleinen Gemeinschaften) entgegen.

Initiativgesetze der Opposition zur Sozialgesetzgebung unterbrachen Anfang Oktober die grundsätzlichen Erörterungen. Die Gesetzesentwürfe zielten vor allem auf Leistungsverbesserungen und fanden auch bei Abgeordneten der Regierungsparteien Zustimmung. Allen Beteiligten wurde klar, daß man die Grundsatzdebatte nicht fortführen konnte, sondern daß dem Parlament und der Öffentlichkeit in absehbarer Zeit konkrete Reformvorhaben präsentiert werden mußten. Zeit- und

---

[69] Unterlagen zur Vorbereitung der 1. Sitzung in Nachlaß Blücher N 1080/82, B 146/1765, B 149/392 und B 126/10942.

[70] Zu den Beratungen im Ministerausschuß und im Kabinett vgl. Hockerts, Entscheidungen, S. 300–352. – Aus dem Generalsekretariat heraus war z.B. ein Gegengutachten zu der Rothenfelser Denkschrift initiiert worden. Vgl. auch die kritische Auseinandersetzung Schewes mit der Rothenfelser Denkschrift: Soziale Sachverhalte im Widerspruch zu sozialen Leistungen, in: Sozialer Fortschritt 4, 1955, S. 215–219.

[71] Vgl. hierzu auch die Stellungnahme des BMA zur Denkschrift der Professoren vom 11. Juli 1955 in B 136/1381.

Erfolgsdruck begünstigten die Position des Bundesarbeitsministeriums. Das Generalsekretariat hatte sich in den vorausgegangenen Sitzungen des Interministeriellen Ausschusses bemüht, die Diskussion um die „Grundprinzipien" auf möglichst abstraktem Niveau rasch abzuhandeln und hatte schon in der Sitzung am 27. September 1955 die Diskussion auf die gesetzliche Alterssicherung gelenkt[72]. Mit der Vorlage des Interministeriellen Ausschusses für die Sitzung des Ministerausschusses am 28. Oktober wurde auch die Beratung im Sozialkabinett auf die Rentenreform verengt.

Der Druck auf die beratenden Gremien verstärkte sich auch durch die Heranziehung eines weiteren externen Experten durch den Bundeskanzler. Im August 1955 hatte Adenauer, vermittelt durch seinen Sohn Paul[73], die Schrift „Existenzsicherheit in der industriellen Gesellschaft" des Geschäftsführers des Bundes katholischer Unternehmer und Privatdozenten für Volkswirtschaft in Bonn, Wilfrid Schreiber[74], kennengelernt. Dem Bundeskanzler imponierten die Geschlossenheit der Darlegung und auch die Diktion[75]. Schreiber bot neben einer Analyse der gesellschaftlichen Bedingungen und Auswirkungen einer Sozialreform auch sehr konkrete Reformvorschläge vor allem im Bereich der Alterssicherung, die bis dahin in dieser Geschlossenheit und Prägnanz von der Ministerialbürokratie nicht vorgelegt worden waren.

Im Bundeskanzleramt wurde ein Vortrag Schreibers im Ministerausschuß vorbereitet. Zunächst für den 25. Oktober geplant, wurde der Vortrag aufgrund einer Erkrankung Adenauers schließlich auf den 5. Dezember 1955 verschoben. Zwischenzeitlich legte Jantz dem Ministerausschuß einen „Bericht über den Stand der Beratungen des Interministeriellen Ausschusses über die Alterssicherung" vor[76]. Hierin wurde eine Einbeziehung aller Personen in die gesetzliche Alterssicherung ebenso abgelehnt wie eine Bedürftigkeitsprüfung. Hinsichtlich der Höhe der Altersrente schien eine Annäherung der Ressorts nicht mehr unmöglich, und man war sich im Interministeriellen Ausschuß einig, daß die Rente nicht nur zum individu-

---

[72] Niederschriften der 1. und 2. Sitzung und Übersichten über den Verlauf der folgenden Sitzungen des Interministeriellen Ausschusses sowie weitere Unterlagen in B 149/408 und B 136/1361; Vermerke der Vertreter des BMZ für Blücher über die Sitzungen des Interministeriellen Ausschusses in B 146/1753.

[73] Adenauer, Dr. Paul (geb. 1923). Prälat. – Der dritte Sohn Adenauers studierte zu dieser Zeit an der Universität in Münster/Westfalen bei dem Professor für Christliche Sozialwissenschaften, Joseph Höffner.

[74] Zur Biographie Schreibers siehe Anhang 2.

[75] Vgl. die Bemerkung Paul Adenauers anläßlich der Tagung „Die dynamische Rente in der Ära Adenauer und heute" (Rhöndorfer Gespräche 1978): „Nachdem [...] die Kompetenzschwierigkeiten und Auseinandersetzungen kamen (!) zwischen den Ressorts, dann kam durch den sogenannten 'Schreiber-Plan' ein neues, belebendes Element herein, so daß man eine Realisierungsmöglichkeit sah. Schreiber konnte sich ja auch gut ausdrücken, er hatte eine Sprache, die begeisterte. Ich glaube, daß das Sich-Einfach-Ausdrücken auch dazu beitrug, meinen Vater für die Sache einzunehmen. Diese Idee des Generationenvertrages hat ihn fasziniert, zusammen mit der wirtschaftstheoretischen Vorstellung, die dahinter stand. Da sah er zum ersten Mal die Möglichkeit, etwas Größeres zu realisieren" (Repgen, Rente, S. 79).

[76] Vgl. die Vorlage für die 5. Sitzung des Ministerausschusses am 28. Okt. 1955, abgedruckt in Anhang 1, Dokument 6.

31

ellen Arbeitseinkommen, sondern auch zu anderen volkswirtschaftlichen Faktoren in Beziehung gesetzt werden sollte, etwa „in ein Verhältnis zu den vergleichbaren jeweiligen Einkommen der versicherungspflichtigen Personen". Dieses Beratungsergebnis war ein Erfolg für den Generalsekretär.

In der 5. Sitzung des Ministerausschusses am 28. Oktober stellte Vizekanzler Blücher seine Konzeption einer Grundsicherung aller Erwerbstätiger dagegen. Blücher wollte keine staatliche geordnete Alterssicherung für alle, sondern eine Verpflichtung aller, Eigenvorsorge zu treffen. Die Selbständigen sollten zu einer eigenverantwortlichen Altersvorsorge gesetzlich verpflichtet werden. Die beitragsfinanzierte Grundrente – mit staatlichen Zuschüssen für die abhängig Beschäftigten – sollte durchschnittlich 200 DM monatlich betragen und damit durchschnittlich 55 % des Bruttoarbeitseinkommens ausmachen. Damit plädierte auch der Vizekanzler für eine deutliche Erhöhung der Altersrenten[77]. Sein Modell wurde vor allem wegen der Einbeziehung der Selbständigen mehrheitlich abgelehnt[78]. Blücher hielt daran fest und plädierte für eine weitere Erörterung, aber bezeichnenderweise nicht im Interministeriellen Ausschuß, den er – wohl angesichts der Dominanz der Vertreter des Bundesarbeitsministeriums in diesem Gremium – für die Beratung einer „grundlegend politischen" Frage für ungeeignet hielt[79]. Blücher sah sich in der Sicherstellung der eigenverantwortlichen Vorsorge durchaus liberalen Prinzipien verpflichtet. Hierdurch sei eine Abkehr vom versorgungsstaatlichen Denken zu bewirken, argumentierte er, und die persönliche Freiheit bleibe erhalten und werde gestärkt[80].

In dieser letzten von Blücher geleiteten Sitzung am 28. Oktober 1955 standen immer noch grundsätzliche gesellschaftspolitische Erwägungen im Vordergrund. Ausführlich wurden mögliche Auswirkungen der Alterssicherungsmodelle auf familiäre Strukturen und den Stellenwert der Familie erörtert. Rentenformeln oder Finanzierungsmodelle kamen hingegen überhaupt nicht zur Sprache. Erst gegen

---

[77] Blücher legte seine Konzeption in einer Vorlage für den Ministerausschuß vom 7. Dez. 1955 dar. Vgl. den Abdruck der Vorlage in Anhang 1, Dokument 8. – Mit einer weiteren Vorlage vom 16. Febr. 1956 versuchte Blücher, der an der 8. Sitzung des Ministerausschusses am 17. Febr. 1956 nicht teilnehmen konnte, Einfluß auf die Diskussion zu nehmen. Vgl. den Abdruck der Vorlage in Anhang 1, Dokument 15. – Die Protokolle der späteren Sitzungen geben keinen Hinweis darauf , daß auf die Darlegungen Blüchers noch eingegangen wurde.

[78] Die schwierige Situation der kleinen Selbständigen, hauptsächlich der Handwerker und Kleinbauern, war hinlänglich bekannt. Aber sowohl Arbeits- als auch Landwirtschaftsminister lehnten eine Einbeziehung dieser Kreise in die gesetzliche Alterssicherung in der Sitzung ab. Auch Erhard, der sich mit einem Schreiben zur Alterssicherung der Selbständigen zu Wort meldete – an den Sitzungen hatte er bis dahin nicht teilgenommen – sprach sich bei allem Verständnis für die schwierige Lage der kleinen Selbständigen aus prinzipiellen Gründen gegen eine Einbeziehung in die gesetzliche Alterssicherung aus. Vgl. den Abdruck des Schreibens Erhards in Anhang 1, Dokument 7. – Zur Altersversorgung der Landwirte und des Handwerks vgl. 2. Sitzung des Ministerausschusses für die Sozialreform am 14. Sept. 1955 TOP 2, Anm. 14.

[79] Vgl. 5. Sitzung des Ministerausschusses am 28. Okt. 1955 TOP 1.

[80] Vgl. hierzu die Ausführungen Blüchers anläßlich der 1. Sozialpolitischen Bundestagung der FDP am 4. und 5. Febr. 1956 in Stuttgart (Manuskript vom 1. Febr. 1956 und Protokoll seiner Ausführungen anläßlich der Bundestagung in ADL A 6–3).

Ende der Sitzung wies der Bundesarbeitsminister darauf hin, daß hierin nun doch die vordringliche Aufgabe liege.

In der Sitzung des Ministerausschusses am 5. Dezember 1955, der ersten, der Adenauer selbst vorsaß, trug Wilfrid Schreiber seine Konzeption vor. Einige Aspekte waren neu, vielfach aber trafen sich seine Überlegungen mit Ansätzen, die so auch im Generalsekretariat und außerhalb der Regierung entwickelt worden waren[81]. Der „Schreiber-Plan" sah vor, die Alterssicherung nicht mittels eines gesetzlich geregelten Ansparens, sondern durch einen „Generationenvertrag" zu finanzieren. Das Beitragsaufkommen der aktiven Generation sollte jeweils über eine „Rentenkasse des deutschen Volkes" an die Rentner weitergegeben werden. Dies war im Grunde eine einfache Lösung. Die hiermit auch verbundene Abkehr vom Kapitaldeckungsverfahren hin zu einem Umlageverfahren konnte mit Zustimmung rechnen, da das Kapitaldeckungsverfahren wegen der Bildung eines erheblichen, dem Kapitalmarkt weitgehend entzogenen Kapitalstockes auch aus volkswirtschaftlichen Erwägungen als bedenklich galt. Schreiber gab keine Empfehlung zur Höhe des Rentenniveaus. Die Ausschüttung des Beitragsaufkommens würde das Rentenniveau an die wirtschaftliche Entwicklung „dynamisch" anpassen[82]. Von den im Generalsekretariat erarbeiteten Vorschlägen unterschied sich Schreiber vor allem in einem Punkt: Er ging nicht von einer festen Rente-Lohn-Relation bei variablem Beitragssatz, sondern von einem konstanten Beitragssatz bei variabler Rente aus. Genau das mißfiel dem Bundeskanzler. Da Schreiber außerdem eine reine Beitragsrente vorschlug, mußten sich Arbeitslosigkeit, sinkendes Lohnniveau oder eine Veränderung der Bevölkerungsstruktur, vor allem ein wachsender Anteil alter Menschen, negativ zur Leistungsseite hin auswirken. Adenauer bat Schreiber um schriftliche Ausführungen, „in welcher Weise in Zeiten wirtschaftlicher Wechsellagen das Rentenproblem gelöst werden" könne. Zum Jahreswechsel 1955/1956 legte Schreiber zur Ergänzung seines Vortrags vor dem Ministerausschuß ein Memorandum[83] vor.

Die Konzeption Schreibers setzte sich letztlich in den Aspekten, in denen sie sich von den übrigen Ansätzen deutlich abhob, nicht durch. Das betraf die variable Rente bei festem Beitragssatz, die reine Beitragsfinanzierung der Alterssicherung, den Verzicht auf einen sozialen Ausgleich in der Rentenversicherung und auch das Herausnehmen der Anpassung der Renten aus der tagespolitischen Auseinandersetzung durch ein geregeltes Verfahren. „Es ist also nicht so, wie es gelegentlich dar-

---

[81] Vgl. den Abdruck des Vortragsmanuskripts Schreibers in Anhang 1, Dokument 9. – Vgl. auch Hockerts, Adenauer, S. 19–22.

[82] Eine Bindung der Renten an eine variable Größe wurde schon im Sozialplan der SPD 1952 und eine Anbindung der Renten an die Steigerung des Sozialprodukts auf dem Bundeskongreß des DGB 1954 gefordert (Sozialplan der SPD in: Die Grundlagen des sozialen Gesamtplans der SPD. Unsere Forderungen auf soziale Sicherung, Bonn 1953; vgl. die Entschließung des DBG zur Neuordnung des Sozialrechts, in: DGB. 3. ordentlicher Bundeskongreß Frankfurt/M., 4. bis 9. Oktober 1954. Protokoll, Frankfurt [1954]). Für eine Bindung an den Lohn hatte auch das oben bereits erwähnte Gutachten von Walter Bogs, das er 1954 im Auftrag des Bundesarbeitsministers erstellte, plädiert (B 136/1382).

[83] Vgl. den Abdruck des Memorandums in Anhang 1, Dokument 12.

33

gestellt wird, daß der regierungsinterne Siegeszug der dynamischen Rente der Sieg eines Außenseiters über die Bürokratie gewesen ist. Vielmehr konvergierten und verstärkten sich hier gleichgerichtete Bestrebungen, und es dürfte in erster Linie der geringen Hebelkraft der politischen Leitung des Bundesarbeitsministeriums zuzuschreiben sein, daß die Dinge erst durch den Kontakt Adenauer – Schreiber wirklich in Bewegung geraten sind."[84]

Seitdem sich die Beratung auf die Rentenreform verengt und Adenauer den Vorsitz übernommen hatte, arbeitete der im Bundeskanzleramt zuständige Referent, Pühl, mit dem Generalsekretariat eng zusammen. Zum Jahreswechsel 1955/1956 legten sie Adenauer eine gemeinsam erarbeitete Vorlage mit den wesentlichen Alternativen zur Reform der Alterssicherung vor. In handschriftlich angebrachten Randbemerkungen gab Adenauer die Richtung vor: Er sprach sich uneingeschränkt für die laufende Koppelung der Renten an die Lohnentwicklung und für eine Sicherung des im Arbeitsleben erworbenen Standards, gegen Bedarfsprüfungen und gegen eine völlige Streichung des Staatszuschusses aus. Adenauer plädierte für ein Umlageverfahren mit Sicherheitsreserve und für die Bekämpfung der Frühinvalidität[85].

Die in den Sitzungen des Sozialkabinetts im Januar und Februar 1956 gefaßten Beschlüsse entsprachen den Vorgaben Adenauers. Die Renten sollten an das aktuelle Lohnniveau angepaßt werden und nach vierzigjähriger Versicherungsdauer 70 % des Netto-Einkommens vergleichbarer Arbeitnehmer ausmachen. Für die Anpassung während der Laufzeit der Renten allerdings wurde keine konkrete Regelung, sondern nur eine „periodische Überprüfung" vorgesehen.

Die Beschlüsse des Sozialkabinetts wurden in den Beratungen des Kabinetts in den folgenden Wochen gegen Einwände und Widerstände des Bundesfinanz- und des Bundeswirtschaftsministers sowie der Vertreter der Koalitionspartner bestätigt[86]. Schäffer versuchte, noch weitere Sitzungen des Ministerausschusses durchzusetzen, scheiterte aber am Widerstand Adenauers[87]. Der Bundeskanzler war zwar zu Kompromissen in Einzelfragen bereit, hielt aber im Kern am erarbeiteten Reformkonzept fest. Die Beratungen im Kabinett standen unter Erfolgs- und Zeitdruck, da die SPD-Opposition einen eigenen Gesetzentwurf am 18. April 1956 im Bundestag eingebracht und der Bundesarbeitsminister einen Entwurf der Regierung für spätestens den 16. Mai angekündigt hatte[88].

Das Kabinett beschloß in zwei Sitzungen im Mai 1956 eine Anpassung der Renten an die Löhne bei der Erstfestsetzung. Maßstab sollte das nicht preisberei-

---

[84] Hockerts, Adenauer, S. 21 f.

[85] Vgl. Abbildung 13 im Bildteil.

[86] Vgl. 134. Kabinettssitzung am 15. Mai 1956 TOP 2, 135. Kabinettssitzung am 23. Mai 1956 TOP 2, 157. Kabinettssitzung am 17. Okt. 1956 TOP 4, 158. Kabinettssitzung am 24. Okt. 1956 TOP 7 sowie 160. Kabinettssitzung am 22. Nov. 1956 TOP A (Kabinettsprotokolle 1956, S. 353–359, 368–374, 641–647, S. 661, S. 730 sowie Einleitung, S. 34–36).

[87] Vgl. 8. Sitzung des Ministerausschusses am 17. Febr. 1956, Anm. 21.

[88] BT-Drs. 2314. Der SPD-Entwurf sah eine Koppelung der Rente an die Löhne und Gehälter bei der Erstfestsetzung und eine automatische Anpassung während ihrer Laufzeit vor. – Storch hatte eine entsprechende Erklärung bei der ersten Lesung dieses Entwurfs am 4. Mai 1956 abgegeben (Stenographische Berichte, Bd. 34, S. 7570).

nigte Sozialprodukt zu Faktorkosten (Volkseinkommen) sein. Zur Deckung der Renten wurde ein modifiziertes Umlageverfahren vorgesehen. Eine automatische Anpassung der Renten sollte nur alle fünf Jahre erfolgen. Adenauer und Storch hofften gerade in diesem Punkt auf eine Verbesserung im Zuge der parlamentarischen Beratung[89].

Gegen diese Beschlüsse protestierte in den nächsten Monaten mit den Arbeitgeberverbänden, den Verbänden der Banken, Sparkassen und privaten Versicherer bis hin zu den Spitzenverbänden der Industrie- und Handelskammern nahezu das gesamte Wirtschaftslager[90]. Man fürchtete um die Stabilität der Währung, sah die Kapitalbildung und Investitionsfinanzierung durch die Minderung privaten Sparens und den Wegfall des Rentendeckungskapitals gefährdet und stellte die langfristige Finanzierbarkeit der Renten bei einem wachsenden Anteil der Alten in Frage. Auch große Teile der CDU/CSU-Fraktion lehnten die Reformkonzeption ab und noch im September 1956 hielt man im Bundeskanzleramt die Verabschiedung des Gesetzes trotz der absoluten Mehrheit der CDU/CSU-Fraktion im Bundestag für keineswegs gesichert[91].

Am 21. Januar 1957 wurden die Rentengesetze vom Bundestag trotz aller Widerstände beschlossen und traten rückwirkend zum 1. Januar 1957 in Kraft[92]. Die Rente wurde bei der Erstfestsetzung an die Löhne gekoppelt, wobei die Rentenbemessung sich nicht am Lohnstand des vergangenen Jahres, sondern an einem gleitenden Dreijahresdurchschnitt der Bruttoverdienste aller Versicherten orientierte. Eine Anpassung der Renten an die Lohn- und Gehaltsentwicklung sollte jährlich vom Bundestag geprüft werden. Damit blieb die Entscheidung über die Rentenanpassung gegen den Willen Adenauers ein den tagespolitischen Auseinandersetzungen ausgesetztes Thema.

Die Reform bewirkte eine durchschnittliche Erhöhung der Renten in der Arbeiterrentenversicherung um 65,3 % und in der Angestelltenrentenversicherung um 71,9 %[93]. Mit dem gleichen Leistungsrecht für Arbeiter und Angestellte, mit der dynamischen Anpassung der Altersversorgung an die Lohn- und Gehaltsentwicklung, der Statussicherung der aus dem Erwerbsleben Ausgeschiedenen und mit dem Generationenvertrag führte sie neue, zukunftsweisende Ordnungsprinzipien ein[94]. Sie bestätigte aber das Versicherungsprinzip, in dem die Höhe der Rente auf die geleisteten Beiträge bezogen blieb. Die Reformer glaubten so, „ein Stück richtiger Linienführung" (Hockerts) in der Grenzziehung zwischen Sozialstaat

---

[89] Vgl. 134. Sitzung am 15. Mai 1956 TOP 2 und 135. Sitzung am 23. Mai 1956 TOP 2 (Kabinettsprotokolle 1956, S. 353–361 und 368–374).

[90] Vgl. Hockerts, Entscheidungen, S. 377–399.

[91] Vgl. den Vermerk des Referates 7 vom 6. Sept. 1956 in B 136/757. Vgl. Hockerts, Entscheidungen, S. 399–416 sowie Silber-Bonz, Pferdmenges, S. 89–95.

[92] Vgl. Stenographische Berichte, Bd. 34, S. 10385–10471. – Gesetz zur Neuregelung des Rechts der Rentenversicherung der Arbeiter und Gesetz zur Neuregelung des Rechts der Rentenversicherung der Angestellten, jeweils vom 23. Febr. 1957 (BGBl. I 45 und 88).

[93] Vgl. BT-Drs. 568 (Sozialbericht 1958, Teil II: Rechnungsergebnisse in den gesetzlichen Rentenversicherungen im Jahre 1957).

[94] Hockerts, Metamorphosen, S. 37 f.

einerseits und Versorgungsstaat andererseits gefunden zu haben, indem sie Sicherung gewährten, aber den Leistungsanreiz nicht beseitigten[95].

DER NEUE MINISTER UND DAS SOZIALPOLITISCHE PROGRAMM

DER DRITTEN LEGISLATURPERIODE

Nach dem Wahlsieg der CDU bei der Bundestagswahl 1957, der nicht zuletzt der Popularität der Rentenreform zu verdanken war, übernahm Theodor Blank das Bundesarbeitsministerium als Nachfolger von Anton Storch. Blank gehörte zu den herausragenden Vertretern des Arbeitnehmerflügels der CDU. Schon bei der Regierungsbildung 1949 hatte Adenauer erwogen, ihn mit dem Arbeitsressort zu betrauen[96]. Auch bei der Kabinettsumbildung im Herbst 1956 galt Blank, der im Bundesverteidigungsministerium wegen des Scheiterns der Aufstellungspläne unhaltbar geworden war[97], als Favorit für die Nachfolge Storchs, über dessen mangelnde ministerielle Eignung und vor allem Konzeptionslosigkeit Adenauer stetig Klage führte[98]. Blank hatte zu diesem Zeitpunkt abgelehnt, übernahm das Bundesministerium für Arbeit und Sozialordnung aber dann nach der Bundestagswahl 1957, nachdem ihn der Arbeitnehmerflügel der CDU/CSU-Fraktion dem Bundeskanzler als ihren Kandidaten vorgeschlagen hatte[99].

Die Jahre 1957 und 1958 können sozialpolitisch als Wende begriffen werden[100]. Die Wiederaufbauphase war weitgehend abgeschlossen. Das alte Gefüge der Sozialversicherung war wiederhergestellt und ergänzt worden. Die kriegsbedingten so-

---

[95] Hockerts, Adenauer, S. 28 f.

[96] Vgl. den Bericht über die Besprechung zwischen Adenauer und dem bayerischen Ministerpräsidenten und Vorsitzenden der CSU, Hans Ehard, am 20. Aug. 1949 in: Auftakt, S. 30 f. und Wengst, Staatsaufbau, S. 131 f. – Vgl. auch die biographische Skizze von Kleinmann, Blank, S. 171–188, zur Kabinettsbildung 1949 insb. S. 182: „Konrad Adenauer hatte Blank bei der Bildung seines ersten Kabinetts nicht, obwohl er es wünschte, für das Ressort des Arbeitsministers gewinnen können, weil Blank aus Korpsgeist und Anciennitätsgründen dem dreizehn Jahre älteren Storch den Vortritt ließ."

[97] Vgl. hierzu Krüger, Amt Blank, S. 171–173 sowie Strauß, Erinnerungen, S. 268–280.

[98] Vgl. das Schreiben Adenauers an Karl Arnold vom 10. Okt. 1956: „Ich habe selbst Herrn Blank in seine jetzige Position gebracht und ihn immer unterstützt. Ich halte ihn für einen unserer aussichtsreichsten Leute für die Zukunft, aber zur Zeit ist er eben infolge seiner Arbeit und der ihm gemachten Opposition mit den Nerven fertig. Ich möchte ihn sehr ungern aus dem Bundeskabinett ausscheiden sehen und hatte deswegen daran gedacht, ihm das Ministerium für Arbeit zu übertragen, nachdem Herr Storch aus freiem Entschluß – wie ich Ihnen gesagt habe – vergangenen Freitag mir seinen Rücktritt angeboten hat." (Adenauer, Briefe 1955–1957, S. 247). Vgl. auch Adenauer-Heuss, Unter vier Augen, S. 210.

[99] Vgl. Domes, Mehrheitsfraktion, S. 73. – Bei einer Abstimmung in der Arbeitnehmergruppe der Fraktion am 23. Okt. 1957 hatten die Kandidaten Storch und Blank die gleiche Anzahl von Stimmen erhalten. Daraufhin schlugen die Abgeordneten Karl Arnold, Josef Arndgen und Karl Hahn dem Bundeskanzler am Nachmittag des gleichen Tages Blank als Bundesarbeitsminister vor. – Storch wurde im darauffolgenden Jahr Abgeordneter des Europäischen Parlaments, dem er bis 1965 angehörte.

[100] Vgl. Hockerts, Metamorphosen, S. 37.

zialen Probleme waren durch Versorgungs- und Entschädigungsgesetze weithin bewältigt. Nachdem mit der Rentenreform nun ein vordringliches Problem der Sozialversicherung gelöst war, sollte der weitere Ausbau der kollektiven Sicherung gebremst werden: Das Gespenst des Versorgungsstaates war schon in der letzten Wahlperiode beschworen worden. Veränderte Rahmenbedingungen durch eine prosperierende Wirtschaft und durch Vollbeschäftigung ermöglichten eine neue Orientierung in der Sozialpolitik. Sozial- und Wirtschaftspolitik wurden als stärker ineinandergreifende Politikfelder begriffen. Sozialpolitik sollte eher durch eine marktorientierte staatliche Ordnungspolitik, denn mit „Instrumentarien des sozial-politischen Interventionsstaates" betrieben werden[101]. Neoliberale Ordnungsvor-stellungen setzten sich zumindest in den sozialpolitischen Absichtserklärungen für die nächsten Jahre durch.

In seiner Regierungserklärung umriß Adenauer am 29. Oktober 1957 das sozial-politische Programm für die dritte Legislaturperiode. In erster Linie werde „neben der Korrektur etwa zutage tretender Mängel in der bisherigen Gesetzgebung eine Neuordnung der Krankenversicherung und der Unfallversicherung in Frage kom-men". Im übrigen aber könne sich die Sozialreform nicht „im Ausbau solidarischer Sicherungsformen erschöpfen". Der Bundeskanzler stellte dann unter Hinweis auf die veränderte gesellschaftliche Struktur sein Konzept vor. Die Bundesregierung sei entschlossen, „den Gedanken der Selbsthilfe und privaten Initiative in jeder Weise zu fördern und das Abgleiten in einen totalen Versorgungsstaat, der früher oder später den Wohlstand vernichten würde, zu verhindern". Zuvor hatte er schon als eines der vordringlichen Ziele der Regierungsarbeit „die Schaffung von Kapital und die Streuung des Besitzes" genannt. Adenauer kündigte gesetzgeberi-sche Maßnahmen zum Sparen, die Durchführung des Familienheimgesetzes sowie die Einführung der Volksaktie an. Vermögensbildung sollte die Integration weiter Bevölkerungsteile bewirken, „einer möglichst großen Zahl von Staatsbürgern Selbstgefühl und das Gefühl der Zugehörigkeit zum Volksganzen" geben[102].

Das Regierungsprogramm setzte damit eindeutige Schwerpunkte bei der Mittel-standsförderung und der Vermögensbildung. Nachdem die Sozialgesetzgebung der vergangenen Legislaturperioden mit erheblichen Kosten verbunden war, stellte Adenauer jetzt im Rahmen einer „Politik des Maßhaltens" ein kostensparendes Sozialprogramm vor.

Der neue Bundesarbeitsminister Blank stimmte uneingeschränkt mit diesem Regierungsprogramm überein. Seit seiner Mitarbeit im Frankfurter Wirtschaftsrat war er auch in Abgrenzung zu zahlreichen anderen Vertretern der Sozialaus-

---

[101] Abelshauser, Erhard, S. 378. – Vgl. auch die Ausarbeitung des BMF vom 14. Okt. 1957 und des BMWi vom 17. Okt. 1957 zur Regierungserklärung in B 136/3774.

[102] Stenographische Berichte, Bd. 39, vor allem S. 17–21. – Die „Ambivalenz sozialer Sicherung: notwendiges Element sozialen Friedens und Ausgleichs einerseits, potentielles Element eines Leistungsstreben und Eigeninitiative abdrosselnden 'Versorgungsstaats' andererseits", haben Adenauer immer „tief beunruhigt und seine Äußerungen zu diesem Problem unsicher, teil-weise auch widersprüchlich" gemacht (Hockerts, Entscheidungen, S. 284). – Vgl. auch Schulz, Adenauers gesellschaftspolitische Vorstellungen, S. 154–182.

schüsse entschieden für die soziale Marktwirtschaft eingetreten[103]. Vor dem Hintergrund verbesserter wirtschaftlicher Rahmenbedingungen trat er als Bundesminister für Arbeit und Sozialordnung nun für eine „Sozialpolitik neuen Stils" ein, die zwar keinen Rückbau solidarischer Sicherungsformen vorsah, aber Eigeninitiative und Eigenverantwortung stärken und Sozialleistungen auf die konzentrieren sollte, die ihrer tatsächlich bedurften. An einen weiteren Ausbau der Sozialleistungen dachte er nicht: „Verwunderlich wäre nur", schrieb er zum zehnjährigen Bestehen der Bundesvereinigung der deutschen Arbeitgeberverbände, „wenn trotz steigenden Lebensstandards allein die öffentliche Hand ihre Sozialaufwendungen vermehrt. Das paßt nicht zu einer Zeit, in der sich der Spielraum für private Vorkehrungen zum Schutz gegen soziale Risiken ständig erweitert. Werden die Ansprüche erhöht, [...] muß auch die Bereitschaft des einzelnen Staatsbürgers zunehmen, sich finanziell an ihrer Befriedigung zu beteiligen."[104] In seiner Rede vor der Jungen Union in Berlin am 3. Oktober 1958 stellte er unmißverständlich klar: „Welch ein Irrtum zu glauben, es sei Inhalt der Sozialpolitik und der sozialen Maßnahmen des Staates und in Sonderheit einer Regierung, unentwegt auf der Suche zu sein, wo es noch irgendeinen Lebensbereich gäbe, in dem man durch irgendwelche gesetzgeberischen Maßnahmen den Menschen irgendeine Bürde, eine Last, eine Verantwortung, eine Aufgabe abnehmen könne. Welcher Irrtum liegt darin, zu glauben, es sei Sozialpolitik, wenn man unentwegt Forderungen nach mehr stellt, in dem Glauben, ein Mehr an Leistungen sei auch schon zugleich das Bessere."[105]

Blank trat für die Fortführung der Sozialreform unter diesen veränderten Vorzeichen ein. Die Sozialreform sollte sich zunächst auf die Krankenversicherung konzentrieren und neben einer Verbesserung der Sicherung im Krankheitsfalle eine gerechtere Verteilung der wirtschaftlichen Belastung durch Krankheit bewirken. Überdies sollte die Förderung der Vermögensbildung der Arbeitnehmer einen weiteren Schwerpunkt der Sozialpolitik bilden: „Was wir brauchen, ist also eine Sozialpolitik, die, ohne Bewährtes grundlos aufzugeben, doch den freien mündigen Menschen unserer Tage unter den ökonomischen Bedingungen respektiert, die ihm heute zur Verfügung stehen. Hierbei haben gerade die deutschen Arbeitgeber noch wesentliche Aufgaben zu erfüllen. Es genügt nicht, immer nur den Teufel des Versorgungsstaates an die Wand zu malen und gegen jede Erhöhung der Sozialkosten zu protestieren. Was not tut, ist eine konstruktive Mitarbeit an dem notwendigen Umbau unserer Sozialordnung. [...] Jede Bildung von Eigentum in der Hand der Arbeitnehmer schafft neuen Spielraum für eine selbstverantwortliche Sicherung gegen Lebensrisiken. Hier sollte die Initiative der Arbeitgeber einsetzen, nicht zuletzt im eigenen wohlverstandenen Interesse."[106]

---

[103] Vgl. Kleinmann, Blank, S. 180 f.

[104] Blank, Eine Sozialpolitik neuen Stils, in: Der Arbeitgeber vom 28. Jan. 1958, S. 29.

[105] Text der Rede in B 136/4739.

[106] Blank, Eine Sozialpolitik neuen Stils, S. 30. – Ähnlich argumentierte Blank in seinem Beitrag: „Sozialreform und Sozialordnung. Aufgabe des Sozialpolitikers: Wirtschaft und Gesellschaft in Richtung auf bestimmte vorgegebene Ordnungsvorstellungen beeinflussen", abgedruckt in: Bulletin Nr. 80 vom 30. April 1958, S. 789 f.: „Die Schaffung neuen Eigentums in Arbeitnehmerhand vermag das erhöhte Einkommen der Arbeitnehmer volkswirtschaftlich sinnvoll zu

ORGANISATIONSVERÄNDERUNGEN IM

BUNDESMINISTERIUM FÜR ARBEIT UND SOZIALORDNUNG UND

DIE EINRICHTUNG DES MINISTERAUSSCHUSSES FÜR SOZIALREFORM 1958

Das veränderte Verständnis von Sozialpolitik als einer umfassend auf die Gesellschaft bezogenen Struktur- und Ordnungspolitik schlug sich 1957 in einer Erweiterung des Aufgabenbereichs und einer entsprechenden Umbenennung des bisherigen Bundesministeriums für Arbeit nieder[107]. Dem nunmehr „Bundesministerium für Arbeit und Sozialordnung" genannten Ressort übertrug Adenauer die Zuständigkeit für den unselbständigen Mittelstand, den Aufgabenbereich des ehemaligen Ministers für besondere Aufgaben und danach Bundesbeauftragten für Fragen der Angestellten und der freien Berufe, Hermann Schäfer[108]. Im Februar 1958 wurde eine sechs Referate umfassende Arbeitsgruppe „Sonderprobleme der Sozialordnung" unter Leitung von Ministerialdirigent Günther Schelp[109] gebildet, die sich ausschließlich Fragen des unselbständigen Mittelstandes und der freien Berufe widmete[110].

Das Generalsekretariat bestand auch in der dritten Legislaturperiode mit Kurt Jantz als Generalsekretär fort, nahm aber an Bedeutung innerhalb des Ressorts ab. Die Anzahl der Mitarbeiter wurde verringert[111]. Mit dem am 1. Januar 1960 in Kraft getretenen Geschäftsverteilungsplan wurden die Abteilung IV und das Generalsekretariat für die Sozialreform zusammengelegt. Die Referenten und Hilfsreferenten

---

binden. So sind alle Bestrebungen auf die Schaffung privaten Eigentums förderungswert, und die wesentliche Aufgabe des Sozialpolitikers besteht darin, diesen anfänglich rein wirtschaftlichen Bestrebungen eine soziale Komponente hinzuzufügen."

[107] Vgl. Schulz, Adenauers gesellschaftspolitische Vorstellungen, S. 173–175.

[108] In seiner Regierungserklärung 1957 hatte Adenauer die Förderung des Mittelstandes zum Regierungsziel erklärt. Vgl. auch die Ansprache Adenauers zum 1. Mai 1958: „Besonders nachdrücklich wollen wir ferner eine Vermögensbildung für die Arbeitnehmer und die Mittelschichten überhaupt begünstigen. Und noch eines halte ich für eine soziale Verpflichtung, die wir einlösen wollen: Manche Berufsgruppen, vor allem Angestellte und Angehörige der freien Berufe, sind hinter der allgemeinen Entwicklung zurückgeblieben. Die Regierung wird alle ihr möglichen Anstrengungen unternehmen, um gerade diesen Gruppen zu helfen" (Bulletin Nr. 81 vom 3. Mai 1958, S. 801).

[109] Zur Biographie Schelps siehe Anhang 2.

[110] Vgl. die Dienstverfügung 7/58 vom 26. Febr. 1958. Es gelang Schelp aber offenkundig nicht, die Arbeitsgruppe mit hauptamtlichen Referenten auszustatten (vgl. Vermerk des Referates 7 des Bundeskanzleramtes vom 30. April 1959 in B 136/2663). Am 12. Dez. 1960 wurde die Arbeitsgruppe in die Abteilung III/IIIS (Arbeitsrecht, Lohn-, Tarif- und Schlichtungswesen, Arbeitsschutz. Sonderprobleme der Sozialordnung) eingegliedert. Zum Aufgabengebiet vgl. die Rede Schelps auf der 1. Sitzung der Arbeitsgruppe am 26. Febr. 1958 sowie den von ihm erstatteten Bericht des BMA für den Sozialpolitischen Ausschuß des Bundestages (Sonderprobleme der Sozialordnung. Bericht über die neuen Aufgaben des Bundesministers für Arbeit und Sozialordnung, in: Sozialpolitische Informationen Nr. 49 vom 25. Febr. 1960) in B 149/8738.

[111] Die Dienstverfügung 27/57 vom 18. Dez. 1957 nennt die Referenten Hensen, Schewe und Schmatz sowie die Hilfsreferenten Sprang und Zöllner.

des Generalsekretariats übernahmen überwiegend reguläre Aufgaben als Leiter der Referate der Abteilung IV (Sozialversicherung/Sozialreform).

Jantz wurde nicht, wie ressortintern wohl erwartet wurde, zum neuen Staatssekretär bestellt[112]. Ernannt wurde der ressortfremde Wilhelm Claussen, der zuvor im Bundesverkehrsministerium die Leitung der Zentralabteilung innegehabt hatte. Claussen stammte wie Blank aus der christlichen Gewerkschaftsbewegung. Er galt aber als „Wohlfahrtsskeptiker" (Hockerts) und fügte sich insofern besser in das veränderte Selbstverständnis des Bundesarbeitsministeriums ein[113]. Sein Engagement galt vor allem der Reform der sozialen Krankenversicherung.

Für das veränderte sozialpolitische Klima unter Blank ist es auch bezeichnend, daß der Beirat für die Neuordnung der sozialen Leistungen nach einer Sitzung am 13. Oktober 1958 nicht mehr zusammentrat. Aufgelöst wurde er offiziell nicht[114].

Die Initiative zur Wiedereinrichtung eines sozialpolitischen Kabinettsausschusses ging im Frühjahr 1958 vom Bundeskanzleramt aus. Im April 1958 bat Adenauer Blank um seine Einschätzung, inwieweit die erneute Einberufung eines Kabinettsausschusses erforderlich sei und wie Blank die voraussichtliche Reaktion der Öffentlichkeit auf eine Wiederbelebung des Ministerausschusses beurteile[115].

Blank hielt lediglich den Zeitpunkt für zu früh. Die Vorbereitungen für das nächste große Reformgesetz seines Hauses, das Gesetz zur Neuregelung des Rechts der gesetzlichen Krankenversicherung, seien noch nicht abgeschlossen, die Öffentlichkeit müsse aber aus einer Wiedereinberufung des Ministerausschusses nach so langer Zeit schließen, daß in Kürze wichtige Entscheidungen zu erwarten seien. Der Ministerausschuß solle „nicht speziell für grundsätzliche Fragen der Sozialreform" eingerichtet werden, sondern „für laufende wichtige Fragen der Sozialpolitik" wie die künftige Ausgestaltung der Kindergeldgesetzgebung, die Gewährung

---

[112] Max Sauerborn war im März 1957 aus Altersgründen ausgeschieden. Von März bis September 1957 hatte der frühere Staatssekretär im Kultusministerium des Landes Nordrhein-Westfalen, Hans Busch, das Amt inne. Er wechselte im Oktober 1957 als Staatssekretär in das neugeschaffene BMBes.

[113] Vgl. hierzu Hockerts, Entscheidungen, S. 116, Anm. 36 und BArbBl. 1961, S. 478 f. („Staatssekretär Dr. Wilhelm Claussen 60 Jahre"). – Zur Biographie Claussens siehe Anhang 2. Vgl. auch den Nachlaß Claussen N 1299/1–5. – Nach dem Krieg hatte Claussen in Hamburg die finanziell angeschlagene See-Berufsgenossenschaft – die Pflichtversicherung der Seeleute – saniert. Der „Spiegel" wertete diese Tätigkeit als die „Bewährung im Krankenkassendienst, die Claussen für sein Amt im Sozialministerium prädestinierte". Darüberhinaus galt er wohl als geschickter Verhandlungsführer. Vgl. „Der Spiegel" Nr. 48 vom 26. Nov. 1958, S. 34. – Zur Ernennung Buschs und Claussens vgl. auch 173. Kabinettssitzung am 1. März 1957 TOP 1 (B 136 VS/36115) und 3. Kabinettssitzung am 13. Nov. 1957 TOP 1 (B 136 VS/36117).

[114] In der letzten Sitzung am 13. Okt. 1958 diskutierten die Beiratsmitglieder in Anwesenheit von Blank und Claussen die Auflösung des Beirats, ohne hierüber einen Beschluß zu fassen. Die vorliegenden Arbeitsergebnisse der Ausschüsse wurden ohne weitere Diskussion zur Veröffentlichung freigegeben. Die Ausschüsse hatten sich zuletzt mit Fragen der Krankenversicherungsreform und der Reform des Fürsorgerechts befaßt und waren in der neuen Legislaturperiode nicht mehr zusammengetreten. Unterlagen hierzu in B 136/1365 und B 149/7757, vgl. die Veröffentlichung der Arbeitsergebnisse in BArbBl. 1958, S. 573–592.

[115] Vgl. das Schreiben Adenauers an Blank vom 22. April 1958 (Abschrift) in B 136/4802.

von Teuerungszulagen für Sozialleistungsempfänger, die Anpassung der laufenden Renten an die allgemeine Bemessungsgrundlage von 1958, die Neuregelung der gesetzlichen Krankenversicherung und Fragen der Lohnpolitik und des Tarifrechts. Für den Fall, daß Adenauer den Vorsitz nicht selbst führen wollte, beanspruchte ihn Blank für sich[116].

Trotz der Vorbehalte des Bundesarbeitsministers wurde die Einberufung der 1. Sitzung des Ministerausschusses im Kanzleramt forciert, da man sich hiervon eine günstige Auswirkung auf die Landtagswahlen in Nordrhein-Westfalen am 6. Juli 1958 versprach[117]. Neben der Entlastung des Kabinetts, so hielt der für Kabinettssachen des Arbeitsministeriums im Bundeskanzleramt zuständige Referent Günther Abicht in einem Vermerk für die Kabinettssitzung am 11. Juni fest, „würde eine Fortsetzung der Tätigkeit des Sozialkabinetts Gelegenheit geben, in einem frühen Stadium eine Koordinierung sozialpolitischer Grundfragen zu erreichen. Eine Fortsetzung der Arbeiten des Sozialkabinetts würde der Öffentlichkeit die Überzeugung geben, daß die Bundesregierung nicht nur der Wirtschaftspolitik, sondern in gleichem Maße auch der Sozialpolitik ihre Aufmerksamkeit widmet. Das Wirtschaftskabinett ist weder aus sachlichen noch aus optischen Gründen geeignet, sozialpolitische Grundsatzfragen zu behandeln. Mit der Tätigkeit dieses Kabinettsausschusses wird in der Öffentlichkeit die Vorstellung verbunden, daß hier vorwiegend nach rein wirtschaftlichen und finanziellen Erwägungen geurteilt wird. Gerade vor den Landtagswahlen dürfte eine Aktivität der Bundesregierung auf sozialpolitischem Gebiet besondere politische Auswirkungen haben. Um jedoch die Auswirkungen richtig auswerten zu können, ist dringend Eile geboten."[118]

Noch vor der Landtagswahl schlug Adenauer mit seiner Kabinettsvorlage vom 27. Juni 1958 die Fortführung des Ministerausschusses für die Sozialreform als „Kabinettsausschuß für Sozialpolitik" vor und lehnte sich hierin an die Konzeption Blanks an: „Zur Entlastung des Kabinetts und zur Erörterung wichtiger sozialpolitischer Grundsatzfragen bedarf die Bundesregierung eines besonderen Ausschusses auf Ministerebene, dem die an der Sozialpolitik hauptinteressierten Ressorts angehören. Fragen der Sozialordnung, der Lohnpolitik und des Tarifrechts, der Kindergeldgesetzgebung, um nur einige zu nennen, sollten alsbald hier einmal grundsätzlich erörtert werden. Gerade in diesem Jahr, das eine Reihe innenpolitischer Entscheidungen bringen wird, gilt es, daß die Bundesregierung ihre Führungsrolle auf sozialpolitischem Gebiet wirksam in Erscheinung treten läßt. [...] Damit dieser Ausschuß in der Themenstellung nicht begrenzt ist, schlage ich vor, daß der Ministerausschuß künftig die Bezeichnung „Kabinettsausschuß für Sozialpolitik" trägt."[119]

---

[116] Vgl. das Schreiben Blanks an Adenauer vom 22. Mai 1958 in B 136/50205.

[117] Vgl. die Vorlage Abichts für den Bundeskanzler vom 4. Juni 1958 in B 136/50205.

[118] Vermerk Abichts vom 7. Juni 1958 für die Kabinettssitzung am 11. Juni 1958 in B 136/50205. Die Fortführung der Arbeiten des Ministerausschusses für die Sozialreform stand auf der Tagesordnung der Kabinettssitzung, wurde aber auf Antrag des Bundesministers für Arbeit und Sozialordnung im Einverständnis mit dem Bundeskanzler zurückgestellt (Protokoll in B 136 VS/36118).

[119] Kabinettsvorlage des Bundeskanzleramtes vom 27. Juni 1958 in B 136/50205.

Der Bundeskanzler wollte auch künftig formell dem Ministerausschuß vorstehen. Die ständige Vertretung im Vorsitz übertrug er aber nicht wie 1955 dem Vizekanzler, sondern nun dem Bundesminister für Arbeit und Sozialordnung. Ebensosehr wie es aus „optischen Gründen" inopportun schien, Sozialfragen im Wirtschaftsausschuß zu erörtern, war es inopportun, den Bundeswirtschaftsminister, der aus seiner Ablehnung des Sozialkabinetts keinen Hehl machte, zum Vorsitzenden dieses Ministerausschusses zu benennen. Ordentliche Mitglieder des Kabinettsausschusses sollten die Bundesminister des Innern, der Finanzen, für Wirtschaft, für Vertriebene, Flüchtlinge und Kriegsgeschädigte sowie für Familien- und Jugendfragen sein[120].

Erst nach der Sommerpause – inzwischen lag ein Referenten-Entwurf zur Reform der Krankenversicherung vor, und insofern mußte auch Blank der Zeitpunkt geeignet erscheinen – wurde die Einrichtung eines Ministerausschusses für Sozialreform in der 35. Kabinettssitzung am 17. September 1958 beschlossen[121]. In den nächsten beiden Jahren seien wichtige sozialpolitische Grundsatzfragen auf dem Gebiet der Kranken- und Rentenversicherung und der Kriegsopferversorgung zu treffen, begründete Blank zu Beginn der Sitzung die Zweckmäßigkeit der erneuten Einrichtung eines Ministerausschusses. Erhard widersprach: im Kabinettsausschuß für Wirtschaft[122] seien auch bisher sozialpolitische Fragen behandelt worden und „alle Fragen der Sozialpolitik hätten gleichzeitig auch finanzpolitische und wirtschaftspolitische Bedeutung." Adenauer ließ den Einwand nicht gelten. Eine Aufgabentrennung sei möglich, der Sozialausschuß solle einen „konkreten, geschlossenen Kreis von Gesetzgebungsfragen beraten", im Unterschied zum Kabinettsausschuß für Wirtschaft, der „laufend neue, aktuelle Fragen" erörtere. Der Bundeskanzler stimmte aber Erhard darin zu, daß der Sozialausschuß keine „Dauereinrichtung" werden solle; er diene lediglich der Entlastung des Kabinetts. Er solle sicherstellen, daß die Gesetzgebungsarbeiten in den nächsten zwei Jahren abgeschlossen seien und nicht in das letzte Jahr der Legislaturperiode gerieten. Der Kreis der ständigen Mitglieder wurde auf die Bundesminister für Arbeit und Sozialordnung, für Wirtschaft, der Finanzen und des Innern beschränkt. Das Kabinett trug auch in diesem Fall einem Einwand Erhards Rechnung, die vorgeschlagene Zusammensetzung liefe im Ergebnis auf zwei Ministerausschüsse mit gleichem Teilnehmerkreis hinaus. Auch die von Adenauer zunächst als regelmäßige Teilnehmer vorgesehenen Minister für Familie und Jugend und für Vertriebene, Flüchtlinge und Kriegsgeschädigte – immerhin zuständig für herausragende sozial-

---

[120] Die in der 30. Kabinettssitzung am 2. Juli 1958 TOP 9 (B 136 VS/36118) angemeldeten Ansprüche der Minister für Wohnungsbau, für wirtschaftlichen Besitz des Bundes und für Verkehr auf eine ordentliche Mitgliedschaft im Ministerausschuß sowie die Forderung von Merkatz' nach Teilnahme eines Angehörigen der DP wies Globke mit dem Hinweis zurück, daß der Kreis klein bleiben sollte und alle Minister die Möglichkeit hätten, im Einzelfall vom Kabinettsausschuß gehört zu werden.

[121] Vgl. 35. Kabinettssitzung am 17. Sept. 1958 TOP 2 (B 136 VS/36118).

[122] Vgl. die Protokolle des Kabinettsausschusses für Wirtschaft 1951–1961 in B 136 VS/36209–36226, gedruckt in: Die Kabinettsprotokolle der Bundesregierung. Kabinettsausschuß für Wirtschaft, Band 1: 1951–1953.

politische Spezialaufgaben – waren nun nicht mehr als ständige Ausschußmitglieder vorgesehen.

Das Gremium sollte sich nun als „Ministerausschuß für Sozialreform"[123] auf die Beratung spezieller Gesetzesvorhaben, vor allem im Bereich der Sozialversicherung und Versorgung, beschränken und ausdrücklich nicht generell für Sozialpolitik zuständig sein. Damit war Adenauer von seinen früheren Vorstellungen abgerückt und der Bundesarbeitsminister mit seiner ursprünglichen Intention, den Sozialausschuß zu einem Beratungsgremium „für laufende wichtige Fragen der Sozialpolitik" zu machen, gescheitert. Die Bezeichnung des Ministerausschusses wurde im Unterschied zum ersten „Sozialkabinett" unter Verzicht auf den bestimmten Artikel „die" geringfügig modifiziert. Dies dürfte kein Zufall sein, war doch im Kabinett von der ursprünglich avisierten umfassenden Sozialreform keine Rede mehr. Einzelne Sozialversicherungs- und Versorgungsbereiche sollten nun sukzessive im Rahmen einer weiter, aber auch vager gefaßten „Sozialreform" reformiert werden.

DIE BERATUNGEN IM MINISTERAUSSCHUSS FÜR SOZIALREFORM

Im Unterschied zum ersten „Sozialkabinett" war das Interesse der Kabinettsmitglieder an einer Teilnahme an den wenigen Sitzungen des zweiten Ministerausschusses offenkundig gering. Der Bundeskanzler blieb fern, ebenso der Bundeswirtschaftsminister. Auch die übrigen ordentlichen Mitglieder nahmen mit Ausnahme Blanks, der in jeder Sitzung den Vorsitz innehatte, nur sporadisch teil. Die Minister Lübke und Wuermeling besuchten jeweils eine Sitzung. Die geringe Neigung zum Besuch der Ausschußsitzungen ist vor allem wohl darauf zurückzuführen, daß die Grundzüge der im Sozialkabinett beratenen Gesetze – die Neuregelung der Krankenversicherung, die Reform des Bundesversorgungsgesetzes, die Alters- und Hinterbliebenenversicherung bestimmter Gruppen der zulassungspflichtigen freien Berufe und auch die Vermögensbildung für Arbeitnehmer – im wesentlichen zwischen dem Finanz-, dem Wirtschafts- und dem Arbeitsminister unstrittig waren. Die Weiterberatung der Gesetzentwürfe erfolgte ohnehin im Kabinett, Abstimmungen in Einzelfragen erfolgten in der Regel in kleinerem Kreis in Chef- und Ressortbesprechungen.

Die Beratungsgegenstände im Ministerausschuß beschränkten sich weitgehend auf den in der Kabinettssitzung vom 17. September 1958 vorgegebenen Kanon an Gesetzesvorhaben[124]. Über diesen Rahmen hinaus wies nur die in der letzten Sitzung des Ministerausschusses am 29. Juli 1960 beratene vermögenswirksame Ergebnisbeteiligung der Arbeitnehmer. Ein Gesetz zur Vermögensbildung der Arbeit-

---

[123] Adenauer schlug nun diese Benennung vor. Zuvor hatten Blank für „Ministerausschuß für Sozialpolitik" und Erhard für „Ministerrat für Sozialgesetzgebung" plädiert. Vgl. 35. Kabinettssitzung am 17. Sept. 1958 TOP 2 (B 136 VS/36118).

[124] Vgl. 35. Kabinettssitzung am 17. Sept. 1958 TOP 2 (B 136 VS/36118).

nehmer hatte Blank in seiner programmatischen Abhandlung „Eine Sozialpolitik neuen Stils" neben der Reform der Krankenversicherung angekündigt[125]. In diesen beiden Gesetzesvorhaben sollte sich der neue sozialpolitische Kurs manifestieren.

DAS KRANKENVERSICHERUNGS-NEUREGELUNGSGESETZ (KVNG)

Im Zuge der Wiederherstellung des tradierten Sozialversicherungssystems in der ersten Hälfte der 50er Jahre wurde auch die Krankenversicherung in ihrer traditionellen Form wiederaufgebaut. Unumstritten aber war von Anfang an, daß die geplante Sozialreform neben der Neuordnung der Renten- und der Unfallversicherung auch die gesetzliche Krankenversicherung umfassen sollte[126].

Im Rahmen der Rentenreform und im Vorgriff auf eine umfassende Krankenversicherungsreform war das Gesetz über die Krankenversicherung der Rentner vom 12. Juni 1956 verabschiedet worden, das die Rentner als nun echte Mitglieder der gesetzlichen Krankenkassen den übrigen Mitgliedern im Leistungsrecht weitgehend gleichgestellt hatte[127]. In einem weiteren Vorgriff auf die Krankenversicherungsreform war im günstigen Klima des Wahljahres 1957 das Gesetz zur Verbesserung der wirtschaftlichen Sicherung der Arbeiter im Krankheitsfalle[128] zustandegekommen; das auf eine Initiative des DGB und einen Gesetzentwurf der SPD vom 28. September 1955[129] zurückgehende Gesetz gewährte die Lohnfortzahlung für die ersten sechs Wochen in Höhe von 90 % des Nettoarbeitsentgeltes bei zwei Karenztagen und näherte damit die Leistungsansprüche der Arbeiter denen der Angestellten an.

In grundsätzlichen Ausführungen zur Sozialpolitik legte Bundesarbeitsminister Blank am 13. Februar 1958 vor den Bundestagsausschüssen für Arbeit, für Sozialpolitik und für Kriegsopfer- und Heimkehrerfragen bereits die Ziele der geplanten Krankenversicherungsreform dar: „Die soziale Krankenversicherung muß den veränderten sozialen Umständen angepaßt werden, die durch die allgemeine soziale Entwicklung, die Entwicklung des Gesundheitszustandes der Versicherten und ihrer Familien und die modernen medizinischen Erkenntnisse hervorgerufen worden sind. Aufgabe der Reform muß es ein, die Leistungen so sinnvoll zu ordnen, daß dort, wo der Mensch der Hilfe am meisten bedürftig ist, sie auch in ausreichendem Maße gewährt werden kann. Daß bedeutet, daß das Schwergewicht der Neuordnung der Krankenversicherung auf einer Verbesserung der Leistungen für die langandauernden Krankheiten liegen muß. Daneben haben uns die modernen Erkenntnisse der Medizin in den Stand gesetzt, der Verwirklichung des an sich alten Grundsatzes, daß vorbeugen besser als heilen ist, näherzukommen. Ein Aus-

---

[125] Blank, Eine Sozialpolitik neuen Stils, S. 30.

[126] Vgl. zur Krankenversicherungsreform grundlegend Reucher, Reformen.

[127] BGBl. 1956 I 500.

[128] Gesetz vom 26. Juni 1957 (BGBl. 1957 I 649). – Vgl. hierzu Reucher, Reformen, S. 65–96.

[129] BT-Drs. 1704.

bau geeigneter präventiver Maßnahmen ist daher notwendig."[130] Er wies im weiteren auf die starke finanzielle Belastung der Krankenversicherung durch die Inanspruchnahme ärztlicher Leistungen bei Bagatellerkrankungen hin und argumentierte, daß Leistungsverbesserungen bei langandauernden Krankheiten nur bei einer „Selbstbeteiligung der Versicherten in sogenannten Bagatellfällen ermöglicht werden" könnten, wenn gleichzeitig die Beitragsbelastung in vernünftigen Grenzen gehalten werden solle. Damit hatte Blank die Leitgedanken der Neuordnung der Krankenversicherung formuliert, wie sie dann auch dem Sozialkabinett im Herbst 1958 dargelegt wurden: Schließung der Lücken im Leistungsrecht, aber Betonung des Subsidiaritätsprinzips durch Stärkung der Eigenverantwortung[131]. Dies schien in einer Zeit gesicherter Beschäftigungsverhältnisse und steigender Einkommen sozialpolitisch vertretbar und entsprach den angekündigten Akzentverschiebungen in der Sozialpolitik.

Blank konnte sich mit dieser Reformkonzeption der Unterstützung des Bundeskanzlers sicher sein. In seiner Ansprache zum 1. Mai 1958 bestätigte Adenauer diese Zielvorstellungen: „Sie können von einem überzeugt sein: Die Bundesregierung wird das begonnene Sozialwerk entschlossen fortsetzen. So werden wir uns nicht mit[132] der bereits gesetzlich geregelten Sorge für den Arbeiter im Krankheitsfalle begnügen, sondern durch eine umfassende Reform des Krankenkassenwesens die Voraussetzungen dafür schaffen, daß die Leistungen, ohne Minderung des Gesamtvolumens, in erster Linie denjenigen zugute kommen, die ihrer bedürfen."[133]

Der Reformdruck war mit Beginn der 3. Wahlperiode stärker geworden, da sich die finanziellen Probleme der Krankenkassen durch die bereits genannten Gesetze über die Lohnfortzahlung für Arbeiter im Krankheitsfall und die Neuordnung der Krankenversicherung der Rentner sowie durch eine Grippeepidemie im Herbst 1957 verschärft hatten[134]. Zur Einführung allgemein als notwendig erachteter Leistungsverbesserungen blieb – wollte man eine für den Bundeshaushalt kostenneutrale Reform und keine Beitragserhöhungen für die Versicherten – nur die Einschränkung von Leistungen zu Lasten der Versicherten.

Der Vorschlag der Eigenbeteiligung war nicht neu. Schon in den „Grundgedanken zur Gesamtreform der sozialen Leistungen" vom April 1955 hatte das Bundesarbeitsministerium eine Kostenbeteiligung an Arzneimitteln und ärztlicher

---

[130] Blank, Das sozialpolitische Programm, in: BArbBl. 1958, S. 84–86. Unerwähnt blieb, daß man mit der Reform auch auf die Kritik der Ärzteschaft an der beschränkten Zulassung zur Kassenarztpraxis, am Fehlen einer zeitgemäßen Gebührenordnung sowie an der Verlagerung des Morbiditätsrisikos auf die Ärzteschaft reagieren wollte.

[131] Vgl. hierzu auch Jantz, Einige Gedanken zur Sozialreform, in: Politisch-Soziale Korrespondenz Nr. 6 vom 15. März 1958, S. 9 f.

[132] Korrigiert aus 'mehr' (Anm. d. Verf.).

[133] Bulletin Nr. 81 vom 3. Mai 1958, S. 801.

[134] FDP und SPD brachten zu Beginn des Jahres 1958 Gesetzentwürfe zur Verbesserung der angespannten Situation der Krankenkassen ein. Während die SPD eine Umverteilung der Lasten und Bundeszuschüsse bei der Wochenhilfe anstrebte (BT-Drs. 123), zielte der Entwurf der FDP auf eine Verschärfung der Bestimmungen zur Lohnfortzahlung (BT-Drs. 83).

Behandlung zugunsten der Kassen gefordert[135]. Eine Entlastung der gesetzlichen Krankenversicherung von Bagatellfällen war auch von der Professorengruppe um Achinger 1955 in der Rothenfelser Denkschrift gefordert worden[136].

Die Krankenversicherungsreform wurde allein im Arbeitsministerium vorbereitet. In Klausur in Bad Münstereifel arbeiteten im Frühsommer 1958 vier Referenten des Bundesarbeitsministeriums unter der Leitung des Referenten für die Krankenversicherung, Hans Schmatz[137], einen Reformentwurf aus[138]. Er fand in einer Besprechung am 2. September 1958 die Zustimmung der übrigen Ressorts[139].

Am 24. Oktober 1958 legte das Bundesarbeitsministerium dem Ministerausschuß die Grundsätze für die Neuordnung der sozialen Krankenversicherung vor. Sie zeigten zwar prinzipielle Tendenzen auf, waren aber bewußt allgemein gehalten, um Ansatzpunkte für verschiedene Lösungsmöglichkeiten zu bieten[140]. Kurt Jantz stellte in der Sitzung zunächst die geplanten leistungsverbessernden Maßnahmen dar. Um diese zu finanzieren und weiterem Mißbrauch vorzubeugen, sei eine Selbstbeteiligung der Versicherten erforderlich. Weitere strukturelle Reformvorschläge bezogen sich auf die Ärzteschaft. Die vorgetragenen Grundsätze wurden im wesentlichen ohne Widerspruch gebilligt. Unterschiedliche Auffassungen bestanden nur in der Frage der Investitionskosten der Krankenhäuser und der Eingrenzung des versicherungspflichtigen Personenkreises. Zu letztgenanntem hielt Blank der Staatssekretärin im Bundesfamilienministerium, Gabriele Wülker, entgegen, die „Versicherungspflicht müsse in der sozialen Notwendigkeit ihre Grenze finden, sonst stehe am Ende der Gesundheitsstaat"[141].

---

[135] Siehe den Abdruck der Vorlage des BMA in Anhang 1, Dokument 1. – Vgl. auch die Beschlüsse des Arbeitsausschusses für Grundsatzfragen zur Reform der Krankenversicherung in: BArbBl. 1958, S. 574 f. und die Ausführungen zur „Gesundheitssicherung" im Sozialplan der SPD (Sozialplan für Deutschland, auf Anregung des Vorstandes der Sozialdemokratischen Partei Deutschlands vorgelegt von Auerbach u.a., 1957). Zur Übersicht über die unterschiedlichen Standpunkte zu den verschiedenen Aspekten der Reform der Krankenversicherung siehe die „Zusammenstellung der Probleme der Neuordnung der gesetzlichen Krankenversicherung und der vorgeschlagenen Lösungen" (o.D.) in B 136/1391 sowie die instruktive Übersicht „Die Reform der sozialen Versicherung im Widerstreit der Meinungen. Eine gedrängte Vergleichsübersicht wichtiger Vorschläge zur Neuordnung der sozialen Krankenversicherung", in: Beilage zur Deutschen Versicherungszeitschrift, XIII. Jahrgang, Nr. 1, Jan. 1959.

[136] Vgl. Achinger u.a., Neuordnung, S. 58–69. Außerdem hatten die Professoren vorgeschlagen, das System der Wahl verschiedener Tarife aus der privaten Krankenversicherung auch für die gesetzliche Krankenversicherung zu übernehmen.

[137] Zur Biographie Schmatz' siehe Anhang 2.

[138] Vgl. hierzu „Der Spiegel" Nr. 48 vom 26. Nov. 1958, S. 34–50: „Krankenkassen Reformgesetz: Geld, Geld" sowie „Die Zeit" vom 15. August 1958: „Krankenkassen-Reform hinter verschlossenen Türen".

[139] Vgl. die Niederschrift über die Ressortbesprechung am 2. Sept. 1958 in B 149/4340.

[140] So Jantz in seinem Beitrag „Zum Entwurf des Krankenversicherungs-Neuregelungsgesetzes", in: Sozialpolitische Mitteilungen, Nr. 235, Dez. 1958, S. 2333. – Vgl. 2. Sitzung des Ministerausschusses am 24. Okt. 1958 TOP 1.

[141] Hierin wurde er in der Kabinettssitzung am 5. Nov. 1958 durch den Bundeskanzler unterstützt, der gegen die Absicht, den Kreis der Versicherten einzuengen, „keine Bedenken" hatte (Protokoll in B 136 VS/36119).

Die vom Ministerausschuß gebilligten Grundsätze wurden in der Kabinettssitzung am 5. November 1958 vorgestellt. Auch das Kabinett erklärte sich ohne strittige Diskussion mit den von Blank knapp dargelegten Leitlinien einverstanden. Lediglich der Beschluß über eine künftige Gestaltung der freien Arztwahl durch eine allgemeine Zulassung der Ärzte zu den Kassen wurde nach dem Einwand des Bundeskanzlers, ob nicht eine vergleichbare Situation in der Vergangenheit zu einem Anwachsen der ärztlichen Verschreibungstätigkeit geführt habe, zurückgestellt[142].

Angesichts der späteren vehementen Kritik der Interessengruppen und Verbände an dem Reformkonzept erstaunt die unkomplizierte Beratung im Ministerausschuß und im Kabinett auf den ersten Blick und ist doch bei genauerer Betrachtung nachvollziehbar: Die Reform konnte hier mit Zustimmung rechnen, da die Notwendigkeit leistungsverbessernder und kostendämpfender Maßnahmen von allen anerkannt wurde, sie keine Belastung des Bundeshaushalts mit sich brachte und mit der beabsichtigten Stärkung des Subsidiaritätsprinzips ganz im Zeichen des angekündigten sozialpolitischen Richtungswandels stand.

Schon am Tag der Beratungen im Ministerausschuß veröffentlichte das Bundesarbeitsministerium sein „Konzept eines Vorentwurfs"[143]. Da Widerstand bei der Reform der Krankenversicherung nicht innerhalb der Regierung, sondern bei den Interessenvertretern der betroffenen Gruppen und Einrichtungen zu erwarten war, wählte das Arbeitsministerium von Beginn an den Weg einer offensiven Öffentlichkeitsarbeit. Die Verbände wurden frühzeitig und umfänglich in die Reformberatungen eingebunden. Nach dem problemlosen „Durchmarsch" der Grundsätze im Kabinett sandte das Arbeitsministerium am 18. Dezember 1958 einen Referentenentwurf an eine Vielzahl von Verbänden, forderte zu Stellungnahmen auf und lud zu einer Anhörung für Anfang Februar 1959 ein. Der Referentenentwurf schlug in elf Kapiteln eine Neukodifizierung des Zweiten Buchs der Reichsversicherungsordnung und eine einheitliche Rechtsgrundlage für die soziale Krankenversicherung vor. Beibehalten wurden das Versicherungsprinzip, die gegliederte Struktur der Versicherung sowie das System der Beitragsbemessung. Allerdings wurden die Einwirkungsmöglichkeiten des Staates über Rechtsverordnungen deutlich erweitert. Dem Kostenanstieg sollte durch eine stärkere Kontrolle von Versicherungsträgern, Leistungserbringern und Versicherten begegnet werden. Eine Reihe von Leistungsverbesserungen sollten durch Kostenbeteiligung der Versicherten finanziert werden. Den Finanzproblemen der Kassen sollte außerdem durch eine Verschärfung der Lohnfortzahlung der Arbeiter begegnet werden[144].

---

[142] Vgl. 41. Kabinettssitzung am 5. Nov. 1958 TOP 5 (B 136 VS/36119). – In der 83. Kabinettssitzung am 28. Okt. 1959 (TOP 3) trug Blank vor, daß man „in dem Gesetzentwurf von Bestimmungen über Zulassung überhaupt absehe" und „etwaigen Befürchtungen des Bundeskanzlers dadurch Rechnung" trage. Adenauer hatte in dieser Sitzung Bedenken geäußert, ob „eine Zulassung durch die Kassen nicht eine Machtverlagerung auf diese" mit sich bringe (Protokoll in B 136 VS/36121).

[143] Vgl. Sozialpolitische Informationen Nr. 2 vom 24. Okt. 1958 in B 149/4186.

[144] Referentenentwurf vom 18. Dez. 1958 in B 136/1392. – Vgl. Reucher, Reformen, S. 108–115.

Positiv äußerten sich zum Referentenentwurf im Frühjahr 1959 nur die Verbände der privaten Krankenversicherer und der Arbeitgeber. Ansonsten stand dem Entwurf eine weitgehend geschlossene Phalanx von Kritikern gegenüber, die von SPD und Gewerkschaften über die Ärzteverbände bis hin zum Arbeitnehmerflügel der CDU reichte. Zustimmung fanden zwar allenthalben die angestrebten Leistungsverbesserungen, auf strikte Ablehnung aber stießen vor allem die Selbstbeteiligung, die Verschärfung der Lohnfortzahlungsregelung sowie die Einschränkung der Selbstverwaltung und die erweiterten Eingriffsmöglichkeiten des Staates.

In der Begründung der Reformkonzeption hatten sowohl der Minister als auch die Beamten des Ressorts immer wieder argumentiert, daß die Kostenexpansion in der Krankenversicherung auf das Anspruchsdenken der Versicherten und den Mißbrauch der Versicherungsleistungen zurückzuführen sei[145]. Die Selbstbeteiligung bei Bagatellerkrankungen wurde in erster Linie in ihrer erzieherischen Funktion dargestellt und damit ihre Rolle als maßgebliches Finanzierungsinstrument im Rahmen der Reform in den Hintergrund gerückt. Gerade diese Argumentation provozierte Empörung bei den Versicherten und ihren Interessenvertretern. Der DGB sah hierin eine Diskriminierung der Versicherten. Besonders schwer wog, daß die Gewerkschaften in Blank andere Erwartungen gesetzt hatten und sich nun von einem Mann aus den eigenen Reihen verraten fühlten[146]. Die SPD kritisierte scharf, daß die Leistungsverbesserungen nur über die Selbstbeteiligung finanziert werden sollten.

---

[145] Vgl. hierzu die Begründung, die am Tag der Beratung im Ministerausschuß von der Pressestelle des BMA veröffentlicht wurde: „Für die Einführung einer Selbstbeteiligung sprechen folgende Erwägungen: a) Das System, die Ausgaben für die Krankenpflege nur durch Beiträge zu finanzieren, führt dazu, daß ein großer Teil der Versicherten bestrebt ist, aus der Krankenkasse herauszuholen, was möglich ist. Dieses Bestreben führt zu vielen Mißbräuchen. Ein geringer Beitrag und eine Beteiligung des einzelnen an der beanspruchten Leistung kann diese Mißbräuche abstellen. b) Die Einstellung der Versicherten zur Krankheit ist eine sehr verschiedene und von subjektiven Momenten abhängig. Alle Versicherten zahlen aber den gleichen Beitrag. Das führt auf die Dauer dazu, daß der Begriff der Solidarität, der ein tragender Pfeiler der Krankenversicherung ist, ausgehöhlt wird. Eine Selbstbeteiligung kann zu einem gerechten Ausgleich [...] beitragen. c) Das System der kostenlosen ärztlichen Behandlung führt dazu, daß der Arzt oft unnötig und leichtfertig in Anspruch genommen wird. Das wiederum hat zur Folge, daß die Wartezimmer überfüllt sind und die Gründlichkeit der ärztlichen Behandlung leidet. [...] d) Die vorgesehenen Leistungsverbesserungen, die sozialpolitisch notwendig sind, bringen eine erneute Belastung der Krankenkassen. Um die Beitragsbelastung nicht übermäßig anwachsen zu lassen, ist es notwendig, die Ausgaben dort zu beschneiden, wo es sozialpolitisch zu vertreten ist oder sogar wünschenswert erscheint." (Sozialpolitische Informationen Nr. 2 vom 24. Okt. 1958).

[146] Vgl. Reucher, Reformen, S. 119. – Im „Spiegel" wurde Staatssekretär Claussen folgende Bemerkung zugeschrieben: „Der deutsche Arbeiter, sagt Claussen, werde von Sozialromantikern und Gewerkschaften über Gebühr idealisiert; in Wirklichkeit gehöre der Arbeiter zur indifferenten, labilen Masse, die darauf spekuliere, jeden Vorteil auszunutzen. Claussen besteht darauf, diese Masse erst zur Selbstverantwortung zu erziehen." Dies war Anlaß einer Aussprache im Bundestag am 12. Dez. 1958. Vgl. „Der Spiegel" Nr. 48 vom 26. Nov. 1958, S. 50 „Krankenkassen-Reformgesetz. Geld, Geld" und Nr. 52 vom 24. Dez. 1958, S. 14 f. – Vgl. BT-Drs. 721 und Stenographische Berichte, Bd. 42, S. 2986–2993.

Abb. 1: Das Bundesarbeitsministerium im Gebäude der ehemaligen Troilo-Kaserne in der Bonner Straße in Bonn-Duisdorf. Aufnahme vom 19. Februar 1958 (Quelle: Bundesbildstelle, 5130/3).

Abb. 2: Anton Storch, Bundesminister für Arbeit 1949–1957 (Quelle: Bundesbildstelle, 3647).

Abb. 3: Theodor Blank, 1957–1965 Bundesminister für Arbeit und Sozialordnung am 14. Februar 1961 (Quelle: Bundesbildstelle, 9662/12).

Abb. 4: Franz Blücher, 1949–1957 Stellvertreter des Bundeskanzlers und 1953–1957 Bundesminister für wirtschaftliche Zusammenarbeit (Quelle: Bundesbildstelle, 1513).

Abb. 5: Der Bundesminister für Arbeit Anton Storch verabschiedet Max Sauerborn, Staatssekretär des Bundesministeriums für Arbeit 1950–1957, im März 1957 in den Ruhestand (Quelle: Bundesbildstelle, 4283/7).

Abb. 6: Wilhelm Claussen, Staatssekretär im Bundesministerium für Arbeit und Sozialordnung 1957–1965, im Jahr 1959 (Quelle: Bundesbildstelle, 6721/5).

Abb. 7: Kurt Jantz, 1955–1970 Generalsekretär für die Sozialreform und 1955–1973 Leiter der Abteilung Sozialversicherung im Bundesministerium für Arbeit (Quelle: Institut für Zeitgeschichte Nachlaß Jantz ED 431/30).

Abb. 8: Prof. Wilfrid Schreiber, Geschäftsführer des Bundes katholischer Unternehmer und Verfasser der Schrift „Existenzsicherheit in der industriellen Gesellschaft", trug seine Grundgedanken zur Alterssicherung dem Ministerausschuß für die Sozialreform am 13. Dezember 1955 vor (Quelle: Universitätsarchiv Köln, Reproduktion).

Durchschnittliche Höhe der laufenden Renten in Mark / Monat

	Rentenversicherung der Arbeiter			Rentenversicherung der Angestellten			Knappschaftliche Rentenversicherung		
	Ver- sicherte	Witwen	Waisen	Ver- sicherte	Witwen	Waisen	Ver- sicherte	Witwen	Waisen
Juli 1938	31,00	19,00	11,00	69,00	—	—	—	—	—
November 1948	42,00	25,40	15,50	78,40	36,00	25,40	—	—	—
Juni 1953	78,80	49,20	31,80	121,00	62,80	37,70	—	—	—
August 1955	89,70	57,50	32,30	137,20	73,30	38,20	—	—	—
Januar 1957	90,40	56,00	31,80	137,90	74,20	38,60	186,80	104,70	38,40
Juli 1957	143,20	95,40	50,10	226,40	138,00	53,70	187,10	104,90	38,10
Juli 1958	144,50	102,90	50,90	230,60	145,80	55,10	240,60	128,30	40,90
Juli 1959	151,90	109,80	54,00	243,80	156,10	58,80	300,50	196,40	61,50

Reinausgaben [1]) für öffentliche Sozialleistungen in der Bundesrepublik Deutschland einschließlich Berlin nach den wichtigsten sozialen Bereichen in vom Hundert des Volkseinkommens (VE) und je Kopf der Bevölkerung

Sozialer Bereich		1950	1953	1956	1958
Krankenversicherung einschließlich Mutterschutz	in Mio. DM	2 517	3 883	5 321	7 796 [2])
	in v.H. des VE	3,3	3,4	3,5	4,4
	je Einw. in DM	51,30	77,10	102,30	146,10
Unfallversicherung	in Mio. DM	594	914	1 131	1 652 [3])
	in v.H. des VE	0,8	0,8	0,7	1,0
	je Einw. in DM	12,10	18,10	21,80	31,00
Rentenversicherungen einschl. Altershilfe für Landwirte	in Mio. DM	3 880	6 469	9 162 [3])	15 468 [3])
	in v.H. des VE	5,0	5,7	5,9	8,8
	je Einw. in DM	79,10	128,40	176,10	289,90
Arbeitslosenversicherung und -hilfe	in Mio. DM	1 964	2 204	1 724	1 925
	in v.H. des VE	2,5	2,0	1,1	1,1
	je Einw. in DM	40,10	43,80	33,10	36,10
Kindergeldgesetz	in Mio. DM	—	—	478	570 [2])
	in v.H. des VE	—	—	0,3	0,3
	je Einw. in DM	—	—	9,20	10,70
Kriegsopferversorgung	in Mio. DM	2 091	2 742	3 596	3 634
	in v.H. des VE	2,7	2,4	2,3	2,1
	je Einw. in DM	42,60	54,40	69,10	68,10
Fürsorge und Lastenausgleich (konsumtive Leistungen)	in Mio. DM	2 195	3 031	3 461	4 203 [2])
	in v.H. des VE	2,8	2,7	2,3	2,4
	je Einw. in DM	44,80	60,20	66,50	78,80
Insgesamt	in Mio. DM	13 241	19 243	24 873	35 248
	in v.H. des VE	17,1	17,0	16,1	20,1
	je Einw. in DM	270,00	382,00	478,10	660,70

[1]) Reinausgaben ohne die Verrechnungen, die jeweils die in der Vorspalte aufgeführten einzelnen sozialen Einrichtungen an andere gezahlt haben.
[2]) Schätzungen.
[3]) Vorläufige Zahlen.

Abb. 9 und 10 aus: Soziale Sicherung in der Bundesrepublik Deutschland. Übersicht 1. April 1960. Herausgeber: Bundesministerium für Arbeit und Sozialordnung, S. 7 und 30 (Quelle: Bundesarchiv BD 9/17).

ÜBERBLICK IN ZAHLEN
über die Kriegsopferversorgung

	1950	1956	1957	1958
	Bundesgebiet	Bundesgebiet einschl. Berlin (West)		
Anerkannte Versorgungsberechtigte am 30. September	3 938 701	4 046 718	3 813 000	3 634 316
davon:				
Beschädigte	1 512 361	1 502 063	1 485 848	1 466 061
Witwen und Witwer	888 983	1 167 884	1 168 723	1 173 568
Halbwaisen	1 303 843	986 594	836 983	679 453
Vollwaisen	31 801	44 828	39 151	33 027
Elternteile	120 514	196 779	167 305	169 891
Elternpaare [1])	81 199	148 570	114 990	112 316
Ausgaben im Rechnungsjahr in Millionen DM	2 344,0	3 947,4	3 602,1	3 463,4
darunter für:				
Renten einschl. Heiratsabfindungen	1 891,1	3 251,7	3 247,7	3 074,6
Kapitalabfindungen	23,1	83,2	99,0	113,7
Heilbehandlungen	182,8	223,1	224,9	242,7
Erstattungen an die Rentenversicherungen	116,1	355,7	—	—
Einnahmen im Rechnungsjahr in Millionen DM	7,6	14,6	10,8	7,1
Ausgaben abzüglich Einnahmen in Millionen DM	2 336,4	3 932,8	3 591,3	3 456,3

[1]) Kopfzahl.

Abb 11 aus: Soziale Sicherung in der Bundesrepublik Deutschland. Übersicht 1. April 1960. Herausgeber: Bundesministerium für Arbeit und Sozialordnung, S. 85 (Quelle: Bundesarchiv BD 9/17).

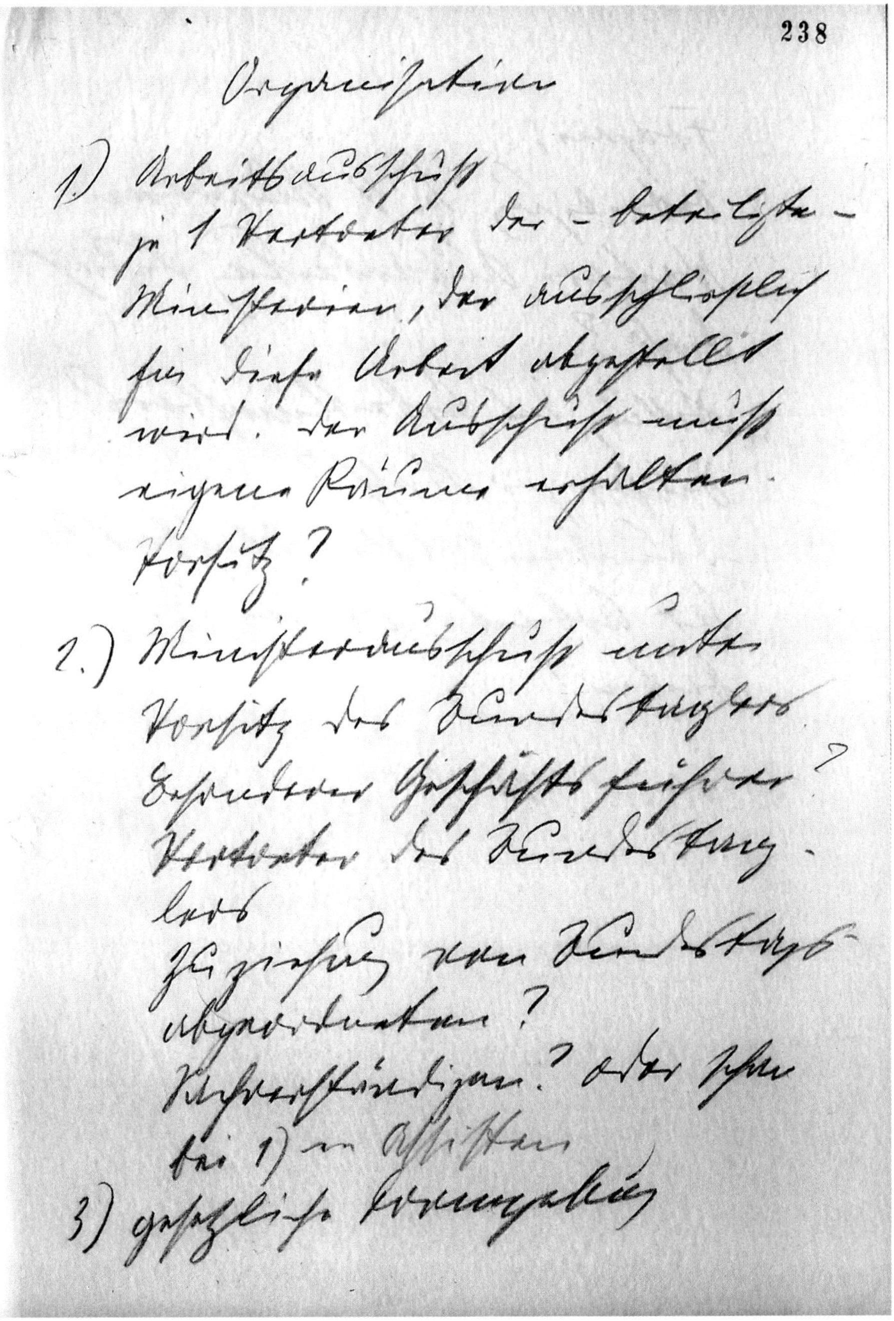

Abb. 12: Handschriftliche, nicht datierte Notiz des Bundeskanzlers Konrad Adenauer, in der er die Einrichtung des Ministerausschusses [für die Sozialreform] und des [Interministeriellen] Arbeitsausschusses konzipiert [Anfang Juli 1955] (Quelle: Bundesarchiv B 136/1360).

Fragen:

Betheiligung der 4 Arbeiter
Arbeiter Arbeiterberathung durch
dieß?

Stellung des Arbeitsverhältnisses?

Rechtlicher Stoff?

[illegible]? Schnelligkeit?

der Arbeit? Zweite Ar-
beiten?

R e f e r a t   7   Bonn, den 27. Dezember 1955

Dem Herrn Bundeskanzler vorzulegen

Weisungsgemäß darf ich hiermit eine Zusammenstellung der
Grundsatzfragen der Alters- und Invalidensicherung vorlegen,
die die Grundlage für die notwendigen Beschlüsse des Sozialkabinetts bzw. des Kabinetts bilden sollte.

Ich darf erläuternd folgendes hinzufügen:

1.) Es sind hier alle Fragen zusammengestellt, die vom poli-
tischem Raume her entschieden werden müssen. Ohne die
Entscheidung dieser Fragen ist es - wie die bisherigen
Beratungen auf interministerieller Ebene eindeutig gezeigt haben - für die Verwaltung nicht möglich, eine gesetzliche Neuregelung der Alters- und Invalidensicherung
vorzubereiten. Dabei wurden bei der anliegenden Zusammenstellung alle Denkmöglichkeiten dargestellt, um etwaigen Einwendungen, man wolle das Kabinett bereits auf
bestimmte Thesen festlegen, zu begegnen.

Die Diskussion um die Neuordnung der Alters- und Invalidensicherung - insbesondere ausgelöst durch das
Schreiber-Gutachten - läßt jedoch bereits in Konturen
das Bild einer neuen Alters- und Invalidensicherung erkennen. Ich habe daher in der anliegenden Zusammenstellung die Denkmöglichkeiten, die bei den bisherigen Erörterungen am meisten diskutiert wurden und deren Entscheidung am dringlichsten erscheint, rot umrandet.
Ich darf hierauf das besondere Augenmerk lenken.

2.) Zum Personenkreis

Hier muß zwischen der Zwangssicherung und der Freiwil-
ligensicherung unterschieden werden. Während die Einbeziehung aller Staatsbürger in das System der Zwangssicherung nicht diskutabel ist, geht die Meinung darüber, ob man alle Erwerbstätigen d.h. sowohl die Un-

- 2 -

Abb. 13: Vorlage des sozialpolitischen Referenten im Bundeskanzleramt, Karl-Heinz
Pühl, für den Bundeskanzler zu Grundsatzfragen der Alters- und Invalidensicherung
vom 27. Dezember 1955. Adenauers Randbemerkungen stammen aus den Tagen des Jah-
reswechsels 1955/1956 (Quelle: Bundesarchiv B 136/1359).

selbständigen als auch die Selbständigen einbeziehen
soll oder ob man sich nur - wie bisher - auf die Einbeziehung der Unselbständigen beschränken soll, auseinan-
der. Es ist damit zu rechnen, daß die politischen Widerstände gegen die Einbeziehung schlechthin aller Selbständigen sehr groß sein werden. Dr. Schreiber und Vizekanzler Blücher gehen in ihren Plänen von der Einbeziehung aller Erwerbstätigen aus. Der größte Gegner der
Einbeziehung der Selbständigen dagegen ist Bundesminister Erhard. Es sieht so aus, als wenn man sich auf die
folgende Linie einigen könnte: Einbeziehung aller Arbeitnehmer mit Ausnahme der Angestellten und eventuell
Arbeiter mit hohem Arbeitsverdienst. Um dem berechtigten Sicherungsbedürfnis der wirtschaftlich schwachen
Teile unter den Selbständigen (kleine Handwerker, kleine Bauern, geistig Schaffende usw.) zu entsprechen, könnte man an die Schaffung eigenständiger Sicherungseinrichtungen für Selbständige denken. Hierzu dürfte auch
das Einverständnis des Bundeswirtschaftsministers gefunden werden können.

Abschliessend darf ich zu dieser Frage bemerken, daß
Dr. Schreiber sicher Recht hat, wenn er sagt, daß die
Einführung der "Dynamischen Rente" -d.h. der an die Lohnentwicklung gekoppelten Rente - eine zwangsläufige Sogwirkung auf alle Bevölkerungskreise ausüben wird. Man
sollte daher das Problem des Personenkreises vorsichtig behandeln, um nicht von vornherein unnötige Widerstände im politischen Raum hervorzurufen. Wenn die
dynamische Rente ein Erfolg ist, wird sich später der
Personenkreis derer, die eine Zwangssicherung dieser
Art wünschen, vermutlich erheblich vergrößern.

3.) Art und Umfang der Sicherung für die Fälle des Alters
und der Invalidität.

   a.) Trennung von Alter und Invalidität

     Eine wichtige Grundsatzentscheidung ist die Frage,
     ob die Risiken Alter und Invalidität in Zukunft
     - wenn auch nicht organisatorisch - so doch mate-
     riell und insbesondere finanziell getrennt werden

sollen. Hierfür sprechen sich die vier Professoren
und Dr. Schreiber aus, weil die beiden Risiken in
der Tat Ausdruck verschiedener Lebenstatbestände
sind. Das Alter ist ein normales Lebensrisiko, während die Invalidität ein anormales Lebensschicksal
darstellt, das in gewisser Hinsicht mit den Kriegsopfern verglichen werden könne. Eine solche Unterscheidung bietet sich auch vom Finanziellen her an.
Während Staatszuschüsse zur Alterssicherung infolge
des Strukturwandels der Gesellschaft seit Bismarck
ihre innere Berechtigung verloren haben, erscheinen
sie bei der Frühinvalidität, die ein von dem einzelnen nicht zu vertretendes Arbeitsschicksal darstellt, berechtigt. Man könnte hier also eine echte
"Umschichtung" der sozialen Leistung im Sinne der
Regierungserklärung des Herrn Bundeskanzlers vornehmen.

Eine Trennung der Risiken Alter und Invalidität ist
weiterhin auch vom Verfahrensmäßigen her wünschenswert. Eine entscheidende Maßnahme, über deren Notwendigkeit sich alle Sozialpolitiker klar sind, ist
die Bekämpfung der Frühinvalidität als eine bedenk-
liche Zeiterscheinung. Die wesentlichen Maßnahmen
hierfür sind die sogenannte Praevention und die
Rehabilitation. Die wirksame Durchführung dieser
Maßnahmen setzt insbesondere auf dem ärztlichen
Sektor in entscheidender Form Maßnahmen voraus, um
deren Gestalt zur Zeit noch gerungen wird. Ich darf
auf diese Frage später bei der Betrachtung der Invalidität noch zurückkommen.

b.) Rentenformel für die Altersrente

Bei der Alterssicherung ist entscheidend die Frage,
ob man eine dynamische Leistungsrente, die an das
jeweilige Lohnniveau gekoppelt ist, will. Das Für
und Wider einer solchen Lösung wurde in der letzten Sitzung des Sozialkabinetts am 13. Dezember
bereits erörtert. Aus der Diskussion ergab sich,

daß sich die Mehrheit des Sozialkabinetts für den
Gedanken der dynamischen Rente aussprach. Der vom
Vizekanzler Blücher entwickelte Gedanke einer
gleichhohen Einheitsrente für alle dürfte politisch
nicht durchsetzbar sein. Wenn man sich für die dynamische Rente entscheidet, ist eine weitere berechtigte Frage die, ob man die Anpassung derselben an
die Entwicklung der Löhne und Gehälter entweder nur
im Zeitpunkt der Rentenfestsetzung oder auch während
der Laufzeit der Rente will. Eine Anpassung der Rente an die Lohn- und Gehaltsentwicklung auch während
der Laufzeit der Rente würde praktisch bedeuten,
daß die Rentenempfänger auch während des Rentenbezuges an der Entwicklung des Sozialprodukts teilnehmen. Damit würde in Zukunft allen aus dem politischen Raum kommenden Anträgen auf Erhöhung der
Renten bzw. auf Anpassung an die gestiegenen Lebenshaltungskosten der Boden entzogen.

c.) Höhe der Altersrente

Die Höhe der Altersrente bei normal verlaufendem
Arbeitsleben richtet sich im hohen Maße danach,
welches Deckungsverfahren man wählen und aus welchen Quellen man den zusätzlichen finanziellen
Aufwand finanzieren will. In den bisherigen Diskussionen wurde von einer Rente in Höhe von 50
bis 60 % des Bruttoarbeitsverdienstes vergleichbarer Arbeitnehmer gesprochen. Hiervon wird man
ausgehen müssen, wenn eine Neuordnung der Alterssicherung ihr Ziel erreichen soll, den im Arbeitsleben erworbenen Lebensstandard zu sichern. Eine
Rente unter 50 % erscheint bereits unrealistisch.

d.) Problem des sozialen Ausgleichs

Hierbei ist bei der Gestaltung der neuen Rentenformel die Frage wichtig, ob innerhalb der Rente
ein gewisser sozialer Ausgleich geschaffen werden
sollte. Dr. Schreiber ist dagegen. Er will eine
reine Leistungsrente, die Ausdruck der geleisteten
Beiträge ist. Im interministeriellen Bereich da-

gegen neigt man mehr zum sozialen Ausgleich, der sich
bereits bei der gegenwärtigen Sozialversicherung als
günstig ausgewirkt hat. Für einen sozialen Ausgleich
spricht die Tatsache, daß man hierdurch die kleinsten Renten etwas anheben kann, so daß die Notwendigkeit, für diesen Personenkreis zusätzlich die
Fürsorge in Anspruch zu nehmen, weitgehend entfallen
dürfte.

e.) Invaliditätssicherung

Wie bereits erwähnt, ist die Bekämpfung der Frühinvalidität durch Praevention und Rehabilitation das
gemeinsame Ziel aller Sozialpolitiker. Lediglich
über die Wege ist man noch verschiedener Auffassung.
Der Bundesarbeitsminister hat sich für eine Neuordnung des vertrauensärztlichen Dienstes ausgesprochen,
der ganz zweifellos bei den Maßnahmen der Praevention und insbesondere der Rehabilitation eine entscheidende Rolle spielen dürfte. Die vier Professoren sind sogar so weit gegangen, einen vertrauensärztlichen Dienst mit quasi-richterlichen Funktionen auszustatten. An konkreten Vorschlägen hierfür
wird zur Zeit gearbeitet.

Eine sehr wichtige Frage ist die Höhe der Invalidenrente. Hierbei gilt es, die Frage zu entscheiden,
ob die Invalidenrente so gestaltet werden soll, daß
eine ausreichende Lebenssicherung des Invaliden
erreicht wird. Man wird diese Frage aus sozialethischen und politischen Gründen bejahen müssen.
Wie hoch die Rente gestaltet werden kann und soll,
wird sich jedoch erst entscheiden lassen, wenn
die entsprechenden Berechnungen abgeschlossen sind.

f.) Anpassung des derzeitigen Rentenbestandes (alte Last)

Dies ist die politische Kernfrage der Reform der
Alterssicherung. Der Herr Bundeskanzler war in sei-

ner Regierungserklärung davon ausgegangen, daß eine
große Personengruppe (die Altrentner, die Witwen
und Waisen, die Schwerkriegsbeschädigten usw.) an
den Erfolgen der sozialen Marktwirtschaft nicht in
befriedigender Weise teilgenommen hätte. Der Herr
Bundeskanzler hat in dieser Tatsache den Angelpunkt
für eine Sozialreform gesehen. Wenn das Ziel, die
Notlage dieses Personenkreises (5 - 6 Mio) zu
mildern, nicht erreicht würde, wäre die Reform der
Alterssicherung politisch ein Schlag ins Wasser.
Insofern ist der Vorschlag von Dr. Schreiber, durch
einen Solidarakt zwischen den Generationen die Alterssicherung völlig neu zu gestalten, der einzige
Weg, um das Problem der sogenannten "Alten Last"
mit einem Schlage zu lösen.

g.) Rechtsanspruch auf die Rente

Vom Bundesminister der Finanzen wird immer wieder
gefordert, den Teil der Rente, der auf einem Staatszuschuss beruht, von einer Bedarfsprüfung abhängig
zu machen. Dieser Gedanke ist politisch sehr gefährlich und geeignet, die Widerstände des Parlaments gegen eine Neuordnung unnötig zu versteifen.
Wenn man die Altersrente als eine reine Beitragsrente gestaltet - also ohne Staatszuschuss -, würde die Forderung des Bundesfinanzministers auf Be-
darfprüfung gegenstandslos werden. Sie muß aber
auch für den Bereich der Invalidensicherung als
völlig unrealistisch abgelehnt werden. Die Festlegung eines unbedingten Rechtsanspruches auch auf
diese Rente wird eine politische Forderung sein,
an der man nicht vorbeigehen kann.

4.) Finanzierung der Alters- und Invaliditätssicherung.

a.) Deckungssystem

Über das Deckungssystem wurde im Sozialkabinett
am 13. Dezember eingehend gesprochen. Dabei dürfte
ein Abschnittsdeckungsverfahren, das eine Sicherungsreserve für vielleicht etwa fünf Jahre vor-

sieht, um gewissen konjunkturellen Schwankungen
und der Überalterung entgegen zu wirken, der Weg
sein, der politisch gangbar ist. Mit einem solchen
Deckungsverfahren wird es auch möglich sein, die
dynamische Rente einzuführen, ohne daß die finanzielle Last untragbar hoch wird.

b.) Finanzierungsquellen

Was die Finanzierungsquellen für den zu erwartenden
Mehraufwand anbelangt, so wird man in erster Linie
an eine Beitragserhöhung sowohl der Arbeitnehmer
als auch der Arbeitgeber denken müssen. Wie hoch
diese Beitragserhöhung sein muß, hängt von der Entscheidung aller Vorfragen ab, nämlich davon, ob man
eine dynamische Rente will, wie hoch die Rente sein
soll, welche Deckungsverfahren man wählt usw. Die
Frage der Beitragserhöhung ist eine politische. Man
muß sie begründen können. Das kann man, wenn man die
dynamische Rente in angemessener Höhe des letzten
Durchschnittsarbeitsverdienstes festsetzt.

Es bleibt weiterhin der Weg der Erhöhung der Staatszuschüsse. Hiervon sollte nur möglichst geringer Gebrauch gemacht werden, um dem versorgungsstaatlichen
Denken entgegenzuwirken und insbesondere die Alters-
und Invalidensicherung krisenfester zu machen.

5.) Abschliessend darf ich noch bemerken, daß das Bundesarbeitsministerium unter der Leitung des Generalsekretärs für die
Sozialreform zur Zeit damit beschäftigt ist, die zahlenmäßi-
gen Grundlagen für die vorerwähnten Gedankengänge zu erarbeiten. Es besteht die Absicht, dem Herrn Bundeskanzler für
Mitte Januar eine erneute Sitzung des Sozialkabinetts vorzu-
schlagen. Diese Sitzung soll so vorbereitet sein, daß alle
in der letzten Sitzung angeklungenen und zu erwartenden Fragen - soweit möglich - durch exakte zahlenmäßige Unterlagen
untermauert werden können. Erst dann wird es den Mitgliedern
des Sozialkabinetts möglich sein, abschliessend Stellung zu
nehmen.

(Dr. Pühl)

Blank, der 1959 durch die heftigen Auseinandersetzungen um die Reform des Bundesversorgungsgesetzes stark in Anspruch genommen wurde[147], zögerte die weitere Behandlung des Gesetzentwurfs im Kabinett hinaus. Die Große Anfrage der SPD zur Krankenversicherungsreform vom 20. Oktober 1959 setzte die Regierung dann in Zugzwang[148]. Die Regierung beschloß, der Anfrage der Opposition mit der Vorlage eines Gesetzentwurfs zu begegnen. „Nach kurzer Aussprache" billigte das Kabinett am 20. November 1959 den trotz der massiven Kritik im Kern nicht wesentlich veränderten Entwurf eines Gesetzes zur Neuregelung der gesetzlichen Krankenversicherung[149] und überließ Einzelregelungen wie die Grenzziehung für die Selbstbeteiligung ausdrücklich dem zuständigen Bundestagsausschuß.

Am 18. Dezember 1959 beschloß der Bundesrat die Annahme des Entwurfs, allerdings mit 138 Änderungsanträgen[150]. Nach der 1. Lesung des KVNG im Bundestag am 17. Februar 1960 wurde der Entwurf an die Ausschüsse überwiesen[151]. Die parlamentarische Beratung gestaltete sich schwierig, da sich innerhalb der CDU/CSU-Fraktion bis zum Sommer 1960 trotz zwischenzeitlicher Krisengespräche, Verabredungen und Kompromisse kein tragfähiger Konsens herstellen ließ[152]. Der rechte Flügel der Partei war gegen einen weiteren Ausbau der kollektiven sozialen Sicherung und wollte eine kostenneutrale Fortsetzung der Sozialreform und den Ausbau der individuellen Risikovorsorge. Der linke Flügel widersprach der „Mißbrauchstheorie" und forderte eine arbeitsrechtliche Regelung der Lohnfortzahlung zur Entlastung der Kassen. Der dem Arbeitnehmerflügel der Fraktion angehörende Bundesarbeitsminister schien die Seiten gewechselt zu haben. Sein Verhältnis zu den Arbeitnehmervertretern wurde einer harten Belastungsprobe ausgesetzt[153]. Ein von der SPD am 21. Juni 1960 im Bundestag eingebrachtes sog. „Vorschaltgesetz"[154], das neben umfänglichen Leistungsverbesserungen, u.a. auch

---

[147] Vgl. 3. Sitzung des Ministerausschusses am 15. Jan. 1959 TOP 1 sowie 60. Kabinettssitzung am 25. März 1959 TOP 4, 61. Kabinettssitzung am 3. April 1959 TOP B, 65. Kabinettssitzung am 14. Mai 1959 TOP 4, 66. Kabinettssitzung am 21. Mai 1959 TOP 2, 75. Kabinettssitzung am 19. Aug. 1959 TOP 5 und 81. Kabinettssitzung am 14. Okt. 1959 TOP 9, 82. Kabinettssitzung am 21. Okt. 1959 außerhalb der Tagesordnung, 103. Kabinettssitzung am 5. April 1960 außerhalb der Tagesordnung (B 136 VS/36120–36122). – Vgl. auch „Der Spiegel" Nr. 23 vom 3. Juni 1959 S. 18 f., Nr. 43 vom 21. Okt. 1959, S. 28 und Nr. 13 vom 23. März 1960, S. 22–32, vor allem S. 28–30.

[148] BT-Drs. 1298. Vgl. die Begründung der Großen Anfrage Helmut Rohde in der 102. Sitzung des Bundestages am 17. Febr. 1960 (Stenographische Berichte, Bd. 45, S. 5497 f.).

[149] Vgl. das Protokoll der 86. Kabinettssitzung am 20. Nov. 1959 TOP 2 (B 136 VS/36121). – BT-Drs. 1540 (Entwurf eines Gesetzes zur Neuregelung des Rechts der gesetzlichen Krankenversicherung vom 14. Jan. 1960).

[150] BR-Drs. 363/59 (Beschluß).

[151] Stenographische Berichte, Bd. 45, S. 5497–5572. Vgl. auch „Der Spiegel" Nr. 13 vom 23. März 1960, S. 22–29 („Minister Spiegelei").

[152] Vgl. das Protokoll der Sitzung des CDU-Bundesvorstandes vom 6. Juli 1960 in: CDU-Bundesvorstand, S. 721–729.

[153] Besonders auf dem Parteitag der CDU in Karlsruhe vom 26.–29. April 1960 wurde Blank vom Arbeitnehmerflügel der Partei scharf attackiert. Vgl. Reucher, Reformen, S. 160–164.

[154] Gesetzentwurf über vordringliche Maßnahmen in der gesetzlichen Krankenversicherung, BT-Drs. 1926.

bei der Lohnfortzahlung, keine Kostenbeteiligung vorsah, setzte gerade den Arbeitnehmerflügel in der CDU angesichts der im nächsten Jahr anstehenden Bundestagswahl erheblich unter Druck und verstärkte zunächst die Kontroversen innerhalb der Regierungsfraktion.

Ganz anders als im Falle der Rentenversicherungsreform, in der Adenauer wiederholt in entscheidenden Momenten die Entwicklung forcierte und Weichen stellte, war er an der Reform der gesetzlichen Krankenversicherung lange Zeit auffällig desinteressiert. Seiner Anteilnahme und Unterstützung konnten sich am ehesten die Vertreter der Ärzteschaft gewiß sein, die er wiederholt zu Gesprächen empfing. Allerdings beunruhigten Adenauer zunehmend die möglichen negativen Auswirkungen der vehementen öffentlichen Kritik – insbesondere der Ärzte, deren Ablehnung einer Inanspruchnahmegebühr sich mit der der Versicherten traf – auf die Bundestagswahl 1961. Die Unfähigkeit der Fraktion, zu einer Einigung zu gelangen, erregte seinen Zorn. Blank und das Arbeitsministerium kritisierte er vor allem für ihre mangelnde Kompromißbereitschaft scharf[155]. In der Sitzung des CDU-Bundesvorstandes im Juli 1960 bedauerte Adenauer sogar „tief", den Entwurf bzw. die Grundsätze im Kabinett nicht intensiver beraten zu haben[156]. Im Hinblick auf die erste Lesung des SPD-Entwurfs am 29. September 1960, der über die SPD-Fraktion hinaus mit Zustimmung würde rechnen können, gelang es Adenauer und dem CDU-Bundesvorstand aber, Fraktion und den Bundesminister für Arbeit und Sozialordnung auf eine gemeinsame Linie zu verständigen und die Fortsetzung der parlamentarischen Beratung zu sichern[157].

Zuvor schon waren Zweifel hinsichtlich der Chancen, das Gesetz noch in der gleichen Legislaturperiode verabschieden zu können, in der CDU/CSU-Fraktion und auch im Kabinett erörtert worden[158]. Die Beratungen im sozialpolitischen Bundestagsausschuß im Herbst 1960 gingen schleppend voran: Ende Januar 1961 waren erst zwei von elf Abschnitten behandelt worden[159]. Als die FDP zu Beginn des Jahres 1961 vorschlug, die Beratung einzustellen, weil eine gründliche Beratung des Gesetzesentwurfes innerhalb der laufenden Wahlperiode nicht mehr möglich sei, stimmte dem auch die CDU/CSU-Fraktion zu[160].

---

[155] Vgl. das Protokoll der Sitzung des CDU-Bundesvorstandes am 6. Juli 1960 in: CDU-Bundesvorstand, S. 724 f.). – Zur Kritik Adenauers an Blank, die zu einer Rücktrittsandrohung des Bundesarbeitsministers führten, vgl. auch Krone, Tagebücher, S. 432 f. – Vgl. auch die Aufzeichnung Adenauers über ein Gespräch zwischen ihm, Blank und Krone am 19. Juli 1960 in ACDP Nachlaß Krone I–028–007/2.

[156] Vgl. das Protokoll der Sitzung des CDU-Bundesvorstandes am 6. Juli 1960 in: CDU-Bundesvorstand, S. 723.

[157] Vgl. Reucher, Reformen, S. 171–173.

[158] In der Sondersitzung des Kabinetts am 28. Okt. 1959 TOP 3 erwirkte Blank mit der Begründung, man arbeite der Opposition in die Hände, wenn man die Behandlung des Reformentwurfs in der laufenden Wahlperiode nicht durchsetze, einen entsprechenden Beschluß des Kabinetts (B 136 VS/36121).

[159] Vgl. Reucher, Reformen, S. 177.

[160] Vgl. Protokoll der Fraktionssitzung der CDU/CSU vom 7. Febr. 1961 in ACDP VIII–001–1503/3.

Die Bundestagswahl vor Augen und durch die SPD-Initiative gedrängt, brachte die CDU/CSU-Fraktion am 10. Februar 1961 den „Entwurf eines Gesetzes zur Verbesserung der wirtschaftlichen Sicherung der Arbeiter im Krankheitsfalle" ein, der dann rasch verabschiedet wurde[161]. Das Gesetz erhöhte die Leistung für Arbeiter im Krankheitsfall auf 100 % des Nettolohns, beseitigte praktisch die Aussteuerung und reduzierte die Karenztage. Es entsprach damit im wesentlichen dem Forderungskatalog der Opposition. Die Frage der Finanzierung blieb im Gesetz ausgespart.

Der in der Regierungserklärung 1957 angekündigte und von Blank so bezeichnete „Stilwandel in der Sozialpolitik" fand im Fall der Krankenversicherungsreform nicht statt. Blank konnte sich wie zuvor schon in der Frage der Kriegsopferversorgung nicht gegen den Bundeskanzler, der vor der Kritik der Interessenverbände zurückwich, durchsetzen. Statt einer Gesamt- gab es eine Teilreform, die eine Leistungsverbesserung in einem Bereich brachte, für den der Referentenentwurf noch eine Verschlechterung vorgesehen hatte. Die Entlastung der Kassen war gescheitert, noch 1961 stiegen die Beitragssätze für Pflichtversicherte.

VERMÖGENSWIRKSAME ERGEBNISBETEILIGUNG FÜR ARBEITNEHMER

Das am 12. Juli 1961 verabschiedete Erste Vermögensbildungsgesetz, dessen Entwurf Blank in der Sitzung des Ministerausschusses am 29. Juli 1960 vorgestellt hatte[162], fügte sich in eine auf eine breite Vermögensstreuung hin ausgerichtete Politik ein und setzte den Schlußpunkt in einer Reihe steuer-, kapitalmarkts- und vermögenspolitischer Gesetzesinitiativen der Regierung in der dritten Legislaturperiode.

Das Gesetz ist auf Bestrebungen im Arbeitnehmerflügel der CDU/CSU-Fraktion zurückzuführen[163]. Hingegen waren die Steuerreform von 1958, die Begünstigung von Belegschaftsaktien durch die Kleine Aktienrechtsreform 1959, das Sparprämiengesetz vom März 1959 und auch die Teilprivatisierung von Preussag 1959 und von VW 1960 mit der Ausgabe sog. „Volksaktien" von der neoliberal beeinflußten Ministerialbürokratie des Bundeswirtschafts- und Bundesfinanzministeriums und vom Wirtschaftsflügel der CDU initiiert und inhaltlich geprägt worden[164]. Diese Gesetze zielten zwar alle in Übereinstimmung mit der Regierungserklärung

---

[161] Gesetz vom 12. Juli 1961 (BGBl. I 913).

[162] Vgl. 4. Sitzung des Ministerausschusses am 29. Juli 1960 TOP 1.

[163] Vgl. zum folgenden grundlegend Dietrich, Eigentum sowie Ruf, Geschichte, S. 427–436 und Domes, Bundesregierung, S. 136–151.

[164] Vgl. das Steueränderungsgesetz vom 18. Juli 1958 (BGBl. I 473), das Gesetz über steuerrechtliche Maßnahmen bei Erhöhung des Nennkapitals aus Gesellschaftsmitteln und bei Überlassung von eigenen Aktien an Arbeitnehmer vom 30. Dez. 1959 (BGBl. I 834), das Sparprämiengesetz vom 9. Mai 1959 (BGBl. I 241) sowie das Gesetz über die Regelung der Rechtsverhältnisse bei der Volkswagenwerk-Gesellschaft mit beschränkter Haftung vom 9. Mai 1960 (BGBl. I 301).

von 1957 auf eine breitere Vermögensbildung, stellten aber trotz sozialer Komponenten keine spezifische Förderung unterer Einkommensschichten und der Arbeitnehmer dar. Sie unterstützten die Spareigung, förderten aber nicht die Sparfähigkeit, setzten auf Freiwilligkeit bei der Anlage und Disposition, boten aber keine Institutionalisierung der Vermögensbildung bezogen auf das Arbeitsverhältnis. Das aber war ein zentrales Anliegen des Arbeitnehmerflügels der CDU/CSU-Fraktion, der schon in der ersten Hälfte der fünfziger Jahre – in der Tradition der katholischen Soziallehre stehend – vermögenspolitische Konzepte in Form von Investivlohn- und Miteigentumsplänen vertreten hatte. Diese Pläne zielten auf eine Kompensation für die steuerrechtliche Unternehmensbegünstigung der Wiederaufbaujahre zugunsten einer Förderung der Eigentumsbildung der Arbeitnehmer. Der Arbeitnehmerflügel der Fraktion, in der 3. Wahlperiode gestärkt durch neue Abgeordnete mit stark sozialpolitischem Profil[165], hielt bis 1958 an den Miteigentumsplänen fest. Im Laufe dieses Jahres aber zeichnete sich vor allem in den Beratungen des Unterausschusses Eigentum der CDU/CSU-Fraktion ab, daß die Miteigentumspläne gegen den Wirtschaftsflügel der Fraktion und den erheblichen Widerstand des Mittelstandes nicht durchsetzbar sein würden[166].

Der Unterausschuß Eigentum war zur Überwindung der Gegensätze zwischen Wirtschafts- und Arbeitnehmerflügel der Fraktion, die sich auf die parlamentarische Arbeit hemmend auswirkten, am 21. Januar 1958 von Mitgliedern der Arbeitskreise II (Wirtschaft und Ernährung) und IV (Arbeit und Soziales) gebildet worden[167]. An den Sitzungen nahmen auch Beamte des Finanz- und Wirtschafts-, später auch des Arbeitsministeriums teil. Der Unterausschuß entwickelte sich zu einem wichtigen Abstimmungsgremium und wurde zum Ausgangspunkt vermögenspolitischer Initiativen.

Es entsprach einem allgemein gering entwickelten Interesse an eigentumspolitischen Fragen[168] in den ersten beiden Wahlperioden, daß in keinem der Ressorts hierfür spezielle Zuständigkeiten geschaffen worden waren. Das änderte sich 1957[169]. Im Bundesministerium für Arbeit und Sozialordnung wurde innerhalb der Arbeitsgruppe „Sonderprobleme der Sozialordnung" das Referat „Förderung der Eigentums- und Kapitalbildung der Mittelschichten" neu eingerichtet. Der Leiter des Referates, Karl Fitting[170], und sein Hilfsreferent Gerhard Zweig[171] legten bereits

---

[165] Dazu gehörten z.B. Karl Arnold, Hans Katzer und Rainer Barzel.

[166] Vgl. Dietrich, Eigentum, vor allem S. 366–372.

[167] Vorsitzender war zunächst Karl Arnold. Nach dessen Tod übernahm im Sommer 1958 Fritz Burgbacher als Vertreter des Wirtschaftsflügels der Fraktion das Amt. Stellvertreter war der Vertreter des Arbeitnehmerflügels, Hans Katzer.

[168] Bis 1957 wurde vor allem der Begriff „Eigentumspolitik" verwandt. Dann setzte sich der Terminus „Vermögenspolitik" durch. Vgl. hierzu Dietrich, Eigentum, S. 268 f.

[169] Zur Aufwertung der Finanzpolitischen und Volkswirtschaftlichen Gruppe im BMF und zu Ministerialrat Fritz Schiettinger, der sich als Leiter der Volkswirtschaftlichen Gruppe vor allem mit vermögenspolitischen Fragen beschäftigte, sowie zur Grundsatzabteilung I und zum Sozialreferat Z A 3 im BMWi vgl. Dietrich, Eigentum, S. 291–293.

[170] Karl Fitting (geb. 1912). 1945–1948 Bayerisches Staatsministerium für Arbeit und soziale Fürsorge, 1948–1950 Verwaltung für Arbeit des VWG, 1950–1967 BMA, dort 1957 Leiter des Referates III a 2 (Betriebsverfassungsrecht, Arbeitsgerichtsbarkeit, Mitbestimmung, Gewinnbe-

im Herbst 1958 eine umfängliche Denkschrift zur Vermögensbildung vor. Hierin forderten sie „neuartige Formen der Eigentumsbildung" in Abgrenzung zu „traditionellen Sparformen", wie sie das Finanz- und Wirtschaftsministerium befürworteten, und nannten konkret eine durch Steuer- oder Sozialabgabenvorteile begünstigte Vermögensbeteiligung der Arbeitnehmer durch Gewinn- oder Ertragsbeteiligung oder eine vermögenswirksame Umwandlung freiwerdender Pensionsrückstellungen[172]. Gleichzeitig initiierte Fitting die Einrichtung eines Interministeriellen Ausschusses für Fragen der Eigentumsbildung, der ähnlich dem Beispiel des Unterausschusses Eigentum der CDU/CSU-Fraktion auf eine Abstimmung finanz- und wirtschaftspolitischer sowie sozialer Interessen zielte, gleichzeitig aber auch dem Bundesarbeitsministerium die Federführung in dieser Frage sichern sollte. Die Einrichtung des Interministeriellen Ausschusses wurde in der 2. Sitzung des Ministerausschusses für Sozialreform am 24. Oktober 1958 beschlossen[173].

Mit dem Scheitern der Miteigentumspläne in der CDU/CSU-Fraktion fanden gegen Ende des Jahres 1958 die in der Denkschrift des Bundesministeriums für Arbeit und Sozialordnung dargelegten Ansätze zur Vermögensbildung das Interesse des Arbeitnehmerflügels der Fraktion. Am 4. März 1959 wandten sich die Vorsitzenden des Unterausschusses, Hans Katzer und Fritz Burgbacher, an Blank und baten ihn, den Unterausschuß Eigentum bei der Ausarbeitung eines Gesetzentwurfs zu unterstützen[174]. Im Mai schon legte Fitting einen Gesetzentwurf vor, der auf die vermögenswirksame Anlage freiwerdender Pensionsrückstellungen und anderer betrieblicher Sozialleistungen zielte[175]. Dieser auch von Blank unterstützte Entwurf, den eine Gruppe von Abgeordneten als Initiativgesetz einzubringen versuchte, war jedoch in der CDU nicht konsensfähig und scheiterte noch in der Fraktion[176].

Am 16. September 1959 trug Fitting im Unterausschuß Eigentum einen neuen Entwurf vor, der eine frei zu vereinbarende Gewinnbeteiligung vorsah. Die Gewinnanteile sollten bis zu einer Höhe von 312 DM im Jahr bei vermögenswirksamer Anlage steuer- und sozialversicherungsfrei sein[177]. Schon in dieser Phase setzten

---

teilung, Automation), 1959 des Referates III a 2 (Betriebsverfassung und Mitbestimmung), 1961 des Referates III b 1 (Grundsatzfragen des Arbeitsschutzes, insb. Rechtsfragen und internationale Angelegenheiten), 1966 Leiter der Abteilung Arbeitsrecht und Arbeitsschutz.

[171] Zur Biographie Zweigs siehe Anhang 2.

[172] Denkschrift vom 25. Sept. 1958 in B 149/13201.

[173] Vgl. 2. Sitzung des Ministerausschusses für Sozialreform am 24. Okt. 1958 TOP 2.

[174] Vgl. das Schreiben in B 149/13257.

[175] Vgl. den Vorentwurf eines Gesetzes zur Förderung der Vermögensbildung der Arbeitnehmer vom 6. Mai 1959 und weitere Unterlagen in B 149/13257.

[176] Vgl. Dietrich, Eigentum, S. 377–383. – Der Gesetzentwurf wurde parallel zur Beratung in der Fraktion auch in mehreren Sitzungen des Interministeriellen Ausschusses für Fragen der Eigentumsbildung erörtert. Dort wurde, so hielt der im Bundeskanzleramt für Angelegenheiten u.a. des BMF zuständige Referent Hans-Erich Hornschu fest, den Grundgedanken des Gesetzes von allen Ressortvertretern zugestimmt. Vgl. die Niederschriften der Sitzungen sowie den Vermerk von Hornschu für Globke vom 16. Sept. 1959 in B 136/8810.

[177] Unterlagen hierzu in B 149/13245.

sich mittelständische Interessen durch. Im fortgeschriebenen Entwurf, den Fitting am 12. Oktober dem Unterausschuß vorstellte, war die „Gewinnbeteiligung" schon zugunsten einer weniger spezifischen und weiter gefaßten „Ergebnisbeteiligung" aufgegeben, die auch traditionelle Formen der Erfolgsbeteiligung und betrieblichen Sozialpolitik umfassen sollte.

Die enge Zusammenarbeit zwischen dem Unterausschuß Eigentum und dem Arbeitsministerium wurde vom Bundeskanzler in der Kabinettssitzung am 28. Oktober 1959 kritisiert[178]. Zunächst einmal müsse das Kabinett seine Auffassung abstimmen: „Es gehe dabei nicht um die Frage des 'wie' der Eigentumsbildung, sondern auch um die Frage des 'ob'." Die Bemerkung ist aufschlußreich für Adenauers Haltung zur Vermögensbildung der Arbeitnehmer. Schon in der Regierungserklärung hatte er sich auf neoliberal motivierte Gesetzesvorhaben konzentriert und war auf die Pläne aus der Arbeitnehmerschaft nicht eingegangen. Die mittlerweile getroffenen vermögenspolitischen Maßnahmen schien der Bundeskanzler für ausreichend zu halten, zumal ihn weder die öffentliche Meinung noch die Opposition in dieser Frage bedrängten. Die Beratung über eine weitere vermögenspolitische Initiative wollte Adenauer in der Sitzung am 28. Oktober weder dem Kabinettsausschuß für Wirtschaft noch dem Ministerausschuß für Sozialreform übertragen. Er schlug „die Bildung eines Ausschusses vor, dem unter dem Vorsitz des Vizekanzlers die Bundesminister für Arbeit und Sozialordnung und der Finanzen angehören" sollten. Dieser Ausschuß sollte mit den Abgeordneten Burgbacher und Katzer „Fühlung nehmen".[179]

Formell wurde kein Ausschuß gegründet. In der Chefbesprechung am 7. November 1959 und in der folgenden Ressortbesprechung verständigten sich Bundesfinanz-, Bundeswirtschafts- und Bundesarbeitsministerium auf den Entwurf eines Gesetzes zur vermögenswirksamen Ergebnisbeteiligung der Arbeitnehmer, den Blank im Kabinett im April 1960 vorstellte[180]. Vor allem Bundesfinanzminister Etzel setzte in den vorausgegangenen Beratungen mit der Festlegung einer Einkommensgrenze und der Aufgabe der Steuerbefreiung zugunsten eines günstigen Pauschsteuersatzes seine Wünsche durch.

Der Protokolltext der Kabinettssitzung am 13. April 1960 läßt auf skeptische Zurückhaltung des Kabinetts schließen. Blank wurde mit der Ausarbeitung eines Gesetzentwurfs beauftragt; ausdrücklich sollte dies aber keine Billigung aller Einzelheiten bedeuten. Der Bundesarbeitsminister hatte mit seiner Vorlage einen gewissen Zeitdruck erzeugt, indem er auf drohende Initiativanträge von Abgeordneten

---

[178] Vgl. 83. Kabinettssitzung am 28. Okt. 1959 TOP 4 (B 136 VS/36121). – Der Unterausschuß Eigentum blieb in den folgenden Monaten von den Beratungen der Ressorts weitgehend ausgeschlossen.

[179] Auch der Umstand, daß Adenauer Erhard, der bekanntermaßen einer institutionalisierten Form der Vermögensbildung der Arbeitnehmer kritisch gegenüberstand, mit dem Vorsitz betrauen wollte, spricht für sein geringes Interesse an der Forcierung dieser Pläne. Vgl. zur Auffassung Erhards seine ausführliche Darlegung zu den Miteigentumsplänen in einem Schreiben an Blank vom 7. Mai 1957 (Abschrift) in B 149/13245.

[180] Unterlagen zu den Ressortbesprechungen und Gesprächen mit den Fraktionsvertretern in B 149/13245. – Vgl. 104. Kabinettssitzung am 13. April 1960 TOP 6 (B 136 VS/36122).

der Regierungsparteien hinwies, denen nur mit einer raschen Vorlage zuvorzukommen sei.

In den weiteren Beratungen des Gesetzentwurfs bemühte sich das Bundeswirtschaftsministerium, die Ergebnis- bzw. Gewinnbeteiligung zugunsten anderer, „allgemeiner" vermögenswirksamer Zuwendungen, womit vor allem Leistungszulagen gemeint waren, zurückzudrängen. In einer Chefbesprechung am 11. Juli 1960 zog Erhard zwar formell seine Bedenken „gegen die ausdrückliche Hervorhebung der Ergebnisbeteiligung" zurück, wollte aber aus „seiner Mitverantwortung für das Gesetz entlassen werden". Es sollte „als Vorlage allein des Arbeitsministeriums dem Kabinett zugeleitet werden"[181].

Angriffe in der Presse, in denen die Ergebnisbeteiligung als Aushöhlung des Eigentumsbegriffs bewertet wurde[182], führten dann zu einer einmaligen Beratung des Gesetzvorhabens im Ministerausschuß für Sozialreform am 29. Juli 1960. Blank stellte den Gesetzentwurf vor. Es ist bemerkenswert, wie deutlich sich Blank in der Sitzung vor allem gegen die Miteigentumspläne aussprach. Das entsprach kaum nur taktischem Kalkül. Die geäußerten Bedenken der Vertreter des Bundeswirtschafts- und Bundesfinanzministeriums und auch des Bundeskanzleramtes betrafen vor allem die Ergebnisbeteiligung, die Freiwilligkeit der Leistungen und die Auskunfts- und Offenlegungspflicht der Betriebe. Vor allem der Leiter der im Bundeskanzleramt u.a. für Wirtschaft und Soziales zuständigen Abteilung II, Friedrich Karl Vialon[183], machte aus seiner Ablehnung keinen Hehl[184]. Bis zur Beratung im Kabinett sollte der Entwurf in erneuten Ressortbesprechungen überarbeitet werden[185].

Am 26. Oktober 1960 stimmte das Kabinett dem Gesetzentwurf zu. In den wesentlichen Fragen schien Konsens zu bestehen. Offen blieb nur die Frage der Einführung einer ähnlichen Regelung für den öffentlichen Dienst[186].

Erhard und Etzel trugen den Gesetzentwurf halbherzig mit. Sie hielten ihn im Grunde für überflüssig, allerdings war der ursprüngliche Ansatz inzwischen so „verwässert" (Katzer)[187], daß ernsthafte Bedenken auch nicht mehr geltend zu machen waren. Von der Initiative des Arbeitnehmerflügels der CDU/CSU-Fraktion war letzlich nur die erstmalige Bindung der Vermögensbildung an das Arbeitsverhältnis geblieben.

---

[181] Vermerk von Zweig vom 12. Juli 1960 über die Chefbesprechung am 11. Juli in B 149/13243.

[182] Vgl. „Industriekurier" vom 12. Juli 1960. Vgl. hierzu auch den Vermerk von Zweig vom 28. Juli 1960 in B 149/13243.

[183] Zur Biographie Vialons siehe Anhang 2.

[184] Vgl. den Vermerk über die Behandlung des Gesetzentwurfs im Ministerausschuß vom 2. Aug. 1960 in B 149/13243. Im Kanzleramt sympathisierte man augenscheinlich mit einem Entwurf der Arbeitgeber zur Vermögensbildung, dem sog. „Spiegelhalter-Plan". Vgl. den Vermerk des Referates 7 (Loosen) für den Bundeskanzler vom 5. Juli 1960 in B 136/8810.

[185] Schiettinger hatte sich in einem Sprechzettel vom 28. Juli 1960 (B 126/2121) für die Zustimmung zum Vorschlag des BMA ausgesprochen, aber auch ein eventuelles Abgehen von der Ergebnisbeteiligung zugunsten von Einzelverträgen ohne Rechtsverpflichtung ins Auge gefaßt.

[186] Vgl. 126. Kabinettssitzung am 26. Okt. 1960 TOP 4 (B 136 VS/36123).

[187] So zitiert bei Dietrich, Eigentum, S. 387.

Auch wenn Blank die Vermögensbildung der Arbeitnehmer sozusagen als zweite Flanke einer „Sozialpolitik neuen Stils" angekündigt hatte, so scheint es ihm doch im Kern nicht darum gegangen zu sein, durch Vermögensbildung die Möglichkeiten der individuellen Daseinsvorsorge der Arbeitnehmer zu verbessern, „die soziale Sicherung mit der Vermögenspolitik zu koordinieren"[188]. Es ging ihm offenkundig eher um die Abwehr weiterreichender Miteigentumspläne als um eine wirksame Maßnahme der Vermögensbildung in Arbeitnehmerhand. Die „bewußt elastischen Regelungen" des Gesetzentwurfs, die Blank vor der Bundespressekonferenz am Tag des Kabinettsbeschlusses positiv hervorhob[189], führten letztlich zur Bedeutungslosigkeit des Ersten Vermögensbildungsgesetzes[190].

FAZIT

Während im „Ministerausschuß für die Sozialreform" der zweiten Wahlperiode zumindest erfolgreich die Rentenreform vorberaten wurde, erlangte der „Ministerausschuß für Sozialreform" des dritten Kabinetts Adenauers keine besondere Bedeutung für die sozialpolitische Arbeit der Regierung. Nur wenige Gesetzesvorhaben wurden in sporadischen Sitzungen eher vorgestellt als beraten. Die weitere Erörterung der Gesetzentwürfe blieb grundsätzlich dem Kabinett vorbehalten. Die Reform der Unfallversicherung, das Bundessozialhilfegesetz, die Neuregelung des Kindergeldgesetzes und der Altersversorgung für das deutsche Handwerk wurden ebenso wie die strukturpolitischen Maßnahmen im Rahmen der Vermögensbildung, Mittelstandsförderung und Wohnungsbaupolitik vor allem im Kabinett erörtert. Wenn im Rahmen dieser Gesetzesvorhaben Beratung in einem kleineren Gremium erforderlich war, so wurde in wenigen Fällen an den Kabinettsausschuß für Wirtschaft verwiesen. Die im Bundesarbeitsministerium im Rückblick getroffene Einschätzung aber, die Aufgaben des Ministerausschusses für Sozialreform seien weitgehend auf das Wirtschaftskabinett übergegangen[191], trifft zumindest für die dritte Legislaturperiode nicht zu und begründet seine weitgehende Bedeutungslosigkeit nicht. Eine Erklärung dürfte eher darin liegen, daß die Vertreter der Wirtschafts-, Finanz- und Sozialpolitik im dritten Kabinett Adenauer in ihrer Ausrichtung auf eine neoliberale Ordnungspolitik weithin übereinstimmten und auch der Bundesarbeitsminister Sozialpolitik nicht als isoliertes Politikfeld, sondern im Kontext

---

[188] Dietrich, Eigentum, S. 301.

[189] Blank, Vermögensbildung für Arbeitnehmer. Erklärung vor der Bundespressekonferenz am 26. Okt. 1960 in B 149/32117.

[190] So sollten z.B. nach dem Regierungsentwurf die „vereinbarten vermögenswirksamen Leistungen" tarifvertragliche Vereinbarungen umfassen; im Verlauf der parlamentarischen Behandlungen wurden Tarifvereinbarungen ausgeschlossen. – 1964 erhielten nur 380 000 Arbeitnehmer vermögenswirksame Leistungen (vgl. Ruf, Geschichte, S. 436).

[191] Entsprechend äußerte sich der Vertreter des Generalsekretärs für die Sozialreform im BMA, Ministerialdirigent Zweng, gegenüber dem Bundeskanzleramt 1964. Vgl. den Vermerk des Leiters des Referates 7 im Bundeskanzleramt, Franz Loosen, vom März 1964 in B 136/50205.

der Wirtschafts- und Finanzpolitik betrachtete. Insofern bedurfte es im allgemeinen weder einer umfänglichen Beratung, von der das Kabinett zu entlasten gewesen wäre, noch eines besonderen Gremiums zum Ausgleich der Gegensätze.

Der für die dritte Legislaturperiode angekündigte Stilwandel in der Sozialpolitik – die Stärkung des Bedürftigkeitsprinzips einerseits und der Selbsthilfe und Eigenverantwortung andererseits – wurde nicht vollzogen. Sowohl in der Krankenversicherungsreform als auch in der Kriegsopferversorgung wich die Regierung vor den Protesten der Interessenverbände, die auch in den Reihen der CDU/CSU-Fraktion Unterstützung fanden, zurück und gab ihre anfängliche, durchaus Akzentverschiebungen markierende Haltung auf. Die mit zunehmendem Augenmerk auf die nächste Bundestagswahl verabschiedeten Sozialgesetze führten in erster Linie zu Leistungsverbesserungen.

In der Krankenversicherung wurden zwar wesentliche Leistungsverbesserungen eingeführt, aber die geplanten kostendämpfenden Maßnahmen nicht realisiert.

In der Neuordnung des Bundesversorgungsgesetzes konnte sich Blank mit seiner Konzeption, die begrenzten Mittel für die wirklich Bedürftigen zu verwenden und die von Bedarfsprüfungen abhängigen Ausgleichsrenten zu erhöhen, nicht durchsetzen[192]. Die Kriegsopferverbände forderten den Schadensausgleich unabhängig von der Bedürftigkeit und eine Erhöhung aller Grundrenten. Adenauer gab seine anfängliche Zustimmung zu dem Gesetzentwurf des Bundesarbeitsministeriums angesichts der vehementen Proteste der Kriegsopferverbände und einiger Abgeordneter der CDU/CSU-Fraktion auf und zwang Blank im Herbst 1959, in einem neuen Gesetzentwurf eine Erhöhung der Grundrenten vorzusehen[193]. Das Erste Neuordnungsgesetz-Kriegsopferversorgung vom 27. Juni 1960[194] brachte nicht nur eine Erhöhung der Grundrenten, sondern führte mit dem Berufsschadensausgleich auch eine strukturelle Verbesserung des Leistungssystems ein.

Einflüsse der Interessenverbände führten auch zu einem „verwässerten" Gesetz zur Vermögensbildung der Arbeitnehmer. Allerdings hatte dieses auf die Initiative des Arbeitnehmerflügels der CDU/CSU-Fraktion zurückzuführende Gesetz, auch wenn Blank es im Rahmen seiner programmatischen Ausführungen angekündigt hatte, ohnehin nur bedingt Unterstützung auf ministerieller Ebene erfahren. Das Gesetz blieb letztlich wirkungslos: „Überspitzt formuliert, resultierte das Vermö-

---

[192] Vgl. 1. Sitzung des Ministerausschusses am 9. Okt. 1958 und 3. Sitzung am 15. Jan. 1959 TOP 1.

[193] Vgl. den Vermerk des Staatssekretärs im BMF, Hettlage, für Etzel über die Kabinettssitzung am 14. Okt. 1959 vom gleichen Tag (B 126/51575): „Minister Blank meinte, er fühle sich wie ein Soldat im Schützengraben, der plötzlich bemerke, daß die Artillerie hinter ihm still abgezogen sei. [...] Alle Minister bezeichneten die Initiative des Bundeskanzlers zu einer anderen Lösung mehr oder weniger deutlich als ein Zurückweichen vor den Demonstrationen der Kriegsopferverbände und vor einer Minderheit innerhalb der Regierungspartei." Der Entwurf wurde als Initiativantrag der CDU/CSU-Fraktion eingebracht. Im Zuge der parlamentarischen Beratung wurde eine weitere Erhöhung der Grundrenten vorgesehen.

[194] BGBl. I 453.

gensbildungsgesetz in der Subventionierung freiwilliger Sozialleistungen von Großunternehmen."[195]

Es gelang der Regierung auch nur begrenzt, die Sozialreform in dem Sinne fortzuführen, daß Leistungsbereiche grundlegend neu geregelt wurden. Wie die Krankenversicherungsreform so mündete auch die von der Regierung schon seit der zweiten Legislaturperiode geplante umfängliche Neuordnung der Unfallversicherung – die Beratung erfolgte im Kabinett und im Kabinettsausschuß für Wirtschaft – lediglich in vorläufigen Gesetzen zur Neuregelung von Geldleistungen in der gesetzlichen Unfallversicherung vom 27. Juli 1957 und vom 29. Dez. 1960[196], die Verbesserungen im Leistungsrecht einführten und die Anpassung der Unfallrenten an die wirtschaftliche Entwicklung vollzogen[197].

Umfassend reformiert wurde nur der Bereich der Fürsorge. Auch das unter der Federführung des Bundesinnenministeriums erarbeitete Bundessozialhilfegesetz vom 30. Juni 1961 brachte deutliche Leistungsverbesserungen, besonders durch die Berücksichtigung individueller Notlagen durch besondere Hilfen[198].

Der Ministerausschuß für Sozialreform tagte nach dem 29. Juli 1960 nicht mehr. Zu Beginn der vierten Legislaturperiode bat Adenauer Blank formell, ihn wieder im Vorsitz des Ministerausschusses für Sozialreform zu vertreten[199]. Der Ausschuß trat aber in der restlichen Amtszeit Adenauers und der gesamten Amtszeit Erhards nicht mehr zusammen.

Erst während der Großen Koalition wurde unter Bundeskanzler Kurt Georg Kiesinger die Wiedereinrichtung eines Sozialkabinetts beschlossen; am 9. Oktober 1968 fand die einzige Sitzung des „Kabinettsausschusses für das Sozialbudget und für ein soziales Strukturprogramm" statt[200]. Unter Bundeskanzler Willy Brandt trat der neugebildete „Kabinettsausschuß für Soziales und Gesundheit" von November 1969 bis Oktober 1972 zu neun Sitzungen zusammen. Eine letzte Sitzung dieses Ausschusses fand nach dem Rücktritt Brandts unter Bundeskanzler Helmut Schmidt im Juli 1974 statt[201].

---

[195] Dietrich, Eigentum, S. 408.

[196] BGBl. I 1071 und BGBl. I 1085.

[197] Vgl. die 169. Kabinettssitzung am 30. Jan. 1957 TOP 3 (B 136 VS/36115) und die 65. Sitzung des Kabinettsausschusses für Wirtschaft am 8. Febr. 1957 TOP 1 (B 136 VS/36220). – Unterlagen hierzu in B 136/2694 und B 149/3915. – Vgl. auch Spitzmüller, Reform, S. 325–338 sowie Frerich, Handbuch, Bd. 3, S. 77–79.

[198] BGBl. I 815 und 1875. – Der Entwurf des Bundessozialhilfegesetzes wurde nur einmalig im Kabinett am 17. Febr. 1960 erörtert und nach kurzer unstrittiger Beratung beschlossen. – Vgl. Heisig, Armenpolitik.

[199] Schreiben Adenauers an Blank vom 1. Dez. 1961 in B 136/50205 (Abschrift).

[200] Unterlagen in B 136/4802, Protokoll in B 136 VS/36236.

[201] Unterlagen in B 136 VS/36236.

6. Sitzung des Ministerausschusses für die Sozialreform am 13. Dezember 1955

1. Grundsatzfragen der Alters- und Invalidenversicherung, a. einführendes Referat durch Herrn Dr. Wilfrid Schreiber und b. Aussprache und – soweit möglich – Beschlußfassung über Grundsatzfragen der Alters- und Invalidensicherung.

7. Sitzung des Ministerausschusses für die Sozialreform am 18. Januar 1956

1. Grundsatzfragen der Alters- und Invaliditätssicherung, a. Bericht des Generalsekretärs für die Sozialreform über die bisherige Tätigkeit des Generalsekretariats und über die Beratungsergebnisse des Interministeriellen Ausschusses für die Sozialreform und b. Aussprache und – soweit möglich – Beschlußfassung über Grundsatzfragen der Alters- und Invaliditätssicherung.

8. Sitzung des Ministerausschusses für die Sozialreform am 17. Februar 1956

1. Fragen der Alters- und Invaliditätssicherung – A. Halbtagsstellen in der Industrie.

DER MINISTERAUSSCHUß FÜR SOZIALREFORM 1958–1960

1. Sitzung des Ministerausschusses für Sozialreform am 9. Oktober 1958

1. Reform des Bundesversorgungsgesetzes.

2. Sitzung des Ministerausschusses für Sozialreform am 24. Oktober 1958

1. Grundsätze für die Neuordnung der sozialen Krankenversicherung – 2. Interministerieller Referentenausschuß für Fragen der Eigentumstreuung.

3. Sitzung des Ministerausschusses für Sozialreform am 15. Januar 1959

1. Grundsätze zur Neuordnung des Bundesversorgungsgesetzes – 2. Kriegsopferversorgung im Saarland – 3. Probleme einer bundeseinheitlichen Regelung des Hausarbeitstages.

4. Sitzung des Ministerausschusses für Sozialreform am 29. Juli 1960

1. Vermögenswirksame Ergebnisbeteiligung der Arbeitnehmer– 2. Alters- und Hinterbliebenensicherung bestimmter Gruppen der zulassungspflichtigen freien Berufe.

Dokument 1

Kabinettsvorlage des Bundesministers für Arbeit vom 7. April 1955: Grundgedanken zur Gesamtreform der sozialen Leistungen.

Dokument 2

Vorlage des Interministeriellen Ausschusses vom 13. Sept. 1955 für die 2. Sitzung des Ministerausschusses am 14. Sept. 1955: Leitgedanken für die Reform der sozialen Sicherung (Sozialreform). Arbeitsbericht.

Dokument 3

Vorlage des Interministeriellen Ausschusses vom 28. Sept. 1955 für die 3. Sitzung des Ministerausschusses am 7. Oktober 1955: Ordnungsprinzipien für die Neuordnung der sozialen Sicherung.

Dokument 4

Vorlage des Interministeriellen Ausschusses vom 11. Okt. 1955 für die 4. Sitzung des Ministerausschusses am gleichen Tag: Rentenangleichung 1955.

Dokument 5

Vorlage des BMA vom 11. Okt. 1955 für die 4. Sitzung des Ministerausschusses am gleichen Tag: Einmalige Sofortleistung in der Kriegsopferversorgung.

Dokument 6

Vorlage des Interministeriellen Ausschusses vom 26. Okt. 1955 für die 5. Sitzung des Ministerausschusses am 28. Okt. 1955: Bericht über den Stand der Beratungen des Interministeriellen Ausschusses über die Alterssicherung.

Dokument 7

Schreiben des Bundesministers für Wirtschaft Ludwig Erhard zur Alterssicherung der Selbständigen vom 23. Nov. 1955 an den Bundesminister für wirtschaftliche Zusammenarbeit Franz Blücher und an alle Mitglieder des Ministerausschusses für Sozialreform.

Dokument 8

Vorlage des Bundesministers für wirtschaftliche Zusammenarbeit Franz Blücher vom 7. Dezember 1955 für die Mitglieder des Ministerausschusses für Sozialreform zur Neuordnung der sozialen Sicherung.

Dokument 9

Entwurf von Wilfrid Schreiber für seinen Vortrag vor dem Ministerausschuss für die Sozialreform am 13. Dez. 1955.

Dokument 10

Zusammenstellung des Bundeskanzleramtes vom 7. Dez. 1955 für die 6. Sitzung des Ministerausschusses am 13. Dezember 1955: Grundsatzfragen der Alters- und Invalidensicherung.

Dokument 11

Vorlage des Interministeriellen Ausschusses vom 10. Dez. 1955 für die 6. Sitzung des Ministerausschusses am 13. Dez. 1955: Die Gestaltung der Alterssicherung für die in der sozialen Rentenversicherung pflichtversicherten Personen.

Dokument 12

Memorandum von Wilfrid Schreiber vom 30. Dez. 1955: Zur Reform der gesetzlichen Rentenversicherung.

Dokument 13

Vorlage des Bundeskanzleramtes vom 16. Jan. 1956 für die 7. Sitzung des Ministerausschusses am 18. Jan. 1956: Grundsätze für die Alters- und Invaliditätssicherung.

Dokument 14

Vorlage des Bundeskanzleramtes vom 11. Febr. 1956 für die 8. Sitzung des Ministerausschusses am 17. Febr. 1956: Fragen der Alters- und Invaliditätssicherung.

Dokument 15

Vorlage des Bundesministers für wirtschaftliche Zusammenarbeit Franz Blücher vom 16. Februar 1956 für die Sitzung des Ministerausschusses am 17. Febr. 1956: Fragen der Alters- und Invalidensicherung.

Dokument 16

Vorlage des Bundesministers für Arbeit und Sozialordnung vom 26. Sept. 1958 für die 2. Sitzung des Ministerausschusses am 24. Okt. 1958: Grundsätze für die Neuordnung der sozialen Krankenversicherung.

Dokument 17

Vorlage des Bundesministers für Arbeit und Sozialordnung vom 8. Jan 1959 für die 3. Sitzung des Ministerausschusses am 15. Jan. 1959: Grundsätze für eine Neuordnung des Bundesversorgungsgesetzes.

Dokument 18

Vorlage des Bundesministers für Arbeit und Sozialordnung vom 19. Dez. 1958 für die 3. Sitzung des Ministerausschusses am 15. Jan. 1959: Kriegsopferversorgung im Saarland.

Dokument 19

Vorlage des Bundesministers für Arbeit und Sozialordnung vom 4. Juli 1960 für die 4. Sitzung des Ministerausschusses am 29. Juli 1960: Gesetz zur Förderung der Vermögensbildung der Arbeitnehmer.

Dokument 20

Vorlage des Bundesministers für Arbeit und Sozialordnung vom 30. Juni 1960 für die 4. Sitzung des Ministerausschusses am 29. Juli 1960: Alters- und Hinterbliebenensicherung bestimmter Gruppen der zulassungspflichtigen freien Berufe.

Protokolle

**1. Sitzung des Ministerausschusses für die Sozialreform
am Dienstag, den 16. August 1955**

*Teilnehmer: Blücher (Vorsitz), Storch, Balke, Wuermeling; Sauerborn, Dahl-
grün, Bleek, Strauß, Westrick, Sonnemann, Nahm, Thedieck; Jantz (BMA), Kattenstroth (BMWi), Oeftering (BMF), Schiller (BMV), Bott (BPräsAmt), Gareis (BML),
Riedel (BMVt), Elsholz (BMF), Pühl (Bundeskanzleramt), Spahn (BMI), Keller (BMS
Schäfer), Ludwig (BMFa), Schmitz (BMWi), Neundörfer. Protokoll: Lamby.*

Beginn: 15.00 Uhr   *Ende: 18.30 Uhr*

Ort: Haus Carstanjen

Tagesordnung[1]*:*

1. *Referate*

   a) *des Herrn Generalsekretärs für die Sozialreform über die Grundgedanken
   der Kabinettvorlage des Herrn Bundesministers für Arbeit vom 7. April
   1955 betr.: Gesamtreform der sozialen Leistungen,*

   b) *des Herrn Professor Dr. Neundörfer über die Grundgedanken der Denkschrift „Neuordnung der sozialen Leistungen".*

2. *Aussprache über diese Referate mit dem Ziel, einen Arbeitsplan des Ministerausschusses festzulegen.*

[A.   KONSTITUIERUNG DES MINISTERAUSSCHUSSES]

Der *Vizekanzler* eröffnet die konstituierende Sitzung des Ministerausschusses[2]. Er weist darauf hin, daß es nach seiner Auffassung überflüssig sei, die Notwendigkeit einer raschen Durchführung der Sozialreform noch besonders zu beto-
nen. Im Augenblick gehe es zunächst darum, Grundsätze zu erarbeiten, um auch

---

[1]   Tagesordnung gemäß Einladung vom 10. Aug. 1955 in B 136/50206.

[2]   Adenauer hatte in seiner Regierungserklärung vom 20. Okt. 1953 eine „umfassende Sozialreform" in der 2. Legislaturperiode angekündigt (Stenographische Berichte, Bd. 18, S. 11–22,
insb. S. 13). In seiner Kabinettsvorlage vom 11. Juli 1955 hatte er die Notwendigkeit der Entwicklung eines Gesamtkonzepts der künftigen Sozialpolitik festgestellt und die Einrichtung
eines Ausschusses für die Sozialreform vorgeschlagen (Vorlage in B 136/1360, siehe
91. Kabinettssitzung am 13. Juli 1955 TOP 1: Kabinettsprotokolle 1955, S. 422 f.). Adenauer
hatte den Vorsitz im Ministerausschuß selbst übernehmen wollen, verbrachte aber vom
18. Juli bis 20. Aug. 1955 seinen Urlaub in Mürren/Schweiz. In seiner Vertretung leitete Blücher
die ersten Sitzungen. – Zur Vorbereitung der konstituierenden Sitzung des Ministerausschusses für die Sozialreform siehe Schreiben Blüchers an Adenauer vom 13. Aug. 1955 in Nachlaß
Blücher N 1080/82 und B 146/1765, weitere Unterlagen in B 149/392. – Vgl. auch Einleitung,
S. 29 f.

parlamentarisch möglichst rasch voranzukommen. Es sei zu befürchten, daß Initiativanträge der Opposition betr. Sozialreform in Kürze dem Parlament vorgelegt würden[3]. Diesem Vorhaben müsse die Bundesregierung zuvorkommen oder notfalls den Wind aus den Segeln nehmen. Der Bundeskanzler habe ihn vor drei Wochen schriftlich gebeten, noch im Monat Juli eine erste Sitzung des Ministerausschusses anzuberaumen[4]; dies sei aus Termingründen leider nicht möglich gewesen. Es sei nicht die Aufgabe des Ministerausschusses, in der heutigen Sitzung sachliche Fragen zu entscheiden, heute komme es nur darauf an, das Arbeitsprogramm für den Ministerausschuß und den Interministeriellen Ausschuß[5] zu beschließen. Die praktische Durchführung der Vorbereitung der Sozialreform liege nach wie vor beim Bundesarbeitsministerium und den dafür geschaffenen Institutionen[6]. Der Ministerausschuß müsse sich darauf beschränken, Rahmenbeschlüsse zu fassen.

1. REFERATE

a. DES HERRN GENERALSEKRETÄRS FÜR DIE SOZIALREFORM ÜBER DIE GRUNDGE-
DANKEN DER KABINETTSVORLAGE DES HERRN BUNDESMINISTERS FÜR ARBEIT
VOM 7. 4. 1955 BETR.: GESAMTREFORM DER SOZIALEN LEISTUNG

Im Anschluß an die Ausführungen des Vizekanzlers referiert *Ministerialdirektor Dr. Jantz [BMA]* über die Vorlage des Bundesministeriums für Arbeit[7]. Er bejaht

---

[3] Die Fraktionsgeschäftsstelle der SPD hatte im März auf eine Nachfrage aus dem Bundeskanzleramt bestätigt, daß eine neugebildete Kommission aus den Bundestagsabgeordneten Ludwig Preller, Ernst Schellenberg und Willi Richter einen Sozialplan erarbeite, der noch vor der Sommerpause als Gesetzesentwurf im Bundestag eingebracht werden solle. Auf einer Tagung in Frankfurt/Main am 10. Mai 1955 hatte die SPD zwölf Leitsätze zur Sozialreform diskutiert (vgl. Vermerke für den Bundeskanzler vom 16. März und 14. Mai 1955 in B 136/1380; siehe auch Sondersitzung des Kabinetts am 22. März 1955 TOP 1: Kabinettsprotokolle 1955, S. 196 f.). – Einen Gesetzentwurf zur Neuordnung der Rentenversicherung brachte die SPD-Bundestagsfraktion am 18. April 1956 ein (BT-Drs. 2314). Vgl. 8. Sitzung des Ministerausschusses für die Sozialreform am 17. Febr. 1955 TOP 1.

[4] Schreiben Adenauers vom 22. Juli 1955 in B 136/4802 und Nachlaß Blücher N 1080/82. Adenauer hielt es „schon aus Gründen der politischen Optik" für bedenklich, wenn die Beratungen im Ministerausschuß erst nach der Urlaubsperiode im September aufgenommen werden würden. Die konstituierende Sitzung sollte im Juli einberufen werden, auch wenn nur ein Teil der Mitglieder anwesend sein würde.

[5] Die Einrichtung eines Interministeriellen Ausschusses war von Adenauer in seiner Kabinettsvorlage vom 11. Juli 1955 vorgeschlagen worden (B 136/1360). Der Interministerielle Ausschuß wurde im August 1955 eingerichtet. Ihm gehörten Vertreter der Ressorts als ständige Teilnehmer an, Sachverständige wurden von Fall zu Fall hinzugezogen. Den Vorsitz hatte der Leiter der Abt. IV (Sozialversicherung) des BMA und Generalsekretär für die Sozialreform, Ministerialdirektor Dr. Kurt Jantz inne.

[6] Gemeint sind wohl der Beirat für die Neuordnung der sozialen Leistungen, das Generalsekretariat für die Sozialreform und der Interministerielle Ausschuß. Vgl. zu diesen Institutionen Einleitung, S. 17, 24 und 27.

[7] In der Sondersitzung am 22. März 1955 hatte das Kabinett den BMA aufgefordert, bis Ostern ein Gesamtkonzept zur Sozialreform vorzulegen (Kabinettsprotokolle 1955, S. 195–200). Siehe Kabinettsvorlage des BMA vom 7. April 1955 (in B 136/1379 mit Stellungnahmen der Ressorts

die Notwendigkeit einer Gesamtreform wie sie auch von dem Bundeskanzler mehrfach gefordert worden sei[8]. Die Sozialreform stelle ein weitverzweigtes Problem dar, das sowohl wirtschaftliche Fragen, Fragen der Jugendhilfe und vielleicht auch Probleme der Kulturpolitik berühre. Letzten Endes gehe es darum, eine gesunde Gesellschaftsstruktur anzustreben. Stets müsse die Gesamtreform als oberstes Ziel angesehen werden, wenn man sich auch als Nahziel mit einer Reform der sozialen Leistungen begnügen müsse.

Im Mittelpunkt der Betrachtungen zur Sozialreform müsse der Mensch stehen, dabei müsse Sicherheit und Freiheit des einzelnen in ein ausgewogenes Verhältnis gebracht werden.

Ministerialdirektor Dr. Jantz [BMA] tritt für die Beibehaltung der Dreiteilung: Versicherung, Versorgung und Fürsorge ein. Diese Einteilung habe nicht nur technische, sondern grundsätzliche Bedeutung. Die Versicherung erstrebe die soziale Sicherheit unter Wahrung der Freiheit und Selbständigkeit des einzelnen; sie sei das artgemäße Prinzip zur Gewährleistung der Freiheit des Einzelmenschen. Die Versorgung sei im Gegensatz zur Versicherung nicht von vorgeleisteten Beiträgen abhängig. Sie trete nur in Notständen allgemeiner Art ein und tendiere zu einer Schablonisierung und Schematisierung. Besonders bedenklich sei eine Altersversorgung, wie sie z.B. Holland eingeführt habe[9]. Dort müsse jeder einen bestimmten Prozentsatz seines Einkommens abführen, als Altersversorgung erhalte er dagegen eine für alle gleichmäßig und ohne Rücksicht auf die Höhe der geleisteten Beiträge festgesetzte Rente. Die Fürsorge greife da ein, wo der einzelne seinen Lebensunterhalt nicht mehr selbst bestreiten könne. Sie neige dazu, zu schablonisieren und zu kontrollieren. Bei der Betrachtung dieser drei Zweige der sozialen Sicherheit komme zwei Begriffen eine grundsätzliche Bedeutung zu, nämlich der Solidarität und der Subsidiarität.

Solidarität bedeute, daß der sozial Stärkere zu den Leistungen für die sozial Schwächeren beitrage. Der Begriff der Subsidiarität müsse aus der bisherigen negativen Bedeutung ins Positive gekehrt werden. Subsidiarität im negativen Sinne bedeute, daß die Hilfe des Staates nur dann eingreife, wenn die Hilfe des einzelnen oder einzelner Gemeinschaften nicht ausreiche. Positiv sage sie, daß der Staat eine Initialzündung geben müsse, damit sich der einzelne selbst helfen könne. Es bedürfe hier vorweg einer grundsätzlichen Verständigung, was unter dem Begriff der Subsidiarität im Rahmen der Sozialreform zu verstehen sei.

Wichtig sei es auch, die Rangfolge der Leistungen für die einzelnen Altersgruppen festzulegen. Nach seiner Auffassung seien die im erwerbsfähigen Alter stehenden Personen in den Vordergrund der Betrachtungen zu stellen, wobei an erster Stelle die Invaliden zu berücksichtigen seien. Bisher sei das Alter als ein Unterfall der Invalidität gewertet worden. Künftig sollte eine eigenständige Alters-

---

und in B 149/393): Anhang 1, Dokument 1. Weitere Unterlagen in B 126/10941. Vgl. auch Einleitung, S. 25.

[8] Vgl. Einleitung, S. 19 f.

[9] Vgl. hierzu die synoptische Darstellung von Alterssicherungssystemen des Auslandes des Generalsekretärs für die Neuordnung der sozialen Sicherung vom 15. Nov. 1955 in B 149/408.

versicherung geschaffen werden, weil derjenige, der ein Arbeitsleben lang Beiträge geleistet habe, im Alter anders behandelt werden müsse, als derjenige, der schon früh arbeitsunfähig geworden sei. Bei der Behandlung der Invalidität gebühre der Rehabilitation der Vorrang vor der Rentengewährung. Es müßten auch medizinische und berufliche Maßnahmen in der Rehabilitation eingeschlossen werden, um die Arbeitsfähigkeit des einzelnen zu erhalten. Er trete dafür ein, daß die Rehabilitation und die Rentengewährung von derselben Stelle behandelt werden sollten; dies sei zweckmäßig, da die rentenzahlende Stelle bei erfolgreichen Rehabilitationsmaßnahmen eigene Mittel spare und somit auch ein eigenes Interesse an der erfolgreichen Durchführung dieser Maßnahmen habe. Wesentlich sei es, daß der Wille zur Wiederherstellung der Arbeitsfähigkeit beim einzelnen gestärkt werde, notfalls durch Gewährung einer Rente auf Zeit. Nach einem gewissen Zeitablauf solle eine ärztliche Untersuchung stattfinden, deren Ergebnis für die Weitergewährung der Rente entscheidend sein solle. Für die Rente auf Zeit müsse eine andere Rentenformel gefunden werden wie für die Altersrente.

Wichtig sei, daß zur Wiederherstellung die Vorbeugung komme, da hierdurch entscheidende Ersparnisse bei der Rentengewährung gemacht werden könnten. Hinsichtlich der Rentenkumulierung führt *Dr. Jantz [BMA]* aus, daß die in der Öffentlichkeit oft diskutierte Häufung von Renten nicht das Ausmaß habe, wie allgemein angenommen werde.

Der Frage, wie die Altersrente gestaltet werden solle, sei ein besonderes Augenmerk zuzuwenden. Er trete dafür ein, daß die Altersrente dem einzelnen die Fortführung seines gehobenen Lebensstandards sichern solle unter Abzug der durch das Alter bedingten geringeren Bedürfnisse.

Zu dem Problem, ob die Angehörigen der freien Berufe und die Selbständigen in die Sozialversicherung einbezogen werden sollen, habe das Bundesministerium für Arbeit in seiner Denkschrift keine Stellung genommen, da der Bundesminister für Wirtschaft eine Kabinettsvorlage angekündigt habe, in der dieses Thema behandelt werden soll[10].

b.   DES HERRN PROFESSOR DR. NEUNDÖRFER ÜBER DIE GRUNDGEDANKEN DER DENKSCHRIFT „NEUORDNUNG DER SOZIALEN LEISTUNGEN"

Prof. Dr. Neundörfer betont zu Eingang seiner Darlegungen[11], daß er nicht beabsichtige, ein Gegenreferat zu den Ausführungen von Ministerialdirektor Dr. Jantz

---

[10]   In einem Schreiben vom 26. Aug. 1955 an das Bundeskanzleramt und das BMA stellte Kattenstroth fest, daß ihm diese Äußerung nicht ganz verständlich sei, da das BMWi diese Frage in der Kabinettsvorlage vom 23. Sept. 1954 behandelt habe (vgl. 63. Kabinettssitzung am 14. Dez. 1954 TOP 2: Kabinettsprotokolle 1954, S. 563 f.) und vorerst keine Veranlassung sähe, erneut an das Kabinett heranzutreten (Schreiben in B 136/4802).

[11]   Adenauer hatte in seinem Schreiben vom 22. Juli 1955 an Blücher angeregt, die von ihm initiierte sog. „Rothenfelser Denkschrift" (Neuordnung der sozialen Leistungen. Denkschrift auf Anregung des Herrn Bundeskanzlers erstattet von den Professoren Hans Achinger, Joseph Höffner, Hans Muthesius, Ludwig Neundörfer, Köln 1955; siehe 84. Kabinettssitzung am 2. Juni 1955 TOP E: Kabinettsprotokolle 1955, S. 337 f. sowie Einleitung, S. 26) in den Mittel-

zu halten. Nach seiner Auffassung gäbe es in diesem Kreise keine grundsätzlich verschiedenen Standpunkte. Die Würde und Freiheit des einzelnen ständen im Mittelpunkt der Bemühungen. Dennoch auftretende Meinungsverschiedenheiten hätten ihre Ursache in der Tiefe des Ansatzpunktes und dem Umfang der Betrachtungen.

Der Bundeskanzler habe verschiedentlich die Notwendigkeit unterstrichen, daß die Sozialreform der veränderten Gesellschaftssituation Rechnung tragen sollte. Diese Auffassung müsse er voll und ganz unterstützen. Die heutige Sozialversicherungsgesetzgebung gehe auf die gesellschaftlichen Verhältnisse zur Zeit Bismarcks[12] zurück. Damals sei es das wichtigste Anliegen gewesen, mit den Notständen der städtischen Industriearbeiterschaft fertig zu werden. Seither habe sich viel verändert, insbesondere habe sich eine entscheidende Wandlung in der Stellung des Arbeiters vollzogen. Er dürfe hier an das Tarifvertragsrecht, an den Einfluß der Gewerkschaften, an das Mitbestimmungsrecht, an das gehobene Lohnniveau und ähnliches erinnern[13]. Heute gehöre der Großteil der Arbeiter zur Mittelschicht, die über ein ausreichendes Einkommen verfüge. Aber auch das Bestreben nach allgemeiner Sicherheit habe sich immer mehr verstärkt. Schon die Ausdehnung der Sozialversicherung auf Angestellte im Jahre 1911[14] sei hierfür ein typisches Anzeichen gewesen. Der einzelne dulde erhebliche Lohnabzüge zugunsten einer staatlichen Garantie seiner sozialen Sicherheit. Das Vertrauen auf die Erträgnisse eigenen Sparens sei immer mehr im Schwinden. Die früher nur zum Schutz bestimmter Personengruppen geschaffene Sozialversicherung habe allmählich immer weitere Personengruppen umfaßt, so daß aus dem Schutz einer Minderheit die Betreuung einer Mehrheit geworden sei. So seien z.B. 80% aller Personen von der gesetzlichen Krankenversicherung erfaßt. Einschließlich der privaten Krankenversicherung seien sogar 94% aller Personen gegen Krankheit versichert. Während 1890 der Anteil der Selbständigen $1/3$ der Bevölkerung betragen habe, sei dieser

---

punkt der Erörterungen im Ministerausschuß zu stellen und die Beratung mit einem Vortrag von Professor Muthesius einzuleiten. Nachdem weder Muthesius noch die beiden anderen Professoren zu erreichen gewesen waren, übernahm Neundörfer den Vortrag. Vgl. Schriftwechsel Adenauers mit Blücher in B 136/4802 und im Nachlaß Blücher N 1080/82, vgl. auch Schreiben Pühls an Neundörfer vom 5. Aug. 1955 in B 136/4802.

[12] Zur Sozialversicherungspolitik Otto von Bismarcks (1815–1898; Reichskanzler von 1871 bis 1890), mit der er auf die gesellschaftlichen und sozialen Umwälzungen infolge der industriellen Expansion reagierte, vgl. Frerich, Handbuch, Bd. 1, S. 85–165. Grundlegende Sozialversicherungsgesetze waren das Unfallversicherungsgesetz vom 6. Juli 1884 (RGBl. S. 69), das Gesetz betr. die Krankenversicherung der Arbeiter vom 15. Juni 1883 (RGBl. S. 73) sowie das Gesetz betr. die Alters- und Invaliditätsversicherung vom 22. Juni 1889 (RGBl. S. 97).

[13] Gesetzliche Regelungen betrafen die Neuordnung der Mitbestimmung und Betriebsverfassung (Montan-Mitbestimmungsgesetz vom 21. Mai 1951, BGBl. I 347 und Betriebsverfassungsgesetz vom 11. Okt. 1952, BGBl. I 681), den arbeitsrechtlichen Schutz bestimmter Personengruppen (Heimarbeitsgesetz vom 14. März 1951, BGBl. I 191, Mutterschutzgesetz vom 24. Jan. 1952, BGBl. I 69 und Schwerbeschädigtengesetz vom 16. Juni 1953, BGBl. I 389) und die Verbesserung der allgemeinen Arbeitsbedingungen (Gesetz zur Regelung der Lohnzahlung an Feiertagen vom 2. Aug. 1951, BGBl. I 479 und Kündigungsschutzgesetz vom 10. Aug. 1951, BGBl. I 499). Vgl. hierzu Frerich, Handbuch, Bd. 3, S. 93–112.

[14] Versicherungsgesetz für Angestellte vom 20. Dez. 1911 (RGBl. S. 989).

Anteil heute auf etwa $^1/_5$ gesunken. Aus der Zunahme der unselbständig Tätigen habe der Gesetzgeber bisher nur in einem Lebensbereich die Konsequenz gezogen, indem er ein einheitliches Arbeitsrecht geschaffen habe. Dieselbe Aufgabe müsse nunmehr im Bereich der sozialen Hilfe gelöst werden. Vordringlich sei hier eine Neukodifizierung der in der RVO[15] geregelten Materie. Die jetzige gesetzliche Regelung sei unübersichtlich und zum Teil überholt.

Künftig müsse unter Berücksichtigung der veränderten Gesellschaftssituation insbesondere den Gruppen geholfen werden, die bisher noch nicht ausreichend unterstützt wurden. Er denke hierbei an die Kleinbauern, an gewisse Kreise des Handwerks, den Kleinhandel, Kriegerwitwen und andere Personengruppen.

Bei allen Überlegungen sei bisher die Aufbringungsseite am wenigsten geklärt. Große Aufgaben hätten die Finanzsachverständigen noch zu bewältigen, um hier die Zusammenhänge zu erschließen. Die Politiker hätten sodann verantwortliche Entscheidungen zu treffen, um das rechte Maß zwischen sozialpolitisch Gebotenem und finanzpolitisch Vertretbarem zu finden.

In der Kritik des Bundesministeriums für Arbeit an dem auf Anregung des Bundeskanzlers erstatteten Gutachten werde behauptet, daß die Analysen der Gesellschaftssituation unzutreffend seien[16]. Dem müsse er entgegenhalten, daß die dort gemachten Ausführungen das Ergebnis jahrelanger Forschung seien, die ganz unabhängig von den Arbeiten der Sozialreform getrieben worden seien.

Eine besondere Bedeutung habe das Gutachten der vier Professoren den Begriffen der Solidarität und Subsidiarität beigemessen. Er dürfe hier auf den Wortlaut der Ausführungen des Gutachtens auf Seite 22 und 23[17] verweisen. Die Verfas-

---

[15] Reichsversicherungsordnung vom 19. Juli 1911 (RGBl. S. 509).

[16] Vgl. die Stellungnahme des BMA „Bemerkungen zu der Denkschrift 'Neuordnung der sozialen Leistungen'", die dem Bundeskanzleramt mit Schreiben vom 11. Juli 1955 übersandt wurde, in B 136/1381.

[17] Solidarität und Subsidiarität sind in der Denkschrift wie folgt definiert: „Ausgangspunkt des [...] Prinzips der Solidarität ist also der Vollwert der menschlichen Persönlichkeit und zugleich die wesenhaft soziale Anlage des Menschen. Solidarität besagt ontisch wechselseitige Verbundenheit und ethisch wechselseitige Verantwortlichkeit im Füreinander-Einstehen. Weil der Mensch seinem Wesen nach sozial veranlagt ist, sind Wohl und Wehe des einzelnen und der Gesellschaft in Bindung und Rückbindung wechselseitig bedingt und verknüpft, wobei hier unter 'Gesellschaft' alle Sozialgebilde – von der Familie bis zum Staat – verstanden werden. [...] Auf die soziale Sicherung angewandt, fordert der Grundsatz der Solidarität nicht nur, daß die Gesellschaft dem notleidenden Einzelmenschen oder der darbenden Einzelfamilie hilft, sondern daß auch die gesellschaftlichen Gruppen und Schichten im Bewußtsein ihrer Zusammengehörigkeit den Ausgleich zugunsten der sozial Schwächeren – sowohl zwischen den Gruppen und Schichten als auch innerhalb derselben – durchführen. [... Im] Verhältnis der Einzelmenschen zu den Sozialgebilden und der Sozialgebilde zueinander [...] gilt der Grundsatz der Subsidiarität: Wie die Sozialgebilde nicht an sich reißen sollen, was der Einzelmensch aus eigener Kraft und Verantwortung zu leisten vermag, so sollen die umfassenderen Gemeinschaften keine Aufgaben übernehmen, die von den kleineren Lebenskreisen gemeistert werden können. [...] 1. Subsidiarität bedeute an erster Stelle Ausschließung und Abgrenzung: Eigensein und Eigenleben der kleineren Lebenskreise und der Einzelmenschen werden von Totalitätsansprüchen der umfassenderen Sozialgebilde geschützt. Wo immer die Kräfte des einzelnen oder der kleineren Gemeinschaften nicht ausreichen, dürfen die umfassenderen Sozialgebilde, vor allem der Staat, diese Eigenständigkeit weder aufheben noch einschränken.

ser der Denkschrift seien sich einig gewesen, daß die Leistungskraft und Verantwortlichkeit des einzelnen erst ausgeschöpft werden müsse, bevor eine Hilfe des Staates in Anspruch genommen werden sollte. Es sei andererseits zu fragen, wieviel man der Leistungskraft des einzelnen zumuten dürfe. So bedürfe es der Prüfung, ob die Aussteuerung bei einer 51%igen Erwerbsunfähigkeit noch verantwortet werden könne.

Jedes Menschenleben gliedere sich in drei Phasen, in denen besondere soziale Hilfen notwendig werden: Jugend, Volleistungsalter und Alter. Die künftigen Betrachtungen müßten vordringlich unter dem Gesichtspunkt der Erhaltung des Arbeitspotentials stehen. Es sei z.B. von wesentlicher Bedeutung, ob dauernd 1,5 Mio. Personen ausfallen oder ob durch geeignete Maßnahmen diese Zahl vermindert werden könne. Er denke hier an die Probleme der Rehabilitation, unter der er eine Hilfe zur Wiedererlangung der Eigenständigkeit verstehe.

Die Sicherung des Alters bedeute ein Problem eigener Art. Hier sei eine gesetzliche Regelung notwendig, denn es könne dem einzelnen nicht überlassen bleiben, für seine Alterssicherung in vollem Umfang selbst zu sorgen.

Sozialreform[18]

1) Es ist nicht meine Aufgabe, ein Gegenreferat zu den Ausführungen von Herrn Ministerialdirektor Dr. Jantz zu halten. Uns verbindet die gemeinsame Aufgabe, dem Gestalt zu verleihen, was die geschichtliche Stunde im Bereich der sozialen Hilfen gebietet.

Es gibt auch nicht zwei Konzeptionen, zumindest nicht in diesem Kreis zwei Meinungen über den einzuschlagenden Weg, wie soziale Sicherheit geschaffen werden kann, denn beide gehen aus vom Prinzip der Freiheit, der Würde und der Selbstverantwortung des Menschen, stellen ihn in den Mittelpunkt.

Es gibt eine radikal andere Form, Wohlfahrt des Menschen zu bewirken: die der totalen Abhängigkeit des Menschen von staatlichen Institutionen, des Diktates der Wohlfahrt mit den Konsequenzen gewaltiger Einheitsorganisationen, die letztlich von einer Kommandobrücke gesteuert werden. Aber diese Form ist von niemand gewollt.

---

2. Subsidiarität bedeutet andererseits Hilfe von oben nach unten. Das hilfsweise und ergänzende Eingreifen der größeren Sozialgebilde kann aus zwei Gründen geboten sein: a) Da die Einzelmenschen und die kleineren Lebenskreise nicht autark, sondern in umfassendere Sozialgebilde eingeordnet sind, obliegen ihnen nicht nur Eigenaufgaben, sondern – als Glieder des umfassenderen Sozialgebildes – auch Gemeinschaftsaufgaben, die nur in der größeren Gemeinschaft gemeistert werden können. Hier muß das umfassendere Sozialgebilde [...] wesentlich und dauernd tätig werden. [...] b) Sofern Einzelmenschen oder kleinere Lebenskreise in den ihnen von Natur aus zustehenden Rechts- und Aufgabenbereichen mit oder ohne Schuld versagen, gebietet das Subsidiaritätsprinzip, daß die umfassenderen Sozialgebilde – je nach ihrer Zuständigkeit – ergänzungsweise und möglichst nur vorübergehend Hilfe leisten" (Achinger u.a., Neuordnung, S. 21–23).

[18] Es folgt eingefügt das Manuskript des Vortrages von Professor Neundörfer „Referat vor dem Kabinettsausschuß am 16.8.1955". Manuskript in B 136/1359.

2) Was uns unterscheidet ist die Weite und Tiefe des Ansatzes, der Umfang der gesetzgeberischen Aufgabe. Ich glaube nicht, daß es damit getan ist, einige Novellen zu schaffen, ungenügend erscheinende Renten zu erhöhen, Deckungsvorschläge dafür zu machen, Widersprüche und unberechtigte Doppelleistungen in dem unübersichtlichen Gestrüpp der Sozialgesetzgebung zu beseitigen, den Verwaltungsmechanismus zu verbessern. All das sind auch nötige Dinge und [zu] integrieren in der größeren Aufgabe. Auch der Beirat[19] ist sich darin einig, daß an gewissen Stellen Neukonstruktionen geschaffen werden müssen, zum Beispiel in der Hilfe bei Invalidität – Rehabilitation vor Rente.

Aber ehe man an irgendwelche Einzelheiten geht, in denen man sicher weitgehende Übereinstimmungen erzielen kann, steht eine grundsätzliche Besinnung, ein Politicum erster Ordnung.

Sie ist vom Politiker zu vollziehen, nicht vom Verfahrenstechniker. Der Wissenschaftler kann dem Politiker dafür Material an die Hand geben:

> *soziale und gesellschaftliche Tatbestände,*
> *Ordnungsprinzipien und*
> *Verflechtungen in die Ganzheit des wirtschaftlichen Lebens.*

Dem Techniker obliegt die Durchkonstruktion, wenn erst der Entwurf, der Riß vorliegt.

3) Das Kanzlerinterview von Anfang August[20] betont eingangs, daß Sozialreform bedingt sei durch die veränderten gesellschaftlichen Verhältnisse, durch Strukturveränderungen im Zusammenleben der Menschen.

Die großen Sozialgesetze der Bismarck'schen Aera waren die Antwort des Gesetzgebers auf Notstände, die einen immer größer werdenden Teil des Volkes ergriffen: die städtische Industriearbeiterschaft. Sie sollten die völlige Ungesichertheit gegen Lebensrisiken angehen, deren Bewältigung aus eigenen Kräften dem Arbeiter in seiner damaligen Lage unmöglich war. Sie sollten einen Damm setzen gegen die Proletarisierung. So steht es in der kaiserlichen Botschaft von 1881[21].

---

[19] Der Beratende Beirat für die Neuordnung der sozialen Leistungen beim BMA war aufgrund eines in der 195. Sitzung am 21. Febr. 1952 gefaßten Beschlusses des Bundestages (vgl. Stenographische Berichte, Bd. 10, S. 8376–8392) gebildet worden und am 3. März 1953 zu seiner 1. Sitzung zusammengetreten. Mitglieder des Beirates waren vom Bundesminister für Arbeit berufene unabhängige Sachverständige. Neundörfer und Höffner gehörten dem Beirat an, Höffius außerdem mit Achinger und Muthesius auch dem Arbeitsausschuß für Grundsatzfragen des Beirates. Der BMA saß dem Beirat vor. Niederschriften der Sitzungen und weitere Unterlagen in B 149/410–413 und B 136/1363–1365. Zur Einrichtung des Beirates siehe auch 19. Kabinettssitzung am 19. Febr. 1954 TOP 4 und 34. Kabinettssitzung am 1. Juni 1954 TOP 2 (Kabinettsprotokolle 1954, S. 73–75 und S. 237–240 sowie Einleitung, S. XLVIII). Vgl. auch Hockerts, Entscheidungen, S. 235 f. und Einleitung, S. 17.

[20] Am 5. Aug. 1955 hatte Adenauer in seinem Urlaubsort Mürren dem Hessischen Rundfunk ein Fernsehinterview gegeben, in dem er die Sozialreform als „das innerpolitische Thema Nr. 1" bezeichnet hatte (vgl. Bulletin vom 10. Aug. 1955, S. 1237).

[21] In der Rede zur Eröffnung des Reichstages am 17. Nov. 1881 kündigte Kaiser Wilhelm I. Gesetzesinitiativen zur Arbeiterversicherung an (Verhandlungen des Reichstages 1881/1882, Bd. 1, S. 1).

Die Organisation der Hilfen entsprach den Möglichkeiten und Notwendigkeiten der damaligen Zeit. Die Gesetze behalten ihre Gültigkeit, Organisationen von solchem Ausmaß ihre Schwerkraft und ihr Beharrungsvermögen.

Seitdem ist vieles im Bereich des Sozialen, das heißt des Zusammenlebens der Menschen in der Stellung der einzelnen Schichten im Volksganzen geschehen.

Zunächst ist der Industriearbeiter, der Proletarier von damals, seinen Weg gegangen. Er hat sich seine Anerkennung im Volksganzen erkämpft. Man braucht nur ein paar Stichworte anzuführen wie Arbeitsschutz, Tarifwesen, Partnerschaft im Betrieb über die Gewerkschaften. Die Einkommen dieser breiten Schicht des Volkes haben sich wesentlich verbessert, damit auch ihr Lebensstandard und vor allem auch ihre Leistungskraft aus eigenen Mitteln. Ein Zweites, in unserem Zusammenhang Entscheidendes kommt hinzu: das allgemeine Umsichgreifen des Sicherungsgedankens, der Risikoverlagerung auf Gesamtschaften. Nicht nur die Sozialversicherungen entstanden, gleichzeitig begann eine allgemeine Ausbreitung der Versicherung: Leben, Krankheit, Transport, Unfall.

Schon die Ausdehnung der Sozialversicherung auf die Angestellten in ihrer Gesamtheit von 1911 scheint mir ein Anzeichen dafür, daß es zunehmend Teil der modernen Lebensform wird, für bestimmte Notstände des Lebens Hilfe zu organisieren. Man vertraut weder auf einen eigenen Sparstrumpf, noch auf die Hilfsbereitschaft anderer, noch auf das Glück, vorbeizukommen, es irgendwie zu schaffen, sondern man duldet laufende und nicht unbeträchtliche Konsumverzichte in Form von Beiträgen und fordert die Garantie des Staates, nun gesichert zu sein.

Damit haben sich die Grundlagen verschoben, auf denen unsere Sozialgesetze aufgebaut waren: sie dienten einer bestimmten Personengruppe. Immer neue Personengruppen traten hinzu, weil sie schutzbedürftig schienen und es nahe lag, die erprobten Mittel, Lebensrisiken abzusichern oder Existenzgrundlagen außerhalb des normalen Arbeitsprozesses zu schaffen, anzuwenden. Das Leitbild: schutzbedürftige Gruppen blieb, aber es änderte sich allmählich und von den Gesetzgebern meist unbeachtet. Die Realität: eine Vielzahl von „schutzbedürftigen Gruppen" gibt schließlich eine Mehrheit, ja fast die Gesamtheit des Volkes. Rund 80% der westdeutschen Bevölkerung sind durch die gesetzlich fundierte Krankenversicherung erfaßt, 94% der Bevölkerung gegen Krankheit überhaupt versichert. 1895 war ein Fünftel der Bevölkerung direkt versichert in der gesetzlichen Alters- und Invalidenversicherung, mit ihren Angehörigen waren es vielleicht zwei Fünftel. Heute sind es 41% und mit ihren Angehörigen 80%. Einer Minderheit kann durch eine Mehrheit geholfen werden, zumal wenn unter ihr sich leistungsstarke Kräfte befinden (z.B. Unternehmer). Eine Mehrheit kann sich nur selber helfen, zumal dann, wenn die verbleibende Minderheit leistungsschwach ist (Bauern, Handwerker) und aus Unternehmern Unternehmungen geworden sind, die ihre Sozialbeiträge notwendig abwälzen müssen.

4) Daß aus einer Minderheit Schutzbedürftiger heute eine Mehrheit geworden ist, die Sicherung der Lebensrisiken verlangt, hat nicht nur darin seinen Grund, daß tatsächlich neue Gruppen schutzbedürftig geworden sind, etwa die Opfer der beiden Kriege, der Inflation nach 1918 oder die Heimatvertriebenen, sondern vor

75

allem darin, daß im Laufe der letzten 80 Jahre eine grundlegende Verschiebung der sozialen Stellung der Menschen im Wirtschaftsleben Platz gegriffen hat. 1895 zählte ein Drittel der Bevölkerung zu den Selbständigen, 1950 ein Fünftel. Alle großen Sozialversicherungsgesetze aber haben am Begriff des „Arbeitnehmers" als Kriterium für den Einbezug festgehalten, zudem wurden Einkommensgrenzen, die ursprünglich eng waren, immer wieder erweitert. So wurden die Sicherungsorganisationen notwendig immer umfassender.

Aus der ständigen Zunahme des Arbeitens in unselbständiger Stellung, aus dem notwendigen Zurücktreten eines echten Gehilfenverhältnisses – wie es in der alten Werkstatt oder Handlung gegeben war – in den Hunderte und Tausende von Menschen umfassenden modernen Organisationen der Produktion und Verwaltung hat der Gesetzgeber in den letzten Jahrzehnten die Konsequenz gezogen und ein einheitliches Arbeitsrecht zu schaffen versucht. Was in dem engen Kontakt von Meister und Geselle, von Prinzipal und Handlungsgehilfe ohne kodifiziertes Recht vielleicht möglich war, ist in der modernen Arbeitsverfassung unmöglich. Deshalb haben die Gewerkschaften mit sicherem Instinkt neben ihrem Kampf um bessere Löhne, höheren Anteil des Arbeiters am Sozialprodukt immer ihr Augenmerk auf arbeitsrechtliche Regelungen gerichtet, die die Willkür des einzelnen ausschalten.

5) Vor derselben Aufgabe steht der Gesetzgeber heute in Bezug auf ein einheitliches Hilferecht.

Das ist die erste und langwierigste Aufgabe der Sozialreform. Sie hat ein doppeltes Gesicht. Wie schon einmal in der R.V.O. muß ein unübersichtlich in vielen Teilen zersplittertes Recht neu kodifiziert und vereinheitlicht werden. Dabei aber ist zu prüfen, was von den im Laufe von 70 Jahren angehäuften Teilregelungen den heutigen Bedürfnissen entspricht und sinnvoll ist. Der Anspruch, gegen gewisse Risiken des Lebens: Krankheit, Unfall, Invalidität, gesichert zu sein und zu wissen, daß im Alter auch nach Ausscheiden aus der Berufsarbeit eine materielle Existenzgrundlage vorhanden ist, wird schon deshalb unantastbar sein, weil er heute einem allgemeinen Lebensgefühl entspricht, wie er zu der Art, wie wir unser Leben gestalten, einfach gehört. Daraus ist in anderen Ländern, die nach Deutschland ein Hilferecht aufgebaut haben, sogar die Folgerung gezogen worden, diesen Anspruch allen Staatsbürgern zuzubilligen.

Neben dieser Aufgabe der Sozialreform steht eine zweite:

Die veränderte gesellschaftliche Situation macht es notwendig zu prüfen, ob nicht neue echte Notstände entstanden sind, die eine Hilfe von der Gesamtheit her erfordern. Es kann sein, daß Personengruppen in Not sind, die keine oder keine ausreichenden Sprecher haben, daß sie die Sicherheit entbehren, die allen Bürgern zusteht und sie aus eigenen Kräften nicht schaffen können. Es kann sogar sein, daß der Wunsch, Erreichtes nicht nur zu erhalten, sondern auch ausschließend zu behalten, den Blick trübt für die Not des Nachbarn. Gibt unter den heutigen Verhältnissen die soziale Stellung als Selbständiger, der Besitz irgendwelcher Produktionsmittel allein schon die Gewähr, aus eigenen Kräften Risiken des Lebens begegnen zu können? Ich möchte Ihre Aufmerksamkeit auf Notstände im Kleinbauern-

tum, in gewissen Kreisen des Handwerks und des Kleinhandels lenken. Sind die Kriegshinterbliebenen, vor allem die Witwen, die die Sorge um heranwachsende Kinder zu tragen haben, ausreichend versorgt? Bürden wir diesen still duldenden Frauen nicht untragbare Lasten auf, während andere mit geringeren Pflichten aus einem gewissen Formalismus heraus Geschenke erhalten? Gehen wir nicht an der Not heranwachsender Menschen in bestimmten wirtschaftlich wenig entwickelten Landschaften vorüber – darunter vielen Heimatvertriebenen –, die die Ausbildungschancen und Berufsmöglichkeiten nicht finden können, die ihrer Begabung entsprechen? Verewigen wir damit nicht Notstände, die aus der Vertreibung von Millionen notwendig entstanden sind?

6) Je umfassender die Regelung sozialer Hilfe wird, je mehr Menschen in einem Volksganzen als Leistende und Empfangende in ein solches System einbezogen sind, desto tiefgreifender werden die Einflüsse auf den gesamten Wirtschaftshaushalt des Volkes. So wenig die Meinung berechtigt ist, eine allgemeine Prosperität löse die Probleme sozialer Hilfen von selbst, so verhängnisvoll wäre es, Konstruktionen ohne ständigen Blick auf die volkswirtschaftlichen Auswirkungen zu schaffen. Die Zusammenhänge sind äußerst kompliziert, vor allem dann, wenn es sich nicht, wie bei der Krankenversicherung, um relativ kurzfristige Umschläge, sondern, wie bei der Altersversorgung, um langfristige Festlegungen handelt. Weder die versicherungsmathematischen Bilanzen der Versicherungsträger noch die Ausweise der öffentlichen Haushalte geben allein die notwendigen Aufschlüsse. Schon die Leistungsseite kann zunächst nur soweit erhellt werden, als Zahlungen aus allgemeinen Steuermitteln und von öffentlich-rechtlichen Körperschaften her erfolgen. Die Aufwendungen der privaten Wirtschaft in Form der sogenannten freiwilligen sozialen Leistungen können nur annähernd ermittelt werden, die über die freien Wohlfahrtsverbände schon gar nicht, und auch heute noch ragt die Einkommensübertragung weit in die private Sphäre hinein. Noch undurchsichtiger ist die Aufbringungsseite. Die Arbeit des Kieler Instituts des verstorbenen Mackenroth[22] ist wohl nicht mehr als ein erster Versuch, Licht hineinzubringen. So steht hier noch eine große Aufgabe, besonders vor den Finanzfachleuten, die Zusammenhänge zu erschließen, vor dem Politiker die Aufgabe, das rechte Maß zu finden, um das Gleichgewicht zwischen Wirtschaftskraft und notwendigen Sozialleistungen herzustellen. Dabei wird es immer wieder darauf ankommen, die vielschichtigen Verflechtungen zu durchschauen, die sowohl im privaten Haushaltsbudget auch der Empfänger von Sozialleistungen, als auch im Budget des Nationalhaushaltes ein Charakteristikum unserer Zeit sind.

---

[22] Prof. Dr. Gerhard Mackenroth (1903–1955). Professor für Sozialwissenschaften, Soziologie und Statistik, Direktor des Soziologischen Seminars der Universität Kiel, Mitglied des Arbeitsausschusses für Grundsatzfragen des Beirates für die Neuordnung der sozialen Leistungen. – Gerhard Mackenroth war am 17. März gestorben. Sein Vortrag „Die Reform der Sozialpolitik durch einen deutschen Sozialplan" vor dem Verein für Sozialpolitik am 19. April 1952 wird vielfach als Beginn der Sozialreform-Diskussion begriffen (vgl. Hockerts, Entscheidungen, S. 217).

7) Die Ihnen bekannte Denkschrift im Auftrag des Herrn Bundeskanzlers hat versucht, einige Daten zu geben, die die veränderte gesellschaftliche Situation beleuchten und für die Neuordnung der sozialen Leistungen von Gewicht sind: die stationär bleibende Bevölkerungszahl, aber entscheidende Verschiebungen im Altersaufbau; die Zusammensetzung der Haushalte und die daraus resultierenden Haushaltseinkommen; Unterschiede in den Daseinsformen zwischen Stadt und Land, die einem Teil der westdeutschen Bevölkerung, auch Arbeitern und Angestellten, mannigfaltige Unterhaltsquellen erschließen, die nicht über den Markt gehen. Ich darf das alles als in diesem Kreise bekannt voraussetzen. Gestatten Sie mir dazu nur ein Wort: In der Kritik an dem Gutachten ist zum Teil behauptet worden, daß diese Strukturanalyse unzutreffend sei und gewisse, wohl vorhandene Tatbestände aufbausche. Es wird sicher Aufgabe dieses Kabinettausschusses sein, wenn er Grundsätze für die Sozialreform schaffen wird, diese Analyse zu prüfen oder von unabhängigen Sachverständigen prüfen zu lassen. Sie fußt auf jahrelangen Beobachtungen, die ganz unabhängig von der politischen Aufgabe der Sozialreform einfach wissen wollten, wie das heutige soziale Gefüge funktioniert und die authentischen Quellen, vor allem auch statistische, erschlossen haben. Anfang nächsten Jahres wird aus einer Gemeinschaftsarbeit von acht sozialwissenschaftlichen Instituten über die Daseinsformen von Sozialhilfeempfängern[23] Ihnen ergänzendes Material vorgelegt werden, das aus Tausenden von Einzelanalysen der Lebensumstände und Einkommensquellen von Sozialrentnern stammt, und ich bin überzeugt, daß der zweite Teil der L-Untersuchung des Statistischen Bundesamtes[24] zu gleichen Ergebnissen kommt. Man kann solche Einsichten beiseite schieben, aber wenn sie Aussage von Tatbeständen sind, werden diese eines Tages ihren Einfluß auch auf die gesetzlichen Regelungen nehmen. Man kann auf lange Sicht nicht gegen sie oder neben ihnen konstruieren.

8) Reform heißt – verzeihen Sie die professorale Bemerkung – wieder-ordnen, setzt also voraus, daß etwas in Unordnung geraten ist, aber auch, daß eine Ordnung bestand. Ordnung aber setzt ein Prinzip voraus, nach dem geordnet werden kann und an dem man Vorhandenes bezüglich seiner Ordnungsqualität messen kann.

Jedes Prinzip ist begründet in einem bestimmten Menschenbild und im Fall der sozialen Ordnung in einem bestimmten Staatsbild. Es anzunehmen und als Maßstab und Katalysator zu verwenden ist keine Frage der Zweckmäßigkeit, son-

---

[23] Nicht ermittelt.

[24] Aufgrund der „Verordnung über die Durchführung einer einmaligen Statistik über die sozialen Verhältnisse der Renten- und Unterstützungsempfänger" vom 12. Aug. 1953 (BAnz Nr. 156 vom 15. Aug. 1953, S. 1) legte das Statistische Bundesamt im September 1955 als ersten Teil die „Statistik über Sozialleistungen nach Leistungsfällen und Empfängern im September 1953" (Statistik der Bundesrepublik Deutschland, Bd. 137, Heft 1) vor. In einem zweiten, im März 1957 veröffentlichten Teil wurden die sozialen Verhältnisse der Haushaltungen mit Sozialleistungsempfängern im Frühjahr 1955 dargestellt (Heft 2, ebenda). Diese Erhebung wurde auf der Grundlage von 20 v.H. der im ersten Teil der Statistik ermittelten Sozialhilfeempfänger mit dem Familienanfangsbuchstaben L („L-Statistik") durchgeführt. Vgl. auch 73. Kabinettssitzung am 2. März 1955 TOP 2 (Kabinettsprotokolle 1955, S. 163 f.).

dern eine persönliche und politische Entscheidung, eine echte Grundsatzentscheidung. Sie zu fällen, ist Sache der obersten Verantwortung.

Der Wissenschaftler kann versuchen, aus einer gleichen Grundhaltung wie der Politiker Prinzipien zu entwickeln und zu empfehlen und kann versuchen, ob sie sich als tragkräftig erweisen, die Fülle der Einzelaufgaben und Lösungen in eine sinnvolle Ordnung zu bringen[25]. Das Gutachten hat auch dies versucht. Sie wissen, daß Solidarität und Subsidiarität als Grundprinzipien, als Ordnungskatalysatoren den Vorschlägen zur Sozialreform dort zugrunde liegen.

In einer der ersten Diskussionen der vier Beauftragten, als es darum ging, zu übersehen, was alles behandelt werden müßte, tauchte auch der Begriff der Subsidiarität auf. Von den verschiedensten Seiten und Standpunkten war in den Diskussionen um die Sozialreform der letzten Zeit dieses Prinzip ins Feld geführt worden, um die Gemäßheit einzelner Maßnahmen und Vorschläge zu begründen. Man hatte es dabei sehr verschieden ausgedeutet und sich für die jeweilige Richtigkeit der Ausdeutung auch auf Kronzeugen berufen. Damit bekam der Begriff ein politisches und psychologisches Gewicht und es schien uns notwendig, das Prinzip, daß mit dem Begriff Subsidiarität gemeint ist, klar und eindeutig auszusprechen. Ich darf das Ergebnis dieses Nachdenkens in Ihre Erinnerung bringen: „Wie die Sozialgebilde nicht an sich reißen sollen, was der Einzelmensch aus eigener Kraft und Verantwortung zu leisten vermag, so sollen die umfassenderen Gebilde keine Aufgaben übernehmen, die von den kleineren Lebenskreisen gemeistert werden können. Andererseits sind die größeren Sozialgebilde berechtigt und verpflichtet, hilfsweise und ergänzend einzugreifen, wenn die Kräfte des Einzelmenschen oder der kleineren Lebenskreise nicht ausreichen oder versagen (Prinzip der Subsidiarität)." (Seite 44 II).

Es geht hier nicht darum, ob diese Formulierung in allen Einzelheiten dem entspricht, was Pius XI[26] in Quadragesimo anno[27] unter subsidiarii officii principien[28] – dort taucht der Begriff zum erstenmal auf – verstanden hat, wie sie ethisch

---

[25] Text entspricht der Vorlage.

[26] Pius XI. (Achille Ratti, 1857–1939). Papst 1922–1939.

[27] Sozialenzyklika Pius' XI. vom 15. Mai 1931, in der er anläßlich des 40. Jahrestages der Enzyklika Rerum novarum Leos XIII. die gesellschaftlichen Veränderungen beklagte und gesellschaftspolitische Reformen einforderte: „[...] das einst blühend und reichgegliedert in eine Fülle verschiedenartiger Vergemeinschaftungen entfaltete menschliche Gesellschaftsleben [wurde] derart zerschlagen und nahezu ertötet [...], bis schließlich fast nur noch die Einzelmenschen und der Staat übrigblieben [...]; der Staat aber, der sich mit all den Aufgaben belud, welche die von ihm verdrängten Vergemeinschaftungen nun nicht mehr zu leisten vermochten, wurde unter einem Übermaß an Obliegenheiten und Verpflichtungen zugedeckt und erdrückt. [...] Erneuerung einer ständischen Ordnung ist also das gesellschaftspolitische Ziel" (Pius XI., Quadragesimo anno, S. 61 ff.). Vgl. auch von Nell-Breuning, Sozialordnung.

[28] Das Subsidiaritätsprinzip ist neben dem Person- und dem Solidaritätsprinzip ein zentraler sozialphilosophischer Grundsatz der katholischen Soziallehre: „[...] wie dasjenige, was der Einzelmensch aus eigener Initiative und mit seinen eigenen Kräften leisten kann, ihm nicht entzogen und der Gesellschaftstätigkeit zugewiesen werden darf, so verstößt es gegen die Gerechtigkeit, das, was die kleineren und untergeordneten Gemeinwesen leisten und zum guten Ende führen können, für die weitere und übergeordnete Gemeinschaft in Anspruch zu nehmen [...]. Jedwede Gesellschaftstätigkeit ist ja ihrem Wesen und Begriff nach subsidiär; sie soll

und rechtlich begründet werden kann. Das für die vier Beauftragten des Gutachtens Erstaunliche und Beglückende war, daß dieses Prinzip, das auf der Würde, Freiheit und Eigenverantwortung des Menschen aufbaut und den Staat als das umfassendste und mächtigste Sozialgebilde in engen Grenzen hält, daß dieses Prinzip sich im Fortgang der Arbeit, in der es um die Einzelfragen sozialer Sicherheit ging, als tragend erwiesen hat. Es war wie eine rote Schnur in dem Labyrinth der Aufgaben und Lösungsmöglichkeiten, oder – wenn ich noch ein anderes Bild gebrauchen darf – wie eine Substanz, die in die chaotisch brodelnde Flüssigkeit geworfen, einzelne Kristalle ausfüllte und sie zueinander ordnete.

9) Es stehen heute und hier keine Einzelheiten zur Diskussion. Ich darf nur mit ein paar Worten umreißen, wie sich ein Ordnungsbild ergibt, wenn man mit dem Grundsatz Ernst macht, daß die Leistungskraft und die verantwortliche Entscheidung des einzelnen Menschen und der ihn umschließenden engsten Sozialgebilde – Familie, Betrieb, Gemeinde – ausgeschöpft werden soll, ehe die größeren Sozialgebilde helfend und zum Teil auch stellvertretend eingreifen. Auch so bleiben dem Staat in der heutigen gesellschaftlichen Situation gewaltige Aufgaben, die niemand außer ihm leisten kann. Aber er wird, wenn man diesem Prinzip folgt, nie in die Gefahr kommen, von sich aus und allein die Wohlfahrt der Menschen regeln zu wollen und die Entscheidungen allein einer dann allmächtigen Bürokratie zu überantworten.

Wenn man nicht von bestehenden Institutionen und historischen Gegebenheiten absieht – beide werden in der endgültigen Neuordnung sehr ihre Rechte anmelden und von Gewicht sein –, sondern von den Gegebenheiten des menschlichen Lebens in seiner gegenwärtigen Form, so gliedert sich jedes Menschenleben in drei Phasen, in denen soziale Hilfen nötig werden können: Jugend, Volleistungsalter und Alter.

Je näher der Geburt, um so ausschließlicher geschehen soziale Hilfen im Rahmen der Familie, später tritt die öffentliche Schule ergänzend dazu, aber schon in der Zeit des Heranwachsens, der beruflichen Ausbildung und Berufswahl tritt das auf, was Achinger als gesellschaftliches Defizit bezeichnet hat: die Ungleichheit in den Berufschancen, wirtschaftliche Notstände in bestimmten Räumen, die den ganzen Lebensweg junger Menschen bestimmen. Die Gleichheit etwa des rechtlichen Anspruches auf Arbeit, die Gleichheit der Regelung der Berufsberatung und Arbeitsvermittlung werden hier zur Ungerechtigkeit – ein echtes Problem im System sozialer Hilfen.

Das Arbeitskraftpotential innerhalb der westdeutschen Bevölkerung ist, gemessen an den wirtschaftlichen Aufgaben, knapp und muß pfleglich behandelt werden, zumal in Zukunft, wenn durch eine Wehrmacht erhebliche Kräfte laufend gebunden werden. Es ist nicht nur das Interesse des einzelnen Bürgers, bei Krankheiten der ärztlichen Hilfe und der notwendigen Heilmittel gewiß sein zu können, sondern es ist auch volkswirtschaftlich von erheblicher Bedeutung, ob dauernd

---

die Glieder des Sozialkörpers unterstützen, darf sie aber niemals zerschlagen oder aufsaugen" (Pius XI., Quadragesimo anno, S. 63). Vgl. auch Klüber, Soziallehre.

etwa 1,5 Millionen Vollarbeitskräfte wegen Krankheit ausfallen, oder ob dieser Stand wesentlich verringert werden kann. Es ist darüber hinaus in einer Wirtschaftsform wie der unseren, die hohe Produktivität auf schmaler Arbeiterbasis anstrebt und damit hohe Ausbildungskosten für Facharbeiter hat, nicht zu verantworten, leistungsgeminderte Menschen aus dem organisierten Produktionsprozeß einfach ausscheiden zu lassen, wie es in der heutigen Form der Invaliditätsregelung zu einem Teil geschieht. Krankenversicherung und Rehabilitation erhalten hier ihre bedeutende Stelle im System der sozialen Hilfen. Aber es ist zu fragen – und hier hilft das Prinzip der Subsidiarität auf den rechten Weg – wie weit die Leistungskraft des einzelnen gespannt werden kann, ob nicht die Abnahme praktisch jeder Eigenleistung und Verantwortung die wirklich kräftige Hilfe bei ernster Erkrankung, schwerer Invalidität, also da, wo die Leistungskraft des einzelnen wirklich überfordert ist, hindert. Es ist zu prüfen, ob die Aussteuerung aus dem organisierten Arbeitsleben bei 51% Erwerbsunfähigkeit bei meist völlig unzureichenden Renten verantwortet werden kann, ob es nicht richtiger ist für den einzelnen und die Allgemeinheit, entweder die Leistungsminderung, wenn auch unter hohen Kosten, wiederherzustellen oder die noch vorhandene Leistungskraft sinnvoll zu nutzen, auf jeden Fall alles zu versuchen, um den gesundheitlich Angeschlagenen und zeitweise Arbeitsunfähigen wieder auf die eigenen Beine zu stellen – das Problem der Rehabilitation als Hilfe zur Wiedererlangung der Eigenständigkeit.

Eine eigene Sache ist es um die gültige Regelung der bestimmt notwendigen Hilfe bei Arbeitslosigkeit. Diese Regelung ist verhältnismäßig jungen Datums und doch sehen wir schon heute, daß sie aus einer wirtschaftlichen Situation stammt, die nicht mehr die gegenwärtige ist[29]. Die Allgemeinheit hat Leistungen übernommen – es sind ja immer Leistungen, die andere tragen müssen –, von denen man durchaus fragen kann, ob sie nicht besser und in einer die wirtschaftliche Situation klarer erhellenden Weise bei kleinen Sozialgebilden liegen müßten – das Problem der saisonalen Arbeitslosigkeit zum Beispiel.

Schließlich das Alter: Es wäre utopisch und wirklichkeitsfremd, die materielle Sicherung der alten Menschen in der gegenwärtigen Daseinsform ihrer eigenen Vorsorge oder irgendwelchen individuellen Absprachen – etwa zwischen Betrieb und Betriebsangehörigen – überantworten zu wollen. Gesetzliche Regelung und auch Hilfe des Staates sind unabdingbar. Ebenso selbstverständlich scheint es mir zu sein, daß diese materielle Sicherung des alten Menschen nicht von irgendwelcher Bedürftigkeitsprüfung abhängig gemacht werden kann, sondern klare Rechtsansprüche enthalten muß. Die Frage ist, welche Funktion die in jedem Fall notwendige Rente hat. Muß sie – unabhängig von der Aufbringungsseite – die notwendigen Aufwendungen für den Lebensunterhalt der alten Menschen allein decken können, oder ist sie – nicht theoretisch, sondern realiter – für die meisten Bestandteil eines Alterseinkommens, das auch noch aus anderen Quellen gespeist ist? Hier werden die Meinungen auseinandergehen. Wir glauben, nachweisen zu können, daß die Menschen in Deutschland – entgegen gesetzgeberischen Motiven der letz-

---

[29] Gesetz über Arbeitsvermittlung und Arbeitslosenversicherung vom 16. Juli 1927 (RGBl. I 187).

ten Jahrzehnte – sich nicht auf die Altersrente als alleinige Unterhaltsquelle verlassen, sondern in den mannigfachsten Formen praktisch Subsidiarität üben, daß nur so der verhältnismäßig befriedigende Lebensstandard der alten Menschen trotz zum Teil verhältnismäßig sehr niedriger Renten zu erklären ist. Diese Einsicht wird von Bedeutung werden, wenn es sich darum handelt, nicht etwa Rechtsansprüche aus einer Versicherung zu kürzen, sondern das Ausmaß der Hilfe zu bemessen, die die Allgemeinheit alten Menschen gewähren muß.

Ich weiß nicht, Herr Vizekanzler, ob es mir zusteht, auch einen Vorschlag zu unterbreiten, wie die Arbeit dieses Ausschusses sich gestalten könnte.

Drei Problemkreise bilden die Grundlage für die Leitlinien einer Sozialreform:

a) Die Prüfung der sozialen Tatbestände in der gegenwärtigen Lage und ihrer Tendenzen in die nächste Zukunft. Unsere These ist, daß in den letzten fünfzig Jahren entscheidende Strukturwandlungen sich vollzogen haben, daß deshalb die Reform der sozialen Hilfen auf diese veränderte Lage Rücksicht nehmen muß.

b) Die Entscheidung über die Prinzipien als Maßstab und Katalysator aller Einzelregelungen. Unser Vorschlag: Solidarität und Subsidiarität. Diese Entscheidung ist von großer Wichtigkeit und sollte, wenn sie gefallen ist, den weiteren Arbeiten an der Sozialreform als verbindliche Richtlinie in allen damit befaßten Gremien zugrunde gelegt werden.

c) Den Einbau eines Sozialhaushaltes in die gesamten volkswirtschaftlichen Zusammenhänge. Wir wissen, daß das Gutachten in dieser Beziehung keine letzten Aussagen macht. Die Kürze der Zeit und die Beschränkung auf das den Gutachtern verfügbare Material verboten das tiefere Eindringen.

Dieser dritte Problemkreis gliedert sich in die Erhellung der gegenwärtigen Tatbestände und in die laufende Prüfung der einzelnen Reformvorschläge auf ihre Auswirkungen im Haushalt der einzelnen Menschen und Familien – sowohl in der Leistungs- als auch in der Aufbringungsseite – sämtlicher öffentlicher Haushalte und schließlich der Aufbringung und Verwendung des Sozialprodukts. Ein ausgewogenes Verhältnis zwischen Wirtschaftskraft und der Befriedigung der notwendigen Bedürfnisse aller – zum Teil über den Weg der sozialen Hilfen – ist das Ziel.

Ich danke Ihnen für Ihre Aufmerksamkeit.

Der *Bundesminister für Arbeit* weist darauf hin, daß der Beirat für die Sozialreform bereits zu Erkenntnissen gekommen sei, die für die künftige Arbeit des Ministerausschusses wertvoll seien. Das von Prof. Neundörfer erwähnte Anwachsen des Sicherheitsbedürfnisses sei nicht nur eine typisch deutsche Eigenschaft. Sie sei in gleichem Maße auch in den USA zu beobachten. Bei Betrachtungen der ausländischen Systeme der sozialen Sicherheit werde immer wieder Schweden als Vorbild hingestellt[30]. Diesem Vergleich müsse er jedoch widersprechen, da Schweden aufgrund seiner besonderen geographischen Lage und der Tatsache, in den

---

[30] Vgl. 5. Sitzung des Ministerausschusses für die Sozialreform, Anm. 15.

letzten 200 Jahren keinen Krieg geführt zu haben, sich in einer ganz anderen sozialen Situation befinde wie Deutschland.

Es sei richtig, daß vor 80 Jahren andere soziale und gesellschaftliche Verhältnisse geherrscht hätten als heute. Seither habe Deutschland zwei Weltkriege mit dem jeweiligen Verlust der Währung erlebt. Es sei immerhin erfreulich zu beobachten, daß sowohl 1918 wie auch 1945 die Sozialversicherung habe gerettet werden können. Es stimme, daß die RVO mit ihren Nebenbestimmungen etwa 2000 Gesetze und Verordnungen umfasse, die heute keiner mehr überblicke. Daher sei es das vordringlichste Ziel, diese Vielzahl von Gesetzen und Verordnungen in ein einheitliches Gesetzgebungswerk zusammenzufassen.

Der *Bundesminister für Arbeit* verweist sodann auf den im Dritten Reich propagierten Ley-Plan[31], der eine schematische Altersversorgung vorgesehen habe sowie auf den Reformplan des Kontrollrats[32]. Beide Vorhaben hätten eine Vereinheitlichung des bestehenden Sozialversicherungsrechts erreichen wollen; beide seien glücklicherweise nicht verwirklicht worden.

Die im Bereich der Sozialversicherung gültige Unterscheidung von Kranken-, Unfall- und Rentenversicherung solle nach seiner Auffassung beibehalten werden. Die Krankenversicherung basiere auf dem Prinzip der gegenseitigen Hilfe. Die Unfallversicherung unterscheide zwischen Krankenpflege und Rentengewährung. Professor Schellenberg[33] habe in Berlin ursprünglich die Unfallversicherung beseitigt. Später sei sie jedoch unter Oberbürgermeister Prof. Reuter[34] wieder eingeführt

---

[31] Gemeint ist vermutlich der Gesetzentwurf des Arbeitswissenschaftlichen Instituts (AwI) der von Robert Ley (1890–1945) geleiteteten Deutschen Arbeitsfront (DAF): Versorgungswerk des Deutschen Volkes, 1940 (Unterlagen in NSD 50/92–1 sowie R 41/28 und 650). Das Versorgungswerk sah die Aufgabe des Versicherungsprinzips und die Alters- und Invalidenversorgung als staatliche Leistungen vor, wobei die organisatorische Trennung in die Arbeiter-, Angestellten-, Bergarbeiterversicherung etc. aufgehoben und der Versorgungsanspruch auf alle Beschäftigten ausgedehnt werden sollte. – Unterlagen zu den Reformplänen Leys, insbesondere auch zu seiner Denkschrift „Der deutsche Volksschutz" vom März 1939 in R 41/647. – Zum Sozialprogramm der DAF und Robert Leys vgl. Recker, Sozialpolitik, S. 98–128 und Teppe, Sozialpolitik, S. 237–248.

[32] Der Entwurf des Gesetzes „über die pflichtmäßige Sozialversicherung der Arbeiter und Angestellten in Deutschland" des Alliierten Kontrollrates (Fassung vom 14. Dez. 1946 in Z 1/961) sah die Vereinheitlichung der Kranken-, Renten- und Unfallversicherung und ihre organisatorische Zusammenfassung in neu zu gründenden Sozialversicherungsanstalten auf Länderebene vor. Die Versicherungspflicht sollte alle Arbeitnehmer, auch Beamte, höhere Angestellte und Selbständige in kleinen Betrieben, umfassen. Dieser Ansatz einer Reform der Sozialversicherung scheiterte mit der Viermächteverwaltung für Deutschland 1948. Zur Entstehung und zum Scheitern des Kontrollratsentwurfs vgl. Hockerts, Entscheidungen, S. 21–36 und S. 51–85.

[33] Prof. Dr. Ernst Schellenberg (1907–1984). 1945 Direktor der neugegründeten Versicherungsanstalt Berlin, dann bis 1958 der Krankenversicherungsanstalt (KVA) und der AOK Berlin; 1946–1948 zugleich Direktor des Instituts für Sozialpolitik und Versicherungswesen an der Humboldt-Universität Berlin; 1952–1976 MdB (SPD), 1957–1976 Vorsitzender des Bundestags-Ausschusses für Sozialpolitik, Initiator des Gesetzesentwurfs der SPD zur Neuordnung der Rentenversicherung 1956.

[34] Ernst Reuter (1889–1953). Seit 1948 Oberbürgermeister, von Januar 1951 bis zu seinem Tod Regierender Bürgermeister von West-Berlin.

worden[35]. Er könne nicht genug davor warnen, die Unfallversicherung zu beseitigen, denn bei einer Gleichbehandlung von Invalidität aufgrund normaler Krankheit und einer Invalidität durch Unfall werde kein Mensch mehr einen gefährlichen Beruf ergreifen. In der Rentenversicherung sei die Beobachtung gemacht worden, daß 50% der Neuzugänge das 60. Lebensjahr noch nicht erreicht hätten. Dies sei offenbar eine Nachwirkung des letzten Krieges. Es käme nunmehr darauf an, Grundsätze aufzustellen, die für die spätere Kodifikation richtunggebend seien.

2. AUSSPRACHE ÜBER DIESE REFERATE MIT DEM ZIEL, EINEN ARBEITSPLAN DES MINISTERAUSSCHUSSES FESTZULEGEN

Aufgrund der vorangegangenen Referate hält es der *Vizekanzler* nunmehr für notwendig, ein Arbeitsprogramm zu entwickeln[36]. Dabei müsse endlich von der These, daß sich die Kaufkraft des Geldes laufend vermindere, abgegangen werden. Ausgangspunkt müsse ein gleichbleibender Wert des Geldes sein. Die Grundlage für eine gute Sozialpolitik sei die richtige Wirtschaftspolitik, insbesondere eine gesunde Mittelstandspolitik. Hierüber müsse bald eine Aussprache stattfinden[37].

Das Arbeitsprogramm müsse mit der Abgrenzung des Begriffs Sozialreform beginnen. Es sei z.B. zu fragen, ob es Aufgabe der Reform sei, auch die Probleme der Vertriebenen, der Kriegsgeschädigten und Kriegshinterbliebenen zu lösen.

---

[35] Mit der „Anordnung über den Wiederaufbau der Sozialversicherung" vom 14. Juli 1945 (VOBl. Berlin, S. 64) war in Berlin die Sozialversicherungsanstalt Berlin (VAB) als einziger Träger der gesamten Sozialversicherung errichtet worden. Mit der Einführung dieser Einheitsversicherung wurden wesentliche Grundsätze der RVO aufgehoben. Mit dem „Gesetz zur Anpassung des Rechts der Sozialversicherung in Berlin an das in der Bundesrepublik Deutschland geltende Recht" vom 3. Dez. 1950 (Berliner Sozialversicherungs-Anpassungsgesetz – BSVAG –, Verordnungsblatt I, S. 542) wurde die Einheitsversicherung in eine Kranken-, Unfall- und Rentenversicherung gespalten, wobei die Versicherungsanstalt Berlin alleiniger Träger der Sozialversicherung blieb. Die Berliner Sozialversicherung wurde durch die Übernahme von Bundesgesetzen sukzessive dem Bundesrecht angepaßt. Mit dem „Gesetz über Zulagen und Mindestleistungen in der gesetzlichen Unfallversicherung und zur Übernahme des Unfallversicherungsrechtes im Lande Berlin" vom 29. April 1952 (Gesetz- und Verordnungsblatt, S. 583) wurde die Unfallversicherung aus der Versicherungsanstalt Berlin ausgegliedert (Unterlagen hierzu in B 136/2692). – Vgl. Noetzel, Sozialversicherung, S. 37–44 und Reidegeld, Sozialversicherung, passim. – Zur Einführung des Gesetzes über die Selbstverwaltung und Änderungen von Vorschriften auf dem Gebiet der Sozialversicherung in Berlin vgl. 5. Sitzung des Ministerausschusses für die Sozialreform am 28. Okt. 1955 TOP A.

[36] Blücher hatte das von ihm vorgesehene Arbeitsprogramm in einem Schreiben an Adenauer am 13. Aug. 1955 dargelegt und erläutert. Er hatte sich dafür ausgesprochen, zunächst die Grundsatzfragen (1. Soziologische Tatbestände, 2. Sozialpolitische Grundsätze – Solidarität, Subsidiarität, Selbstverantwortung –, 3. Sozialhaushalt) zu klären und sich gegen Vorschläge des BMA gewandt, einzelne Sozialsparten neu zu ordnen (Schreiben in B 136/4802 und Nachlaß Blücher N 1080/82, weitere Unterlagen in B 146/1765). – Am 14. Aug. 1955 hatte zur Vorbereitung der Ministerausschußsitzung und Planung des künftigen Arbeitsprogramms eine Besprechung bei Blücher stattgefunden, an der außer dem sozialpolitischen Referenten im Bundeskanzleramt Pühl Professor Neundörfer und Ministerialrat Elsholz als Vertreter des BMF teilnahmen (Vermerk vom 14. Aug. 1955 in B 126/10942).

[37] Siehe hierzu 106. Kabinettssitzung am 18. Nov. 1955 TOP 3 (Lage des unselbständigen Mittelstandes: Kabinettsprotokolle 1955, S. 688 f.).

Ebenso wichtig sei eine Untersuchung über das Verhältnis von Nationalbudget zu Sozialbudget. Er denke hierbei u.a. an die Sozialleistungen, an Investitionspolitik und an die Eigentumspolitik. Schließlich müßten die Ordnungsprinzipien der Solidarität und Subsidiarität einer eingehenden Prüfung unterzogen werden. Der *Bundesminister für das Post- und Fernmeldewesen* weist darauf hin, daß die Reform eine ideelle und eine funktionelle Seite habe. Nur die letztgenannte könne hier zur Diskussion stehen. Er bezweifelt, ob auch die Solidarität ein echtes Ordnungsprinzip darstelle. Hinsichtlich der Beibehaltung der Unfallversicherung schließt er sich den Ausführungen des Bundesministers für Arbeit an, da nur diese den Gesichtspunkt des Schadensersatzes verwirkliche[38]. *Staatssekretär Dr. Sauerborn [BMA]* weist darauf hin, daß das Verhältnis von Nationalbudget zu Sozialbudget nicht auf lange Sicht festgesetzt werden könne. Es sei nur möglich, die jetzige Lage aufzuzeigen und die wahrscheinliche Entwicklung anzudeuten. Der *Bundesminister für Familienfragen* wirft sodann die Frage auf, ob die Probleme des Familienlastenausgleichs in die Sozialreform einbezogen werden oder ob unabhängig von der Reform diese Fragen weiter untersucht werden sollten. Der *Vizekanzler* entgegnet, auch der Familienlastenausgleich werde von ihm als Basis einer künftigen Reform betrachtet[39]. *Prof. Neundörfer* regt an, nunmehr die Reihenfolge der zu prüfenden Probleme festzulegen. Dazu schlägt er folgendes vor:

1. Prüfung der gesellschaftlichen Tatbestände.
2. Klärung der Ordnungsprinzipien: Subsidiarität, Solidarität, Eigenverantwortung.
3. Untersuchung der volkswirtschaftlichen Verhältnisse.

Ministerialdirektor Dr. Jantz [BMA] ergänzt diese Ausführungen dahin, daß bei Prüfung der gesellschaftlichen Tatbestände immer gefragt werden müsse, ob die gewonnenen Erkenntnisse auch gesetzgeberisch verwertbar seien. *Staatssekretär Bleek [BMI]* ist der Meinung, daß den Beschlüssen des Ministerausschusses eine Klärung von Einzelfragen durch den Interministeriellen Ausschuß vorangehen sollte. Vordringlich müsse der Ministerausschuß klären, was in dieser Legislaturperiode, d.h. bis Ende 1956 noch gesetzgeberisch erreicht werden könne. Das Jahr 1957 scheide wegen des Wahlkampfes aus. Eine weitere Frage sei, welche Aufgaben ab 1957 in Angriff genommen werden sollen. Er vertrete die Auffassung, daß noch in dieser Legislaturperiode gewisse Grundsätze beschlossen werden sollten, an die man auch in der folgenden Legislaturperiode gebunden sei. Als Nahziel schlage er die Prüfung von Fragen vor, die der Versicherung, der Versorgung und

---

[38] Zur Neuregelung des Rechts der gesetzlichen Unfallversicherung (Unfallversicherungsgesetz – UVG –) siehe 168. Kabinettssitzung am 23. Jan. 1957 TOP 6 (B136 VS/36115) und 65. Sitzung des Kabinettsausschusses für Wirtschaft am 8. Febr. 1957 TOP 1 (B 136 VS/36220). Vgl. hierzu Einleitung, S. 58.

[39] Zur Frage des Familienlastenausgleichs siehe 106. Kabinettssitzung am 18. Nov. 1955 TOP 1 (A. Entwurf einer Denkschrift zur Frage der Ehegattenbesteuerung: Kabinettsprotokolle 1955, S. 680 f.) und 162. Kabinettssitzung am 5. Dez. 1956 TOP 4 (Kabinettsprotokolle 1956, S. 755). – Im November 1955 legte der Bundesminister für Familienfragen eine Denkschrift zum „Familien-Lastenausgleich. Erwägungen zur gesetzgeberischen Verwirklichung" vor (BD 19/8). Im Kabinettsausschuß wurde die Frage des Familien-Lastenausgleichs nicht mehr erörtert.

der Fürsorge gemeinsam seien, z.B. Rehabilitation, vorbeugende Fürsorge und ähnliches. Hierbei sei es wichtig, einheitliche Begriffe festzulegen. *Ministerialdirektor Prof. Dr. Oeftering [BMF]* stimmt dem vorgeschlagenen Arbeitsprogramm zu und unterstreicht insbesondere die Bedeutung der Definition des Begriffes Sozialreform. Hinsichtlich des Zeitplans teilt er die Sorge von Staatssekretär Bleek und regt an, dieses Problem auf der nächsten Sitzung des Ministerausschusses eingehend zu erörtern. *Staatssekretär Dr. Nahm [BMVt]* bittet, die Probleme der mitteldeutschen Bevölkerung nicht zu vergessen. Die Sozialreform biete eine Chance, eine soziale Wiedervereinigung vorzubereiten. Er trete nicht dafür ein, die Folgen von Flucht und Vertreibung als besondere Tatbestände im Rahmen der Sozialreform zu verankern. Er spricht sich dafür aus, die Lebensverhältnisse der Vertriebenen und Flüchtlinge denen der einheimischen Bevölkerung anzugleichen, so daß sich eine verschiedene Betrachtungsweise erübrige. Voraussetzung für die gleiche Behandlung der Vertriebenen sei die völlige Wiedereingliederung der Vertriebenen und Flüchtlinge im Sinne des § 13 des Bundesvertriebenengesetzes[40]. *Staatssekretär Dr. Dahlgrün [BMZ]* führt aus, daß der Begriff Sozialreform nicht vorweg bestimmt werden könne. Er spricht sich dafür aus, die Untersuchungen nach der induktiven Methode durchzuführen. *Staatssekretär Thedieck [BMG]* stellt fest, daß sein Haus weder Mitglied des Ministerausschusses noch des Interministeriellen Ausschusses sei. Er bittet darum, sein Haus möge bei der Beratung aller einschlägigen Fragen hinzugezogen werden. Der *Vizekanzler* sagt dies zu. *Ministerialdirektor Prof. Oeftering [BMF]* tritt den Ausführungen von Staatssekretär Dahlgrün entgegen und bezeichnet die induktive Methode zur Beratung der mit der Sozialreform zusammenhängenden Fragen als völlig ungeeignet. Seit Jahrzehnten werde auf sozialpolitischem Gebiet nach der induktiven Methode gearbeitet. Das Ergebnis sei das vorliegende Sozialgesetzgebungswerk, das sich durch Kompliziertheit der gesetzlichen Regelungen, durch eine Schematisierung der Leistungen und durch einen wenig logischen Aufbau auszeichne. Es gehe darum, zuerst Leitsätze aufzustellen, die für die künftige Arbeit richtungsgebend seien. Er bittet dringend darum, daß vom Ministerausschuß auch die Stellungnahmen der einzelnen Ressorts zur Denkschrift des Bundesministeriums für Arbeit[41] in die Beratungen einbezogen würden.

Der *Vizekanzler* stellt zusammenfassend fest, daß sich der Ministerausschuß auf folgendes Arbeitsprogramm geeinigt hat:

1. Abgrenzung des Begriffs Sozialreform.

2. Untersuchung der gesellschaftlichen Tatbestände.

---

[40] Gesetz über die Angelegenheiten der Vertriebenen und Flüchtlinge (BVFG) vom 19. Mai 1953 (BGBl. I 201). Nach § 13 können Rechte und Vergünstigungen als Vertriebene oder Sowjetzonenflüchtlinge nicht mehr in Anspruch genommen werden, wenn die Eingliederung in das wirtschaftliche und soziale Leben entsprechend den früheren wirtschaftlichen und sozialen Verhältnissen erfolgt ist.

[41] Gemeint ist die Kabinettsvorlage des BMA vom 7. April 1955 zur Gesamtreform der sozialen Leistungen: siehe Anhang 1, Dokument 1. Stellungnahmen der Ressorts in B 136/1379.

3. Klärung der Ordnungsprinzipien der Sozialreform: Subsidiarität, Solidarität und Selbsthilfe.

4. Prüfung der wirtschaftlichen und finanziellen Fragen (Verhältnis Nationalbudget zu Sozialbudget, das Sozialbudget im volkswirtschaftlichen Kreislauf usw.).

Der Interministerielle Ausschuß soll die für die vorgenannten Themen wichtigen Fragen vorklären[42]. Die nächste Sitzung des Ministerausschusses wird für die zweite Woche des Monats September in Aussicht genommen.

---

[42] Bis zur 2. Sitzung des Ministerausschusses für die Sozialreform am 14. Sept. 1955 fanden Sitzungen des Interministeriellen Ausschusses am 17. Aug. und 1., 2., 9. und 12. Sept. 1955 statt. Den Beratungen lagen Vorlagen des Generalsekretariats zugrunde. Niederschriften der 1. und 2. Sitzung und Übersichten über den Verlauf der folgenden Sitzungen des Interministeriellen Ausschusses sowie weitere Unterlagen in B 149/408 und B 136/1361; Vermerke der Vertreter des BMZ für Blücher über die Sitzungen des Interministeriellen Ausschusses in B 146/1753. – Zu Punkt 4 bildete der Interministerielle Ausschuß den Unterausschuß Wirtschaft und Finanzen mit Vertretern des BMA, BMF, BMWi und BMZ. Unterlagen in B 149/409.

2. Sitzung des Ministerausschusses für die Sozialreform am Mittwoch, den 14. September 1955

Teilnehmer: Blücher (Vorsitz)[1], Schröder, Schäffer, Storch, Oberländer, Balke, Wuermeling, Schäfer; Bleek, Thedieck (zeitweise); Jantz (BMA), Kattenstroth (BMWi), Scheffler (BMI), Elsholz (BMF), Wolf (BMWi), Keller (BMS Schäfer), Ludwig (BMFa), Sonnenburg (BMZ), Vogl (BMVt), Schewe (BMA), Schäffer (BMVt), Schlecht (BMWi), Forschbach (BPA), Achinger, Neundörfer. Protokoll: Lamby.

Beginn: 9.30 Uhr   *Ende: 12.30 Uhr*

Ort: Haus Carstanjen

Tagesordnung[2]:

1.   *Abgrenzung des Begriffs Sozialreform.*

2.   *Untersuchung der gesellschaftlichen Tatbestände.*

3.   *Klärung und Anwendbarkeit der Ordnungsprinzipien der Sozialreform: Subsidiarität, Solidarität und Selbsthilfe.*

[A.   VERÖFFENTLICHUNGEN ÜBER DIE SOZIALREFORM]

Der *Bundesminister der Finanzen* weist zu Eingang der Sitzung auf eine Mitteilung des Asgard-Verlags, Bad Godesberg, hin, der angekündigt habe, in absehbarer Zeit alle die Sozialreform betreffenden Schriften und Berichte zu veröffentlichen. Er bittet darum, sicherzustellen, daß die Verhandlungen um die Sozialreform nicht der Öffentlichkeit zugänglich gemacht würden. Der *Vizekanzler* stellt hierzu die übereinstimmende Auffassung des Ministerausschusses fest, daß jede Veröffentlichung der Bundesregierung über die Sozialreform der vorherigen Zustimmung des Ministerausschusses bedürfe[3].

---

[1]   Blücher übernahm auch den Vorsitz der 2. Sitzung, da Adenauer am 14. September erst nachmittags von seiner Reise nach Moskau zurückkehrte (Tageskalender Adenauers, StBKAH I 04.06).

[2]   Tagesordnung gemäß Einladung vom 6. Sept. 1955 in B 136/50206. – Die Sitzung des Ministerausschusses war ursprünglich für den 12. September anberaumt und ohne erkennbaren Anlaß dann auf den 14. September verschoben worden.

[3]   Im Juni 1955 hatte die vorzeitige Veröffentlichung der Kabinettsvorlage des BMA vom 7. April 1955 („Grundgedanken zur Gesamtreform der sozialen Leistungen") zu Auseinandersetzungen zwischen dem BMF und dem BMA um die Quelle der Indiskretion geführt. Vgl. z.B. die Veröffentlichung in: Wege zur Sozialversicherung, Heft 6, Juni 1955, S. 173–178 (Die Vorschläge des Bundesarbeitsministers zur Gesamtreform der Sozialleistungen). Vgl. auch 84. Kabinettssitzung am 2. Juni 1955 TOP E (Kabinettsprotokolle 1955, S. 337 f.). Unterlagen in B 126/10941, B 149/393 und B 136/767. Vgl. hierzu auch Hockerts, Entscheidungen,

1. ABGRENZUNG DES BEGRIFFS SOZIALREFORM

Der *Vizekanzler* begrüßt die von dem Interministeriellen Ausschuß gewählte Formulierung „Neuordnung der sozialen Sicherheit"[4]. Die früher übliche Bezeichnung „Neuordnung der sozialen Leistungen" sei zu einseitig und zu eng gewesen[5].

Der *Bundesminister der Finanzen* stimmt dem grundsätzlich zu, er bittet jedoch zu erwägen, ob nicht eine noch weitergehende Abgrenzung des Begriffs Sozialreform gefunden werden könne, etwa Neuordnung der sozialen Hilfe. Der *Bundesminister für Vertriebene, Flüchtlinge und Kriegsgeschädigte* setzt sich dafür ein, daß auch die Probleme der Wiedervereinigung einbezogen werden. Abschließend stellt der *Vizekanzler* fest, daß der Bereich der Reformarbeiten auf sozialem Gebiet am besten mit folgendem Ausdruck umschrieben werde: „Neuordnung der sozialen Sicherung (Sozialreform)". Sodann schneidet er die Frage an, ob das Reformwerk nur die typischen, d.h. die immer wiederkehrenden Risiken des Lebens behandeln solle, oder ob auch einmalige Tatbestände z.B. Kriegsfolgen, Katastrophenfälle usw. mit einbezogen werden sollen. Der *Bundesminister für Vertriebene, Flüchtlinge und Kriegsgeschädigte* spricht sich gegen eine Einbeziehung von Problemen der Kriegsfolge aus. So gehörten beispielsweise die Angelegenheiten seines Hauses, die alle den kw-Vermerk[6] trügen, nicht zur Sozialreform. Er dürfe als konkrete Beispiele auf das Kriegsgefangenenentschädigungsgesetz[7] und auf das Lastenausgleichsgesetz[8]

S. 288–290, vor allem Anm. 260. – In einem Schreiben Schäffers an Blücher vom 26. Sept. 1955 monierte Schäffer den Protokolltext und stellte fest, die Erklärung Blüchers habe seiner Erinnerung nach folgenden Inhalt gehabt: „Der Vizekanzler stellt hierzu die übereinstimmende Auffassung des Ministerausschusses fest, daß jede Veröffentlichung über die Stellungnahme irgendeines Bundesministers oder sonstigen Mitglieds des Ausschusses über die Sozialreform der vorherigen Zustimmung des Betreffenden bedürfe." Blücher versicherte Schäffer in einem Schreiben vom 12. Okt. 1955, er wolle dessen Schreiben zum Gegenstand der Beratung im Ministerausschuß machen, weil es zweifellos nötig sei, daß die gegensätzlichen Äußerungen der Ressorts aus der Publizistik verschwanden (B 146/1754).

[4] Text entspricht der Vorlage. – Die Beratungsergebnisse des Interministeriellen Ausschusses zu 1. Abgrenzung des Bereichs der Reform und zu 2. den gesellschaftlichen Tatbeständen hatte der Generalsekretär dem Bundeskanzleramt am 13. Sept. 1955 mit der Vorlage: „Leitgedanken für die Reform der sozialen Sicherung (Sozialreform)" übersandt (B 136/1361). Sie war in geringfügig gekürzter Form noch am gleichen Tag vom Bundeskanzleramt zur Vorbereitung der Sitzung des Ministerausschusses für die Sozialreform am 14. Sept. 1955 allen Ministern zugeleitet worden (Vorlage des Bundeskanzleramtes in B 149/408, Entwurf des Begleitschreibens in B 136/50206). Siehe Anhang 1, Dokument 2 .

[5] Der Vertreter des Vizekanzlers im Interministeriellen Ausschuß, Regierungsdirektor Sonnenburg (BMZ), notierte hierzu in einem Vermerk für Blücher vom 3. Sept. 1955 über die Sitzungen des Interministeriellen Ausschusses am 1. und 2. Sept., daß der Begriff „Sozialleistungen" automatisch zu überspannten Erwartungen der Leistungsempfänger geführt hätte, und man daher die Sozialreform auf die „soziale Sicherheit" bezogen habe, was auch die Aufbringungsseite und Systematik umfasse (B 146/1753).

[6] Der kw-Vermerk kennzeichnet im Haushaltsplan Ausgabebewilligungen als 'künftig wegfallend'; über die Mittel kann nicht mehr verfügt werden, wenn die bei der ersten Bewilligung benannten Voraussetzungen für einen künftigen Wegfall erfüllt sind. Siehe § 36 der Reichshaushaltsordnung in der Fassung vom 14. April 1930 (RGBl. II 693).

[7] Kriegsgefangenenentschädigungsgesetz (KgfEG) vom 30. Jan. 1954 (BGBl. I 5). – Nach § 4 Abs. 1 KgfEG hatte die Entschädigung der Berechtigten innerhalb von fünf Jahren zu erfolgen. Vgl. auch die Diskussion im Kabinett um die Novellierung des Teils I (Entschädigung) und die Be-

hinweisen, die in absehbarer Zeit auslaufen würden. Es sei jedoch erforderlich, daß auch die in diesen Gesetzen verankerten Leistungen mit den in der Sozialreform zu regelnden Leistungen koordiniert würden. Der *Bundesminister der Finanzen* weist ergänzend auf die Probleme der Wiedergutmachung[9] hin, die ebenfalls nur zeitbedingt seien und somit nicht in den Rahmen der Sozialreform gehörten. Der *Bundesminister für Arbeit* führt aus, daß durch die Gesetzgebung der letzten 10 Jahre der Bund in vielen Notständen zu Leistungen verpflichtet worden sei, die niemals Gegenstand der Versicherung gewesen seien. Er denke hier an Leistungen an Vertriebene, Kriegsopfer usw. Es sei zu prüfen, ob diese in das Reformwerk einbezogen werden sollen. *Staatssekretär Bleek [BMI]* tritt dafür ein, daß auch die Kriegsopferversorgung mit einbezogen werden solle. Er halte es nicht für ausreichend, lediglich eine Koordinierung der Kriegsopferversorgung mit anderen sozialen Leistungen im Rahmen der Sozialreform durchzuführen[10]. Gegen diese Forderung wendet sich die Mehrheit des Ministerausschusses.

Auf Seite 1 des Berichtes des Interministeriellen Ausschusses übergehend, verweist der *Vizekanzler* auf die dort aufgeführten Risiken, wobei er das Problem der Arbeitslosigkeit herausgreift und um Prüfung bittet, ob dieses hierher gehöre. Der *Bundesminister für Arbeit* führt aus, die Arbeitslosigkeit stelle kein überschaubares Problem dar und sei daher auch nicht versicherungsmäßig zu erfassen; sie sollte daher gesondert behandelt werden. Der *Bundesminister der Finanzen* tritt dafür ein, bei der Arbeitslosigkeit zu unterscheiden:

1) die Verhinderung der Arbeitslosigkeit, diese sei ein Problem der Wirtschafts- sowie der Finanzpolitik und

2) die Behandlung der eingetretenen Arbeitslosigkeit, dieser Tatbestand gehöre zum Bereich der Sozialpolitik.[11]

Der *Vizekanzler* hält es für zweckmäßig, bei der Aufzählung der einzelnen Notstände bereits eine gewisse Gruppierung vorzunehmen, etwa dahingehend, welche nach dem Versicherungsprinzip und welche nach anderen Grundsätzen zu behandeln seien. Dies würde die Arbeit wesentlich erleichtern. Der *Bundesminister für das Post- und Fernmeldewesen* bittet, bei der Betrachtung des Katalogs zu be-

---

reitstellung von Mitteln für die Kann-Bestimmungen des Teiles II (Darlehen und Beihilfen) des KgfEG (92. Kabinettssitzung am 20. Juli 1955 TOP H: Kabinettsprotokolle 1955, S. 449 f.).

[8] Lastenausgleichsgesetz (LAG) vom 14. Aug. 1952 (BGBl. I 446).

[9] Bundesentschädigungsgesetz (BEG) vom 18. Sept. 1953 (BGBl. I 1387); die Wiedergutmachung für besondere Problembereiche regelten das Gesetz zur Wiedergutmachung nationalsozialistischen Unrechts in der Sozialversicherung vom 22. Aug. 1949 (WiGBl., S. 263) und das Gesetz zur Regelung nationalsozialistischen Unrechts für Angehörige des öffentlichen Dienstes vom 11. Mai 1951 (BGBl. I 291).

[10] Fortgang zur Kriegsopferversorgung siehe 1. Sitzung des Ministerausschusses für Sozialreform am 9. Okt. 1958 TOP 1.

[11] Vgl. 52. Kabinettssitzung am 22. Okt. 1954 TOP 5 (Entwurf eines Gesetzes zur Änderung und Ergänzung des Gesetzes über die Arbeitsvermittlung und Arbeitslosenversicherung: Kabinettsprotokolle 1954, S. 439 f.) und 126. Kabinettssitzung am 14. März 1956 TOP F (Kabinettsprotokolle 1956, S. 256 f.). – Novellierung des Gesetzes über Arbeitsvermittlung und Arbeitslosenversicherung (AVAVG) am 23. Dez. 1956 (BGBl. I 1018) und Neufassung dieses Gesetzes am 3. April 1957 (BGBl. I 321, 706).

achten, welche Regelungen noch bis 1957 erreicht werden können. Der Schwerpunkt der Betrachtungen müsse bei dem Problem der Krankenversicherung sowie bei der Sicherung für den Fall des Alters und der Invalidität liegen. Er empfehle, diese Probleme vorweg zu klären. Gegen die Abspaltung von Teilproblemen wendet sich der *Vizekanzler*. Um die Gesamtheit der sozialen Leistungen reformieren zu können, sei es erforderlich, einen Überblick über alle sozialen Tatbestände und der damit zusammenhängenden Probleme zu gewinnen. Der *Bundesminister der Finanzen* ist der Auffassung, daß bis 1957 nur gewisse Grundsätze festgelegt werden sollten, wobei anzustreben sei, bis zu diesem Zeitpunkt auch bereits einzelne Gesetze zu verabschieden. *Professor Dr. Achinger* teilt den hier behandelten Komplex in zwei Fragen auf:

1) Was gehört zum Bereich der normalen Sicherung?

2) Welcher Teil der Sozialversicherung ist einer Reform besonders bedürftig?

Der vom Interministeriellen Ausschuß zusammengestellte Katalog sei nicht zu beanstanden. Dagegen sei die Reihenfolge der zu lösenden Probleme noch nicht genügend abgeklärt, um bereits diskutiert werden zu können. Eine Gesamtreform schließe eine Teilung oder Ausklammerung gewisser Teilgebiete aus. Zusammenfassend stellt der *Vizekanzler* fest: Es besteht Einverständnis darüber, daß der vom Interministeriellen Ausschuß aufgestellte Katalog über den Inhalt der in die Sozialreform einzubeziehenden Leistungen und Tatbestände lediglich eine Aufzählung darstellt, die weder abschließend ist, noch feststellt, in welcher Weise den einzelnen Risiken zu begegnen ist.

2. UNTERSUCHUNG DER GESELLSCHAFTLICHEN TATBESTÄNDE

Nach Auffassung des *Vizekanzler*s muß die Veränderung der soziologischen Struktur am Anfang der Betrachtungen stehen. Das Rothenfelser Gutachten sei deshalb so wertvoll, weil es die Veränderung der gesellschaftlichen Verhältnisse gegenüber der Zeit vor 80 Jahren besonders deutlich herausgestellt habe. Aus den gewonnenen soziologischen Erkenntnissen folge, daß die Aufbringung und Verteilung der sozialen Leistungen nicht mehr nach den Grundsätzen eines patriarchalischen Staates erfolgen könne, wie dies in den Anfangsjahren der Sozialversicherung der Fall gewesen sei. *Professor Dr. Neundörfer* wirft die Frage auf, welche konkreten Folgerungen aus der Erkenntnis einzelner gesellschaftlicher Tatbestände gezogen werden könnten. Eine unmittelbare rechtliche Verwertbarkeit einzelner gesellschaftlicher Tatbestände sei nicht möglich. Dagegen müsse man sich stets vor Augen halten, in welcher gesellschaftlichen Situation sich der einzelne zur Zeit befinde. Besondere Bedeutung kommen dabei dem veränderten Altersaufbau, der Veränderung des Verhältnisses von Stadt und Land usw. zu. Zur Zeit Bismarcks sei die Hilfe der Gesamtheit einer kleinen leistungsfähigen Gruppe zugute gekommen. Heute sei der Kreis der Berechtigten zur Mehrheit geworden, so daß aus der früheren Fremdhilfe nunmehr eine Selbsthilfe geworden sei. Die Auffassung, die man im Volksmund häufig höre, der Staat bezahle die Rente, sei falsch, denn in Wirklichkeit sei es der einzelne Bürger, der selbst Leistungen zu seiner eigenen Rente aufbringe. *Professor Dr. Neundörfer* berichtet sodann über das Ergebnis des zweiten

Teils der L-Untersuchungen, bei der 60 000 Haushalte befragt worden seien[12]. Es sei erstaunlich zu beobachten, wie mannigfaltig die Kumulationsmöglichkeiten beim Rentenbezug seien. Nur selten komme es vor, daß der einzelne lediglich auf die Altersrente angewiesen sei, sie sei normalerweise nur ein Teil der Alterssicherung. Es sei erforderlich, daß die Altersrente in eine feste Relation zu dem letzten Einkommen gebracht werde. Wenn man hierbei auf 50% des letzten Einkommens komme, könne man durchaus ein gutes Gewissen haben. *Ministerialdirektor Dr. Jantz [BMA]* berichtet über den Verlauf der Sitzung des Interministeriellen Ausschusses[13]. Es habe sich bei den Beratungen gezeigt, daß aus den verschiedenen gesellschaftlichen Tatbeständen keine unmittelbaren rechtlichen Schlußfolgerungen gezogen werden können. Dagegen sei es gut und notwendig, die generelle Position des sicherungsbedürftigen Menschen zu sehen. Der *Bundesminister der Finanzen* weist darauf hin, daß sich seit der Zeit Bismarcks nicht nur die sozialen Umstände geändert hätten. Der Ethos der Bevölkerung habe auch eine wesentliche Änderung erfahren. Während früher die Unterhaltspflicht der Kinder gegenüber den Eltern und umgekehrt eine Selbstverständlichkeit gewesen sei, sei heute dieses Pflichtgefühl weitgehend geschwunden. Man müsse darauf achten, daß bei der künftigen Gesetzgebung das Pflichtgefühl nicht noch mehr untergraben werde. Dem Prinzip der Subsidiarität komme in diesem Zusammenhang eine zentrale Bedeutung zu, da dieses die Eigenverantwortung des einzelnen fördere. Der *Bundesminister für Arbeit* verweist auf die Verhältnisse in der Landwirtschaft und im Handwerk, bei denen der Ruf nach staatlicher Versorgung besonders stark geworden ist[14]. Dort komme es häufig vor, daß die Kinder das Unternehmen der Eltern übernehmen würden, ohne bereit zu sein, hierfür eine eigene Verantwortung gegenüber den Eltern zu tragen,

---

[12]   Vgl. 1. Sitzung des Ministerausschusses für die Sozialreform, TOP 1 B, Anm. 24.

[13]   Niederschriften und weitere Unterlagen in B 149/408, B 136/1361 und B 146/1753.

[14]   Die Altersversorgung der freien Landwirte war nicht gesetzlich geregelt. Erst mit dem Gesetz über eine Altershilfe für Landwirte (GAL) vom 27. Juli 1957 (BGBl. I 1063) wurden die Bauern mittels einer sog. Sockelrente in Höhe von 60 DM für Ehepaare und von 40 DM für Alleinstehende in das soziale Sicherungssystem einbezogen (vgl. 185. Kabinettssitzung am 12. Juni 1957 TOP 2: B 136 VS/36116). – Zur Altersversorgung des Handwerks vgl. 63. Kabinettssitzung am 14. Dez. 1954 TOP 3 (Kabinettsprotokolle 1954, S. 563 f.). Die selbständigen Handwerker waren durch das Gesetz über die Altersversorgung für das Deutsche Handwerk (HVG) vom 21. Dez. 1938 (RGBl. I 1900) unabhängig von der Höhe ihres Einkommens verpflichtet, entweder der Angestelltenversicherung oder einer privaten Lebensversicherung beizutreten. Durch Zerstörung von Haus- und Grundbesitz als traditioneller sozialer Sicherungsform, die Abwertung finanzieller Rücklagen und des Lebensversicherungskapitals durch die Währungsreform und durch den ökonomischen Strukturwandel verschärfte sich die Alterssicherungsproblematik der selbständigen Handwerker in der Nachkriegszeit. Die Reformierung des HVG galt als vordringliches handwerkspolitisches Problem in den 50er Jahren. Ein Gesetzesentwurf der Regierung war in der 1. Legislaturperiode nicht verabschiedet worden (vgl. 210. Kabinettssitzung am 25. März 1952 TOP 1: Kabinettsprotokolle 1952, S. 194). Das am 27. Aug. 1956 in Kraft getretene Gesetz zur vorläufigen Änderung des Gesetzes über die Altersversorgung für das Deutsche Handwerk (BGBl. I 755) hielt als Übergangsregelung grundsätzlich an den Bestimmungen des HVG von 1938 fest. Eine umfassende Neuregelung kam erst mit dem Handwerkerversicherungsgesetz (HwVG) vom 8. Sept. 1960 (BGBl. I 737) zustande (vgl. 53. Kabinettssitzung am 4. Febr. 1959 TOP 4: B 136 VS/36119). – Vgl. Scheybani, Handwerk, S. 467–485.

die die Wertsubstanz geschaffen hätten. Auch er trete dafür ein, daß dem einzelnen ein gewisses Minimum garantiert werden sollte. Andererseits müsse aber daran festgehalten werden, daß der Versicherte auch die Leistungen erhalte, die er aufgrund seiner Beitragszahlungen beanspruchen könne. Dieses Prinzip müsse aufrecht erhalten werden, ohne Rücksicht auf die Unterschiede Stadt-Land und ähnliche gesellschaftliche Tatbestände. *Bundesminister Dr. Schäfer* erklärt sich grundsätzlich mit dem Bericht des Interministeriellen Ausschusses über die veränderten gesellschaftlichen Verhältnisse einverstanden. Er bittet jedoch zu beachten, daß die aufgezeigten Strukturveränderungen auch materielle und psychologische Wirkungen gehabt hätten. Er beantragt, den Bericht des Interministeriellen Ausschusses um folgende Punkte zu ergänzen:

1) Bei der Untersuchung des veränderten Altersaufbaus sollte auch die Veränderung des Berufsbildes untersucht werden.

2) Zu Ziffer I/2. des Berichtes sollten die Probleme der Krankheitsfolge hinzugefügt werden[15].

Wie der *Bundesminister für das Post- und Fernmeldewesen* mitteilt, gibt es 109 verschiedene Arten der Berechnung von Witwenrenten. Bei den Reformarbeiten sei stets im Auge zu behalten, daß die Tendenz zum Wohlfahrtsstaat eingedämmt werde und daß die Staatshilfe erst in zweiter Linie gewährt werde. Bei der Untersuchung der Selbständigen (Ziff. II/2 des Berichtes) sollte eine Unterscheidung getroffen werden zwischen den echten und den fiktiv Selbständigen. Zur letzteren Gruppe zähle er z.B. die Zulieferer, die von der Produktion anderer Betriebe abhängig seien und häufig eine geringere Selbständigkeit besäßen als gewisse in unselbständiger Arbeit Tätige. Es sei erforderlich, hier eine exakte Definition zu treffen. Hinsichtlich der Altersversorgung der freien Berufe weist *Ministerialdirektor Kattenstroth [BMWi]* darauf hin, daß das Bundeswirtschaftsministerium am 7.4.1955 eine Kabinettsvorlage eingereicht habe. Diese Vorlage sei im Kabinett noch nicht erörtert worden. Vorerst sei nicht beabsichtigt, eine weitere Kabinettsvorlage zu diesem Thema einzubringen[16].

---

[15] Dem Antrag wurde entsprochen. Vgl. 3. Sitzung des Ministerausschusses für die Sozialreform am 7. Okt. 1955 TOP 1 a.

[16] Mit Schreiben vom 6. Okt. 1955 wies Kattenstroth den Protokollführer der Sitzung, Lamby, darauf hin, daß seine Äußerungen im Protokoll der 2. Sitzung des Ministerausschusses nicht richtig wiedergegeben seien. Diese hätten sich auf eine Bemerkung Storchs bezogen, daß eine vom Wirtschaftsminister angekündigte Denkschrift zur Altersversorgung der Selbständigen noch immer nicht vorläge (vgl. hierzu auch Anhang 1, Dokument 1, Abschnitt D). Er habe deshalb auf die Kabinettsvorlage vom 23. Sept. 1954 betr. die Altersversorgung der freien Berufe (vgl. hierzu 63. Kabinettssitzung am 14. Dez. 1954 TOP 2: Kabinettsprotokolle 1954, S. 563 f.) und das Schreiben Erhards vom 24. Mai 1955 zur Entwicklung zum Versorgungsstaat (B 102/8301 und B 136/1385) verwiesen und angemerkt, daß vor einer Erörterung dieser Vorlagen keine Veranlassung bestünde, erneut an das Kabinett heranzutreten. Es sei vom Bundeswirtschaftsminister auch keine entsprechende Denkschrift angekündigt worden. Kattenstroth verlangte keine formelle Berichtigung des Protokolls (Schreiben in B 136/50207). – In seiner Kabinettsvorlage vom 21. Mai 1955 (B 136/1379) zur Kabinettsvorlage des BMA vom 7. April 1955 hatte Erhard bezüglich der Altersversorgung der freien Berufe auf seine noch ausstehende Stellungnahme zur „Entwicklung zum Versorgungsstaat" verwiesen, zu der der Bundeskanzler mit Schreiben vom 16. Jan. 1955 alle Ressorts aufgefordert hatte. In dieser

Der *Bundesminister der Finanzen* geht sodann zu den vom Interministeriellen Ausschuß gezogenen Schlußfolgerungen aus der Erkenntnis der gesellschaftlichen Tatbestände über. Er bezeichnet insbesondere den letzten Satz des Berichtes, der lautet „Bei der Gestaltung der langfristigen Leistungen werden diese Lebensumstände insbesondere dadurch berücksichtigt werden können, daß das Streben nach Selbstvorsorge anerkannt wird", als zu weich. Statt dessen beantragt er, folgenden Schlußsatz aufzunehmen:

„Wenn behauptet worden ist, daß im Gegensatz zum Zuschuß-Charakter der Rente bei Einführung der Sozialversicherung die Rente wegen der gewandelten gesellschaftlichen Tatbestände heute generell den gesamten Lebensbedarf zu decken habe, so beweisen die dargelegten gesellschaftlichen Tatbestände, daß diese These in vollem Umfange nicht zutreffend ist. Nicht unerhebliche Bevölkerungskreise verfügen neben einem Sozialeinkommen über verschiedenartigste Einkommensquellen. Dieser Tatbestand muß bei der Bemessung der Rente (Verhältnis zum Arbeitslohn) wie bei der Konstruktion der Rente (Verhältnis der Versicherung zur Staatsleistung) gebührende Anerkennung finden."

Aus dieser Feststellung folge, daß bei der Bemessung der Altersrente auch die etwaigen sonstigen Einkommensquellen zu berücksichtigen seien. Der *Vizekanzler* erklärt sich mit der Aufnahme des soeben vorgeschlagenen Zusatzes einverstanden, während der *Bundesminister für Arbeit* davor warnt, einen derart weitgehenden Satz in den Bericht aufzunehmen. Er halte eine solche Formulierung für gefährlich, weil wesentliche Teile der sozialen Sicherung nicht der Regelung durch eine Beitragsrente überlassen werden könnten. Der *Bundesminister der Finanzen* erklärt sich schließlich damit einverstanden, daß der von ihm vorgeschlagene Zusatz heute nicht in den Bericht aufgenommen werde, bittet jedoch, seinen Vorschlag zu erörtern und zu einem späteren Zeitpunkt über seine Aufnahme in den Bericht zu entscheiden[17]. Der *Bundesminister des Innern* tritt ebenfalls für die Garantierung einer Mindestrente ein. Er bittet um Aufklärung, ob die in der Diskussion genannte Mindestrente bereits Staatszuschüsse enthalte oder ob hierbei an eine reine Beitragsrente gedacht sei. *Prof. Dr. Neundörfer* hält es für möglich, daß bei einer Festsetzung der Rente auf 50% des letzten Einkommens eine reine Beitragsrente geschaffen werden könne. Sofern diese Leistung nicht ausreichend sei, müsse natürlich ein Staatszuschuß hinzutreten. Abschließend stellt der *Vizekanzler* folgendes fest:

1)   Der Interministerielle Ausschuß soll noch einmal die in seinem Arbeitsbericht behandelten Einzelprobleme erörtern und hierbei die in der heutigen Sitzung

---

Stellungnahme vom 24. Mai 1955 sprach sich Erhard grundsätzlich für eine Eigenvorsorge und gegen eine „kollektive Zwangsversorgung" für freie Berufe aus (B 102/8301 und B 136/1385). Sie wurde nach Aufforderung durch das Kanzleramt am 14. Juni 1955 den Ressorts als Kabinettsvorlage zugeleitet (B 102/40896). – Siehe auch die Stellungnahme Erhards zur Alterssicherung der Selbständigen vom 23. Nov. 1955 (B 136/1362) in Anhang 1, Dokument 7. – Zur Alters- und Hinterbliebenenversicherung bestimmter Gruppen der zulassungspflichtigen freien Berufe Fortgang 4. Sitzung des Ministerausschusses für Sozialreform am 29. Juli 1960 TOP 2.

[17]   Vgl. 3. Sitzung des Ministerausschusses für die Sozialreform am 7. Okt. 1955 TOP 1 a.

besprochenen Punkte berücksichtigen. Er soll sodann ganz konkrete Fragen formulieren und sie dem Ministerausschuß zur Entscheidung vorlegen.

2) Die Klärung und Anwendbarkeit der Ordnungsprinzipien der Sozialreform sollen weiter bearbeitet werden.

3) Die wirtschaftlichen und finanzpolitischen Untersuchungen sollen fortgesetzt werden. Über das Ergebnis soll dem Ministerausschuß berichtet werden[18].

4) Künftig sollen die Vorschläge zur Tagesordnung des Ministerausschusses vor den Sitzungen den einzelnen Mitgliedern zugeleitet werden, damit diese gegebenenfalls Abänderungs- oder Zusatzwünsche geltend machen können.[19]

---

[18] Unterlagen zum Unterausschuß Wirtschaft und Finanzen des Interministeriellen Ausschusses in B 149/409, Bericht des Unterausschusses über den Stand der Arbeiten vom 9. Nov. 1955 in B 136/1361.

[19] Bis zur 3. Sitzung des Ministerausschusses für die Sozialreform am 7. Okt. 1955 fanden Sitzungen des Interministeriellen Ausschusses am 21. und 27. Sept. und am 5. Okt. 1955 statt. Zusammenfassungen der Sitzungen und weitere Unterlagen in B 149/408 und B 136/1361. Vermerk vom 6. Okt. 1955 über die Sitzung am 5. Okt. 1955 betr. den Personenkreis in der Alterssicherung in B 149/392. – In der CDU/CSU-Fraktion fand am 21. Sept. 1955 nachmittags nach einem Referat von Jantz eine erste Aussprache über die Sozialreform statt. Vgl. das Protokoll der Sitzung in ACDP VIII-001–1007/2 und die Parlamentarischen Berichte vom 23. und 28. Sept. 1955 über die Aussprache am 21. Sept. in B 145/1905.

**3. Sitzung des Ministerausschusses für die Sozialreform
am Freitag, den 7. Oktober 1955**

*Teilnehmer: Blücher (Vorsitz)[1], Storch (ab 10.15 Uhr zeitweise), Oberländer,
Balke, Wuermeling, Schäfer; Bleek, Hartmann, Westrick, Sauerborn; Jantz (BMA),
Kattenstroth (BMWi), Müller (BMG), Scheffler (BMI), Elsholz (BMF), Gottschick
(BMI), Ludwig (BMFa), Pühl (Bundeskanzleramt), Türk (BMG), Wolf (BMWi), Keller
(BMS Schäfer), Sonnenburg (BMZ), Vogl (BMVt), Palmer (BML), Schewe (BMA),
Backsmann (BMZ), Schäffer (BMVt), Schlecht (BMWi), Hensen (BMA), Viehöver
(BPA). Protokoll: Lamby.*

Beginn: 9.30 Uhr   *Ende: 13.30 Uhr*

Ort: Haus Carstanjen

Tagesordnung[2]:

1. *Beschlußfassung über die Leitgedanken für die Sozialreform*

    a) *die gesellschaftlichen Tatbestände und ihre Bedeutung für die Sozial-
    reform (vgl. Anl.),*

    b) *die Ordnungsprinzipien für die Neuordnung der sozialen Sicherung.*

2. *Beratung von Maßnahmen aufgrund der Initiativanträge der SPD zur Sozial-
    gesetzgebung (vgl. Drucksachen des Bundestages Nrn. 1687, 1705, 1708).*

3. *Bericht des Generalsekretärs über den Stand der Vorbereitungen zur Sozial-
    reform.*

4. *Stellungnahmen zur Sozialreform*

    a) *des Herrn Bundesministers des Innern,*

    b) *des Herrn Bundesministers für Wirtschaft,*

    c) *des Herrn Bundesministers der Finanzen.*

5. Publizistische Auswertung der bisherigen Arbeitsergebnisse.

6. *Entwicklung des weiteren Arbeitsprogramms unter Berücksichtigung der bis-
    herigen Beschlüsse des Ministerausschusses.*

---

[1] Der Vizekanzler hatte den Vorsitz inne, da Adenauer erkrankt war. Der Tageskalender Adenauers vermerkt für den 7. Okt. 1955: „Rhöndorf. Erkältung" (StBKAH I 04.06).

[2] Tagesordnung gemäß Einladung vom 4. Okt. 1955 in B 136/50206.

1. BESCHLUSSFASSUNG ÜBER DIE LEITGEDANKEN FÜR DIE SOZIALREFORM

A. DIE GESELLSCHAFTLICHEN TATBESTÄNDE UND IHRE BEDEUTUNG FÜR DIE SOZIALREFORM

Ministerialdirektor Dr. Jantz [BMA] trägt vor, daß in die Ausarbeitung des Interministeriellen Ausschusses vom 28.9.1955 über die „gesellschaftlichen Tatbestände" die in der letzten Ministerausschußsitzung beschlossenen Anregungen von Bundesminister Dr. Schäfer eingearbeitet worden seien[3]. *Staatssekretär Hartmann [BMF]* erinnert daran, daß der Bundesminister der Finanzen in der letzten Ministerausschußsitzung einen Zusatzwunsch an dem Bericht über die „gesellschaftlichen Tatbestände" zu Protokoll gegeben habe. Über diesen Antrag sei bisher noch nicht entschieden worden. Er wolle ausdrücklich einen entsprechenden Vorbehalt machen und bittet, den genannten Zusatz in den Bericht aufzunehmen.

Mit dem von Staatssekretär Hartmann erklärten Vorbehalt wird der Bericht des Interministeriellen Ausschusses vom 28.9.1955 über die „gesellschaftlichen Tatbestände und ihre Bedeutung für die Sozialreform" gebilligt.

B. DIE ORDNUNGSPRINZIPIEN FÜR DIE NEUORDNUNG DER SOZIALEN SICHERUNG

Ministerialdirektor Dr. Jantz [BMA] trägt den Inhalt des Berichtes des Interministeriellen Ausschusses vom 28.9.1955 über die Ordnungsprinzipien für die Neuordnung der sozialen Sicherung vor[4]. *Staatssekretär Hartmann* bittet, zu II 1) (Sozialversicherung) folgenden Zusatz aufzunehmen:

„Sofern Staatsleistungen in die mit einem Rechtsanspruch ausgestattete Versicherungsleistung einbezogen werden sollen, ist im Hinblick auf das Subsidiaritätsprinzip zu prüfen, inwieweit bezüglich der staatlichen Anteile in der Rente der Rechtsanspruch an Bedingungen zu knüpfen ist."[5]

---

[3] Siehe 2. Sitzung des Ministerausschusses für die Sozialreform am 14. Sept. 1955 TOP 2. – Die Ausarbeitung des Interministeriellen Ausschusses „Gesellschaftliche Tatbestände und ihre Bedeutung für die Sozialreform" wurde dem Bundeskanzleramt mit Schreiben vom 28. Sept. 1955 zur Beratung und Beschlußfassung im Ministerausschuß am 7. Okt. 1955 mit dem Hinweis übersandt, daß sie um die auf der 2. Sitzung des Ministerausschusses für die Sozialreform am 14. September gemachten Änderungsvorschläge ergänzt worden sei (Ausarbeitung in B 136/36235). Die Ausarbeitung stimmt im Wortlaut mit der Vorlage des Interministeriellen Ausschusses vom 13. September („Leitgedanken für die Refom der sozialen Sicherung", Teil B) für die 2. Sitzung des Ministerausschusses überein. Bei den durch das Generalsekretariat vorgenommenen Ergänzungen handelt es sich um die im Kanzleramt am 13. Sept. 1955 gestrichenen Passagen, deren Wiederaufnahme in den Text Schäfer in der 2. Sitzung des Ministerausschusses dann beantragt hatte. Auf einen Abdruck der Vorlage für die 3. Sitzung wurde angesichts der Textgleichheit mit der Vorlage für die 2. Sitzung verzichtet. – Vgl. zu 3. Sitzung des Ministerausschusses auch die Ministervorlage des Generalsekretärs vom 6. Okt. 1955 in B 149/392.

[4] Siehe Anhang 1, Dokument 3.

[5] Vgl. hierzu die Ministervorlage vom 6. Okt. 1955 für die Kabinettsausschußsitzung am 7. Okt. in B 126/10942.

Er weist darauf hin, daß im Haushalt 1955 der Bundeszuschuß 37,5%, im Haushalt 1953 41,8% der Gesamtleistungen betragen habe.

Wenn der Anteil der Staatsleistungen 50% übersteige, sei der Versicherungscharakter in der Sozialversicherung in Frage gestellt. Gegen die erbetene Ergänzung spricht sich *Ministerialdirektor Dr. Jantz [BMA]* aus mit der Begründung, daß ein ähnlicher Vorschlag bereits eingehend im Interministeriellen Ausschuß beraten worden sei. Wenn man diesen Gedanken im Rahmen der Sozialversicherung aufnehme, so bedeute dies, daß die Sozialversicherung in ihrer heutigen Form abgelöst werde. Der in diesem Zusatz enthaltene Gedanke laufe darauf hinaus, daß künftig keine Unterschiede mehr zwischen einer veredelten Fürsorge und einer echten Sozialversicherung gemacht würden. Letztere zeichne sich gerade dadurch aus, daß sie nicht nach dem Bedürftigkeitsprinzip ausgerichtet sei. Er bitte darum, von einer Vermischung der Prinzipien abzusehen. Zu den von Staatssekretär Hartmann angeführten Zahlen nimmt *Staatssekretär Sauerborn [BMA]* Stellung. Er weist auf die fallende Tendenz des Staatsanteils hin und bezeichnet einen Prozentsatz von 37 v.H. nicht als außergewöhnlich hoch. Seit der Zeit Bismarcks, als die Sozialversicherung eingeführt wurde, sei man davon ausgegangen, daß zu den Beiträgen von Arbeitnehmern und Arbeitgebern zur Sozialversicherung ein Staatszuschuß in Höhe von einem Drittel der Gesamtleistungen gegeben werden müsse. Hinzu komme, daß bei den jetzigen Zahlen die Ausgaben für Kriegsfolgelasten einbegriffen seien. Außerdem seien erhebliche Mittel für die nach dem Kriege erforderliche Kapitalansammlung notwendig. Hierzu stellt *Staatssekretär Hartmann* fest, daß zur Zeit die Gesamtleistungen in der Sozialversicherung ca. 8 Mia. DM betrügen, wovon der Bund ca. 3 Mia. DM zu tragen habe. Er weist sodann auf die Initiativanträge der Fraktion der SPD betr. Erhöhung der Leistungen in den Rentenversicherungen, der Kriegsopferversorgung und dem Lastenausgleich hin[6]. Selbst wenn diese Anträge nur zum Teil realisiert würden, müsse immerhin mit einer Mehrausgabe von 1 Mia. DM gerechnet werden. Dies bedeute, daß dann die 50%-Grenze des Staatszuschusses erreicht sei. Er sei jedoch bereit, daß über den von ihm zum Arbeitsbericht des Interministeriellen Ausschusses gewünschten Zusatzantrag erst bei der sachlichen Erörterung der Probleme der Sozialversicherung entschieden werde[7]. *Bundesminister Dr. Schäfer* hält es für notwendig, in einer Zusammenstellung zu zeigen, welche Staatsleistungen in der Sozialversicherung enthalten sind und welche Aufgaben, die eigentlich zur Fürsorge und zur Versorgung gehörten, von der Sozialversicherung zur Zeit wahrgenommen werden. Die Sozialversicherung sei zur Zeit denaturiert. Es müsse daher das Bestreben sein, sie wieder auf ihren eigentlichen Aufgabenbereich zurückzuführen. *Staatssekretär Dr. Westrick [BMWi]* regt an, den ersten Satz auf Seite 6 des Berichtes des Interministeriellen Ausschusses, der lautet, „Jeder Versicherte zahlt Beiträge, die so bemessen sind, daß beim Eintritt des Versicherungsfalles der Ausgleich vorgenommen werden kann", neu zu fassen. Die jetzige Formulierung ergebe ein schiefes Bild. Demgegenüber tritt der *Vizekanzler* für die Beibehaltung der jetzigen Formulierung ein.

---

[6] Vgl. TOP 2 dieser Sitzung.

[7] Eine Bedürftigkeitsprüfung wurde in die Rentenversicherung nicht eingeführt.

Es müsse Klarheit darüber erzielt werden, wo bei der Neuordnung der sozialen Sicherung der Staatszuschuß verwendet werden soll. Er sei sich darüber im klaren, daß der Staatszuschuß insgesamt nicht vermindert werden könne, doch müsse angestrebt werden, ihn anders zu verteilen. Insbesondere sei zu erstreben, die Renten der Sozialversicherung möglichst aus Beiträgen zu finanzieren. Er stellt abschließend fest, daß der Bericht des Interministeriellen Ausschusses vom 28.9.1955 über die „Ordnungsprinzipien für die Neuordnung der sozialen Sicherung" verabschiedet ist mit dem von Staatssekretär Hartmann erklärten Vorbehalt und mit der Maßgabe, die von Staatssekretär Dr. Westrick gegebene Anregung zu prüfen.

2. BERATUNG VON MASSNAHMEN AUFGRUND DER INITIATIVANTRÄGE DER SPD ZUR SOZIALGESETZGEBUNG

Der *Vizekanzler* teilt mit, daß nach seiner Information das Parlament den Anträgen der SPD in irgendeiner Form zu entsprechen gedenke, wenn nicht die Bundesregierung konkrete Gegenvorschläge mache[8]. Voraussichtlich werde es nicht zu langen Ausschußberatungen kommen. Man müsse bei der Prüfung der Gegenvorschläge beachten, daß eine Präjudizierung der Sozialreform durch die zu ergreifenden Maßnahmen so weit wie möglich verhindert werde. Es sei daher zweckmäßig, wenn das Bundesministerium für Arbeit eine Aufstellung über die finanzielle Auswirkung der Anträge erarbeite. Zu dem von der FDP eingebrachten Antrag über vorzeitige Leistungen aus dem Kriegsgefangenenentschädigungsgesetz[9] bittet er den Bundesminister für Vertriebene, Flüchtlinge und Kriegsgeschädigte, eine ent-

---

[8] Die SPD-Fraktion hatte Gesetzentwürfe zum Lastenausgleichsgesetz, zum Bundesversorgungsgesetz und zur Rentenversicherung vorgelegt. Der Gesetzentwurf über die Gewährung von Sonderzulagen zur Unterhaltshilfe nach dem Lastenausgleichsgesetz vom 28. Sept. 1955 (BT-Drs. 1705) sah bis auf weiteres Sonderzulagen in Höhe des halben Monatssatzes der Unterhaltshilfe jeweils in Abständen von vier Monaten, beginnend mit dem Monat November 1955, vor. Der Gesetzentwurf zur Änderung des Bundesversorgungsgesetzes vom 28. Sept. 1955 (BT-Drs. 1708) zielte auf eine Erhöhung der Grund- und Ausgleichsrenten der Beschädigten, Witwen und Waisen sowie der Elternrente. Der Gesetzentwurf über die Gewährung von Sonderzulagen in den gesetzlichen Rentenversicherungen vom 21. Sept. 1955 (BT-Drs. 1687) sah Sonderzulagen in Höhe des halben Betrags der Monatsrente zur Anpassung der Renten an die veränderte Kaufkraft vor. Die Sonderzulagen sollten ebenfalls erstmals für November 1955 und dann im viermonatigen Abstand bis zur Neuregelung der sozialen Leistungen gezahlt werden. Vgl. hierzu 99. Kabinettssitzung am 6. Okt. 1955 TOP 7 (Kabinettsprotokolle 1955, S. 562).

[9] Die FDP-Fraktion hatte am 16. Sept. 1955 beantragt, zur Durchführung des Kriegsgefangenenentschädigungsgesetzes die erforderlichen Haushaltmittel für die bevorstehenden Freilassungen aus sowjetischer Kriegsgefangenschaft durch Bund und Länder unverzüglich bereitzustellen, die Auszahlung ohne verwaltungsmäßige Erschwerungen sicherzustellen und Maßnahmen für die Wiederherstellung der Gesundheit und Arbeitsfähigkeit der zu erwartenden Heimkehrer zu treffen (BT-Drs. 1679). Am gleichen Tag hatte sie einen Gesetzentwurf zur Änderung des Kriegsgefangenenentschädigungsgesetzes eingebracht, demzufolge Kriegsgefangene für jeden Kalendermonat ihrer Gefangenschaft seit dem 1. Juli 1952 120 DM – statt bislang 60 DM – erhalten sollten und demzufolge die Entschädigung binnen drei – statt bislang fünf – Jahren zu erfolgen hätte (BT-Drs. 1680). – Vgl. auch 92. Kabinettssitzung am 20. Juli 1955 TOP H (Kabinettsprotokolle 1955, S. 449 f.).

sprechende Aufstellung zu liefern. *Staatssekretär Dr. Sauerborn [BMA]* weist darauf hin, daß einige Abgeordnete der CDU den Gedanken hegten, den Anträgen der
SPD durch Zahlung einer 13. Monatsrente zu begegnen[10]. Der Bundesminister für
Arbeit habe die zur Einbringung eines entsprechenden Antrags entschlossenen
Abgeordneten jedoch gewarnt, da leicht die Gefahr bestände, durch einen derartigen Antrag die 13. Monatsrente endgültig einzuführen. Er sei sich darüber im klaren, daß man konstruktive Gegenvorschläge machen müsse, da eine bedingungs-
lose Ablehnung der SPD-Anträge politisch nicht zu vertreten sei. Der *Bundesminister für Arbeit* ist der Meinung, daß für die niederen Renten noch etwas getan werden sollte. Er denke dabei an eine Novelle zum Rentenmehrbetragsgesetz[11]. *Staatssekretär Hartmann [BMF]* vertritt ebenfalls die Auffassung, daß von einer mechani-
schen Rentenerhöhung abgesehen und statt dessen eine Methode entwickelt werden müsse, die den wirklich Bedürftigen helfe, ohne die Sozialreform zu präjudi-
zieren. Nach seiner Auffassung sei es am besten, eine einmalige Sonderzulage zu
gewähren, da hierdurch am wenigsten die Arbeiten zur Sozialreform beeinflußt
würden. Er spricht sich ebenfalls gegen eine 13. Monatsrente aus. Jedoch müsse
geprüft werden, welche Mehrbelastungen der Bund durch die Anträge der SPD auf
dem Gebiet der Arbeitslosenfürsorge zu tragen habe. Der *Vizekanzler* gibt zu bedenken, daß erhöhte Ausgaben auf dem Sozialsektor die Maßnahmen der Bundesregierung auf dem Gebiet der Wirtschaftspolitik, z.B. Preis- und Steuersenkungen,
verhindern müßten[12]. Die auf dem Sozialsektor geleisteten Mehrbeträge flössen
ausschließlich in den Konsum, während die auf dem Wirtschaftssektor beabsichtigten Mehrausgaben zu einer produktiven Verwendung führen würden.

Der *Bundesminister für Vertriebene, Flüchtlinge und Kriegsgeschädigte* nimmt
zu dem von der FDP eingebrachten Antrag (Drucksache 1680) Stellung[13]. Der Antrag bedeute erstens eine Erhöhung der Leistungen und zweitens eine zeitliche
Raffung der Leistungen von bisher 5 auf künftig 3 Jahre. Die erste Forderung habe
zur Folge, daß für die jetzt in der Heimat befindlichen, aus dem Kriegsgefangenenentschädigungsgesetz berechtigten Heimkehrer Mehraufwendungen von 10 Mio. DM
erforderlich seien. Für die auf Grund der Moskauer Verhandlungen zu erwartenden 9 626 Heimkehrer seien außer den nach der bisherigen Regelung notwendigen

---

[10] Vgl. Vermerk vom 30. Sept. 1955 über Gespräche von CDU/CSU-Abgeordneten mit Vertretern
 des BMA in B 149/5355.

[11] Gesetz zur Gewährung von Mehrbeträgen in den gesetzlichen Rentenversicherungen und zur
 Neufestsetzung des Beitrags in der Rentenversicherung der Arbeiter, der Rentenversicherung
 der Angestellten und der Arbeitslosenversicherung (Renten-Mehrbetrags-Gesetz – RMG –)
 vom 23. Nov. 1954 (BGBl. I 345). Vgl. hierzu 44. Kabinettssitzung am 14. Sept. 1954
 TOP B (Kabinettsprotokolle 1954, S. 384 ff. und Einleitung, S. LII f.). – Rentner und Hinterbliebene erhielten nach dem RMG einen Mehrbetrag, der sich aufgrund einer zusätzlichen
 Bewertung der Steigerungsbeiträge aus den Beitragszahlungen vor dem 1. Jan. 1939 errechnete.

[12] Zu den Steuersenkungsplänen der Regierung vgl. die Koalitionsbesprechung am
 19. Nov. 1955. Kurzprotokoll in Kabinettsprotokolle 1955, S. 736–744.

[13] Vgl. Vermerk des Referates III 7 c (Bergner) für den Bundesminister für Vertriebene, Flüchtlinge und Kriegsgeschädigte vom 6. Okt. 1955 in B 136/2727. Hierin wird bei Zugrundelegung
 des FDP-Antrages von einem Mehrbedarf von 990 Millionen DM für das Haushaltsjahr 1956
 ausgegangen.

50 Mio. DM durch den Antrag noch zusätzlich 25 Mio. DM erforderlich[14]. Insgesamt bedeute dies einen Mehraufwand von 35 Mio. DM. Die Forderung nach einer zeitlichen Raffung bedeute für das nächste Haushaltsjahr 637 Mio. DM an Mehrleistungen. Insgesamt koste daher der Antrag der FDP rd. 660 Mio. DM. Bisher gehe man davon aus, daß für jeden Heimkehrer 6 000 DM aufgewendet würden. Bei einer Realisierung des FDP-Antrages seien künftig 8 500 DM zu leisten. Bei diesen Betrachtungen sei noch außer acht gelassen, daß gegebenenfalls noch weitere Heimkehrer über die angekündigten 9 626 hinaus in die Heimat kämen[15].

Der *Bundesminister für das Post- und Fernmeldewesen* nimmt zu dem von Staatssekretär Hartmann vorgetragenen Vorschlag Stellung. Er fürchtet, daß eine einmalige Sonderzulage Rückwirkungen auf die Lohn- und Tarifverhandlungen der öffentlichen Hand haben werde. Die Erfahrung zeige, daß einmal gewährte Sonderzulagen von den Berechtigten als Basis bei ihren Lohnforderungen behandelt würden und daß ein Rechtsanspruch auf ihre dauernde Verankerung geltend gemacht werde. Er müsse jedoch einräumen, daß eine einmalige Zahlung am wenigsten die Arbeiten zur Sozialreform präjudiziere. *Staatssekretär Hartmann [BMF]* bezeichnet seinen Vorschlag als das kleinere Übel, den er nur unterbreitet habe, um laufende Zahlungen zu vermeiden. Er bittet, den Ausdruck „Teuerungszulage" nicht zu gebrauchen und statt dessen von einer „Sonderzulage" zu sprechen. Der *Bundesminister für Arbeit* ist mit dem Bundesminister für das Post- und Fernmeldewesen der Meinung, daß Sonderzulagen nicht anerkannt und von der Öffentlichkeit nicht entsprechend gewürdigt werden. Einmalige Zahlungen seien bald in den Konsum geflossen und hätten keine nachhaltige Wirkung. Mit dem Rentenmehrbetragsgesetz vom Dezember 1954 habe die Bundesregierung erstmalig versucht, Renten nicht schematisch, sondern gezielt zu erhöhen. Er sei der Auffassung, daß nur die unzureichenden Renten, hierbei denke er insbesondere an die Altrenten, aufgebessert werden sollten. Bei der Erhöhung der Altrenten handele es sich nicht um eine Hemmung der Reformarbeiten, sondern lediglich um eine Vorwegnahme dessen, was die alten Leute ohnedies später bekommen sollten. Zu dem Antrag der SPD auf eine Erhöhung der Kriegsopferrenten nach dem Bundesversorgungsgesetz bemerkt er, daß die Notwendigkeit einer Erhöhung nicht bestehe. Nach seinen Feststellungen seien zur Zeit nur noch 25–27 000 Kriegsopfer außer Arbeit, während alle übrigen im Arbeitsprozeß ständen und somit, wie alle übrigen Arbeitnehmer, an der Erhöhung der Löhne teilnähmen, so daß für sie weitere sozialpolitische Maßnahmen nicht mehr erforderlich seien. Nach seinen Informationen gebe der Antrag der SPD auf Erhöhung der Kriegsopferrenten nicht die Stimmung der betroffenen Kreise wieder, sondern sei ausschließlich aus politischen Gründen eingebracht worden. Der *Vizekanzler* gibt zu bedenken, daß die Anhebung von

---

[14] Adenauer hatte vom 9.–13. Sept. 1955 in Moskau über die Aufnahme diplomatischer Beziehungen sowie Fragen der Wiedervereinigung und der Freilassung der Kriegsgefangenen verhandelt. Hierbei war dem Bundeskanzler die Freilassung von 9 626 noch in der Sowjetunion verbliebenen Kriegsgefangenen zugesagt worden. Am 7. Okt. 1955 trafen die ersten Heimkehrer in Friedland ein. Vgl. Kabinettsprotokolle 1955, Einleitung, S. 41–43.

[15] Fortgang hierzu 4. Sitzung des Ministerausschusses für die Sozialreform am 11. Okt. 1955 TOP 1.

kleinen Renten eine Aufwertung von Beitragsleistungen der betroffenen Personenkreise bedeute. Es müsse unter allen Umständen vermieden werden, daß eine nachträgliche Aufwertung dieser Beitragsleistungen erfolge. Deshalb sollte man für die vorgesehenen Maßnahmen eine andere Begründung finden. *Bundesminister Dr. Schäfer* hält die Unterscheidung, ob einmalige Sonderzulagen gezahlt oder laufende Erhöhungen bewilligt werden, hinsichtlich der Präjudizierung der Sozialreform für unwesentlich. Eine Festlegung der Reformarbeiten hält er nur dann für gegeben, wenn die Rentenhöhe schon im jetzigen Zeitpunkt eine solche Höhe erreicht, daß sie im Rahmen der Sozialreform nicht mehr getragen werden kann. Wenn man eine Erhöhung der kleinen Renten beschließe, so hätten daraus die Gemeinden den größten Vorteil, da hierdurch viele Personen aus der Fürsorge ausscheiden würden. *Staatssekretär Bleek [BMI]* bittet zu erwägen, daß die jetzt vorliegenden Anträge nur den ersten Akt einer Kampagne der Opposition darstellten, der im Wahljahr 1957 noch weitere Schritte folgen werden. Er neigt der Auffassung des Bundesministers für Arbeit zu, da er befürchtet, daß sich aus dem von Staatssekretär Hartmann vorgetragenen Vorschlag eine ständige 13. Monatsrente entwickeln könnte. Er bittet, das Rentenmehrbetragsgesetz mit gewissen Modifikationen zum Ausgangspunkt für die künftige Regelung zu nehmen. Um berechtigten sozialen Anliegen zu entsprechen, tritt *Staatssekretär Hartmann* dafür ein, daß die von ihm vorgeschlagene einmalige Zulage degressiv gestaffelt sei. Hierdurch könnte insbesondere den Kleinrentnern geholfen werden. Der Unterschied zwischen seinem und dem vom Bundesminister für Arbeit vorgetragenen Vorschlag bestehe darin, daß in beiden Fällen die Leistungen nach dem Rentenmehrbetragsgesetz zugrundeliegenden Gedanken erfolgen sollen. Nur befürworte er eine einmalige, während das Bundesministerium für Arbeit für eine permanente Zahlung eintrete. Der *Vizekanzler* bittet den Bundesminister für Arbeit, bis Montag den 10. Oktober, abends, einen präzisierten Vorschlag auszuarbeiten, in dem der Standpunkt seines Hauses und der des Bundesministeriums der Finanzen zum Ausdruck gebracht werde[16]. Der *Bundesminister für Familienfragen* tritt für den Vorschlag des Bundesministers für Arbeit ein, da dieser stärker den Versicherungsgedanken berücksichtige. Er gibt seiner Sorge Ausdruck, ob die beabsichtigten Maßnahmen auch politisch durchgesetzt werden könnten, da voraussichtlich weite Kreise von Kleinrentnern nicht berücksichtigt würden. Das letzte Rentenmehrbetragsgesetz habe ca. 500–600 Mio. DM erfordert[17]. Wenn man 200 Mio. DM auswerfen wolle, müsse die Auszahlungstabelle entsprechend geändert werden. Zu dem Antrag auf Erhöhung der Leistungen nach dem Bundesversorgungsgesetz setzt er sich dafür ein, daß durch Sonderleistungen in erster Linie den Witwen und Waisen geholfen werden solle. Dieser letzte Gedanke wird vom *Vizekanzler* unterstützt. *Ministerialdirektor*

---

[16] Stellungnahme des BMA („Kurzgefaßte Stellungnahme zu dem von der Fraktion der SPD vorgelegten Entwurf eines Gesetzes über die Gewährung von Sonderzulagen in den gesetzlichen Rentenversicherungen" vom 6. Okt. 1955 sowie eine „Vorläufige Berechnung des jährlichen Mehrbedarfs bei Änderungen des Bundesversorgungsgesetzes gemäss Drucksache 1708" vom 5. Okt. 1955) mit Übersendungsschreiben vom 11. Okt. 1955 in B 149/5355 und B 136/788.

[17] Unterlagen zur Durchführung des Renten-Mehrbetrags-Gesetzes in B 149/3963 und 5353.

Dr. Jantz [BMA] bemerkt zur technischen Durchführung der beabsichtigten Maßnahmen, daß man einen gewissen Prozentsatz der in der Tabelle des Rentenmehrbetragsgesetzes vorgesehenen Sätze wählen müsse. Eine grundsätzliche Änderung der Tabelle, die unter Beteiligung aller in Betracht kommenden Stellen in mühsamer Arbeit errechnet worden sei, bedeute einen Arbeitsaufwand von mindestens 6–8 Monaten. *Staatssekretär Dr. Westrick [BMWi]* unterstützt den Vorschlag des Bundesministers für Arbeit aus politischen Gründen, da einmalige Leistungen erfahrungsgemäß keinen politischen Effekt zeigten. Der *Vizekanzler* bringt sodann ein Schreiben des Bundesministers für Angelegenheiten des Bundesrates[18] zur Verlesung, in dem dieser ausführt, daß als einziges Zugeständnis zu den SPD-Anträgen nur eine einmalige Zulage in Höhe einer ganzen oder nur einer halben Rente eingeräumt werden sollte. Die Bundesregierung sollte versuchen, bis 1. April 1956 den Gesetzentwurf zur Alterssicherung im Rahmen der Sozialreform vorzulegen.

Der *Vizekanzler* ist der Auffassung, man müsse sich unbedingt in der nächsten Woche mit den Koalitionsparteien einigen, da sonst nicht gesichert sei, welche Abgeordnete der Koalitionsparteien den Anträgen der Opposition ihre Zustimmung geben würden[19]. Eine baldige Einigung der Bundesregierung über die beabsichtigten Maßnahmen sei auch deswegen erforderlich, weil der Bundesminister der Finanzen bei der Debatte in Berlin[20] über die wirtschafts- und finanzpolitischen Fragen übersehen müsse, welche Mehrbelastungen durch die SPD-Anträge auf den Bund zukämen. Der *Bundesminister für Arbeit* erbietet sich, seinen Einfluß auf die Koalitionsparteien dahin geltend zu machen, daß diese einen Initiativantrag im Bundestag einbringen, der den Vorstellungen der Bundesregierung entspricht[21]. Bei dem normalen Weg der Einbringung einer Regierungsvorlage gingen 4 Wochen verloren. *Staatssekretär Hartmann [BMF]* setzt sich dafür ein, daß die hier anstehenden Probleme in einem unmittelbaren Gespräch zwischen dem Bundesarbeits- und dem Bundesfinanzministerium erörtert werden. In die Ausarbeitung des Bundesministers für Arbeit solle der Vorschlag des Bundesministeriums der Finanzen mit entsprechenden Zahlenangaben als Alternativvorschlag aufgenommen werden.

---

[18] Nicht ermittelt.

[19] Vgl. 4. Sitzung des Ministerausschusses für die Sozialreform TOP 1, Anm. 13.

[20] Aufgrund eines Beschlusses vom 6. Mai 1955 (Stenographische Berichte, Bd. 24, S. 4460–4462) kam der Bundestag am 19. und 20. Okt. 1955 erstmals seit Gründung der Bundesrepublik zu Arbeitssitzungen nach Berlin. Vgl. auch 100. Kabinettssitzung am 15. Okt. 1955 TOP E (Kabinettsprotokolle 1955, S. 586).

[21] Sonnenburg hält hierzu in einem vertraulichen Vermerk für Blücher vom 21. Okt. 1955, in dem er die Vermutung äußert, der BMA erarbeite in seinem Ressort einen eigenen Rentenreform-Gesetzentwurf, fest: „Obwohl in der Sitzung des Sozialkabinetts von Herrn Minister die Anregung des BMA, seine Gedanken mit der CDU/CSU-Fraktion zu besprechen, eindeutig abgelehnt worden ist mit dem Hinweis, daß zunächst eine Beschlußfassung des Kabinetts erfolgen müsse, ist der Vorschlag des BMA noch vor der Gesetzgebung als Initiativantrag von der CDU/CSU-Fraktion eingebracht worden" (B 146/1754). – Vgl. den Gesetzentwurf der CDU/CSU-Fraktion eines Zweiten Renten-Mehrbetrags-Gesetzes vom 12. Okt. 1955 (BT-Drs. 1780). – Unterlagen zu den Beratungen einer Änderung und Ergänzung des Renten-Mehrbetrags-Gesetzes im BMA in B 149/5355.

Der *Vizekanzler* bittet darum, daß der Interministerielle Ausschuß die Ausarbeitung des Bundesministeriums für Arbeit vorberät.

Der Ministerausschuß beschließt:

1) Der Interministerielle Ausschuß erörtert am 11. Oktober, vormittags, Maßnahmen aufgrund der Initiativanträge der Fraktion der SPD (Drucksachen Nr. 1687, 1705, 1708)[22].

2) Der Ministerausschuß tritt zu seiner nächsten Sitzung am 11. Oktober, nachmittags, zusammen, um den Bericht des Interministeriellen Ausschusses sowie der beteiligten Bundesministerien entgegenzunehmen und entsprechende Maßnahmen der Bundesregierung zu beraten.

3. BERICHT DES GENERALSEKRETÄRS ÜBER DEN STAND DER VORBEREITUNGEN ZUR SOZIALREFORM

Ministerialdirektor Dr. Jantz [BMA] berichtet über die Arbeiten des Beirats für die Sozialreform und führt aus, daß der Schwerpunkt der Arbeiten des Beirats bei der Untersuchung von Fragen der Rentenversicherung liege[23]. Der mit der Klärung dieser Fragen befaßte Rentenausschuß[24] gehe unter folgenden Gesichtspunkten vor:

1) grundsätzliche Untersuchungen über einen langfristigen Zeitraum,
2) Erarbeitung von Grundsätzen an Hand konkreter Fragestellungen.

Vorweg gehe es um die Abgrenzung des Personenkreises, der Festsetzung der Altersgrenze, des Begriffs der Invalidität usw. Der Frage der Selbständigen werde eine besondere Aufmerksamkeit geschenkt. Ferner werde die Rentenformel einer eingehenden Beratung unterzogen. Die Berechnung der Altersrente solle nach anderen Gesichtspunkten erfolgen als für die Invalidenrente. Bei der Altersrente denke man an einen Steigerungsbetrag, der aus gezahlten Beiträgen finanziert werde sowie an einen Grundbetrag, der im Rahmen des sozialen Ausgleichs zu finanzieren sei. Es sei bislang noch nichts darüber ausgesagt worden, daß der Bund die Mittel für die Finanzierung des Grundbetrages tragen sollte. Im Interministeriellen Ausschuß würden dieselben Gedanken erörtert, ohne daß man sich dort an die Beschlüsse des Beirats gebunden fühle. Aufgrund des von dem Vizekanzler dem Beirat auf seiner Unkeler Tagung übermittelten Schreibens habe dieser das

---

[22] In der Übersicht über die Sitzungen des Interministeriellen Ausschusses (B 149/408) ist zur 8. Sitzung am 11. Okt. 1955 vermerkt, daß das Ergebnis der Erörterung in der Vorlage an den Ministerausschuß vom 11. Okt. 1955 betr. Rentenangleichung 1955 festgehalten wurde. Siehe Anhang 1, Dokument 4.

[23] Tagungen des Beirats hatten am 2. Juni und am 4. Juni 1955 in Königswinter und am 3. und 4. Oktober 1955 in Unkel stattgefunden. Niederschriften über die Tagungen des Beirates in B 149/410 und 412 sowie B 136/1364, Bekanntmachung der Ergebnisse der Arbeitstagungen in BArbBl. 1955, S. 539–542 und S. 1038 f.

[24] Der Ausschuß für Fragen der Rentenversicherung des Beirates für die Neuordnung der sozialen Leistungen war am 30. März 1954 zu seiner konstituierenden Sitzung zusammengetreten. Niederschriften der Sitzungen und Arbeitsberichte des Ausschusses in B 136/1370 und 1371.

Empfinden, daß er als Beirat des Sozialkabinetts anerkannt werde[25]. Deshalb sei es auch zulässig und sogar nützlich, wenn das Sozialkabinett den Beirat mit der Prüfung konkreter Fragen beauftrage.

Während die Beiratstagung in Königswinter die Rentenversicherung in den Mittelpunkt der Betrachtung gestellt habe, seien auf der Unkeler Tagung vorwiegend Probleme der Gesundheitsstörung erörtert worden. Man habe beobachten können, daß der Beirat in Königswinter zur Frage der Rentenversicherung eine klare Auffassung gezeigt habe, in Unkel dagegen sei es dem Beirat nicht gelungen, zu den Fragen der Gesundheitsstörung und der Invaliditätsbekämpfung verdichtete Vorschläge zu machen. Letzteres rühre auch daher, daß diese Fragen weniger vom Gesetzgeber zu lösen seien, sondern von Verwaltungsstellen und sonstigen Trägerorganen, bei denen eine neue Auffassung zu diesen Fragenkreisen erst geschaffen werden müsse.

Staatssekretär Dr. Sauerborn [BMA] führt ergänzend aus, daß die Arbeiten des Beirats im wesentlichen zügig vorangingen, doch sei festzustellen, daß ein Beiratsmitglied zu verhindern suche, daß in dieser Legislaturperiode noch konkrete Beschlüsse gefaßt werden. Dem Gedanken der Rehabilitation und der Prävention komme im Rahmen der Invaliditätsbekämpfung eine besondere Bedeutung bei. Jede dieser Maßnahmen habe ihren eigenen Aufgabenkreis. Während die Rehabilitation im wesentlichen bei Unfällen und Kriegsverletzungen eingreife, sei für das weite Gebiet der üblichen Krankheiten die Prävention maßgeblich. Es müsse beachtet werden, daß mehr als die Hälfte der Neuzugänge an Invaliden an Herz- und Gefäßerkrankungen, an Kreislaufstörungen, Krebs und Rheuma erkrankt seien. Hier sei der eigentliche Anwendungsbereich der Prävention, die im frühesten Zeitpunkt ansetzen solle. Es sei zu erstreben, die Prävention in einem großen Ausmaß zu betreiben und hierbei die Wirtschaftlichkeit der getroffenen Maßnahmen zu beachten. Er glaube, daß die Regelung der beiden großen Komplexe Rentenversicherung und Gesundheitsstörung zu gleicher Zeit verabschiedet werden könnten.

Ministerialdirektor Dr. Jantz [BMA] berichtet sodann über das Ergebnis der Arbeiten des Interministeriellen Ausschusses. Er weist darauf hin, daß sich die nunmehr zur Durchführung der Sozialreform aufgebaute Organisation in der Praxis ausgezeichnet bewähre. Allerdings habe das Generalsekretariat mit erheblichen Schwierigkeiten zu kämpfen, um seine personelle Besetzung entsprechend den sachlichen Erfordernissen auszubauen. Er teilte sodann mit, daß der Interministerielle Ausschuß einen Unterausschuß für volkswirtschaftliche und finanzielle Fragen gebildet habe. Die Arbeiten dieses Ausschusses seien noch nicht abgeschlossen[26]. Die von einem Ressort in den vergangenen Tagen im Bulletin erfolgte Sonder-

---

[25] Blücher hatte durch Storch dem Beirat anläßlich seiner Tagung in Unkel ein Schreiben übermitteln lassen, in dem er als Stellvertretender Vorsitzender des Ministerausschusses der Tagung des Beirates einen erfolgreichen Verlauf wünschte und seiner Hoffnung Ausdruck verlieh, „daß die Ergebnisse der Tagung einen wertvollen Beitrag für die laufenden Beratungen des Ministerausschusses" darstellten. Schreiben vom 3. Okt. 1955 an Storch in B 149/412.

[26] Unterlagen zum Unterausschuß Wirtschaft und Finanzen in B 149/409, Bericht des Unterausschusses über den Stand der Arbeiten vom 9. Nov. 1955 in B 136/1361.

veröffentlichung über die volkswirtschaftlichen und finanziellen Probleme der Sozialreform sei nicht das Arbeitsergebnis des Unterausschusses[27]. Sodann schneidet *Ministerialdirektor Dr. Jantz [BMA]* die Frage an, ob bei der Prüfung der Sicherungsformen die gegenwärtigen Verhältnisse in der SBZ erörtert werden sollten. Der *Vizekanzler* entgegnet, daß sich in der SBZ ein Umbau der sozialen Sicherung anbahne. Die dort ehedem eingeführte Einheitsversicherung habe sich nicht bewährt. Die Tendenz gehe dahin, die Behandlung der einzelnen Risiken, Krankheit, Unfall, Alter usw. zu trennen. Ein genauer Überblick über die künftige Entwicklung in der SBZ sei z. Zt. noch nicht möglich. Deshalb glaube er, man solle bei den jetzigen Überlegungen von der Erörterung der Probleme der SBZ absehen.

Dieser Auffassung schließen sich sämtliche Mitglieder des Ministerausschusses an.

4.   STELLUNGNAHMEN ZUR SOZIALREFORM

a) *Staatssekretär Bleek [BMI]* weist zu Eingang seiner Ausführungen darauf hin, daß die Kabinettsvorlagen der Bundesressorts zur Sozialreform im Wortlaut in verschiedenen Fachzeitschriften abgedruckt seien. Dies sei die Folge einer bedauerlichen Indiskretion[28]. Bezugnehmend auf die Kabinettsvorlage seines Hauses führte er aus, daß diese Vorlage nunmehr ein halbes Jahr alt sei und wegen der inzwischen angestellten Überlegungen nur noch mit gewissen Modifikationen aufrecht erhalten werden könne[29]. Das Bundesministerium des Innern lege Wert darauf, daß die Fürsorge nicht dazu degradiert werde, den Rest dessen zu übernehmen, was bei den übrigen Sicherungsformen übrig bleibe. Die Fürsorge habe ihre eigenen Aufgaben, die sich durch Hilfe in einem individuellen Notstand auszeichnen, z.B. Ausbildungs- und Erziehungsbeihilfen, Hilfen für Gebrechliche, Gefährdetenfürsorge, Krüppel- und Tbc-Fürsorge. Die Leistungen der übrigen Sicherungsformen, insbesondere der Sozialversicherung, sollten so bemessen sein, daß eine zusätzliche Aufstockung durch die Fürsorge vermieden werde. In die Zwangsversicherung solle nur der einbezogen werden, der aus eigener Kraft sich nicht selbst schützen könne. Einigen Querschnittfragen komme bei der Erörterung über die Sozialreform eine besondere Bedeutung zu. Es seien dies die Probleme der Bedarfsprüfung, Rehabilitation, Prävention, Höhe der Grundbeträge, der Versicherungs-Altlast, Teilrenten, Selbstvorsorge usw.

---

[27] Gemeint ist die Veröffentlichung von Konrad Elsholz, Der Sozialhaushalt des Bundes, in: Bulletin vom 4. Okt. 1955 (Beilage: Finanzpolitische Mitteilungen des Bundesministeriums der Finanzen, S. 1–11). – Zur im Unterausschuß „Wirtschaft und Finanzen" des Interministeriellen Ausschusses am 30. Sept. 1955 erarbeiteten Übersicht „Sozialleistungen in der Bundesrepublik" Unterlagen in B 149/409.

[28] Vgl. 2. Sitzung des Ministerausschusses für die Sozialreform am 14. Sept. 1955 TOP A.

[29] Kabinettsvorlage des BMI vom 20. Mai 1955 (Grundgedanken zur Gesamtreform der Sozialleistungen) in B 136/ 1379 und B 149/393.

b) *Ministerialdirektor Kattenstroth [BMWi]* führt aus, daß die Kabinettvorlage seines Hauses durch Zeitablauf insoweit überholt sei, als die Behandlung gewisser Punkte inzwischen schon erfolgt sei[30]. Es sei für den Bundesminister für Wirtschaft ein wichtiges Anliegen, daß die für die Sozialreform geltenden Grundprinzipien mit denjenigen der bestehenden Wirtschaftsordnung in Einklang gebracht würden mit dem Ziel, die Erhaltung eines gesunden Verhältnisses zwischen Sozialaufwand und Leistungskraft der Volkswirtschaft herzustellen. Den Begriffen der Subsidiarität und der Eigenverantwortung komme hierbei eine besondere Bedeutung zu. Folgenden schon in der Kabinettvorlage des Bundesministers für Arbeit vom 7.4.1955 enthaltenen Gedanken stimme er zu: Ausbau von Rehabilitationsmaßnahmen und deren Vorrang vor der bloßen Rentengewährung, Verstärkung der Prävention, Kostenbeteiligung in der Krankenversicherung und Einschränkung der Rentenkumulierung. Im einzelnen auf die Kabinettvorlage des Bundesministeriums für Wirtschaft vom 21.5.1955 eingehend hebt er folgendes besonders hervor: Bei der Abgrenzung des Personenkreises sei die Altersvorsorge der selbständigen und freien Berufe besonders unter wirtschaftspolitischen Gesichtspunkten zu prüfen[31]. Dem Funktionswandel der Altersrente müsse zwar bei der Festsetzung der Höhe der Rente Rechnung getragen werden, andererseits müsse aber auch ein Spielraum für eine zusätzliche eigenverantwortliche Altersversorgung erhalten bleiben. Es sei für das Alter eine reine Beitragsrente ohne generelle Gewährung eines Grundbetrages aus Steuermitteln anzustreben, während bei frühzeitig eintretender Vollinvalidität ein u. U. degressiver Grundbetrag eingeführt werden solle. Darüber hinaus solle im Interesse einer gezielteren und gerechteren Hilfe sowie eines Anreizes für den Einsatz der bei teilweiser Erwerbsminderung verbliebenen Arbeitskraft von der bisherigen 50%-Grenze für Bemessung der Invalidität abgegangen und statt dessen eine Abstufung in Voll- und Teilinvalidität vorgesehen werden. Bei der Festsetzung der Altersgrenze solle im Interesse einer Erhöhung des Arbeitsangebots und zur finanziellen Entlastung der Rentenversicherung ein Anreiz dafür geschaffen werden, daß der Berechtigte ohne Rentenbezug auch noch nach dem 65. Lebensjahr weiterarbeite. Er denke hierbei daran, daß für jedes Jahr der Weiterarbeit später höhere Steigerungsbeträge gewährt würden. Zur Frage der finanziellen Deckungsprinzipien übergehend führt er aus, daß das zu einer hohen Kapitalakkumulation in den Händen der Sozialversicherungsträger führende Anwartschaftsdeckungsverfahren in einer Sozialversicherung, die 80% der Bevölkerung zwangsweise erfasse, versicherungsmäßig unnötig und volkswirtschaftlich bedenklich sei[32]. Eine be-

---

[30] Kabinettsvorlage des BMWi vom 21. Mai 1955 in B 136/1379 und B 149/393.

[31] Siehe das Schreiben Erhards zur Alterssicherung der Selbständigen vom 23. Nov. 1955: Anhang 1, Dokument 7.

[32] Bei dem aus dem Lebensversicherungswesen stammenden Anwartschaftsdeckungsverfahren wird für eine geschlossene Versichertengruppe für jeden einzelnen Versicherten der individuelle Erwartungswert der späteren Rentenleistung angespart. Im Gegensatz dazu sieht das Umlageverfahren für eine offene Versichertengruppe eine Aufbringung der Renten durch die zur gleichen Zeit Erwerbstätigen vor, ohne daß eine Kapitalbildung erfolgt. Vgl. Farny, Sozialversicherung, S. 164. – Die Invalidenversicherung, die anfänglich nach dem Anwartschaftsdeckungsverfahren gearbeitet hatte, ging 1924 zum Umlageverfahren über, da von dem Vorkriegsvermögen nur noch ca. 15 % erhalten geblieben waren (Verordnung vom 20. Dez. 1923,

grenzte Kapitalreserve sei jedoch nach wie vor notwendig. Er glaube, daß der Schwerpunkt der Reformarbeiten bei der Sozialversicherung liege, wobei die anderen Bereiche der sozialen Sicherung natürlich einer Überprüfung unterzogen werden müßten. Ob eine völlige Umgestaltung erreicht werden könne und ob dieses überhaupt notwendig sei, erscheine ihm fraglich. Wichtiger auch als die Verabschiedung eines sozialen Grundgesetzes sei die Lösung konkreter sozialer Fragen in dieser Legislaturperiode. *Staatssekretär Sauerborn [BMA]* pflichtet den Ausführungen von Ministerialdirektor Kattenstroth über das Anwartschaftsdeckungsprinzip bei.

c) Nach Auffassung von *Ministerialrat Dr. Elsholz [BMF]*, der im Auftrag von Staatssekretär Hartmann über die Kabinettvorlage des Bundesministeriums der Finanzen referiert[33], kommt es bei der Betrachtung der Probleme der Sozialreform auf folgende Punkte an:

1. staatspolitische und sozialethische Grundsätze aufzustellen,
2. hieraus sozialrechtliche Folgerungen abzuleiten und
3. organisatorische und finanzielle Fragen zu klären.

Die Begriffe der Subsidiarität und der Solidarität sollten im Mittelpunkt der grundsätzlichen Betrachtungen stehen. Der Generalsekretär für die Sozialreform gehe von einem „positiven" Subsidiaritätsbegriff aus, der die Vorrangigkeit staatlicher Hilfen beinhalte. Nach seiner (Elsholz) Ansicht müsse demgegenüber der klassische Subsidiaritätsbegriff, der bei der Eigenhilfe des einzelnen bzw. der kleineren Gemeinschaften beginne, für die Reform maßgeblich sein. Hieraus folge, daß die Leistungen der öffentlichen Hand nur nach den Grundsätzen einer Bedarfsfeststellung zu gewähren seien. Die Allgemeinheit habe das Recht, über die Verwendung der Steuergelder Rechenschaft zu verlangen und eine sparsame Ausgabepolitik zu fordern. Es müsse erreicht werden, daß die Versicherungsrente möglichst als Beitragsrente gestaltet werde. Etwaige notwendige Zuschüsse aus öffentlichen Mitteln sollten dann bedarfsgerecht zugeteilt werden. Eine sich hieraus ergebende Bedarfsfeststellung könne nach generellen Tatbeständen, die man als gegeben voraussetze, etwa nach dem Modell der Kriegsopferversorgung, jedoch nicht einer individuellen Bedürftigkeitsprüfung, wie sie die Fürsorge kenne, vorgenommen

---

RGBl. I 1235). Die Rückkehr zum Anwartschaftsdeckungsverfahren in den 30er Jahren kündigte das zur finanziellen Sanierung der Rentenversicherung am 7. Dez. 1933 erlassene Gesetz zur Erhaltung der Leistungsfähigkeit der Invaliden-, der Angestellten- und der knappschaftlichen Versicherung an (RGBl. I 1039, vgl. Frerich, Handbuch, Bd. 1, S. 213 f., 290, 298 und 303). Der noch 1955 geltende § 1391 der Reichsversicherungsordnung definiert das Anwartschaftsdeckungsverfahren wie folgt: „(1) Zur Festsetzung der künftigen Höhe der Beiträge wird für die Gesamtheit der Versicherten der Durchschnittsbeitrag berechnet. Er ist so zu bemessen, daß der Wert aller künftigen Beiträge und der sonstigen Einnahmen samt dem Vermögen den Betrag deckt, der nach der Wahrscheinlichkeitsrechnung mit Zins und Zinseszins erforderlich ist, um alle künftigen Aufwendungen zu bestreiten (Anwartschaftsdeckungsverfahren). (2) Als Unterlage für die Bemessung der Beiträge stellt der Reichsarbeitsminister in vierjährigen Zeitabschnitten erstmalig für den 31. Dezember 1936, versicherungstechnische Bilanzen auf."

33   Kabinettvorlage des BMF vom 13. Mai 1955 in B 126/10941 und B 136/1385.

werden. Das Bundesfinanzministerium stehe auf dem Standpunkt, daß auch in der Sozialversicherung der Rechtsanspruch auf Leistungen aus öffentlichen Mitteln nicht unbedingt zu bejahen sei. Nach Auffassung des Bundesfinanzministeriums sollten die Sozialleistungsempfänger durchaus an der Steigerung des Sozialproduktes beteiligt werden, allerdings müsse den unberechtigten Hoffnungen vieler Rentner auf Erhöhung ihrer Renten durch die Sozialreform entgegengetreten werden. Neben dem Subsidiaritätsprinzip sei im Rahmen der Sozialreform als weiteres Haupterfordernis das Koordinationsprinzip zu stellen. Eine Koordinierung aller Sozialleistungssysteme sei erforderlich, um überhaupt das Subsidiaritätsprinzip zur Anwendung bringen zu können. Ohne eine organisatorische Zusammenfassung der Sozialleistungen könnten vorhandene Nebeneinkommen nicht gebührend berücksichtigt und unberechtigte generelle Aufstockungen von Renten nicht vermieden werden. Darum sei es notwendig, die Durchführung der sozialen Aufgaben auf die Ortsebene zu verlagern, wobei an ein Sozialamt neuer Prägung zu denken sei.

Ferner sei zu prüfen, welche Fragen noch in dieser Legislaturperiode geklärt werden können: ob man sich mit der Aufstellung von Grundsätzen begnüge, oder die Lösung von Problemen der Alterssicherung vorziehe. Folgende Probleme seien neben dem Subsidiaritäts- und Individualitätsprinzip besonders zu untersuchen: Neufestsetzung der Altersgrenze, Änderung der derzeitigen Invaliditätsgrenze, Anreiz einer längeren Arbeitsdauer durch Erhöhung des Steigerungsbetrages, Vereinheitlichung des ärztlichen Gutachterdienstes, Zweckmäßigkeit einer versicherungsmäßigen Erfassung der Arbeitslosigkeit, Verlagerung der Arbeitslosenfürsorge auf die Gemeindeebene, Auswirkungen der Sozialreform auf den Lastenausgleich, Verhältnis von Wirtschaftskraft zu Soziallast, Ausgestaltung des Gemeindelastverfahrens.

Abschließend weist *Dr. Elsholz* auf die im Bulletin vom 4.10.1955 erschienene Analyse des Sozialhaushaltes des Bundes hin[34], in der unter anderem zu den Problemen der Ansammlung und Flüssigmachung großer Kapitalien der Rentenversicherungsträger Stellung genommen werde. *Staatssekretär Hartmann [BMF]* unterstreicht die Notwendigkeit, die auf den Bund zukommenden Mittel so gering wie möglich zu halten, da nur hierdurch Steuersenkungen ermöglicht werden könnten. Man stehe vor der Alternative, entweder Sozialleistungen zu erhöhen oder Steuersenkungen zu bewilligen. Letzteres sei unter dem Gesichtspunkt des Konkurrenzkampfes auf dem Weltmarkt besonders wichtig. Es sei eine politische Entscheidung, welchen Weg die Bundesregierung gehen wolle. Abschließend stellt *Staatssekretär Hartmann [BMF]* fest, daß – wenn Zweifel darüber aufgekommen seien, ob der Bundesfinanzminister zu den in seiner Sozialreform-Vorlage aufgestellten Grundsätzen stehe – hiermit klargestellt sei, daß er uneingeschränkt an der darin niedergelegten Auffassung festhalte.

---

[34] Vgl. Anm. 27 dieser Sitzung.

5. PUBLIZISTISCHE AUSWERTUNG DER BISHERIGEN ARBEITSERGEBNISSE und

6. ENTWICKLUNG DES WEITEREN ARBEITSPROGRAMMS UNTER BERÜCKSICHTI-
    GUNG DER BISHERIGEN BESCHLÜSSE DES MINISTERAUSSCHUSSES

Der *Vizekanzler* regt an:

1) Die Mitglieder des Ministerausschusses sollen schnellstmöglich einen Vor-
    schlag zur Tagesordnung der nächsten Sitzung des Ministerausschusses erhal-
    ten.

2) Der Interministerielle Ausschuß soll eine Zusammenstellung über konkrete
    Einzelfragen dem Ministerausschuß vorlegen.

3) Der Generalsekretär für die Sozialreform soll den Mitgliedern des Minister-
    ausschusses einen Bericht – jeweils in einem Exemplar – übermitteln, der den
    Stand der Arbeiten an der Sozialreform wiedergibt und zur Veröffentlichung
    geeignet ist[35].

Der *Vizekanzler* streift sodann Probleme der Kapitalansammlung in der Sozialversicherung.

Zu der Ausarbeitung von Ministerialrat Dr. Elsholz über den Sozialhaushalt
des Bundes teilt *Staatssekretär Hartmann [BMF]* mit, daß Absatz 3 dieser Ausführungen nicht in den Vorbemerkungen zum Haushaltsplan 1956 erscheinen werde.
Ministerialdirektor Dr. Jantz [BMA] regt an, die Ausführungen ab Seite 10 der Ausarbeitung ebenfalls nicht in die Vorbemerkungen aufzunehmen[36].

---

[35] Der Entwurf „Stand der Vorbereitungsarbeiten für die Neuordnung der sozialen Sicherung"
      wurde den Mitgliedern des Ministerausschusses mit Schreiben vom 8. Okt. 1955 übersandt
      (B 149/392 und B 136/1361). Der Interministerielle Ausschuß beschloß auf Vorschlag des Ver-
      treters des BMI, von einer Veröffentlichung des Kommuniqués zunächst abzusehen, da es
      nichts wesentlich Neues im Vergleich zu dem Professorengutachten enthalte (Vermerk des
      Leiters der Unterabteilung I B Allgemeines Versorgungsrecht im BMZ, Min.Dirig. Georg Bret-
      schneider, vom 27. Okt. 1955 in B 146/1754).

[36] Vgl. Anm. 27 dieser Sitzung. – Die Ausführungen der Seite 10 gelten den „Aufgaben der
      Sozialreform". Dieser Abschnitt wurde in den Bundeshaushaltsplan für das Rechnungsjahr
      1956, Vierter Teil: Besondere Probleme der Bundesfinanzwirtschaft, I. Die sozialen Leistun-
      gen der Bundesrepublik, S. 262–275, nicht aufgenommen. Ausgelassen wurde im Bundes-
      haushaltsplan außerdem eine Passage von S. 3 der Finanzpolitischen Mitteilungen zur Aus-
      wanderungsproblematik.

4. Sitzung des Ministerausschusses für die Sozialreform
am Dienstag, den 11. Oktober 1955

Teilnehmer: Blücher (Vorsitz)[1], Storch, Oberländer, Lübke, Wuermeling, Schäfer; Bleek, Hartmann, Sauerborn; Jantz (BMA), Kattenstroth (BMWi), Schönleiter (BMA), Scheffler (BMI), Elsholz (BMF), Fauser (BMF), Gottschick (BMI), Ludwig (BMFa), Pühl (Bundeskanzleramt), Wolf (BMWi), Keller (BMS Schäfer), Sonnenburg (BMZ), Vogl (BMVt), Palmer (BML), Schewe (BMA), Backsmann (BMZ), Schäffer (BMVt), Schlecht (BMWi), Forschbach (BPA). Protokoll: Lamby.

Beginn: 16.00 Uhr   *Ende: 18.00 Uhr*

Ort: Haus Carstanjen

Einziger Punkt der Tagesordnung[2]:

Beratung von Maßnahmen aufgrund der Initiativanträge

1. der Fraktion der SPD

    a)   *Entwurf eines Gesetzes über die Gewährung von Sonderzulagen in den gesetzlichen Rentenversicherungen (Drucksache 1687),*

    b)   *Entwurf eines Gesetzes zur Änderung des Bundesversorgungsgesetzes (Drucksache 1708),*

    c)   *Entwurf eines Gesetzes über die Gewährung von Sonderzulagen zur Unterhaltshilfe nach dem Lastenausgleichsgesetz (Drucksache 1705) [und]*

2. der Fraktion der FDP

    Entwurf eine Gesetzes zur Änderung des Kriegsgefangenenentschädigungsgesetzes (Drucksache 1680).

[1. BERATUNG VON MASSNAHMEN AUFGRUND DER INITIATIVANTRÄGE DER FRAKTION DER SPD UND DER FRAKTION DER FDP]

Ministerialdirektor Dr. Jantz [BMA] trägt den Inhalt des Berichtes des Interministeriellen Ausschusses betr. Rentenangleichung 1955 vom 11.10.1955 vor[3]. Er

---

[1]   Aufgrund einer schweren Erkrankung Adenauers leitete Blücher die Sitzung (vgl. Sondersitzung des Kabinetts am 11. Okt. 1955 TOP A: Kabinettsprotokolle 1955, S. 563).

[2]   Tagesordnung gemäß Einladung vom 7. Okt. 1955 in B 136/50206.

[3]   Vgl. 3. Sitzung des Ministerausschusses am 7. Okt. 1955 TOP 2. – Bericht des Interministeriellen Ausschusses vom 11. Okt. 1955 in B 136/1361, siehe Anhang 1, Dokument 4. Vorentwurf in B 149/5355. – Vgl. hierzu auch den Vermerk Sonnenburgs für Blücher vom 11. Okt. 1956 in B 146/1758. – Zum Verlauf der Sitzung vgl. den Vermerk von Elsholz vom 12. Okt. 1955 in B 126/10541.

führt ergänzend aus, daß sich die Mehrheit der Ressortvertreter in einer Sitzung des Interministeriellen Ausschusses für die Gewährung von Sonderzulagen ausgesprochen habe, da diese hierin den besten Weg gesehen hätten, um einer Präjudizierung der Sozialreform[4] zu begegnen. *Staatssekretär Hartmann [BMF]* erklärt, daß er auf Anordnung seines Ministers heute keine abschließenden Erklärungen zu den beabsichtigten Gegenmaßnahmen abgeben könne. Es sei wesentlich, in kürzester Zeit Klarheit darüber zu bekommen, welche Maßnahmen die Bundesregierung zu ergreifen gedenke. Der Bundesminister der Finanzen beabsichtige, bei den Beratungen des Bundestages in Berlin eine Senkung der Einkommens- und Verbrauchssteuer sowie der Zölle anzubieten[5]. Dies bedeute einen Einnahmeverlust des Bundes von ca. 800 Mio. DM in einem Haushaltsjahr. Eine solche Maßnahme sei nur möglich, wenn demgegenüber keine nennenswerten Mehrausgaben entständen. Die Frage, ob der Senkung von Steuern und Zöllen oder der Anhebung der Renten der Vorzug gegeben werden solle, sei ausschließlich unter politischen Gesichtspunkten zu entscheiden. Der Bundesminister der Finanzen beabsichtige, nach seiner Rückkehr aus London dem Kabinett einen Überblick über die derzeitige Haushaltssituation des Bundes zu geben[6]. Er weise darauf hin, daß die Bundesregierung seit drei Jahren ohne öffentliche Anleihen ausgekommen sei. Dies werde in der Zukunft nicht mehr möglich sein, da voraussichtlich schon im laufenden Haushaltjahr ein erheblicher Fehlbetrag entstehen werde. Seine Bedenken gegen die vom Bundesminister für Arbeit vorgeschlagene laufende Zahlung von Rentenerhöhungen resultierten aus der Sorge, daß hierdurch die Arbeiten an der Sozialreform präjudiziert würden. Der Bundesminister der Finanzen verkenne nicht, daß eine einmalige Zahlung möglicherweise Rückwirkungen auf die Tarifverhandlungen der öffentlichen Hand haben könne. Der *Vizekanzler* sieht die vorliegende Aufgabenstellung unter dem Gesichtspunkt, was zur Zeit aus praktischen und moralischen Gründen notwendig und aus politischen Gründen vertretbar erscheine. Die zur Entscheidung stehende Frage sei, einer allgemeinen Steuersenkung oder einer Rentenanhebung den Vorrang zu geben. Beide Maßnahmen schlössen sich in gewissem Sinne aus. Er trete für eine Anhebung der Renten ein, da die in den letzten Jahren erfolgten Lohnerhöhungen bereits zu kaum vertretbaren Konsumausweitungen geführt hätten. Zur Frage „laufende Zahlungen" oder „Sonderleistungen" neige er zur Auffassung des Bundesministers der Finanzen unter Berücksichtigung der stärkeren Anhebung kleiner Renten, wie sie von den Vertretern des Bundesministeriums des Innern im Interministeriellen Ausschuß angeregt wurde. Der *Bundesminister für Familienfragen* spricht sich für eine Hilfe zugunsten der alten Menschen aus. Leistungen an diesen Personenkreis dürften jedoch nicht zu Lasten der

---

[4] Im Protokollentwurf folgt an dieser Stelle gestrichen: „durch den Antrag der SPD".

[5] Vgl. 100. Kabinettssitzung am 15. Okt. 1955 TOP C (Konjunkturpolitisches Programm der Bundesregierung: Kabinettsprotokolle 1955, S. 580–585).

[6] Bei der Beratung des Gesetzes über die Feststellung des Bundeshaushaltsplans für das Rechnungsjahr 1956 vermerkt das Kabinettsprotokoll ausdrücklich, daß der Finanzminister auf eine allgemeine Darstellung der Haushaltslage verzichtet (vgl. 105. Kabinettssitzung am 9. Nov. 1955 TOP 1: Kabinettsprotokolle 1955, S. 640). – Schäffer hielt sich vom 8.–13. Okt. 1955 in Großbritannien auf (vgl. hierzu 100. Kabinettssitzung am 14. Okt. 1955 TOP C: Kabinettsprotokolle 1955, S. 577).

Rentner gehen, die mehrere Kinder zu betreuen hätten. Deshalb trete er in erster Linie für die Berücksichtigung von Kinderzuschlägen ein. Nach der derzeitigen Einkommensverteilung würden die Ledigen und die Familien mit wenigen Kindern über Gebühr bevorzugt, während die Großfamilien, deren Förderung die familienpolitische Zielsetzung sein müsse, benachteiligt würden. *Bundesminister Dr. Schäfer* tritt dafür ein, die Situation der Altrentner zu verbessern und erst in zweiter Linie Steuersenkungen zu beschließen. Er befürwortet die Gewährung einer einmaligen Zulage, macht jedoch Bedenken gegen eine Zahlung im Weihnachtsmonat geltend. Die in dieser Zeit allgemein erhöhten Preise würden sich zum Nachteil für die Rentner auswirken. Der *Bundesminister für Vertriebene, Flüchtlinge und Kriegsgeschädigte* tritt für eine einmalige Sonderzulage bei besonderer Berücksichtigung der kleinen Renten ein. Sodann nimmt er zu dem Antrag der SPD auf Erhöhung der Unterhaltshilfe nach dem Lastenausgleichsgesetz Stellung. Er hält eine generelle Erhöhung der Unterhaltshilfe um 15% für berechtigt. Eine derartige Erhöhung sei möglich, ohne daß sie für den Bund eine weitere Belastung bedeute. Zu dem von der Fraktion der FDP eingebrachten Antrag auf Änderung des Kriegsgefangenenentschädigungsgesetzes spricht er sich gegen eine zeitliche Raffung der Leistungen und gegen eine Erhöhung der Sätze aus. Er befürwortet statt dessen Leistungsverbesserungen für die von den Sowjets verschleppten Personen und bittet, daß die FDP ihren Antrag entsprechend revidieren möge[7]. Der *Bundesminister für Ernährung, Landwirtschaft und Forsten* schließt sich der von dem Vizekanzler vertretenen Auffassung auf Vorrangigkeit der Anhebung der Altrenten an. Er spricht sich sodann für die Gewährung laufender Renten aus, da bei der Gewährung einmaliger Leistungen betrübliche Erfahrungen gemacht worden seien. Die Leistungen einmaliger Zulagen bezeichnet der *Bundesminister für Arbeit* als größten Fehler, da mit Sicherheit bei einmaligen Zulagen im Januar neue Forderungen gestellt würden. Er verweist auf Äußerungen des Bundespräsidenten, der sich ebenfalls für eine Erhöhung der Renten der alten Leute ausgesprochen habe. Das Rentenmehrbetragsgesetz vom Dezember 1954 habe insgesamt 680 Mio. DM erfordert, von denen der Bund 175 Mio. DM habe tragen müssen[8]. Dieser Betrag habe nach seiner Auffassung eine gute Verwendung gefunden. Es gehe nicht an, daß Rentner im 70. bis 80. Lebensjahr mit Renten von 70 bis 80 DM monatlich auskommen müßten. Deshalb trete er dafür ein, daß gerade den alten Leuten besonders geholfen werde. Hierfür sei eine Neuauflage des Rentenmehrbetragsgesetzes der beste Weg. Das Bundesministerium für Arbeit habe bei seinen Vorschlägen bewußt auf eine allgemeine Rentenerhöhung verzichtet, da hierin keine Zielung der Leistungen erblickt werden könne. Die von dem Interministeriellen Ausschuß

---

[7] Vgl. 3. Sitzung des Ministerausschusses am 7. Okt. 1955 TOP 2. – Fortgang hierzu 100. Kabinettssitzung am 14. Okt. 1955 TOP D (Kabinettsprotokolle 1955, S. 578). – Am 23. Febr. 1956 zog die FDP-Fraktion ihren Gesetzentwurf zurück (siehe Stenographische Berichte, Bd. 28, S. 6819, Unterlagen in B 136/2727).

[8] Renten-Mehrbetrags-Gesetz (RMG) vom 23. Nov. 1954 (BGBl. I 345). Vgl. hierzu auch Anhang 1, Dokument 4.

im zweiten Teil seines Berichtes gemachten Vorschläge[9] würden nur dazu führen, daß das Parlament die genannten Sätze verdoppele. *Staatssekretär Bleek [BMI]* befürwortet, einer Rentenaufbesserung den Vorzug vor einer allgemeinen Steuersenkung zu geben und spricht sich für die laufende Gewährung von Rentenerhöhungen aus. Diese Maßnahme sei wirtschaftlicher als eine einmalige Leistung, besonders dann, wenn die einmalige Zahlung im Weihnachtsmonat erfolge. Es sei zu bedenken, daß die Koalitionsparteien keinen Antrag einbringen würden, der allzu weit von den Anträgen der Opposition abweiche. Außerdem zeige die Erfahrung, daß eine einmalige Zahlung den Keim zu ihrer Wiederholung in sich trage. Für die Fürsorge müsse er erklären, daß die Gewährung einer einmaligen Zahlung möglicherweise anrechnungsfrei bleiben könne. Bei laufenden Zahlungen sei eine Anrechnungsfreiheit nicht möglich, da dies gegen das System der Fürsorge verstoße. Der *Bundesminister für Arbeit* setzt sich dafür ein, daß der Rentner nicht auf die Fürsorge angewiesen sein darf. Er bezeichnet es als bemerkenswertes Anzeichen, daß nur 3 bis 5% aller Rentner zur Fürsorge gingen[10]. *Ministerialdirektor Kattenstroth [BMWi]* schließt sich den Ausführungen des Vizekanzlers hinsichtlich des Vorrangs der Anhebung der Renten gegenüber Steuersenkungen an. Zur Frage laufende oder einmalige Zahlungen stimmt er für laufende Zahlungen, die aber differenziert gestaltet werden müßten. Es sei notwendig, die technischen Schwierigkeiten, die im Interministeriellen Ausschuß zur Sprache gekommen seien, einmal zu erörtern. *Ministerialdirektor Dr. Jantz [BMA]* erwidert, daß es keine technischen Schwierigkeiten bereite, eine Neuauflage des Rentenmehrbetragsgesetzes mit der Zahlung gewisser Vorschüsse durchzuführen. Der *Bundesminister für Familienfragen* wiederholt seine Frage nach den Auswirkungen des Rentenmehrbetragsgesetzes bei Kinderzuschlägen sowie bei Witwen- und Waisenrenten. Er schlägt vor, eine Erhöhung der Kinderzuschläge von 20,– auf 25,– DM zu beschließen. Von dieser Erhöhung müsse er seine Zustimmung abhängig machen. Der *Vizekanzler* gibt zu bedenken, daß Sonderbestimmungen für gewisse Personenkreise im Rahmen der beabsichtigten Maßnahmen die Gefahr der Präjudizierung der Sozialreform vergrößern würden. Er schneidet sodann die Frage an, wie hoch die Zahl der Frühinvaliden sei, die für Kinder zu sorgen hätten. Hierauf antwortet der *Bundesminister für Arbeit*, daß es sich hierbei vorwiegend um Invalidenrentner handele, die zugleich auch Empfänger von Kriegsopferrenten seien. *Staatssekretär Hartmann [BMF]* faßt zusammen, daß von den Mitgliedern des Ministerausschusses die Verbesserung der Renten übereinstimmend der Ermäßigung von Steuern vorgezogen sei. Er dürfe auf den Beschluß des Bundestages hinweisen, der mit Nachdruck eine Steuersenkung verlange[11]. Er bitte daher das Bundesministerium für Wirtschaft, seinen Standpunkt noch einmal zu überprüfen. Hinsichtlich der finanziellen Auswirkungen der vom Bundesministerium für Arbeit angekündigten Maß-

---

[9] Gemeint ist der „Vorschlag B: Zahlung einer einmaligen Sonderzulage" der Vorlage für die Sitzung. Siehe Anhang 1, Dokument 4.

[10] Der Satz lautet im Entwurf: „Er bezeichnet es als erfreuliches Anzeichen, daß nur 3–5 % aller Rentner, deren Renten unter dem Fürsorgesatz liegen, zur Fürsorge gingen." (Entwurf in B 136/50207).

[11] Siehe hierzu 100. Kabinettsitzung am 14. Okt. 1955 TOP 4 (Kabinettsprotokolle 1955, S. 573).

nahmen weist der *Bundesminister für Arbeit* darauf hin, daß die Rentenversicherungsträger ³/₄ der Kosten zu tragen hätten[12].

Ministerialdirektor Schönleiter (BMA) trägt den Inhalt der Vorlage des Bundesministeriums für Arbeit betr. Verbesserung in der Kriegsopferversorgung vom 11.10.1955 vor[13]. Er führt ergänzend aus, daß die Realisierung des Antrags der SPD betr. Änderung des Bundesversorgungsgesetzes 907 Mio. DM erfordere[14]. Nach Auffassung des Bundesministers für Arbeit sei nach der im Januar dieses Jahres in Kraft getretenen Dritten Novelle zum Bundesversorgungsgesetz eine allgemeine

---

[12] Fortgang hierzu 100. Kabinettssitzung am 15. Okt. 1955 TOP E und Sondersitzung des Kabinetts am 14. Nov. 1955 TOP 1 (Maßnahmen der Bundesregierung aus Anlaß der Beisetzung des verstorbenen Bundesministers für besondere Aufgaben Dr. Robert Tillmanns: Kabinettsprotokolle 1955, S. 586 und 668f). – Am 20. Okt. 1955 wurden im Bundestag im Rahmen der Aussprache über die Regierungserklärung der Gesetzentwurf der Fraktion des GB/BHE zur Erhöhung der Leistungen in den gesetzlichen Rentenversicherungen vom 10. Okt. 1955 (BT-Drs. 1746), der Gesetzentwurf der CDU-Fraktion eines Zweiten Renten-Mehrbetrags-Gesetzes vom 12. Okt. 1955 (BT-Drs. 1780) und der Gesetzentwurf der SPD-Fraktion zur Gewährung von Sonderzulagen in den gesetzlichen Rentenversicherungen (BT-Drs. 1687) beraten und an den Sozialausschuß verwiesen (vgl. Stenographische Berichte, Bd. 26, S. 5872–5879). – Mit dem Gesetz über die Gewährung von Sonderzulagen in den gesetzlichen Rentenversicherungen vom 3. Dez. 1955 (Sonderzulagen-Gesetz – SZG –, BGBl. I 733) wurde den Empfängern von Renten aus den gesetzlichen Rentenversicherungen, die für die Monate Dezember 1955 oder Juni 1956 Anspruch auf einen Mehrbetrag nach dem Renten-Mehrbetrags-Gesetz vom 23. Nov. 1954 hatten, eine Sonderzulage in Höhe des Sechsfachen dieses Mehrbetrags gewährt. Die Bundesregierung hatte dem Gesetz im Umlaufverfahren zugestimmt (B 149/5355 und B 136/788).

[13] Vorlage und weitere Unterlagen in B 149/16418 und B 136/394, siehe Anhang 1, Dokument 5. Die CDU/CSU-Fraktion, insbesondere die Abgeordneten Peter Horn und Maria Probst, hatte in einer ersten Reaktion auf den SPD-Antrag zur Änderung des Bundesversorgungsgesetzes Entgegenkommen signalisiert und Gespräche mit dem BMA aufgenommen (vgl. Vermerk für den Bundeskanzler vom 29. Sept. 1955 in B 136/788). In seiner Vorlage vom 11. Okt. 1955 stellte das BMA den Vorschlägen zur Verbesserung der Kriegsopferversorgung, die Probst anläßlich einer Besprechung im BMA am 8. Okt. 1955 gemacht hatte, seine Position gegenüber. Statt einer Erhöhung der Ausgleichsrenten und Einkommensgrenzen von Beschädigten und Witwen schlug der BMA vor, die Minderung der Renten infolge eines Zweiten Renten-Mehrbetrags-Gesetzes zu verhindern. Der von Probst vorgeschlagenen Erhöhung der Elternrenten bei Verlust des einzigen Kindes oder aller Kinder und der Verbesserung in der orthopädischen Versorgung stimmte der BMA im wesentlichen zu. Ergänzend zum Antrag Probsts schlug der BMA eine Erhöhung der Ausgleichsrenten und Einkommensgrenzen von Waisen vor. – Vgl. auch Protokoll der Fraktionssitzung der CDU/CSU-Fraktion am 25. Okt. 1955 in ACDP VIII–001–1007/2. – Am 26. Okt. 1955 reichten die Fraktionen der CDU/CSU, FDP und DP den Initiativantrag eines Fünften Gesetzes zur Änderung und Ergänzung des Bundesversorgungsgesetzes ein, der in der 108. Sitzung des Bundestages am 26. Okt. 1955 durch Maria Probst begründet wurde (BT-Drs. 1811, Stenographische Berichte, Bd. 27, S. 5915). – Fortgang hierzu 122. Sitzung am 22. Febr. 1956 TOP C (Kabinettsprotokoll 1956, S. 215 f.). – Fünftes Gesetz zur Änderung und Ergänzung des Bundesversorgungsgesetzes vom 6. Juni 1956 (BGBl. I 463).

[14] Vgl. hierzu die Anlage „Vorläufige Berechnung des jährlichen Mehrbedarfs bei Änderung des BVG gemäß Drucksache 1708 (SPD)" vom 5. Okt. 1955 zur Vorlage des BMA betr. den „Antrag der Fraktion der SPD auf Erhöhung der Renten in den gesetzlichen Rentenversicherungen (BT-Drs. 1687)" vom 11. Okt. 1955 in B 149/5355 und B 136/788.

Erhöhung von Grund- und Ausgleichsrenten nicht erforderlich[15]. Die in der Vorlage behandelten Vorschläge der Abg. Frau Dr. Probst[16] zeigten deren Bestreben, den erwerbsunfähigen Kriegsbeschädigten finanziell dem Empfänger eines Durchschnittslohns gleichzustellen. Die Vorschläge des Bundesministers für Arbeit trügen den Auswirkungen der Erhöhung der Renten in den gesetzlichen Rentenversicherungen Rechnung. Bei der jetzigen Rechtslage komme eine Erhöhung der Renten in der Rentenversicherung bei den Empfängern von Ausgleichsrenten nach dem Bundesversorgungsgesetz voll zur Anrechnung. Diese Auswirkung müsse vermieden werden. Deshalb ziele der Vorschlag des Bundesministeriums für Arbeit darauf hin, die Auswirkungen des zu erwartenden zweiten Rentenmehrbetragsgesetzes aufzufangen, indem es die dort zu verankernden Leistungen für anrechnungsfrei erklärt. *Staatssekretär Hartmann [BMF]* spricht sich auch auf dem Gebiet der Kriegsopferversorgung für die Gewährung einer einmaligen Sonderzulage aus. Im Auftrag von Staatssekretär Hartmann erläutert *Ministerialrat Dr. Elsholz [BMF]* die Stellungnahme des Bundesministeriums der Finanzen. Er führt aus, daß der vom Bundesministerium für Arbeit gemachte Vorschlag nicht in die Systematik des Bundesversorgungsgesetzes passe und daß die Regelung nicht auf den Kreis der Personen begrenzt werden dürfe, die nach dem Rentenmehrbetragsgesetz berechtigt seien. Die Erfahrung habe gezeigt, daß eine derartige Begrenzung des Personenkreises politisch nicht durchsetzbar sei. Daher sei zu befürchten, daß im Endergebnis der Bund mit Mehrbelastungen von 280 Mio. DM zu rechnen habe. *Staatssekretär Bleek [BMI]* macht einen Vorbehalt hinsichtlich der Nichtanrechnung der Leistungen bei der öffentlichen Fürsorge geltend und bittet zu erwägen, ob statt der Nichtanrechnung der Erhöhung eine Heraufsetzung der Einkommensgrenze nach dem Bundesversorgungsgesetz systematisch richtiger sei. Der *Bundesminister für Arbeit* nimmt zu dem Vorschlag des Bundesministers für Vertriebene, Flüchtlinge und Kriegsgeschädigte auf Erhöhung der Unterhaltshilfe nach dem Lastenausgleichsgesetz um generell 15% Stellung. Er ist der Auffassung, daß bei einer generellen Erhöhung der Unterhaltshilfe kein Anlaß bestünde, den alten Sozialrentnern eine Rentenverbesserung zu versagen.

Ministerialrat Dr. Fauser [BMF] erläutert den Antrag der SPD betr. Gewährung von Sonderzulagen zur Unterhaltshilfe nach dem Lastenausgleichsgesetz[17]. Er macht Bedenken gegen die Gewährung laufender Leistungen vom Standpunkt des Lastenausgleichs geltend. Das Lastenausgleichsgesetz habe feste Sätze für die Unterhaltshilfe bestimmt und komme bei laufenden Erhöhungen in Schwierigkeiten

---

[15] Drittes Gesetz zur Änderung und Ergänzung des Bundesversorgungsgesetzes vom 19. Jan. 1955 (BGBl. I 25). – Vgl. 63. Kabinettssitzung am 14. Dez. 1954 TOP 9 (Kabinettsprotokolle 1954, S. 567 und Einleitung, S. LIV).

[16] Dr. Maria Probst (1902–1967). 1949–1967 MdB (CSU), Mitglied des Hauptvorstandes des Verbandes der Kriegsbeschädigten, Kriegshinterbliebenen und Sozialrentner Deutschlands.

[17] Der Gesetzentwurf über die Gewährung von Sonderzulagen zur Unterhaltshilfe nach dem Lastenausgleichsgesetz vom 28. Sept. 1955 (BT-Drs. 1705) sah bis auf weiteres Sonderzulagen in Höhe des halben Monatssatzes der Unterhaltshilfe jeweils in Abständen von vier Monaten, beginnend mit dem Monat November 1955, vor. – Vermerk Fausers vom 13. Okt. 1955 über die Ministerausschußsitzung vom 11. Okt. 1955 und weitere Unterlagen in B 126/10541 und in B 136/646.

hinsichtlich der Anrechnung dieser Leistungen. Die Unterhaltshilfe gehe zur Hälfte zu Lasten des Ausgleichsfonds, zu $^{1}/_{6}$ zu Lasten des Bundes und zu $^{2}/_{6}$ zu Lasten der Länder. Eine Erhöhung dieser Unterhaltshilfe müsse sich nachteilig für die Hauptentschädigung auswirken. Außerdem müsse sie sich auf das angekündigte Lastenausgleichs-Schlußgesetz auswirken, von dem die Öffentlichkeit eine Erhöhung der Hauptentschädigung erwarte[18]. Schließlich müsse bedacht werden, daß eine Erhöhung der Sätze der Unterhaltshilfe eine Vergrößerung des berechtigten Personenkreises zur Folge habe. Sollte sich die Bundesregierung zu einer Erhöhung der Unterhaltshilfe entschließen, müßten sofort die in Ausführung des Vierten Änderungsgesetzes zum LAG von der Lastenausgleichsverwaltung in Angriff genommenen Umstellungsarbeiten eingestellt werden[19]. Daher trete das Bundesfinanzministerium für eine einmalige Sonderzulage ein[20].

Der *Vizekanzler* führt abschließend aus:

1) Die heutige Erörterung habe der Informierung der Ausschußmitglieder und der Erarbeitung einer Arbeitsgrundlage für die Beratungen im Kabinett gedient.

2) Die Maßnahmen aufgrund der Initiativanträge der SPD und der FDP sollten am 14. Oktober im Kabinett beraten werden[21].

---

[18] Vgl. 133. Kabinettssitzung am 9. Mai 1956 TOP 2 (Entwurf eines Achten Gesetzes zur Änderung des Lastenausgleichsgesetzes – Gesetz nach § 246 LAG -: Kabinettsprotokolle 1956, S. 347). – Nach § 246 Abs. 3 des Lastenausgleichsgesetzes vom 14. Aug. 1952 (BGBl. I 446) sollte die nur vorläufig geregelte Entschädigung der Vertriebenen spätestens bis zum 31. März 1957 endgültig gesetzlich festgelegt werden. Daher wurde die Regierungsinitiative eines Achten Gesetzes zur Änderung des Lastenausgleichs auch als „Lastenausgleichsschlußgesetz" bezeichnet (vgl. z.B. die Stellungnahme des Bundesrates vom 29. Juni 1956 zu dem Gesetzentwurf in B 136/646). – Achtes Gesetz zur Änderung des Lastenausgleichsgesetzes (Gesetz nach § 246 LAG – 8. ÄndG. LAG –) vom 26. Juli 1957 (BGBl. I 809).

[19] 4. ÄndG. LAG vom 12. Juli 1955 (BGBl. I 403). Bereits mit dem 4. Änderungsgesetz (Nr. 30 zu § 269 LAG) war der Satz der Unterhaltshilfe rückwirkend zum 1. Juli 1954 erhöht worden.

[20] Der Bundestag nahm in seiner 124. Sitzung am 19. Jan. 1956 das Gesetz über die Gewährung von Sonderzulagen zur Unterhaltshilfe nach dem Lastenausgleichsgesetz an (BT-Drs. 1705 und 1983). Die Bundesregierung stimmte dem Gesetzentwurf im Umlaufverfahren zu (Vorlage des BMF vom 8. Febr. 1956 in B 136/646). – Unterhaltshilfezulagen-Gesetz – UZG – (BGBl. I 85).

[21] Fortgang zum Entwurf eines Gesetzes über Sonderzulagen in den gesetzlichen Rentenversicherungen 100. Kabinettssitzung am 15. Okt. 1955 TOP E und Sondersitzung des Kabinetts am 14. Nov. 1955 TOP 1 (Maßnahmen der Bundesregierung aus Anlaß der Beisetzung des verstorbenen Bundesministers für besondere Aufgaben Dr. Robert Tillmanns: Kabinettsprotokolle 1955, S. 586 und 668 f.). – Fortgang zum Entwurf eines Gesetzes zur Änderung des Bundesversorgungsgesetzes 122. Kabinettssitzung am 22. Febr. 1956 TOP C (Kabinettsprotokolle 1956, S. 215 f.). – Fortgang zum Entwurf eines Gesetzes zur Änderung des Kriegsgefangenenentschädigungsgesetzes 100. Kabinettssitzung am 14. Okt. 1955 TOP D (Kabinettsprotokolle 1955, S. 578).

5. Sitzung des Ministerausschusses für die Sozialreform am Freitag, den 28. Oktober 1955

Teilnehmer: Blücher (Vorsitz), Schäffer, Storch, Oberländer, Wuermeling; Bleek, Sauerborn; Jantz (BMA), Kattenstroth (BMWi), Gareis (BML), Scheffler (BMI), Elsholz (BMF), Gottschick (BMI), Ludwig (BMFa), Pühl (Bundeskanzleramt), Wolf (BMWi), Antoni (BMA), Keller (BMS Schäfer), Sonnenburg (BMZ), Vogl (BMVt), Palmer (BML), Schewe (BMA), Backsmann (BMZ), Hensen (BMA), Schäffer (BMVt), Schlecht (BMWi), Höffner, Neundörfer. Protokoll: Lamby.

Beginn: 15.30 Uhr   *Ende: 18.15 Uhr*

Ort: Haus Carstanjen

Einziger Punkt der Tagesordnung[1]:

Aussprache über Kernfragen der Alterssicherung.

1. *Abgrenzung des Personenkreises.*

2. *Leistungen der Alterssicherung*

    a) *Voraussetzungen,*
    b) *Ausmaß der Leistungen,*
    c) *Verhältnis der Rente zum Sozialprodukt.*

3. *Publizierung der Arbeitsergebnisse des Ministerausschusses[2].*

---

[1] Tagesordnung gemäß Einladung vom 24. Okt. 1955 in B 136/50206.

[2] Die Frage wurde in der Sitzung nicht behandelt. Vgl. den Vermerk Pühls für Blücher vom 21. Okt. 1955 in B 136/50206: „Der Interministerielle Ausschuß hatte sich in seiner letzten Sitzung auch mit der Frage befaßt, ob die Publizierung der bisherigen Arbeitsergebnisse des Ministerausschusses angezeigt erscheint. Er ist hierbei fast übereinstimmend zu der Auffassung gelangt, daß eine Publizierung im gegenwärtigen Zeitpunkt nicht wünschenswert wäre. Hierzu darf ich folgendes bemerken. Es war m.E. nicht Aufgabe des Interministeriellen Ausschusses darüber zu beraten, ob eine Publizierung erfolgen solle. Es ist dies eine rein politische Entscheidung, die dem Ministerausschuß obliegt. Die Aufgabe des Interministeriellen Ausschusses könnte lediglich darin bestehen, die Formulierung der Veröffentlichung zu beraten. Die Hintergründe für die ablehnende Haltung, insbesondere des Arbeitsministeriums, sehe ich in folgendem: Eine Publizierung der bisher vom Sozialkabinett gefaßten Beschlüsse würde eine gewisse Festlegung der Bundesregierung und damit auch des Bundesarbeitsministers bedeuten, die aus naheliegenden Gründen nicht wünschenswert erscheint. Im Gegensatz zu dieser Einstellung würde ich gerade im gegenwärtigen Augenblick die von Ihnen gewünschte Publizierung empfehlen, weil einmal die Öffentlichkeit einen Bericht über die ersten Beratungsergebnisse des Ministerausschusses erwartet und weil eine gewisse Festlegung von Grundsätzen durch die Bundesregierung notwendig erscheint." – Zur Frage der Publizierung der Ergebnisse siehe auch 3. Sitzung des Ministerausschusses für die Sozialreform am 7. Okt. 1955 TOP 6 und 7. Sitzung des Ministerausschusses für die Sozialreform am 18. Jan. 1956 TOP 1 B.

[A. EINFÜHRUNG DES GESETZES ÜBER DIE SELBSTVERWALTUNG UND ÄNDERUN-
GEN VON VORSCHRIFTEN AUF DEM GEBIET DER SOZIALVERSICHERUNG
(SELBSTVERWALTUNGSGESETZ) IN BERLIN]

Vor Eintritt in die Tagesordnung berichtet der *Bundesminister für Arbeit* über
das Anliegen des Berliner Senats auf Einführung des Gesetzes über die Selbstverwaltung und über Änderungen von Vorschriften auf dem Gebiet der Sozialversicherung (Selbstverwaltungsgesetz) in Berlin. Bei der Verabschiedung dieses Gesetzes im Jahre 1952 sei vom Bundestag die Aufnahme der Berlin-Klausel abgelehnt
worden mit der Begründung, daß in Berlin andere politische Verhältnisse beständen, die insbesondere die Einführung von Land-, Ersatz-, Innungs- und Betriebskrankenkassen verbieten würden[3]. Senator Kreil[4] vom Senat der Stadt Berlin habe
darum gebeten, daß im Bundestag ein Gesetz eingebracht werde, durch das das
Selbstverwaltungsgesetz mit verschiedenen Einschränkungen auch im Lande Berlin eingeführt werde[5]. Senator Kreil habe insbesondere darum gebeten, daß nur
unabhängige Organisationen, deren Tariffähigkeit anerkannt sei, Vorschläge zur
Wahl der Organe der Sozialversicherung einbringen könnten. Dies bedeute im
Endeffekt, daß dem DGB ein alleiniges Vorschlagsrecht zugestanden werde. Der
Bundesminister für Arbeit spricht sich gegen die von Senator Kreil geforderten
Einschränkungen aus. Er bittet jedoch zu erwägen, ob dem Wunsche der Stadt
Berlin dadurch entsprochen werden könnte, daß im Bundestag ein Initiativgesetz
eingebracht werde, das den Wünschen des Senats Rechnung trage. Hierdurch wäre
die Bundesregierung nicht genötigt, einen Gesetzentwurf einzubringen, der ihrer
eigenen Überzeugung widerspreche. Der *Bundesminister der Finanzen* spricht sich
grundsätzlich gegen die Einbringung von Initiativgesetzen bei Materien aus, die
die Bundesregierung regeln könne. Dieser Auffassung schließt sich der *Vizekanzler*
an, der darauf hinweist, daß bei einer Ausweitung der Praxis, Initiativgesetze im
Bundestag einbringen zu lassen, die Bundesregierung an Autorität verliere. Er trete
dafür ein, daß die Bundesregierung nur solche Vorlagen im Bundestag einbringen
solle, die auch ihre eigenen Auffassungen widerspiegelten. *Staatssekretär Dr. Sauerborn [BMA]* weist darauf hin, daß die Stimmung der Arbeiterschaft in Berlin
gegen die dort bestehende Einheitsversicherung gerichtet sei. Dies habe sich bei
den Wahlen zur Bundesversicherungsanstalt gezeigt, in der die DAG und sonstige
Arbeitnehmer-Organisationen über 80%, der DGB nur 16% der Stimmen auf sich
vereinigen konnte[6]. Abstimmungen der Arbeitnehmerschaft in verschiedenen grö-

---

[3] Vgl. Stenographische Berichte, Bd. 12, S. 5737–5748. – Gesetz über die Selbstverwaltung und
über Änderungen von Vorschriften auf dem Gebiete der Sozialversicherung (Selbstverwaltungsgesetz) vom 13. Aug. 1952 (BGBl. I 427). – Während die Unfall- und Rentenversicherung in
Berlin seit 1952 dem Bundesrecht angeglichen waren, bestand die Krankenversicherung als
Einheitsversicherung fort. Einziger Versicherungsträger war die Krankenversicherunganstalt
Berlin (KVAB). – Zur Einheitsversicherung in Berlin vgl. auch 1. Sitzung des Ministerausschusses für die Sozialreform am 16. Aug. 1955 TOP B.
[4] Heinrich Johann Kreil (1885–1967). 1948–1953 geschäftsführendes Vorstandsmitglied des
DGB, Landesbezirk Berlin, 1953–1957 Senator für Arbeit und Sozialwesen in Berlin.
[5] Vgl. das Schreiben Kreils an Storch vom 11. Okt. 1955 in B 149/3677.
[6] Bei der am 16. und 17. Mai 1953 für die Wählergruppe der Versicherten durchgeführten Wahl
zur Vertreterversammlung der Rentenversicherung der Angestellten waren fünf Sitze auf den

ßeren Werken Berlins hätten ebenfalls eine klare Mehrheit für die Wiedereinführung von Betriebskrankenkassen ergeben. Da sich die Mitglieder des Ministerausschusses zu der Frage, ob und in welcher Form das Selbstverwaltungsgesetz auf das Land Berlin ausgedehnt werden soll, noch keine abschließende Meinung bilden konnten, kündigt der *Bundesminister für Arbeit* die Einbringung einer Vorlage an, damit in etwa 14 Tagen über die Einführung des Selbstverwaltungsgesetzes in Berlin Beschluß gefaßt werden könne.[7]

[1.   AUSSPRACHE ÜBER KERNFRAGEN DER ALTERSSICHERUNG]

Nach Auffassung des *Vizekanzlers* kommt es bei dem Problem der Alterssicherung auf die Beantwortung folgender Fragen an:

1.   Soll der bisherige Personenkreis verändert werden?
2.   Soll eine andere Art der Alterssicherung eingeführt werden?
3.   Soll in diesem Zusammenhang eine unterschiedliche Behandlung von Arbeitern und Angestellten beibehalten werden?[8]

Der *Vizekanzler* formuliert seine eigene Auffassung zu den genannten Problemen wie folgt[9]: Es sei nicht angängig, daß jemand nicht selbst vorsorge und die Sorge für sein Alter der Allgemeinheit überlasse. Er bestehe daher auf einer eigenverantwortlichen Vorsorge jedes einzelnen, die eine gewisse Grundsicherung im Alter garantiere. Er denke hierbei an eine möglichst freie Gestaltung der Altersvorsorge, sowohl hinsichtlich der Art der Vorsorge wie der Wahl der Träger. Doch müsse darauf bestanden werden, daß jeder einzelne, auch der Selbständige, erfaßt werde. Über die technische Durchführung sei noch zu diskutieren. Ebenfalls trete er für eine grundsätzlich gleiche Behandlung von Arbeitern und Angestellten ein. Damit wolle er sich noch nicht hinsichtlich der organisatorischen Fragen festlegen. Der *Bundesminister für Familienfragen* pflichtet den Ausführungen des Vizekanzlers im wesentlichen bei. Er glaubt jedoch, eine alle Personen umfassende Alterssicherung nur dann bejahen zu können, wenn diese auch als reine Versicherung, d.h. ohne Staatszuschüsse konstruiert werde[10]. Nach seiner Auffassung solle die Alterssicherung von der Invalidenversicherung getrennt werden. Die Alterssiche-

---

Deutschen Gewerkschaftsbund (DGB), 17 Sitze auf die Deutsche Angestellten-Gewerkschaft (DAG), sechs Sitze auf den Deutschen Handlungsgehilfen-Verband (DHV) und zwei Sitze auf den Verband der weiblichen Angestellten (VWA) entfallen. Vgl. BAnz Nr. 123 vom 1. Juli 1953, S. 1 f.

[7]   Vgl. die Vorlage des BMA vom 9. Jan. 1956 in B 149/3677. – Fortgang hierzu 157. Kabinettssitzung am 17. Okt. 1956 TOP 6 (Kabinettsprotokolle 1956, S. 649). Unterlagen hierzu in B 136/1389. – Gesetz zur Einführung der Selbstverwaltung auf dem Gebiet der Sozialversicherung und Angleichung des Rechts der Krankenversicherung im Land Berlin (Selbstverwaltungs- und Krankenversicherungsangleichungsgesetz Berlin – SKAG Berlin –) vom 26. Dez. 1957 (BGBl. I 1883).

[8]   Für die Sitzung lag ein Bericht des Interministeriellen Ausschusses vom 26. Okt. 1955 (B 136/1361) über den Stand der Beratungen vor. Siehe Anhang 1, Dokument 6.

[9]   Vgl. hierzu den Sprechzettel für den Minister vom 28. Okt. 1955 in B 146/1754.

[10]   Zur Einbeziehung der Selbständigen in eine gesetzlich geordnete Alterssicherung vgl. das Schreiben Wuermelings an Erhard vom 2. Jan. 1956 in B 136/1359 (Abschrift).

rung solle ausschließlich nach dem Versicherungsprinzip gestaltet werden, die Invalidenversicherung solle dagegen Staatszuschüsse erhalten. Durch eine Bekämpfung der Invalidität aus Staatsmitteln könne nach seiner Auffassung eine nach dem Versicherungsprinzip aufgebaute Alterssicherung finanziell tragfähig gestaltet werden. Der *Bundesminister der Finanzen* spricht sich gegen eine zwangsweise Vorsorgepflicht aller aus. Nach seiner Auffassung dürfe dem einzelnen nicht die Möglichkeit genommen werden, die Form seiner Alterssicherung selbst zu bestimmen. Es werde seit vielen Jahren und in weiten Kreisen der Bevölkerung die Auffassung vertreten, daß die beste Anlage des Kapitals und die beste Form einer Alterssicherung in einer guten Erziehung der Kinder zu sehen sei, die damit ihrerseits die Verpflichtung übernähmen, für die Eltern in deren Alter in ausreichendem Maße zu sorgen. Andere Kreise würden den Erwerb von Grund und Boden als beste Art einer Selbstvorsorge betrachten. Diese Freiheit der Entscheidung müsse jedem einzelnen belassen werden. Wolle man jeden einzelnen dazu zwingen, eine Selbstvorsorge durch Erwerb einer Altersrente zu treiben, so zwinge man ihn damit, seine Ersparnisse in einer Art Lebensversicherungssystem anzulegen. Der Staat habe jedoch nicht das sittliche Recht, jeden in sein Geldsystem einzuzwängen. Der *Bundesminister für Arbeit* erinnert daran, daß die Sozialversicherung eine eigene Struktur habe, um die Gesamtvorsorge der Bevölkerung zu erreichen. Es sei sehr gefährlich, eine zwangsweise Vorsorge aller zu bestimmen. Dies vor allem, weil sie aus finanziellen Gründen für weite Kreise der Bevölkerung nicht tragbar sei. Nach der derzeitigen Regelung müßten 11% des Einkommens aufgewendet werden, um eine Alterssicherung zu garantieren. Zwinge man den kleinen Handwerker oder den Kleinbauern 11% seines Einkommens abzuführen, so untergrabe man damit seine Konkurrenzfähigkeit. Nach seiner Auffassung sei es auch nicht erforderlich, eine zwangsweise Einführung der Altersvorsorge für alle Bevölkerungskreise einzuführen, denn die Erfahrung habe gezeigt, daß der Mittelstand nur wenig der Fürsorge zu Last falle. Die jetzigen Verhältnisse dürften nicht als für alle Zeiten verbindlicher Maßstab angesehen werden, daß der Vermögensverlust, der durch die beiden letzten Kriege in weiten Kreisen der Bevölkerung eingetreten sei, eine besondere Lage geschaffen habe. Wenn man schon alle Personen in eine Alterssicherung einbeziehe, dann müsse man auch eigene Institutionen für diejenigen schaffen, deren Einkommen über einer gewissen Grenze liege. Außerdem befürchte er, daß der von dem Vizekanzler gemachte Vorschlag die Tendenz zu einem allgemeinen Versorgungsstaat fördere. Hiergegen wendet sich der *Vizekanzler*, der ausführt, daß bei der von ihm vorgeschlagenen Regelung der Gedanke des Wohlfahrtsstaates überhaupt nicht angesprochen werde, denn nach seiner Auffassung solle ja gerade der einzelne durch eigene Leistung für sich selbst vorsorgen und sich nicht im Alter auf Leistungen des Staates verlassen dürfen. Der von dem Bundesminister der Finanzen vorgetragene Gedanke über das Verhältnis der Kinder zu ihren Eltern sei ihm an sich sympathisch, doch fürchte er, daß dieses Idealbild der Wirklichkeit nur wenig entspreche. Gerade die Unterhaltpflicht der Kinder gegenüber ihren Eltern wirke sich oft als belastende Hypothek im Familienleben aus. Das Familienverhältnis könne nur dadurch gesunden, daß der alte Mensch durch eigenes Einkommen nicht auf die Gnade seiner Kinder angewiesen sei. Einer breiten Schicht der Bevölkerung sei es nicht möglich, ihre Altersvorsorge in Form einer ausreichenden Eigentumsbildung zu treffen. Aber auch für diejenigen, denen es gelungen sei, ein Eigenheim oder sonstige Sachwerte zu erwerben, sei zu prüfen, ob dies eine ausreichende Sicherung darstelle. Gerade in dem heute so bewegten Wirtschaftsleben genügten ein paar Fehlkalkulationen, um die Sachwerte zu verlieren. Nach seiner Auffassung sei der einzig sichere Weg der Alterssicherung der Erwerb von Ansprüchen, die auf Geld lauten. Hierbei denke er nicht an übermäßig hohe Renten, sondern an eine gewisse Grundsicherung[11]. Um jedem einzelnen ein möglichst großes Maß an Freiheit hinsichtlich seiner Altersvorsorge zu überlassen, müsse ein Katalog der Möglichkeiten aufgestellt werden, wie der Pflicht zur Altersvorsorge entsprochen werden könne. Der *Bundesminister für Familienfragen* ergänzt diese Ausführungen dahin, daß nicht nur eine oberste, sondern auch eine untere Grenze, die wesentlich über dem Fürsorgerichtsatz liegen solle, gezogen werden müsse. Der Gedanke, daß die Kinder die Alterssicherung der Eltern übernehmen müßten, stehe auf schwachen Füßen, denn diese könnten vorzeitig sterben oder aus sonstigen Gründen nicht in der Lage sein, für den Unterhalt der Eltern aufzukommen. Das Vermögen könne verloren gehen und stelle somit keinen ausreichenden Schutz dar. Der einzige Weg einer ausreichenden Alterssicherung sei ein Anspruch der alten Menschen an die schaffende Generation auf Überlassung eines gewissen Anteils des Sozialprodukts. *Staatssekretär Bleek [BMI]* regt an, den angeschnittenen Fragenkreis dem Interministeriellen Ausschuß zur weiteren Erörterung zu überweisen, wobei insbesondere zu prüfen sei, ob den Berufsvertretungen der Selbständigen die Sorge für ihre Mitglieder im Alter übertragen werden könne. Er sieht einen Kompromiß zwischen den in der Diskussion vertretenen Auffassungen darin, daß die Versicherungsleistungen jedes einzelnen so bemessen werden sollen, daß sie etwas über dem Fürsorgerichtsatz liegen. Der *Bundesminister für Arbeit* wirft die Frage auf, ob man verantworten könne, daß ein Teil des Einkommens des Mittelstandes in der vorgeschlagenen Weise festgelegt werden könne. Wenn man den Kreis derjenigen, die durch Gesetz gezwungen werden, eine Alterssicherung zu treffen, auf alle ausdehne, dann führe dies zu einer allgemeinen Staatsbürgerversorgung. *Ministerialdirektor Kattenstroth [BMWi]* sieht in der hier behandelten Frage eine Weichenstellung für die künftige Behandlung der Alterssicherung. Aus politischen Gründen habe sich der Bundesminister für Wirtschaft bisher gegen eine Einbeziehung aller in das System einer Alterssicherung ausgesprochen. Anläßlich der Forderungen der Rechtsanwälte und Wirtschaftsprüfer auf Errichtung eigener Institutionen zur Alterssicherung[12] habe der Bundesminister für Wirtschaft z.B. eindeutig erklärt, daß er gegen eine zwangsweise Alterssicherung aller sei. Daher könne er auch dem weitreichenden Vorschlag des Vizekanzlers sicherlich nicht seine Zustimmung geben. Den politischen Gründen träten Bedenken in technischer Hinsicht hinzu. Gehe man davon aus, daß jeder einzelne den Nachweis seiner Eigenvorsorge erbringen müsse, dann fordere man damit zugleich einen Kontrollapparat, der über eine ungeheure Machtfülle verfügen

---

[11] Im Protokollentwurf (B 136/50207) heißt es an dieser Stelle: „sondern an eine Geldleistung, die im Höchstfalle 300 DM monatlich betragen dürfe. Eine solche Rente erfordere auch nicht einen Betrag, der 11 % des Einkommens ausmache."

[12] Vgl. 4. Sitzung des Ministerausschusses für Sozialreform am 29. Juli 1960 TOP 2.

werde. Das Bundesministerium für Wirtschaft teile nicht die Sorge, daß nicht genügend Leute für ihr Alter vorgesorgt hätten. Man solle einen Blick auf das Wachsen der Sparrate wenden, um zu erkennen, daß der Gedanke der Eigenvorsorge immer weitere Kreise umfasse. Es sei jedoch gut, den vom Vizekanzler unterbreiteten Vorschlag einmal durchzudiskutieren, um beurteilen zu können, ob er technisch durchführbar sei. *Prof. Dr. Höffner* nimmt Bezug auf die Ausführungen des Bundesministers der Finanzen, die er im Grunde begrüßt. Er macht jedoch auf die Verschiedenheit der Lage in soziologischer Sicht im Verhältnis der Eltern zu ihren Kindern und umgekehrt aufmerksam. Wenn die Sorge für die Eltern den erwachsenen Kindern überlassen werde, dann führe dies häufig zu demütigenden Auswirkungen. Dagegen trage ein Rentenempfang aus eigenem Recht zur Hebung der sozialen Stellung des alten Menschen bei. Weiterhin erfordere eine konsequente Durchführung dieses Gedankens folgendes: Nach der bisherigen Regelung hätten die Arbeitnehmer, die für ihre Kinder zu sorgen hätten, Anspruch auf Kinderzuschläge. Es sei daher zu fragen, ob diejenigen Arbeitnehmer, die für ihre Eltern zu sorgen hätten, auch entsprechende Zuschläge beanspruchen könnten. Es sei festgestellt worden, daß 87% aller Männer über dem 65. Lebensjahr und 73% aller Frauen über diesem Lebensalter im Familienverband lebten. 10% aller Männer und 23% aller Frauen seien alleinstehend. Die Gruppe der Alleinstehenden wohne vorwiegend in Großstädten. Eine ausreichende Hilfe innerhalb eines Familienverbandes sei für die letztgenannte Gruppe doch mehr als fraglich.[13] Er dürfe auf ausländische Beispiele (USA, Schweden, Schweiz und Holland) hinweisen, die eine gesetzliche Zwangsversicherung aller eingeführt hätten. Man könne nicht behaupten, daß hierdurch die Freiheit des einzelnen beeinträchtigt worden sei. Der vom Vizekanzler vorgetragene Vorschlag löse hinsichtlich einer Kontrolle der Eigenvorsorge das Bedenken aus, daß damit einer gewissen Schnüffelei Vorschub geleistet werde, die die Freiheit der Person einenge. Der *Bundesminister der Finanzen* stellt das in den päpstlichen Enzykliken verankerte Subsidiaritätsprinzip als richtungsweisend für die Betrachtung heraus. Nach Auffassung der Päpste solle die gottgewollte kleine Gemeinschaft für die Eigenvorsorge verantwortlich sein, und erst im Falle ihres Versagens solle die Hilfe einer größeren Gemeinschaft eintreten[14]. Dies bedeute eine Verankerung des natürlichen Prinzips, das in der Stärkung des Familiengedankens zu sehen sei. Der Staat dürfe demgegenüber nicht eine Entwicklung fördern, die ethisch gefährlich sei. Dies geschehe, wenn man unter Außerachtlassung der Funktion der Familie die Sorge für das Alter der großen Gemeinschaft übertrage. Wenn der Staat den einzelnen zwinge, seine Sicherung in einer Geldrente zu finden, dann müsse er auch verpflichtet sein, den Stand der Währung zu sichern, insbesondere also den Verfall der Werte durch Kriege oder Inflationen zu verhindern. Die Möglichkeit der Eigen- und Familienvorsorge dürfe nicht genommen werden, wobei das Risiko in Kauf genommen werden müsse, daß für die im Wirtschaftsleben Gestrauchelten die Gemeinden aufzukommen hätten. Schweden

---

[13] Gestrichen wurde in der Ausfertigung der folgende Satz: „Er habe auch Bedenken, eine gesetzliche Zwangsversicherung für alle Selbständigen einzuführen." (Protokollentwurf in B 136/50207).

[14] Vgl. 1. Sitzung des Ministerausschusses für die Sozialreform am 16. Aug. 1955 TOP 1 B.

müsse er hier als abschreckendes Beispiel anführen. Nach seinen Informationen könne dort das jetzige System nicht gehalten werden[15]. Der *Bundesminister für Arbeit* verweist auf die zur Zeit bestehende Situation hinsichtlich der Alterssicherung. Die Alterssicherung der Arbeitnehmer werde von der Sozialversicherung wahrgenommen. Für Selbständige gelte die Eigenvorsorge. Für diejenigen, die durch Unglücksfälle oder sonstige Ereignisse zur Eigenvorsorge nicht in der Lage gewesen seien, komme die öffentliche Fürsorge und die Liebestätigkeit der Menschen untereinander in Betracht. Es müsse zur Förderung des zuletzt ausgesprochenen Gedankens gefordert werden, daß mehr Alters- und Siechenheime zur Verfügung gestellt würden. Es sei Aufgabe des Staates, die geistige Gesundung und das Wachsen des Verantwortungsbewußtseins der Eltern gegenüber den Kindern und umgekehrt zu fördern. *Prof. Dr. Neundörfer* bittet zu bedenken, daß die Geldbedürfnisse vor 50 bis 60 Jahren viel geringer gewesen seien als heute. Dies müsse als Faktum festgestellt werden. Die Sorge für die Alterssicherung der Arbeitnehmer werde niemand der Familie überlassen. Es bedeute daher eine gewisse Benachteiligung der Kleinbauern und Kleinhandwerker, wenn man für diese Personenkreise die Alterssicherung der Familie überlasse. Es müsse jedermann die Möglichkeit gegeben werden, eine Geldrente für das Alter zu erwerben. Dies gelte insbesondere für die Landwirtschaft und die kleinen Selbständigen, bei denen der Ruf nach sozialer Sicherung gerade in letzter Zeit sehr stark geworden sei. Wer dagegen in der Lage sei, aus eigenen Kräften zu sorgen, dem solle auch diese Freiheit gelassen werden. Der *Bundesminister für Familienfragen* stellt fest, daß der von dem Vizekanzler vorgetragene Vorschlag eine Abkehr vom Familiengedanken darstelle. Diese Abkehr sei auch nach der jetzigen gesetzlichen Regelung für die in abhängiger Arbeit tätigen Arbeitnehmer bereits vollzogen. Es sei nunmehr zu prüfen, wie groß dieser Kreis gezogen werden solle, damit er auch diejenigen Personengruppen umfasse, die in gleichem Maße schutzbedürftig seien. Der *Bundesminister für Vertriebene, Flüchtlinge und Kriegsgeschädigte* stimmt den Ausführungen des Vizekanzlers zu. Die von dem Bundesminister der Finanzen für ausreichend gehaltene Unterhaltspflicht der Kinder gegenüber den Eltern stelle ein Idealbild dar, das leider mit der Wirklichkeit nicht übereinstimme. Es sei außerdem zu bedenken, daß nicht jeder einzelne in der Lage sei, Sachwerte zu schaffen, die für eine Alterssicherung ausreichend seien. Dagegen fördere ein Rentenbezug in vielen Fällen den Zusammenhang der Familie. Heute lebten viele Landwirte und Handwerker schlechter als ein großer Teil der Arbeitnehmer. Die Lage in bäuerlichen und

---

[15] Ausarbeitung zum schwedischen Sozialversicherungssystem in B 126/15095. In Schweden erhielten alle Arbeitnehmer nach Vollendung des 67. Lebensjahres eine gleiche, hinsichtlich der Höhe nur dem Familienstand angepaßte Pension, die, an den Lebenshaltungskostenindex gekoppelt, regelmäßig angeglichen wurde. Zu den Pensionen zahlten die Gemeinden sog. Wohnungszulagen. Die Finanzierung erfolgte zum größten Teil durch das allgemeine Steueraufkommen. Am 1. Okt. 1955 war dem schwedischen Sozialministerium ein Gesetzesvorschlag zur Reformierung der Volkspension unterbreitet worden, demzufolge die Rente nach 48-jähriger Versicherungsdauer 36 % eines angehobenen Lebensdurchschnittseinkommens ausmachen sollte. – Vgl. auch die synoptische Darstellung von Alterssicherungssystemen des Auslandes des Generalsekretärs für die Neuordnung der sozialen Sicherung vom 15. Nov. 1955 in B 149/408 und B 136/1388.

Handwerkerkreisen wäre weitaus besser, wenn für ihre Alterssicherung ausreichend gesorgt sei[16]. Eine allgemeine Rentenpsychose trete nur da ein, wo der einzelne eine Leistung aus Staatsmitteln erwarte. Die vom Vizekanzler vorgetragenen Gedanken sieht der *Bundesminister für Vertriebene, Flüchtlinge und Kriegsgeschädigte* als geeignete Grundlage zur Besserung der Sozialstruktur an. *Ministerialdirigent Gareis [BML]* führt aus, daß der Bundesminister für Ernährung, Landwirtschaft und Forsten die Pflichtversicherung ablehne. Er halte die freiwillige Versicherung für ausreichend. Es sei zu beobachten, daß viele ländliche Abgeordnete des Bundestages eine Sicherung für das Alter wünschten. Dieses Streben sei durch den zweimaligen Währungsverfall ausgelöst worden. Wenn durch Gesetz der einzelne verpflichtet werde, eine Geldrente zu erwerben, sei der Staat verpflichtet, den Geldwert zu sichern. Nach Auffassung des Bundesministers für Ernährung, Landwirtschaft und Forsten sollte eine allgemeine Staatsrente abgelehnt werden. Dagegen sei eine Gruppenversicherung zu befürworten. Eine abschließende Stellungnahme zu diesem Fragenkreis könne im Augenblick noch nicht abgegeben werden. Der *Vizekanzler* stellt fest, daß die hier behandelte Frage unabhängig von den weiteren Arbeiten an der Sozialreform vertieft werden solle. Eine Verweisung dieser Probleme an den Interministeriellen Ausschuß sei nicht angezeigt, da es um eine grundlegend politische Entscheidung gehe. Der *Bundesminister der Finanzen* faßt die Problemstellung wie folgt zusammen: Sollen alle Personen in eine staatlich geordnete Altersversicherung einbezogen werden? Hierauf antwortet der *Vizekanzler*, daß eine solche Forderung von ihm nicht erhoben worden sei. Er trete vielmehr dafür ein, daß jedem die Verpflichtung auferlegt werde, eine Eigenvorsorge zu treffen. Er kündigt eine Vorlage seines Hauses – möglicherweise gemeinsam mit dem Bundesminister für besondere Aufgaben Dr. Schäfer – an, die seine Auffassung präzisieren werde. Der *Bundesminister für Arbeit* erinnert daran, daß der Beirat für eine Trennung der Behandlung von Invalidität und Alter eingetreten sei. Als vordringlichste Aufgabe sieht er nunmehr die Klärung der Rentenformel an. Es müsse eine Rentenformel gefunden werden

    a)   für die Altersrente und
    b)   für den Fall der Invalidität.

Der Interministerielle Ausschuß solle verschiedene Möglichkeiten nebeneinander stellen und auch jeweils die finanziellen Deckungsmöglichkeiten untersuchen. *Ministerialdirektor Dr. Jantz [BMA]* hält es für möglich, innerhalb von drei Wochen einen Arbeitsbericht des Interministeriellen Ausschusses dem Ministerausschuß vorzulegen, der die verschiedenen Lösungsmöglichkeiten beinhaltet. Hinsichtlich der grundsätzlichen Fragen zur Rentenformel verweist er auf Teil II des Berichtes des Interministeriellen Ausschusses vom 26.10.1955[17]. Der *Bundesminister der Finanzen* trägt vorsorglich vor, daß die Altersrente nur einen gewissen Prozentsatz des Nettoeinkommens des Rentners betragen dürfe. Gehe man davon aus, daß die Rente 50% des durchschnittlichen Nettoeinkommens garantieren solle, dann be-

---

[16] Zur Altersversorgung der Landwirte und des Handwerks vgl. 2. Sitzung des Ministerausschusses für die Sozialreform am 14. Sept. 1955 TOP 2.

[17] Siehe Anhang 1, Dokument 6.

deute dies eine Steigerung der jetzigen Rentenleistung um 40%, d.h. einen zusätzlichen Aufwand von 3 Milliarden DM. Der *Vizekanzler* stellt abschließend fest:

1) Das Bundesministerium für wirtschaftliche Zusammenarbeit wird dem Ministerausschuß eine Vorlage über die Gestaltung einer Alterssicherung, die eine Pflicht zu allgemeiner Selbstvorsorge beinhaltet, unterbreiten[18].

2) Der Interministerielle Ausschuß erarbeitet verschiedene Möglichkeiten der Rentenformel sowohl für den Fall des Alters wie für den Fall der Invalidität und gibt eine Darstellung ihrer finanziellen Deckungsmöglichkeiten[19].

---

[18] Vorlage des BMZ vom 7. Dez. 1955 (B 146/1754 und B 136/1362): Anhang 1, Dokument 8. – Vgl. hierzu auch den Sprechzettel Blüchers für ein Referat über die Sozialreform in der FDP-Fraktion (o.D.) in B 146/1765.

[19] Sitzungen des Interministeriellen Ausschusses fanden am 3., 18. und 24. Nov. sowie am 2. und 8. Dez. 1955 statt. Übersichten über die Sitzungen und weitere Unterlagen in B 149/408 und B 136/1362, Vermerke über die Sitzungen in B 146/1754 und B 126/13858. Zu den Arbeitsergebnissen vgl. die Ausarbeitung des Interministeriellen Ausschusses vom 10. Dez. 1955 (B 136/1362): Anhang 1, Dokument 11.

6. Sitzung des Ministerausschusses für die Sozialreform am Dienstag, den 13. Dezember 1955

Teilnehmer: Adenauer (Vorsitz), Blücher, Schäffer, Erhard, Storch, Wuerme-
ling, Schäfer; Globke, Bleek, Sauerborn, Nahm, Thedieck; Jantz (BMA), Scheffler
(BMI), Gareis (BML), Elsholz (BMF), Kilb (Bundeskanzleramt), Pühl (Bundeskanz-
leramt), Selbach (Bundeskanzleramt), Wolf (BMWi), Schauer (BMP), Antoni
(BMA), Keller (BMS Schäfer), Sonnenburg (BMZ), Palmer (BML), Schewe (BMA),
Schäffer (BMVt[1]); Forschbach (BPA), Schreiber. Protokoll: Lamby.

Beginn: 16.45 Uhr   *Ende: 19.00 Uhr*

Ort: Palais Schaumburg

Einziger Punkt der Tagesordnung[2] :
Grundsatzfragen der Alters- und Invalidenversicherung

   a)   Einführendes Referat durch Herrn Dr. Wilfrid Schreiber

   b)   Aussprache und – soweit möglich – Beschlußfassung über Grundsatzfra-
   gen der Alters- und Invalidensicherung[3].

[1.   GRUNDSATZFRAGEN DER ALTERS- UND INVALIDENVERSICHERUNG

a.   EINFÜHRENDES REFERAT DURCH HERRN DR. WILFRID SCHREIBER]

Der *Bundeskanzler* dankt dem Vizekanzler für die bisher unter seinem Vorsitz
durchgeführten Arbeiten des Ministerausschusses und bittet Dr. Schreiber, sein
Referat über Grundsatzfragen der Alterssicherung zu beginnen[4]. *Dr. Schreiber* trägt

---

[1]   Korrigiert aus BMW.

[2]   Tagesordnung gemäß Einladung vom 7. Dez. 1955 in B 136/50206.

[3]   Für die Sitzung lag eine Zusammenstellung des Bundeskanzleramtes vom 7. Dez. 1955 zu den
   „wichtigsten mit der Alters- und Invalidenversicherung zusammenhängenden Fragen" vor
   (vgl. Einladungsschreiben in B 136/50206). Siehe Anhang 1, Dokument 10. Außerdem war
   den Mitgliedern des Ministerausschusses eine Ausarbeitung des Interministeriellen
   Ausschusses vom 10. Dez. 1955 zugegangen (B 136/1362). Siehe Anhang 1, Dokument 11. –
   Zum Sitzungsverlauf vgl. auch den Vermerk von Elsholz vom 16. Dez. 1955 in B 126/13804.

[4]   Paul Adenauer hatte seinem Vater während des gemeinsamen Urlaubs in Mürren im August
   1955 die Schrift des Geschäftsführers des Bundes katholischer Unternehmer und apl. Professors
   an der Universität Bonn, Wilfrid Schreiber: Existenzsicherheit in der industriellen Gesellschaft.
   Vorschläge zur Sozialreform, Köln 1955, nahegebracht. Er hatte es auch übernommen, das
   Bundeskanzleramt auf das „besondere Interesse" des Kanzlers an der Rentenkonzeption
   Schreibers hinzuweisen und seinen Wunsch zu übermitteln, Schreiber und andere Herren des
   Bundes katholischer Unternehmer, insbesondere Prof. Joseph Höffner, nach seiner Rückkehr
   aus Moskau zu empfangen (Schreiben P. Adenauers an Pühl vom 26. Aug. 1955 in
   B 136/1384). Pühl gab die Anregung zum Vortrag Schreibers vor dem Ministerausschuß und

wesentliche Grundgedanken seiner Schrift „Existenzsicherheit in der industriellen Gesellschaft" vor. Er hebt insbesondere hervor, daß die Voraussetzungen der alten Sozialpolitik, die zur Zeit Bismarcks vorgelegen haben, größtenteils entfallen seien. Die Arbeitnehmer hätten in der Zeit vor der Jahrhundertwende eine einkommensschwache Minderheit dargestellt, die von der Unterstützung der besitzenden Mehrheit des Volkes abhängig gewesen sei. Heute bestehe die Gesellschaft der westlichen Welt zu $^4/_5$ aus Arbeitnehmern; heute sei der Arbeitnehmer nicht mehr funktionell arm. Es komme nunmehr darauf an, das Individualeinkommen des Arbeitnehmers, das für viele die einzige Einkommensquelle bedeute, auf sämtliche Phasen des Lebens (Kindheit, Arbeitsalter und Lebensabend) gerecht zu verteilen. So sehr die private Spartätigkeit des einzelnen auch erwünscht sei, so müsse sie doch als unzureichend für die Sicherung im Alter und bei Krankheit angesehen werden. Deshalb sei es erforderlich, im Rahmen einer Rentenversicherung die drohenden Risiken soweit wie möglich auszuschalten. Die Rentenversicherung sei unbedingt reformbedürftig, denn sie vermische Elemente der Selbsthilfe und der Versicherung mit denen der Versorgung und der Fürsorge. Sie beruhe noch auf dem Gedanken einer Neuverteilung der Einkommen zugunsten der Einkommensschwachen und zulasten der Einkommensstarken. Der Staatszuschuß, der

bereitete diesen Vortrag in engem Kontakt mit Paul Adenauer vor (vgl. hierzu Einleitung, S. 31). Ursprünglich war das Referat Schreibers im Sozialkabinett für den 25. Okt. 1955 vorgesehen, wurde aber aufgrund der schweren Erkrankung Adenauers verschoben. Am 25. Nov. 1955 übersandte Schreiber Pühl ein Exposé (B 136/1384), in dem er die unterschiedlichen Standpunkte zu sieben Grundfragen der Altersversorgung (Notwendigkeit einer gesetzlichen Pflichtversicherung, Personenkreis, Rentenformel, zu deckende Risiken, Finanzierung, Organisation, Höhe der Renten) darstellte. Abschließend formulierte Schreiber seine Grundgedanken: „a) Die Rentenversicherung ist keine Veranstaltung für Hilfsbedürftige, sondern ein reines Versicherungsgeschäft unter den Beteiligten nach dem Grundsatz der Aequivalenz (Leistung-Gegenleistung) im Wege des „Solidar-Vertrags zwischen 2 Generationen. b) Gefordert wird saubere Trennung zwischen Renten-Vertrag unter sozial eigenständigen Existenzen und Fürsorge-Gesetzgebung für Hilfsbedürftige. Die Hilfsbedürftigen sollen nicht darben, – es sollen aber keine sozial Eigenständigen in die Rolle des Almosen-Empfängers – entgegen den Tatsachen gepreßt werden. c) Deckungs-Kapital ist in einer Volksversicherung, die ca. 75– 80 % der Erwerbstätigen umfaßt, unnötig, unwirksam, unerwünscht. Daher: Umlageverfahren mit Korrekturen nach Maßgabe des Notwendigen. d) Die Renten müssen den Beitragsleistungen jedes einzelnen Versicherten proportional sein (Leistungsprinzip). e) Die Renten müssen der Entwicklung des allgemeinen Lebensstandards auf dem Fuße folgen und gegen Geldwert-Schwankungen immun sein. Der Vorschlag Schreibers [Schreiber spricht im Exposé von sich in der 3. Person Singular] wird diesen 5 Grundforderungen auf einfachste Weise gerecht. Er erstrebt eine moderne, dynamische, für Dauer berechnete gesetzliche Rentenordnung, die mit einer freiheitlichen Wirtschafts-Ordnung konform ist (Leistungsprinzip) und die Gefahr des Hineinschlitterns in den totalen Versorgungsstaat – die eigentliche Gefahr der heutigen Sozialentwicklung – nachdrücklich bannt." Am 6. Dez. übersandte Schreiber den Entwurf seines Referats an Pühl (B 136/1384). Entwurf des Referates siehe Anhang 1, Dokument 9. – Weitere Unterlagen, vor allem Schriftwechsel Paul Adenauers mit Pühl in B 136/1359 und im Nachlaß Schreiber N 1331/1 (Korrespondenz), 22 (Entwürfe des Vortrags) und 41 (Materialien und Presseausschnitte). Zu den Vorbehalten im BMZ gegenüber Schreiber vgl. den Vermerk Sonnenburgs für Blücher vom 21. Okt. 1955 in B 146/1753. – Vgl. auch Herder-Dorneich, Schreiber. – Vor der Sitzung sollte Schreiber gemeinsam mit den Vorstandsmitgliedern des BKU Prof. Höffner, Franz Greiss und Wilhelm Naegel von Adenauer empfangen werden (Einladungen in B 136/1384). Im Tageskalender Adenauers ist dieses Treffen nicht vermerkt (StBKAH I 04.06).

in der Gesetzgebung zur Zeit Bismarcks mit Recht eingeführt worden sei, sei heute nicht mehr vertretbar. Der Sozialversicherte von heute zahle die Zuschüsse, die der Staat ihm gewähre, zu 90% oder mehr aus eigener Tasche, einfach weil keine einkommensstarke Schicht mehr über ihm bestehe, die diese Zuschüsse aufbringen könne. Daraus müsse der Schluß gezogen werden: Streichung des Staatszuschusses und Schaffung einer Rentenversicherung als autonome Selbsthilfeveranstaltung. Die freiwerdenden Etatmittel sollten jenen Sozialhilfeleistungen vorbehalten werden, die auch weiterhin Sache des Staates seien und bleiben müßten.

Es sei eine allgemein bekannte Tatsache, daß der Wirtschaft des industriellen Zeitalters eine sich stetig entwickelnde, zu immer größerer Produktivität fortschreitende dynamische Kraft innewohne. Hieraus müsse bezüglich des Rentners die Folgerung gezogen werden, daß auch das Existenzminimum und das standesgemäße Einkommen des einzelnen keine Fixgrößen mehr darstellten, sondern sich stetig nach aufwärts bewegten. Auch wenn der Realwert der Währungseinheit völlig konstant bleibe, sei die Vorsorgekraft einer DM, die man heute für die Alterssicherung zurücklege, bei wachsendem Lohnniveau unweigerlich einem relativen Schwund unterworfen. Die Errechnung der Rente könne daher nicht an einen Nominalbetrag in DM angelehnt, sondern müsse an eine vergleichbare Anzahl von Arbeitsstundenentgelte gekoppelt werden.

Dr. Schreiber trägt sodann folgende Reformvorschläge vor:

1. Die Rentenversicherung als eine Alterssicherung muß alle Empfänger von Arbeitseinkommen erfassen und eine zweckmäßige Solidarveranstaltung aller Beteiligten darstellen, die mit Hilfeleistung für Schwache und Hilfsbedürftige nichts zu tun hat. Es ist daher zu fordern: Klare Ausgestaltung der gesetzlichen Rentenversicherung zu einer autonomen Selbsthilfeveranstaltung.

2. Die Ausgaben der Rentenversicherungsträger müssen vollständig durch die Beiträge der Versicherten gedeckt werden.

3. Der Rentenanspruch jedes Versicherten muß seinen Beitragsleistungen vollkommen proportional sein. Eine relative Höherbelastung der höher Verdienenden findet nicht statt. Die Absoluthöhe der Renten muß der allgemeinen Wohlstandsentwicklung – gemessen am Lohnniveau – folgen:

Die vorgeschlagene Rentenformel erläutert *Dr. Schreiber* wie folgt:

Jeder Versicherte leistet im Laufe seines Arbeitslebens Beiträge zur Rentenversicherung in Höhe von a-Prozent seines Bruttoeinkommens. A-Prozent vom Arbeitsverdienst bedeuten also den Gegenwert von a-Prozent der geleisteten Arbeitsstunden. Die Zahl der als Beitrag geleisteten Stundenlohnentgelte wird dem einzelnen gutgeschrieben. Diese Gutschrift bildet die Grundlage seines Rentenanspruchs. Hierdurch wird erreicht, daß die Rentenhöhe an die Größe des Jahr für Jahr eingehenden Beitragsaufkommens gebunden wird. Da das allgemeine Beitragsaufkommen das jeweilige Einkommensniveau widerspiegelt, sichert es dem Rentner eine Rentenhöhe, die mit der Einkommensentwicklung der arbeitstätigen Versicherten Schritt hält. Voraussetzung ist, daß das Verhältnis zwischen aktiven und passiven Versicherten konstant bleibt.

Ein Deckungskapital sei für diesen Normalfall nicht erforderlich. Die bisherige Kumulierung von Kapitalien in Händen der Rentenversicherungsträger sei unerwünscht, da sie nur die Umlenkung eines Teiles des laufenden Einkommensstromes darstelle und im Notfalle nicht zu liquidieren sei. Sein Vorschlag könne als ein Solidarakt zwischen zwei Generationen angesehen werden: Die jeweils Arbeitstätigen verpflichteten sich, die jeweils Alten durch ihre Beitragsleistungen mitzuernähren und erwürben dadurch einen Anspruch, in ihrem eigenen Alter von den dann Arbeitstätigen miternährt zu werden. Störungen der in diesem Vorschlag enthaltenen Konstruktion würden dann auftreten, wenn das Zahlenverhältnis der aktiven zu den passiven Versicherten sich verschlechtere. Dies sei in einem schrumpfenden Volke der Fall. Dieser Gefahr könne nur dadurch begegnet werden, daß ein gewisses Mindestmaß von Bevölkerungspolitik in den Rahmen der Wirtschafts- und Sozialpolitik einbezogen werde. Durch die beiden letzten Kriege sei ein erheblicher Einbruch in den Altersaufbau unserer Bevölkerung erfolgt.

Hierdurch werde sich das Verhältnis zwischen aktiven und passiven Versicherten etwa in den Jahren 1965 bis 1980 merklich verschlechtern. Um in dieser befristeten Zeit von 15 Jahren das Rentenniveau zu halten, müsse nach seiner Auffassung erwogen werden, ob man etwa eine Erhöhung der Beiträge vornehmen wolle. Andere Gutachter hätten sich zur Überbrückung dieser kritischen 15 Jahre für die Bildung einer Kapitalreserve ausgesprochen. Dieser letztgenannte Vorschlag sei auch nach seiner Meinung durchaus diskutabel. Er halte ihn aber nicht für geeignet zur Überbrückung bedeutender wirtschaftlicher Rückschläge wie z.B. Wirtschaftskrisen mit Massenarbeitslosigkeit und stark rückläufigem Beitragsaufkommen. Im Krisenfall müsse die Liquidation des vorhandenen Deckungskapitals die Krise unerhört verschärfen. Für den Fall einer wirtschaftlichen Depression größten Ausmaßes bleibe nur der Weg einer autonomen Kaufkraftschöpfung durch Verschuldung des Staates an die Zentralnotenbank. Was im Falle einer allgemeinen Wirtschaftskrise den Rentenkassen an Beitragsaufkommen fehle, müsse ihnen aus dieser Quelle, also keinesfalls aus dem Steueraufkommen, zugeschossen werden. Diese konjunkturpolitische Spritze durch Kaufkraftschöpfung wirke im Krisenfall niemals inflationistisch sondern nur antideflationistisch, unter der Voraussetzung allerdings, daß sie an der richtigen Stelle zur Belegung des rückläufigen Massenkonsums eingesetzt würde.

Zum Personenkreis führt *Dr. Schreiber* aus, daß das Umlageverfahren und die dynamische Rentenformel um so sicherer funktioniere, je mehr das Strukturbild der Versicherten mit dem des Gesamtvolkes übereinstimme. Er empfehle daher, auch die bisher nicht erfaßten kleinen Selbständigen bis zu einer gewissen Einkommensgrenze in die Versicherungspflicht einzubeziehen.

In Anlehnung an das Vier-Professoren-Gutachten tritt er dafür ein, die neue Rentenversicherung als reine Altersrente für alte Menschen, ihre Witwen und unmündige Waisen zu konstruieren und die Lebensrisiken der Frühinvalidität und des Frühtodes zusammen mit denen der Krankheit und des Unfalls einem zweiten System von Risikenträgern zu übertragen⁵.

[b.   AUSSPRACHE UND – SOWEIT MÖGLICH – BESCHLUSSFASSUNG ÜBER GRUND-
     SATZFRAGEN DER ALTERS- UND INVALIDENSICHERUNG]

Der *Bundeskanzler* dankt Dr. Schreiber für seine Ausführungen und stellt fest, daß er den vorgetragenen Vorschlägen durchaus positiv gegenüberstände. Ohne eine negative Kritik an den interessanten Ausführungen üben zu wollen, bitte er um konkrete Stellungnahme, wie Dr. Schreiber dem Problem der wirtschaftlichen Wechsellagen zu begegnen gedenke. Es erscheine durchaus möglich, daß durch Störungen weltwirtschaftlicher Art auch das Wirtschaftsleben innerhalb der Bundesrepublik erheblichen Schwankungen unterworfen werde. Ebenso müsse der Fall eines großen Streikes oder sonstiger eine Depression auslösender Faktoren in den Kreis der Betrachtungen einbezogen werden. *Dr. Schreiber* weist darauf hin, daß die derzeitige Wirtschaftsbilanz der Bundesrepublik zu 30% exportbedingt sei. Eine Störung könne daher durchaus von Seiten der Handelspartnerländer her erfolgen. In diesem Falle empfehle er, wie er bereits ausgeführt habe, eine staatliche Kaufkraftschöpfung, um die Nachfrage nicht unangemessen absinken zu lassen. Er wolle auf das Beispiel des Mefo-Wechsels hinweisen, der bis zum Jahr 1936⁶ ausgezeichnet funktioniert habe. Bei einem Rückgang des Exportes komme es weiterhin darauf an, die Produktionskräfte auf den Inlandsbedarf umzulenken. Der *Bundeskanzler* verweist auf die Verhältnisse in der Zeit von 1918 bis 1933 und wirft die Frage auf, ob der Rentner auch dann einen Anspruch auf Beibehaltung seiner Rente habe, wenn sich das allgemeine Lohn- und Einkommensniveau im Sinken befinde. Es sei selbstverständlich erwünscht, daß der Rentner an der Steigerung des Sozialeinkommens teilnehme, es sei nur zu fragen, ob dies auch erfüllbar sei. Bei normaler wirtschaftlicher Entwicklung sehe er in dieser Richtung keine Schwierigkeiten. Anders in Zeiten wirtschaftlicher Schwankungen. Die konkrete Frage sei daher, solle die Rente auch gekürzt werden, wenn im Falle wirtschaftlicher Depressionen der Rentenzahlung keine genügende Anzahl von Lohnstunden gegenüber stehe, um daraus die erforderlichen Beiträge zu bestreiten. *Dr. Schreiber* entgegnet, daß an eine Minderung der Renten grundsätzlich nicht gedacht sei, doch scheine es ihm nicht unzumutbar, daß bei einer Koppelung der Renten an den Anstieg von Löhnen und Gehältern auch eine Koppelung an das Absinken

---

⁵ Das Professoren-Gutachten hatte vorgeschlagen, die „Altersrentenversicherungen [...] von dem Risiko Invalidität und dem damit zusammenhängenden Heilverfahren" zu entlasten. Nur Vollinvalidität unterhalb der Altersgrenze sollte in die Altersversicherung einbezogen werden (Achinger u.a., Neuordnung, S. 117). Die Professoren hatten in ihrem Gutachten hinsichtlich des Generationenvertrags auf das Manuskript Schreibers verwiesen (ebenda, S. 108 f. und Anm. 57).

⁶ Korrigiert aus 1956. Mefo-Wechsel wurden zur Finanzierung der nationalsozialistischen Rüstungspolitik durch kurzfristige Kredite seit 1934 auf die nur zu diesem Zweck 1933 gegründete Metallurgische Forschungsgesellschaft m.b.H (Mefo) in Berlin gezogen. Die durch das Akzept der Mefo reichsbankfähigen Handelswechsel wurden drei Monate nach Ausstellungsdatum von der Reichsbank diskontiert. Mit dem Ende des Haushaltsjahres 1937 wurde die Ausgabe der Mefo-Wechsel eingestellt. Vgl. Boelcke, Kosten, S. 19–21.

derselben gedacht werde. Der *Bundesminister für wirtschaftliche Zusammenarbeit* bittet, die Rentenprobleme von der grundsätzlichen Seite her zu betrachten und hält es für die entscheidende Frage, ob nach dem bisherigen System weitergemacht oder eine den veränderten Umständen entsprechende neue Lösung gefunden werden solle, die der allgemeinen Wirtschaftsentwicklung Rechnung trage. Er ist ebenfalls der Auffassung, daß eine nominal gleichbleibende Rente für die alten Menschen nicht ausreichend sei. Sie bedürfe vielmehr der ständigen Anpassung an die gestiegenen Bedürfnisse[7]. Der *Bundesminister für Arbeit* befürwortet eine grundsätzliche Angleichung der Lebensverhältnisse der Rentner an die der Arbeitenden. Eine Koppelung des Lebensniveaus der Rentner an das Lohnniveau werfe jedoch die Frage auf, ob die Höhe der Renten mit dem Lohnniveau gegebenenfalls absinken solle. Der *Bundesminister für Wirtschaft* weist darauf hin, daß es politische Einflüsse gebe, die eine Weltwirtschaftskrise verursachen könnten und die nur schwer abzufangen seien. Er glaubt jedoch, daß es aufgrund der neueren volkswirtschaftlichen Erkenntnisse möglich sei, Konjunktureinbrüche rechtzeitig abzuwenden. Allerdings könne man einer Krise auf dem Exportmarkt nur schlecht begegnen. Der Minister spricht sich sodann gegen das Kapitaldeckungsverfahren aus, da es geeignet sei, die Verschärfung einer Krise herbeizuführen. Allerdings sei bei einem Umlageverfahren, dem er grundsätzlich zustimme, ein gewisser Kapitalpuffer nötig. Der Gedanke, den Fiskus bei der Rentenversicherung völlig auszuschalten, erscheine ihm durchaus begrüßenswert. Bei der jetzigen Regelung müsse der Finanzminister stets die Mittel zuschießen, um die Rente an die höheren Bedürfnisse anzupassen. Vor der Einbeziehung aller Erwerbstätigen in die Rentenversicherung müsse er warnen. Das Recht zur Eigenvorsorge, das dem Wesen des selbständigen Berufes gemäß sei, solle gewahrt bleiben.

Der *Bundesminister für Wirtschaft* faßt seine Meinung zu den vorliegenden Problemen wie folgt zusammen:

1. Ein Umlageverfahren ist grundsätzlich zu bejahen; dabei ist jedoch eine gewisse Reservebildung erforderlich.

---

[7] Blücher hatte in seiner Vorlage vom 7. Dez. 1955 (B 136/1384; siehe Anhang 1, Dokument 8) eine gesetzliche Verpflichtung zur eigenverantwortlichen Alterssicherung für alle Erwerbstätigen mit Ausnahme der Beamten bei einer Beitragsbemessungsgrenze von derzeit 600 DM des Einkommens gefordert. Er schlug eine Grundsicherung, bezogen auf das Jahr 1955 in Höhe von durchschnittlich 200 DM vor. Der Anspruch auf die Altersgrundsicherung sollte durch laufende Beitragzahlungen in ein System öffentlich-rechtlicher Sozialversicherungen erworben werden. Die durch die Grundsicherung bedingte Rentenanhebung sollte durch staatliche Zuschüsse finanziert werden. Die Rentenleistung sollte unter Berücksichtigung eines Solidarausgleichs zwischen den Einkommensgruppen von der Höhe aller Beitragzahlungen und der Versicherungsdauer abhängen, aber in gewissen zeitlichen Abständen nach geregeltem Verfahren der Entwicklung des Sozialprodukts angepaßt werden. Dabei sollten die Renten nur zu 50 % an die positive Einkommensentwicklung angeglichen werden, eine Senkung der Renten bei konjunkturellem Rückgang aber wurde ausgeschlossen. Die Finanzierung der Alterssicherung sollte über ein modifiziertes Umlageverfahren erfolgen. Der Wille zur Eigenvorsorge sollte durch eine geeignete Steuerpolitik gestärkt werden. – Vgl. hierzu auch das Schreiben Blüchers an Erhard vom 7. Dez. 1955 und die Ministervorlage Sonnenburgs vom 13. Dez. 1955 für die Sitzung des Ministerausschusses für die Sozialreform am gleichen Tag in B 146/1754.

2. Selbständige sollen von der Alterssicherung grundsätzlich nicht erfaßt werden[8].

3. Die Rente muß um eine gewisse Spanne unter der Höhe des vergleichbaren Arbeitslohnes bleiben. Jedoch muß sie so bemessen sein, daß sie den einzelnen von Not freistellt. Bei der Gestaltung der Rente soll darauf geachtet werden, daß ein gewisser Anreiz zum Sparen verbleibt.

Der *Bundesminister der Finanzen* hält es für ausgeschlossen, daß der Staat die Garantie dafür übernehmen könne, daß die Rente dem jeweiligen Lohnniveau vergleichbarer Arbeitnehmer angepaßt werde. Er weist darauf hin, daß der Kapitalbestand der Rentenversicherungsträger für Ende 1955 auf 7 770 Mio. DM geschätzt werde. Die Leistungen der Rentenversicherungsträger betrügen im Jahre 1955 ca. 8 200 Mio. DM, darin seien 3 128 Mio. DM Staatszuschüsse enthalten. Ein Betrag von 1 600 bis 1 800 Mio. DM werde jährlich der Vermögensrücklage zugeführt. Der von Dr. Schreiber vorgetragene Vorschlag sei durchaus erörternswert. Man müsse ihn aber nicht nur durchdenken, sondern auch durchrechnen[9]. Der *Bundeskanzler* spricht sich dafür aus, daß die Rentner an den steigenden Ansprüchen der Arbeitnehmer teilnehmen sollen. Es müsse jedoch dafür gesorgt werden, daß im Falle wirtschaftlicher Depressionen die Rentenhöhe nicht unter ein gewisses Niveau absinke. Auf das Problem der Wirtschaftskrise eingehend weist er darauf hin, daß in diesen Zeiten die Arbeitslosen staatliche Unterstützung erhielten. Dagegen sei nach dem von Dr. Schreiber unterbreiteten Vorschlag nicht klar, was in dieser Zeit mit den Rentnern geschehe. Es müsse bei der Gestaltung der Rentenversicherung überlegt werden, wie sich voraussichtlich die Verhältnisse entwickeln würden, wenn die heute in das Arbeitsleben eintretenden Menschen einmal rentenberechtigt seien. Dies sei nach etwa 40 Jahren der Fall. Es sei zwar ausgeschlossen, in die Zukunft zu sehen, doch könne man gewisse Schlüsse aus der Vergangenheit ziehen. Man müsse daher etwa die Verhältnisse von 1915 mit den heutigen vergleichen und fragen, wie sich die Kaufkraft und die Ansprüche an das Leben damals gegenüber heute verhielten. Das Problem, daß die Rentner, die ihre Beiträge in guter Goldmark geleistet hätten, heute keinen entsprechenden Gegenwert erhielten, sei mit der jetzigen Konstruktion der Rente nicht zu lösen. Der *Bundesminister für wirtschaftliche Zusammenarbeit* glaubt, daß es heute eher möglich sei, die Auswüchse einer Wirtschaftskrise zu beseitigen als in den Jahren 1929 bis 1932. Er

---

[8] Vgl. 2. Sitzung des Ministerausschusses für die Sozialreform am 14. September 1955 TOP 2. – Erhard hatte sich in einem Schreiben vom 23. Nov. 1955 an die Mitglieder des Ministerausschusses (siehe Anhang 1, Dokument 7) grundsätzlich zur Alterssicherung der Selbständigen geäußert und sich hierin auch gegen eine Einbindung der wirtschaftlich und sozial schwächeren Kleinbauern, Kleinhandwerker und Kleinhändler ausgesprochen. Zur Förderung der eigenverantwortlichen Altersvorsorge sollten vor allem geeignete steuerpolitische Maßnahmen ergriffen werden. Erhard schlug Gruppenversicherungsverträge für bestimmte Berufsgruppen auf freiwilliger Grundlage vor (Schreiben in B 149/394 und 146/1754).

[9] Zur Haltung des BMF zur Rentenreform vgl. die umfängliche Ministervorlage von Elsholz vom 10. Dez. 1955 für die Sitzung des Kabinettsausschusses für die Sozialreform am 13. Dez. 1955 sowie die Stellungnahme von Elsholz vom 21. Okt. 1955 zum Vorschlag Schreibers (Anlage 3 des Materials für die Kabinettsausschußsitzung am 13. Dez. 1955) in B 126/13804.

bitte jedoch zu bedenken, was geschehe, wenn 20% der arbeitenden Menschen arbeitslos seien. Die Folge sei ein entsprechender Ausfall an Beiträgen. Eine Rentensenkung sei nur dann vertretbar, wenn die Rente in der Nähe des jeweiligen Lohnniveaus liege. Letzteres könne jedoch nicht verantwortet werden, da sonst dem Abwandern in die Frühinvalidität Vorschub geleistet werde. Ein gewisser Abstand sei daher erforderlich. Dem Rentenproblem in der Krisenzeit könne nur mit einer gewissen Kapitaldeckung begegnet werden. Wenn es gelänge, einen Stock von 40 Milliarden DM bei einem Zinssatz von 5% und einer Tilgung von 1% zu bilden, dann sei es möglich, in Krisenzeiten eine jährliche Beitragslücke von 2,4 Mia. DM zu schließen. Außerdem müsse beachtet werden, daß es für die Versicherten psychologisch sehr wertvoll sei, zu wissen, daß eine gewisse Kapitaldeckung vorhanden sei. Deshalb spreche er sich für ein modifiziertes Deckungsverfahren aus. Der *Bundesminister für Familienfragen* weist darauf hin, daß der von Dr. Schreiber unterbreitete Vorschlag ausgezeichnet funktioniere, wenn die Relation zwischen Schaffenden und Rentnern gleichbleibe. Problematisch werde die Angelegenheit jedoch, wenn sich diese Relation durch Überalterung oder durch Ausfall von Arbeitsstunden verschiebe. Wenn man die Rentenhöhe an das Steigen des Lohnniveaus binde, sei es moralisch durchaus vertretbar, die Rentenhöhe auch an das Absinken des Lohnniveaus zu koppeln. Der Minister befürwortet ebenfalls eine an das Lohnniveau angelehnte Rente. *Bundesminister Dr. Schäfer* bringt seine Sorge zum Ausdruck, daß die vorgetragenen Vorschläge einem versorgungsstaatlichen Denken nicht genügend entgegen arbeiteten. Es sei erforderlich, dem Versicherungsanspruch den Charakter des Eigentums zu geben. Für viele Menschen sei dieser Anspruch der einzige Kapitalerwerb. Nach Auffassung des Ministers ist es erforderlich, in Krisenzeiten einen gewissen Deckungsstock zur Verfügung zu haben, der etwa die Höhe eines Beitragsaufkommens von 5 Jahren betragen solle. Eine Kapitalreserve sei auch deshalb erforderlich, weil erfahrungsgemäß selbst in Krisenzeiten eine Rentensenkung politisch nicht durchsetzbar sei. Er trete dafür ein, daß das zu schaffende Gesetz in der Verfassung verankert werde, da andernfalls die Gefahr bestünde, daß die nunmehr zu schaffende Konstruktion in der nächsten Generation geändert und dann zu einer allgemeinen Staatsbürgerversorgung ausgeweitet werde. Der *Bundesminister für Arbeit* weist darauf hin, daß die Vermögensbildung der Rentenversicherungsträger notwendig sei, um die Zunahme der Rentenzahlungen durch Überalterung aufzufangen. Es müsse ferner beachtet werden, daß die heutige Rentenversicherung neben dem Alter auch das Risiko der Invalidität decke, somit also auch die Krankenversicherung der Rentner, das Heilverfahren sowie Maßnahmen der Krankheitsverhütung umfasse. Die Invaliditätsbekämpfung müsse, wenn man dem Vorschlag Dr. Schreibers folge, von anderen Institutionen wahrgenommen werden. Nach Auffassung des *Bundeskanzlers* ist das letztere nicht zwingend. Das Ergebnis der Beratungen läßt sich etwa wie folgt zusammenfassen:

1. Es ist die überwiegende Meinung der Mitglieder des Ministerausschusses, daß die Rente dem jeweiligen Lohnniveau angepaßt werden soll.

2. Weder das Kapitaldeckungsverfahren noch das Jahresumlageverfahren sind als Finanzierungsmethoden für die Rentenversicherung geeignet. Die Mitglieder

des Ministerausschusses neigen daher einem Verfahren zu, das eine Deckungs-reserve in noch zu bestimmender Höhe umschließt.

3. Dr. Schreiber wird um Prüfung gebeten, in welcher Weise in Zeiten wirt-schaftlicher Wechsellagen das Rentenproblem gelöst werden kann. Es sollen ferner Untersuchungen darüber angestellt werden, welche Anzahl von Ar-beitsstunden bzw. entsprechende Geldwerte erforderlich sind, um die Ren-ten in einem bestimmten Verhältnis zum Lohnniveau zu halten[10].

---

[10] Schreiber übersandte am 30. Dez. 1955 Adenauer und dem Ministerausschuß die Ausarbeitung „Zur Reform der gesetzlichen Rentenversicherung. Memorandum zur Ergänzung meines Refe-rats vor dem Ministerausschuß für die Sozialreform zu Bonn, am 13. Dezember 1955". Siehe Anhang 1, Dokument 12. – Bis zur nächsten Sitzung des Ministerausschusses fand nur eine Sitzung des Interministeriellen Ausschusses am 21. Dez. 1955 statt, die sich der Alterssiche-rung der freiwillig versicherten Personen in der sozialen Rentenversicherung widmete. Die Ausarbeitung des Interministeriellen Ausschusses über die Rentenbemessung für freiwillig Versicherte in der sozialen Rentenversicherung vom 23. Dez. 1955 (in B 149/408 und B 136/1362) wurde dem Anschein nach den Mitgliedern des Kabinettsauschusses nicht mehr vorgelegt. Vgl. auch den Vermerk vom 28. Dez. 1955 über die Sitzung am 21. Dez. 1955 in B 126/13858.

7. Sitzung des Ministerausschusses für die Sozialreform am Mittwoch, den 18. Januar 1956

Teilnehmer: Adenauer (Vorsitz), Schröder (ab 17.55 Uhr), Schäffer, Erhard, Storch, Oberländer, von Merkatz, Wuermeling, Schäfer; Globke, Dahlgrün, Bleek, Sonnemann, Sauerborn, Thedieck; Jantz (BMA), Scheffler (BMI), Elsholz (BMF), Kilb (Bundeskanzleramt), Ludwig (BMFa), Pühl (Bundeskanzleramt), Selbach (Bundeskanzleramt), Keller (BMS Schäfer), Sonnenburg (BMZ), Palmer (BML), Schewe (BMA), Malkewitz (BMA), Schäffer (BMVt), Schlecht (BMWi), Forschbach (BPA). Protokoll: Lamby.

Beginn: 16.30 Uhr *Ende: 18.30 Uhr*

Ort: Palais Schaumburg

Einziger Punkt der Tagesordnung[1]:

Grundsatzfragen der Alters- und Invaliditätssicherung

    a)   *Bericht des Generalsekretärs für die Sozialreform über die bisherige Tätigkeit des Generalsekretariats und über die Beratungsergebnisse des Interministeriellen Ausschusses für die Sozialreform,*

    b)   *Aussprache und – soweit möglich – Beschlußfassung über Grundsatzfragen der Alters- und Invaliditätssicherung.*

[1.   GRUNDSATZFRAGEN DER ALTERS- UND INVALIDITÄTSSICHERUNG

a.   BERICHT DES GENERALSEKRETÄRS FÜR DIE SOZIALREFORM ÜBER DIE BISHE-RIGE TÄTIGKEIT DES GENERALSEKRETARIATS UND ÜBER DIE BERATUNGSER-GEBNISSE DES INTERMINISTERIELLEN AUSSCHUSSES FÜR DIE SOZIALREFORM]

Ministerialdirektor Dr. Jantz [BMA] berichtet über die bisherige Tätigkeit des Generalsekretariats und über die Arbeitsergebnisse des Interministeriellen Aus-schusses[2]. Er hebt hierbei folgende Zentralprobleme hervor:

---

[1]   Tagesordnung gemäß Einladung vom 16. Jan 1956 in B 136/50206.

[2]   Zur Tätigkeit des Interministeriellen Ausschusses vgl. die Protokolle und die Übersicht über die Sitzungen sowie die Vorlagen des Interministeriellen Ausschusses in B 149/408 und B 136/1361 und 1362 sowie die Vermerke des Leiters der Unterabteilung I B (Allgemeines Versorgungsrecht) im BMZ, Min.Dirig. Georg Bretschneider, über die Sitzungen in B 146/1754.

1.) Die Altersrenten müssen im gegenwärtigen Zeitpunkt als zu niedrig angesehen werden.

2.) Die Invalidenrenten sind unzureichend.

3.) Den Vorbeugungs- und Wiederherstellungsmaßnahmen muß eine erhöhte Bedeutung beigemessen werden.

Zu 1. weist *Dr. Jantz [BMA]* darauf hin, daß in der Rentenversicherung der Arbeiter rd. 90% der Renten der Männer unter 120 DM monatlich und rd. 99% unter 150 DM monatlich lägen[3]. Hierbei seien die Renten der freiwillig Versicherten einbezogen. Nach der gegenwärtigen gesetzlichen Regelung stiegen mit den Löhnen auch die Beiträge, während die Renten konstant blieben. Infolge der steigenden Lohnbewegung sei das Vermögen der Rentenversicherungsträger stark angewachsen, so daß die Frage berechtigt sei, ob nicht ein Teil dieses Vermögens für Renten ausgegeben werden solle. In der Vergangenheit seien Rentenerhöhungen jeweils von Fall zu Fall erfolgt; ihr Ausmaß sei stets von dem jeweiligen politischen Druck abhängig gewesen[4]. Der Interministerielle Ausschuß habe sich mit der Frage beschäftigt, ob künftig an der fallweisen Erhöhung der Renten festgehalten oder ob eine Rentenberechnung vorgesehen werden solle, die sowohl bei der Festsetzung als auch bei der Laufzeit die Rente in Beziehung zu den aktuellen Löhnen setze. Die Mehrheit der Mitglieder des Interministeriellen Ausschusses neige der letzten sogenannten dynamischen Regelung zu[5]. Man habe bewußt von einer Anlehnung der Renten an den Lebenshaltungskosten-Index abgesehen, weil dies nichts anderes als eine Bedarfsprüfung für die gesamte Bevölkerung darstelle.

Zu 2. Bei der Invalidität seien – mit gewissen Abwandlungen – die gleichen Probleme wie bei der Alterssicherung gegeben. Da im Falle der Invalidität im allgemeinen keine ausreichende Anzahl von Beitragsjahren vorhanden sei, müsse

---

[3]   Siehe Anhang 1, Dokument 11.

[4]   Mit einer Reihe von Ausbesserungsgesetzen waren die Renten seit 1951 pauschal und schematisch erhöht worden. „Den Anfang bildeten das Rentenzulagengesetz (RZG) vom 10. August 1951 (BGBl. I 505) und das Teuerungszulagengesetz vom gleichen Tag (BGBl. I 507), durch die die Renten – bei partieller Anwendung des Äquivalenzprinzips – um durchschnittlich 25 % angehoben und Rentenzulagen von mindestens 3 DM gewährt wurden. Neben dem Teuerungszulagen-Änderungsgesetz vom 25. Juni 1952 (BGBl. I 350) brachte vor allem das Grundbetragserhöhungsgesetz vom 17. April 1953 (BGBl. I 125) eine abermalige Ausbesserung der beitragsunabhängigen Rentenbestandteile (Erhöhung der Versichertenrenten um durchschnittlich 5 DM, der Witwenrenten um 4 DM und der Waisenrenten um 3 DM)" (Frerich, Handbuch, Bd. 3, S. 44). – Das Renten-Mehrbetrags-Gesetz (RMG) vom 23. Nov. 1954 (BGBl. I 345) nahm in der Reihe dieser Gesetze eine gewisse Sonderstellung ein, da hier erstmalig nicht eine pauschale Rentenerhöhung vorgenommen wurde, sondern die Aufwertung der Renten den Kaufkraftverlust der geleisteten Beiträge ausgleichen sollte. Vgl. 3. Sitzung des Ministerausschusses für die Sozialreform am 7. Okt. 1955 TOP 2 und Anhang 1, Dokument 4. – Zum Gesetz über die Gewährung von Sonderzulagen in den gesetzlichen Rentenversicherungen vom 3. Dez. 1955 (Sonderzulagen-Gesetz – SZG –, BGBl. I 733) vgl. 4. Sitzung des Ministerausschusses für die Sozialreform am 11. Okt. 1955 TOP 1.

[5]   Zur ablehnenden Haltung des BMF zur dynamischen (lohngebundenen) Rente vgl. die Ausarbeitung von Elsholz „Zum Problem der lohngebundenen Rente" vom 14. Jan. 1956 in B 126/13804. – Zur strittigen Beratung der dynamischen Rente im Interministeriellen Ausschuß vgl. den Vermerk von Elsholz vom 7. Dez. 1955 und das Schreiben des BMF vom gleichen Tag in B 126/13804 und B 136/1362.

hier bei relativ wenigen Beitragsjahren eine bessere Bewertung der Beiträge als bei der Altersrente erfolgen, d.h. die Invalidenrente müsse im Ansatzpunkt höher sein als die Altersrente, in ihrer Endstufe solle sie hingegen die gleiche Höhe haben.

Zu 3. Es bestehe bei den zuständigen Gremien Einigkeit darüber, daß den Maßnahmen der Vorbeugung und Wiederherstellung der Leistungsfähigkeit eine vorrangige Bedeutung beigemessen werden müsse[6]. Man sei sich jedoch darüber im klaren, daß die Ausgestaltung der beabsichtigten Maßnahmen noch auf erhebliche Schwierigkeiten stoßen werde.

Dr. Jantz [BMA] geht sodann auf den Zeitplan ein, der zur zügigen Verwirklichung des 1. Teils der Sozialreform eingehalten werden müsse. Das Generalsekretariat gehe davon aus, daß der Regierungsentwurf zur Alters- und Invaliditätssicherung bis zu den Parlamentsferien 1956 bei den gesetzgebenden Körperschaften eingebracht werde. Man dürfe damit rechnen, daß das Gesetz bis Weihnachten 1956 vom Parlament verabschiedet werden könne, so daß die gesetzliche Regelung im Frühjahr 1957 in Kraft treten könne. Das Generalsekretariat hoffe, die Auszahlung der laufenden Renten in pauschalierter Form unter Zugrundelegung der neuen Rentenformel etwa in der Zeit von März bis Juni 1957 durchführen zu können.

Dr. Jantz [BMA] erläutert anschließend die vom Generalsekretariat erarbeitete Rentenformel und weist auf gewisse Unterschiede zu der von Dr. Schreiber vorgeschlagenen Lösung hin[7]. Das Wesen der vom Generalsekretariat vorgeschlagenen Rentenformel bestehe darin, daß unter Zuhilfenahme eines Punktsystems der Lohn des Rentners in Beziehung zum aktuellen Durchschnittslohn gesetzt werde; hierzu komme die Bewertung der Anzahl der Beitragsjahre. Eine Multiplikation beider Werte (Verhältnis zum Durchschnittslohn x Beitragsjahre) ergebe die Höhe der Rente. Dr. Schreiber habe demgegenüber vorgeschlagen, das alljährliche Beitragsaufkommen unter die jeweiligen Rentner aufzuteilen. Diese Beziehung zum jeweiligen Aufkommen an Mitteln berge zu viele Zufälligkeitsfaktoren in sich, so daß eine konstante Rente nicht genügend garantiert sei. Im Unterschied zu den Vorschlägen von Dr. Schreiber bejaht *Dr. Jantz [BMA]* das dynamische Prinzip nur nach der Leistungsseite, nicht aber nach der Aufbringungsseite hin. Zur Kostenfrage übergehend, bemerkt er, daß die erforderlichen Berechnungen noch nicht abgeschlossen seien, insbesondere sei die dem Bundesarbeitsministerium vorliegende statische Bilanz noch nicht zu einer dynamischen Bilanz umgerechnet worden. Die

---

[6] Vgl. die Sitzungsberichte des Arbeitsausschusses für Fragen der Invalidität des Beirats für die Neuordnung der sozialen Leistungen in B 149/426 und B 136/1372, weitere Unterlagen in B 149/427. – Vgl. auch die Niederschriften der Beiratstagungen vom 2. bis 4. Juni 1955 in Königswinter und vom 3. bis 4. Okt. 1955 in Unkel in B 149/410 und 423 sowie B 136/1364 und die veröffentlichten Beschlüsse in BArbBl. 1955, S. 539–540 und S. 1038 f.

[7] Zur Rentenformel siehe Anhang 1, Dokument 10, Teil II: Vorlage zur 6. Sitzung des Ministerausschusses für die Sozialreform am 13. Dez. 1955. – Zur Diskussion der Rentenformel vgl. auch die Niederschriften der 21. Sitzung des Arbeitsausschusses für Fragen der Rentenversicherung des Beirats für die Neuordnung der sozialen Leistungen am 17. Jan. 1956 und der gemeinsamen Sitzung der Arbeitsausschüsse für Grundsatzfragen und für Fragen der Rentenversicherung des Beirats für die Neuordnung der sozialen Leistungen am 6. und 7. Febr. 1956 in B 149/423, weitere Unterlagen zur Vorbereitung der gemeinsamen Sitzung in B 149/420 und in der Handakte Jantz' in B 149/116804.

Zahlen, die er vorzutragen beabsichtige, seien daher mit einem gewissen Vorbehalt zu werten. Die jetzige Rentenhöhe betrage 30–40% vergleichbarer Bruttolöhne. Es sei beabsichtigt, die Renten auf etwa 50% vergleichbarer Bruttolöhne unter Zugrundelegung eines normalen Arbeitslebens (rd. 34 Beitragsjahre) und auf 60% bei 40 Beitragsjahren zu erhöhen. Diese Erhöhungen (Verbesserung der Alters- und Invaliditätsrente) erforderten einen Mehraufwand von etwa 3 bis 3,2 Milliarden jährlich[8]. Für diesen Mehraufwand böten sich folgende Deckungsmöglichkeiten an:

1) Der auf Grund der Beiträge zu erwartende Vermögenszuwachs der Rentenversicherungsträger solle verlangsamt werden, d.h. etwa die Hälfte des jährlichen Vermögenszuwachses solle zur Finanzierung der Renten verwandt werden. Hierdurch könne rd. eine Milliarde DM jährlich der Finanzierung der Renten zugeführt werden.

2) Die Verlagerung von 1% des Beitrages zur Arbeitslosenversicherung auf die Alters- und Invalidenversicherung. Dies mache etwa 500 Mio. DM aus.

3) Eine Beteiligung des Bundes in noch zu bestimmender Höhe.

4) Eine Beitragserhöhung.

Der *Bundeskanzler* greift den Punkt Mehraufwand zur Finanzierung der Rentenerhöhung auf und bittet um präzise Angaben darüber, ob über den geschätzten Mehrbedarf von 3 bis 3,5 Milliarden DM hinaus noch weitere Mittel erforderlich sein könnten. Er bittet weiterhin, zu dem Problem der Selbständigen Stellung zu nehmen und führt aus, daß er keinen wesentlichen Unterschied zwischen Selbständigen und Unselbständigen hinsichtlich ihres Sicherungsbedürfnisses sehen könne. Aus den Ausführungen des Generalsekretärs sei ihm nicht klar geworden, welche Staatszuschüsse für die Alters- und Invaliditätssicherung der Selbständigen vorgesehen seien. Zur ersten Frage bemerkt *Ministerialdirektor Dr. Jantz [BMA]*, daß bei den von ihm vorgetragenen Zahlen die Ausgaben für den sozialen Ausgleich nicht enthalten seien. Weitere Mittel seien in der Tat erforderlich, wenn man eine Anhebung der Niedrigstrenten sowie eine Erhöhung der Waisenrenten und der Kinderzuschläge sowie eine Verbesserung der Leistungen in der Knappschaftsversicherung vorsehe. Insgesamt könne man jedoch davon ausgehen, daß nicht mehr als vier Milliarden DM an Mehraufwendungen erforderlich seien. Das Problem der Selbständigen sei von den zuständigen Gremien noch nicht abschließend beraten worden. Grundsätzlich habe sich der Beirat beim Bundesministerium für Arbeit für die Schaffung eigenständiger Sicherungsformen für Selbständige ausgesprochen. Aus den bisherigen Beratungsergebnissen des Beirats habe er den Eindruck gewonnen, daß man die Unselbständigen und die Selbständigen nicht in einen Topf werfen wolle[9]. *Dr. Jantz [BMA]* empfiehlt, die Alters- und Invaliditätssicherung der

---

[8] Siehe die Ausarbeitung „Finanzielle Auswirkungen der Anwendung einer neuen Rentenformel" und weitere Berechnungen in B 149/116804.

[9] Der Beirat für die Neuordnung der sozialen Leistungen hatte auf seiner Arbeitstagung vom 2. bis 4. Juni 1955 in Königswinter die Einbeziehung der Selbständigen in die soziale Rentenversicherung grundsätzlich abgelehnt und die Beibehaltung oder Erstreckung der Versicherungspflicht nur für bestimmte Gruppen selbständiger Kleingewerbetreibender und ähnlicher Personengruppen (z.B. Hausgewerbetreibende, Küstenfischer, Küstenschiffer, Artisten und Heb-

Selbständigen nicht in einem Gesetz mit der Sicherung der Unselbständigen zu regeln, da voraussichtlich gerade das Problem der Selbständigen im parlamentarischen Raum erhebliche Schwierigkeiten bereiten werde. Er dürfe hierbei auf die Erfahrungen bei der Handwerkerversorgung hinweisen. Der *Bundeskanzler* weist noch einmal darauf hin, daß das Problem „Selbständige und Unselbständige" in seiner Gesamtheit betrachtet und beurteilt werden müsse. Die Alterssicherung der kleinen Landwirte, der Handwerker und eines großen Teils der Akademiker sei nicht genügend garantiert. Man müsse sich die Reaktion dieser Personengruppen vor Augen halten, wenn diese erführen, daß der Bund für die Alters- und Invaliditätssicherung der Unselbständigen erhebliche Zuschüsse gewähre und die Selbständigen ihrem Schicksal selbst überlasse. Um jedoch zu einem abschließenden Urteil in dieser Angelegenheit zu gelangen, müsse man sich zuerst einen Überblick über den Kostenaufwand verschaffen, aus dem sich ergebe, wie hoch sich die Kosten für die Alters- und Invaliditätssicherung der Unselbständigen (gestaffelt nach einzelnen Möglichkeiten der Rentenhöhe) und der Selbständigen belaufen würden. Der *Bundesminister für Arbeit* glaubt, daß die erforderlichen Mehrkosten keine unüberwindlichen Schwierigkeiten bedeuten. Der derzeitige Kassenüberschuß der Rentenversicherungsträger betrage 1,8 Milliarden, die gegenwärtigen Reserven beliefen sich auf etwa 8 Milliarden. Hiervon könnten 1,5 Milliarden für die Finanzierung des Mehraufwandes freigemacht werden. Weiterhin könne 1% des Beitrages der Arbeitslosenversicherung zu der Rentenversicherung überführt werden. Da die Arbeitslosenversicherung heute eine Rücklage von 2 Milliarden besitze, und insoweit einen möglichen Bedarf bei weitem übersteige, sei eine solche Maßnahme durchaus vertretbar. Gehe man also davon aus, daß ein Betrag von insgesamt 2,5 Milliarden aus Mitteln dieser Art gedeckt werden könnten, verbliebe noch die

---

ammen) nicht ausgeschlossen. Die Altersversorgung der selbständigen Handwerker sollte aus der Angestelltenversicherung gelöst werden. Den Selbständigen sollte die Bildung eigenständiger Formen sozialer Sicherung vorbehalten sein. Vgl. die Bekanntmachung der Ergebnisse der Arbeitstagung in BArbBl. 1955, S. 541; Protokolle der Sitzungen in B 149/410 und B 136/1364. – Der Grundsatzausschuß des Beirates hatte in Sitzungen am 29. und 30. Nov. und am 14. und 15. Dez. 1955 sowie am 9. und 10. Jan. 1956 die Alterssicherung der Selbständigen, insbesondere der Landwirte und Handwerker beraten und in der Arbeitssitzung im Januar folgende Beschlüsse gefaßt: „1. Der Arbeitsausschuß für Grundsatzfragen ist der Ansicht, daß auch selbständig Erwerbstätige verpflichtet werden sollen, für ihr Alter vorzusorgen, weil selbständige Erwerbstätigkeit für sich allein noch keine Sicherung für das Alter gewährleistet. [...] 3. Dringlich ist die Neuregelung der Altersvorsorge für selbständige Handwerker und eine Regelung der Altersvorsorge für selbständige Landwirte sowie mithelfende Familienangehörige beider Gruppen. [...] Der Arbeitsausschuß für Grundsatzfragen schlägt daher vor, die selbständigen Handwerker und Landwirte und deren mithelfende Familienangehörige zu eigenen Risikogemeinschaften auf öffentlich-rechtlicher Grundlage zusammenzuschließen. Diese sollen Mindestleistungen im Fall des Alters und des Todes gewähren. [...] In der Landwirtschaft sollte als Mindestsicherung (insbesondere 'Altenteil-Zuschußrente') eine 'Sockelrente' von nicht unter 50 DM gewährt werden. Bei den selbständigen Handwerkern sollte diese Rente mindestens 125 DM erreichen." Niederschriften der Sitzungen in B 149/415 und B 136/1368, Entwürfe und weitere Unterlagen in B 149/419 und 420. – Der Beirat übernahm diese Beschlüsse dann auf seiner Arbeitstagung am 6. und 7. März 1956 in Bonn (Zusammenfassung der Ergebnisse der Arbeitstagung vom 12. März 1956 in B 149/410, Protokoll der Arbeitstagung in B 136/1365). – Zur Altersversorgung der Landwirte und Handwerker vgl. auch 2. Sitzung des Ministerausschusses für die Sozialreform am 14. Sept. 1955 TOP 2.

Restdeckung von 1,2 bis 1,5 Milliarden DM aus Zuschüssen des Bundes bezw. aus Beitragserhöhungen. Auf Anregung des *Bundesministers der Finanzen* nimmt *Ministerialrat Dr. Elsholz [BMF]* zum Finanzierungsproblem Stellung und führt aus, daß sich die von dem Generalsekretär vorgetragenen Zahlen auf Schätzungen gründeten, die unter Zugrundelegung des jetzigen Bestandes angestellt worden seien[10]. Im gegenwärtigen Zeitpunkt könne noch nicht errechnet werden, wie hoch sich auf die Dauer gesehen die Kosten einer Realisierung der vorgeschlagenen dynamischen Rentenformel beliefen. Die vorgetragenen Zahlen bezögen sich nur auf den Aufwand des ersten Jahres nach Inkrafttreten der neuen Rentenformel. Der errechnete Finanzaufwand werde sich jedoch später um ein Vielfaches vergrößern, da sich in der Folgezeit die Überalterung der Bevölkerung stark bemerkbar machen werde. *Dr. Elsholz* bezeichnet die von dem Generalsekretär vorgetragenen Zahlen insofern als nicht stichhaltig, als bei der jetzigen Berechnung die Rentenhöhe auf den Bruttolohn bezogen, in der Vorlage des Bundesministers für Arbeit vom 10.12.1955 jedoch der Nettolohn zu Grunde gelegt worden sei[11]. Trotzdem würden die gleichen geschätzten Endzahlen genannt, obgleich eine Rente in Höhe von 50% des Bruttolohns etwa 60–66$^2/_3$% des Nettolohns bedeute. Wolle man eine Rente in dieser Höhe gewähren, dann sei aller Wahrscheinlichkeit nach mit einem Mehraufwand für die Rentenversicherung von 4–4,2 Milliarden zu rechnen. Man könne zwar zur Finanzierung einen Teil der derzeitigen Überschüsse der Rentenversicherungsträger verwenden, müsse jedoch beachten, daß auch hier Grenzen gesetzt seien und mit mehr als 1 Milliarde DM nicht gerechnet werden könne (wie der Bundesminister für Arbeit in der Vorlage vom 10.12.1955 selbst ausführe), da in der Folgezeit der zu erwartende Zuwachs der Rentner die Verwendung höherer Überschüsse der Rentenversicherungsträger kaum zulassen werde. Die Übertragung von $^1/_2$% der Beiträge der Arbeitslosenversicherung mache etwa 280 Mio. DM aus, so daß für eine Beteiligung des Bundes immerhin noch ein Betrag von 2–2,2 Milliarden DM verbliebe. *Dr. Elsholz* beanstandet die von dem Generalsekretär geübte isolierte Betrachtung der Reform der Rentenversicherung. Nach seiner (Elsholz) Ansicht müsse der Rahmen der Betrachtung weiter gespannt werden und auch die finanziellen Auswirkungen auf andere Sozialgebiete mit umfassen. Denn ohne Zweifel wecke die Rentenversicherungsreform Ansprüche auf gleiche Behandlung bei anderen sozialen Gruppen, wie den Kriegsopfern, beim Lastenausgleich, bei der öffentlichen Fürsorge, den Unfallrentnern, der Arbeitslosenfürsorge u.a.m[12]. Nach den von den Kriegsopferverbänden eingebrachten Vorschlägen seien

---

[10] Vgl. zu den Ausführungen von Elsholz seine Ministervorlage vom 17. Jan. 1956 für die Kabinettsausschußsitzung am 18. Jan. 1956 sowie den Vermerk vom 19. Jan. 1956 über die Ergebnisse der Sitzung in B 126/13804.

[11] Gemeint ist die Vorlage des Generalsekretariats vom 10. Dez. 1955 für die Sitzung des Ministerausschusses für die Sozialreform am 13. Dez. 1955. Siehe Anhang 1, Dokument 11.

[12] Elsholz hält in seinem Vermerk vom 19. Jan. 1956 die Reaktion des Bundeskanzlers zu seinen Ausführungen fest: „Der Herr Bundeskanzler wies jedoch darauf hin, daß jetzt [es folgt gestrichen: ‚nur‘] die Rentenversicherungsreform zur Debatte stände und man sich nur auf die hier anstehenden Finanzierungsprobleme beschränken solle. Dabei müsse auch bedacht werden, daß bei der angestrebten generellen Lösung eine politische Befriedung für lange Zeit erzielt werde, so daß bei dem evtl. Mehrbedarf von 3,5 Milliarden DM die Beträge als ‚Ersparnisse‘

allein auf dem Gebiete der Kriegsopferversorgung weitere Ausgaben in Höhe von 1 bis 1,2 Milliarden DM in nächster Zukunft zu erwarten[13].

Es sei richtig, daß den Problemen der Wiederherstellung der Leistungsfähigkeit eine vordringliche Bedeutung beizumessen sei. Andererseits müsse jedoch daran gedacht werden, daß eine intensive Durchführung von Rehabilitationsmaßnahmen in der Anlaufzeit etwa 300 bis 500 Mio. DM erforderlich mache. Aus Gründen der sozialen Gerechtigkeit dürfe man bei der Regelung der sozialen Rentenversicherung nicht das Schicksal der privaten Sparer, der Leibrentner und ähnlicher Personengruppen außer acht lassen. Abschließend weist *Dr. Elsholz* darauf hin, daß der derzeitige Sozialhaushalt des Bundes rd. 21 Milliarden betrage[14]. Die Realisierung der von Dr. Jantz angedeuteten Vorschläge mit den Folgewirkungen auf den anderen Sozialgebieten ziehe eine Mehrbelastung von rd. 7–8 Milliarden DM nach sich, von denen der Bund mindestens 3–4 Milliarden DM zu tragen habe.[15] Der *Bundesminister für Arbeit* hebt noch einmal folgende Zahlen hervor: Die Neuregelung der Renten erfordere einen Mehraufwand von 3,2 Milliarden, die zusätzlichen Kosten des Bundes beliefen sich auf etwa 1 bis 1,2 Milliarden. Der *Bundesminister der Finanzen* bittet zu bedenken, daß die Erhöhung der gegenwärtigen Renten von 30 bis 40% des Nettolohns auf 50% des Nettolohns eine Mehrbelastung von 3,5 Milliarden bedeute. Unter Zugrundelegung der Finanzierung aus den Überschüssen der Rentenversicherungsträger und der Arbeitslosenversicherung verbleibe immerhin noch ein ungedeckter Rest von 2,2 Milliarden DM. Bei einer Rente in Höhe von 50% des Bruttolohns seien entsprechende höhere finanzielle Auswirkungen zu erwarten. *Staatssekretär Dr. Sauerborn [BMA]* entgegnet, daß die Rentenmehrbetragsgesetze der beiden letzten Jahre jedes Mal 600 bis 700 Mio. DM gekostet hätten. Diese Beträge kämen bei der Anwendung der dynamischen Rente in Wegfall. Diese Erfahrung bezeichnet der *Bundeskanzler* als sehr wertvoll für die Betrachtung des hier vorliegenden Problems. Die Renten würden nach der jetzigen gesetzlichen Regelung aus Beiträgen errechnet, die von den Rentnern in früheren Zeiten einmal in kaufkräftigerem Geld geleistet worden seien. Unter Berücksichtigung der Tatsache, daß die Kaufkraft des Geldes stets einem gewissen Schwund unterworfen sei, sei damit zu rechnen, daß die Renten etwa alle zwei Jahre erhöht

---

abgerechnet werden müßten, die von Bund und Versicherungsträgern in den vergangenen Jahren auf Grund der einzelnen Anhebungsgesetze geleistet worden sind. Denn kommt die durchgreifende Reform nicht, ist wiederum mit einer Vielzahl von Einzelgesetzen zu rechnen" (Vermerk in B 126/13804).

[13] Vgl. 4. Sitzung des Ministerausschusses für die Sozialreform am 11. Okt. 1955 TOP 1.

[14] Vgl. Konrad Elsholz, Der Sozialhaushalt des Bundes, in: Bulletin vom 4. Okt. 1955 (Beilage: Finanzpolitische Mitteilungen des Bundesministeriums der Finanzen, S. 1–11).

[15] Folgende Passage des Protokollentwurfs wurde an dieser Stelle in der Ausfertigung gestrichen: „Der Bundeskanzler faßt die Finanzierungsprobleme noch einmal zusammen und führt aus, daß bei der bisherigen Art der Rentenerhöhung von Fall zu Fall ein jährlicher Zuschuß des Bundes in Höhe von x Millionen DM geleistet worden sei, bei der neuen Art der Rentenberechnung komme man unter Zugrundelegung einer befriedigenden Rentenhöhe zu einem jährlichen Zuschuß von y Mio DM. Es müsse nun eine genaue Berechnung darüber angestellt werden, wie hoch der Finanzaufwand für eine befriedigende Lösung der Rentenhöhe sei" (Protokollentwurf in B 136/50207).

werden müßten und hierfür der Staat weitere Zuschüsse gewähren müsse. Der derzeitige Staatszuschuß betrage jährlich 3,2 Milliarden DM. Die Anlehnung der Renten an die Löhne habe den wesentlichen Vorteil, daß damit das gesamte Problem dem politischen Druck entzogen werde. Dieser sei insbesondere in den Wahljahren unerfreulich, weil sich dann die Parteien oft ohne genügendes Verantwortungsgefühl gegenseitig in ihren Forderungen überbieten würden. Deshalb trete er für [eine] dynamische Lösung ein.

Unabhängig hiervon sei jedoch die Frage zu erörtern, wie hoch die Rente bemessen werden müsse, damit sich der Rentner einen ausreichenden Lebensstandard erhalten könne.

Der *Bundesminister für Wirtschaft* stimmt ebenfalls der dynamischen Rente zu. Er äußert jedoch Bedenken hinsichtlich einer automatischen Koppelung der Rente an den Lohn, da sie

1. keine ausreichende Bremse enthalte, um Lohnbewegungen zum Halten zu bringen und insoweit inflationistischen Tendenzen nicht genügend entgegenwirke,

2. nicht nur der Verschlechterung des Geldwertes Rechnung trage, sondern auch die zu erwartende Steigerung des Lebensstandards mit beinhalte.

Er bittet daher, eine ausreichende Sicherung einzubauen, um diese Auswirkungen zu verhindern.

Der *Bundesminister der Finanzen* erinnert an die Überlegungen, die bei den Beratungen über einen Indexlohn angestellt worden sind[16]. Damals sei die gleiche Argumentation wie heute bei der dynamischen Rente vorgetragen worden. Die skandinavischen Länder hätten einen Indexlohn eingeführt. Hierdurch sei eine nicht abzudämmende Inflationswelle in diesen Ländern ausgelöst worden. Koppele man die Rente an den Lohn, dann lege man damit das Schicksal der Rentner in die Tarifverhandlungen der Gewerkschaften. Entscheidend sei nach seiner Auffassung der Realwert des Lohnes. Um den Bedenken des Bundesministers für Wirtschaft Rechnung zu tragen, die auch von ihm geteilt würden, schlage er vor, daß während der Laufzeit der Rente von einer automatischen Bindung an den Lohn abgesehen und statt dessen die Bundesregierung verpflichtet werde, periodisch (etwa alle drei Jahre) die Lage im Rentensektor zu überprüfen. Auch er trete dafür ein, bei der Neuregelung der Rentenversicherung eine den Bedürfnissen angebrachte Lösung zu finden. Andererseits dürfe die Höhe der zu bestimmenden Rente nicht nur auf

---

[16] Ein an die Erhöhung der Lebenshaltungskosten gekoppelter Lohn hatte zuletzt bei den Beratungen des Gesamtverbandes der metallindustriellen Arbeitgeberverbände und der I.G. Metall eine Rolle gespielt, die in das sog. „Bremer Abkommen" vom 25. Juni 1956 mündeten. Hierin wurde erstmals eine Lohngleitklausel vereinbart, wonach über die Lohnhöhe vor Ablauf des Tarifvertrages neu verhandelt werden mußte, wenn der Lebenshaltungskostenindex nach dem 1. Okt. 1956 um mehr als 3,5 Prozent steigen würde. Vgl. Industriegewerkschaft Metall, S. LV und S. 692–699 sowie Frankfurter Allgemeine Zeitung vom 25. Juni 1956. – Gegen eine „Bindung der Löhne an die Lebenshaltungskosten" sprach sich Erhard explizit in seiner Regierungserklärung anläßlich des zweiten Konjunkturprogramms am 22. Juni 1956 aus (Stenographische Berichte, Bd. 30, S. 8149, vgl. auch S. 8296 und 8307). – Zur Lohnpolitik vgl. auch 34. Sitzung des Kabinettsausschusses für Wirtschaft am 5. Aug. 1955 TOP 1.

die Bedürfnisse der Rentner abgestellt werden, sondern müsse auch in Einklang mit den finanziellen Leistungsmöglichkeiten gebracht werden[17]. Er habe den von Dr. Schreiber unterbreiteten Vorschlag einmal durchrechnen lassen und dabei festgestellt, daß die dort vorgeschlagene Rentenhöhe einen Beitrag von rd. 30% des Lohnes erfordere. Ein derartiger Beitrag sei nicht tragbar.

Auf das Verhältnis der Alters- zur Invaliditätssicherung übergehend, führt der *Minister [der Finanzen]* aus, daß im Jahre 1950 der Neuzugang der männlichen Altersrentner 31,7%, der Zugang der Frühinvaliden 68% betragen habe. Bei den Frauen habe im Jahre 1950 die Frühinvalidität in der Invalidenversicherung für Arbeiter 85% und in der Angestelltenversicherung 89% erreicht. Der *Minister* spricht sich für eine Trennung der Alters- und Invaliditätssicherung aus. Er befürwortet eine selbständige Kostentragung der Alterssicherung, um die Staatszuschüsse zur Bekämpfung der Invalidität verwenden zu können. Im übrigen warnt er davor, die Diskussion um die Rentenhöhe unter wahlpolitischen Gesichtspunkten zu führen. Es sei töricht, mit der Opposition Schritt halten zu wollen. Diese sei im Wahlkampf ohnedies im Vorteil, da sie nur die Forderungen der Bundesregierung zu überbieten brauche. Der *Bundesminister für Arbeit* unterstützt den Gedanken der periodischen Nachprüfung. Bei der Laufzeit der Rente solle darauf geachtet werden, daß der Lebensstandard des Rentners gesichert bleibe. Daher dürfe eine spätere Nachprüfung nicht dazu führen, daß eine Einheitsrente für die alten Menschen festgesetzt werde. Der *Bundeskanzler* schließt sich ebenfalls dem Vorschlag einer periodischen Nachprüfung in Abständen von drei Jahren an[18].

Der *Bundesminister für Angelegenheiten des Bundesrates* vergewissert sich, ob die angestrebte Lösung auch dem Versicherungsprinzip entspreche. Dies wird vom *Bundeskanzler* bejaht.

[b.   AUSSPRACHE UND – SOWEIT MÖGLICH – BESCHLUSSFASSUNG ÜBER GRUND-
SATZFRAGEN DER ALTERS- UND INVALIDITÄTSSICHERUNG]

Der Ministerausschuß tritt sodann in eine Einzelberatung der in der Anlage zur Einladung vom 16. Januar 1956 zusammengestellten Grundsätze für die Alters- und Invaliditätssicherung ein[19]:

---

[17]   Vgl. hierzu auch das Schreiben des BMF an den Präsidenten des Zentralbankrates der Bank deutscher Länder vom 14. Febr. 1956 mit der Bitte um eine Stellungnahme zum Problem der dynamischen Rente in B 126/13804.

[18]   Vgl. hierzu auch die Beratungen zur Anpassung der Renten an veränderte wirtschaftliche Bedingungen in der gemeinsamen Sitzung der Arbeitsausschüsse für Grundsatzfragen und für Fragen der Rentenversicherung des Beirates für die Neuordnung der sozialen Leistungen am 6. und 7. Febr. 1956. Die Arbeitsausschüsse sprachen sich für eine jährliche Überprüfung des durchschnittlichen Lohnes und für eine Anpassung der Renten aus, wenn sich dieser um 4–5 % verändert haben sollte. Protokoll in B 149/415.

[19]   Der Aussprache lag eine Ausarbeitung des Bundeskanzleramtes zugrunde, die den Mitgliedern des Ministerausschusses mit der Einladung vom 16. Jan 1956 zugegangen war. Siehe Anhang 1, Dokument 13. – Adenauer hatte sich über den Jahreswechsel 1955/1956 mit der gemeinsamen Ausarbeitung des sozialpolitischen Referats des Bundeskanzleramtes und des Generalsekretariats vom 27. Dez. 1955 zu Grundsatzfragen der Alters- und Invalidenversiche-

Zu I. (Personenkreis)

Der *Bundeskanzler* regt an, für die Alters- und Invaliditätssicherung der Selbständigen ein Parallelgesetz zu schaffen, wenn dieser Personenkreis nicht in einem Gesetz mit den Arbeitnehmern zusammen erfaßt werden könne. *Bundesminister Dr. Schäfer* hält die Rückwirkung der günstigen Regelung für die Arbeitnehmer auf die Privatversicherung, auf Bausparverträge für sehr beachtlich. Er schlägt vor, daß die Bundesregierung bei den berufsständischen Kammern eine Umfrage veranlassen solle, ob die Selbständigen eine Pflichtversicherung wünschten oder nicht. Die *Bundesminister für Wirtschaft* und *der Finanzen* sprechen sich hinsichtlich der Selbständigen gegen eine gesetzliche Zwangsversicherung aus. Die gleiche Auffassung vertritt *Staatssekretär Dr. Sonnemann [BML]*, der sich ebenfalls gegen eine Zwangsversicherung der Großbauern wendet. Die Lage der kleinen Landwirte sei hingegen anders zu beurteilen. Der *Bundeskanzler* stellt zusammenfassend fest, daß der Ministerausschuß an der Freiwilligkeit der Versicherung der Selbständigen festhalten will. Der *Bundesminister für Arbeit* warnt vor einer Regelung, die dazu führt, daß die schlechten Risiken der Sozialversicherung aufgebürdet werden, während die guten Risiken zur Privatversicherung abwanderten. Demgegenüber betont der *Bundeskanzler*, daß dann, wenn die Kaufkraft der Rente gesichert sei, auch die guten Risiken zur Sozialversicherung kämen[20]. Der *Bundeskanzler* bittet, die Bemerkung hinsichtlich des Personenkreises zu erläutern. *Ministerialdirektor Dr. Jantz [BMA]* führt aus, daß nach dem derzeitigen Stand alle Arbeiter in der Rentenversicherung versichert sind. Angestellte seien nur bis zu einem jährlichen Einkommen von 9 000 DM versicherungspflichtig. Nach der künftigen Regelung sollten alle Arbeiter und Angestellte ohne Rücksicht auf die Höhe ihres Einkom-

---

rung beschäftigt, die in ihrem Aufbau schon im wesentlichen der Vorlage für die Ausschußsitzung am 18. Jan. 1956 entsprach (Kanzlervorlage vom 27. Dez. 1955 mit Randbemerkungen Adenauers in B 136/1359; vgl. Abbildung 13 im Bildteil). Die Randnotizen Adenauers lassen seine Präferenzen angesichts der aufgezeigten Alternativen deutlich hervortreten. Mit einem ausdrücklichen „Ja" sprach sich der Bundeskanzler für eine Sicherung des im Arbeitsleben erworbenen Lebensstandards und eine Anpassung der Renten an die Lohn- und Gehaltsentwicklung aus während der Laufzeit der Renten aus. Zur Frage der Einbeziehung der Selbständigen vermerkte Adenauer am Rand: „M.E. sollte man auch die Selbständigen einbeziehen bis zu einem bestimmten Einkommen oder wenn sie den Nachweis erbringen, daß sie in einer privaten, ähnliche Ziele verfolgenden Versicherung sind." Ebenfalls mit „Ja" stimmte er für die Trennung der Risiken Alter und Invalidität, für die Bekämpfung der Frühinvalidität durch Prävention und Rehabilitation sowie für eine ausreichende Lebenssicherung der Invaliden. Adenauer votierte für ein Abschnittsdeckungsverfahren mit einer Sicherungsreserve und für einen zurückhaltenden Gebrauch von Staatszuschüssen. Eine Bedarfsprüfung für den steuerfinanzierten Teil der Rente lehnte Adenauer explizit ab. Zu der Frage, ob innerhalb der Rente ein sozialer Ausgleich geschaffen werden sollte, notierte er: „Ich habe Bedenken." – Die Vorstellung Adenauers deckte sich auch weitgehend mit der Konzeption des Arbeitskreises „Sozialreform" der CDU, die der Bundesgeschäftsführer der CDU, Bruno Heck, am 13. Jan. 1956 dem CDU-Bundesvorstand darlegte. Vgl. Protokolle Bundesvorstand, S. 735–753.

[20] Pühl hatte in der Vorlage für den Kanzler vom 27. Dez. 1955 (B 136/1359) entsprechend argumentiert: „Abschließend darf ich zu dieser Frage bemerken, daß Dr. Schreiber sicher Recht hat, wenn er sagt, daß die Einführung der „Dynamischen Rente" – d.h. der an die Lohnentwicklung gekoppelten Rente – eine zwangsläufige Sogwirkung auf alle Bevölkerungskreise ausüben wird. Man sollte daher das Problem des Personenkreises vorsichtig behandeln, um nicht von vornherein unnötige Widerstände im politischen Raum hervorzurufen."

mens pflichtversichert sein. Dagegen solle eine Bemessungsgrenze eingeführt werden. Arbeitnehmer, deren Einkommen über dieser Pflichtgrenze liege, seien nicht verpflichtet, für den überschießenden Betrag ihres Einkommens Beiträge zu entrichten. Der *Bundeskanzler* begrüßt es, daß eine gewisse Einkommensspitze nicht von der Versicherungspflicht erfaßt wird. Der *Bundesminister der Finanzen* weist erläuternd darauf hin, daß Beamte nicht unter den Begriff des Arbeitnehmers im Sinne der Rentenversicherung fallen. Er wirft die Frage auf, ob und gegebenenfalls in welcher Höhe den Beziehern hoher Einkommen Staatszuschüsse gegeben werden sollten. Der *Bundeskanzler* bittet, diese Frage später zu erörtern.

Zu II. (Trennung von Alter und Invalidität)

Ministerialdirektor Dr. Jantz [BMA] hält die Durchführung der Beschlüsse über die Neuordnung der Alters- und Invaliditätssicherung in dieser Legislaturperiode nur dann für gesichert, wenn die bestehenden Organisationen erhalten bleiben und ihnen die Ausführung des Gesetzes übertragen wird. Die Probleme der Trennung von Alters- und Invaliditätssicherung nach der Finanzierungsseite hin sei in der Vorlage noch nicht erörtert, weil diese Fragen zur Zeit noch nicht überschaubar seien.

Zu III. (Alterssicherung)

1. Der *Bundeskanzler* hält die Altersgrenze von 65 Jahren – auch bei Frauen – für durchaus berechtigt. Er glaubt, daß das Übermaß der Frühinvalidität bei den Frauen vorwiegend auf die Folgen des Krieges zurückzuführen sei.

2. Zur dynamischen Leistungsrente schlägt der *Bundeskanzler* vor, daß eine Nachprüfung in periodischen Abständen etwa alle fünf Jahre vorgesehen werden solle. Er wolle jedoch den Zeitraum der Nachprüfung nicht genau festlegen. Der Bundestag habe ohnedies die Möglichkeit, diese Zeitspanne zu ändern.

3. Zur Höhe der Altersrente bittet der *Bundesminister der Finanzen* um Aufklärung, wie die Angabe des normalen Arbeitslebens (33 Jahre) zu verstehen sei. Der *Bundesminister für Arbeit* weist darauf hin, daß 33 Arbeitsjahre die statistisch ermittelte Norm der Beitragsjahre darstelle. *Bundesminister Dr. Schäfer* bittet darum, die durch Ausbildung verlorenen Arbeitsjahre bei der Bemessung der Rentenhöhe zu berücksichtigen.

4. Zur Frage des sozialen Ausgleichs weist der *Bundeskanzler* darauf hin, daß die Ausführungen zu diesem Punkt dem Gedanken des Versicherungsprinzips widersprächen. Er bittet, die Frage des sozialen Ausgleichs einer späteren Erörterung vorzuhalten.

Zu IV. (Invaliditätssicherung)

Bundesminister Dr. Schäfer hält die Durchführung der beabsichtigten Präventions- und Rehabilitationsmaßnahmen für sehr schwierig, da die medizinische Wissenschaft der Durchführung der genannten Aufgaben wohl nicht in vollem Umfange gewachsen sei. *Staatssekretär Bleek [BMI]* regt an, bei der Betrachtung dieser Fragen auch die Probleme auf den Gebieten der Versorgung und der Fürsoge nicht zu vergessen. *Staatssekretär Dr. Sauerborn [BMA]* ergänzt die in der Anlage enthaltenen Ausführungen dahin, daß rd. 40% aller Neuzugänge an Invaliden Herz- und Kreislauferkrankte seien. Hier sei ein geeignetes Feld für Präventions- und Rehabilitationsmaßnahmen gegeben. Anders seien die Dinge bei Krebserkrankungen zu beurteilen, da diese oft zu spät erkannt würden und es zur Zeit an geeigneten therapeutischen Möglichkeiten fehle. Der *Bundeskanzler* bittet, die Ausführungen zu IV.3 – Dauerrente – anders zu formulieren und schlägt für Satz 2 dieses Absatzes folgenden Wortlaut vor: „Es soll eine Dauerrente gewährt werden, die eine ausreichende Lebenshaltung ermöglicht". Der Ministerausschuß stimmt dem zu.

Zu V. (Sicherung der Hinterbliebenen)

Der *Bundesminister der Finanzen* bittet um eine nochmalige Überprüfung der mit einer zusätzlichen Verbesserung der Witwen- und Waisenrenten zusammenhängenden Fragen. Der *Bundesminister für Familienfragen* bittet, bei der späteren Prüfung das Problem der Kinderzuschläge nicht zu vergessen. Er verweist auf die in der Schweiz geltende Regelung, die für Rentnerehepaare besondere Zuschläge vorsehe.

Zu VI. (Unbedingter Rechtsanspruch)

Der *Bundesminister der Finanzen* erklärt sich damit einverstanden, daß bei der Alterssicherung ein Rechtsanspruch auf Rente bestehe. Dies sei berechtigt, weil der einzelne durch Beiträge seine Alterssicherung selbst finanziere. Anders sei das Problem bei der Invalidität zu beurteilen, da auf diesem Sektor der Staat wesentliche Zuschüsse gebe und nicht einzusehen sei, daß Bezieher hoher Einkommen auch noch einen Rechtsanspruch auf die Gewährung einer Invalidenrente, die also einen Staatszuschuß enthalte, erwürben. Der *Bundeskanzler* hält diese Argumente nicht für durchschlagend. Er spricht sich dagegen aus, hier zweifaches Recht zu schaffen. Es müsse unbedingt sichergestellt sein, daß noch in dieser Legislaturperiode die Renten unter Zugrundelegung der neuen Rentenformel zur Auszahlung gelangen würden. Deshalb dürften die Probleme nicht über Gebühr kompliziert werden. Man müsse sich davor hüten, einem übertriebenen Perfektionismus zu großen Raum zu geben. Der Ministerausschuß schließt sich dieser Auffassung an.

Zu IX. (Finanzierungsquelle)

Der *Bundeskanzler* bittet, diesen Passus zu streichen und zuerst eingehende Berechnungen anzustellen, um bei der späteren Diskussion eine fundierte Grundlage zu besitzen.

Der Ministerausschuß hat sich somit auf folgende Grundsätze für die Alters- und Invaliditätssicherung geeinigt:

Vordringlich innerhalb der Sozialreform ist die Neuordnung der Sicherung für den Fall des Alters und für den Fall der Invalidität.

I. Personenkreis

In die soziale Rentenversicherung sind alle Arbeitnehmer einzubeziehen. Für die Bemessung der Beiträge und Leistungen wird das Einkommen nur bis zu einer bestimmten Grenze zugrunde gelegt.

Für Selbständige sollte die Möglichkeit einer Alterssicherung gesetzlich vorgesehen werden, soweit ihre Einkünfte eine bestimmte Höhe nicht übersteigen. Hierbei könnte man an die Schaffung eigenständiger Sicherungseinrichtungen denken.

II. Trennung von Alter und Invalidität

Alter und Invalidität sollen hinsichtlich der Leistungen als getrennte Lebenstatbestände behandelt werden; eine organisatorische Trennung der bestehenden Sicherungseinrichtungen nach Alter und Invalidität ist dagegen jedenfalls zum gegenwärtigen Zeitpunkt nicht durchführbar.

III. Alterssicherung

1. Altersgrenze

Die Altersgrenze soll wie bisher auf 65 Jahre festgesetzt werden. Der Versicherte soll die Möglichkeit erhalten, bei Weiterarbeit nach Erreichung der Altersgrenze eine erhöhte Rente zu beziehen.

2. Dynamische Leistungsrente

Die Rente soll nach der individuellen Arbeitsleistung bemessen werden, die sich im erzielten Arbeitsverdienst und den entsprechend geleisteten Beiträgen ausdrückt. Die Renten sollen im Zeitpunkt der Rentenfestsetzung und während der Laufzeit der Rente in Abständen von 5 Jahren an die Entwicklung der Löhne und Gehälter angepaßt werden.

3. Höhe der Altersrente

Die Altersrente soll den im Arbeitsleben erworbenen Lebensstandard unter Berücksichtigung der geminderten Bedürfnisse nicht mehr arbeitender Personen sichern und daher nach einem normalen Arbeitsleben (33 Arbeitsjahre) mindestens 50% des Bruttoarbeitsverdienstes vergleichbarer Arbeitnehmer betragen[21].

---

[21] Mit Schreiben vom 14. Febr. 1956 an das Bundeskanzleramt beantragte der BMF mit der Begründung, daß in der Sitzung des Ministerausschusses „wegen der noch ungeklärten Auswirkungen einer Festsetzung der Altersrente auf 50 v.H. des Brutto-Arbeitsverdienstes sowie der Aufbringung der Mittel hierzu die Frage der Höhe der Rente ausdrücklich ausgeklammert worden" sei, folgende Protokolländerung: „Die Altersrente soll den im Arbeitsleben erworbenen Lebensstandard unter Berücksichtigung der geminderten Bedürfnisse nicht mehr arbeitender Personen sichern. Über die Festsetzung des Vomhundertsatzes, den die Altersrente vom Brutto- oder Netto-Arbeitsverdienst haben soll, soll erst nach Vorliegen des Finanzierungsplanes entschieden werden. Für diesen Finanzierungsplan sollen die Aufwendungen bei einer Rente in Höhe von 40, 50 und 60 v.H. des Brutto-Arbeitsverdienstes errechnet werden" (Schreiben in B 136/50207 und B126/13804).

IV. Invaliditätssicherung

1. Prävention und Rehabilitation

Prävention und Rehabilitation sollen den Vorrang vor der Rentengewährung haben. Auf diesen beiden Gebieten sollen möglichst einheitliche Maßnahmen (medizinischer, beruflicher, wirtschaftlicher und organisatorischer Art) angestrebt werden.

2. Rente auf Zeit

Im Anschluß an die Rehabilitation soll zunächst eine Rente auf Zeit gewährt werden.

3. Dauerrente

Nur bei dauernder, d.h. nicht behebbarer Invalidität soll eine Dauerrente gewährt werden, die eine ausreichende Lebenshaltung ermöglicht.

V. Sicherung der Hinterbliebenen

Für alle Renten soll ein unbedingter Rechtsanspruch bestehen.

VI. Anpassung des Rentenbestandes

Die Verbesserungen des neuen Leistungssystems sollen auch den gegenwärtigen Rentenbeziehern zugute kommen. Um diesen Personenkreis möglichst schnell nach Verabschiedung des Gesetzes in den Genuß erhöhter Renten kommen zu lassen, sind pauschalierte Rentenzahlungen vorgesehen.

VII. Abschnittsdeckungsverfahren

Im Hinblick darauf, daß die Zusammensetzung des Versichertenbestandes altersmäßig ungünstiger wird, soll für den dadurch bedingten Mehraufwand eine ausreichende, aber begrenzte Reserve gebildet werden. Damit soll erreicht werden, daß die Beiträge und Leistungen über einen bestimmten Zeitraum möglichst konstant gehalten werden. Eine genaue Bestimmung dieses Zeitraumes bleibt näherer Berechnung vorbehalten.

Der Ministerausschuß hat beschlossen, daß folgende Probleme einer besonderen Nachprüfung unterzogen werden sollen[22].

1. Wie hoch soll die Rente sein
a) im Falle des Alters?
b) im Falle der Invalidität?

2. Wie hoch ist der Mehrbedarf bei der neuen Rentenformel und wie gestaltet sich die Finanzierung desselben?

3. Sollen die Bezieher hoher Einkommen Staatszuschüsse zur Rente erhalten?

4. Ist eine Trennung von Alters- und Invaliditätssicherung nach der Finanzierungsseite hin zweckmäßig?

---

[22] Vgl. hierzu die Vorlage des Bundeskanzleramtes für die 8. Sitzung des Ministerausschusses für die Sozialreform am 17. Februar 1956: Anhang 1, Dokument 14.

5. Wie können die durch Ausbildung verlorenen Arbeitsjahre bei der Bemessung der Renten berücksichtigt werden? Ist ein sozialer Ausgleich vorzusehen?

6. Sollen die Witwen- und Waisenrenten eine zusätzliche Verbesserung erfahren? In welchem Ausmaße sollen Kinderzuschläge gezahlt werden?

Der *Bundeskanzler* bittet, eine Regierungsverlautbarung in der Presse zu veröffentlichen, die die Grundsätze der heute gefaßten Beschlüsse wiedergibt, andererseits aber noch einen gewissen Spielraum für weitere Überlegungen offenläßt. Er beauftragt Ministerialdirektor Dr. Jantz, Ministerialdirigent Forschbach und Ministerialrat Dr. Pühl, eine Verlautbarung der Bundesregierung vorzubereiten. Auf Anregung des *Bundesministers für Arbeit* wird Staatssekretär Dr. Sauerborn bei der Ausarbeitung der Verlautbarung beteiligt. Der *Bundesminister für Angelegenheiten des Bundesrates* bittet, die Verlautbarung in Form eines Berichtes über die Sitzung des Sozialkabinetts zu fassen, da anderenfalls in den Fraktionen Diskussionen über noch nicht ausdiskutierte Probleme ausgelöst würden[23]. Der *Bundeskanzler* schlägt vor, die nächste Sitzung des Ministerausschusses Anfang Februar stattfinden zu lassen und bittet den Bundesminister für Arbeit, dafür Sorge zu tragen, daß zu diesem Zeitpunkt die benötigten Berechnungen vorliegen.[24]

---

[23] Entwurf der Presseerklärung in B 136/1386. – Vgl. auch Bulletin vom 21. Jan. 1956, S. 117.

[24] Vgl. Vorlage des BMA („Die Kosten der Umstellung der laufenden Renten auf eine neue Rentenformel") vom 9. Febr. 1956 für die Sitzung des Interministeriellen Ausschusses am 15. Febr. 1956 in B 136/1362, Entwurf vom 6. Febr. 1956 in B 149/116804. Vermerk vom 18. Febr. 1956 über die Diskussion der BMA-Vorlage in der Sitzung des Interministeriellen Ausschusses am 15. Febr. 1956 in B 126/13858 und vom 16. Febr. 1956 in B 146/1755. – Weitere Unterlagen zur Entwicklung der Rentenformel in B 149/7007 und 7010.

8. Sitzung des Ministerausschusses für die Sozialreform am Freitag, den 17. Februar 1956

Teilnehmer: Adenauer (Vorsitz), Schäffer, Erhard, Storch, Oberländer, Kaiser, Schäfer; Bleek, Sauerborn, Ripken; Jantz (BMA), Walter (BMWi), Gareis (BML), Scheffler (BMI), Elsholz (BMF), Gottschick (BMI), Pühl (Bundeskanzleramt), Selbach (Bundeskanzleramt), Simon (BMFa), Keller (BMS Schäfer), Sonnenburg (BMZ), Antoni (BMA), Palmer (BML), Schewe (BMA), Schlecht (BMWi), Forschbach (BPA); Protokoll: Lamby.

Beginn: 10.30 Uhr   *Ende: 12.45 Uhr*

Ort: Palais Schaumburg

Einziger Punkt der Tagesordnung[1]:
Fragen der Alters- und Invaliditätssicherung.

[1. FRAGEN DER ALTERS- UND INVALIDITÄTSSICHERUNG]

Ministerialdirektor Dr. Jantz [BMA] trägt den Inhalt der in der Anlage zur Einladung zusammengestellten Fragen der Alters- und Invaliditätssicherung vor[2]. Zur Höhe der Altersrente weist er darauf hin, daß sich der in der Anlage enthaltene Vorschlag von der Forderung der SPD unterscheide[3]. Nach Auffassung der SPD solle bei einer Versicherungsdauer von 40 Arbeitsjahren eine Rente gewährt werden, die 75% des Bruttoverdienstes vergleichbarer Arbeitnehmer entspreche. Nach der dem Sozialkabinett vorliegenden Fassung seien 60% vorgesehen. Die Formel der SPD besage, daß nach 10 Versicherungsjahren eine Rente erreicht werde, die

---

[1] Tagesordnung gemäß Einladung vom 11. Febr. 1956 in B 136/50206.

[2] Siehe Anhang 1, Dokument 14. Siehe auch die Vorlage Blüchers vom 16. Febr. 1956 für die Ministerausschußsitzung: Anhang 1, Dokument 15. – Vgl. auch den Vermerk vom 17. Febr. 1956 über die Ergebnisse der Sitzung des Sozialkabinetts in B 126/13804.

[3] Ernst Schellenberg hatte auf dem Kongreß der SPD zur Neuordnung Deutschlands in Köln am 14. und 15. Jan. 1956 ein Grundsatzreferat zur Sozialpolitik („Unser Weg zur Sozialreform") gehalten, in dessen Mittelpunkt die Neuordnung der Rentenversicherung stand. Schellenberg hatte vor allem eine Rente in Höhe von 75 % des Einkommens nach einem normalen Arbeitsleben sowie eine automatische Anpassung der Renten an die Löhne gefordert und einen Gesetzentwurf der SPD-Fraktion angekündigt. Vgl. den Vortrag in Neuordnung Deutschlands, S. 15–42. – Am 18. April 1956 brachte die SPD-Fraktion im Bundestag einen Gesetzentwurf über die Rentenversicherung der Arbeiter und Angestellten (BT-Drs. 2314) ein, der in seinen Grundzügen mit dem Konzept Schellenbergs übereinstimmte. Die erste Lesung des Gesetzentwurfs der SPD fand am 4. Mai 1956 statt (Stenographische Berichte, Bd. 29, S. 7364 f. und S. 7563–7573). Vgl. 132. Kabinettssitzung am 2. Mai 1956 TOP A (Kabinettsprotokolle 1956, S. 328). Vgl. auch Hockerts, Entscheidungen, S. 324 und S. 352–362.

30% des Bruttoverdienstes vergleichbarer Arbeitnehmer entspreche und daß für jedes weitere Versicherungsjahr ein Zuschlag von 1,5% des Bruttoverdienstes hinzukomme. Abgesehen von finanziellen Bedenken müsse dem SPD-Plan entgegengehalten werden, daß die hohen Renten in vielen Fällen praktisch die Höhe des Arbeitslohnes erreichten. Da nach dem Plan der SPD die Renten nach 40 Arbeitsjahren nicht mehr stiegen, bestehe für den Versicherten keine Möglichkeit mehr, durch seine eigene Leistung seine Altersrente zu erhöhen.

Bei der Invalidenrente solle nach Auffassung des Generalsekretariats eine Versicherungsdauer bis zum 55. Lebensjahr fingiert werden, um dadurch die fehlenden Beitragsjahre für Frühinvalide auszugleichen. Der *Bundeskanzler* hält die in der Anlage enthaltene Anlehnung an den Bruttoverdienst vergleichbarer Arbeitnehmer nicht für glücklich. Er empfiehlt statt dessen, künftig die Zahlen zu verwenden, die das Verhältnis zum Nettoeinkommen widerspiegelten. Diese Zahlen lägen höher und wirkten daher optisch günstiger, außerdem entsprächen sie der Wirklichkeit. Zu II. der Anlage bittet der *Bundeskanzler*, den letzten Satz anders zu formulieren. Man solle nicht davon sprechen, daß die Kinderzuschüsse und Waisenrenten der Lohn- und Gehaltsentwicklung folgen sollen, sondern statt dessen sagen, daß beide Leistungen von Zeit zu Zeit überprüft werden sollen. Der *Bundeskanzler* bittet zu erläutern, welche finanziellen Auswirkungen die neue Rentenformel haben werde, wenn man die Prozentsätze zugrundelege, die in der Anlage genannt seien. *Ministerialdirektor Dr. Jantz [BMA]* berichtet, daß genaue Berechnungen folgenden Finanzbedarf ergeben hätten: Die Erhöhung erfordere insgesamt 3,4 Milliarden DM unter Zugrundelegung der in der Anlage genannten Prozentsätze und unter Beibehaltung der zur Zeit geltenden Kürzungsvorschriften. Im einzelnen entfielen hiervon auf die Invalidenversicherung 2,4 Milliarden DM, auf die Angestelltenversicherung 0,8 Milliarden DM, auf die Knappschaftsversicherung 0,1 Milliarden DM und rd. 0,1 Milliarden DM auf die Erhöhung der Kinderzuschüsse und Waisenrenten. Es sei vorgesehen, den Mehraufwand durch Erhöhung der Beiträge zur Rentenversicherung von insgesamt 1% und durch Verlagerung von einem Beitragsprozent der Arbeitslosenversicherung auf die Rentenversicherung sowie durch Verlangsamung des Vermögenszuwachses der Rentenversicherungsträger zu finanzieren. Schließlich komme noch ein Zuschuß des Bundes in Höhe von 1,3 Milliarden DM hinzu. Dabei müsse berücksichtigt werden, daß der Bund bereits jetzt jährlich etwa 100 Mio. DM für das Sonderzulagengesetz[4] verausgabe; dessen Leistungen seien in der neuen Rentenformel einbegriffen. Auf der anderen Seite hätten die Mehrausgaben eine Ausweitung des Konsums und folglich eine Vermehrung der indirekten Steuern zur Folge. Die Zunahme an indirekten Steuern werde nach Berechnungen des Generalsekretariats auf rd. $^1/_2$ Milliarde DM jährlich geschätzt. Der *Bundeskanzler* wendet sich der Frage zu, welche Auswirkungen die Rentenerhöhungen auf das Preisgefüge haben werden. *Ministerialdirektor Dr. Jantz [BMA]* führt aus, daß wirtschaftlich eine einmalige Konsumausweitung sich nur in Höhe von 2,7 Milliarden DM ergebe, weil der Markt sich auf die schon jetzt gewährten Leistungen des Sonderzulagengesetzes eingestellt

---

[4] Vgl. 4. Sitzung des Ministerausschusses für die Sozialreform am 11. Okt. 1955 TOP 1.

habe. Im übrigen sei zu bedenken, daß jede Rentenerhöhung – gleich in welcher Form sie erfolge – einen einmaligen Konsumstoß bedeute. Die Dynamik der Rentenformel sei in diesem Zusammenhang belanglos. Der *Bundesminister für Arbeit* sieht in der Erhöhung der Renten keine ernsthaften Gefahren für ein Steigen der Preise. Eine Erhöhung der Renten werde nach seiner Auffassung nicht zu einer Ausweitung des Warenmarktes führen, sondern den einzelnen Rentner in die Lage versetzen, Waren besserer Qualität zu erwerben. Hierdurch werde das Preisgefüge nicht erschüttert. Man müsse sich vor Augen halten, daß eine Mehrausgabe von 3,4 Milliarden DM einer Lohnerhöhung von nicht einmal 3% entspreche. Der *Bundeskanzler* bittet die Bundesminister für Wirtschaft, der Finanzen, für Arbeit und für wirtschaftliche Zusammenarbeit durch ihre volkswirtschaftlichen Abteilungen untersuchen zu lassen, welche konjunkturellen Wirkungen die beabsichtigte Rentenerhöhung auslöse. Der *Bundesminister der Finanzen* stellt die Frage, wie das Größenverhältnis von Vollinvalidität zur Invalidität sei. Er weist auf die Vorlage des Bundesministers für Arbeit vom 9. Februar 1956[5] hin, die hier ein Verhältnis von 50 zu 50 in der Arbeitslosenversicherung und von $66^2/_3$ zu $33^1/_3$ in der Invalidenversicherung angebe. *Ministerialdirektor Dr. Jantz [BMA]* erwidert, daß in der früheren Vorlage des Bundesministers für Arbeit mangels genauer Unterlagen ein grober Schnitt als Ansatzpunkt hätte genommen werden müssen. In der heute unterbreiteten Vorlage sei ein begrifflich schärferer Maßstab angelegt worden. Man habe also bei den Schätzungen des Mehraufwandes einen gewissen Sicherheitsfaktor einkalkuliert. Der *Bundesminister der Finanzen* weist sodann auf die Gefährlichkeit von Indexrenten hin. Es werde in der Öffentlichkeit zu viel von der „dynamischen Rente" gesprochen. Nach seiner Auffassung sei in der letzten Sitzung nur eine einmalige Anhebung und eine spätere Nachprüfung je nach Notwendigkeit und Bedürftigkeit beschlossen worden. Die Zeitschrift „Der Arbeitgeber" habe auf einen im „Economist" erschienenen Artikel aufmerksam gemacht, in dem von englischer Sicht darauf hingewiesen werde, daß sich in Deutschland eine leichte Inflation abzuzeichnen beginne[6]. Dies müsse bedenklich stimmen. Es sei falsch, allein die Sozialreform in den Kreis der Betrachtungen zu ziehen. Man müsse vielmehr auch andere finanzielle Forderungen, die auf den Bund zukämen, berücksichtigen, wie z.B. die Forderungen auf dem Gebiet der Kriegsopferversorgung[7]. Wenn man die Reform der Rentenversicherung in dem vorgeschlagenen Ausmaß realisieren wolle, dann müsse eine Reform der Kriegsopferversorgung an zweiter Stelle rangieren. Zu der vom Bundeskanzler gestellten Frage, welche Auswirkungen die Mehraufwendungen auf das Preisgefüge haben können, erwidert der *Bundesminister der Finanzen*, daß nur auf den echten Produktivitätszuwachs und nicht auf die in der nomi-

---

[5] Gemeint ist wohl die Vorlage des Generalsekretariats („Die Kosten der Umstellung der laufenden Renten auf eine neue Rentenformel") vom 9. Febr. 1956 für die Sitzung des Interministeriellen Ausschusses am 15. Februar 1956 in B 136/1362.

[6] In dem Artikel „Das Jahr der Entscheidung" bezieht sich „Der Arbeitgeber" am 15. Jan. 1956 auf den Beitrag „Die deutsche Industrie durch britische Augen" in den Ausgaben des „Economist" vom 10. und 17. Dez. 1955.

[7] Vgl. 4. Sitzung des Ministerausschusses für die Sozialreform am 11. Okt. 1955 TOP 1 und vgl. 122. Kabinettssitzung am 22. Feb. 1956 TOP C (Kabinettsprotokolle 1956, S. 215 f.).

nellen Erhöhung des Bruttosozialprodukts enthaltene Preissteigerung abgestellt werden dürfe[8].

Zu den volkswirtschaftlichen Auswirkungen des Mehraufwandes von 3,4 Milliarden DM bemerkt der *Bundesminister für Wirtschaft*, daß die Finanzierung aus einer Beitragserhöhung und aus laufenden Steuereinnahmen neutral sei, da sie lediglich eine Umlenkung von Konsumkraft darstelle. Im übrigen bedeute die geplante Rentenanhebung eine Konsumausweitung zu Lasten der volkswirtschaftlichen Ersparnisbildung, die tendenziell zu Preissteigerungen führe. Inflatorische Wirkungen einer derartigen Konsumausweitung könnten bei einer ordentlichen Finanz- und Kreditpolitik durch eine Umschaltung von Investitionen auf Verbrauch an sich vermieden werden. Es dürfe jedoch nicht außer acht gelassen werden, daß die Erhaltung des wirtschaftlichen Fortschritts wegen des Arbeitskräftemangels ein hohes Investitionsvolumen erfordere, weshalb bei einem weniger ergiebigen Kapitalmarkt die Gefahr bestehe, daß die notwendigen Investitionsmittel über die Preise beschafft würden.

Der *Minister [für Wirtschaft]* befürwortet eine Trennung der Altersrente von der Invaliditätsrente. Nach seiner Auffassung solle die Altersrente als reine Beitragsrente gestaltet werden, die Staatszuschüsse sollten hingegen der Invaliditätsrente zufließen[9]. Bei einer fühlbaren Erhöhung der Renten könne auch eine angemessene Beitragserhöhung verantwortet werden. Der *Bundeskanzler* weist darauf hin, daß eine Beitragserhöhung von 1 oder 2% einer Konsumausweitung entgegenwirke und sich somit hemmend auf eine Preiserhöhung auswirke. Man müsse bei der Betrachtung der finanziellen Probleme davon ausgehen, daß trotz aller Bemühungen der Geldwert schon seit Jahrzehnten ständig langsam im Sinken begriffen sei. Es seien daher mit Sicherheit in Zukunft neue Lohnerhöhungen und Forderungen der Kriegsopfer und anderer sozial schwacher Gruppen zu erwarten. Bei der Abwägung der Forderungen solle man zuerst eine ausreichende Sicherung der Sozialrentner beschließen und sodann versuchen, die Forderungen der Kriegsopfer in vertretbaren Grenzen zu halten. Den Ausführungen des Bundesministers der Finanzen zu diesem Punkt müsse zugestimmt werden[10].

---

[8] Zur Anpassung der Renten an die steigende Produktivität schlug das BMF in einer Vorlage für eine Sitzung des Interministeriellen Ausschusses am 5. April 1956 eine Formel vor, die das preisbereinigte Nettosozialprodukt zu Faktorkosten in Beziehung zur Gesamtbevölkerung setzte. Die Rentner sollten nur zu $2/_3$ am jeweiligen Produktivitätszuwachs beteiligt werden. Berechnet werden sollte das Sozialprodukt in Fünfjahresdurchschnitten. Vgl. Anlage 2 („Produktivitätsrente") zum Schreiben des BMF vom 22. März 1956 in B 126/13858 und B 136/1362 sowie den Vermerk vom 6. April 1956 über die Sitzung des Interministeriellen Ausschusses am 5. April 1956 in B 146/1755 und den Vermerk vom 10. April 1956 in B 126/13858.

[9] So auch Blücher in seiner Vorlage für den Ministerausschuß vom 16. Febr. 1956, siehe Anhang 1, Dokument 15.

[10] Hier folgte in der Ausfertigung des Protokolles eine Stellungnahme Schäffers, die auf seinen Einspruch hin gestrichen wurde: „Der Bundesminister der Finanzen hält es für durchaus vertretbar, ein gewisses Risiko bei der Rentenerhöhung einzugehen, wenn man bedenke, daß eine Konsumausweitung auch eine Steigerung des Steuereinkommens zur Folge habe. Der Minister erklärt sich mit den finanziellen Auswirkungen der Rentenerhöhung in dem vorgeschlagenen

Der *Bundeskanzler* eröffnet sodann die Aussprache über folgende Punkte:

1. Soll eine Beitragserhöhung zur Rentenversicherung von 1 oder 2% erfolgen?
2. Wie hoch soll die Alters- und Invaliditätsrente bemessen werden?
3. Soll eine finanzielle Trennung zwischen Alters- und Invaliditätsrente erfolgen?

Der *Bundesminister für Arbeit* befürwortet eine Erhöhung des Beitrages von 11 auf 13%. Eine solche Erhöhung sei zumutbar, da eine wesentliche Erhöhung der Renten vorgesehen sei. Die Beitragserhöhung werde die Arbeitgeber nicht allzusehr belasten, denn sie seien nach einer Verbesserung der Leistungen der Rentenversicherung in der Lage, ihre betrieblichen Sozialleistungen unter Umständen zu vermindern. Außerdem müsse beachtet werden, daß bei dem Arbeitnehmer das Gefühl, im Alter ausreichend gesichert zu sein, sich produktivitätssteigernd auswirke. Schließlich wirke eine Beitragserhöhung einer Ausweitung des Konsums entgegen. Der *Minister* spricht sich sodann für eine Trennung von Alters- und Invaliditätsrente aus, damit jeder sehe, wer die Altersrente finanziere. Er unterstreicht, daß höchste Eile geboten sei, um einen Gesetzentwurf zu verabschieden, da anderenfalls die SPD mit einem eigenen Gesetzentwurf zuvorkomme. Der *Bundesminister für Wirtschaft* hält die in der Anlage zugrundegelegte normale Versicherungsdauer von durchschnittlich 33 Arbeitsjahren für unrichtig und tritt dafür ein, von einer durchschnittlichen Versicherungsdauer von 40 Arbeitsjahren auszugehen. Die Rente solle möglichst nicht über 60% des Nettoeinkommens hinausgehen, da sich eine zu hohe Rente negativ auf den Spartrieb des einzelnen auswirken müsse. Der *Bundeskanzler* entgegnet, daß eine Rente in Höhe von 60% des Nettoeinkommens psychologisch falsch sei, im Bundestag nicht durchsetzbar erscheine und auch nicht geeignet sei, den Spartrieb des Arbeitnehmers zu fördern. Der *Bundesminister für Arbeit* bemerkt, daß die bisherigen Vorlagen der Bundesregierung sich auf einer Ebene bewegt hätten, die im Parlament keinen Anklang gefunden hätte. Dies habe zur Folge gehabt, daß die SPD mit ihren erhöhten Forderungen im Parlament stets durchgedrungen sei. Eine rühmliche Ausnahme sei das Rentenmehrbetragsgesetz von 1954, in dem die Bundesregierung politisch wirksame Forderungen schon im Entwurf sich zu eigen gemacht habe[11]. Dieses Gesetz

---

Ausmaße einverstanden, wenn keine sonstigen finanziellen Forderungen hinzukämen." Im Entwurf des Protokolls hieß es hierzu zunächst: „Der Bundesminister der Finanzen hält die inflationistischen Tendenzen nicht für sehr bedenklich. Man könne ein gewisses Risiko durchaus eingehen, wenn man bedenke, daß eine Konsumausweitung auch eine Steigerung des Steuereinkommens zur Folge habe." Schäffer erklärt hierzu in einem Schreiben an das Bundeskanzleramt vom 9. März 1956, er habe sich zum Problem einer Steigerung des Steueraufkommens nicht geäußert, sondern beanstandet, daß eine Mehreinnahme von 500 Millionen DM an indirekten Steuern vom Generalsekretär vor dem Sozialausschuß behauptet worden sei, ohne daß vorher eine Besprechung mit dem Finanz- und Wirtschaftsministerium stattgefunden habe. Protokollentwurf und Schreiben des BMF vom 9. März und 25. April 1956 sowie Vermerk des Protokollführers Lamby vom 12. April 1956 und Berichtigung des Kurzprotokolls vom 3. Okt. 1956 in B 136/50207.

[11] Gesetz zur Gewährung von Mehrbeträgen in den gesetzlichen Rentenversicherungen und zur Neufestsetzung des Beitrags in der Rentenversicherung der Arbeiter, der Rentenversicherung

sei auch im Parlament ohne nennenswerte Änderungen verabschiedet worden. *Bundesminister Dr. Schäfer* bittet, die optimale Rente so festzusetzen, daß sie einen Anreiz zur Erhaltung des Arbeitswillens biete.

Nach eingehender Aussprache über die vom Bundeskanzler angeschnittenen Punkte beschließt das Sozialkabinett:

1. Es soll eine finanzielle Trennung von Alters- und Invaliditätssicherung erfolgen.

2. Die Altersrente soll ausschließlich aus Beiträgen finanziert werden.

3. Die Zuschüsse des Bundes sollen der Invalidensicherung zufließen.

4. Die Höhe der Altersrente soll bei 33 Arbeitsjahren etwa 58 bis 60% des Nettoarbeitsverdienstes und bei 40 Arbeitsjahren etwa 69 bis 72% des Nettoarbeitsverdienstes vergleichbarer Arbeitnehmer betragen. Das sind 50 bzw. 60% des Bruttoarbeitsverdienstes vergleichbarer Arbeitnehmer.

5. Die Invaliditätsrente soll so gestaltet werden, wie in der Anlage zur Einladung dargelegt ist.

Der *Bundeskanzler* bittet zu erläutern, welche finanziellen Auswirkungen eine Trennung von Alters- und Invaliditätssicherung zur Folge habe. *Ministerialdirektor Dr. Jantz [BMA]* entgegnet, daß zur Zeit noch nicht errechnet werden könne, wie hoch der Gesamtaufwand für die Invaliditätssicherung sei. Eine finanzielle Trennung der Alters- und Invaliditätssicherung habe bisher nicht stattgefunden.

Der *Bundeskanzler* tritt sodann für eine Erhöhung der Beiträge von 11 auf 13% ein. Eine solche Erhöhung bedeute, daß nunmehr ein Zuschuß des Bundes in Höhe von 800 Mio. DM erforderlich sei, wenn man davon ausgehe, daß die Verlagerung von einem Beitragsprozent der Arbeitslosenversicherung zur Rentenversicherung erfolge. Er bittet den Bundesminister für Arbeit zu erläutern, weshalb sich dieser nur mit der Übertragung von einem halben Beitragsprozent einverstanden erklären wolle. Der *Bundesminister für Arbeit* erwidert, daß ein Beitragsprozent den Jahresüberschuß der Arbeitslosenversicherung übersteige. Er trete dafür ein, daß der Arbeitslosenversicherung die Überschüsse genommen, jedoch nicht deren notwendiger Stock angegriffen werden dürfe, da anderenfalls die Bundesanstalt nicht mehr in der Lage sei, die Wiedereingliederungsmaßnahmen, z.B. Berufsumschulung usw., zu fördern[12]. *Staatssekretär Dr. Sauerborn [BMA]* berichtet, daß der derzeitige Überschuß der Bundesanstalt 250 Mio. DM betrage. Die Übertragung von einem halben Beitragsprozent ergebe schon einen Betrag von 275 Mio. DM. Wenn man darüber hinaus noch ein halbes Beitragsprozent verlagere, nehme man der Bundesanstalt die Möglichkeit, die Arbeitslosigkeit, insbesondere durch wirtschafts-

---

der Angestellten und der Arbeitslosenversicherung (Renten-Mehrbetrags-Gesetz – RMG –) vom 23. Nov. 1954 (BGBl. I 345). Vgl. 44. Kabinettssitzung am 14. Sept. 1954 TOP B (Kabinettsprotokolle 1954, S. 384 ff. und Einleitung, S. LII f.). – Zur Bewertung des Renten-Mehrbetrags-Gesetzes vgl. auch 7. Sitzung des Ministerausschusses für die Sozialreform am 18. Jan. 1956, Anm. 4.

[12] Zur Einrichtung und zu den Aufgaben der mit Gesetz vom 10. März 1952 begründeten Bundesanstalt für Arbeitsvermittlung und Arbeitslosenversicherung (BGBl. I 123) vgl. 121. Kabinettssitzung am 9. Jan. 1951 TOP I (Kabinettsprotokolle 1951, S. 51 f.).

fördernde Maßnahmen, ausreichend und wirksam zu bekämpfen. Der *Bundeskanzler* vertritt die Auffassung, daß die Übertragung von einem Beitragsprozent durchaus gerechtfertigt sei, da voraussichtlich die Arbeitslosigkeit weiterhin sinke und die Zahl der Beschäftigten steige. Die Bundesanstalt gehe kein Risiko ein, da notfalls die Bundesregierung aufgrund ihrer gesetzlichen Verpflichtung finanziell einspringen werde. Der *Bundesminister der Finanzen* weist darauf hin, daß im Jahre 1952 191 Mio. DM und im Jahre 1955 nur 50 Mio. DM von der Bundesanstalt für wirtschaftsfördernde Maßnahmen verausgabt worden seien. Er hält ebenfalls eine Übertragung von einem Beitragsprozent für gerechtfertigt. Nach eingehender Diskussion erklärt der *Bundesminister für Arbeit*, sich gegen die vorgebrachten Argumente nicht wehren zu können, insbesondere wenn man bedenke, daß voraussichtlich im Bundestag die Übertragung von einem Prozent beschlossen werde.

Das Sozialkabinett beschließt daraufhin:

1. Der Beitrag zur Rentenversicherung wird von 11 auf 13% erhöht.
2. Ein Beitragsprozent der Arbeitslosenversicherung wird zur Rentenversicherung übertragen.

Der *Bundeskanzler* schneidet die Frage an, welche Mittel zur Zeit von der Invalidenversicherung für Rehabilitationsmaßnahmen ausgegeben werden. *Staatssekretär Dr. Sauerborn [BMA]* erklärt, man müsse eine Unterscheidung treffen zwischen der medizinischen Rehabilitation, die vorwiegend unter der Verantwortung der Invalidenversicherung durchgeführt werde, und der wirtschaftlichen Rehabilitation, die Maßnahmen der Umschulung usw. umfasse und der Bundesanstalt obliege. Es sei wünschenswert, daß diese Trennung auch künftig aufrechterhalten werde. Im Augenblick sei nicht überschaubar, welche Mittel für die Rehabilitation insgesamt ausgegeben worden seien. Umfangreiche Erfahrungen lägen bei den Rehabilitationsmaßnahmen für Kriegsopfer und Verkehrsopfer vor. Andere Krankheiten, wie z.B. Multiple Sklerose, eigneten sich noch nicht zur Rehabilitation. *Bundesminister Dr. Schäfer* spricht sich gegen eine Trennung der medizinischen und der beruflichen Rehabilitation aus. Beide Maßnahmen gehörten zusammen und müßten einem einzigen Träger als letztlich verantwortlicher Einrichtung übertragen werden. Nur so könne garantiert werden, daß der einzelne nicht in den Zuständigkeitsstreit der einzelnen Einrichtungen gerate. Der *Bundeskanzler* schließt sich den Ausführungen von Bundesminister Dr. Schäfer an. Er hält es ebenfalls für richtig, daß eine Stelle für sämtliche Maßnahmen die Verantwortung zu tragen habe. Diese könne sich dann in Einzelfällen der zuständigen Institutionen bedienen. Man solle die letzte Verantwortung der Rentenversicherung übertragen. Das Sozialkabinett schließt sich dieser Auffassung an.

Zu dem Problem der Kinderzuschläge erklärt *Ministerialdirektor Dr. Jantz [BMA]*, daß nach der geltenden Regelung Kinderzuschläge vom 3. Kind an in Höhe von DM 25,00 gewährt werden[13]. Nach der geplanten Regelung sollten alle Kinder Kinderzuschläge erhalten. Er trägt sodann das Anliegen des Bundesministers für

---

[13] Vgl. hierzu 160. Kabinettssitzung am 22. Nov. 1956 TOP 6 (Kabinettsprotokolle 1956, S. 735, Anm. 18).

Familienfragen vor, der darum gebeten habe, daß der Kinderzuschlag auf DM 35,00 erhöht werde, um eine unterschiedliche Behandlung der Schaffenden und der Sozialleistungsempfänger zu vermeiden[14].

Der *Bundesminister der Finanzen* nimmt zu dem Problem der Ersatzzeiten Stellung und weist darauf hin, daß eine Anrechnung dieser Zeiten (Kriegsdienst, Militärdienst usw.) ganz erhebliche finanzielle Auswirkungen haben werde. Entweder man entschließe sich dazu, die Ersatzzeiten künftig nicht anzurechnen, dann könne die Rente in der vorgeschlagenen Höhe belassen werden, oder man wolle die Ersatzzeiten in Anrechnung bringen, dann solle man die Rente tiefer ansetzen[15]. Er schneidet sodann die Frage an, ob die Altersgrenze von 65 Jahren aufrecht erhalten werden solle. Wenn man sich bereit finden könnte, die Altersgrenze heraufzusetzen, sei man in der Lage, für die Rentner wesentlich günstigere Zugeständnisse zu machen. Der *Bundeskanzler* entgegnet, daß die Frage der Altersgrenze bereits am 13. Februar 1956 vom Sozialkabinett beschlossen und dieser Beschluß auch anschließend veröffentlicht worden sei[16]. Man rufe einen Sturm der Entrüstung hervor, wenn man dieses Problem erneut erörtere. *Staatssekretär Dr. Sauerborn [BMA]* macht darauf aufmerksam, daß in den meisten anderen Staaten ebenfalls die Altersgrenze des 65. Lebensjahres bestehe. Es sei beabsichtigt, in dieser Richtung eine elastische Regelung zu treffen. Um den Anreiz zur Weiterarbeit zu erhalten, wolle man denjenigen, die über das 65. Lebensjahr hinaus arbeiten, eine besonders hohe Rente zukommen lassen. Der *Bundeskanzler* weist zur Frage der Ersatzzeiten darauf hin, daß eine Anrechnung dieser Zeiten durchaus

---

[14] Wuermeling, der an dieser Sitzung nicht teilnahm, erklärte sich mit einem Schreiben vom 23. März 1956 an das Bundeskanzleramt mit der Entscheidung, die Kinderzuschläge auf 25 DM festzusetzen, nicht einverstanden. Die Erhöhung der Kinderzuschläge dürfe nicht geringer ausfallen als die allgemeine Erhöhung der Altersrenten. Im Sozialkabinett sei Einmütigkeit darüber erzielt worden, daß die Kinderzuschläge bei allen sozialen Leistungen gleich hoch sein sollten. Bei der Unterhaltshilfe im Lastenausgleich werde schon jetzt ein Kinderzuschlag von 35,00 DM ab dem 1. Kind gezahlt und auch bei den Fürsorgesätzen seien im Durchschnitt mehr als 35,00 DM als Familienzuschlag vorgesehen. Bei den Alters- und Invalidenrentnern müsse ein Kinderzuschlag von 35,00 DM vorgesehen werden. Storch bat um eine erneute Erörterung dieses Punktes im Ministerausschuß, da seiner Information zufolge die „Behandlung dieses Punktes [...] nicht zu dem aus dem Kurzprotokoll [...] ersichtlichen Zeitpunkt der Verhandlungen, sondern in der letzten Minute, als die Beteiligten bereits 'im Aufstehen' begriffen waren", erfolgt sei, ohne daß für eine gründliche Erörterung Zeit gewesen sei (Schreiben in B 136/4802 und B 153/2709). – Fortgang hierzu 134. Kabinettssitzung am 15. Mai 1956 TOP 2 (Kabinettsprotokolle 1956, S. 353–359). Zur Höhe des Kinderzuschusses vgl. auch die Kabinettsvorlage des BMFa vom 3. Mai 1956 zum Grundentwurf des BMA für eine Neuregelung des Rechts der Rentenversicherung der Arbeiter, Teil I vom 18. April 1956 in B 153/2709 und B 136/1359.

[15] Vgl. zur Frage der Berücksichtigung von Ersatzzeiten auch die Beratungen des Arbeitsausschusses für Grundsatzfragen am 20. und 21. März 1956 (Protokoll in B 149/415). Vgl. hierzu auch den Vermerk des wiss. Mitarbeiters im Generalsekretariat, Hensen, vom 21. Jan. 1956 in B 149/116804.

[16] Am 13. Febr. 1956 hatte keine Sitzung des Ministerausschusses für die Sozialreform stattgefunden. In der Presseverlautbarung vom 19. Jan. 1956 (B 136/1386) war unter Bezugnahme auf die in den Sitzungen des Sozialkabinetts vom 13. Dez. 1955 und 18. Jan. 1956 gefaßten Beschlüsse erklärt worden, daß die Altersgrenze wie bisher auf 65 Jahre festgesetzt werden sollte.

gerechtfertigt sei, wenn man die entsprechende Regelung bei den Beamten vergleiche. Eine Parallele der Beamtenversorgung zu den Rechten der Sozialversicherten sei in diesem Punkt unbedingt gerechtfertigt. *Bundesminister Dr. Schäfer* bittet um Auskunft darüber, ob eine Anrechnung der Ausbildungszeit vorgesehen sei. Hierauf entgegnet *Ministerialdirektor Dr. Jantz [BMA]*, daß eine derartige Möglichkeit in den Vorschlägen enthalten sei. Der *Bundesminister für Vertriebene, Flüchtlinge und Kriegsgeschädigte* tritt dafür ein, daß für Vertriebene und Flüchtlinge eine Anrechnung der Zeiten erfolgen solle, in denen diese Personen berufsfremd eingesetzt gewesen seien. Hiergegen wendet der *Bundesminister für Arbeit* ein, daß es sich bei diesem Problem um Kriegsfolgelasten handele, für die der Lastenausgleichsfonds verantwortlich sei. Der *Bundeskanzler* stellt abschließend fest, daß Punkt 4 der Anlage vom Sozialkabinett gebilligt worden ist und schlägt vor, daß der Bundesminister für Vertriebene, Flüchtlinge und Kriegsgeschädigte und Ministerialdirektor Dr. Jantz das Problem der Anrechnung von Ersatzzeiten bei berufsfremd eingesetzten Vertriebenen und Flüchtlingen noch einer besonderen Nachprüfung unterziehen sollen. Der *Bundesminister der Finanzen* bittet, an diesen Beratungen beteiligt zu werden.

Nach Ansicht des *Bundesministers für Wirtschaft* ist die in der letzten Presseverlautbarung verwendete Bezeichnung der „dynamischen Rente" sprachlich unzutreffend[17]. Er weist darauf hin, daß die Anlehnung der Rente an die Produktivitätssteigerung auch in der Bezeichnung der Rente zum Ausdruck kommen müsse. Der *Bundesminister für Arbeit* schließt sich diesen Ausführungen an. Nach seiner Auffassung sollten bei der vorgesehenen Nachprüfung in gewissen Zeitabständen nicht nur die Lohn- und Gehaltsentwicklung, sondern auch andere Faktoren, wie z.B. die Gesamtentwicklung der Lebenshaltung und der Produktivität berücksichtigt werden. Er habe bei einer Kundgebung in Hamburg diesen Gedanken vorgetragen[18] und den Eindruck gewonnen, daß in der Bevölkerung hierfür großes Verständnis entgegengebracht werde. Er berichtet, daß der Arbeitgeberverband sich ebenfalls gegen den Ausdruck „dynamische Rente" gewandt habe[19]. Der *Bundeskanzler* stimmt diesen Überlegungen zu und schlägt vor, künftig den sprachlich besseren Ausdruck „Produktivitätsrente" zu verwenden[20]. Dieser Ausdruck solle in einer Presseverlautbarung über die Sitzung des Sozialkabinetts erläutert werden[21].

---

[17] Der Begriff „dynamische Rente" ist auf den Freiburger Volkswirtschaftler J. Heinz Müller zurückzuführen, der den Begriff im Oktober 1955 erstmals in einer öffentlichen Diskussion über den Schreiber-Plan verwandte (vgl. Hockerts, Entscheidungen, S. 311, Anm. 324).

[18] „Die Welt" vom 13. Febr. 1956 berichtet über eine Rede Storchs („Höhere Renten vorgesehen") in Hamburg vor dem Evangelischen Männerwerk.

[19] Vgl. die Stellungnahme der Bundesvereinigung der deutschen Arbeitgeberverbände „Zur ‚Dynamik' der Altersrente" vom 15. Febr. 1956 in B 136/1380. Die Arbeitgeberverbände hatten eine automatische Anpassung der Rente an die Löhne aus währungs- und wirtschaftspolitischen Gründen abgelehnt und stattdessen eine Anpassung an die Steigerung der Produktivität vorgeschlagen. Die Angleichung der Rente sollte aufgrund einer Stellungnahme eines Sachverständigengremiums in jeweils fünfjährigem Abstand erfolgen.

[20] Noch Anfang Februar 1956 hatte sich Adenauer bei Veranstaltungen anläßlich der Landtagswahl in Baden-Württemberg in Karlsruhe und Stuttgart explizit für die „dynamische Rente" ausgesprochen: „[...] Wir wollen eine dynamische Rente geben. Lassen Sie mich das Wort er-

159

Außerhalb der Tagesordnung

[A. HALBTAGSSTELLEN IN DER INDUSTRIE]

Der *Bundesminister der Finanzen* schneidet die Frage an, ob durch den Bundesminister für Wirtschaft auf die Industrie ein Druck dahingehend ausgeübt werden könne, daß künftig mehr Möglichkeiten für Halbtagsbeschäftigungen geschaf-

---

klären. Wir wollen, daß auch die Rentenempfänger an dem Aufstieg des Standes oder Berufes teilnehmen, dem sie angehört haben. Wir denken uns das so, daß die Renten periodisch – nicht jedes Jahr, aber in einem Zeitraum zwischen drei und fünf Jahren, darüber sind wir uns noch nicht schlüssig – nachgeprüft und dann an die Einkommen des Berufsstandes angepaßt werden, dem derjenige, der die Rente bezieht, angehört hat. [...]". Auszugsweise Abschrift der Rede Adenauers in Karlsruhe am 2. Febr. 1956 in B 136/1386.

21 Vgl. Bulletin vom 21. Febr. 1956, S. 297. Zur Produktivitätsrente heißt es hier: „Das Sozialkabinett hat sich erneut zu dem Grundsatz bekannt, daß die Alters- und Invaliditätsrentner sowie die Witwen und Waisen, die Renten beziehen, an der Steigerung der Produktivität beteiligt werden sollen. Da der Ausdruck „dynamische Rente" sprachlich falsch ist, soll an seine Stelle der Ausdruck 'Produktivitäts-Rente' treten." Entwurf in B 149/392. – Zur verstärkten Öffentlichkeitsarbeit des Kanzleramtes zur Rentenreform im Frühjahr 1956 Unterlagen in B 136/1386. – Das Sozialkabinett trat zur Beratung der Rentenreform nicht mehr zusammen. Eine vom BMF angeregte und für den 17. April 1956 geplante Sitzung des Ministerausschusses für die Sozialreform wurde auf Intervention Adenauers abgesagt, da die vorgesehenen Fragen – Art und Weise der Trennung des Alters- vom Invaliditätsrisiko und Begriff der Produktivitätsrente – bereits in der Sitzung am 17. Februar in aller Breite erörtert worden seien. Eine erneute Erörterung wegen Einzelheiten sei „vielleicht [...] nötig, aber keinesfalls dringlich." Vgl. das Schreiben des BMF vom 9. April 1956 in B 136/4802 und das Schreiben Adenauers an Blücher aus Ascona vom 12. April 1956 in B 146/1766. Entwurf des Antwortschreibens Blüchers vom 17. April 1956 in B 146/1755, vgl. auch Schreiben Adenauers an Globke vom 12. April 1956 in Adenauer, Briefe 1955–1957, S. 182 f. – In einem Schreiben an Blücher vom 20. April 1956 (B 146/1766) wandte sich Adenauer auch gegen eine Sitzung des Ministerausschusses zu einem späteren Zeitpunkt. Er habe Nachricht erhalten, „daß die SPD-Fraktion einen eigenen Gesetzentwurf in allernächster Zeit veröffentlichen würde. Es erschien mir sehr inopportun, daß wir gegenüber einer solchen Veröffentlichung nur hätten mitteilen können, es habe eine Sitzung des Sozialkabinetts stattgefunden. Ich habe deshalb auch zugestimmt der Bitte des Herrn Storch, daß unser Gesetzentwurf in seiner augenblicklichen Fassung veröffentlicht werden soll. Eine Bindung sehe ich darin weder für das Kabinett noch für die Koalition. Im übrigen verstehe ich nicht, warum das Bundesfinanzministerium jetzt erst mit dem Antrage kommt, eine Sitzung des Sozialkabinetts einzuberufen. In der letzten Sitzung des Sozialkabinetts, in der Sie nicht anwesend sein konnten, wurde über die entscheidenden Punkte vollkommene Übereinstimmung erzielt. Das Arbeitsministerium erhielt den Auftrag, den Gesetzentwurf im Detail auszuarbeiten und Verbindung dabei zu halten mit dem Bundesfinanzministerium. Es hat den Anschein, als wenn die Referenten des Bundesfinanzministeriums ihre alte Verzögerungstaktik auch nunmehr wieder hatten anwenden wollen zum Nutzen der Sozialdemokratie, zum Schaden der Regierung und der Regierungskoalition. [...]." – Vorlagen des BMF vom 21. Februar 1956 („Trennung des Invaliditätsrisiko vom Altersrisiko") und vom 21. März 1956 („Offene Fragen zur Rentenversicherungsreform" und „Produktivitätsrente") für die geplante Sitzung des Ministerausschusses für die Sozialreform in B 126/13858 und B 136/1362. – Fortgang hierzu 134. Kabinettssitzung am 15. Mai 1956 TOP 2 (Kabinettsprotokolle 1956, S. 353–359). – Gesetz zur Neuregelung des Rechts der Rentenversicherung der Arbeiter und Gesetz zur Neuregelung des Rechts der Rentenversicherung der Angestellten, jeweils vom 23. Febr. 1957 (BGBl. I 45 und 88). – Siehe auch Einleitung, S. 34 f.

fen werden könnten. Der *Bundeskanzler* bittet den Bundesminister für Wirtschaft, sich dieser Sache anzunehmen[22].

---

[22] Unterlagen hierzu konnten nicht ermittelt werden. – Halbtagsstellen rückten als neues Arbeitszeitmodell Mitte der 50er Jahre in den Blickpunkt des Interesses. Ursachen hierfür waren einerseits die zunehmende Verknappung der Arbeitskräfte und die Suche nach Reserven auf dem Arbeitskräftemarkt, andererseits das wachsende Interesse von Frauen an Berufstätigkeit neben der Familienarbeit. Vgl. hierzu Ruhl, Unterordnung, insb. S. 196 f. und 309 f. – Vgl. auch Pohl, Teilzeitarbeit für Frauen, BArbBl. 1955, S. 900–903.

1. Sitzung des Ministerausschusses für Sozialreform
am Donnerstag, den 9. Oktober 1958

Teilnehmer: Blank (als stellvertretender Vorsitzender), Schröder, Wuermeling; Sonnemann (16.20 Uhr bis 17.30 Uhr), Claussen; Vialon (Bundeskanzleramt), Walter (BMWi), Schönleiter (BMA), Kroener (BMVtg), Elsholz (BMF), Eigenwillig (BMVtg), Ludwig (BMFa), Hornschu (Bundeskanzleramt) und weitere Vertreter der Bundesressorts. Protokoll: Boden.

Beginn: 16.00 Uhr   *Ende: 17.50 Uhr*

Ort: Palais Schaumburg

Einziger Punkt der Tagesordnung[1]:
Reform des Bundesversorgungsgesetzes
hier: Große Anfrage der SPD Nr. 434 vom 11. Juni 1958
Vortrag des Bundesministers für Arbeit und Sozialordnung.

[1. REFORM DES BUNDESVERSORGUNGSGESETZES]

Der *Bundesminister für Arbeit und Sozialordnung* weist einleitend darauf hin, daß die heutige Besprechung lediglich der Vorbereitung des Entwurfs der Antwort der Bundesregierung auf die Große Anfrage der SPD-Fraktion vom 11.6.1958 dienen solle, den er dem Kabinett zur nächsten Sitzung vorlegen werde[2]. Mit dem Bundesminister der Finanzen habe er vereinbart, daß er den Gesetzentwurf zur Reform des Bundesversorgungsgesetzes zu einem Zeitpunkt fertigstellen werde, der neue Belastungen für das Haushaltsjahr 1958 aus diesem Gesetz ausschließe[3].

---

[1]   Tagesordnung gemäß Einladung vom 6. Okt. 1958 in B 136/50206. – Das Kabinett hatte in seiner 35. Sitzung am 17. Sept. 1958 (TOP 2: B 136 VS/36118) die erneute Einsetzung eines Ministerausschusses für Sozialreform beschlossen. Ordentliche Mitglieder des Kabinettsausschusses waren der Bundeskanzler als Vorsitzender, der Bundesminister für Arbeit als ständiger Vertreter im Vorsitz sowie die Bundesminister des Innern, der Finanzen und für Wirtschaft. Die Bundesminister für Familie und Jugend sowie für Vertriebene, Flüchtlinge und Kriegsgeschädigte gehörten auf Einspruch Adenauers nicht zu den ständigen Mitgliedern. Der Ausschuß sollte klein gehalten werden und sich auf konkrete Gesetzesvorhaben konzentrieren. Als sozialpolitische Problemfelder der nächsten zwei Jahre waren von Blank in der Kabinettssitzung am 17. Sept. 1958 die Kranken- und Rentenversicherung sowie die Kriegsopferversorgung genannt worden. – Unterlagen zur Wiedereinrichtung des Ministerausschusses in B 136/50205. – Vgl. Einleitung, S. 40–43.
[2]   Vgl. BT-Drs. 434. – Kabinettsvorlagen des BMA vom 9. Okt. und 11. Okt. 1958 in B 149/16424, B 136/396 und B 126/13879; weitere Unterlagen in B 136/135 sowie in B 126/13878.
[3]   Vgl. Schreiben von Staatssekretär Hartmann (BMF) an den BMA vom 16. Sept. 1958 in B 149/16424.

Das Parlament solle Anfang des Jahres 1959 mit dem Entwurf befaßt werden; an ein Inkrafttreten des Gesetzes sei erst mit Beginn des Haushaltsjahres 1959 gedacht.

Nach einem kurzen Überblick über die Entwicklung des Bundesversorgungsgesetzes bemerkt der Minister, daß die Reform der Kriegsopferversorgung bereits bei Verabschiedung der 6. Novelle zum Bundesversorgungsgesetz in der vorigen Legislaturperiode von allen Fraktionen des Bundestages gefordert worden sei[4]. Der Reichsbund der Kriegs- und Zivilbeschädigten, Sozialrentner und Hinterbliebenen und der VdK (Verband der Kriegsbeschädigten, Kriegshinterbliebenen und Sozialrentner Deutschlands) hätten inzwischen jedoch Vorschläge gemacht, deren Verwirklichung zu einer Mehrbelastung des Haushalts um $4^1/_2$ Mia. bzw. $3^1/_2$ Mia. DM führen würde[5]. Er habe bereits im Februar bei Entwicklung des Gesamtprogramms der sozialen Vorhaben erklärt, daß diese Forderungen zu hoch seien und daß die Grundrenten – die zu den Ausgleichsrenten im Verhältnis von 2:1 stünden[6] – un-

---

[4] Sechstes Gesetz zur Änderung und Ergänzung des Bundesversorgungsgesetzes vom 1. Juli 1957 (BGBl. I 661). Vgl. die Beratungen im Bundestag in der 198. Sitzung am 15. März 1957 und in der 210. Sitzung am 22. Mai 1957 (Stenographische Berichte, Bd. 35, S. 11281 und Bd. 37, S. 12149). – Sechs Novellierungen des am 20. Dez. 1950 inkraftgetretenen Bundesversorgungsgesetzes -BVG- (BGBl. I 791) hatten deutliche Verbesserungen in der Rentenhöhe und hinsichtlich der Anrechnung des sonstigen Vermögens sowie in der Erweiterung des berechtigten Personenkreises gebracht. Die Leistungen durch das BVG sicherten dennoch häufig nur das Existenzminimum und lagen vielfach kaum über dem Fürsorgeniveau. Adenauer hatte sich bereits 1956 gegen eine schrittweise Verbesserung der Kriegsopferversorgung „durch zahlreiche schnell aufeinanderfolgende Novellen" und für „eine völlig neue Lösung" ausgesprochen. Die Frage der Kriegsopferversorgung solle „unverzüglich im Sozialkabinett erörtert werden" (122. Kabinettssitzung am 22. Febr. 1956 TOP C: Kabinettsprotokolle 1956, S. 215 f.). Nach Abschluß der Rentenreform 1957 verstärkten sich die Forderungen nach Besserstellung der Kriegsopfer. Es ging vor allem darum, die Versorgungsbezüge von Bedürftigkeitsprüfungen unabhängig zu machen und Entschädigungsleistungen durch entsprechende Erhöhung einem tatsächlichen Schadensausgleich anzunähern. Der Entschädigungs- sollte den Fürsorgeaspekt zurückdrängen. Vgl. Trometer, Kriegsopferversorgung, S. 196 und Schulin, Entschädigungsrecht, S. 1050.

[5] „Vorschläge des VdK Deutschlands zur Neuordnung der Kriegsopferversorgung" vom Januar 1958 in B 136/396 und B 126/13878. Der VdK hatte eine deutliche Erhöhung der Grundrenten und ihre Aufwertung gegenüber den Ausgleichsrenten gefordert. Die einkommensunabhängige, entsprechend dem Grad der Minderung der Erwerbsfähigkeit (MdE) differenzierte Grundrente der erwerbsunfähigen Kriegsbeschädigten sollte von bislang max. 140 DM auf 250 DM angehoben werden, während die einkommensabhängige Ausgleichsrente von 180 DM auf 125 DM gesenkt werden sollte. Schwerstbeschädigte mit einer MdE von 90 oder 100 v. H. sollten zur Abgeltung des beruflichen Schadens eine Berufsschadenszulage von 30 DM oder 60 DM und gesundheitlich außergewöhnlich betroffene Schwerstbeschädigte gestaffelt eine Zulage erhalten. Die Anrechnung sonstiger Einkommen sollte modifiziert und Witwen, die durch den Tod ihres Ehemannes wirtschaftlich besonders betroffen waren, ein Sozialausgleich in Höhe von 60 DM monatlich gezahlt werden. Außerdem hatte der VdK analog zu dem Rentenversicherungs-Neuregelungsgesetz und zur gesetzlichen Unfallversicherung eine Gleitklausel gefordert, um eine laufende Anpassung der Geldleistungen des BVG an die wirtschaftlichen Verhältnisse zu gewähren. – Vorschläge für eine Reform der Kriegsopferversorgung, erarbeitet vom Bundesvorstand des Reichsbundes der Kriegs- und Zivilbeschädigten, Sozialrentner und Hinterbliebenen, Oktober 1957, in B 126/13878. – Vgl. auch die Pressedienste des VdK und des Reichsbundes in B 136/401.

angetastet bleiben sollten. Die Erhöhungen müßten sich vielmehr auf die Ausgleichsrenten beschränken.

Sodann wendet sich der Minister den einzelnen Punkten der SPD-Anfrage zu.

Frage 1): „Wann gedenkt die Bundesregierung dem Bundestag den Gesetzentwurf zur Reform des Bundesversorgungsgesetzes vorzulegen?"

Der *Bundesminister für Arbeit und Sozialordnung* schlägt als Antwort vor, eine entsprechende Gesetzesvorlage erfolge Anfang 1959. Es könne dann durchaus Mitte Januar oder etwas später werden. Bei der Beantwortung könne auf die jetzt abgeschlossenen umfangreichen und eingehenden Vorarbeiten hingewiesen werden, deren Ergebnisse noch mit den einzelnen Ressorts, den Ländern und dem beratenden Beirat für Versorgungsrecht zu erörtern und abzustimmen seien[7]. Der *Bundesminister für Familien- und Jugendfragen* regt an, schon hier einen Hinweis auf das Problem der Beschaffung der notwendigen Haushaltsmittel zu bringen. Der *Bundesminister für Arbeit und Sozialordnung* rät davon ab. Er möchte jede Frage möglichst kurz beantworten und nichts sagen, was nicht notwendig zu den einzelnen Fragen gesagt werden muß.

Frage 2 a): „Welche Vorstellungen hat die Bundesregierung über die Gestaltung des Rentensystems?"

Diese Frage möchte der *Bundesminister für Arbeit und Sozialordnung* mit einem klaren Bekenntnis zum bisherigen System beantworten. Die Argumentation der Kriegsopferverbände, an die Stelle des Fürsorgegedankens müsse der Gedanke „Ersatz des Schadens" treten, sei ein Ausdruck der Bestrebungen, die Kriegsopferversorgung der in der Unfallversicherung getroffenen Regelung anzugleichen[8]. Die

---

[6] Vgl. den Vermerk des BMA vom November 1958 für das Bundeskanzleramt zur Vorbereitung eines Empfangs des Präsidiums des VdK beim Bundeskanzler in B 136/396: Der Vorschlag des VdK „sieht im wesentlichen eine starke Erhöhung der Grundrenten vor. Das Verhältnis der Grundrente zur Ausgleichsrente, das zur Zeit etwa 2 : 3 beträgt, soll nach dem Wunsch des VdK auf das Verhältnis 2 : 1 geändert werden."

[7] Niederschrift über die Besprechung mit den Referenten für die Kriegsopferversorgung der obersten Arbeitsbehörden der Länder am 2. und 3. März 1959 im BMA über den Referentenentwurf eines Gesetzes zur Neuregelung des Rechts der Kriegsopferversorgung in B 149/11836. Von den Vertretern der Länder wurde in dieser Besprechung überwiegend bemängelt, daß der Entwurf die Beschlüsse des Beirats für Versorgungsrecht unberücksichtigt lasse und daß keine Erhöhung der Grundrenten vorgesehen sei. – Der Beirat für Versorgungsrecht beim BMA war erstmals am 25. Mai 1950 anläßlich der Beratung des Entwurfs des Bundesversorgungsgesetzes zusammengetreten. Niederschriften der Sitzungen 1950–1964 in B 149/1966, 2601 und 11859.

[8] Mit dem Gesetz zur vorläufigen Neuregelung von Geldleistungen in der gesetzlichen Unfallversicherung vom 27. Juli 1957 (BGBl. I 1071) waren sämtliche Renten, die auf Unfällen vor dem 1. Jan. 1957 basierten, durch Berücksichtigung bestimmter Umstellungsfaktoren neben den zugrundeliegenden Arbeitsverdiensten der wirtschaftlichen Entwicklung angeglichen worden. Vgl. hierzu auch den Vermerk der Abt. V („Vergleichende Betrachtung der Unfallversicherung einerseits und der Kriegsopferversorgung andererseits) vom 4. Sept. 1959 in B 149/2627. – Zur Beratung des Unfallversicherungs-Neuregelungsgesetzes vgl. auch 65. Sitzung des Kabinettsausschusses für Wirtschaft am 8. Febr. 1957 TOP 1 (B 136 VS/36220) und 171. Kabinettssitzung am 15. Febr. 1957 TOP 3 (B 136 VS/36115).

beiden Rentensysteme seien aber völlig verschieden. Auf Charakter und Sinn des bisherigen Systems werde in der Antwort eingegangen werden. Die Bundesregierung werde an der Zweiteilung der Versorgungsrente in eine Grundrente – als angemessene Entschädigung für den Verlust der körperlichen Integrität und Ausgleich für wirtschaftliche Mehraufwendungen infolge der Schädigungen – und eine Ausgleichsrente – zur Sicherung des Lebensunterhalts – festhalten. Innerhalb dieses Rentensystems komme lediglich die Erhöhung der Ausgleichsrente in Betracht. Für erwerbsunfähige Beschädigte (100% Beschädigte) sei allerdings zur stärkeren Staffelung gegenüber den 90% Beschädigten eine Erhöhung der Grundrente von 140 DM auf 150 DM vorgesehen.

Frage 2 b): „Welche Vorstellungen hat die Bundesregierung über die Anrechnung des sonstigen Einkommens?"

Der *Bundesminister für Arbeit und Sozialordnung* schlägt vor, diese Frage dahin zu beantworten, daß das bisherige Anrechnungsprinzip beibehalten, allerdings etwas modernisiert werden sollte. Der *Bundesminister für Familien- und Jugendfragen* weist in diesem Zusammenhang auf die niedrigeren Kinderzulagen nach dem Bundesversorgungsgesetz gegenüber der Regelung nach dem Kindergeldgesetz, den Rentenversicherungsgesetzen usw. hin und bittet, die Sätze des BVG entsprechend anzugleichen. Der *Bundesminister für Arbeit und Sozialordnung* erklärt dazu, daß die Kinderzulagen nach dem Bundesversorgungsgesetz wie bisher an die Gewährung einer Ausgleichsrente geknüpft seien, sich aber nach der Reform in ihrer Höhe nach dem Kindergeld richten sollten, das auf Grund des Kindergeldgesetzes gezahlt wird[9]. Voraussetzung hierfür sei natürlich die Zurverfügungstellung entsprechender Deckungsmittel durch den Bundesminister der Finanzen.

Frage 2 c): „Welche Vorstellungen hat die Bundesregierung über die stärkere Berücksichtigung des Berufsschadens?"

Der *Bundesminister für Arbeit und Sozialordnung* schlägt als Antwort vor, daß beabsichtigt sei, die bisherige Regelung der Abgeltung des Berufsschadens grundsätzlich beizubehalten. Bisher seien zur Abgeltung des Berufsschadens die medizinischen Feststellungen der Minderung der Erwerbsfähigkeit um einige Prozent (10% oder 20%) summarisch erhöht worden. Eine Verbesserung sei für die Schwerstbeschädigten vorgesehen, da diesen bisher eine Höherbewertung nicht zu Gute kommen konnte, weil sie bereits eine 100%ige Rente bezogen. Diesem Personenkreis solle eine Berufsschadenszulage gewährt werden. *Ministerialdirigent Kroener (BMVtdg)* wendet unter Hinweis darauf, daß die Versorgungsregelung für die beschädigten Soldaten der Bundeswehr nicht als ausreichend angesehen werde und unter Bezugnahme auf die dem BMA dazu vorliegende Denkschrift des Bundesministers für Verteidigung[10] ein, daß, wenn auch Vorschläge auf eine Berufs-

---

[9] Aufgrund des Kindergeld-Änderungsgesetzes vom 27. Juli 1957 (BGBl. I 1061) betrug das Kindergeld für das dritte und jedes weitere Kind 30 DM. Mit dem 2. Kindergeld-Änderungsgesetz vom 16. März 1959 (BGBl. I 153) wurde das Kindergeld von 30 auf 40 DM erhöht.

[10] Denkschrift nicht ermittelt. – § 80 des Soldatenversorgungsgesetzes vom 26. Juli 1956 (BGBl. I 785) regelte die Versorgung der Soldaten und ihrer Hinterbliebenen bei Wehrdienst-

schadensrente ein Abgehen von der Struktur der heutigen Regelungen bedeuteten und daher nicht diskutabel wären, doch wohl die Frage eines Berufsschadensausgleichs nicht völlig fallen gelassen werden sollte.

Frage 2 d): „Welche Vorstellungen hat die Bundesregierung über die Veränderung der Leistungen?"

Der *Bundesminister für Arbeit und Sozialordnung* sieht in dieser Frage die versteckte Forderung, die Renten der Kriegsopfer „dynamisch" zu gestalten – im Hinblick auf die Neuordnung der gesetzlichen Rentenversicherung und der Unfallversicherung. Er schlägt vor, in der Beantwortung der Frage jede Dynamisierung (auch Aktualisierung genannt) unter Hinweis auf die ganz andere Rechtsnatur der Leistungen aus dem Bundesversorgungsgesetz – sie werden nicht durch Beiträge, sondern von der Gemeinschaft aufgebracht – abzulehnen.

Frage 2 e): „Welche Vorstellungen hat die Bundesregierung über die Änderung der Vorschriften über die Heilbehandlung?"

Hier will der *Bundesminister für Arbeit und Sozialordnung* eine systematische Neufassung der Vorschriften über die Heil- und Krankenbehandlung auf Grund der praktischen Erfahrungen und eine teilweise Ergänzung zum Zweck der Klarstellung ankündigen.

Frage 2 f): „Welche Vorstellungen hat die Bundesregierung über die Kapitalabfindung?"

Als Antwort schlägt der *Bundesminister für Arbeit und Sozialordnung* vor, eine grundsätzliche Änderung der Vorschriften über die Kapitalabfindung sei nicht beabsichtigt. Es seien nur geringe Änderungen geplant.

Frage 3) wird zur Behandlung nach Frage 4) zurückgestellt.

Frage 4): „Ist die Bundesregierung bereit, falls die Vorlage der Reformvorschläge nicht kurzfristig erfolgen kann, bis zum 1. Oktober 1958 dem Bundestag einen Gesetzentwurf über eine angemessene Erhöhung der Rentensätze des Bundesversorgungsgesetzes zuzuleiten?"

Der *Bundesminister für Arbeit und Sozialordnung* erklärt, daß sich schon aus der Beantwortung der Frage 1) die Verneinung dieser Frage ergebe. Es klinge hier u.a. der Ruf nach einer 13. Rente (Weihnachtsrente) durch. Eine Notwendigkeit für eine Übergangslösung sei nicht anzuerkennen.

---

beschädigung nach den Vorschriften des Bundesversorgungsgesetzes. Nach Auffassung des BMVtg sollte anstelle der Ausgleichsrente die Abgeltung des beruflichen Schadens durch Einführung einer festen Berufschadenszulage stärker berücksichtigt werden. Vgl. den Vermerk über ein Gespräch mit dem Vertreter des BMVtg Reg.Dir. Wessel vom 7. Okt. 1958 in B 149/16424. – In der Vorlage des BMA vom 8. Jan 1959 zur 3. Sitzung des Ministerausschusses für die Sozialreform am 15. Jan. 1959 (Anhang 1, Dokument 17: Abschnitt III Die Berücksichtigung des Berufsschadens) wurde der Forderung des BMVtg entsprochen.

Frage 3): „Mit welchen Mehraufwendungen im Haushaltsplan rechnet die Bundesregierung bei der Reform des Bundesversorgungsgesetzes?"

Ehe der *Bundesminister für Arbeit und Sozialordnung* zur Form der Beantwortung dieser Frage Stellung nimmt, erörtert er das Problem der Finanzierung der beabsichtigten Reform. Er brauche für eine Reform, die von der Bundesregierung auch politisch vertreten werden könnte, etwa 500 Mio. DM. Das bedeute eine Verbesserung um ¹/₇ (= rd. 15%) des derzeitigen Leistungsumfangs in der Kriegsopferversorgung. Die Rechnung sei in zwei Größenordnungen zu teilen: etwa 240 Mio. DM würden sich aus dem natürlichen Abgang in der Versorgung (Todesfälle von Witwen, Heranwachsen von Waisen) erübrigen lassen, der Rest von etwa 250 Mio. DM sei im Haushalt 1959 neu aufzubringen. Es sei ihm vom Bundesminister der Finanzen wie auch in der Fraktion der CDU/CSU bisher stets die Zusage gemacht worden, daß er mit Mitteln in dieser Größenordnung rechnen könne.

Unter Hinweis auf die Schwierigkeiten bei der Aufstellung des Bundeshaushalts 1959 und die auf diesen Haushalt noch zukommenden Mehranforderungen auf sozialem Gebiet[11], erklärt *Ministerialrat Dr. Elsholz (BMF)*, es gehe praktisch um die Aufbringung des gesamten Betrages von 500 Mio. DM, die sein Minister aber nicht in Aussicht stellen könne. Die Rechnung mit den aus Abgängen anfallenden ca. 240 Mio. DM berücksichtige nicht, daß dieser Betrag schon für die Anpassung der Sozialrenten verplant sei. Der Bundesminister der Finanzen gebe zu erwägen, ob es nicht sozialpolitisch vertretbar sei, durch Einführung einer Einkommensgrenze ein Volumen von etwa 100 Mio. DM bei der Grundrente zu erübrigen, so daß man bei Zuschuß von weiteren 250 Mio. DM, die allerdings auch erst noch in der laufenden Haushaltsplanung erschlossen werden müßten, auf einen Gesamtbetrag von etwa 350 Mio. DM für die Reform käme. Der *Bundesminister für Arbeit und Sozialordnung* betont, daß nach seiner Auffassung der Bundesminister der Finanzen ein Volumen von 500 Mio. DM zugestanden habe und bedauert die nun aufgetretene Diskrepanz. Er hält den Vorschlag einer Kürzung der Grundrente für völlig undiskutabel. Er gebe zu, daß bei der Gewährung der Grundrente manche Groteske zu verzeichnen sei; aber über drei Novellen seien die Grundrenten erhöht worden. Es sei politisch unmöglich, daran zu rühren. Die verbleibenden 250 Mio. DM würden ihm eine Reform nicht erlauben, so daß er dann auf die Anfrage der SPD erklären müsse, die Bundesregierung sehe zur Zeit keine Möglichkeit zu einer Reform des Bundesversorgungsgesetzes. *Ministerialrat Dr. Elsholz (BMF)* erklärt, der Bundesminister der Finanzen wolle den Bundesminister für Arbeit und Sozialordnung wegen der Finanzierung noch heute aus Saarbrücken anrufen. *Ministerialdirektor Dr. Walter (BMWi)* gibt zu überlegen, ob nicht mit einem Initia-

---

[11] In einer Ministervorlage vom 10. Okt. 1958 (B 126/13879) über die Sitzung des Ministerausschusses für Sozialreform am 9. Okt. nannte Elsholz als weitere Materien, mit denen sich das Kabinett in den nächsten Monaten zu beschäftigen habe und für die Mittel nicht vorgesehen seien: „Fremdrenten- und Auslandsrentengesetz / Handwerkerversorgung / Altershilfe der Landwirte / Fürsorgereform / Reform des Jugendwohlfahrtsrechts / Krankenversicherungsreform / Rechtsverordnung zu § 90 des Bundesversorgungsgesetzes / Nachzahlungen gemäß § 47 usw. der Rentenreformgesetze." Vgl. zur Haltung des BMF auch die Ministervorlage von Elsholz vom 6. Okt. 1958 für ein Gespräch Etzels mit Blank am gleichen Tag, ebenda.

tivantrag anderer Fraktionen zu rechnen sei, wenn die Bundesregierung eine Reform überhaupt als unmöglich bezeichne. *Ministerialdirektor Dr. Schönleiter (BMA)* erklärt, die FDP habe bereits angekündigt, daß sie mit eigenen Vorschlägen kommen werde. Der *Bundesminister des Innern* und der *Bundesminister für Familien- und Jugendfragen* teilen die Auffassung des Bundesministers für Arbeit und Sozialordnung, daß die Reform durchgeführt werden müsse und daß schon aus politischen Erwägungen eine Kürzung der Grundrenten abzulehnen sei. Aber aus der Verpflichtung, für Deckung zu sorgen, ergebe sich die Frage, ob für die Haushalte ihrer Ressorts nicht dadurch eine Kürzung zu befürchten sei. Das Letztere könnten sie nicht in Kauf nehmen. Der *Bundesminister des Innern* gibt zu bedenken, daß es ein beabsichtigter Schachzug der SPD sei, die Anfrage zu einer Zeit zu stellen, in der die Größenordnungen für den Haushaltsplan 1959 noch nicht zu übersehen seien. Sie wolle natürlich möglichst viel herausholen und ziele dabei gewiß wieder auf den Verteidigungshaushalt ab. Die Bundesregierung sei nicht verpflichtet, die Anfrage eingehend zu beantworten. Die Angelegenheit werde dadurch noch erschwert, daß auch die Regierungsparteien im gegenwärtigen Augenblick noch keinen Überblick über den Haushalt 1959 hätten und daher bei isolierter Betrachtung der Reform der Kriegsopferversorgung unter Umständen leicht zu Zugeständnissen bereit seien, die den Haushalt 1959 empfindlich belasten könnten. Nach seiner Auffassung müsse eine Beantwortung der Großen Anfrage gewählt werden, die weder den Verbänden noch der Opposition Grund zum Wühlen geben könne, andererseits aber auch die Koalition von voreiligen Festlegungen abhalte.

Im Hinblick auf die dauernden Mehranforderungen halte er es für unbedingt notwendig, daß der Bundesminister der Finanzen von dem Art. 113 GG in Zukunft mehr Gebrauch mache[12]. Auch könne man daran denken zu erwägen, ob man nicht – ähnlich wie in anderen Ländern – zur Deckung von Ausgaben auf dem sozialen Gebiet, wenn die entsprechenden Mittel nicht aufgebracht werden könnten, beispielsweise die Tabaksteuer erhöhen sollte[13]. *Ministerialdirektor Dr. Vialon (BK)* betont, die Erörterung des Volumens werde für das Kabinett eine Vorwegnahme der Haushaltsberatungen für 1959 sein. Es frage sich daher, ob das finanzielle Volumen der Reform überhaupt angegeben werden solle. Die *Bundesminister des Innern* und *für Familien- und Jugendfragen* raten davon ab, bei der Beantwortung der Anfrage in Details zu gehen, vor allem bei Frage 3) werde jedes Wort zu viel eine neue Frage nach sich ziehen. Der *Bundesminister für Arbeit und Sozialordnung* erklärt, er wolle den geschätzten Mehrbelastungsbetrag keinesfalls erwähnen und sich, wie eingangs betont, so kurz wie möglich fassen. Es müsse aber damit gerechnet werden, daß aus den eigenen Reihen – er denke an eine Abgeordnete – versucht werde, ihn aus seiner lockeren und vorsichtigen Formulierung herauszulocken[14].

---

[12] Gesetze, die die von der Bundesregierung vorgeschlagenen Ausgaben des Haushaltsplans erhöhen oder neue Ausgaben verursachen, bedürfen nach Art. 113 GG der Zustimmung der Bundesregierung.

[13] Zur Tabaksteuergesetzgebung vgl. 164. Kabinettssitzung am 19. Dez. 1956 TOP N (Kabinettsprotokolle 1956, S. 785).

[14] Gemeint ist die CSU-Abgeordnete Dr. Maria Probst. Sie war in der 3. Legislaturperiode stellvertretende Vorsitzende des Bundestagsausschusses für Kriegsopfer- und Heimkehrerfragen.

Er sei sich z.B. nicht einmal sicher, ob nicht diese Abgeordnete den Grundsatz, die Grundrenten nicht zu erhöhen, angreifen werde. Der *Bundesminister des Innern* glaubt, daß diese Abgeordnete mangels Rückendeckung innerhalb der Fraktion keine ins Gewicht fallenden Schwierigkeiten machen könne. Trotz allem sei es unbedingt nötig, die Angelegenheit eingehend mit der Regierungskoalition zu erörtern und engen Kontakt mit den Sprechern der Regierungsparteien aufzunehmen. *Ministerialdirektor Dr. Vialon (BK)* schlägt vor, die Antwort auf die Anfrage der SPD durch eine Abrechnung mit den übertriebenen, vor allem dem Verbandsdenken entspringenden Forderungen zu ergänzen und bei Beantwortung der Frage 3) auf den Zusammenhang mit der Gesamtberatung des Haushalts hinzuweisen. Der *Bundesminister für Arbeit und Sozialordnung* gibt abschließend unter Zustimmung der Anwesenden einen Überblick, in welchem Sinne die einzelnen Punkte der Großen Anfrage auf Grund der heutigen Aussprache nunmehr beantwortet werden sollen. Er unterstreicht insbesondere, daß die Antworten nicht in die Einzelheiten gehen sollen. Zur Frage 3) soll lediglich gesagt werden, daß ein Betrag noch nicht angegeben werden kann, weil die Vorbereitungen und Haushaltsverhandlungen noch nicht abgeschlossen sind[15].

Probst trat vor allem für eine Erhöhung der Grundrenten ein, die allen Kriegsopfern, unabhängig von ihren sonstigen Einkünften, zugute kommen sollte. Am 24. März 1959 legte Probst mit 72 anderen Abgeordneten einen Gesetzentwurf zur Neuordnung des Bundesversorgungsgesetzes vor (BT-Drs. 957). Vgl. hierzu 61. Kabinettssitzung am 3. April 1959 TOP B und 65. Kabinettssitzung am 14. Mai 1959 TOP 4 (B 136 VS/36120). – Vgl. auch die Ministervorlage von Elsholz vom 25. Juli 1958 über ein Gespräch mit Probst am 24. Juli 1958 in B 126/13879 und die Kanzlervorlage vom 19. März 1959 in B 136/397 sowie weitere Unterlagen in B 149/16429.

[15] Fortgang hierzu 38. Kabinettssitzung am 15. Okt. 1958 TOP 7 (B 136 VS/36118). Das Kabinett beschloß am 15. Okt. 1958 nach kurzer, nicht protokollierter Diskussion gemäß der Vorlage des BMA vom 9. Okt. 1958 (Vorlage in B 149/16424 und B 136/396). Blank nahm in der 46. Sitzung des Bundestages am 17. Okt. 1958 zur Großen Anfrage der SPD-Fraktion Stellung (Stenographische Berichte, Bd. 42, S. 2569–2572). – Fortgang hierzu 3. Sitzung des Ministerausschusses für Sozialreform am 15. Jan. 1959 TOP 1.

**2. Sitzung des Ministerausschusses für Sozialreform
am Freitag, den 24. Oktober 1958**

*Teilnehmer: Blank (als stellvertretender Vorsitzender), Etzel; Wülker; Walter
(BMWi), Jantz (BMA), Senteck (BMVt), von Süßkind (BMSchatz), Weller (BMI),
Elsholz (BMF), Jerratsch (BML), Ludwig (BMFa), Hornschu (Bundeskanzleramt)
und weitere Vertreter der Bundesressorts. Protokoll: Boden.*

Beginn: 10.00 Uhr   *Ende: 12.10 Uhr*

Ort: Palais Schaumburg

Tagesordnung[1]*:*

1. *Grundsätze für die Neuordnung der sozialen Krankenversicherung
   Vorlage des Bundesministers für Arbeit und Sozialordnung vom 26. Sept.1958
   (GS I/2–6301–1794/58).*

2. *Interministerieller Referentenausschuß für Fragen der Eigentumstreuung
   Vortrag des Bundesministers für Arbeit und Sozialordnung.*

1.   GRUNDSÄTZE FÜR DIE NEUORDNUNG DER SOZIALEN KRANKENVERSICHERUNG

Der *Bundesminister für Arbeit und Sozialordnung* betont einleitend, die weitere Arbeit an dem Gesetzentwurf für die Neuordnung der sozialen Krankenversicherung setze voraus, daß man sich jetzt über gewisse Grundsätze für die Neuordnung klar werde[2]. Dazu diene vorbereitend die heutige Sitzung. Die Zeitfrage sei
ihm dabei insofern von besonderer Bedeutung, als er vermieden sehen möchte,
daß im letzten Jahr der derzeitigen Legislaturperiode schwerwiegende Probleme in
der Sozialversicherungsgesetzgebung zur Debatte stünden. Er bittet den Vertreter

---

[1]   Tagesordnung gemäß Einladung vom 14. Okt. 1958 in B 136/50206.

[2]   Kabinettsvorlage des BMA vom 26. Sept. 1958 in B 136/1391 und B 149/4182: siehe Anhang
1, Dokument 16. Der Entwurf der „Grundsätze zur Neuordnung der sozialen Krankenversicherung" des BMA war dem Bundeskanzleramt, dem BMI, BMF, BMVt und BMFa am
15. Aug. 1958 zugeleitet worden. Am 2. Sept. 1958 hatte eine Ressortbesprechung stattgefunden, in der weitgehende Übereinstimmung hinsichtlich der vorgeschlagenen Grundsätze erzielt worden waren (Niederschrift in B 149/4340). – Vgl. auch die Ministervorlage von Jantz
(Entwurf von Schmatz) vom 20. Okt. 1958 für die Sitzung des Ministerausschusses für Sozialreform am 24. Okt. 1958 in B 149/4126 sowie die Ministervorlage vom Juli 1958 („Zusammenstellung der Probleme der Neuordnung der gesetzlichen Krankenversicherung und der
vorgeschlagenen Lösungen") in B 149/4182. Weitere Unterlagen in B 149/4340, 4341, 4343,
4200–4202 (Stellungnahmen von Verbänden) sowie 4191 und 4192 (Presseausschnittsamm-
lung). – Vgl. Reucher, Reformen, insb. S. 99–185 sowie „Der Spiegel" Nr. 48 vom
26. Nov. 1958, S. 34–50. – Vgl. auch Einleitung, S. 44–51.

des Bundeskanzleramtes, die Neuordnung der Krankenversicherung für die Tagesordnung der Kabinettssitzung am 5.11.1958 vorzumerken. *Ministerialdirektor Dr. Jantz (BMA)* trägt die vom Bundesministerium für Arbeit und Sozialordnung ausgearbeiteten Thesen für die Neuordnung vor.

Als These 1 bezeichnet er das Prinzip, daß der Kreis der versicherungspflichtigen Personen nicht ausgedehnt werden solle[3]. Dieser Grundsatz schließe ein, daß an der bisherigen in DM festgesetzten Versicherungspflichtgrenze festgehalten werde[4]. Einige kleinere Gruppen von Selbständigen, die bisher zu den Versicherungspflichtigen gehörten, sollten aus der Versicherungspflicht herausgenommen und in den Kreis der Versicherungsberechtigten einbezogen werden (z.B. eine gewisse Gruppe von selbständigen Lehrern u.a.)[5]. *Ministerialrat Weller (BMI)* macht Bedenken gegen die Abschaffung der Versicherungspflicht für die erwähnten Gruppen der Selbständigen geltend, da zu befürchten sei, daß die Betroffenen es unterließen, freiwillig Krankenversicherungen abzuschließen, womit die Gefahr einer Inanspruchnahme der Fürsorge geschaffen werde. *Ministerialdirektor Dr. Jantz (BMA)* ist der Ansicht, daß das bei den in Betracht kommenden Gruppen nicht zu befürchten sei. *Staatssekretärin Dr. Wülker [BMFa]* hält es für erforderlich, daß – wenn man schon anerkenne, daß das Gesetz den sozialen Belangen möglichst Rechnung tragen solle – die Versicherungspflichtgrenze gerechter auf den Familienstand ausgerichtet werde. So könnte etwa erwogen werden, die bisherige Bemessungsgrenze um je 10% für jedes Kind heraufzusetzen, wobei jedoch für die zu entrichtenden Beiträge die bisherige Bemessungsregelung maßgebend bleiben sollte. Der *Bundesminister für Arbeit und Sozialordnung* weist auf die Kostenauswirkungen und darauf hin, daß jeder Wunsch, den Personenkreis zu erweitern, der oppositionellen Tendenz zur allgemeinen Pflichtversicherung entgegenkomme[6]. *Staatssekretärin Dr. Wülker [BMFa]* bemerkt, es sei bei den früheren Beratungen von Änderungen zum Krankenversicherungsgesetz sowohl im Diskussionskreis „Familie" der CDU/CSU-Bundestagsfraktion[7] als auch im Bundestagsausschuß für Sozialpolitik auf die Notwendigkeit gewisser Erweiterungen des Perso-

---

[3] In der Vergangenheit hatte das BMA vergeblich versucht, den Kreis der Versicherungsberechtigten einzuengen. Vgl. 284. Kabinettssitzung am 27. März 1953 TOP 10 (Entwurf eines Gesetzes über die Einkommensgrenze für das Erlöschen der Versicherungsberechtigung in der gesetzlichen Krankenversicherung: Kabinettsprotokolle 1953, S. 239) und 31. Kabinettssitzung am 5. Mai 1954 TOP 2 (Kabinettsprotokolle 1954, S. 193). – In der 41. Kabinettssitzung am 5. Nov. 1958 (TOP 5: B 136 VS/36119) bekräftigte Blank diese Absicht.

[4] Mit dem Vierten Gesetz über Änderungen und Ergänzungen von Vorschriften des Zweiten Buches der Reichsversicherungsordnung (Zweites Einkommensgrenzengesetz) vom 27. Juli 1957 (BGBl. I 1070) war die Versicherungspflichtgrenze in der Krankenversicherung für Angestellte auf 7920 DM jährlich angehoben worden.

[5] Nach § 166 RVO II waren Hausgewerbetreibende, selbständige Lehrer, Erzieher und Musiker, Artisten, Hebammen und in der Kranken-, Säuglings-, Wochen- und Kinderpflege selbständig tätige Personen versicherungspflichtig.

[6] Vgl. Ministervorlage vom 20. Okt. 1958 in B 149/4126. – In dem 1957 auf Anregung des Parteivorstandes der SPD u.a. von Ludwig Preller und Ernst Schellenberg vorgelegten „Sozialplan für Deutschland" wurde eine Versicherungspflichtgrenze von 750 DM monatlich vorgeschlagen (vgl. S. 66).

[7] Unterlagen hierzu nicht ermittelt.

nenkreises der Pflichtversicherten aufmerksam gemacht worden. Die *Bundesminister für Arbeit und Sozialordnung* und *der Finanzen* erklären übereinstimmend, daß eine weitere Sozialisierung des Lohnes nicht mehr zu verantworten sei. Die derzeitige Belastung des Lohnes mit sozialen Abgaben in Höhe von durchschnittlich 28% (Bergbau sogar 43%) sei die höchst mögliche. Der *Bundesminister für Arbeit und Sozialordnung* hebt hervor, daß die bisherige Regelung doch insofern schon familiengerecht sei, als der Ledige genauso viel Beitrag zahle wie der Verheiratete. Die Versicherungspflicht müsse in der sozialen Notwendigkeit ihre Grenze finden, sonst stehe am Ende der Gesundheitsstaat. Der *Bundesminister der Finanzen* bittet das Bundesministerium für Familien- und Jugendfragen eindringlich, doch zu überlegen, wo das alles einmal hinführe. *Ministerialdirektor Dr. Jantz (BMA)* erklärt, daß eine spätere weitere Erörterung des Vorschlages des Bundesministeriums für Familien- und Jugendfragen durch die Annahme der lediglich – wie auch die übrigen Thesen – eine Grundkonzeption für die Neuordnung wiedergebenden These 1 nicht abgeschnitten würde. In allgemeinem Einverständnis geht er zur Erörterung der für die Neuordnung geplanten Leistungsverbesserungen in der Krankenversicherung über.

These 2 sehe zum Zwecke der Verhütung oder rechtzeitigen sachgemäßen Behandlung von Krankheiten ärztliche und zahnärztliche Vorsorgeuntersuchungen, vorbeugende Kuren und sonstige Maßnahmen wie z.B. Impfungen vor. Auf die Frage des *Bundesministers der Finanzen*, welche zusätzlichen Leistungen diese Vorsorgemaßnahmen, insbesondere auch die Kuren erforderten, erklärt *Ministerialdirektor Dr. Jantz (BMA)*, es sei zu hoffen, daß diese Maßnahmen sich durch ihre kostenersparenden Auswirkungen (Krankheitsverhütung etc.) bezahlt machten. Er schätze – soweit man das könne – die Kosten auf etwa 20 Mio. DM. An Staatszuschüsse sei nicht gedacht. Besonders unübersichtlich sei der Kostenfaktor Kuren. Es müsse ein Experiment in begrenzter Form sein, wie ja überhaupt etwaigen sich bei der Abfassung der einzelnen Paragraphen ergebenden Notwendigkeiten weiterer Abgrenzung heute nicht vorgegriffen werden solle. *Ministerialrat Dr. Elsholz (BMF)* fragt, ob dem Versicherten ein Rechtsanspruch auf diese Vorsorgemaßnahmen eingeräumt werden solle. *Ministerialdirektor Dr. Jantz (BMA)* bejaht dies hinsichtlich der Vorsorgeuntersuchungen, nicht aber soll ein Rechtsanspruch auf die übrigen Vorsorgemaßnahmen (Kuren etc.) zuerkannt werden. Auf den von *Ministerialrat Weller (BMI)* unter Hinweis auf die fachliche Zuständigkeit seines Hauses für die Fürsorgehilfe vorgebrachten Einwand, daß aus der vorgeschlagenen Vorsorgeregelung die Gefahr einer Verlagerung der Gesundheitsverwaltung von den Gesundheitsämtern auf die Krankenversicherungen erwachse, versichert *Ministerialdirektor Dr. Jantz (BMA)*, daß nicht die geringste Absicht bestehe, an der bisherigen Form der Gesundheitsverwaltung etwas zu ändern[8].

---

[8] Aufgrund des Gesetzes über die Vereinheitlichung des Gesundheitswesens vom 3. Juli 1934 (RGBl. I 531) waren zur einheitlichen Durchführung des öffentlichen Gesundheitsdienstes in den Stadt- und Landkreisen Gesundheitsämter eingerichtet worden. Die Verwaltungszuständigkeit für die Gesundheitsämter lag nach 1949 bei den Ländern. Auf Bundesebene lag die Zuständigkeit für das öffentliche Gesundheitswesen bis zur Einrichtung des Bundesministeri-

Als 3. These zur Neuordnung bezeichnet *Ministerialdirektor Dr. Jantz [BMA]* den Vorschlag, die Mängel des bisherigen Schutzes bei lange dauernden Krankheiten, insbesondere die Härten der Aussteuerung, durch entsprechende Leistungsverbesserungen zu beheben[9]. So soll das Krankengeld auch nach der sechsten Woche in gleicher Höhe weitergezahlt werden wie in den ersten sechs Wochen. Dadurch werde der unerwünschte Zustand der zur Zeit geltenden Regelung beseitigt, daß das Krankengeld gerade in dem Zeitpunkt von 90 v.H. des Nettoarbeitsentgelts auf 50 v.H. des Bruttolohnes herabsinke, in dem eine Krankheit erfahrungsgemäß den Versicherten wirtschaftlich stark belaste. Auch solle das Krankengeld abweichend von dem heutigen Recht[10] über die 26. Woche der Krankheitsdauer hinaus gezahlt werden, müsse allerdings auf 78 Wochen innerhalb 3 Jahren beschränkt werden, da die Krankenversicherung nicht mit Pflegefällen belastet werden solle. Mit Ende der 78. Woche werde sozusagen kraft gesetzlicher Fiktion ein Pflegefall angenommen. Anschließend setze, falls der Versicherte Anspruch auf Rente habe, die Rentengewährung, sonst die Fürsorgeunterstützung ein. Es solle sichergestellt werden, daß der Schutz der Rentenversicherung sich lückenlos an den Krankenversicherungsschutz anschließe[11]. Natürlich setze eine Rentengewährung schon früher ein, wenn sich ein Krankheitsfall schon frühzeitig als Pflegefall erweise. Was für die Dauer der Krankengeldgewährung gelte, solle auch für die Krankenhauspflege gelten[12]. Im übrigen solle die Krankenhauspflege Pflichtleistung werden (bisher Kannleistung)[13]. Der *Bundesminister der Finanzen* fragt, welche Mehrkosten diese Vorschläge für die Krankenkassen bedeuten, ob sie nicht einen starken Druck auf diese Kassen mit sich brächten. *Ministerialdirektor Dr. Walter (BMWi)* fragt, wieviel Prozent durchschnittlich der Kreis jener Kranken schätzungsweise ausmache, deren Krankheit länger als 6 Wochen und jener, deren Krankheit länger als 26 Wochen dauere. *Regierungsdirektor Dr. Schmatz (BMA)* erklärt dazu, daß die Zahl der Kranken mit einer Arbeitsunfähigkeitsdauer von über 26 Wochen schätzungs-

---

ums für Gesundheitswesen in der 4. Legislaturperiode beim BMI. Vgl. Deutsche Verwaltungsgeschichte, Bd. 5, S. 597–601.

[9] Aufgrund des Gesetzes zur Verbesserung der wirtschaftlichen Sicherung der Arbeiter im Krankheitsfalle vom 26. Juni 1957 (BGBl. I 649) waren die Leistungen der Gesetzlichen Krankenversicherung (GKV) auf 65 % des Grundlohns zuzüglich 4 % für den ersten und 3 % für jeden weiteren Angehörigen (Begrenzung auf max. 75 %) angehoben worden. Das Gesetz verpflichtete darüberhinaus die Arbeitgeber in den ersten sechs Krankheitswochen zur Zahlung eines Zuschusses zu den Leistungen der GKV bis zu 90 % des Nettoarbeitsverdienstes des Arbeitnehmers. Bei Krankheiten von weniger als zwei Wochen galten zwei Karenztage. Nach sechs Wochen betrugen die Leistungen der GKV weiterhin nur 50 % des Bruttolohnes. Nach 26 Wochen wurde der Arbeitnehmer „ausgesteuert", d.h. sein Anspruch auf Leistungen aus der gesetzlichen Krankenversicherung erlosch.

[10] Vgl. RVO II § 183 Abs. 1.

[11] Eine lückenlose Versorgung sollte vor allem durch eine bei Berufs- oder Erwerbsunfähigkeit rechtzeitig veranlaßte Rentenantragstellung des Versicherten sowie durch eine gegebenenfalls zurückzuerstattende Überbrückungszahlung des Krankengeldes bis zur Bewilligung der Rente sichergestellt werden (Ministervorlage vom 20. Okt. 1958 in B 149/4126).

[12] Ein Anspruch auf Krankenhauspflege sollte bis zu 78 Wochen wegen der gleichen Krankheit innerhalb von drei Jahren bestehen (ebenda).

[13] Vgl. RVO II § 184 Abs. 1.

weise 0,75%, die mit einer Dauer von über 6 Wochen schätzungsweise 4% der Arbeitsunfähigen ausmache. *Ministerialrat Dr. Elsholz (BMF)* bemerkt in diesem Zusammenhang unter Hinweis auf die von Ministerialrat Weller eingangs zur Herausnahme gewisser Gruppen von Selbständigen aus der Pflichtversicherung vorgebrachten Bedenken, daß diese Leistungsverbesserungen zweifellos auch eine gewisse Entlastung der Fürsorge mit sich bringen würden.[14]

Ministerialdirektor Dr. Jantz (BMA) erläutert nunmehr These 4 der Neuordnungsvorschläge. Sie sieht die Beseitigung gewisser Mängel des Lohnfortzahlungsgesetzes vor. Die Berechnung des Krankengeldes solle zukünftig auf den Arbeitstag und nicht wie bisher auf den Kalendertag abgestellt werden[15]. Er verdeutlicht an Beispielen, daß bei der bisherigen Berechnung des Krankengeldes auf der Grundlage der Kalendertage der Arbeiter im Krankheitsfalle vielfach mehr erhält, als wenn er gearbeitet hätte. Dies entspreche nicht der Lohnersatzfunktion des Krankengeldes. Bei der Berechnung des Krankengeldes, die nach geltendem Recht auf den Verdienst des Versicherten innerhalb der letzten vier Wochen vor der Erkrankung abgestellt wird, sollten, so erklärt *Ministerialdirektor Dr. Jantz [BMA]* weiter, bestimmte Zuschläge (z.B. Überstunden, Weihnachtsgeld u.a.) außer Ansatz bleiben, da sich gezeigt habe, daß das Krankengeld zufolge der Anrechnung von z.B. gerade in den letzten vier Wochen vor der Erkrankung im besonderen Ausmaß geleisteten Überstunden weit über dem normalen Verdienst des Betroffenen liege. *Ministerialrat Dr. Elsholz (BMF)* gibt zu überlegen, ob man nicht die Berechnung des Krankengeldes anstatt auf den Verdienst der letzten vier Wochen vor Erkrankung auf den des letzten Vierteljahres abstellen sollte, um so dem normalen Verdienst des Betroffenen näher zu kommen. *Ministerialdirektor Dr. Jantz (BMA)* macht auf die sich für diese Berechnungsart ergebenden technischen Schwierigkeiten aufmerksam, die ihn von dieser Lösung abraten ließen, doch werde dieses Problem zur Zeit noch geprüft. Im Rahmen der These 4 schlägt *Ministerialdirektor Dr. Jantz [BMA]* weiter vor, die beiden Karenztage, deren Beibehaltung sozialpolitisch erforderlich sei, nicht wie bisher auf die ersten 14 Tage der Krankheitsdauer zu beschränken, da dies für viele Versicherte ein Anreiz sei, über die Zeit hinaus krank zu feiern.

Als 5. These zur Neuordnung stellt *Ministerialdirektor Dr. Jantz [BMA]* den Vorschlag heraus, den Familienangehörigen alle Leistungen der Krankenpflege, wie ärztliche Behandlung, Versorgung mit Arznei- und Heilmitteln, Krankenhauspflege, in gleichem Umfang wie den Versicherten zu gewähren. Krankengeld und Hausgeld[16] sollten dagegen mit Rücksicht auf ihre Lohnersatzfunktion den Familien-

---

[14] Mit dem Gesetz zur Änderung und Ergänzung des Gesetzes zur Verbesserung der wirtschaftlichen Sicherung der Arbeiter im Krankheitsfalle vom 12. Juli 1961 (BGBl. I 913) wurde das Krankengeld in den ersten sechs Wochen einschließlich des Arbeitgeberzuschusses auf 100 % des Nettoarbeitsentgelts angehoben (§ 1 Abs. 1 Satz 2). Krankengeld wurde nun für höchstens 78 Wochen innerhalb von drei Jahren für dieselbe Krankheit gewährt (§ 183 Abs. 2). Unterlagen in B 149/6964 und 4344–4347.

[15] Die mit § 8 Abs. 1 des Gesetzes zur Verbesserung der wirtschaftlichen Sicherung der Arbeiter im Krankheitsfalle vom 26. Juni 1957 (BGBl. I 649) getroffene Regelung begünstigte Arbeiter bei Krankheit an freien Wochenendtagen. Unterlagen hierzu in B 149/6866, 6887 und 6888.

[16] Vgl. § 186 Abs. 1 RVO II: „Wird Krankenhauspflege einem Versicherten gewährt, der bisher Angehörige ganz oder überwiegend unterhalten hat, so ist daneben ein Hausgeld für die An-

angehörigen nicht gewährt werden, ebenso kein Anspruch auf Mutterschaftsgeld. *Staatssekretärin Dr. Wülker [BMFa]* hält die Versagung eines Anspruchs auf Mutterschaftsgeld für unsozial. Schon die bisherige Regelung (Gewährung eines Wöchnerinnen-Geldes von 0,25 DM pro Tag und eines Mutterschaftsgeldes von 0,50 DM pro Tag) habe sich als absolut unzureichend erwiesen[17]. Das Mutterschaftsgeld betrage in 7 Wochen 35,00 DM, während die Entbindungskosten mit 210,00 DM nicht zu hoch veranschlagt seien, so daß ein Betrag von 175,00 DM in der Regel zu Lasten der Familie ginge. *Ministerialdirektor Dr. Jantz (BMA)* erklärt dazu, daß als Mutterschaftsgeld ein Pauschalbetrag von DM 60,00 erwogen werde, daß aber die Einzelheiten noch in Referentenbesprechungen überdacht werden sollten[18].

Ministerialdirektor Dr. Jantz [BMA] gibt zusammenfassend zu bedenken, daß die aufgezeigten Leistungsverbesserungen zusätzliche Belastungen der Krankenkasse mit sich brächte. Diese Mittel müßten aufgebracht werden entweder durch Erhöhung der Beiträge oder aber durch die Selbstbeteiligung. Um die Beitragsbelastung der Versicherten nicht zu überspannen, sei der Selbstbeteiligung der Vorzug vor einer Beitragserhöhung zu geben. Die Verbindung der Gemeinschafts- und der Eigenhilfe sei sozialpolitisch sehr wünschenswert.

Er komme damit zur These 6 der Neuordnungsvorschläge, nämlich zur Selbstbeteiligung[19]. Sie soll keineswegs den Versicherten den Weg zum Arzt verlegen, würde aber sicher so manchen Bagatellfall, für den es normalerweise der Zuziehung eines Arztes nicht bedürfe (z.B. Schnupfen), von den Ärzten fernhalten. Die Selbstbeteiligung müsse sozial tragbar sein und darum nach Einkommen und Familienstand abgestuft und bei der ärztlichen Behandlung auf die Dauer von 6 Wochen begrenzt werden. Beispielsweise könnte man für die Höhe der jeweiligen Selbstbeteiligung zwei Gruppen bilden. Zur Gruppe 1, deren Zugehörige für die ärztliche Behandlung eine Selbstbeteiligungstaxe von etwa 0,75 DM zu zahlen

---

gehörigen im Betrage des halben Krankengeldes zu zahlen. Das Hausgeld kann unmittelbar an die Angehörigen ausgezahlt werden."

[17] Weiblichen Versicherten wurde nach § 195a RVO II Abs. 1 Satz 3 ein Wochengeld in Höhe des Krankengeldes, jedoch mindestens 0,50 DM täglich für vier Wochen vor und sechs Wochen nach der Entbindung, sowie nach Satz 4 für die Stillzeit ein Stillgeld in Höhe des halben Krankengeldes, jedoch mindestens 0,25 DM täglich, bis zu zwölf Wochen nach der Entbindung gewährt.

[18] Unterlagen über eine Referentenbesprechung nicht ermittelt. – Erst mit dem auf einen Initiativgesetzentwurf der Koalitionsparteien zurückzuführenden Gesetz zur Änderung des Mutterschutzgesetzes und der Reichsversicherungsordnung vom 24. Aug. 1965 (BGBl. I 912) wurden die Leistungen für Mütter verbessert. Neben arbeitsschutzrechtlichen Bestimmungen wurde die ambulante und stationäre Versorgung der Frauen neu geregelt. Vor allem bestand nun ein Rechtsanspruch auf ärztliche Vorsorgeuntersuchungen und auf Klinikentbindung auf Kosten der Krankenkassen für versicherte und mitversicherte Frauen. Die Schutzfrist nach der Entbindung verlängerte sich auf acht Wochen. Neben einem Entbindungskostenbeitrag von 100 DM zahlten die Kassen allen versicherten und mitversicherten Müttern einen einmaligen Betrag von 150 DM. Bei erwerbstätigen Müttern wurde dieser Betrag auf ihr Mutterschaftsgeld, das 100 % des durchschnittlichen Nettoarbeitsverdienstes der letzten drei Monate vor Beginn der Schutzfristen betrug, angerechnet. Unterlagen hierzu in B 136/2675 und B 149/10798 und 10799.

[19] Bis dahin betrug die Selbstbeteiligung pro Verordnung 0,50 DM.

hätten, würden etwa alle Versicherungsnehmer mit einem Einkommen von unter DM 400,00 gehören, ebenso jene Versicherungsnehmer mit einem Einkommen von etwa 660,00 DM, die mehr als ein Kind haben. Zur Gruppe 2, deren Zugehörige eine Selbstbeteiligungstaxe von DM 1,50 zu erbringen hätten, würden etwa alle Versicherungsnehmer zählen, die ein Einkommen von über DM 660,00 haben. Entsprechend könnte für die Selbstbeteiligung an den Unkosten für Arznei- und Heilmittel etwa daran gedacht werden, daß die Versicherungsnehmer der Gruppe 2 10%, mindestens aber DM 1,00 und höchstens DM 3,00 selbst zahlen, während die Versicherungsnehmer der Gruppe 1 5%, mindestens aber 0,50 DM und höchstens DM 1,50 selbst zu zahlen hätten. Es sei weiter daran zu denken, gewisse Medikamente (solche, die über eine längere Zeitspanne eingenommen werden müssen, z.B. Insulin) aus der Selbstbeteiligung herauszunehmen[20]. Die Regelung mache im übrigen eine neue Gebührenordnung erforderlich; die Vorbereitungen dazu seien im Gange, doch seien größere Schwierigkeiten zu überwinden[21]. *Ministerialrat Dr. Elsholz (BMF)* sieht die Kernfrage darin, was denn die Selbstbeteiligung ungefähr den Kassen an Einsparung erbringen würde und ob dieses Pfennigsystem so durchdacht sei, daß es verwaltungsmäßig ohne wesentliche Reibungen durchgeführt werden könne. *Ministerialdirektor Dr. Jantz (BMA)* betont, daß eine Grundsatzentscheidung für ein bestimmtes System der Selbstbeteiligung weder diesem Ministerausschuß noch demnächst dem Kabinett zugemutet werden solle. Höhe und Auswirkung der Selbstbeteiligung seien noch zu ungewiß und müßten noch weiter geprüft werden. Eine Schätzung sei sehr schwierig und gewagt; man hoffe auf eine Ersparnis von vielleicht 1% – ca. 600 Mio. DM. Der *Bundesminister für Arbeit und Sozialordnung* erinnert daran, daß sowohl die Ärzte (der Hartmann-Bund lenke jedoch bereits etwas ein[22]) wie auch die Apotheker gegen das aufge-

---

[20] Im übrigen sollte die Selbstbeteiligung an Arzneien und Heilmitteln zeitlich nicht begrenzt werden (Ministervorlage vom 20. Okt. 1958 in B 149/4126).

[21] Im BMA wurde an einer Verordnung über die Leistungsansätze der Gebührenordnung für Kassenärzte und Kassenzahnärzte (LAVO Ä und LAVO Z) gearbeitet. Die Entwürfe vom 1. Sept. 1960 wurden mit Schreiben vom 23. Sept. 1960 den Ressorts, den Ländern und Verbänden zur Stellungnahme zugesandt. Unterlagen in 149/4187 und 4188. – Die ärztlichen Leistungen wurden bis dahin auf der Grundlage der Preußischen Gebührenordnung für approbierte Ärzte und Zahnärzte vom 1. September 1924 (Preugo) vergütet. Die Preugo war zuletzt durch die Preisverordnung PR Nr. 10/57 vom 8. Juli 1957 für Ärzte (BAnz Nr. 130 vom 11. Juli 1957) und vom 23. Dez. 1957 für Zahnärzte (BAnz Nr. 247 vom 24. Dez. 1957) angehoben worden. Vgl. hierzu 70. Sitzung des Kabinettsauschusses für Wirtschaft am 24. Juni 1957 TOP 1 (B 136 VS/36220) und Sondersitzung des Kabinetts am 27. Juni 1957 TOP 1 (B 136 VS/36116). Unterlagen hierzu in B 136/2447 und B 102/30885 und 30886, Unterlagen zur Diskussion um die Gebührenordnung für Ärzte und Zahnärzte in der 3. und 4. Legislaturperiode in B 136/2448 und B 142/3823. – Am 18. März 1965 wurden auf der Grundlage des § 11 der Bundesärzteordnung vom 2. Okt. 1961 (BGBl. I 1857) die Gebührenordnung für Ärzte (GOÄ) und die Gebührenordnung für Zahnärzte (GOZÄ) erlassen, in denen die Vergütung der Leistungen dieser Berufsgruppen geregelt wurden (BGBl. I 89 und 123).

[22] Der Verband der Ärzte Deutschlands e.V. (Hartmann-Bund) hatte anläßlich seiner Hauptversammlung am 19. und 20. Sept. 1958 in Baden-Baden der Einführung einer angemessenen Selbstbeteiligung des Versicherten an den Krankheitskosten unter der Voraussetzung zugestimmt, daß die Inanspruchnahme ärztlicher Hilfe nicht unmittelbar erschwert würde. Die Kostenbeteiligung dürfe die Patienten nur entsprechend ihrer wirtschaftlichen Lage belasten. Vgl. Süddeutsche Zeitung vom 22. Sept. 1958.

zeigte System seien[23]. Entscheidend für die Neuordnung der Krankenversicherung mit den vorgeschlagenen Verbesserungen sei aber, daß die Selbstbeteiligung durchgesetzt werde. *Regierungsdirektor Dr. Schmatz (BMA)* bemerkt, daß 49% der reinen Behandlungsfälle Bagatellen seien; es sei zu hoffen, daß dieser Anteil um 6% durch die Selbstbeteiligung zurückgehe. Zu den Ausführungen von *Ministerialdirektor Dr. Jantz [BMA]*, daß eine Selbstbeteiligung auch hinsichtlich der Kosten der Krankenhauspflege vorgesehen werden solle, wenn der Versicherte sein bisheriges Einkommen während des Krankenhausaufenthaltes weiter beziehe, machen *Staatssekretärin Dr. Wülker [BMFa]* und *Ministerialrat Weller (BMI)* Bedenken geltend. Sie befürchten, daß eine solche Selbstbeteiligung die Leute hindern könne, ins Krankenhaus zu gehen. *Ministerialdirektor Dr. Jantz (BMA)* wendet ein, daß es doch nur um die Abschöpfung einer echten Ersparnis gehe; schon nach geltendem Recht sei der Arbeiter in diesem Falle beteiligt, weil er bei Krankenhauspflege nur das geringere Hausgeld anstelle des Krankengeldes erhält. Die Angestellten und Rentner hätten dagegen bei der gegenwärtigen Regelung bei Krankenhauspflege einen finanziellen Vorteil. Der *Bundesminister für Arbeit und Sozialordnung* hebt hervor, daß der Arzt entscheide, ob der Versicherte ins Krankenhaus müsse. Wenn der Versicherte sich dann von überspitzten Einsparungskalkulationen mehr leiten lasse als von der Besorgnis um seine Gesundheit, sei ihm nicht zu helfen. Überhaupt solle man die psychologischen Gesichtspunkte nicht überbewerten und auch einmal überlegen, welche Ausgaben sich heute der einzelne für Zigaretten und eine Fülle sonstiger absolut nicht lebensnotwendiger Dinge leiste. Auf den Hinweis von *Ministerialrat Weller (BMI)*, daß das psychologische Moment der Abwägung von Ausgabe und Einsparung nun einmal gegeben und darum auch in Rechnung zu stellen sei, bemerkt der *Bundesminister der Finanzen* unter überwiegender Zustimmung der Sitzungsteilnehmer, daß dieses Moment in diesem Zusammenhang nicht förderungs- und schutzwürdig sei.

Unter These 7 erörtert nunmehr *Ministerialdirektor Dr. Jantz (BMA)* das Problem der Honorierung der Ärzte. Die Neuordnung bedeute den Übergang von der pauschalierten Honorierung der Ärzte zur Honorierung nach Einzelleistungen auf Grund einer besonderen Gebührenordnung. Es sei schon lange der allgemeine Wunsch der Ärzte, nach Einzelleistungen honoriert zu werden[24]. Allerdings müsse

---

[23] Stellungnahmen der Berufsverbände der Ärzte und Apotheker und anderer Interessenverbände zum Referenten-Entwurf in B 149/4336–4338.

[24] Die Vergütung der Ärzte war im Gesetz über Kassenarztrecht (GKAR) vom 17. Aug. 1955 (BGBl. I 513) geregelt worden. Gemäß § 368f Abs. 1 entrichtete die Krankenkasse für die gesamte kassenärztliche Versorgung eine Gesamtvergütung an die Kassenärztliche Vereinigung. Gemäß Abs. 2 bestimmte sich die Höhe der Gesamtvergütung aufgrund der jeweiligen Zahl der Versicherten und aufgrund des durchschnittlichen Jahresbedarfs eines Versicherten an kassenärztlichen Leistungen (Kopfpauschale). Abs. 3 ließ neben der Gesamtvergütung auch die Möglichkeit der Einzelleistungsvergütung offen. Die Kassenärztliche Vereinigung verteilte die Gesamtvergütung unter die Kassenärzte. Der Verteilungsmaßstab wurde im Benehmen mit der Krankenkasse festgesetzt. Hierbei waren Art und Umfang der Leistungen des Kassenarztes zugrunde zu legen. Eine Verteilung nur nach der Zahl der Behandlungsfälle (Krankenscheine) war nicht zulässig. Im Gesetz war aber ausdrücklich festgehalten, daß über den „Verteilungsmaßstab [...] eine übermäßige Ausdehnung der Tätigkeit des Kassenarztes verhütet" werden sollte (§ 368f Abs. 1). – Schmatz hatte in der Ministervorlage vom 20. Okt. 1958 (B 149/4126)

im Interesse der Versicherten vermieden werden, daß allzu viele honorierfähige Einzelleistungen eingesetzt würden. Darum werde erwogen, die Leistungen zu etwa 100 Gruppen und Positionen zusammenzufassen und auch zusammengehörige Wiederholungen gleicher Leistungen (z.B. 6 Spritzen) als eine Einzelleistung zu fixieren. Auf die Anregung von *Ministerialrat Dr. Elsholz (BMF)*, daß man vielleicht schon bei dieser Gelegenheit die Möglichkeiten einer Vereinheitlichung der verschiedenen einschlägigen Gebührenordnungen – es seien seines Wissens jetzt mindestens vier – überprüft, sagt der *Bundesminister für Arbeit und Sozialordnung* zu, daß bei der Abfassung der neuen Gebührenordnung alle Häuser beteiligt werden sollen, die mit solchen Gebührenordnungen zu tun haben[25].

Regierungsdirektor Dr. Schmatz (BMA) erläutert sodann das für die Neuordnung beabsichtigte Zulassungsverfahren für die Ärzte. Wenn eine ärztliche Betreuung auch für abgelegene und weniger dicht besiedelte Gebiete gewährleistet werden solle, dann könne auf eine gewisse Planung bei der Zulassung nicht verzichtet werden; andererseits wolle man von der bisherigen starren Handhabung abgehen[26]. Zur Zeit belaufe sich die Zahl der zugelassenen Ärzte auf etwa 34 000, die der nicht zugelassenen auf etwa 7 000. Man solle in Zukunft in Orten, in denen kein Bedarf an weiteren Zulassungen bestehe, die Zulassung erst nach 7-jähriger Niederlassung im Ort erteilen[27]. Der *Bundesminister der Finanzen* sieht darin eine Lösung. *Staatssekretärin Dr. Wülker [BMFa]* ist nicht der Meinung, daß eine so in die Freiheitssphäre des einzelnen Bewerbers eingreifende Zulassungsregelung erforderlich sei. Sie glaubt, daß sich die Vakanz von selbst ausfülle und daß man –

---

hierzu festgestellt: „Nach gegenwärtigem Recht zahlt die Krankenkasse eine Pauschale an die Kassenärztliche Vereinigung. Der Arzt rechnet mit seiner Kassenärztlichen Vereinigung nach Einzelleistungen ab. Dieses Mischsystem zwischen Pauschale und Einzelhonorierung hat mancherlei Mängel. Einerseits wird den Ärzten das Risiko der Krankheitshäufigkeit aufgelastet, denn wegen der gleichbleibenden Pauschale sinkt bei erhöhter Inanspruchnahme der Ärzte der Wert der Einzelleistung. Andererseits hat die Einzelabrechnung mit der Kassenärztlichen Vereinigung zur Folge, daß sich jeder Arzt einen möglichst großen Anteil an der Pauschale sichern will. Dies geschieht nicht immer mit redlichen Mitteln. Da der Krankenschein die Grundlage für die Forderung des Arztes darstellt, ist er bestrebt, bei Behandlung eines Familienmitglieds möglichst die Krankenscheine für alle Familienmitglieder zu erhalten. Dieses Krankenscheinsammeln wird von der Ärzteschaft selbst als Mißstand beklagt. Soll eine Vergütung nach Einzelleistungen gezahlt werden, dann ist es dringend erforderlich, daß ein Korrektiv durch die Selbstbeteiligung der Versicherten eingeführt wird [...]."

[25] Vgl. Anm. 21 dieser Sitzung.

[26] Die Ausschreibung frei gewordener Kassenarztsitze erfolgte durch die Kassenärztliche Vereinigung. Es bestanden nur begrenzte Zulassungsmöglichkeiten, da auf 500 Versicherte nur ein Kassenarzt und auf 900 Versicherte ein Kassenzahnarzt zugelassen wurden (§ 368a Abs. 1 RVO II).

[27] Der Referenten-Entwurf des Krankenversicherungs-Neuregelungsgesetzes vom 15. Dez. 1958 sah unter § 384 vor, daß durch die Kassenärztlichen Vereinigungen dem sich um eine Zulassung bewerbenden Arzt ein Kassenarztsitz zugewiesen werden sollte, der bestimmte persönliche Voraussetzungen erfüllte. Am Ort ihrer Niederlassung sollten nur sich bewerbende Ärzte zugelassen werden, die dort mindestens sieben Jahre in eigener Praxis niedergelassen oder sieben Jahre an einer Krankenanstalt tätig gewesen waren oder das vierzigste Lebensjahr überschritten und mindestens fünf Jahre ärztliche Tätigkeit ausgeübt hatten (vgl. den Entwurf in B 149/4126).

da es, wie *Regierungsdirektor Dr. Schmatz* bestätigte, verhältnismäßig wenige Orte mit bedenklichem Ärztemangel gebe – nicht nach einigen wenigen Fällen das ganze Zulassungssystem richten solle. Die *Bundesminister für Arbeit und Sozialordnung* und *der Finanzen* sind anderer Meinung und weisen auf die Notwendigkeit der gesundheitlichen Betreuung aller Bürger hin. *Staatssekretärin Dr. Wülker [BMFa]* stellt daraufhin ihre Bedenken zurück. Hinsichtlich der Pflegesätze der Krankenhäuser trägt *Ministerialdirektor Dr. Jantz (BMA)* sodann vor, daß die bisherige Preisbindung der Pflegesätze durch die freie Vereinbarung der Beteiligten, ggf. durch die Festsetzung einer Schiedsstelle ersetzt werden solle. Die Pflegesätze müßten die mit einer stationären Krankenhausbehandlung bei sparsamer Wirtschaftsführung verbundenen Kosten nach näherer Bestimmung einer Rechtsverordnung abgelten. Über die Frage, inwieweit Investitionskosten der Krankenhäuser in den Pflegesätzen Berücksichtigung finden sollen, bestehen unter den Sitzungsteilnehmern erhebliche Meinungsverschiedenheiten[28]. Auf Vorschlag des Bundesministers der Finanzen wird dieser Diskussionspunkt bis auf weiteres ausgeklammert.

Als These 8 bezeichnet *Ministerialdirektor Dr. Jantz (BMA)* den Vorschlag des Ausbaues des bisherigen vertrauensärztlichen Dienstes zu einem selbständigen ärztlichen Beratungsdienst für die Krankenversicherung[29]. Er solle sicherstellen, daß die Mittel der Versicherungsgemeinschaft und die daraus finanzierten hohen Leistungen der Krankenversicherung unter Ausschaltung des Mißbrauchs zur Erreichung der bestmöglichen Hilfe für den Kranken eingesetzt würden. Die Leistung der Versicherung solle davon abhängig gemacht werden, daß die Arbeitsunfähigkeit innerhalb von 48 Stunden bei dem zuständigen Beratungsdienst (telefonisch o.a.) gemeldet werde. Die Statistik zeige, daß etwa die Hälfte der als arbeitsunfähig Gemeldeten auf Vorladung der Vertrauensstelle nicht erscheine, sondern es vorziehe, die Arbeit wieder aufzunehmen. *Ministerialrat Weller (BMI)* und *Ministerialrat Dr. Elsholz (BMF)* empfehlen, nach Möglichkeit diesen Beratungsdienst mit dem der Rentenversicherung und der Arbeitslosenversicherung zusammenzulegen. Der *Bundesminister für Arbeit und Sozialordnung* unterstützt diese Anregung und sichert ihre Überprüfung zu[30].

---

[28] Schmatz hatte sich in der Vorlage für den Minister vom 20. Okt. 1958 (B 149/4126) gegen die Einbeziehung der Investitionskosten, aber für die Abgeltung der Betriebskosten ausgesprochen.

[29] Der Vertrauensärztliche Dienst bestand bei den Landesversicherungsanstalten. Arbeitsunfähigkeit wurde lediglich vom behandelnden Arzt festgestellt. Der Vertrauensarzt wurde gegebenenfalls erst später zur Überprüfung der Arbeitsunfähigkeit eingeschaltet. Vgl. § 369b RVO II.

[30] Fortgang hierzu 41. Kabinettssitzung am 5. Nov. 1958 TOP 5 (B 136 VS/36119). Das Kabinett stimmte den Grundsätzen mit Ausnahme der Frage der künftigen Gestaltung der freien Arztwahl durch eine allgemeine Zulassung der Ärzte zu den Kassen zu. Auf dieser Grundlage wurde im BMA ein Referentenentwurf erarbeitet, der den beteiligten Ressorts im Dezember 1958 zugeleitet und in der Sondersitzung des Kabinetts am 28. Okt. 1959 (TOP 3: B 136 VS/36121) erstmals beraten wurde. Der Gesetzentwurf (BT-Drs. 1540) wurde am 14. Jan. 1960 dem Bundestag zugeleitet (B 136/1395) und in der 102. Sitzung des Bundestags am 17. Febr. 1960 an die Ausschüsse überwiesen (Stenographische Berichte, Bd. 45, S. 5497). – Entwürfe in B 149/4109–4121, Referenten-Entwurf in B 136/1392; weitere Unterlagen in B 149/4122, 4126, 4130–4137, 4170–4181, 4339, 4342 und 6964 sowie B 136/1393–1397. – Das Gesetz kam nicht zustande. Auch ein zweiter Versuch, die gesetzliche Krankenversiche-

2. INTERMINISTERIELLER REFERENTENAUSSCHUSS FÜR FRAGEN DER EIGENTUM-
STREUUNG

Der *Bundesminister für Arbeit und Sozialordnung* schlägt vor, auf Referenten-
ebene einen Interministeriellen Ausschuß für die Fragen der Eigentumstreuung zu
bilden, an dem die auch im Ministerausschuß für Sozialreform vertretenen Ressorts beteiligt werden sollen. *Ministerialdirigent Frhr. v. Süsskind (BMBes)* und
Ministerialrat Jerratsch (BML) beantragen, auch ihre Häuser zu beteiligen. Nachdem dies vom *Bundesminister für Arbeit und Sozialordnung* zugesichert worden
ist, wird dieser Vorschlag einstimmig gebilligt[31].

---

rung zu reformieren, scheiterte in der 4. Legislaturperiode. Unterlagen hierzu in B 136/1398–
1400. Vgl. hierzu Reucher, Reformen, insb. S. 189–242.

[31] Der TOP wurde ohne Vorlage behandelt. – Die konstituierende Sitzung des Interministeriellen
Ausschusses für Fragen der Eigentumstreuung fand am 2. Dez. 1958 statt. Ihm gehörten Vertreter des BMA, des BMWi, des BMF, des BML, des BMVt, des BMWo, des BMFa sowie des
BMBes an. Den Vorsitz führte das BMA. Niederschriften der Sitzungen und weitere Unterlagen in B 136/8810 und B 149/13201 sowie 13207. – Der Ausschuß hatte die Aufgabe, die Arbeiten der Ressorts zur Eigentumsbildung zu koordinieren und eine Grundkonzeption zu erarbeiten. Der Bedarf an Koordinierung war vor allem durch die Bildung eines Unterausschusses „Eigentum" des Arbeitskreises IV Arbeit und Soziales der CDU/CSU-Fraktion entstanden,
an dessen Sitzungen auch Ressortvertreter teilnahmen. Vgl. die Sitzungsniederschriften und
andere Unterlagen des Unterauschusses Eigentum in B 149/13205 und ACDP VIII–005–57/1–
2, 005–009/2 und 005–018/1. – Vgl. auch 4. Sitzung des Ministerausschusses für Sozialreform
am 29. Juli 1960 Top 1 (Vermögenswirksame Ergebnisbeteiligung der Arbeitnehmer). – Zur
Vermögensbildung der Arbeitnehmer vgl. Einleitung, S. 51–56.

180

**3. Sitzung des Ministerausschusses für Sozialreform
am Donnerstag, den 15. Januar 1959**

*Teilnehmer: Blank (als stellvertretender Vorsitzender), Lübke; Anders, Hart-
mann, Claussen, Rust; Vialon (Bundeskanzleramt), Walter (BMWi), Schönleiter
(BMA), Simon (BMFa), Nonhoff (BML), Kroener (BMVtg), Busch (BMP), Wolf
(BMWi), Hornschu (Bundeskanzleramt) und weitere Vertreter der Bundesressorts.
Protokoll: Boden.*

Beginn: 10.00 Uhr   *Ende: 11.48 Uhr*

Ort: Palais Schaumburg

Tagesordnung[1]:

1. *Grundsätze zur Neuordnung des Bundesversorgungsgesetzes
Vorlage des Bundesministers für Arbeit und Sozialordnung vom 8. Jan. 1959
(V a 2 – 6240/58).*

2. *Kriegsopferversorgung im Saarland
Vorlage des Bundesministers für Arbeit und Sozialordnung vom 19. Dez. 1958
(V a 2 – 6240/58).*

3. *Probleme einer bundeseinheitlichen Regelung des Hausarbeitstages
Vortrag des Bundesministers für Arbeit und Sozialordnung.*

1.   GRUNDSÄTZE ZUR NEUORDNUNG DES BUNDESVERSORGUNGSGESETZES

Der *Bundesminister für Arbeit und Sozialordnung*, der seinen Ausführungen
die Kabinettvorlage vom 8.1.1959[2] zugrunde legt, erinnert einleitend an die unrea-
listischen Wünsche des Reichsbundes der Kriegs- und Zivilbeschädigten, Sozialrentner und Hinterbliebenen sowie des VdK zur Reform des Bundesversorgungsgesetzes (BVG). Er, der Minister, habe auf den beiden Verbandstagen keinen Zweifel
darüber gelassen, daß Reformvorschläge, die Mehrbelastungen des Bundeshaushalts in einer Größenordnung von 4,5 bzw. 3,7 Mia. DM mit sich bringen würden,

---

[1]   Tagesordnung gemäß Einladung vom 8. Jan. 1959 in B 136/50206.

[2]   Kabinettsvorlage des BMA vom 8. Jan. 1959 in B 149/16423 und B 136/396: siehe Anhang 1,
Dokument 17. Die Vorlage des BMA wurde dem Bundeskanzleramt mit der Bitte übermittelt,
eine Entscheidung der Bundesregierung herbeizuführen, daß die dargelegten Grundsätze zur
Grundlage eines Gesetzentwurfs gemacht werden könnten. Die finanzielle Auswirkung der
Neuordnung sei in Abschnitt C der Anlage erläutert. Über die Bereitstellung der erforderlichen Mittel sei eine volle Übereinstimmung mit dem Bundesminister der Finanzen noch nicht
erzielt worden. – Weitere Unterlagen in B 126/13879–13881.

für die Bundesregierung nicht diskutabel seien[3]. Auf die Beantwortung der Großen Anfrage der SPD am 17. Oktober 1958[4] hinweisend erklärt der Minister, die Bundesregierung denke auch nicht daran, vom bisherigen Versorgungssystem, das zwischen der Grundrente – als einer angemessenen Entschädigung für den Verlust der körperlichen Integrität und als Ausgleich für wirtschaftliche Mehraufwendungen infolge der Schädigung – und der Ausgleichsrente – zur Sicherung des Lebensunterhalts – unterscheide, abzugehen. Verbesserungsbedürftig seien aber nur die Ausgleichsrenten, insbesondere für solche Beschädigte, die nicht in der Lage seien, irgend etwas zu erwerben. Er halte es für untragbar, wenn gelegentlich schon der Lohn der ungelernten Arbeiter über der Versorgung solcher Beschädigter liege. Das Schwergewicht der Reform müsse demgemäß auf die sozialpolitische Seite, d.h. auf eine sozial gerechte Verteilung der Mittel gelegt werden. Dieser Forderung werde man, vorausgesetzt, daß man nicht mit finanziell für den Bund untragbaren Verbesserungen in der Größenordnung der Verbandsvorschläge aufwarten wolle, nur durch entsprechende Erhöhung der Ausgleichsrenten, nicht dagegen durch die von den Verbänden gewünschte Erhöhung der Grundrenten gerecht. Nur auf die Ausgleichsrenten seien bekanntlich andere Einkünfte der Beschädigten anrechnungsfähig. Lediglich für die Beschädigten mit einer Minderung der Erwerbsfähigkeit (MdE) von 100% schlage er aus Gründen einer besseren Progression die Erhöhung der Grundrente um 10,00 DM auf 150,00 DM monatlich vor.

Wie bei den Schwerbeschädigten möchte der Bundesminister, wie er weiter darlegt, auch bei den Witwen und Waisen die Ausgleichsrenten fühlbar erhöhen. Er möchte damit Härten beseitigen, wie etwa die, daß Kriegerwitwen, die mehr und mehr in ein höheres Lebensalter eintreten, noch laufend weiter als Reinemachefrauen o.ä. tätig sein müssen, um ein Auskommen zu haben.

Der *Bundesminister für Arbeit und Sozialordnung* betont, daß ihm sehr daran gelegen sei, endlich die Egalisierung (Nivellierung) der Versorgungsbezüge aufzulockern. Durch den Tod des Mannes wirtschaftlich besonders betroffene (d.h. sozial schlecht gestellte) Witwen müßten eine erhöhte Ausgleichsrente erhalten.

Was die Berücksichtigung des Berufsschadens durch Höherstufung des MdE-Grades anbetrifft, ist der *Bundesminister für Arbeit und Sozialordnung* der Ansicht, daß dieses System zwar falsch, daß es aber, da einmal eingeführt, schlecht zu beseitigen sei. Richtigerweise hätte der Berufsschaden nur in Form von Zulagen berücksichtigt werden dürfen.

Zur finanziellen Seite seiner Vorschläge erklärt der *Bundesminister*, er habe sich mit dem Bundesminister der Finanzen darauf geeinigt, daß ein Betrag von 520 bis 540 Mio. DM anzusetzen sei[5]. Darin seien die Mehrkosten, die bei Verwirkli-

---

[3] Blank hatte auf den Verbandstagen des Reichsbundes der Kriegsbeschädigten in Düsseldorf vom 17.–20. Sept. 1958 und des VdK vom 22.–27. Sept. 1958 in Bad Godesberg gesprochen. Reden im Nachlaß Blank ACDP I–098–002. Stellungnahmen zu den Reden in B 149/2625.

[4] Siehe 1. Sitzung des Ministerausschusses für Sozialreform am 9. Okt. 1958 TOP A.

[5] In einem Vermerk Hornschus vom 29. Dez. 1958 ist festgehalten, daß weder durch eine Besprechung Etzels und Blanks am 12. Dez. 1958 noch durch eine Aussprache der Staatssekretäre eine Verständigung hinsichtlich des Volumens für die Kriegsopferversorgung hatte erzielt wer-

chung der vom Bundesminister des Innern (zur Frage sozialer Fürsorge, Arbeits- und Berufsförderung) und vom Bundesminister für Verteidigung (zur Frage Berücksichtigung des Berufsschadens) vorgebrachten Wünsche entstünden, nicht enthalten. Im übrigen sei der Betrag von ca. 540 Mio. DM auf 12 Monate abgestellt, d.h. also auf ein Inkrafttreten der Verbesserung am 1.4.1959. Es werde aber erwogen, diesen Zeitpunkt auf den 1.6.1959 hinauszuschieben, da die Erhöhungen aus der Rentenanpassung nach dem 1. Rentenanpassungsgesetz[6] (6,1%) erst am 1.6.1959 anrechenbar sind, bei einer Versorgungsverbesserung aus dem BVG schon ab 1.4.1959 für 2 Monate eine Vergünstigung für die Bezieher entstünde. Die Minderung der Bezüge zufolge der Anrechnung ab 1. Juni bringe dann nach den Erfahrungen Verärgerungen, die besser vermieden würden. Andererseits möchte der *Bundesminister für Arbeit und Sozialordnung* sich nicht öffentlich auf ein Datum, wie etwa erst den 1.6.1959, festlegen. Darum behalte er die Zahlenangabe von ca. 540 Mio. DM für ganze 12 Monate im Einvernehmen mit dem Bundesministerium der Finanzen bei. Eine sich später ergebende geringere Ausgabe könne dem Bundesminister der Finanzen nur recht sein.

Der *Bundesminister für Arbeit und Sozialordnung* faßt seine Reformvorschläge alsdann in folgenden Punkten nochmals kurz zusammen:

1) Ablehnung der Dynamisierung[7],
2) Ablehnung der Erhöhung der Grundrenten (mit der erwähnten Ausnahme),
3) Erhöhung der Ausgleichsrenten (Anrechenbarkeit anderer Einkünfte),
4) Verbesserung der Entschädigung für Berufsschaden,
5) Finanzieller Aufwand für 12 Monate ca. 540 Mio. DM.

Zum Zeitplan für die Gesetzesarbeit der Reform betont der Bundesminister, er habe dem Bundestag zugesichert, den Gesetzentwurf zu Anfang des Jahres vorzulegen. Das sei s.E. also spätestens zum Ende des ersten Quartals 1959. Zögere er zu lange, so werde die Opposition möglicherweise mit einem Entwurf, zumindest aber mit neuen Anfragen aufwarten[8]. Er möchte daher den Entwurf dem Kabinett

---

den können. Der BMF sei lediglich bereit gewesen, 240 Millionen zur Verfügung zu stellen. Die Ministerausschußsitzung im Januar solle eine weitere Chefbesprechung ersetzen und die endgültige Festsetzung des finanziellen Volumens erreichen (Vermerk in B 136/396). Am 14. Jan. 1959 hatte dann eine Besprechung zwischen Etzel und Blank stattgefunden, in der sich der Bundesfinanzminister unter bestimmten Voraussetzungen mit einem Mehrbedarf von 550 Mio. DM einverstanden erklärt hatte (Vermerk vom 21. Jan. 1959 in B 126/13879). – Vgl. auch die Anlage 1 („Finanzielle Auswirkungen") des Schreibens des BMA an den BMF vom 2. März 1959 in B 149/16423.

[6] Erstes Rentenanpassungsgesetz vom 21. Dez. 1958 (BGBl. I 956).

[7] Erst mit dem rückwirkend zum 1. Jan. 1970 in Kraft getretenen Ersten Anpassungsgesetz vom 26. Jan. 1970 (BGBl. I 121) wurde eine jährliche Anpassung der Versorgungsleistung an die Entwicklung der Löhne und Gehälter eingeführt.

[8] Vgl. den Antrag der SPD-Fraktion vom 5. Nov. 1958 zur Kriegsopferversorgung (BT-Drs. 621). Der Bundestag sollte die Regierung auffordern, unverzüglich ein Gesetz zur Gewährung von Überbrückungszahlungen an Versorgungsberechtigte nach dem BVG sowie einen Gesetzentwurf zur Neuordnung der Kriegsopferversorgung bis zum 1. April 1959 vorzulegen. Der Antrag war in der 53. Sitzung des Bundestages am 11. Dez. 1958 an den BT-Ausschuß für

so rechtzeitig zum Beschluß vorlegen, daß er nach Ostern dem Bundesrat zugeleitet werden könne. Die nunmehr anstehenden Ressortbesprechungen müßten entsprechend zügig abgewickelt werden[9]. Sein Versprechen gegenüber dem Bundestag bedeute natürlich keineswegs, daß das Gesetz am 1.4. in Kraft treten solle.

Der *Bundesminister für Ernährung, Landwirtschaft und Forsten* erklärt sich mit den Vorschlägen des Bundesministers für Arbeit und Sozialordnung grundsätzlich einverstanden und empfiehlt, falls diese Übereinstimmung im grundsätzlichen auch von den übrigen Anwesenden festgestellt werde, die Diskussion über einzelne Divergenzen den vorgesehenen Ressortbesprechungen zu überlassen. Wesentliches Moment für das Sozialkabinett sei heute die Einigung zwischen dem Bundesminister für Arbeit und Sozialordnung und dem Bundesminister der Finanzen über die Finanzierung der Reform gewesen.

Staatssekretär Hartmann (BMF) unterstreicht, daß zwischen dem Bundesminister der Finanzen und dem Bundesminister für Arbeit und Sozialordnung eine vollkommene Einigung gleichermaßen über die Grundsätze der Reform wie über das finanzielle Ausmaß mit einem Ansatz von ca. 530 bis 540 Mio. DM (berechnet auf 12 Monate) erzielt worden sei. Der Bundesminister der Finanzen sei sich klar darüber, daß, wenn auch möglicherweise im ersten Jahre zufolge der Erwägungen, das Gesetz erst am 1.6. in Kraft treten zu lassen, ein geringerer Betrag ausreiche, so doch in den folgenden Jahren mit einer dem ersten Jahresbedarf entsprechenden, sich allmählich vermindernden Last gerechnet werden müsse. Er unterstützt die Erwägungen des Bundesministers für Arbeit und Sozialordnung, mit Rücksicht auf das aufgezeigte Problem der Anrechnung als Datum für das Inkrafttreten der Reform den 1.6.1959 zu wählen.

Staatssekretär Dr. Rust (BMVtdg) betont das besondere Interesse seines Hauses an der Gestaltung des BVG, vor allem auch im Hinblick auf die Aktualität dieses Gesetzes für die junge Bundeswehr. Er billigt die Vorschläge des Bundesministers für Arbeit und Sozialordnung grundsätzlich, greift aber die Frage der Entschädigung für Berufsschäden auf, zu der der Bundesminister für Verteidigung einen Gegenvorschlag entwickelt hat (vgl. Anlage B III zur Kabinettvorlage des BMA vom 8.1.1959[10]). In diesem Punkt müsse noch eine Einigung in Besprechungen auf Ressortebene angestrebt werden.

Staatssekretär Dr. Anders (BMI) macht einen entsprechenden Vorbehalt zur Frage soziale Fürsorge, Arbeits- und Berufsförderung.

Der *Bundesminister für Arbeit und Sozialordnung* stellt nach Umfrage fest, daß alle Anwesenden seine Reformvorschläge in ihren Grundsätzen billigen und übereinstimmend eine Diskussion von Divergenzen in einzelnen Punkten den

---

Kriegsopfer- und Heimkehrerfragen überwiesen worden (Stenographische Berichte, Bd. 42, S. 2948).

[9] Am 27. Jan. 1959 fand im Bundesarbeitsministerium eine Ressortbesprechung statt (Einladung und Anwesenheitsliste in B 149/16423). Aufzeichnungen hierüber konnten nicht ermittelt werden.

[10] Eine Anlage lag der Kabinettsvorlage nicht bei. Vgl. zur Haltung des BMVtg in dieser Frage Abschnitt B III der Vorlage des BMA: Anhang 1, Dokument 17.

bevorstehenden Ressortbesprechungen vorbehalten möchten. Solche Divergenzen werden auch von *Staatssekretär Hartmann (BMF)* und *Ministerialdirektor Dr. Walter (BMWi)* aufgezeigt.

Abschließend erklärt der *Bundesminister für Arbeit und Sozialordnung*, er werde darum besorgt sein, daß der Regierung die Initiative in der Reform des BVG nicht genommen werde. Er schlage vor, über die heutige Sitzung eine Presseverlautbarung herauszugeben, in der lediglich ausgeführt werde, daß das Sozialkabinett sich mit der Reform befaßt habe[11]. Der Vorschlag wird einhellig gebilligt.[12]

2. KRIEGSOPFERVERSORGUNG IM SAARLAND

Ministerialdirektor Dr. Schönleiter (BMA) nimmt Bezug auf die Kabinettvorlage vom 19.12.1958[13]. Das im Saarland geltende Reichsversorgungsgesetz sei im wesentlichen etwas anders aufgebaut als das BVG[14]. Bei der Frage nach der Übernahme von Teilregelungen aus dem BVG stelle sich daher grundsätzlich auch die Frage nach der Gesamtübernahme des BVG durch das Saarland. Der Bundesminister der Finanzen habe aus grundsätzlichen Erwägungen der Übernahme der durch die 6. Novelle zum BVG erzielten Verbesserungen des Leistungsrechts in das Reichsversorgungsgesetz (Saar) widersprochen. Der Bundesminister der Finanzen

---

[11] Eine Presseverlautbarung konnte nicht ermittelt werden.

[12] Fortgang hierzu 60. Kabinettssitzung am 25. März 1959 TOP 4 (B 136 VS/36120). – Kabinettsvorlage des BMA („Entwurf eines Gesetzes zur Neuregelung des Rechts der Kriegsopferversorgung – KOVNG –") vom 17. März 1959 in B 149/16423 und B 136/397, weitere Unterlagen in B 149/16424–16429 und B 149/2625–2628, B 136/398–400 sowie B 126/51575. – Erstes Neuordnungsgesetz-KOV vom 27. Juni 1960 (BGBl. I 453).

[13] Kabinettvorlage des BMA in B 136/414 und B 149/7120: siehe Anhang 1, Dokument 18; weitere Unterlagen in B 149/166. – Der BMF hatte sich in vorausgegangenen Ressortbesprechungen gegen die Zustimmung der Bundesregierung zur Novellierung des Reichsversorgungsgesetzes im Saarland ausgesprochen. Bedenken wurden vor allem dahingehend geltend gemacht, daß die ohnehin besser gestellten Kriegsopfer im Saarland durch eine Novellierung des RVG in Anpassung an die Leistungsverbesserungen durch die 6. Novelle des BVG weiter begünstigt würden. Dies würde eine endgültige Angleichung des Rechtes im Saarland an das des übrigen Bundesgebietes erschweren, da hiermit dann überwiegend Verschlechterungen für die Kriegsopfer im Saarland verbunden sein würden (vgl. Vermerk vom 30. Jan. 1958 über eine Ressortbesprechung am 27. Jan. 1958 in B 149/7120). – Da die Angelegenheit im Bundeskanzleramt für nicht kabinettsreif gehalten wurde, sollte sie zunächst im Ministerausschuß für Sozialreform vorberaten werden (Vermerk Hornschus vom 29. Dez. 1958 in B 136/414). – Zum Vergleich zwischen saarländischer und deutscher Kriegsopferversorgung siehe Herrmann, Besitzstand, S. 234–239 und 278–280.

[14] „Die saarländische Versorgung basierte auf dem Weimarer Reichsversorgungsgesetz, das durch die Gewährung einer einkommensunabhängig, nach dem Grad der MdE gestaffelten Grundrente, den körperlichen Schaden entschädigen, und die durch den Verlust der Unversehrtheit entstehenden Mehrkosten im Alltag mildern sollte. Die Zusatzrente (im Saarland Ergänzungsrente genannt) war eine weitere Unterstützung, die als soziale Komponente einkommensabhängig, der Bedürftigkeit entsprechend, gezahlt wurde. Das Verhältnis Grund- zu Zusatz- bzw. Ergänzungsrente betrug zwei zu eins. Völlig gegensätzlich war die Regelung durch das Bundesversorgungsgesetz, hier verhielt sich 1955 das Verhältnis zwischen Grundrente zu Ergänzungsrente [...] eins zu zwei und das bedeutete, daß das Bedürftigkeitsprinzip vor dem Entschädigungsprinzip stand" (Herrmann, Besitzstand, S. 234).

sei der Auffassung, entweder müsse die Übernahme des BVG als Ganzes sofort erfolgen oder aber sie müsse unter Verzicht auf Teilregelungen bis zur wirtschaftlichen Rückgliederung des Saarlandes[15] zurückgestellt werden. *Ministerialdirektor Dr. Schönleiter [BMA]* gibt zu bedenken, daß es nicht ratsam sei, wenn das Saarland jetzt, da in Kürze die Reform des BVG zu erwarten sei, noch das derzeitige (alte) BVG übernehme.

Staatssekretär Hartmann (BMF) ist der Ansicht, daß die Saarregierung sich mit der Übernahme von Bundesgesetzen bisher nicht sehr beeilt habe. Es sei doch wirklich für den Bund kein förderungswürdiges Anliegen, wenn das Saarland darauf aus sei, nur die vorteilhaften Regelungen aus den Bundesgesetzen zu übernehmen. Er erinnert in diesem Zusammenhang an das Problem der Kindergeldregelung und bedauert, daß der Bundesminister für Familien- und Jugendfragen dergleichen Verlangen des Saarlandes noch stärke[16]. Wenn jetzt dem Wunsche nach Übernahme einer Teilregelung des BVG stattgegeben würde, entstünde daraus eine Präjudiz[17].

Auch der *Bundesminister für Arbeit und Sozialordnung* beanstandet das Bestreben der Saarregierung, nur die für das Saargebiet günstigen Regelungen übernehmen zu wollen. Mit dem bekannten Schlagwort „Der soziale Besitzstand muß erhalten werden" dürfe in solchem Sinne auf keinen Fall gearbeitet werden. Es könne doch in Zukunft im Bundesgebiet kein gespaltenes soziales Recht geben. Die Saarregierung dürfe die sozialgesetzlichen Regelungen des Bundes nicht stückweise abwägen, sondern müsse sie als Ganzes nehmen, dann werde sie feststellen, daß das Saarland sich mit den bundesgesetzlichen Regelungen keinesfalls schlechter stehe als gegenwärtig. Die Kindergeldregelung des Saarlandes sei nicht zu halten. Der Bundesminister schließt sich der Auffassung des Bundesministers der Finanzen an, jede Regelung, die jetzt nicht zwingend nötig ist, zu unterlassen; mit Rücksicht auf die bevorstehende Reform sei zur Zeit guter Grund gegeben, die Saarregierung zum Abwarten zu veranlassen.

Ministerialdirektor Dr. Simon (BMFa) versichert, daß es gewiß nicht das Bestreben des Bundesministers für Familien- und Jugendfragen sei, die Saarregierung

---

[15] Die wirtschaftliche Eingliederung des Saarlandes war aufgrund des Saarvertrages vom 27. Okt. 1956 für den 6. Juli 1959 vorgesehen.

[16] Im Rahmen der Beratung des Zweiten Gesetzes zur Änderung des Kindergeldgesetzes vom 16. März 1959 (BGBl. I 153) hatte sich das BMFa dafür eingesetzt, daß im Saarland nach der wirtschaftlichen Eingliederung das dort gewährte Kindergeld auch für das erste und zweite Kind im Wege einer Sonderregelung beibehalten werden sollte (auszugsweise Abschrift eines Schreibens des BMFa vom 21. März 1959 in B 136/1332). Im übrigen Bundesgebiet wurde Kindergeld ab dem dritten Kind gewährt. – Am 18. März 1959 beschloß das Kabinett, daß das Kindergeld für das erste und zweite Kind im Saarland zunächst weiterzuzahlen sei, bis die restlichen Mittel der Saarländischen Familienausgleichskassse verbraucht seien (59. Kabinettssitzung TOP 5: Die Wirtschaftliche Eingliederung des Saarlandes in das übrige Bundesgebiet). Protokoll in B 136 VS/36119. Fortgang hierzu 69. Kabinettssitzung am 10. Juni 1959 TOP 6 (Kriegsopferversorgung im Saarland). Protokoll in B 136 VS/36120. – Zur Familienpolitik im Saarland vgl. Herrmann, Besitzstand, S. 179–214.

[17] Im Entwurf folgt gestrichen: „daß u.a. der Bundesminister für Familien- und Jugendfragen voraussichtlich ausnützen würde."

in dem Wunsche zu stärken, vom Bund nur jene Regelungen zu übernehmen, die ihr vorteilhaft erschienen. Das Problem hinsichtlich des Kindergeldes dürfe nicht vereinfacht und auch nicht verallgemeinert werden.

Es wird Einigung darüber erzielt, die Zustimmung der Bundesregierung zum Gesetzentwurf des Saarländischen Ministers für Arbeit und Sozialwesen zur Übernahme der durch die 6. Novelle BVG erzielten Verbesserungen des Leistungsrechts in das Reichsversorgungsgesetz (Saar) abzulehnen mit der Begründung, daß die Bundesregierung inmitten der Reformarbeiten zum BVG stehe[18].

3.   PROBLEME EINER BUNDESEINHEITLICHEN REGELUNG DES HAUSARBEITSTAGES

Der *Bundesminister für Arbeit und Sozialordnung* nimmt Bezug auf den Protokollvermerk über die 19. Kabinettssitzung am 26. März 1958[19] und erteilt Frau Regierungsdirektorin Dr. Schulte Langforth (BMA) das Wort zur Erläuterung der Schwierigkeiten, die sich einer bundesgesetzlichen Regelung entgegenstellen[20].

Frau *Regierungsdirektorin Dr. Schulte Langforth* trägt vor, in den Jahren 1948 und 1949 seien in den Ländern Bremen, Hamburg, Niedersachsen und Nordrhein-Westfalen Hausarbeitstagsgesetze erlassen worden, die Frauen mit eigen-geführtem Haushalt einen bezahlten Hausarbeitstag im Monat einräumen[21]. Dieses Prinzip sei in den übrigen Ländern der Bundesrepublik nicht eingeführt worden, vielmehr gelte dort noch die Freizeitanordnung von 1943, wonach den Frauen mit eigenem Hausstand auf Verlangen ein oder zwei unbezahlte Hausarbeitstage zu gewähren sind[22]. Von dieser Möglichkeit machten die Frauen aber nur ganz vereinzelt Gebrauch, so daß die Freizeitanordnung praktisch bedeutungslos sei.

---

[18]   Fortgang hierzu 69. Kabinettssitzung am 10. Juni 1959 TOP 6 (B 136 VS/36120). – Die Zustimmung der Bundesregierung wurde im Umlaufverfahren herbeigeführt. – Gesetz zur Einführung des Bundesversorgungsgesetzes im Saarland vom 16. Aug. 1961 (BGBl. I 1292). – Unterlagen in B 149/69927 und B 136/402.

[19]   Vgl. 19. Kabinettssitzung TOP 5. – Es folgt im Protokollentwurf gestrichen: „dessen Wortlaut verlesen wird: 'Auf Anregung von Staatssekretär Dr. Anders erklärt sich der Bundesminister für Arbeit und Sozialordnung damit einverstanden, für den Hausarbeitstag eine bundesgesetzliche Regelung vorzubereiten. Das Kabinett nimmt zustimmend Kenntnis.' Der Bundesminister für Arbeit und Sozialordnung beteuert, bei diesem Einverständnis zu zuversichtlich gewesen zu sein" (B 136/50208).

[20]   Vermerk für den Minister vom Januar 1959 in B 149/10802 und 41841, Vermerk des BMA vom 9. Jan. 1959 für das Bundeskanzleramt in B 136/2679, weitere Unterlagen in B 149/1114 und 41842 sowie B 106/7351–7352.

[21]   Gesetz über den Hausarbeitstag vom 29. Juni 1948 (Gesetzbl. der Freien Hansestadt Bremen, S. 95). – Gesetz über den Hausarbeitstag vom 17. Febr. 1949 (Hamburgisches Gesetz- u. Verordnungsblatt, S. 15). – Gesetz betr. hauswirtschaftliche Freizeit für Frauen (HAT) vom 9. Mai 1949 (Niedersächs. Gesetz- u. Verordnungsbl., S. 104). – Gesetz über Freizeitgewährung für Frauen mit eigenem Hausstand vom 27. Juli 1948 (Nordrhein-Westfälisches Gesetz- und Verordnungsbl., S. 6). – Zum Hausarbeitstag in Nordrhein-Westfalen vgl. auch Ruhl, Unterordnung, S. 70–83. Vgl. auch 45. Kabinettssitzung am 22. Sept. 1954 TOP E (Kabinettsprotokolle 1954, S. 402).

[22]   Vgl. die Freizeitanordnung vom 22. Okt. 1943 in RArBl. III, S. 343 sowie die Bekanntmachung des Reichsarbeitsministeriums zur Freizeitanordnung vom 4. Mai 1944 in RArBl. III, S. 62.

Es stelle sich nun die Frage, wie sich die Arbeitszeitverkürzung auf die Gewährung des Hausarbeitstages auswirke. Das sei in den vier genannten Ländern sehr unterschiedlich. Am unzulänglichsten erwiese sich in diesem Punkte das nordrhein-westfälische Hausarbeitstagsgesetz, da es bestimme, daß der Hausarbeitstag solange den Berechtigten zustehe, wie nicht die wöchentliche Arbeitszeit auf weniger als 40 Stunden herabgesetzt ist. Die Verteilung dieser Stunden (ob arbeitsfreie Tage oder nicht) sei dabei ohne Belang[23]. Besonders für die Wirtschaftszweige, in denen Frauenarbeit stark vertreten sei, bedeute die großzügige Regelung in Nordrhein-Westfalen eine erhebliche finanzielle Belastung. Sämtlichen Frauen mit eigenem oder eigen-geführtem Haushalt (etwa 45% aller Arbeitnehmerinnen außer Lehrlingen und Anlernlingen) müsse so der Hausarbeitstag gewährt werden[24]. In Bremen und Niedersachsen entfalle der Anspruch auf den Hausarbeitstag, wenn die wöchentliche Arbeitszeit durchschnittlich nicht mehr als 46 Stunden beträgt und mindestens 2 freie Samstage im Monat anfallen, in Hamburg bereits dann, wenn die Arbeitszeit weniger als 48 Stunden beträgt (unabhängig von freien Samstagen). Angesichts der bereits in großem Umfange verkürzten Arbeitszeit (bei ca. 75% aller Beschäftigten in der Bundesrepublik liege die Höchstarbeitszeit heute nicht über 45 Stunden wöchentlich), verbunden mit dem verlängerten Wochenende, verliere das Problem des Hausarbeitstages in diesen Ländern mehr und mehr an Bedeutung.

Frau *Regierungsdirektorin Dr. Schulte Langforth* hebt hervor, daß unter den heutigen Verhältnissen die Gewährung besonderer Freizeiten nur mehr für erwerbstätige Mütter, deren Kinder noch der Betreuung bedürfen, gerechtfertigt sei. Bis auf die Länder Österreich und Ungarn sei im Ausland der Hausarbeitstag nicht bekannt.

Zur Lösung des Problems ergäben sich folgende Möglichkeiten:

1) Ersatzlose Aufhebung aller Vorschriften über den Hausarbeitstag. Diese Lösung sei bedenklich, da sie auch diejenigen Frauen treffe, die den Hausarbeitstag wegen ihrer starken häuslichen Belastungen nach wie vor besonders nötig haben, nämlich die erwerbstätigen Mütter. Der Bundesminister für Arbeit und Sozialordnung bestätigt, daß eine solche Lösung politisch auch nicht durchzusetzen sei.

2) Änderung lediglich des nordrhein-westfälischen Gesetzes. Frau *Regierungsdirektorin Dr. Schulte Langforth* weist darauf hin, daß, da die erwähnten

---

[23] Während die Arbeitsgerichte in Nordrhein-Westfalen den Standpunkt vertreten hatten, daß Frauen mit eigenem Hausstand, die wöchentlich mindestens 40 Stunden arbeiteten, ein Hausarbeitstag im Monat nur dann zustünde, wenn sie an sechs Tagen in der Woche im Betrieb arbeiteten, hatte der 1. Senat des Bundesarbeitsgerichtes am 17. Jan. 1958 (Az.: 1 AZR 179/57) entschieden, daß der Anspruch auch bestünde, wenn durch Arbeitszeitverteilung nicht an allen Wochentagen des Monats gearbeitet werde. Urteil in B 149/41841 und in Entscheidungen des Bundesarbeitsgerichtes, Bd. 5, S. 175–178.

[24] Die Landesvereinigung der industriellen Arbeitgeberverbände Nordrhein-Westfalens hatte 1958 eine Erhebung bei den beteiligten Fachverbänden (außer Bergbau, Eisen- und Stahl- und Bauindustrie) durchgeführt und festgestellt, daß in den angeschlossenen Betrieben 42,5 % der dort beschäftigten Frauen (mit Ausnahme der Lehrlinge etc.) den Hausarbeitstag in Anspruch nahmen (vgl. den Vermerk für den Minister vom Januar 1959 in B 149/41841).

Landesgesetze partielles Bundesrecht geworden seien[25], nur der Bund für eine Änderung zuständig sei. Es sei eine Änderung zur Entlastung der nordrhein-westfälischen Arbeitgeber etwa dahin denkbar, daß auch in Nordrhein-Westfalen (ähnlich wie in Hamburg, Bremen und Niedersachsen) der Hausarbeitstag nicht mehr gewährt werden muß, wenn die Arbeitszeit unter gleichzeitiger Einräumung von 2 freien Samstagen auf durchschnittlich 45 oder 46 Stunden wöchentlich herabgesetzt werde[26].

Diese Lösung sei aber insofern unbefriedigend, als damit die bestehenden Uneinheitlichkeiten der Hausarbeitstagsgesetzgebung in der Bundesrepublik nicht beseitigt wären.

3) Erlaß eines Bundesgesetzes über den Hausarbeitstag. Es könnte der begünstigte Personenkreis in einer bundeseinheitlichen Regelung auf erwerbstätige Mütter (Frauen, die mit Kindern unter einem bestimmten Alter zusammen leben und sie ohne ausreichende anderweitige Hilfe versorgen müssen) beschränkt und diesen Frauen monatlich ein bezahlter Hausarbeitstag gewährt werden, falls die durchschnittliche wöchentliche Arbeitszeit über eine bestimmte Stundenzahl hinausgeht. Allerdings könnte dieses Gesetz die nachteilige Folge für diese Frauen haben, daß es ihnen erschwert wird, einen Arbeitsplatz zu finden und ihn sich auf die Dauer zu erhalten.

Staatssekretär Dr. Anders (BMI) weist auf die tariflichen Vereinbarungen im öffentlichen Dienst hin, wonach der Hausarbeitstag gewährt wird, wenn an allen 6 Tagen der Woche gearbeitet wird[27]; günstigeres Landesrecht bleibe bestehen. Diese Sachlage spreche sehr für die Notwendigkeit einer bundesgesetzlichen Regelung.

Der *Bundesminister für Arbeit und Sozialordnung* erklärt, daß er mit Rücksicht auf die schwierige Sachlage, vor allem aber im Hinblick auf eine Initiative, die zur Zeit von dem CDU-Abgeordneten Diebäcker[28] im Bundestag ausgehe, vorerst davon absehen möchte, von Regierungsseite aus eine Gesamtregelung anzustreben.

---

[25] Vgl. Urteil des Bundesarbeitsgerichtes vom 14. Juli 1954 (Az.: 1 AZR 138/54).

[26] Für eine Änderung des nordrhein-westfälischen Gesetzes hatte sich die Bundesvereinigung der Arbeitgeberverbände ausgesprochen. Für den Fall, daß der Hausarbeitstag durch Bundesgesetz geregelt werden sollte, forderte der Arbeitgeberverband eine Anspruchsberechtigung nur bei Beschäftigung an sechs Werktagen in der Woche (vgl. die Abschrift eines Schreibens an den BMA vom 29. Aug. 1958 in B 149/41841).

[27] Vgl. den Tarifvertrag zur Urlaubsregelung für die Angestellten und Lohnempfänger des Bundes im Urlaubsjahr 1958 vom 1. Juli 1958, § 1, Abs. 14: „In Abweichung hiervon [von der Regelung, daß Urlaub aus persönlichen Interessen auf den Jahresurlaub anzurechnen ist] können weibliche Angestellte mit eigenem Hausstand auf Verlangen, soweit dringende dienstliche Gründe nicht entgegenstehen, zur Erledigung häuslicher oder persönlicher Angelegenheiten im Kalendermonat einen Hausarbeitstag (freien Arbeitstag), wenn die Frau ein oder mehrere Kinder unter 14 Jahren im gemeinsamen Haushalt ohne ausreichende Hilfe betreuen muß, 2 Hausarbeitstage im gleichen Zeitraum erhalten. Für diesen Fall werden die Dienstbezüge nicht gekürzt. Bleibt infolge der regelmäßigen Diensteinteilung mindestens ein Arbeitstag im Kalendermonat von der Arbeit frei, so wird der Hausarbeitstag nicht gewährt, [...]" (GMBl. 1958, S. 259 f.).

[28] Hermann Diebäcker (1910–1982). Diplom-Volkswirt, 1957–1969 MdB (CDU), stellv. Hauptgeschäftsführer der IHK Münster.

Der Abgeordnete Diebäcker habe im Bundestag den Antrag eingebracht, das Gesetz in Nordrhein-Westfalen dahin abzuändern, daß der Hausarbeitstag nur noch gewährt wird, wenn an allen Werktagen der Woche gearbeitet wird[29]. *Der Bundesminister* schlägt vor, die Entwicklung dieses Antrags abzuwarten; je nach dem Ergebnis werde möglicherweise besser von einer Gesamtregelung durch die Bundesregierung Abstand genommen.

Der Vorschlag findet einhellige Zustimmung[30].

---

[29] Entwurf eines Gesetzes zur Änderung des nordrhein-westfälischen Hausarbeitstagsgesetzes der Abg. Diebäcker, Schmidt u. Gen. vom 14. Jan. 1959 (BT-Drs. 784). – Der Antrag wurde in der 62. Sitzung des BT an den Ausschuß für Arbeit federführend und an den Ausschuß für Familien- und Jugendfragen überwiesen (Stenographische Berichte, Bd. 43, S. 3358). Der Ausschuß für Arbeit stimmte dem Antrag mehrheitlich zu, die Verhältnisse in Nordrhein-Westfalen dem Rechtszustand in den übrigen Bundesländern anzupassen. Eine Minderheit wandte sich „gegen den Versuch, ein soziales Schutzgesetz eines Landes auf Bundesebene zu ändern." Vgl. den schriftl. Bericht des Ausschusses, BT-Drs. 1477. – Die CDU/CSU-Bundestagsfraktion sprach sich in der Fraktionssitzung am 8. Dez. 1959 für einen Antrag des Vorsitzenden des Bundestagsausschusses für Arbeit, Heinrich Scheppmann, aus, wonach vor allem berufstätigen Müttern sowie Frauen über 50 Jahre mit eigenem Hausstand, sofern sie mindestens 40 Stunden wöchentlich arbeiteten, ein Hausarbeitstag zustehen sollte. Ferner sollten Frauen mit einer wöchentlichen Arbeitszeit von mindestens 40 Stunden an regelmäßig sechs Tagen anspruchsberechtigt sein. Vgl. die Niederschrift über die Sitzung der CDU/CSU-Fraktion in ACDP VIII–001–1008/2. – Im Landtag von Nordrhein-Westfalen sprachen sich am 14. Jan. 1960 alle Fraktionen (CDU, SPD und FDP) und die Landesregierung gegen ein Bundesgesetz, das das nordrhein-westfälische Landesgesetz verändern und verschlechtern würde, aber für ein Bundesgesetz auf der Grundlage des nordrhein-westfälischen Gesetzes aus. Unterlagen in B 136/2679. – Der Gesetzentwurf wurde in der 3. Legislaturperiode nicht weiterberaten.

[30] Es kam weder zu einer Änderung des nordrhein-westfälischen Gesetzes noch zu einer bundeseinheitlichen Regelung des Hausarbeitstages.

4. Sitzung des Ministerausschusses für Sozialreform
am Freitag, den 29. Juli 1960

Teilnehmer: Blank (als stellvertretender Vorsitzender); Hettlage, Herz; Vialon (Bundeskanzleramt), Duntze (BMI), Walter (BMWi), Jantz (BMA), Stukenberg (BMV), Woelffel (BMF), Schelp (BMA), Senteck (BMVt), Loosen (Bundeskanzleramt), Elsholz (BMF), Schiettinger (BMF) und weitere Vertreter der Bundesressorts. Protokoll: Boden.

Beginn: 10.00 Uhr   *Ende: 13.17 Uhr*

Ort: Palais Schaumburg

Tagesordnung[1]*:*

1.   *Vermögenswirksame Ergebnisbeteiligung der Arbeitnehmer.*

2.   *Alters- und Hinterbliebenensicherung bestimmter Gruppen der zulassungspflichtigen freien Berufe*

     Vorlage des Bundesministers für Arbeit und Sozialordnung vom 30. Juni 1960 (IV b 4 – 6511 – 337/60).

1.   VERMÖGENSWIRKSAME ERGEBNISBETEILIGUNG DER ARBEITNEHMER

Der *Bundesminister für Arbeit und Sozialordnung* weist einleitend darauf hin, daß er mit Vorlage vom 18. März 1960 dem Kabinett eine Darstellung der politischen Voraussetzungen und der allgemeinen Grundsätze für eine Initiative der Bundesregierung auf dem Gebiet der Vermögensbildung der Arbeitnehmer gegeben habe[2]. Das Kabinett habe ihn daraufhin am 13. April 1960 beauftragt, auf der

---

[1]   Tagesordnung gemäß Einladung vom 22. Juli 1960 in B 136/50206.

[2]   Siehe 104. Kabinettssitzung am 13. April 1960 TOP 6 (B 136 VS/36122) und 112. Kabinettssitzung am 29. Juni 1960 TOP C (B 136 VS/36122). – Vgl. die Kabinettsvorlagen des BMA zur Vermögensbildung der Arbeitnehmer, im Einvernehmen mit dem BMWi und dem BMF vorgelegt am 2. März 1960, und über die Grundsätze eines Gesetzes zur vermögenswirksamen Ergebnisbeteiligung der Arbeitnehmer vom 18. März 1960 in B 149/13245 und B 136/8810, weitere Unterlagen in B 102/59894 sowie B 126/2121 und 51558. – Die Schaffung von Kapital und die Streuung des Besitzes war mit der Regierungserklärung vom 29. Okt. 1957 zum Schwerpunkt der Regierungsarbeit erklärt worden (Stenographische Berichte, Bd. 39, S. 19 f.). Aufgrund des Kabinettsbeschlusses vom 28. Okt. 1959 war ein Sonderausschuß, bestehend aus dem Vizekanzler sowie den Bundesministern für Finanzen und für Arbeit und Sozialordnung, zur Vorbereitung der weiteren Erörterung der Eigentumsbildung im Kabinett gebildet worden (vgl. 83. Kabinettssitzung am 28. Okt. 1959 TOP 4: B 136 VS/36121). In der Kabinettsvorlage vom 2. März 1960 hatte der BMA in Abstimmung mit dem BMWi und dem BMF die in der Öffentlichkeit diskutierten Maßnahmen zur Vermögensbildung der Arbeitnehmer – Bildung überbetrieblichen Miteigentums (DGB und SPD), Investivlohnpläne (insb. des Abg. Häussler,

Grundlage dieser Vorlage einen Gesetzentwurf auszuarbeiten, habe aber ausdrücklich betont, daß mit diesem Auftrag noch nicht eine Billigung aller Einzelheiten
dieser Vorlage verbunden sei. Es gelte nun heute Klarheit darüber zu schaffen, ob
der inzwischen erarbeitete Entwurf kabinettsreif sei[3]. Der *Bundesminister für Arbeit und Sozialordnung* erklärt, selbst für den Fall, daß der Ministerausschuß heute
eine solche Feststellung treffe, werde er die Vorlage erst nach der Haupturlaubs-
zeit, also erst im September, einreichen.

Ministerialdirigent Dr. Schelp (BMA) gibt einen Überblick über den Inhalt des
erarbeiteten Entwurfs.

Grundlage der im Gesetzentwurf vorgesehenen Förderung von Vermögensbildung durch vermögenswirksame Leistungen sei die Vereinbarung zwischen Arbeitgeber und Arbeitnehmer. Die Begünstigungen des Gesetzes könnten nur von Arbeitnehmern im Sinne des Betriebsverfassungsgesetzes in Anspruch genommen werden[4]. Der Gesetzentwurf enthalte im ersten Hauptteil die allgemeinen Bestimmungen über vermögenswirksame Leistungen (§§ 1 bis 4), während im zweiten Haupt-

---

CDU), betriebliche Miteigentumspläne (der Sozialausschüsse der christlich-demokratischen
Arbeitnehmerschaft und der DAG) und Ergebnisbeteiligung durch freigewordene Beiträge aus
Pensionsrückstellungen und anderen überflüssig gewordenen wiederkehrenden Sozialleistungen (Arbeitnehmergruppe der CDU/CSU-Fraktion) – verworfen und sich für ein Gesetz zur
vermögenswirksamen Ergebnisbeteiligung der Arbeitnehmer ausgesprochen. Die Ergebnisbeteiligung sollte freiwillig zu vereinbaren sein und in bestimmten Anlageformen zur Bildung
von Dauervermögen für fünf Jahre festgelegt werden. Sie sollte steuerlich begünstigt und bis
zur Höhe von 312 DM im Jahr von Sozialversicherungsbeiträgen befreit werden. – Vgl. auch
die Beratungen im Interministeriellen Ausschuß für Fragen der Eigentumsbildung, Niederschriften in B 136/8810 und B 149/13207. Zur Einrichtung des Ausschusses vgl. 2. Sitzung
des Ministerausschusses für Sozialreform am 24. Okt. 1958 TOP 2. – Zur Grundlegung der
bundesdeutschen Vermögenspolitik in der 3. Legislaturperiode vgl. Dietrich, Eigentum,
S. 270–406.

[3] Entwurf eines Gesetzes zur Förderung der Vermögensbildung der Arbeitnehmer vom
4. Juli 1960 in B 149/13243: siehe Anhang 1, Dokument 19; Entwurf vom 1. Juli 1960 in
B 136/8810, weitere Unterlagen in B 136/8811 und B 102/59894. – Der Entwurf war in einer
Besprechung zwischen Erhard und Blank am 11. Juli 1960 erörtert worden. Erhard hatte seine
Bedenken gegen eine ausdrückliche Hervorhebung der Ergebnisbeteiligung zurückgenommen,
die Mitverantwortung für den Entwurf aber abgelehnt, der als alleinige Vorlage des BMA dem
Kabinett im September vorgelegt werden sollte (Vermerk vom 12. Juli 1960 in B 149/13243).
Das BMF stimmte dem unter seiner Mitwirkung entstandenen Gesetzentwurf zu (vgl. den
Vermerk vom 28. Juli 1960 für die Ministerausschußsitzung in B 126/2121). Wegen eines An-
griffs im „Industriekurier" vom 12. Juli 1960 („Gegen das siebte Gebot"), der eine Ergebnisbeteiligung als Aushöhlung des Eigentumbegriffs wertete, war die Beratung des Gesetzesvorha-
bens auf die Tagesordnung des Ministerausschusses gesetzt worden (vgl. den Vermerk vom
28. Juli 1960 in B 149/13243).

[4] Vgl. § 4 des Betriebsverfassungsgesetzes vom 11. Okt. 1952 (BGBl. I 681). Ausgeschlossen
wurden hiermit u.a. Gesellschafter einer offenen Handelsgesellschaft, leitende Angestellte
und ehrenamtlich Tätige. Verwandten und Verschwägerten ersten Grades, die in häuslicher
Gemeinschaft mit dem Arbeitgeber lebten, sollte dagegen ausdrücklich die vermögenswirksame Ergebnisbeteiligung ermöglicht werden (vgl. die Begründung zu § 1 des Gesetzentwurfs:
Anhang 1, Dokument 19). – Mit Beschränkung auf Arbeitnehmer im Sinne des Betriebsverfassungsgesetzes wurden die Beschäftigten des öffentlichen Dienstes ausgeschlossen. Das Zweite
Vermögensbildungsgesetz vom 1. Juli 1965 (BGBl. I 585) dehnte u.a. den Kreis der Begünstigten auf die Beschäftigten des öffentlichen Dienstes aus.

teil speziell die Ergebnisbeteiligung als ein Weg der vermögenswirksamen Leistungen der Arbeitgeber behandelt sei (§§ 5 bis 9). Der Schlußteil enthalte die Bestimmungen über die lohnsteuerlichen und sozialversicherungsrechtlichen Begünstigungen.

Die Anlageformen der vermögenswirksamen Leistungen des Arbeitgebers (erster Hauptteil) seien a) Sparbeiträge des Arbeitnehmers, die nach dem Sparprämiengesetz prämienbegünstigt werden[5], b) Aufwendungen des Arbeitnehmers zur Förderung des Wohnungsbaues, die nach dem Wohnungsbau-Prämiengesetz prämienbegünstigt werden[6], c) Aufwendungen des Arbeitnehmers für den Erwerb eigener Aktien des Arbeitgebers zu einem Vorzugskurs (unter Vereinbarung einer fünfjährigen Sperrfrist).

Ergänzend zu seinen Ausführungen verweist *Ministerialdirigent Dr. Schelp* auf die dem Gesetzentwurf beigefügte ausführliche Begründung.

Staatssekretär Prof. Dr. Hettlage [BMF] wirft die Frage auf, ob der Betrag von 312 DM je Arbeitnehmer im Kalenderjahr in den §§ 10 und 11 (Pauschbesteuerung und Befreiung von Sozialabgabe) nicht zu niedrig sei.

Dr. Zweig (BMA) erklärt dazu, bei der Ermittlung des Betrages sei eine möglichst vertretbare Grenze für alle Beteiligten gesucht worden. Die Ansprüche des Arbeitnehmers gegenüber der Sozialversicherung würden insofern berührt, als die Befreiungsbeiträge bei der Rentenberechnung nicht in Anrechnung kämen. Zum anderen sei bei der Begrenzung des Betrages die den Großbetrieben gegenüber schwierige Lage des Mittelstandes zu berücksichtigen gewesen.

Staatssekretär Prof. Dr. Hettlage [BMF] gibt in Bezug auf die Gesamtkonzeption zu bedenken, ob es politisch gut sei, von den verschiedenen existierenden Vorschlägen nur einen ganz bestimmten in Form des jetzigen Entwurfs sozusagen als endgültiges Ergebnis dem Kabinett vorzulegen. Der Entwurf werde besser wohl als ein erster Schritt – ein Ausgangsmodell – bezeichnet.

Der *Bundesminister für Arbeit und Sozialordnung* hält es für notwendig, die anderen Vorschläge eindeutig abzulehnen. Es bedürfe ohnehin mehrerer Jahre, ehe sich das geplante Gesetz bewährt haben könne. In diesem Zeitraum müsse sich erweisen, ob einem der anderen Vorschläge etwa der Vorzug zu geben sei. Ihm habe es vor allem daran gelegen, die anderen Vorschläge zu entschärfen. Er halte die Katzer[7]-Dittmar[8]-Vorschläge (Miteigentum der Arbeitnehmer)[9] für sehr bedenk-

---

[5] Nach dem Spar-Prämiengesetz vom 5. Mai 1959 (BGBl. I 241) wurden Sparprämien in Höhe von 20 %, jedoch höchstens 120 bis 360 DM je nach Familienstand auf Sparbeiträge gewährt, die grundsätzlich auf fünf Jahre festzulegen waren.

[6] Das Wohnungsbau-Prämiengesetz vom 17. März 1952 (BGBl. I 139) gewährte Prämien für Bausparleistungen, Sparverträge zur Finanzierung des Wohnungsbaus oder zum Erwerb von Wohnungseigentum, den Erwerb von Anteilen an Bau- und Wohnungsgenossenschaften und für Kapitalansammlungsverträge mit gemeinnützigen Kapital- und Siedlungsgesellschaften.

[7] Hans Katzer (1919–1996). 1950–1963 Bundesgeschäftsführer der Sozialausschüsse der Christlich-Demokratischen Arbeitnehmerschaft (CDA), 1957–1980 MdB, 1960–1980 Mitglied des Parteivorstandes der Christlich-Demokratischen Union, 1963–1977 Vorsitzender der Sozialausschüsse der Christlich-Demokratischen Arbeitnehmerschaft, 1965–1969 Bundesminister für Arbeit und Sozialordnung.

lich und den Häussler[10]-Vorschlag (Investivlohn)[11] für viel zu kompliziert. Mit dem Regierungsentwurf wolle er vermeiden, daß im Wege von Initiativanträgen aus der Mitte des Bundestages derartige Vorschläge Erfolg hätten.

Ministerialdirektor Dr. Walter (BMWi) hält die Ablehnung der anderen Vorschläge für durchaus richtig. In der Begründung zum Gesetzentwurf sei auf die Ablehnungsgründe eingegangen. Auch die Begrenzung auf den Betrag von 312 DM in den §§ 10 und 11 sei nicht zu niedrig. Er weist auf die erheblichen Widerstände hin, die vom Handwerk und von den Klein- und Mittelbetrieben schon gegen diesen Betrag – wie überhaupt gegen jede Form der Ergebnisbeteiligung – zu erwarten seien. Um nicht unbegründete Besorgnisse der Arbeitgeber aufkommen zu lassen, empfiehlt er, im Gesetzestext klarer herauszustellen (insbesondere in den §§ 5 und 6), daß die Ergebnisbeteiligung nur eine der verschiedenen Möglichkeiten der Leistungen der Arbeitgeber ist. Auch müsse in der Frage der Ergebnisbeteiligung mehr Fühlung mit den betroffenen Kreisen genommen werden.

Der *Bundesminister für Arbeit und Sozialordnung* erklärt dazu, daß er mit der Arbeitgeberseite bereits engere Fühlung aufgenommen habe. Sowohl Herrn Präsident Paulssen[12] wie Herrn Präsident Wild[13] sei ein Exemplar der jetzigen Ausarbeitung des Gesetzentwurfs vertraulich zugeleitet worden. Für den Fall, daß sie Einwendungen hätten, habe er sich ihnen zur Rücksprache zur Verfügung gestellt[14].

---

[8] Rupprecht Dittmar (1914–1985). In den fünfziger Jahren Leiter der Abteilung Betriebswirtschaft im Bereich Wirtschaftspolitik der DAG und Mitarbeiter der Sozialausschüsse der Christlich-Demokratischen Arbeitnehmerschaft (CDA), 1958–1968 Vorstandsmitglied der BfA, 1958–1963 Mitglied und stellv. Vorsitzender des Sozialbeirats für die gesamten Rentenversicherungsträger. – Zu den Miteigentumsplänen Dittmars vgl. Dietrich, Eigentum, S. 56–61.

[9] Es handelt sich hierbei um die betrieblichen Miteigentumspläne der Sozialausschüsse der CDA, die eine gesellschafterliche Kapitalbeteiligung der Arbeitnehmer am arbeitgebenden Unternehmen anstrebten. – Vgl. auch: Ein Gesetzesvorschlag über „Das Miteigentum an Arbeitnehmern". Einführung, Erläuterung und Beispiele, überarbeitet u. zusammengestellt von Rupprecht Dittmar, Königswinter 1957 (Schriftenreihe der Sozialausschüsse der Christlich-Demokratischen Arbeitnehmerschaft, 5).

[10] Erwin Häussler (1909–1981). 1953–1961 und 1964–1972 MdB (CDU), Vorsitzender der Arbeitsgemeinschaft Christlicher Arbeitnehmerorganisationen Baden-Württembergs.

[11] Die Investivlohnpläne sahen vor, diejenigen Teile von tariflichen Lohnerhöhungen, die aus gesamtwirtschaftlicher Sicht nicht bar ausgezahlt werden können, festzuschreiben und entweder im arbeitgebenden Unternehmen oder in Investmentgesellschaften festzulegen. Vgl. u.a. Erwin Häussler, Lohnpolitik in der Sackgasse. Umrisse eines Investivlohn-Gesetzes, in: Gesellschaftspolitische Kommentare 5, 1958, Nr. 24, S. 150–152.

[12] Hans-Constantin Paulssen (1892–1984). Industrieller, 1953–1964 Vorsitzender der Bundesvereinigung der deutschen Arbeitgeberverbände.

[13] Joseph Wild (1901–1993). 1955–1972 Präsident des Zentralverbandes des Deutschen Handwerks.

[14] Schreiben vom 25. Juli 1960 in B 149/13243. In einem Schreiben vom 14. Okt. 1960 an den Bundeskanzler führte Wild prinzipielle und sachliche Gründe der Handwerkerschaft und der mittelständischen Betriebe gegen den Gesetzentwurf aus (Schreiben in B 136/8811). Der Zentralverband des Deutschen Handwerks stimmte dem Gesetzentwurf nicht zu. „Die Bundesvereinigung der Deutschen Arbeitgeberverbände stellte ihre Bedenken gegen den Gesetzentwurf mit Rücksicht darauf zurück, daß sie einen Widerstand gegen Art und Umfang der im Entwurf

Ministerialdirektor Dr. Walter (BMWi) sieht in der Regelung des Auskunftsrechts (§ 9) eine der Hauptursachen für Besorgnisse auf Arbeitgeberseite. Er regt an, die freie Vereinbarung zwischen Arbeitgeber und Arbeitnehmern mehr in den Vordergrund zu stellen und empfiehlt vor allem aus taktischen Gründen andere, möglichst ausführlichere Formulierungen.

Staatssekretär Prof. Dr. Hettlage [BMF] unterstützt diese Auffassung, gibt aber zu überlegen, ob die Klarstellung von Richtung, Umfang und Form der Auskunft zweckmäßiger im Gesetzestext oder in der Begründung erfolge.

Ministerialdirektor Dr. Vialon (BK) weist auf die Schwierigkeiten einer klaren Definition im Gesetzestext hin.

Der *Bundesminister für Arbeit und Sozialordnung* erklärt sich bereit, jede klarere Fassung im Gesetzestext zu akzeptieren und hält eine ausführliche Erläuterung des Nachprüfungsrechts und seiner Grenzen in der Begründung für tunlich. Der gedankliche Inhalt des Gesetzentwurfs dürfe jedoch nicht geändert werden.

Ministerialdirektor Dr. Vialon (BK) gibt zu bedenken, daß § 9 „Auskunft über die Richtigkeit der Berechnung der Ergebnisanteile" nicht nur die rechnerische, sondern auch die tatsächliche Richtigkeit in die Nachprüfung einbeziehe. Er fragt, wo schließlich der Unterschied zum Normalrecht des Gesellschafters liege.

Ministerialdirigent Dr. Schelp (BMA) wendet ein, daß die Einräumung einer Ergebnisbeteiligung als Lohnform in einigen Betrieben schon jetzt praktiziert werde und daß in Streitfällen die Gerichte (kürzlich noch das Bundesarbeitsgericht[15]) gewisse Möglichkeiten der rechnerischen Nachprüfung ausdrücklich eingeräumt hätten.

Dr. Zweig (BMA) unterstreicht, daß der Begriff Ergebnis im Sinne der im § 6 des Entwurfs gegebenen Definition neu sei und sich nicht mit dem Begriff des handelsrechtlichen Bilanzgewinns decke. Die Ergebnisbeteiligung könne (je nach Vereinbarung), aber sie müsse nicht eine Beteiligung am Gewinn sein. Es sei nicht gut, diesen Unterschied und dabei die Möglichkeit der Gewinnbeteiligung zu sehr im Gesetzestext herauszuarbeiten, weil damit nur das Mißtrauen erhöht werde. Die Begriffsbestimmung im § 6 werde auch vom Bundesminister für Arbeit und Sozialordnung nicht für die bestmögliche gehalten.

Staatssekretär Prof. Dr. Hettlage [BMF] ist der Ansicht, es müsse deutlich gesagt werden, daß nur derjenige Ergebnisteil bei der Leistung an die Arbeitnehmer Berücksichtigung finden solle, der unter Mitwirkung der Arbeitnehmer erarbeitet wurde. Es müsse im § 6 zum Ausdruck gebracht werden, daß die Ergebnisbeteiligung ein besonderer Beitrag sein solle, der an der Leistung der Arbeitnehmer zu messen sei.

---

in Aussicht genommenen Ergebnisbeteiligung bei dem fortgeschrittenen Stadium der Angelegenheit für aussichtslos und politisch untunlich hält" (Vermerk vom 25. Okt. 1960 für die 126. Kabinettssitzung am 26. Okt. 1960 in B 136/8811).

[15] Nicht ermittelt.

Dr. Zweig (BMA) warnt davor, dies zu stark herauszustellen, da sonst der Vorwurf „Hennecke-System"[16] gemacht werden könnte.

Ministerialdirektor Dr. Walter (BMWi) weist darauf hin, daß in den Vereinbarungen zwischen Arbeitgebern und Arbeitnehmern zum Ausdruck kommen müsse, um welche Art der Ergebnisbeteiligung es sich handele, ob um eine Gewinnbeteiligung oder nicht. Von entscheidender Bedeutung sei eine klare Fassung des § 9 (Auskunftsrecht).

Ministerialdirektor Dr. Vialon (BK) hält es für erforderlich, zumindest in der Begründung die Grenzen des Auskunftsrechts klar abzustecken, da ein Entwurf, den die Regierung zur Abwendung weiterzielender Vorschläge fest verteidigen wolle, auch fest gefügt sein müsse.

Staatssekretär Prof. Dr. Hettlage [BMF] befürwortet eine bessere Definition des Auskunftsrechts im Gesetzestext selbst.

Ministerialdirektor Stukenberg (BMV) stellt alsdann unter Hinweis auf die kaufmännisch eingerichteten Betriebe der öffentlichen Hand (z.B. Betriebe im Sinne des § 15 RHO[17]) die Auswirkungen des Gesetzentwurfs auf den öffentlichen Dienst zur Erörterung. Hinsichtlich des Begriffs Arbeitnehmer sei im Gesetzentwurf ausdrücklich auf das Betriebsverfassungsgesetz verwiesen (§ 1 Abs. 2 des Entwurfs). Das Betriebsverfassungsgesetz gelte aber nicht für die Unternehmen der öffentlichen Hand, so daß sich die Frage stelle, ob hier eine Begrenzung auf die freie Wirtschaft gewollt sei.

Ministerialdirigent Dr. Schelp (BMA) betont, eine Begrenzung auf die freie Wirtschaft sei nicht gewollt; die Frage müsse geprüft und gegebenenfalls der Gesetzestext anders gefaßt werden.

Auf die Frage von *Ministerialdirektor Stukenberg (BMV)*, ob die bisherigen Leistungssysteme im öffentlichen Dienst, z.B. das Prämiensystem der Bundesbahn, durch das Gesetz nicht beeinträchtigt würden, erklärt der *Bundesminister für Arbeit und Sozialordnung*, der öffentliche Dienst werde nicht gehindert, die bisherigen Systeme fortzuführen.

Ministerialdirektor Stukenberg (BMV) trägt die Besorgnisse seines Hauses über die Rückwirkungen des geplanten Gesetzes auf die öffentliche Lohn- und Gehaltsgestaltung vor.

Der *Bundesminister für Arbeit und Sozialordnung* wendet ein, der öffentliche Dienst habe ja auch eine Reihe von Vorzügen, die die Arbeitnehmer in der freien Wirtschaft nicht hätten, z.B. die Kindergeldregelung. Die Bundesregierung dürfe

---

[16] Gemeint ist die „Hennecke"- oder „Aktivistenbewegung" in der DDR, die auf eine Steigerung der Arbeitsproduktivität durch Selbstverpflichtung zielte. Sie ist benannt nach Adolf Hennecke, der als Bergmann 1948 einen Förderrekord aufstellte und als Initiator der Aktivistenbewegung gilt. – Adolf Hennecke (1905–1975). Seit 1954 Mitglied des Zentralkomitees der SED und 1949–1967 Mitglied der Volkskammer, seit 1958 leitender Mitarbeiter der Staatlichen Plankommission, Abt. Kohle und Energie.

[17] Vgl. Reichshaushaltsordnung in der Fassung vom 14. April 1930 (RGBl. II 693).

von einer sinnvollen Entwicklung in der Sozialpolitik nicht etwa deshalb Abstand nehmen, weil die Vorteile sich nicht auf alle gleichmäßig verteilten.

Ministerialdirektor Dr. Vialon (BK) stellt die wesentlichsten Bedenken der Arbeitgeber gegen den Gesetzentwurf[18] zur Erörterung:

1.) Das schärfer an der Ertragsgrenze liegende Unternehmen sei – um ein Abwandern seiner Arbeitskräfte zu verhindern – gezwungen, den gewinnbringenden Unternehmen in der Ergebnisbeteiligung zu folgen.

2.) Die lohnintensiven Betriebe würden härter getroffen als die kapitalintensiven Betriebe.

3.) Die Ergebnisbeteiligung bedeute vermehrte Kosten des Eigenkapitals, die Teil des Preises seien.

4.) Die Ergebnisbeteiligung stelle eine Vorschaltung von Gewinnberechtigten und damit eine Enteignung ohne Entschädigung dar.

Zu Punkt 1 und 2 erklärt der *Bundesminister für Arbeit und Sozialordnung*, die soziale Entwicklung dürfe aus Rücksicht auf Konkurrenzschwierigkeiten nicht stillstehen. Betriebe, die sich den Konkurrenzgeboten so wenig gewachsen zeigten, würden ohnehin auf kurz oder lang ausfallen. Es sei nicht zu bezweifeln, daß die Betriebe durchweg die geplanten Leistungen erbringen könnten. Indem die Verbände der Arbeitgeber Zuwendungen in Form von Prämien vorschlügen, bewiesen sie ja, daß sie sich im Stande sehen, zusätzliche Leistungen zu gewähren.

Ministerialdirektor Dr. Vialon (BK) befürchtet eine Vergrößerung der Kluft zwischen den großen und den kleinen Unternehmen.

Der *Bundesminister für Arbeit und Sozialordnung* unterstreicht den bescheidenen Rahmen, in welchem der vorliegende Gesetzentwurf gehalten sei.

Ministerialdirektor Dr. Vialon (BK) warnt vor einer Unterschätzung der Auswirkungen des Gesetzes. Das Gesetz bedeute eine entscheidende Weichenstellung zur Ergebnisbeteiligung hin. Die Befürwortung dieser Weichenstellung müsse man sich sehr gründlich überlegen.

Der *Bundesminister für Arbeit und Sozialordnung* ist der Auffassung, daß es möglich gemacht werden müsse, die Arbeitnehmer wenigstens mit einem Minimum an Vermögen auszustatten.

Die Befürchtungen der Arbeitgeber bezüglich der preistreibenden Wirkungen des Gesetzes (Punkt 3) hält der *Bundesminister für Arbeit und Sozialordnung* nicht für gerechtfertigt. Mit dem Vorwurf der Enteignung schließlich (Punkt 4) griffen die Arbeitgeber ein äußerst problematisches Thema auf, bei dessen Diskussion sie sich nicht glücklich fühlen dürften.

---

[18] Die angeführten Bedenken entsprechen einer Stellungnahme des Verbandes der weiterverarbeitenden Industrie gegen den Gesetzentwurf, die dem Bundeskanzleramt mit Schreiben vom 18. und 26. Juli 1960 mit dem Hinweis übersandt worden war, daß diese Stellungnahme die uneingeschränkte Zustimmung des Bundesverbandes der Deutschen Industrie und auch der Vereinigung der Arbeitgeberverbände Nordrhein-Westfalen gefunden habe (Schreiben in B 136/8811).

Es wird vereinbart, daß das Bundesministerium für Arbeit und Sozialordnung im Zusammenwirken mit den beteiligten Häusern versuchen soll, den zur Fassung des Gesetzestextes und der Begründung im einzelnen heute erörterten Bedenken Rechnung zu tragen. Vor Einreichung der Kabinettvorlage soll in einem Gespräch mit dem Bundeskanzler, an dem außer dem Bundesminister für Arbeit und Sozialordnung auch möglichst der Bundesminister der Finanzen und der Bundesminister für Wirtschaft teilnehmen sollen, das bisherige Ergebnis der Vorarbeiten am Gesetzentwurf erörtert werden[19].

2. ALTERS- UND HINTERBLIEBENENSICHERUNG BESTIMMTER GRUPPEN DER ZULASSUNGSPFLICHTIGEN FREIEN BERUFE

Ministerialdirektor Dr. Jantz (BMA) bezeichnet es als das Ziel der heutigen Erörterungen, die Entscheidung des Sozialkabinetts über die Grundsatzfragen herbeizuführen, a) ob durch Bundesgesetz bestimmten Berufsgruppen eine Ermächtigung gegeben werden soll, eine Pflichtversicherung für die Berufsangehörigen einzuführen und die Art und Weise der Pflichtversicherung im Rahmen gesetzlicher Bestimmungen auszuwählen; b) ob sich der Bund durch einen Zuschuß für die sogenannte uralte Last und durch eine Bundesgarantie an der Alters- und Hinterbliebenensicherung beteiligen soll[20].

Mit „bestimmten Berufsgruppen" seien die Gruppen der rechtswirtschafts- und steuerberatenden freien Berufe und Zahnärzte gemeint.

In der Staatssekretär-Besprechung am 22. Juli 1960[21], welche der Vorbereitung der heutigen Sitzung des Ministerausschusses für Sozialreform gedient habe, sei zu

---

[19] Gespräche Adenauers mit Blank fanden am 18. Okt. 1960 unter Hinzuziehung von Globke und Vialon und am 20. Okt. 1960 gemeinsam mit Krone und CDU/CSU-Mitgliedern des sozialpolitischen Ausschusses statt (vgl. den Tageskalender Adenauers in StBKAH I 04.11). Über den Inhalt der Gespräche konnten keine Unterlagen ermittelt werden. – Kabinettsvorlage des BMA vom 11. Okt. 1960 in B 149/13243 und B 136/8811, weitere Unterlagen in B 126/2121 und 51558. – Fortgang hierzu 126. Kabinettssitzung am 26. Okt. 1960 TOP 4 (B 136 VS/36123). – BT-Drs. 2390, BR-Drs. 314/60, Erstes Vermögensbildungsgesetz (VermBG) vom 12. Juli 1961 (BGBl. I 909).

[20] Vorlage des BMA vom 30. Juni 1960 in B 149/4097 und B 136/2662: siehe Anhang 1, Dokument 20; weitere Unterlagen in B 149/3164, 4096, 4098 und 11685, B 136/2661 sowie B 126/13845 und 13846. – Die Vorlage des BMA war auf Anregung des BMF dem Ministerausschuß für Sozialreform zur Beratung überwiesen worden (Kabinettsvorlage des BMF vom 7. Juli 1960 in B 126/13846). – Das Sozialkabinett hatte sich in seiner 7. Sitzung am 18. Jan. 1956 für die Schaffung eigenständiger Sicherungseinrichtungen für Selbständige ausgesprochen. Die Rentenreform 1957 hatte die Altersversorgung der freien Berufe ungeregelt gelassen. Anläßlich der Tagung des Bundesverbandes der freien Berufe am 25. April 1958 in Mannheim hatte Bundesarbeitsminister Blank gesetzgeberische Unterstützung bei der Alterssicherung der freien Berufe zugesagt (BArbBl. 1958, Heft 15, S. 403). Inzwischen waren die rechts-, wirtschafts- und steuerberatenden freien Berufe sowie die Zahnärzte an die Bundesregierung mit dem Wunsch herangetreten, durch Bundesgesetz die Voraussetzungen für eine Pflichtversicherung mit Alters- und Hinterbliebenenrenten in jeweils einer eigenständigen Versicherungsanstalt zu schaffen.

[21] An der Besprechung nahmen der Bundesarbeitsminister sowie die Staatssekretäre Hettlage (BMF) und Westrick (BMWi) teil. Vgl. die Ministervorlage für die Besprechung vom

a) im wesentlichen Übereinstimmung erzielt worden. Eine Regelung durch Gesetz werde für zweckmäßig und notwendig gehalten. Die genannten Gruppen der freien Berufe sollten lediglich ermächtigt werden, mit erheblicher Mehrheit eine Verpflichtung zur Alters- und Hinterbliebenensicherung für ihre Berufsangehörigen beschließen zu können. Dabei solle das Gesetz drei Möglichkeiten (Typen) der Alters- und Hinterbliebenensicherung aufführen, zwischen denen die Berufsgruppen wählen könnten: 1.) Abschluß von Gruppenversicherungsverträgen bei privaten Versicherungsunternehmen; 2.) Errichtung eigenständiger öffentlich rechtlicher Körperschaften, die feste Renten gewähren; 3.) Errichtung eigenständiger öffentlich-rechtlicher Körperschaften, die Produktivitätsrenten gewähren.

Diese drei Versicherungsarten sollten auch die alte Last (noch aktive Berufsangehörige in vorgerückten Lebensjahren) umschließen. Es habe in der Staatssekretär-Besprechung Einigkeit darüber geherrscht, daß die Berufsgruppen alle Ansprüche der heute noch aktiven Berufsangehörigen selbst tragen sollten und ein Bundeszuschuß insofern nicht in Betracht komme.

Für die Verpflichtung zur Alters- und Hinterbliebenensicherung sollten gesetzliche Mindest- und Höchstbedingungen aufgestellt werden, die die Eigenheit der jeweiligen Typen berücksichtigen.

Die sogenannte uralte Last (Grundsatzfrage b.) umfasse die Versorgung solcher Personen, die am Stichtag bereits die Berufstätigkeit endgültig aufgegeben haben, sowie der vorhandenen Witwen und Waisen. Hier ergebe sich die Fragestellung, ob die uralte Last in das Gesetz einbezogen werden und, wenn ja, wie sie finanziert werden solle.

Ministerialdirektor Dr. Jantz [BMA] unterstreicht die politische Bedeutung, die der Regelung der uralten Last zukomme. Die politische Wirksamkeit des Gesetzes hänge sehr davon ab, daß die am Stichtag schon Inaktiven und die Hinterbliebenen im Gesetz nicht übergangen werden. Das Bundesministerium der Finanzen mache gegen eine Einbeziehung der uralten Last in das Gesetz geltend, daß sich die gesetzliche Regelung nicht auf die Angehörigen der genannten Berufsgruppen beschränken lasse und das gleiche Recht auf Verlangen den übrigen Gruppen der freien Berufe (z.B. Ärzte, Tierärzte, Ingenieure, Architekten, Künstler usw.) eingeräumt werden müsse.

Zur Finanzierung der uralten Last führt *Ministerialdirektor Dr. Jantz [BMA]* aus, es kämen Mittel der Berufsstände selbst oder Bundesmittel in Betracht. Soweit – wie die genannten Berufsgruppen es beantragen – Bundesmittel zur Verfügung gestellt werden sollten, wäre zu entscheiden, ob solche Mittel als Zuschuß oder als Darlehen gewährt werden sollten, wobei im Falle der Bejahung eines Zuschusses zu entscheiden wäre, ob dieser von einer Prüfung des Bedarfs des Berufsangehörigen abhängig gemacht oder nach einem davon unabhängigen Maßstab berechnet werden solle. Der Bundesminister der Finanzen sei der Meinung, die uralte Last solle grundsätzlich von der Pflichtversicherungseinrichtung des

---

20. Juli 1960 in B 149/4089 sowie das Ergebnisprotokoll des BMA vom 27. Juli 1960 in B 136/2662.

Berufsstandes selbst getragen werden. Er sei gegen eine auch nur teilweise Übernahme der uralten Last durch den Bund, also gegen jeden Bundeszuschuß, wohl weniger im Hinblick auf die unmittelbare Belastung des Bundeshaushaltes, als mehr wegen der allgemeinen präjudizierenden Auswirkungen, die dieses „Beispiel einer vom Staat mitfinanzierten Mindestrente" haben würde.

Ministerialdirektor Dr. Jantz [BMA] hält dieser Auffassung entgegen, daß lediglich eine einmalige, allerdings auf eine Reihe von Jahren zu verteilende Starthilfe des Bundes für die uralte Last angestrebt werde, so daß die vom Bundesministerium der Finanzen befürchteten systemativen Gefahren entfielen. Schließlich fordere das Bundesministerium der Finanzen im Hinblick auf die geplanten steuerlichen Erleichterungen (Beitragszuschläge für uralte Last sollen steuerlich begünstigt werden) in jedem Falle – also ob Bundeszuschuß oder nicht –, daß eine Versorgung der uralten Last von einer Prüfung des Bedarfs der Berufsangehörigen abhängig gemacht werde.

Der *Bundesminister für Arbeit und Sozialordnung* stellt sodann die Argumente des Bundesministeriums der Finanzen zur Diskussion.

Ministerialdirektor Duntze (BMI) ist der Ansicht, es sei nicht mit dem Grundgedanken des Gesetzes, nämlich der Alterssicherung, vereinbar und auch sozialpolitisch nicht vertretbar, die uralte Last auszuklammern. Er fordert daher Einbeziehung der uralten Last in das Gesetz, hält es aber für richtig und durchaus tragbar, wenn die Versorgung der uralten Last von der Bedarfsprüfung abhängig gemacht wird.

Staatssekretär Prof. Dr. Hettlage [BMF] stimmt darin zu, daß aus politischen Gründen wie auch aus dem tragenden Grundgedanken der gemeinschaftlichen Sicherung heraus, im Grundsatz die uralte Last in das Gesetz einbezogen werden sollte. Die Versorgung der uralten Last solle aber den zu schaffenden Sicherungseinrichtungen nicht in Form einer der Mindestbedingungen auferlegt, sondern sie solle ihnen nur anheimgestellt werden.

Ministerialrat Dr. Elsholz (BMF) verdeutlicht die präjudizierenden Gefahren, die mit einer gesetzlichen, vor allem einer zwingenden gesetzlichen Einbeziehung der uralten Last – selbst bei Antragsverfahren (Bedarfsprüfung) – verbunden seien. Hiermit würden nämlich erstmalig Fürsorgerenten in größerem Umfange in eine Sozialversicherungseinrichtung einbezogen. Die Höhe der Renten innerhalb der uralten Last würde rund 250 DM monatlich zuzüglich Familienzuschläge betragen. Diese Renten seien praktisch Mindestrenten, die erheblich über den Leistungen der Fürsorge lägen. Vor allem lägen sie – obgleich keine eigene Beitragsleistung erbracht worden sei – über den kleinen Renten innerhalb der gesetzlichen Rentenversicherung. *Ministerialrat Dr. Elsholz* empfiehlt zur Vermeidung sonst mit Sicherheit zu erwartender Berufungen, die Versorgung der uralten Last, wenn sie schon in das Gesetz einbezogen werden solle, als Kann-Leistung aufzubauen, das heißt, von einem gesetzlichen Zwang abzusehen.

Ministerialdirektor Duntze (BMI) ist der Meinung, daß der vom Bundesministerium der Finanzen vorgeschlagenen Form der zwanglosen gesetzlichen Einbeziehung (Anheimstellung) der Vorzug gegenüber der verpflichtenden Form gegeben werden könne.

Der *Bundesminister für Arbeit und Sozialordnung* befürchtet, die Gruppen würden dann, um sich der Last zu entledigen, beschließen, die uralte Last nicht einzubeziehen.

Auch *Ministerialdirigent Senteck (BMVt)* hält von einer freien Entscheidung der Gruppen über die Frage der Einbeziehung der uralten Last nichts und befürwortet die zwingende Form.

Staatssekretär Prof. Dr. Hettlage [BMF] glaubt, daß diese Sorge behoben und eine positivere Haltung der Gruppen erzielt werden könne, wenn ihnen zur Verringerung der für die uralte Last aufzubringenden Zusatzbeiträge zinsverbilligte Kredite eingeräumt würden.

Ministerialdirektor Dr. Walter (BMWi) teilt die Auffassung von Staatssekretär Prof. Dr. Hettlage und befürwortet, im Gesetz den Verbänden die freie Beschlußfassung über die Versorgung der uralten Last einzuräumen. Er empfiehlt im übrigen, Anreize zur Übernahme der Versorgung zu schaffen.

Staatssekretär Prof. Dr. Hettlage [BMF] hebt sodann zunächst das Erfordernis der Bedarfsprüfung bei der Versorgung der uralten Last hervor. Es müsse ein Antragsverfahren vorgesehen werden, sonstiges Einkommen müsse angerechnet und vorhandenes Vermögen müsse berücksichtigt werden.

Zur Frage der öffentlichen Hilfestellung bei der Versorgung der uralten Last erklärt *Staatssekretär Prof. Dr. Hettlage [BMF]*, daß er steuerliche Erleichterungen jeglichen Bundeszuschüssen vorziehe und für die allgemeingültigere Form der Bundeshilfe halte. Die Überlegungen zur Schaffung eines Anreizes durch zusätzliche Steuerbegünstigungen seien in seinem Hause noch nicht zu Ende geführt. Die Steuerbegünstigung müsse von der Form der Sicherung möglichst unabhängig gemacht werden.

Ministerialrat Dr. Elsholz (BMF) führt hinsichtlich der steuerlichen Erleichterungen unter anderem aus, eine Erhöhung der vorgesehenen Beitragsbemessungsgrenze ergebe nicht nur ein höheres Gesamtbeitragsaufkommen, sondern ergebe auch einen größeren Spielraum für die Steuerbegünstigung.

Der *Bundesminister für Arbeit und Sozialordnung* gibt dazu zu bedenken, daß bei Erhöhung der Beitragsbemessungsgrenze die gehobenen Angestellten auch mit Aufstockungswünschen kämen.

Ministerialdirektor Dr. Jantz (BMA) erklärt, die Versorgung der uralten Last würde im Anfang rund 60% des Beitragsaufkommens beanspruchen. Das würde, wenn der Betrag allein von den Gruppenversicherungseinrichtungen aufgebracht werden müsse, einen Zusatzbeitrag von rund 8% zu dem Versicherungsbeitrag von 14% bedeuten. Das sei für die Versicherten nicht tragbar und zeige, wie notwendig eine entscheidende Starthilfe seitens des Bundes sei. Es sei Bundeshilfe in dreierlei Form erforderlich: 1.) steuerliche Erleichterungen, 2.) zinslose Bundesdarlehen, 3.) eine einmalige (allerdings auf eine Reihe von Jahren zu verteilende) Starthilfe in Höhe von 50 Mio. DM, weitgehend in Form von Schuldverschreibungen. Diese Starthilfe solle auf die uralte Last nicht gesetzestechnisch abgestellt sein.

Auf die Frage von *Staatssekretär Prof. Dr. Hettlage [BMF]*, welcher Zusatzbeitrag denn nach Ansicht des Bundesministeriums für Arbeit und Sozialordnung noch tragbar sei, erklärt *Ministerialdirektor Dr. Jantz (BMA)* einen solchen von 2 bis 3% für annehmbar.

Ministerialrat Dr. Elsholz (BMF) hält eine genauere Berechnung über den Umfang der uralten Last für unerläßlich[22] und bemerkt, bei den errechneten erforderlichen 8% Zusatzbeitrag sei die Bedarfsprüfung außer acht gelassen.

Staatssekretär Prof. Dr. Hettlage [BMF] schlägt vor, dieses Problem nicht jetzt im einzelnen zu verfolgen und erklärt, es scheine ihm möglich, daß eine Starthilfe des Bundes in Form eines degressiv zu gestaltenden Bundeszuschusses für eine Übergangszeit von 15 Jahren gewährt werde (Betrag 50 Mio. DM, Gestaltung ähnlich wie Sonderzuschuß in der Rentenversicherung). Eine Bundesgarantie dagegen sei weder erforderlich noch psychologisch gut zu halten und werde nicht zugestanden. Er stellt fest, daß sich auf der Grundlage des bisherigen Beratungsergebnisses ein Gesetzentwurf wohl formulieren lasse.

Ministerialdirigent Senteck (BMVt) hält einen ungeteilten Beitrag für besser als eine Aufteilung in Beitrag und Zusatzbeitrag.

Staatssekretär Prof. Dr. Hettlage [BMF] sieht für diesen Fall keine Möglichkeit einer zusätzlichen Steuerbegünstigung mehr.

Der *Bundesminister für Arbeit und Sozialordnung* erklärt dazu, über solche Einzelheiten müsse ohnehin mit den betroffenen Berufsgruppen noch gesprochen werden, dies müsse er sich vorbehalten.

Es wird vereinbart, daß das Bundesministerium für Arbeit und Sozialordnung auf der Grundlage der Ergebnisse der heutigen Sitzung unter Abstimmung aller Zweifelsfragen mit den beteiligten Häusern einen dem Kabinett vorzulegenden Gesetzentwurf ausarbeitet[23].

---

[22] Korrigiert aus „unverläßlich".

[23] Mit dem Entwurf eines Rechtsanwaltsversicherungsgesetzes (RAVG) legte der BMA am 10. Febr. 1961 ein Modellgesetz vor, auf dessen Grundlage die übrigen Bereiche der freien Berufe nachfolgend geregelt werden sollten. Mit der Beschränkung des Gesetzentwurfs auf die Rechtsanwaltschaft ignorierte der BMA die Stellungnahmen der übrigen Ressorts und des Bundeskanzleramtes, die aufgrund der Beratung in der Sitzung des Ministerausschusses für Sozialreform den Entwurf eines Rahmengesetzes für die Alterssicherung der rechts-, wirtschafts- und steuerberatenden Berufe und der Zahnärzte forderten. Der Entwurf des BMA sah die Ermächtigung zur Schaffung eines Versicherungswerkes vor und überließ die Entscheidung und Verantwortung für die Alterssicherung der Rechtsanwaltschaft. Für die Uraltlast war ein Bundeszuschuß von 30 % vorgesehen (Kabinettsvorlage des BMA in B 149/13500, weitere Unterlagen in B 149/4097, 13499 und 13501, B 136/2662 und B 126/22129 und 37147). – Fortgang hierzu 139. Kabinettssitzung am 16. Febr. 1961 TOP 5 (B 136 VS/36123). – Der in der 139. Kabinettssitzung beschlossene Gesetzentwurf wurde in Bundesrat und Bundestag beraten, aber in der 3. Legislaturperiode nicht mehr verabschiedet (BR-Drs. 74/61, BT-Drs. 2656, Stenographische Berichte, Bd. 48, S. 8902). – Die Altersversorgung der freien Berufe wurde bundesgesetzlich nicht geregelt. Zur Gründung von besonderen Versorgungswerken auf der Grundlage von Landesgesetzen vgl. Frerich, Handbuch, S. 58 f.

Anhang

ANHANG 1: DOKUMENTE

Dokument 1

Kabinettsvorlage des Bundesministers für Arbeit vom 7. April 1955[1]

GRUNDGEDANKEN ZUR GESAMTREFORM DER SOZIALEN LEISTUNGEN

Inhaltsübersicht[2]

Einführung

1. Soziale Tatbestände
2. Sozialethische Grundsätze
3. Einteilung in Altersgruppen

A. Personen im erwerbsfähigen Alter

   I. Invalide

      1. Die Bedeutung des Problems der Invalidität
      2. Prävention
      3. Rehabilitation
      4. Mitwirkung bei der Rehabilitation
      5. Begriff der Invalidität
      6. Rente auf Zeit
      7. Höhe der Invaliditätsrente

   II. Kranke

      1. Vorbeugung
      2. Kostenbeteiligung
      3. Kostenentlastung der Krankenversicherung bei Fremdaufgaben
      4. Krankenhäuser
      5. Lohnfortzahlung und Kündigungsschutz

   III. Leichtbeschädigte

      1. Hilfe zur Selbsthilfe
      2. Ablösung von Renten

   IV. Witwen

      1. Wiedereingliederung in das Erwerbsleben und Höhe der Rente
      2. Witwe mit Kindern
      3. Änderung des § 21 Abs. 5 SVAG
      4. Besondere Maßnahmen

---

[1] Abgedruckt ist ohne das Begleitschreiben die behändigte Ausfertigung der Kabinettsvorlage des BMA vom 7. April 1955 aus B 136/1379. – Entwurf in B 149/393. – Vgl. hierzu auch Einleitung, S. 25.

[2] Auf die Wiedergabe der Seitenangaben wurde verzichtet.

V. Arbeitslose

VI. Kumulierungen

B. Altersrentner

1. Vom Zuschuß zum Lebensunterhalt
2. Bemessung der Altersrente
3. Das Problem der laufenden Renten

C. Jugendliche

D. Angehörige freier Berufe und sonstige Selbständige

E. Empfänger von Fürsorgeleistungen

F. Sozialversicherung und Eigentumsbildung

Einführung

1. Soziale Tatbestände

Das Gesamtsystem der sozialen Leistungen hat es mit zwei Gruppen von sozialen Tatbeständen zu tun, einmal solchen, die sich aus den immer wiederkehrenden Wechselfällen des Lebens ergeben (Alter, Invalidität, Arbeitsunfall und Berufskrankheit, Krankheit, Arbeitslosigkeit, Tod des Ernährers, Mutterschaft, Familienlasten), zum anderen solchen, die durch Krieg, Kriegsfolgen und politische Verfolgung verursacht sind (Kriegsbeschädigung, Gefangenschaft, Vertreibung, Verfolgung). Diesen Tatbeständen kann die Gemeinschaft mit den Mitteln der Versicherung, der Versorgung und der Fürsorge begegnen.

2. Sozialethische Grundsätze

Die Wahl des jeweils geeigneten Mittels wird maßgeblich von den sozialethischen Grundsätzen bestimmt, die ein System der sozialen Sicherheit beherrschen. Die Eigenverantwortung und damit die Stärkung der Persönlichkeit, die Solidarität und damit die Pflege des Gemeinschaftsgedankens, die Subsidiarität und damit die positive Mithilfe des Staates beim Aufbau und der Durchführung der sozialen Sicherheit, gehören zu den Grundsätzen, von denen keiner entbehrt werden kann.

Aus dem Gedanken der Eigenverantwortung folgt, daß der einzelne weitgehend selbst zu seiner Sicherung beitragen soll, daß ihm ein Anreiz zu eigener Vorsorge gegeben wird und daß ihm im Rahmen des sozial zu Verantwortenden die Freiheit der eigenen Gestaltung seiner Sicherheit zugebilligt wird. Der Schutz der Persönlichkeit erfordert weiter, daß die Leistungen nicht von Bedingungen abhängig gemacht werden dürfen, die zur Beherrschung des Menschen führen. Die sozialen Leistungen sind so zu gestalten, daß sie die Stellung des einzelnen als Staatsbürger stärken und den Menschen nicht zum Untertanen eines Organisationsapparates machen. Sie sind nicht schematisch nivellierend, sondern entsprechend der individuellen Lebensleistung des zu Betreuenden zu gewähren.

Aus dem Grundsatz der Solidarität folgt, daß innerhalb einer Gefahrengemeinschaft die sozial Stärkeren zu den Leistungen für die sozial Schwächeren beitragen. Ebenso besteht eine Zusammengehörigkeit zwischen den im Erwerbsleben Stehenden und den infolge der Wechselfälle des Lebens nicht Arbeitenden und innerhalb der letzteren Gruppe zwischen denen, die vorzeitig aus dem Erwerbsleben ausscheiden mußten, und denen, die auf ein erfülltes Arbeitsleben zurückblicken können.

Aus dem Gedanken der Subsidiarität folgt einerseits, daß der Staat die Voraussetzungen für die eigenverantwortliche und von der solidarischen Gemeinschaft getragene Vorsorge für die soziale Sicherheit schafft, andererseits, daß die übergeordnete Gemeinschaft – der Staat – die Mittel zur Verfügung stellt, die erforderlich sind, damit die eingeordnete Gemeinschaft ihre Aufgaben erfülle. Das bedeutet, daß der positive Inhalt des umfassend verstandenen Subsidiaritätsprinzips die Möglichkeit von Staatshilfen für die soziale Sicherheit einschließt, ohne daß die Gewährung von Leistungen im Einzelfall von einer die Persönlichkeit beeinträchtigenden Bedürftigkeitsprüfung abhängig gemacht wird.

Abweichungen von diesen Grundsätzen sind bei fürsorgerischen Tatbeständen zu erwägen.

3. Einteilung in Altersgruppen

Um nach diesen Grundsätzen die jeweils richtige Hilfe für den zu betreuenden Menschen zu finden, muß die Grundsituation der einzelnen Gruppen ins Auge gefaßt werden. Als Haupteinteilung bietet sich eine solche in diejenigen, die noch nicht im erwerbsfähigen Alter stehen (bis zu 18 Jahren), in die weitere Gruppe derjenigen, die im erwerbsfähigen Alter stehen (18–65 Jahre) und in die Gruppe der Alten. Nach den Ergebnissen der Sozialenquête standen im September 1953 von 10,4 Millionen Sozialleistungsempfängern 5,4 Millionen noch im erwerbsfähigen Alter. Sie bezogen Sozialleistungen in Höhe von 5,5 Milliarden DM jährlich, das sind 52,6 v.H. der gesamten Sozialleistungen. Dabei ist zu berücksichtigen, daß die Sozialenquête noch nicht einmal die Empfänger von Leistungen der sozialen Krankenversicherung umfaßt (September 1953: 556 000). Hiernach ergibt sich, daß die Sozialleistungen für die im erwerbsfähigen Alter Stehenden ihrer Zahl und ihrem Gewicht nach – wesentlich mitbedingt durch den Krieg – vor denen rangieren, die für die beiden übrigen Gruppen erbracht werden. Diese Gruppe von 5,4 Millionen Menschen setzt sich aus sehr unterschiedlichen Untergruppen zusammen, die von verschiedenartigen Versicherungs-, Versorgungs- und Fürsorgeeinrichtungen teils mit einer, teils mit mehreren Leistungen betreut werden. In der genannten Zahl sind enthalten etwa

1. 1,6 Millionen Personen, deren Erwerbsfähigkeit so weitgehend gemindert ist, daß sie nicht mehr den normalen Anforderungen eines Arbeitsplatzes genügen;
2. 1,5 Millionen Witwen;
3. 1,0 Millionen Kriegsbeschädigte und Unfallverletzte, deren Minderung der Erwerbsfähigkeit nicht schwerwiegend ist und die im allgemeinen nach wie vor einer Arbeit nachgehen, andererseits jedoch auch nur Renten in geringerer Höhe erhalten;
4. 0,6 Millionen sonstige Geschädigte (Empfänger von Leistungen des Lastenausgleichs und der Fürsorge sowie Empfänger von Elternrenten);
5. 0,7 Millionen Arbeitslose nach dem Stand vom September 1953.

An der Einteilung in diese Gruppen kann sich auch die Gestaltung der sozialen Leistungen orientieren, denn diese Einteilung bringt zum Ausdruck, daß es sich bei diesen Gruppen um unterschiedliche soziale Lebenslagen handelt. Den Problemen, die jeweils für eine dieser Gruppen durch die Stellung in der Familie und im Produktionsprozeß gegeben sind, kann auch durch unterschiedliche Leistungen und Leistungsarten Rechnung getragen werden. Für die Personen im erwerbsfähigen Alter spielen die Tatbestände der Minderung der Erwerbsfähigkeit, der Krankheit, des Unfalls und der Arbeitslosigkeit die entscheidende Rolle. Allen diesen Tatbeständen ist gemeinsam, daß sie Personen, die an sich in der Lage sein müßten, für sich selbst zu sorgen, die Möglichkeit dazu nehmen. Diese Personen gehören daher von einer sozialpolitischen und auch von einer sozialethischen Betrachtung aus zusammen. Die Leistungen für diesen Personenkreis sollen im folgenden an erster Stelle untersucht werden.

A. Personen im erwerbsfähigen Alter

I. Invalide

1. Die Bedeutung des Problems der Invalidität

Bei der Gruppe der invaliden Personen handelt es sich in erster Linie um solche, die eine Rente entweder aus der Rentenversicherung der Arbeiter oder aus der Rentenversicherung der Angestellten oder aus der knappschaftlichen Rentenversicherung, u. U. auch aus der Unfallversicherung und dem Lastenausgleich (Unterhaltshilfen) erhalten. Die Bedeutung dieser Gruppe allein in den Rentenversicherungen der Arbeiter und der Angestellten ergibt sich aus folgenden vom Verband Deutscher Rentenversicherungsträger für das Jahr 1952 statistisch ermittelten Zahlen:

Von den Zugängen an Renten im genannten Jahr entfielen

in der Rentenversicherung der Arbeiter

auf männliche Versicherte
unter 65 Jahren   60,2 %
nach Vollendung des 65. Lebensjahres   39,8 %

auf weibliche Versicherte
unter 65 Jahren   83 %
nach Vollendung des 65. Lebensjahres   17 %

in der Rentenversicherung der Angestellten

auf männliche Versicherte
unter 65 Jahren   51,5 %
nach Vollendung des 65. Lebensjahres   48,9 %[3]

auf weibliche Versicherte
unter 65 Jahren   82,7 %
nach Vollendung des 65. Lebensjahres   17,3 %.

---

[3] Text entspricht der Vorlage.

Diese außerordentliche Zunahme von Rentnern im Alter unter 65 Jahren ist in erster Linie auf die Veränderung des Invaliditäts-Begriffs durch das Sozialversicherungs-Anpassungsgesetz für die Zeit vom 1. Juni 1949 ab zurückzuführen. Weiter muß dabei der durch den Krieg und die ersten Nachkriegsjahre beeinträchtigte Gesundheitszustand der Bevölkerung berücksichtigt werden. Welche Bedeutung diesen beiden Geschehnissen zukommt, zeigt auch die Tatsache, daß vom Jahre 1952 an ein Rückgang der Zahl der neufestgesetzten Invaliditätsrenten zu verzeichnen ist. Trotzdem halte ich es aber für notwendig, der Invalidität eine größere Aufmerksamkeit als bisher zu widmen, zumal hierdurch rechtzeitige Hilfe sowohl Aufwendungen der Rentenversicherung eingespart, aber auch die produktiven Kräfte der Wirtschaft gestärkt werden können.

Wenn auch einzuräumen ist, daß ein Teil der invaliden Personen an irreparablen Schäden leidet, so bleibt doch ein erheblicher Prozentsatz von Menschen, die durch geeignete Maßnahmen gesundheitlicher und beruflicher Art wieder in das Erwerbsleben zurückgeführt werden können. Im übrigen ist zu beachten, daß der Prozentsatz der irreparablen Schäden in der Zukunft um so geringer sein wird, je rechtzeitiger mit vorbeugenden Maßnahmen eingesetzt und dadurch der Eintritt von Dauerschäden vermieden wird.

Die Hilfe für die vorzeitig Invaliden umfaßt die Verstärkung der vorbeugenden Gesundheitspflege (Prävention), den Ausbau der Maßnahmen zur Wiederherstellung der Gesundheit und zur Eingliederung in das Erwerbsleben (Rehabilitation), aber auch die Verbesserung der Leistungen für die endgültig invaliden Personen. Die Hilfe für invalide Personen erfährt damit eine grundsätzliche Umwandlung. Im Vordergrund steht nicht die Rente, sondern die Vorbeugung und Heilung von Schäden.

2. Prävention

Zur Vorbeugung gehört insbesondere die Erkennung von Frühschäden. Die Invalidität wird um so mehr zurückgedrängt werden können, je eher die Schäden im frühesten Stadium erkannt und einer sachgemäßen Behandlung zugeführt werden. Der Erkennung von Frühinvalidität würden namentlich „gezielte" Untersuchungen dienen, die sich jeweils auf solche Krankheiten konzentrieren, die wegen ihrer Verbreitung und ihrer Schwere eine allgemeine Gefährdung darstellen. In dieser Weise haben die Rentenversicherungsträger und auch andere Stellen in den vergangenen Jahren und Jahrzehnten die Tuberkulose bekämpft und vermindert. Ähnliche Verfahren können auch bei den in letzter Zeit besonders in den Vordergrund getretenen Volkskrankheiten, insbesondere den Herz- und Kreislaufkrankheiten und den rheumatischen Beschwerden, mit Erfolg angesetzt werden.

Zu beachten ist in diesem Zusammenhang, daß bereits jetzt wertvolle Untersuchungsergebnisse bei dem Vertrauensärztlichen Dienst der Rentenversicherungsträger vorliegen, aber nicht genügend ausgewertet werden. Wegen des Einsatzes des Vertrauensärztlichen Dienstes zu Untersuchungen für die Krankenversicherung kann man schon heute damit rechnen, daß ein großer Teil der versicherten Bevölkerung im Verlauf von 2–3 Jahren wenigstens einmal dem Vertrauensärztlichen Dienst vorgestellt wird. Die aus diesem Anlaß durchgeführten Untersuchungen sind auszubauen und zu erweitern und es ist dafür Sorge zu tragen, daß bei zutage getretenen Frühschäden nicht nur untersucht, sondern die Betreffenden ärztlicher Behandlung zugeführt werden, so daß ihnen auch wirksam geholfen werden kann.

Eine ähnliche Aufgabe sollte den Werksärzten übertragen werden, die ohnehin durch regelmäßige Untersuchungen im allgemeinen den Gesundheitszustand der Belegschaft kennen. Auch aus diesem Grunde sollte der Ausbau des werksärztlichen Dienstes gefördert werden. Es bedarf der Überlegung, wie weit eine Heranziehung von Ärzten auch kleineren Betrieben möglich ist, etwa durch Heranziehung eines Arztes für mehrere Betriebe.

Auch die frei praktizierenden Ärzte sollten bei der Erkennung von Frühschäden beteiligt werden. Die Art und Weise, in der dies geschehen soll, bedarf noch genauer Überlegung. Dabei kann auf das Beispiel der Unfallversicherung hingewiesen werden, in der die frei praktizierenden Ärzte jeden Fall einer von ihnen festgestellten Berufskrankheit dem zuständigen Versicherungsträger anzeigen.

Durch diese Überlegungen wird deutlich, daß den Ansatzpunkt für die Invalidität bereits die Krankheit, ja sogar ihr Vorstadium, bildet, und daß daher auch die Krankenversicherung bei der Vorbeugung und Früherfassung der Invaliditätsursachen mitbeteiligt werden muß.

3. Rehabilitation

Stärker noch als bei der Vorbeugung zeigt sich bei den Maßnahmen zur Wiederherstellung der Gesundheit und der Arbeitskraft die geänderte Zielrichtung der Hilfe für invalide Personen. In Übereinstimmung mit dem Arbeitsausschuß für Grundsatzfragen und dem Arbeitsausschuß für Fragen der Invalidität des beim Bundesministerium für Arbeit errichteten Beirats für die Neuordnung der sozialen Leistungen vertrete ich die Auffassung, daß in den Fällen der Minderung der Erwerbsfähigkeit (Invalidität) die Maßnahmen zur Wiederherstellung der Arbeitsfähigkeit und zur Eingliederung in das Arbeitsleben den Vorrang vor der Gewährung von Rente haben sollen. Hier kommt es auf eine aus dem Versicherungsprinzip heraus gestaltete Modernisierung der Hilfe im Fall der Invalidität an, wie sie den Gesamtbestrebungen zur Rehabilitation entspricht.

Schon bisher war es die Aufgabe der sozialen Rentenversicherung, Heilverfahren zur Verhütung einer drohenden oder zur Beseitigung einer eingetretenen Invalidität zu gewähren. Wenn man davon absieht, daß die Methode bei der Rehabilitation umfassender ist – darauf wird noch näher eingegangen werden –, so ist damit schon in der sozialen Rentenversicherung ein wichtiger Schritt von dem späteren Schadensausgleich durch die Rente zur Vermeidung des Schadens getan. Diesen ersten Schritt zu erweitern und von den lediglich auf die Invalidität ausgerichteten Heilverfahren zu einer umfassenden Wiederherstellung und Wiedereingliederung in das Arbeitsleben zu kommen, ist in dem Prinzip einer Versicherung schon von vornherein enthalten. Es gehört zum Wesen einer modernen Versicherung, den Schaden nicht nur nachträglich zu vergüten, sondern ihn von vornherein zu verhüten oder zu beheben.

Eine solche Verstärkung der Bestrebungen zur Wiederherstellung der Gesundheit und zur Wiedereingliederung in das Arbeitsleben entspricht auch meinem bereits in der Kabinettvorlage vom 27.11.1954 – IV a 1 – 14160/54 –[4] (unter 2 b) in den Vordergrund gestellten und in meiner Kabinettvorlage vom 8.3.1955 – IV 1 –[5] 960/55 – (auf Seite 1) wiederholten Grundsatz, daß die sozialen Leistungen für alle, die nicht endgültig aus dem Erwerbsleben ausgeschieden sind, so gestaltet werden sollten, daß sie es dem einzelnen ermöglichen, selbst wieder am Wirtschaftsleben teilzunehmen, und daß ihm ein Anreiz gegeben wird, für seinen Lebensunterhalt selbst wieder zu sorgen (Hilfe zur Selbsthilfe).

Die großzügige Ausgestaltung aller Maßnahmen der Rehabilitation beinhaltet eine weitgehende Einbeziehung der in ihrer Leistungskraft Beeinträchtigten und eine dementsprechende Organisation der Kostenträger, eine zweckmäßige Ausgestaltung der Rehabilitationseinrichtungen und eine Zusammenarbeit aller beteiligten Stellen, eine wirtschaftliche Sicherstellung des in seiner Leistungskraft Beeinträchtigten während der Zeit der Rehabilitation.

Hierzu ist im einzelnen folgendes zu bemerken:

Rehabilitationsmaßnahmen haben in den Fällen vorweg einzusetzen, in denen Ansprüche auf laufende Geldleistungen, vor allem infolge von Invalidität im weitesten Sinne, erhoben werden. Dabei ist das vordringliche Bedürfnis derjenigen anzuerkennen, für die die Rentenversicherungsträger und die Gebietskörperschaften die Verantwortung tragen. Die Rehabilitationseinrichtungen, die bei öffentlichen und freien gemeinnützigen Trägern sozialer Leistungen bestehen, sollen bei Bedarf gegen Kostenersatz auch anderen Trägern sowie Selbstzahlern offenstehen. Diese Auffassung stimmt mit den Ansichten der genannten Arbeitsausschüsse überein. Während in weiterer Erörterung der Arbeitsausschuß für Grundsatzfragen es offen gelassen hat, inwieweit besondere Maßnahmen für die von der Kriegsopferversorgung und von der Unfallversicherung betreuten Personen beibehalten werden sollen, möchte ich mich nachdrücklich dafür aussprechen, diesen Personenkreisen ihre spezialisierten und den besonderen Bedürfnissen angepaßten Betreuungseinrichtungen, die auch in der Vergangenheit anerkanntermaßen sehr erfolgreich gewirkt haben, zu belassen. Da die Sozialleistungsträger bei der Durchführung dieser Maßnahmen zwangsläufig zugleich Aufgaben der allgemeinen Gesundheitspolitik erfüllen, so bedürfen sie verstärkter Zuschüsse aus Staatsmitteln. Ihre Bereitschaft, für solche Zwecke Mittel aufzuwenden, muß entsprechend dem positiven Inhalt des Subsidiaritätsprinzips durch die finanzielle Mithilfe des Staates gestützt werden. Im Rahmen einer solchen modernisierten Aufgabenstellung der Sozialleistungsträger reichen die bisher gewährten Zuschüsse des Staates nicht aus. Sie stehen in keinem Verhältnis zu der Notwendigkeit der Bekämpfung weiterer Volkskrankheiten (Rheuma, Kreislaufstörungen, Krebs usw.) mit der Größe der Aufgabe.

---

[4] Kabinettsvorlage des BMA vom 27. Nov. 1954 in B 149/392, vgl. 63. Kabinettssitzung am 14. Dez. 1954 TOP 1 (Kabinettsprotokolle 1954, S. 562 f.).

[5] Kabinettsvorlage des BMA vom 8. März 1955 („Entwicklung zum Versorgungsstaat") in B 149/394 und B 136/1385.

Die moderne Methode der Rehabilitation ist umfassender als der größte Teil der bisher durchgeführten Heilverfahren. Es geht bei ihr nicht nur um die Wiederherstellung der Gesundheit, sondern oft ebensosehr um die Wiedereingliederung in das Arbeitsleben, die unter Umständen nur durch einen Berufswechsel (gegebenenfalls nach Umschulung) erreicht werden kann. Dabei ist auch besonderer Wert auf die Überwindung der seelischen Hemmungen zu legen, die bei den in ihrer Leistungskraft Beeinträchtigten oft bestehen. Hieraus ergibt sich, daß die Rehabilitation in einer Zusammenarbeit von Ärzten, Psychologen, Berufsberatern, Arbeitsingenieuren und Arbeitsvermittlern durchgeführt werden muß. Es ergibt sich also zwangsläufig eine Mitarbeit der Fachkräfte der Arbeitsverwaltung. Die Zusammenarbeit soll im Rahmen von Arbeitsgemeinschaften erfolgen. Damit wird die Schaffung besonderer Behörden oder Körperschaften für Zwecke der Rehabilitation abgelehnt und die Mitverantwortlichkeit der Kostenträger für die von ihnen betreuten Personenkreise bleibt gewahrt.

Die bisherigen Heilverfahren leiden teilweise erheblich darunter, daß die Versicherten während der Zeit der Rehabilitation wirtschaftliche Schwierigkeiten haben. Eine wirksame Ausgestaltung der Rehabilitation macht es daher notwendig, Übergangshilfen zu gewähren, die die Eingliederung in die Arbeit, gegebenenfalls auch durch Berufsumstellung und Umsiedlungsmaßnahmen, sichern und den Lebensunterhalt auch für die Familie gewährleisten. Mit der Gewährung der Übergangshilfen wird in die soziale Rentenversicherung eine neue Leistungsart eingeführt, die sich bisher schon in ähnlicher Form in der Unfallversicherung durchaus bewährt hat. Sie hat die große Bedeutung, während der Zeit der Rehabilitation dem Versicherten die wirtschaftlichen Schwierigkeiten abzunehmen und ihm dadurch für die Dauer des Rehabilitationsverfahrens von dieser wirtschaftlichen und seelischen Belastung zu befreien. Die Höhe der Übergangshilfe soll in einem angemessenen Verhältnis zum letzten Durchschnittsverdienst stehen.

4. Mitwirkung bei der Rehabilitation

Der Vorrang der Rehabilitation vor der Rente bedingt, daß Rente nur gewährt werden soll, wenn medizinische und berufliche Rehabilitationsmaßnahmen durchgeführt worden sind und zu keinem durchschlagenden Erfolg geführt haben. Wer also in Zukunft auf Grund seiner Invalidität Rentenleistungen beanspruchen will, muß sich bereit erklären und auch innerlich bereit finden, an der Wiederherstellung seiner eigenen Gesundheit und an seiner Wiedereingliederung in das Arbeitsleben tatkräftig mitzuwirken. Ein solcher Mitwirkungswille ist, wie von Ärzten und Psychologen gleichermaßen betont wird, Voraussetzung jedweden Erfolges der Rehabilitation. Den Willen zur Mitarbeit zu fördern, bezweckt diese Maßnahme. Durch eine vorherige Begutachtung kann im Einzelfall vermieden werden, daß Rehabilitationsmaßnahmen unnötigerweise in Anspruch genommen werden, wenn von vornherein ihre Aussichtslosigkeit feststeht. Wenn erst einmal – gefördert durch Aufklärung über den Sinn der Rehabilitation – in das Bewußtsein der Versicherten eingedrungen ist, daß Geldleistungen nur an solche invaliden Personen gewährt werden können, die bestrebt sind, sich über ihre eigene Invalidität hinwegzuhelfen, dann könnte auch das Streben nach Geldleistungen, soweit es ungerechtfertigt ist, und die damit gelegentlich verbundene Renten-Neurose zurückgehen.

5. Begriff der Invalidität

Bei den Erörterungen in den bei meinem Ministerium gebildeten Arbeitsausschüssen ist immer wieder die Frage nach dem zutreffenden Invaliditätsbegriff aufgetaucht. Gegen den bisherigen Invaliditätsbegriff erscheint vor allem der Einwand durchschlagend, daß es eine Tätigkeit, durch die der Versicherte noch die Hälfte seines früheren Verdienstes erwerben könnte (§ 1254 RVO), in der sozialen Wirklichkeit kaum gibt. Wer überhaupt noch arbeiten kann, verdient – auch auf Grund der Minderleistungsklausel in Tarifverträgen – in der Regel mehr als die Hälfte dessen, was körperlich und geistig gesunde Personen derselben Art mit ähnlicher Ausbildung in derselben Gegend durch Arbeit zu verdienen pflegen. Weiter ist gegen den bisherigen Invaliditätsbegriff eingewandt worden, daß er sowohl auf den Gesundheitszustand des Versicherten („infolge von Krankheit oder anderen Gebrechen oder Schwächen seiner körperlichen und geistigen Kräfte nicht im Stande ist"), als auch auf die Zumutbarkeit, einen anderen Beruf zu ergreifen und indirekt auch auf die wirtschaftlichen und sozialen Verhältnisse abstelle. Der Arzt sei zwar im Stande, die körperliche Leistungsfähigkeit des Versicherten zu beurteilen, er könne aber nicht eine genaue Kenntnis der Verhältnisse des Arbeitsmarktes und der Erfordernisse des einzelnen Arbeitsplatzes besitzen. Diesen Schwierigkeiten könnte dadurch begegnet werden, daß hinsichtlich des neuen Begriffs der Invalidität zwischen einer medizinischen Beurteilung und einer rechtlich-sozialen Beurteilung unterschieden würde. Der Arzt soll den Befund feststellen, die Diagnose stellen und angeben, zu welchen nach Art, Umfang und Schwere zu typisierenden Arbeitsverrichtung der Untersuchte fähig bzw. nicht fähig ist. Die rechtliche Schlußfolgerung, die auch gleichzeitig ein Urteil über die soziale Zumutbarkeit von Arbeit enthält, ist Sache des Sozialleistungsträgers. Es bedarf der Prüfung, ob für diese rechtliche Beurteilung der bisherige Gesetzeswortlaut eine geeignete Grundlage gibt. Wenn in dem Gesetz auf einen bestimmten Teil der verbliebenen Verdienstmöglichkeit (früher 2/3, jetzt die Hälfte) abgestellt worden ist, so wird schon jetzt in der praktischen Handhabung des Gesetzes dieser Abgrenzung vielfach keine maßgebliche Bedeutung beigemessen. Bei der Beurteilung werden vielmehr die besonderen Verhältnisse des Behinderten in seiner Ausbildungs-, Arbeits- und Lebenssituation mit herangezogen. Es erscheint erforderlich, diese in der Praxis zu beobachtende Entwicklung, die im Wortlaut des Gesetzes kaum eine völlig gesicherte Stütze findet, für die Neugestaltung des Gesetzes mitzuverwerten.

6. Rente auf Zeit

Soll der Versicherte durch die vorgeschlagenen Maßnahmen stärker auf das Ziel der Rentenversicherung hingelenkt werden, der Wiederherstellung der Arbeitskraft den Vorrang vor der Rentengewährung zu geben, so könnte dies auch dadurch zum Ausdruck kommen, daß vor Vollendung des 60. Lebensjahres in der Regel keine Renten auf unbeschränkte Dauer, sondern Renten auf Zeit gewährt werden.

Während nach dem gegenwärtigen Recht bei Veränderung der der Festsetzung der Renten zugrundeliegenden Verhältnisse eine Rente entzogen werden kann, soll nunmehr von vornherein der Versicherte davon ausgehen, daß ihm die Rente im Fall der Invalidität nur für eine bestimmte Zeit zuerkannt wird. Die grundsätzlich andere Einstellung des Versicherten zu fördern, ist sinnvoll, wenn ihm auf der anderen Seite großzügig Rehabilitationsmaßnahmen gewährt werden. Sie ist auch erforderlich, wenn die Rente für Frühinvalide eine zum Lebensunterhalt ausreichende Höhe erreichen und jedenfalls höher als bisher sein soll. Ausreichende Höhe der Rente und Erschwerung der Erlangung unnötiger Renten gehören sinnvoll zusammen. Für solche Renten auf Zeit haben sich sowohl der Arbeitsausschuß für Grundsatzfragen wie auch der Arbeitsausschuß für Fragen der Rentenversicherung ausgesprochen. Der Zeitraum, für den die Rentengewährung festgestellt wird, wird nach der voraussichtlichen Änderung des Gesundheitszustandes abgestuft werden können. Die etwa notwendige Verlängerung der Rentengewährung erfolgt gegebenenfalls wieder auf Zeit.

7. Höhe der Invaliditätsrente

Bei der Höhe der Invaliditätsrente ist zu beachten, daß eine strenge Durchführung des Äquivalenzprinzips in den Fällen einer Invalidität im frühen Lebensalter dem Invaliden keine Rentenleistung zukommen lassen würde, die seiner Lebenssituation entspricht. Auf der anderen Seite ist zu berücksichtigen, daß die Gewährung einer Rente in der vollen Höhe der voraussichtlichen Altersrente einen Sog zur Invaliditätsrente auslösen würde. Deshalb ist zu prüfen, ob dem Invaliden eine Rente zu gewähren ist, die unter Berücksichtigung der von ihm geleisteten, aber anders als für den Fall der Altersrente zu bewertenden Beiträge eine angemessene und doch nicht das Rentenbegehren fördernde Höhe erreicht.

II. Kranke

1. Vorbeugung

Wesentliche Voraussetzung für Erfolge in der Besserung des Gesundheitszustandes der Versicherten und ihrer Familien ist, daß nicht erst im Blick auf mögliche oder eingetretene Invalidität, sondern bereits im Hinblick auf Vorbeugung gegen Krankheiten und Heilung von Krankheiten Maßnahmen getroffen werden. Beide Maßnahmen, sowohl die zur Sicherung im Falle der Krankheit und die der Sicherung im Falle der Invalidität, müssen so gestaltet werden, daß Lücken und Überschneidungen möglichst vermieden werden. Die Richtlinien für die Durchführung der vorbeugenden Gesundheitsfürsorge als Gemeinschaftsaufgabe der Krankenversicherung, die das Reichsversicherungsamt am 30.12.1936 (Reichsarbeitsblatt 1937 Teil IV, S. 15) erlassen hat, bilden hierfür einen geeigneten Ausgangspunkt.

Bei der Sicherung des Unterhaltes durch Barleistungen ist ebenfalls das Ineinandergreifen zwischen der Sicherung im Fall der Invalidität und der Sicherung im Fall der Krankheit zu beachten. Inwieweit bei der Bemessung der Barleistungen aus der Krankenversicherung der Familienstand – soweit dies nicht schon auf

Grund der Kindergeldgesetzgebung geschieht – angemessen zu berücksichtigen ist, bedarf besonderer Prüfung.

2. Kostenbeteiligung

Um auch im Interesse der in der Versichertengemeinschaft Zusammengeschlossenen die Gewährung der Leistungen auf das Notwendige zu beschränken und einen Mißbrauch zu vermeiden, sollen die Versicherten an den Kosten der Krankenpflege (ärztliche Behandlung und Versorgung mit Arznei und Heilmitteln) in einem sozial tragbaren Maße beteiligt werden. Der Bundesausschuß für Ärzte und Krankenkassen, der auf Grund des dem Bundestag vorliegenden Gesetzentwurfes über die Beziehungen zwischen Ärzten und Krankenkassen gebildet werden wird, wird gerade hier eine seiner großen Aufgaben finden. Er soll auch Vorschläge für die Herstellung der Wirtschaftlichkeit der Krankenversicherung erarbeiten, wie sie früher schon einmal vorlagen.

3. Kostenentlastung der Krankenversicherung bei Fremdaufgaben

Um den Einsatz der Krankenversicherung für ihre eigentlichen Aufgaben sicherzustellen, ist ihre Entlastung von Kosten für Aufgaben, die ihnen ihrem Wesen nach nicht obliegen, zu erwägen. Hierzu gehört die Prüfung der Frage, ob bei Arbeitsunfällen und Berufskrankheiten die Krankenhilfe nicht allein zu Lasten der Träger der Unfallversicherung gehen soll; ferner ist zu prüfen, ob die Krankenhilfe wegen einer Krankheit, deren Zusammenhang mit einer Schädigung im Sinne des Bundesversorgungsgesetzes anerkannt ist, nicht allein zu Lasten des Bundes gewährt werden soll. Soweit Träger der Krankenversicherung Auftragsangelegenheiten durchführen, sind ihnen neben den Aufwendungen für die Leistungen auch ihre Verwaltungskosten zu erstatten.

4. Krankenhäuser

Die Krankenhäuser sind Einrichtungen der öffentlichen Gesundheitspflege. Ihre Errichtung und Unterhaltung ist mithin eine öffentliche Aufgabe. Es ist daher nicht Sache der Krankenversicherungträger, in den Kosten für die von ihnen gewährte Krankenhausbehandlung die Kosten für die Errichtung und gesamte Unterhaltung der öffentlichen Krankenhäuser mit zu übernehmen. Wie mit Recht in der öffentlichen Auseinandersetzung zu dieser Frage hervorgehoben worden ist, werden der Staat und die Gemeinden von ihrer dargelegten Verpflichtung nicht dadurch entbunden, daß ein großer Teil der Krankenhausbetten mit Sozialversicherten belegt ist. Der Grundsatz, daß es die Aufgabe der Sozialversicherung ist, den Versicherten zu helfen, nicht aber die öffentliche Hand zu entlasten, muß auch in diesem Zusammenhang durchgeführt werden. Eine Nichtbeachtung dieses Gedankens hätte den besonderen Nachteil, daß hier eine ihrer Natur nach von der Allgemeinheit zu tragende Last der Gemeinschaft den Versicherten, also wesentlich den Arbeitnehmern, aufgebürdet würde.

215

5. Lohnfortzahlung und Kündigungsschutz

Im Zusammenhang mit dem sozialen Tatbestand der Krankheit muß eine grundsätzliche Frage in der sozialen Situation des Arbeiters geprüft werden, nämlich die Frage, ob dem Arbeiter eine Fortzahlung des Entgelts im Krankheitsfalle in ähnlicher Weise wie den Angestellten gewährt werden kann. Die Vielfältigkeit der hierbei zu berücksichtigenden Umstände, die Unterschiedlichkeit der Verhältnisse in den einzelnen Berufszweigen lassen es zweckmäßig erscheinen, mit den Sozialpartnern in eine Erörterung darüber einzutreten, wieweit die gesetzlichen und tariflichen Bestimmungen über die Fortzahlung von Lohn und Gehalt im Krankheitsfall vereinheitlicht und erweitert werden können. Es handelt sich hierbei um eine Angelegenheit, die im Zusammenhang mit der allgemeinen Lohnpolitik zu lösen ist. Dabei soll zugleich auch die Frage der Kündigung im Krankheitsfalle im Sinne einer fortschrittlichen Regelung überprüft werden. Bei alledem wird Vorsorge getroffen werden müssen, daß die Neuregelung nicht in Formen erfolgt, die einen erhöhten Anreiz zum Krankfeiern schaffen. Als Maßnahmen, um dies zu verhüten, kommen u.a. in Betracht die Begrenzung der Lohnfortzahlung auf eine höchste Gesamtdauer in einem jeden Jahre, die Herstellung einer Beziehung zwischen der Lohnfortzahlung und der Dauer der Betriebszugehörigkeit und eine Überprüfung der Arbeitsunfähigkeit.

Mit der Fortzahlung des Lohnes im Falle der Krankheit wird die Stellung des Arbeiters zu seinem Betriebe und in der Gesellschaft wesentlich verbessert.

III. Leichtbeschädigte

1. Hilfe zur Selbsthilfe

Einer besonderen Betrachtung bedarf die Gruppe derjenigen, die auf Grund eines Schadens eigener Art, nämlich einer Kriegsverletzung oder eines Arbeitsunfalls bzw. einer Berufskrankheit, nur verhältnismäßig geringen Schaden an ihrem Körper oder an ihrer Gesundheit erlitten haben (Leichtgeschädigte). Es handelt sich hier um etwa 1 Million Personen, deren Erwerbsfähigkeit um weniger als 50 v.H. gemindert ist und die eine entsprechend geringe Rente (z.B. in der Kriegsopferversorgung bei einer Minderung der Erwerbsfähigkeit um 30 v.H. in Höhe von 18,– DM) erhalten. Ich verweise auch an dieser Stelle auf meinen schon mehrmals herausgestellten Grundsatz, daß die sozialen Leistungen so gestaltet werden müßten, daß sie es dem einzelnen ermöglichen, selbst wieder am Wirtschaftsleben teilzunehmen. In den in der Kabinettvorlage vom 27. November 1954 vorgeschlagenen Leitsätzen unter II b und f habe ich betont, daß das Ziel der Sozialpolitik sein muß, den Angehörigen breiter Schichten der Bevölkerung die freie Entfaltung ihrer Persönlichkeiten zu ermöglichen, und daß dieses Ziel vor allem durch soziale Investitionen erreicht werden kann. Weiter habe ich in meiner Kabinettvorlage vom 8. März 1955 – IV 1 – 960/55 – betr. Entwicklung zum Versorgungsstaat (unter 4) dargelegt, daß für die Zunahme der Versorgung in finanzieller und personeller Hinsicht vor allem der Krieg und die Kriegsfolgen ursächlich sind ($^7/_{10}$ der Aufwendungen des Bundes beruhen auf sozialen Kriegsfolgelasten). Deshalb sind Maßnahmen zu erwägen, welche die Zahl der Empfänger sozialer Leistungen erheblich zu mindern in der Lage sind. Das ist nicht nur wegen der damit verbundenen Minderung der Zahl der Leistungsempfänger um etwa 1 Million Personen, sondern auch wegen der erwünschten sozialpolitischen, sozial-psychologischen, wirtschaftlichen und letztlich auch finanziellen Folgen erstrebenswert.

2. Ablösung von Renten

Eine Minderung der Zahl der Empfänger sozialer Leistungen kann erreicht werden, wenn – in Anlehnung an die Regelung der in den Vereinigten Staaten für die Kriegsveteranen geltenden Gesetzgebung – an die Stelle niedriger Renten für Leichtbeschädigte eine Ablösung in Form einer Rentenabfindung tritt, welche die Empfänger für Zwecke der Investition einschließlich des üblicherweise dazu zu rechnenden langfristigen Konsums verwenden sollen.

Ich gehe dabei davon aus, daß nach tief in den Rechtsvorstellungen der Bevölkerung wurzelnder Auffassung für die Leichtbeschädigten in der Kriegsopferversorgung und in der sozialen Unfallversicherung ein Rechtsanspruch auf Entschädigung anzuerkennen ist und daß es sich lediglich um die Form handelt, in der dieser befriedigt wird. Bisher wurde diese Entschädigung in Form einer niedrigen Rente gewährt, die nicht durch die Anrechnung sonstigen Einkommens gemindert werden konnte. Eine Entschädigung durch eine gesteuerte Kapitalablösung erscheint mir sinnvoller; sie ist deswegen sozialpolitisch gerechtfertigt, weil Beschädigte mit einer Minderung der Erwerbsfähigkeit um weniger als 50 v.H. in der Regel nicht auf diese Rente angewiesen sind, sondern auch heute vom Ertrag ihrer Arbeit leben. Soziale Schäden sind also für diesen Personenkreis, insbesondere wenn eine Regelung für den Fall einer erheblichen Verschlimmerung des Leidens getroffen wird, nicht zu befürchten. Statt dessen bringt eine Entschädigung mit einer runden Ablösungssumme den sozialpsychologischen Vorteil, daß die mit einer Rente aus öffentlichen Mitteln allzu leicht verbundene Gewöhnung an ständige zusätzliche Leistungen der Allgemeinheit zum Konsum vermieden wird. Die Kapitalablösung sollte zuerst nur auf Antrag gewährt werden. Dabei hätten die Empfänger ausdrücklich zu erklären, daß sie weitere Rentenansprüche auf Grund ihrer Beschädigung nicht stellen werden. Demgegenüber stellt die Ablösung für die Empfänger eine Art Starthilfe dar und regt sie an, von sich aus Initiative zu entwickeln.

In Verbindung mit einer bestimmten Rangfolge der Freigabe vermögen die Ablösungen gleichzeitig volkswirtschaftlich erwünschte Wirkungen zu erzielen. Dabei steht die Verwendung für den sozialen Wohnungsbau, insbesondere für den Bau von Eigenheimen, Eigentumswohnungen und zur Anzahlung von Bausparverträgen an erster Stelle, gefolgt von der Freigabe zur Gründung einer Familie und derjenigen zur (privaten) Altersvorsorge. Die Ablösung könnte weiter zur Finanzierung von Hofübergaben in der Landwirtschaft und zur vorzeitigen Ablösung bei Belastungen aus dem Lastenausgleich verwendet werden. Bei den Empfängern werden so die aufgewendeten öffentlichen Mittel nicht wie bisher in kurzfristigem Konsum mitverbraucht, sondern sie führen zur Bildung von sinnvoll angelegtem Kapital und zur Eigentumsbildung. Es wird eingehend untersucht werden, für welche weiteren Möglichkeiten und in welcher Rangfolge eine Freigabe erfolgen kann.

Die Kapitalisierung von Rentenansprüchen bringt letztlich auch auf die Dauer gesehen eine finanzielle Entlastung des Bundeshaushalts und der Unfallversicherung mit sich. Einer vorübergehenden verstärkten Inanspruchnahme öffentlicher Mittel stehen Einsparungen an Rentenzahlungen gegenüber, die sonst im Verlaufe von Jahrzehnten ein Mehrfaches des im Augenblick zur Ausschüttung benötigten Kapitals ausmachen. Ich verkenne nicht, daß die Aufwendungen für die Kapitalisierung dieser Rentenansprüche zunächst beträchtlich sein werden. Sie dürften aber auch durch den Erfolg gerechtfertigt werden; denn eine rechtzeitige Hilfe bedeutet auch hier wirksame Hilfe und zugleich langfristige Einsparung staatlicher Mittel. Nach einer grundsätzlichen Erörterung dieser Frage bin ich bereit, konkrete Möglichkeiten aufzuzeigen, durch die Mittel für diese Zwecke beschafft werden können.

IV. Witwen

1. Wiedereingliederung in das Erwerbsleben und Höhe der Rente

Innerhalb der Gruppe der erwerbsfähigen Sozialleistungsempfänger im Alter von 18 bis 65 Jahren stellen die Witwen mit einer Zahl von 1,5 Millionen den zweitgrößten Anteil. Wenn von den invaliden Personen erwartet wird, soweit es nach ihrer Leistungsfähigkeit irgend möglich ist, sich in das Arbeitsleben wieder einzugliedern, so ist eine gleiche Erwartung gegenüber Witwen, soweit diese nicht für eine Familie zu sorgen haben, nicht ungerechtfertigt. Dabei kann davon ausgegangen werden, daß ein beträchtlicher Teil der Witwen, insbesondere diejenigen, die nur eine Leistung entweder aus der Rentenversicherung oder aus der Kriegsopferversorgung erhalten, bei der gegenwärtigen Höhe ihrer Rente sich veranlaßt sehen, einer Arbeit nachzugehen. Da infolge häuslicher Bindungen jedoch nicht alle Witwen eine Tätigkeit außerhalb des Hauses aufnehmen können, andererseits aber gerade für die Witwen jüngeren Alters die nach der Rente ihres Mannes bemessene Witwenrente vielfach nicht ausreichend ist, ist eine Erhöhung der Renten für diejenigen Witwen, die keine Möglichkeit zu zusätzlichem Verdienst haben, zu erwägen.

Bei der Bemessung der Rente in der Rentenversicherung ist nämlich von dem Grundsatz ausgegangen worden, daß die Rente des Mannes sowohl für ihn wie auch für seine Ehefrau ausreichen soll und daß die Witwenrente, da nunmehr eine Person weggefallen ist, die Hälfte der Rente des Mannes zu betragen habe. Dabei wird aber übersehen, daß der Aufwand für die Befriedigung der Grundbedürfnisse stärker angestiegen ist als der Aufwand für den darüber hinausgehenden Bedarf. Bei geringem Einkommen, insbesondere aus Renten, ist der Spielraum, in dem auch nur geringe Verteuerungen, etwa der Hauptnahrungsmittel, aufgefangen werden könnten, nicht sehr groß und Ausweichmöglichkeiten der Bedarfsdeckung kaum vorhanden.

Der „Warenkorb" des Rentners ist aber stärker auf diese Grundbedürfnisse abgestellt als derjenige des „Normalverbrauchers". Daher ist auch die Bemessung der

Witwenrente in Höhe der Hälfte der Rente des Versicherten für die Witwe verhältnismäßig schwerer zu tragen als dies rein rechnerisch den Anschein hat. Es ist
daher zu prüfen, ob in Zukunft die Witwenrente in anderer Höhe festzusetzen ist.

2. Witwe mit Kindern

Schon die Überlegungen über die Höhe der Witwenrente geben zu erkennen,
daß es sich hier entscheidend darum handelt, eine Gesamtbetrachtung anzustellen,
welche die Witwe innerhalb ihrer Familie sieht. Familien mit einem Elternteil und
Kindern, also sogenannte unvollständige Familien, sind auch heute schon, ganz
gleich aus welchen Sozialleistungen ihr Einkommen besteht, in Wirklichkeit eine
Einheit. Es dürfte im allgemeinen so sein, daß die Leistungen, die die Witwe und
ihre Kinder als Waisen erhalten, beim Verbrauch nicht unterschieden werden. Aus
diesem Grunde sollte auf die Tatsache, daß die Witwe für Kinder zu sorgen hat,
besonders Rücksicht genommen werden, während andererseits derjenigen Witwe,
die allein steht, schon eher nahegelegt werden kann, wieder in Arbeit zu treten.
Beide Überlegungen bedingen eine Änderung der Voraussetzungen für die Gewährung von Witwenrente.

3. Änderung des § 21 Abs. 5 SVAG

Die Witwenrente in der Angestelltenversicherung wurde schon immer unbedingt, d.h. ohne weitere Voraussetzungen nach dem Tode des Mannes gewährt.
Dieselbe Regelung hat das Sozialversicherungs-Anpassungsgesetz für diejenigen
Witwen in der Invalidenversicherung gebracht, deren Ehegatten nach dem
31.5.1949 verstorben sind. Witwen, deren Ehegatten vor dem 1.6.1949 verstorben
sind, erhalten z. Zt. eine Rente nur dann, wenn sie invalide sind oder das 60. Lebensjahr vollendet haben. Beide Regelungen sind unbefriedigend, da in dem einen
Fall aus finanziellen Erwägungen diejenigen Witwen unterschiedlich behandelt
sind, deren Ehegatten zufällig vor 1949 verstorben sind, und zwar selbst, wenn sie
schon 50 oder 55 Jahre alt sind, andererseits alleinstehende Witwen von 25 Jahren
ohne weiteres eine Witwenrente erhalten. Daher sollte dieser Sperrtermin für die
Witwenrente durch eine besser auf die sozialen Tatbestände abgestellte Regelung
für alle Witwen ersetzt werden.

4. Besondere Maßnahmen

Weiter sollten für Witwen Maßnahmen vorgesehen werden, die es ihnen erleichtern, einen Beruf auszuüben. Dazu gehört, daß ihnen durch Umschulungs-
maßnahmen, Ausbildungsbeihilfen und Übergangshilfen der Weg zu einem Beruf
geebnet wird, daß aber andererseits ihnen derartige Leistungen nur gewährt werden, wenn sie sich zu einer solchen „Rehabilitation" bereit erklären.

Alle Maßnahmen dieser Art sind nicht nur unter dem Gesichtspunkt zu sehen, daß damit Einsparungen erzielt werden können. Ebensosehr muß dabei im
Auge behalten werden, daß eine Eingliederung der Witwe in das Arbeitsleben auch
für sie selbst von Nutzen ist und sie zu einer besseren Erfüllung ihres Lebens anlei-
tet, als es der Bezug einer Rente kann, und auch für ihr Alter eine höhere Leistung
garantiert. Letzteres kann dadurch gefördert werden, daß einheitlich alle in Arbeit

stehenden Empfängerinnen von Witwenrenten Beiträge zur Sozialversicherung zu entrichten haben und dementsprechend eine Altersrente erhalten können.

V. Arbeitslose

Zu der Gruppe der Sozialleistungsempfänger im Alter von 18 bis 65 Jahren gehören auch die Arbeitslosen. Die mit ihrer Sicherung zusammenhängenden Fragen sind in der von meinem Ministerium vorgelegten Novelle zum Gesetz über Arbeitsvermittlung und Arbeitslosenversicherung mit angesprochen worden. Ich darf auf die Beratungen, die innerhalb der Bundesregierung zur Vorbereitung dieses Gesetzes stattgefunden haben, verweisen. Darüber hinausgehende Probleme habe ich in meiner Kabinettvorlage vom 27. November 1954 – IVa1 – 14160/54 Anlage 4 – angeschnitten. Auf das von mir vorgelegte Material möchte ich an dieser Stelle Bezug nehmen.

VI. Kumulierungen

Im Anschluß an die Darlegungen über die Sozialleistungsempfänger im Alter von 18 bis 65 Jahren ist es erforderlich, auf die vielfach erörterten Kumulierungen von Sozialleistungen einzugehen, denn gerade für diese Personengruppen spielt das Problem der Kumulierungen eine besondere Rolle, nicht so sehr für die alten Personen. Wie die Sozialenquête gezeigt hat, erhalten lediglich 29% der Empfänger von Sozialleistungen zwei Leistungen und lediglich 2% mehrere Leistungen. Dabei konzentrieren sich die Fälle des Zusammentreffens auf die Gruppen der Waisen und der Witwen. Insbesondere ist das Zusammentreffen von Renten aus der Rentenversicherung sowohl mit Renten aus der Kriegsopferversorgung als auch mit Renten aus der Unfallversicherung zu beachten.

Die Bedeutung des Zusammentreffens von Leistungen, bei denen Empfänger von Grundrenten in der Kriegsopferversorgung und der Unfallversicherung beteiligt sind, wird entscheidend gemindert, wenn die oben dargelegten Vorschläge über die Kapitalablösungen verwirklicht werden. Soweit Renten aus Kriegsopferversorgung und Rentenversicherung zusammentreffen, wird zu erwägen sein, ob nicht das Risiko, das der Rentenversicherung durch den Krieg auferlegt worden ist, von der Kriegsopferversorgung im vollen Umfang zu übernehmen wäre. Der Grund für diese Renten ist eben nicht die frühere Beitragsleistung der invaliden Personen in der Rentenversicherung, sondern die Kriegsbeschädigung bzw. der Kriegstod des Ernährers. Hier wird es darauf ankommen, diese wahren Kausalzusammenhänge wieder herzustellen. Der Staat hat dies ausdrücklich dadurch anerkannt, daß den Trägern der Rentenversicherung nach § 90 BVG die entstehenden Mehraufwendungen zu ersetzen sind. Es erscheint sinnvoll, diesen inneren Ausgleich auch dadurch äußerlich zur Geltung zu bringen, daß die Leistungen für diese Personen nur aus einer Hand, nämlich der Kriegsopferversorgung gewährt werden. Hier werden gewisse Abgrenzungen für Kriegsteilschäden getroffen werden müssen. Es wird ferner zu überlegen sein, in welcher Weise die Altersrente bei Vollendung des 65. Lebensjahres die ihr zukommende Funktion zu übernehmen hat.

Was vorstehend für das Zusammentreffen von Renten aus der Kriegsopferversorgung und der sozialen Rentenversicherung gesagt ist, wird in entsprechender Weise auch für Kumulierung von Leistungen aus Renten- und Unfallversicherung gelten können. Eine solche Regelung würde auch die so umstrittenen Fragen der Kürzungen von Renten beim Zusammentreffen (§§ 1274, 1275 RVO) lösen.

Die hier erörterten Regelungen für diese beiden Hauptfälle des Zusammentreffens von Leistungen entsprechen dem Grundsatz, daß die Lebensgrundlage für den Sozialleistungsempfänger nur einmal gegeben werden sollte. Eine Ausnahme gilt naturgemäß für Leistungen, die einen besonderen Charakter tragen, wie die Grundrente in der Kriegsopferversorgung.

Ob im Zuge solcher Erwägungen auch in der Unfallversicherung ebenso wie in der Kriegsopferversorgung eine neue Rentenformel mit Aufgliederung in Grund- und Ausgleichsrente empfehlenswert ist, bedarf besonderer Prüfung.

Schließlich werden die Probleme der Kumulierung auch dadurch erheblich gemildert, daß die Leistungen für die Familie nach gewissen übereinstimmenden Grundsätzen bemessen werden. Diesem Grundsatz ist durch die Kindergeldgesetzgebung insofern Rechnung getragen worden, als die Höhe der für Kinder gewährten Zuschläge zu den Sozialleistungen für das dritte und für weitere Kinder einheitlich auf mindestens 25 DM festgesetzt worden ist. Die bei einer Gesamtreform erforderlichen Vereinfachungen werden sich auch auf die Regelung der Leistungen für Kinder erstrecken können.

B. Altersrentner

1. Vom Zuschuß zum Lebensunterhalt

In der eingangs erwähnten Einteilung der Sozialleistungsempfänger in die Gruppe der Jugendlichen, der im erwerbsfähigen Alter stehenden und der Alten stellen die über 65-jährigen der Zahl der Leistungsempfänger nach die zweite Gruppe dar. Die Zahl der Altersrentenempfänger beträgt 3,3 Millionen (38,4% aller Sozialleistungsempfänger).

Die Altersrente hat seit Schaffung der deutschen Sozialversicherung einen wesentlichen Wandel ihrer Funktion erfahren.

Ursprünglich hatte die Rente lediglich die Aufgabe, einen Zuschuß zum Lebensunterhalt zu gewähren, also nicht einmal das Existenzminimum, geschweige denn den Lebensstandard zu sichern. Alle damals Beteiligten, der Gesetzgeber, die Versicherten, die Rentner und ihre Familienangehörigen rechneten nur mit einem solchen Zuschuß. Das hing u.a. damit zusammen, daß der Rentner entsprechend der damaligen Einstellung stärker in die Familie einbezogen war; die Familie trug den Lebensunterhalt des alten Menschen mit. Es war lediglich erwünscht und erforderlich, daß die Familie nicht mit der Alleinlast des Lebensunterhaltes des alten Menschen belastet wurde, sondern daß er von anderer Seite einen Zuschuß zur Mittragung der Last bekäme. Diese Auffassung über die Aufgabe der Altersrente hat sich nicht nur bei uns, sondern in der ganzen Welt wesentlich gewandelt. Die Altersrente hat jetzt die Aufgabe, den Lebensunterhalt unter Berücksichtigung des im Laufe eines Lebens erarbeiteten Lebensstandards und der besonderen Lage des alten und nicht mehr arbeitenden Menschen zu sichern.

2. Bemessung der Altersrente

Wenn die Rente in der umschriebenen Weise den Lebensunterhalt sichern soll, so ist das technisch nur dadurch zu erreichen, daß sie in ihrer Höhe nach dem durchschnittlichen Arbeitsverdienst berechnet wird. Eine Minderung der Rentenhöhe könnte dadurch vermieden werden, daß für Zeiten der Krankheit, der Arbeitslosigkeit und der Verrichtung von öffentlichen Diensten Beiträge geleistet werden.

Soweit durch Bestimmungen für die Anwartschaft heute derjenige, der nach einer Zeit der Pflichtversicherung zu einer freiwilligen Versicherung übergeht, wirtschaftlich gezwungen ist, sich weiter zu versichern, wenn er nicht das mit seinen Beiträgen angesammelte Kapital verlieren will, werden hierzu noch besondere Überlegungen anzustellen sein.

Eine Bemessung der Rente nach dem letztdienten Arbeitsentgelt oder nach dem durchschnittlichen Arbeitsentgelt der letzten 5 Berufsjahre würde in der überwiegenden Zahl der Fälle ein Zufallsergebnis sein. Ein Großteil der Angestellten und Arbeiter hat kein nach einer „Laufbahn" vorgezeichnetes Arbeitsleben. Veränderte Berufsverhältnisse bei älteren Angestellten sowie die geringere Effektiventlohnung der Arbeiter in den letzten Arbeitsjahrzehnten bringen Gefahren für das Ziel, eine angemessene Rente zu schaffen, weil ein Anknüpfen an den am Ende des Lebens stehenden Arbeitsentgelt die Jahre der höchsten Lohnintensität nicht berücksichtigen würde.

Auch bringt es Nachteile für ganze Jahrgänge von Rentnern mit sich, die zufällig in einer Wirtschaftskrise das 65. Lebensjahr erreichen und damit am Ende ihres Lebens aus außerhalb ihrer Person liegenden Gründen einen niedrigeren Arbeitsverdienst aufweisen als andere Jahrgänge, die während einer günstigen Wirtschaftslage aus dem Arbeitsleben ausscheiden.

Es gibt daher auch keine sozial gerechtere Bemessung der Rente als diejenige, daß man die Rente nach dem Durchschnittsverdienst des Arbeitslebens errechnet, wie sie in der Beitragsleistung ihren sozialversicherungsrechtlichen Niederschlag gefunden hat. Die individuelle Lebensleistung spiegelt sich sodann in einer individuellen Altersrente wider.

3. Das Problem der laufenden Rente

Wenn dieses in unserer Rentenversicherung schon heute geltende Bemessungsprinzip bei den Renten des Bestandes noch nicht zu der Rentenhöhe geführt hat, die auch von seiten der Wirtschaft im Interesse einer zufriedenen Arbeitnehmerschaft als sozialpolitisch notwendig angesehen werden muß, so hat das verschiedene Ursachen.

Eine wenig bekannte Ursache ist die "Unterversicherung" für frühere Zeiten in der Rentenversicherung der Arbeiter. Dieser Begriff bedeutet, daß die Beiträge nicht nach dem gesamten Lohn berechnet wurden, sondern jahrzehntelang nur nach einem Entgelt von etwa 100,– Mark monatlich, auch dann, wenn der Versicherte wesentlich höheren Lohn bezog. Diese Unterversicherung auf der Beitragsseite war das Gegenstück zu dem Zuschußcharakter der Rente auf der Leistungsseite.

Bei sehr vielen Versicherten ist die Beitragszahlung für viele und manchmal verhältnismäßig lange Zeiträume durch Arbeitslosigkeit, Krankheit und ähnliche Zeiten unterbrochen worden (nicht-rentensteigernde Ersatzzeiten). Da nicht nur die Höhe, sondern die Zahl der Beiträge wesentlich die Rente beeinflussen, führen diese häufigen Unterbrechungen der Beitragszahlung zu einer niedrigeren Rentenleistung, als sie bei einem verhältnismäßig geschlossenen Ablauf des Arbeitslebens erreicht werden würde. Es erscheint sozialpolitisch nicht sinnvoll, daß die damals infolge einer allgemeinen Wirtschaftskrise arbeitslos gewordenen Arbeitnehmer infolge der Beitragslücken heute eine zu geringe Rente bekommen. Deshalb wird eingehend geprüft, inwieweit für solche Fälle Abhilfe geschaffen werden kann.

Allmähliche Veränderungen des Geldwertes haben in der Vergangenheit dazu geführt, daß nur eine nominelle Entsprechung von Beiträgen und Rententeilen und nicht dagegen eine reale Äquivalenz zwischen dem damaligen Konsumverzicht und der heutigen Konsummöglichkeit erfolgt ist. Dieser Schwierigkeit zu begegnen, war die Aufgabe des Renten-Mehrbetrags-Gesetzes.

Schließlich liegt der Kritik an der Höhe der heutigen Renten noch die Tatsache zu Grunde, daß die Lebensansprüche auch der alten Menschen gestiegen und an anderen Lebensvorstellungen als früher orientiert sind.

Das Versprechen der Bundesregierung in der Regierungserklärung vom 20.10.1953, daß „die wirtschaftliche Lage der Rentner, Invaliden, Waisen und Hinterbliebenen weiter verbessert wird", erfordert, daß solche Verbesserungen zum Ausgleich der dargestellten Nachteile nicht nur für die fernere Zukunft vorzusehen sind, sondern, daß schon die jetzigen und die in den nächsten Jahren hinzukommenden Empfänger von Sozialleistungen der Erfüllung des Versprechens der Bundesregierung teilhaftig werden.

C. Jugendliche

Nach der Darstellung der Probleme, die für die im erwerbstätigen Alter stehenden Personen und die aus dem Erwerbsleben ausgeschiedenen Personen wichtig sind, ist das Augenmerk nunmehr auf die Gruppe der Jugendlichen (bis zu 18 Jahren) zu richten, die noch nicht in das Erwerbsleben eingetreten sind oder gerade ihr Erwerbsleben begonnen haben. Diese Personen erhalten an Sozialleistungen im wesentlichen die Waisenrenten aus der Rentenversicherung, der Unfallversicherung und der Kriegsopferversorgung. Für sie werden ferner vielfach Kinderzuschläge gezahlt, die bereits oben im Zusammenhang mit dem Problem der Kumulierungen behandelt worden sind.

Die überwiegende Zahl der heutigen Waisenrenten wird an Kriegswaisen gewährt. Das gilt nicht nur für die Waisenrenten aus der Kriegsopferversorgung, sondern auch für diejenigen aus der Rentenversicherung. Da von diesen Waisen in den nächsten Jahren der Großteil das Alter von 18 Jahren erreichen wird, läßt sich bereits vorhersehen, daß in einigen Jahren die Gewährung von Waisenrenten keine

Fragen von weitgehender Bedeutung aufwerfen wird. Es empfiehlt sich daher nicht, für die Waisenrenten im allgemeinen besondere Maßnahmen vorzusehen. Lediglich die Probleme der Halbwaisenrente bedürfen mit Rücksicht auf ihre Bedeutung auf die "unvollständige Familie" (Witwe mit Kindern) besonderer Überlegung.

Bleibende Bedeutung wird die Frage des richtigen Bemessungsmaßstabes für die Waisenrenten in der Rentenversicherung und in der Unfallversicherung behalten. Waisenrenten fallen überwiegend zu einem Zeitpunkt an, in dem der verstorbene Versicherte noch nicht Beiträge in einem solchen Ausmaß geleistet hat, daß die so errechnete Waisenrente eine ausreichende Höhe erreicht. Die Berechnung der Waisenrente nach dem reinen Äquivalenzprinzip führt zu einer unzureichenden Höhe dieser Leistungen.

D. Angehörige freier Berufe und sonstige Selbständige

Zu der Sicherung von Angehörigen der freien Berufe und der sonstigen Selbständigen habe ich in meiner Kabinettvorlage vom 8. März 1955 – IV 1 – 960/55 unter 6 eingehende Darlegungen gemacht. Für die Fälle des Alters und der Invalidität bestehen 4 Möglichkeiten: Sicherung in der Sozialversicherung, ggf. unter Trennung der Beiträge und Leistungen von denen der übrigen Versicherten; Zwangsversicherung auf berufsständischer Basis; durch Gesetz angeordnete Verpflichtung zum Abschluß privater Versicherungsverträge; völlige Freiheit der eigenen Vorsorge für den Fall des Alters und der Invalidität. Meine Stellungnahme zu diesen Möglichkeiten möchte ich zurückstellen, bis die vom Herrn Bundesminister für Wirtschaft in der Kabinetts-Sitzung vom 23. März 1955 angekündigte Denkschrift zu dem gesamten Fragenbereich vorliegt.

E. Empfänger von Fürsorgeleistungen

In jedem System der Sozialen Sicherheit müssen Leistungen für diejenigen vorgesehen werden, denen auf andere Weise eine Hilfe für ihren Lebensunterhalt nicht in einem die Hilfsbedürftigkeit beseitigenden Maße zuteil wird. Hier wird auch in Zukunft die öffentliche Fürsorge einzutreten haben.

Meine Gedankengänge zu diesem Problemkreis möchte ich im Anschluß an die Erörterung dieser Vorlage im Kabinett in Fühlungnahme mit dem für diese Fragen federführenden Herrn Bundesminister des Innern noch gesondert darlegen.

F. Sozialversicherung und Eigentumsbildung

Die Ergebnisse der versicherungstechnischen Bilanzen in der Rentenversicherung der Arbeiter und der Rentenversicherung der Angestellten zeigen zwar ein versicherungstechnisches Defizit, in den nächsten Jahrzehnten jedoch noch bedeutende Vermögensbildung. Im Zusammenhang hiermit erwächst eine neue selbständige sozialpolitische Aufgabe der Rentenversicherungsträger. Es kann nicht allein darauf ankommen, daß das Vermögen sicher angelegt ist, damit seine Erträgnisse für die Rentenleistungen zur Verfügung stehen. Vielmehr sollte die Art der Vermögensanlage selbst einem sozialpolitisch sinnvollen Zweck dienen. Hierzu gehört insbesondere die Pflege der Eigentumsbildung, die zugleich der Freiheit und der Sicherung der Persönlichkeit dient. In wesentlich stärkerem Ausmaß als bisher sollen die Versicherten von ihrem Versicherungsträger Darlehen zum Erwerb von Grund und Boden und zum Bau eines Hauses erhalten. Bei der Darlehenshergabe muß darauf Bedacht genommen werden, daß die Rückzahlung möglichst vor dem voraussichtlichen Eintritt des Versicherungsfalles abgeschlossen ist. Der Versicherte hätte dadurch aus seinen Beiträgen einen doppelten sozialen Nutzen. Einmal würde er bereits in der Zeit, in der er Beiträge zahlt, Eigentum bilden können, das zugleich eine zusätzliche Lebens- und Alterssicherung für ihn bringt, zum anderen würde er nach Eintritt des Versicherungsfalles die Rente erhalten. Auch vom Standpunkt der Gemeinschaft und des Staates her gesehen ist neben der Schaffung einer zureichenden Altersrente die Pflege der Eigentumsbildung zu fördern. Die Eigentumsbildung ist eine wesentliche Stärkung der Bestrebungen, die der Freiheit und der Sicherung der Persönlichkeit dienen.

Dokument 2

**Vorlage des Interministeriellen Ausschusses für die
2. Sitzung am 14. September 1955[1]**

LEITGEDANKEN FÜR DIE REFORM DER SOZIALEN SICHERUNG (SOZIALREFORM)

[A.] Abgrenzung des Bereiches der Sozialreform

Der Bereich der Reformarbeiten auf sozialem Gebiet wird am besten mit folgendem Ausdruck umschrieben: „Neuordnung der sozialen Sicherung (Sozialreform)".

Die Neuordnung der sozialen Sicherung erstrebt eine Gesamtreform, in die grundsätzlich alle sozialen Leistungen und die zur Aufbringung der Mittel vorhandenen Regelungen einbezogen werden sollen. Eine Behandlung von Teilproblemen genügt nicht. Den Schwerpunkt der Gesamtreform bilden die Neugestaltung der Leistungsarten, die in den typischen Notständen und Wechselfällen des Lebens soziale Sicherung gewährleisten sollen, sowie die damit zusammenhängenden Aufbringungsmethoden und Organisationsfragen.

In die Reform müssen mithin insbesondere einbezogen werden die sozialen Leistungen für den Fall

der Krankheit,
der Arbeitslosigkeit,
des Arbeitsunfalls und der Berufskrankheit,
der Invalidität,
des Alters,
des Todes des Ernährers,
der Mutterschaft, weiter auch
Familien- und Jugendhilfen und
Leistungen für die durch den Krieg eingetretenen Verluste an Leib
und Leben.

Auch sonstige, nach fürsorgerischen Grundsätzen gewährte Leistungen sind einzubeziehen.

[B.] GESELLSCHAFTLICHE TATBESTÄNDE UND IHRE BEDEUTUNG FÜR DIE
SOZIALREFORM

Die Reform der sozialen Sicherung muß von den heutigen gesellschaftlichen Tatbeständen ausgehen; sie muß dabei die Veränderungen der sozialen Wirklich-

---

[1] Abgedruckt ist ohne das Begleitschreiben der durch das Bundeskanzleramt am 13. Sept. 1955 den Mitgliedern des Ministerausschusses übersandte, überarbeitete Arbeitsbericht des Interministeriellen Ausschusses aus B 149/408. – Im Bundeskanzleramt waren Passagen aus der Vorlage des Generalsekretärs vom 13. Sept. 1955 gestrichen worden (B 136/1361). Sie sind in den Fußnoten nachgewiesen. Die gestrichenen Passagen wurden auf Antrag Schäfers in der 2. Sitzung des Ministerausschusses für die Sozialreform in die Vorlage vom 28. Sept. 1955 (Gesellschaftliche Tatbestände und ihre Bedeutung für die Sozialreform) für die 3. Sitzung des Ministerausschusses wieder aufgenommen (Vorlage für die 3. Sitzung in B 136/36235).

keit gegenüber den Zeiten berücksichtigen, in denen die heutigen Formen der sozialen Sicherung geschaffen worden sind. Es ist zu prüfen, welche Folgerungen aus den sozialen Strukturwandlungen sowohl hinsichtlich der Personenkreise, die in die soziale Sicherung einbezogen werden sollen, wie hinsichtlich der Leistungen, Leistungsarten und der Aufbringung der Mittel zu ziehen sind.

Für die Neuordnung der sozialen Sicherung sind folgende gesellschaftliche Tatbestände zu würdigen:

I.   Veränderungen des Altersaufbaus und des Gesundheitszustandes der Bevölkerung.
    1. Der veränderte Altersaufbau
    2. Veränderungen der Krankheitshäufigkeit und der Krankheitsarten[2]

II. Stellung zum Erwerbsleben.
    1. Die in abhängiger Arbeit Beschäftigten
    2. Die Selbständigen
    3. Die nicht im Erwerbsleben Stehenden (insbesondere Sozialleistungsempfänger)

III. Allgemeine Lebensumstände.
    1. Städtische und ländliche Daseinsformen
    2. Die Wohnform
    3. Das Verhältnis zum Boden
    4. Der Haushalts- und Familienvorstand
    5. Die Betriebszugehörigkeit

I. Veränderungen des Altersaufbaus und des Gesundheitszustandes der Bevölkerung

1. Der veränderte Altersaufbau

Während die Bevölkerungszahl in Deutschland am Ende des 19. und am Anfang des 20. Jahrhunderts bedeutend zunahm, bleibt sie seit dem Ende des 2. Weltkrieges im wesentlichen gleich. Es verändert sich jedoch der Altersaufbau der Bevölkerung; zwar wird der Anteil der Personen im erwerbsfähigen Alter an der Gesamtbevölkerung, der zur Zeit 67,6% beträgt, nur geringfügig abnehmen. Jedoch wird die Zahl der alten Personen (über 65 Jahre) bei gleichbleibender Entwicklung voraussichtlich im Jahre 1973 auf 14,2% der Gesamtbevölkerung gegenüber 9,6% im Jahr 1953 gestiegen sein.

Eine Verstärkung der zweiten Einkommensverteilung ist insoweit unausweichlich. Der Konsumbedarf einer steigenden Anzahl alter Menschen, der vermehrte soziale Leistungen erfordert, sollte möglichst durch eine Vergrößerung des Sozialprodukts befriedigt werden, auf dessen Erhöhung auch die Maßnahmen der Sozialpolitik hinzielen sollten. Der Ausgleich zwischen den Generationen, der

---

[2] Der hierauf folgende Punkt „3. Veränderungen der Berufstypen und Verschiebungen des Verhältnisses der Berufe zueinander" war im Bundeskanzleramt aus der Vorlage des Generalsekretärs gestrichen worden.

auch bei der Finanzierung der Altersrenten berücksichtigt werden muß, kann dann leichter getragen werden.

Weiter muß angestrebt werden, die Zahl der Personen, die nicht mehr im Erwerbsleben stehen, zu vermindern, z.B. dadurch, daß den in ihrer Erwerbsfähigkeit Geminderten zur Wiederherstellung ihrer Leistungsfähigkeit die notwendige Hilfe gegeben wird. Maßnahmen der vorerwähnten Art würden zwar der gegebenen Veränderung im Altersaufbau der Bevölkerung Rechnung tragen, könnten aber keinen Wandel in der Bevölkerungsstruktur herbeiführen. Eine grundlegende Änderung der Bevölkerungsstruktur selbst kann nur durch eine umfassende Familienpolitik bewirkt werden.

2. Veränderungen der Krankheitshäufigkeit und der Krankheitsarten

Die Krankheitshäufigkeit ist gestiegen, auch hat sich das Schwergewicht innerhalb der Krankheitsarten verschoben. Langdauernde Krankheiten, wie z.B. die Tuberkulose, Kinderlähmung, aber auch Herz- und Kreislaufkrankheiten, rheumatische Beschwerden sind gegenüber sonstigen Krankheiten stärker in Erscheinung getreten[3]. Dementsprechend haben sich auch die Kosten, die für die Bekämpfung von Krankheiten aufgewendet werden müssen, und deren Zusammensetzung verändert. Diesen Wandlungen muß durch die Verstärkung der Vorbeugung und der Verbesserung und Verlängerung der Hilfe bei langdauernden Krankheiten Rechnung getragen werden. Der Zusammenhang, der zwischen diesen langdauernden Krankheiten und der späteren Invalidität besteht, bedarf besonderer Berücksichtigung. Auch wird zu untersuchen sein, ob und inwieweit durch die Gestaltung der Leistungen eine möglicherweise durch subjektive Gründe beeinflußte Zunahme der Krankheitshäufigkeit vermieden werden kann.[4]

---

[3] Gestrichen worden war aus der Vorlage des Generalsekretärs: „Über die Veränderungen der Krankheitsarten hinaus haben sich auch die medizinischen Methoden gewandelt, mit denen der Arzt die Krankheiten bekämpft. Die Fortschritte der medizinischen Wissenschaft haben Heilungsmöglichkeiten eröffnet für solche Krankheiten, die früher als unabwendbar hingenommen wurden."

[4] Gestrichen worden war aus der Vorlage des Generalsekretärs der folgende Absatz: „3. Veränderungen der Berufstypen und Verschiebungen der Berufstypen zueinander. Durch die technische und gesellschaftliche Entwicklung sind auch die Arten der Tätigkeiten vielfältiger und differenzierter geworden, die die Menschen heute ausüben. Die Herausbildung besonderer Gruppen qualifizierter und spezialisierter Tätigkeiten innerhalb der Arbeiter, besonders innerhalb der Angestellten und auch innerhalb der Selbständigen, ist eine für unsere Zeit typische Entwicklung. Sie ist entscheidend gefördert worden durch die verbesserten Möglichkeiten, die für alle Bevölkerungkreise – auch für Arbeiter – bestehen, sich der Ausbildung auf Schulen, Fachschulen und Hochschulen zu bedienen. Zu dieser Differenzierung der Tätigkeitsformen gehört auch der Wechsel von Unselbständigkeit und Selbständigkeit. Die ebenfalls mit der Differenzierung zusammenhängende fortschreitende Arbeitsteilung führt allerdings auch zu mechanischeren Tätigkeiten, die das umfassende Wesen des 'Berufes' gefährden und die jeweilige Arbeit lediglich als Erwerbschance erscheinen lassen. Die Qualifiziertheit der Arbeit und die Differenzierung der Tätigkeiten und Laufbahnen sollte auch in der Gestaltung der sozialen Sicherung und ihrer Einrichtungen zum Ausdruck kommen."

II. Die Stellung zum Erwerbsleben

Für die bestehenden Regelungen der sozialen Sicherung ist die Stellung zum Erwerbsleben der wesentliche Anknüpfungspunkt gewesen. Die Veränderungen in den Sicherungsbedürfnissen geben diesen Merkmalen für die Zukunft eine noch stärkere Bedeutung.

1. Die in abhängiger Arbeit Beschäftigten

Die Zahl der in abhängiger Arbeit stehenden Personen hat seit der Errichtung der mit dem Namen Bismarck verbundenen deutschen Sozialversicherung zugenommen. Heute steht ein Block von rund 18 Millionen Unselbständigen 3,2 Millionen Selbständigen und 3,1 Millionen (1950) mithelfenden Familienangehörigen (nur Erwerbspersonen) gegenüber. Dabei bleibt offen, inwieweit mithelfende Familienangehörige tatsächlich die Existenzform von Arbeitnehmern haben.

Die soziale Situation des Arbeitnehmers hat sich seit der Zeit vor rund 70 Jahren, vor allem durch die Verbesserung der Löhne und durch die staatliche Sozialpolitik, gestärkt. Die anfangs nur für einen kleineren Teil der Bevölkerung gedachten Sicherungsformen sind zum Allgemeingut weiter Kreise geworden. Die durch Arbeit in abhängiger Stellung bedingte Unsicherheit des Arbeitnehmers ist durch die vielfältige soziale Sicherung zum beträchtlichen Teil behoben worden. Das Problem der Minderheit dieser Personen muß jedoch bei einer Prüfung der Umwandlung der Sicherungsformen klar gesehen werden.

Zu den Tatbeständen, die bei der Neuordnung der sozialen Sicherung zu berücksichtigen sind, gehören nicht nur solche äußerer Art, sondern auch Veränderungen in den allgemeinen Auffassungen über die soziale Sicherheit. So haben sich insbesondere die Auffassungen über die Aufgaben der sozialen Sicherung gegenüber den Wechselfällen des Arbeitslebens gewandelt. Es wird heute von breiten Bevölkerungskreisen erwartet, daß die Sicherung dem im Laufe des Arbeitslebens erworbenen Lebensstandard entspricht. Dieses Sicherungsbedürfnis ist ein Tatbestand, an dem die Sozialreform nicht vorbeigehen kann. In der Anerkennung des erworbenen Lebensstandards als Maßstab für die Höhe sozialer Leistungen liegt zugleich die Anerkennung des für die Sozialversicherung geltenden Prinzips.

2. Die Selbständigen

Die wirtschaftliche und soziale Situation der Selbständigen unterscheidet sich insofern von derjenigen der in abhängiger Arbeit Beschäftigten, als Selbständige aufgrund ihrer andersartigen Stellung im Wirtschaftsleben eher die Möglichkeit haben, die Vorsorge für die Lebensrisiken individuell entsprechend ihren Bedürfnissen zu gestalten. Der Besitz und die Verwertung von Vermögen, insbesondere von Betriebsvermögen, die Möglichkeit der Weiterführung des Betriebes durch Familienangehörige oder auch Fremde in Zeiten des Ausfalls der eigenen Arbeitskraft und die größere Chance, auch bei Minderung der Arbeitsfähigkeit und im Alter erwerbstätig zu bleiben, verschaffen dem Selbständigen in den meisten Fällen eine bessere Position gegenüber den Lebensrisiken. Während früher im allgemeinen davon ausgegangen werden konnte, daß diese Möglichkeiten dazu ausreichten, um dem Selbständigen auch in den Wechselfällen des Lebens eine auskömmliche Existenz zu gewährleisten, sind heute gewisse sozial schwache Gruppen der Selbständigen (sogenannte kleine Selbständige, z.B. Kleinbauern, Kleinhandwerker, Kleinhändler) stärker als früher auf den Einsatz ihrer Arbeitskraft angewiesen, da der Besitz von kleineren Vermögen, insbesondere von Land, in diesen Fällen für sich allein meist nicht mehr zur Erzielung eines angemessenen Einkommens genügt. Diese Erscheinung beruht auf der Tatsache, daß in der Gesamttendenz die Entwicklung der Besitzeinkommen nach Umfang und Höhe hinter der Steigerung der Arbeitseinkommen zurückbleibt.

Diese Tatsache hat vor allem bei den kleinen Selbständigen in zunehmendem Maße den Wunsch nach sozialer Sicherung hervorgerufen, allerdings ohne daß sie sich über die Art der Sicherung schon hinreichend klar und einig geworden wären. Hinzu kommt, daß das Sicherungsbedürfnis und der Ruf nach Altersversorgung insbesondere bei den freien Berufen durch Krieg und Kriegsfolgen (Kriegsschäden, Vertreibung, Währungsreform) verstärkt worden sind.

Gegen die sich aus dem Ausfall der Arbeitskraft bei Wechselfällen des Lebens ergebenden Schäden ist in den vergangenen Jahren durch wirtschaftsfördernde Maßnahmen angegangen worden; dies soll auch in Zukunft geschehen. Es ist jedoch fraglich, ob diese Schäden allein von dieser Seite aus völlig behoben werden können. Die Erhaltung der Arbeitskraft der kleinen Selbständigen wie auch das Sicherungsbedürfnis ihrer Familien und der Wunsch nach Sicherung im Alter müssen daher als sozialpolitische Aufgaben erkannt werden. Dabei wird aber zu beachten sein, daß gerade hinsichtlich der Selbständigen aus der Analyse des gesellschaftlichen Tatbestandes allein keine konkreten Folgerungen gezogen werden können. Vielmehr sind dazu wirtschafts- und sozialpolitische Ordnungsvorstellungen erforderlich.

3. Die nicht im Erwerbsleben Stehenden (insbesondere Sozialleistungsempfänger)

Für die Neuordnung der sozialen Sicherung kann weiter nicht unbeachtet bleiben, daß ständig eine außerordentlich große Zahl von Personen nicht oder nicht mehr voll im Erwerbsleben steht – eine Zahl, die mehr als das Doppelte der Zahl der Selbständigen oder etwa die Hälfte der Zahl der Unselbständigen (beides ohne Familienangehörige) beträgt. Dieser Tatbestand hat sein eigenes Gewicht. Er verbietet, eine Regelung allein für die Zukunft zu treffen, ohne die vorhandenen Sozialleistungsempfänger zu berücksichtigen.

Wenn auch in den vergangenen Jahren durch eine Reihe von Maßnahmen des Gesetzgebers die Sozialleistungen beträchtlich verbessert worden sind, so sind doch die Sozialeinkommen wesentlicher Teile dieser Bevölkerungsgruppe so unter den übrigen Einkommen geblieben, daß diese Gruppe auf einem Lebensstandard verblieben ist, der mit der Entwicklung des Lebensstandards vergleichbarer Erwerbstätiger nicht Schritt gehalten hat. Es wird heute auch von den im Erwerbsleben tätigen Personen anerkannt, daß ein Zurückbleiben der Sozialleistungsempfänger auf einem zu niedrigen Lebensniveau zu sozialen Spannungen führen kann. Von der Neuordnung der sozialen Sicherung wird daher verlangt, daß sie auch diese Bevölkerungsgruppe an dem Wachsen des Sozialprodukts beteiligt. Dies gilt besonders für die Leistungen an alte Personen.

Weiter ergibt sich aus dem Vorhandensein dieses beträchtlichen Bevölkerungsanteils, daß alle Möglichkeiten ausgenutzt werden müssen, um die Zahl der nicht erwerbstätigen Personen möglichst klein zu halten. Durch die technisch-industrielle Entwicklung, die allerdings für einen Normalarbeitsplatz die volle Leistungsfähigkeit des Arbeitnehmers verlangt, sollte auch erreicht werden, den Personen, die in ihrer Leistungsfähigkeit gemindert sind, eine ihrem Zustand nach Art und Zeit entsprechende Beschäftigung zu geben.

III. Allgemeine Lebensumstände

Während die bisher genannten gesellschaftlichen Tatbestände, die mit der Stellung im Erwerbsleben zusammenhängen, im allgemeinen einander ausschließen, gilt für die übrigen Lebensumstände, daß sie einzeln oder gehäuft zu jenen hinzutreten.

1. Städtische und ländliche Daseinsformen

Die Daseinsformen der Bevölkerung werden durch Lebensumstände mitbestimmt, die sich aus den Unterschieden zwischen städtischen und ländlichen Lebensweisen ergeben. In ländlichen Gemeinden (bis zu 3000 Einwohner) lebt heute etwa $1/3$ der Gesamtbevölkerung. Jedoch kann die Verteilung der Bevölkerung auf die Wohnorte nicht mit ihrer Daseinsform gleichgesetzt werden. Berufsart und Lebensstil sind nicht an das Wohnen in einer bestimmten Gemeindegröße gebunden. Eine Neigung zur städtischen Lebensform ist – wenn auch unter Beibehaltung gewisser ländlicher Versorgungsgewohnheiten – nicht zu verkennen.

2. Die Wohnform

Die Unterschiede zwischen dem Wohnen in einem Familieneigenheim und einem Mietshaus sind beträchtlich. In den kleinen Stadt- und Landgemeinden (d.h. für 40% der westdeutschen Bevölkerung) ist das Kleinhaus mit ein und zwei Wohnungen die vorwiegende Wohnform. Von den 5,2 Millionen Normalwohngebäuden sind – außer den Bauernhäusern – 2,5 Millionen Einfamilienhäuser (1950). Jedoch besitzen von 18 Millionen Arbeitnehmern nur 700 000 ein eigenes Haus (1950). Der Wunsch nach einem Eigenheim ist aber auch unter diesen Bevölkerungskreisen im starken Maße vorhanden.

3. Das Verhältnis zum Boden

Von der auf dem Lande lebenden Bevölkerung (34% der Gesamtbevölkerung) haben beträchtliche Teile „Kontakt" zum Boden, d. h. die Chance, vorhandene Arbeitskraft, z.B. der Hausfrauen, heranwachsender Kinder, alter Leute für die Ernährung der zum Familienhaushalt gehörenden Personen, direkt, ohne Entgelt und ohne Zwischenschaltung des Marktes einzusetzen. Der Anteil der Haushaltungen mit Gartenland an der Gesamtzahl aller Haushalte beträgt rd. 25%. Für diese Haushalte jedoch ist der Kontakt zum Boden nach Stärke und Umfang außerordentlich verschieden. Der Anteil der Sozialleistungsempfänger an diesen Haushalten ist nicht bekannt. Soweit die Bewirtschaftung des Bodens Einkommen oder Ersparnis erbringt, ist zusätzlicher Arbeitsaufwand die Voraussetzung dafür; er ist besonders wertvoll.

4. Der Haushalts- und Familienverband

Der Familienhaushalt ist – wenn auch in anderer Form als früher – auch heute ein beachtlicher wirtschaftlicher und sozialer Faktor. Er bedeutet für die Familienangehörigen gegenseitige Verpflichtung, aber auch Angewiesensein auf den Wirtschaftsverband des Haushaltes. Infolge des Strukturwandels der Familie von der früheren Produktions- und Verbrauchsgemeinschaft zu der überwiegenden Abhängigkeit der Familienangehörigen vom Leistungseinkommen des in abhängiger Arbeit stehenden Familienvaters ist die wirtschaftliche Stellung der Familie schwächer geworden. Die vorhandenen statistischen Unterlagen reichen wegen der in den letzten Jahren veränderten Verhältnisse und wegen des Wohnungsmangels z. Zt. der letzten Erhebung (1950), wie auch im Hinblick auf die in einigen Jahren erreichbare Behebung des Wohnungsdefizits noch nicht zu Schlußfolgerungen aus. Über die Einkommenslage der Mehrpersonenhaushalte wird der Teil II der Sozialenquête Aufklärung bringen.

5. Die Betriebszugehörigkeit

Für die Lebensumstände der Arbeitnehmer ist auch die Tatsache bedeutsam, daß die betriebliche Sozialpolitik in den vergangenen Jahren verstärkt worden ist. Insbesondere die zusätzlichen sozialen Leistungen wirken sich auf die Daseinsform und die Art der sozialen Sicherung der in abhängiger Arbeit Beschäftigten aus. Im Durchschnitt werden heute in der Industrie fast 15% der Lohnsumme für betriebliche Sozialleistungen aufgewandt. Das Ausmaß und die Höhe dieser auch aus unternehmerischen Gründen gewährten Leistungen im einzelnen werden allerdings weitgehend von der Größe und Art des Betriebes bestimmt, d.h. sie gewinnen erst mit wachsender Betriebsgröße eine zunehmende Bedeutung. Sie hängen außerdem in gewissem Grade von der jeweiligen wirtschaftlichen Lage des Betriebes ab. Die betrieblichen Leistungen sind daher nicht einheitlich mit einem Rechtsanspruch ausgestattet.

Zu 1–5: Die Lebensumstände dieser Art, wie städtische und ländliche Daseinsformen, Wohnform, Kontakt zum Boden, Haushalts- und Familienverband und Betriebszugehörigkeit sind unmittelbar und für sich nicht geeignet, an sie rechtliche Folgerungen anzuknüpfen. Sie bilden aber in der Zusammenschau bedeutsame Züge im Gesamtbild der sozialen Wirklichkeit, soweit sie für eine genügend große Zahl von Empfängern von Sozialleistungen von Bedeutung sind. In dieser Hinsicht ist ihre Vielschichtigkeit der „Normalfall". Allerdings muß dabei berücksichtigt werden, daß diese Lebensumstände in der Regel gehäuft vorkommen, daß es aber daneben einen großen Bevölkerungsteil gibt, bei dem diese besonderen Lebensumstände nicht vorhanden sind bzw. keine Bedeutung für die soziale Sicherung haben. Im Hinblick auf die Art der Leistungen können diese Lebensumstände bei der Gewährung von Sachleistungen (z.B. Krankenpflege) und bei kurzfristigen Leistungen meist außer Betracht bleiben. Bei der Gestaltung der langfristigen Leistungen werden diese Lebensumstände insbesondere dadurch berücksichtigt werden können, daß das Streben nach Selbstvorsorge anerkannt wird.

Dokument 3

**Vorlage des Interministeriellen Ausschusses für die
3. Sitzung am 7. Oktober 1955[1]**

ORDNUNGSPRINZIPIEN FÜR DIE NEUORDNUNG DER SOZIALEN SICHERUNG

Die Neuordnung der sozialen Sicherung dient der Sicherung des Menschen in typischen Notständen und Wechselfällen des Lebens. Hierbei muß der Mensch als Einzelwesen und als Gesellschaftswesen gesehen und das ursprüngliche und eigentümliche Gegensatz- und Verbundenheitsverhältnis beider berücksichtigt werden. Die Freiheit als Einzelwesen und die Verbundenheit als Gesellschaftswesen sind für die Gestaltung der Sicherungsformen grundlegend. Sicherung darf nicht zu Unfreiheit, Freiheit nicht zu Unverbundenheit führen.

Sicherheit und Freiheit in Einklang zu bringen, ist eine der entscheidenden Aufgaben beim Aufbau einer gerechten Gesellschaftsordnung.

Auf dieser Grundlage sind für die Sozialreform folgende von verschiedenen Ausgangspunkten hergeleitete, aufeinander einwirkende Prinzipien für maßgebend zu erachten:

I. Allgemeine Prinzipien

    A. Individualität und Solidarität

        1. Freiheit und Eigenverantwortung der Einzelpersönlichkeit: Individualität,

        2. Verbundenheit der aufeinander angewiesenen Mitglieder der Gesellschaft: Solidarität.

    B. Rangfolge des Tätigwerdens von Einzelpersonen, Gemeinschaften und Staat: Subsidiarität.

II. Sicherungsformen und -bereiche

        1. Sozialversicherung,

        2. Versorgung,

        3. Fürsorge.

I A. Individualität und Solidarität

    1. Freiheit und Eigenverantwortung der Einzelpersönlichkeit: Individualität

Freiheit und Eigenverantwortung sind untrennbar mit dem Wesen des Menschen als Person verbunden. Aus dem Recht des Menschen auf Freiheit folgt auch die Verpflichtung, von dieser Freiheit verantwortlich Gebrauch zu machen. Die aus der Eigenverantwortung sich ergebende Verpflichtung des einzelnen erstreckt

---

[1] Abgedruckt ist ohne Begleitschreiben die vom Bundeskanzleramt am 4. Okt. 1955 den Mitgliedern des Ministerausschusses weitergeleitete Vorlage des Interministeriellen Ausschusses vom 28. Sept. 1955 (Vorlage in B 136/36235, Übersendungsschreiben des Bundeskanzleramtes vom 4. Okt. 1955 in B 136/50206). Zur 2. Vorlage (Gesellschaftliche Tatbestände und ihre Bedeutung für die Sozialreform) für diese Sitzung vgl. Anhang 1, Dokument 2, Anm. 1.

sich auf die Sicherung gegen die voraussehbaren Notstände und Wechselfälle des Lebens durch Selbstvorsorge. Nach seinen Kräften muß der einzelne selbst vorsorgen für Ereignisse, die er auf sich zukommen sieht oder mit denen er rechnen muß.

Für diese Selbstvorsorge steht eine Reihe von Möglichkeiten im privatwirtschaftlichen Bereich offen. Die Bildung von Eigentum, die Nutzung gewerblichen Vermögens und auch das Sparen gehören hierzu. Wirtschaftlich zweckmäßig kann die individuelle Sicherung gegenüber den Wechselfällen des Lebens durch einen Ausgleich von Risiken innerhalb einer Vielzahl von Personen (Versicherung) gesucht und gefunden werden. Ein solcher Ausgleich von Risiken setzt die Beteiligung des einzelnen an seiner eigenen Sicherung durch die Zahlung von Beiträgen voraus, wie ihn auch in ähnlicher Weise die Sozialversicherung kennt. Hier sind durch den gesetzlich angeordneten Zusammenschluß in den Ausgleich innerhalb der Versichertengemeinschaft auch solche Personen einbegriffen, die infolge der fortschreitenden Differenzierung der Lebensverhältnisse die Gegebenheiten und Notwendigkeiten für ihre eigene Vorsorge nicht richtig überschauen können oder aus sonstigen Gründen von den Möglichkeiten zur Selbstvorsorge nicht den rechten Gebrauch machen würden.

Das Prinzip der Freiheit beinhaltet für den im Erwerbsleben stehenden Menschen die Verpflichtung zur eigenverantwortlichen Vorsorge. Dieses Prinzip, welches vom Wesen der Person nicht getrennt werden kann, endet nicht beim Ausscheiden aus dem Erwerbsleben, zeigt hier jedoch eine andere Seite. Die soziale Sicherung darf den einzelnen nicht zum bloßen Betreuungsobjekt machen, sie muß vielmehr – unter Abwehr nicht zu billigenden Mißbrauchs – der Förderung der Freiheit des einzelnen dienen.

2. Verbundenheit der aufeinander angewiesenen Mitglieder der Gesellschaft: Solidarität

Die Mitglieder der Gesellschaft sind aufeinander angewiesen und haben daher füreinander einzustehen. Das Einstehen vollzieht sich in verschiedenartigen vorgegebenen Gemeinschaften (z.B. Familie) oder zweckbestimmten Zusammenschlüssen (Betrieb, Berufsstand, Versichertengemeinschaft, Gemeinde, Staat).

Der materielle Inhalt des Prinzips der Solidarität ist im Einzelfall aus der Art und dem Zweck der jeweiligen gesellschaftlichen Vereinigungen herzuleiten. Der aus der Solidarität folgende soziale Ausgleich kann insbesondere von den Gliedern zusammengehöriger sozialer Gruppen erwartet werden.

Eigenverantwortung und Gemeinschaftshilfe sind bei der Feststellung von Inhalt und Ausmaß der gegenseitigen Verpflichtungen innerhalb sozialer Gebilde aufeinander abzustimmen. Sorgfältige Berücksichtigung beider Prinzipien, der Individualität und der Solidarität, wird das Ziel nicht verfehlen, mit der Förderung der Sicherheit des Menschen doch nicht seine Freiheit zu beeinträchtigen und der naheliegenden Gefahr zu entgehen, daß der Geschützte zum Beherrschten wird. Ein soziales System, dessen Leistungen zur Steigerung der Abhängigkeit vom Staat oder zur Beherrschung des Menschen ausgenützt werden könnten, würde nicht den Menschen als freiheitliches Wesen respektieren.

I B. Rangfolge des Tätigwerdens von Einzelpersonen, Gemeinschaften und Staat: Subsidiarität

Das Prinzip der Subsidiarität ist ein Ordnungs- und Zuständigkeitsprinzip für die Verteilung der Aufgaben innerhalb der Gesellschaft. Es hat zwei Seiten.

Sein Inhalt liegt einerseits in der Forderung, daß die gesellschaftlichen Vereinigungen in den Wirkungskreis der einzelnen und die größeren Vereinigungen in denjenigen der kleineren nicht unnötig eingreifen dürfen, und daß deshalb die Gesellschaft nur Aufgaben und Hilfeleistungen übernehmen darf, die der einzelne und die Familie aus eigenen Mitteln und Kräften nicht erfüllen kann und die größeren Vereinigungen nur Aufgaben an sich ziehen dürfen, die ebenso gut zu erfüllen die kleineren nicht in der Lage sind.

Andererseits liegt im Prinzip der Subsidiarität die Forderung, daß die Gesellschaft gegenüber dem einzelnen und der Familie, die größeren gesellschaftlichen Vereinigungen gegenüber den kleineren, dafür zu sorgen haben, daß der einzelne, die Familie oder die kleinere Vereinigung imstande sind oder bei Störungen wieder in den Stand gesetzt werden, die ihnen zufallenden Aufgaben selbst zu erfüllen.

Wesen und Wert des Menschen erfahren dadurch ihre Anerkennung, daß man ihm, soweit es geht, die Möglichkeit schafft, sich selbst zu schützen und sich mit anderen zu einem Schutzverband zusammenzuschließen, daß man dem einzelnen und solchen Verbänden die erforderliche Stützung zuteil werden läßt und daß man dem einzelnen wie den Zusammenschlüssen einen Raum für die eigene Gestaltung des Schutzes gibt.

Im Bereich der sozialen Sicherung soll das Prinzip der Subsidiarität von Bedeutung sein für die Verteilung der Aufgaben zwischen den verschiedenen Leistungsträgern und für die Gewährung von Hilfen der größeren gesellschaftlichen Vereinigungen, insbesondere des Staates, an die kleineren gesellschaftlichen Vereinigungen und Einzelpersonen. Das Prinzip der Subsidiarität gewinnt Gestalt in Verbindung mit den konkreten Lebensverhältnissen, die es zu ordnen gilt.

Hierbei ist zu bemerken, daß das Verhältnis der größeren zur kleineren, der übergeordneten zu eingeordneten Gemeinschaften gegeben ist im Verhältnis des Staates zu allen übrigen Gemeinschaften. Einen besonderen Rang nimmt die Familie ein. Jedoch läßt sich innerhalb der eingeordneten Gemeinschaften – Betrieb, Versichertengemeinschaft, Gemeinde – ein allgemeingültiges Rangfolgeverhältnis jedenfalls hinsichtlich der Beteiligung an der sozialen Sicherung nicht aufbauen. Das Subsidiaritätsprinzip bezieht sich also auf die Rangfolge bei der Erfüllung der Aufgaben, läßt jedoch keine zwingenden Schlüsse auf die Art der Leistungen zu. Es sagt z.B. nichts darüber aus, in welcher Weise und unter welchen Voraussetzungen die von der größeren Gemeinschaft mit eingebrachten Mittel im Einzelfall einzusetzen sind. Vielmehr ist im umfassenden Begriff der Subsidiarität die Verschiedenartigkeit der den unterschiedlichen Aufgaben jeweils entsprechenden Leistungsmöglichkeiten im Einzelfall mit enthalten.

II.   Sicherungsformen und -bereiche

Soziale Leistungen werden beim Eintritt bestimmter Tatbestände gewährt, die in der Regel die Lebensgrundlagen, insbesondere die materiellen, der Betroffenen beeinträchtigen oder bedrohen.

Es lassen sich dabei die Tatbestände gegeneinander abgrenzen in solche, deren Eintritt sich aus den immer wiederkehrenden, voraussehbaren Wechselfällen des menschlichen Lebens ergeben (Alter, Invalidität, Arbeitsunfall, Berufskrankheit, Arbeitslosigkeit, Krankheit, Tod des Ernährers) oder aus den besonderen Aufgaben der Familie (Mutterschaft, Familienlasten), zum anderen solche, die unvorhersehbar mit einem großen Teil der Bevölkerung durch außergewöhnliche Ereignisse (z.B. Krieg, Gefangenschaft) eingetreten sind, und schließlich Tatbestände, die einzelne als besonderes Schicksal betroffen haben.

Diesen Notständen ist die Gesellschaft bislang mit den Mitteln der Sozialversicherung, der Versorgung und der Fürsorge entgegengetreten.

Diese Einrichtungen werden dabei nicht als Institutionen gesehen, sondern als nach ihren eigentümlichen, aus den unterschiedlichen Tatbeständen sich ergebenden Aufgaben unterschiedene Sicherungsformen.

1. Sozialversicherung

Jede Versicherung dient durch die Bildung von Sondergemeinschaften der Gefährdeten dem Schutz vor Gefahren. Die Versicherung hat als gemeinschaftliche, gebundene Selbsthilfe zunächst wesentlich ökonomische Zielsetzungen, nämlich die wirtschaftliche Sicherung ihrer Mitglieder. Jeder Versicherte zahlt Beiträge, die so bemessen sind, daß beim Eintritt des Versicherungsfalles der Ausgleich vorgenommen werden kann. Beim Eintritt des Versicherungsfalles hat der Versicherte einen Rechtsanspruch an die Gemeinschaft auf die Versicherungsleistung. Daraus ergibt sich, daß die Risiken und Tatbestände, auf die sich die Versicherung erstreckt, – im großen Durchschnitt gesehen – typisch, wiederkehrend und abschätzbar sein müssen.

Die Sozialversicherung ist darüber hinaus um einen genossenschaftlichen Ausgleich innerhalb sozialer Gruppen bemüht und verfolgt damit sozialpolitische Zwecke. Deshalb tritt neben den Risikoausgleich der soziale Ausgleich innerhalb der Versichertengemeinschaften, der seine Begründung im Prinzip der Solidarität findet. Hierzu gehört, daß für den einzelnen die Beiträge nicht ausschließlich nach der Höhe des Risikos bemessen werden, daß höhere Einkommen zugunsten geringerer belastet werden können und daß Familienleistungen gewährt werden.

2. Versorgung

Die Versorgung wird hier nicht im Sinne einer allgemeinen Staatsbürgerversorgung, sondern im Sinne der im deutschen Sozialrecht vorhandenen Einrichtungen der Sonderversorgungen behandelt. Diese gewähren Leistungen bei jenen sozialen Notständen, die durch außergewöhnliche und nicht voraussehbare Ereignisse eingetreten sind. Hierzu gehören alle durch Krieg und Kriegsfolgen verursachten Notstände, die im allgemeinen nicht bestimmte soziale Gruppen, sondern viele einzelne mehr oder weniger zufällig betroffen haben und für die niemand eine Vorsorge treffen konnte. Die Versorgung kennt daher auch kein Gegenseitigkeitsverhältnis wie die Sozialversicherung. Die Versorgung wird vom Staat als dem Repräsentanten des Volksganzen übernommen, weil der Versorgungsberechtigte einen Anspruch auf Grund einer „Aufopferung" gegenüber dem Volksganzen hat.

3. Fürsorge

Die Fürsorge tritt bei Notständen ein, wenn der in Not Befindliche sich nicht selbst helfen kann, keine ausreichende eigene Vorsorge getroffen wurde, kein ausreichender Versorgungsanspruch vorliegt und nicht andere, wie z.B. die Familienangehörigen, zur Unterstützung verpflichtet und in der Lage sind. Die Fürsorge ist ihrer Grundform nach ganz auf die individuelle Hilfe ausgerichtet und hilft dem einzelnen je nach der Besonderheit seiner Lage mit denjenigen Mitteln, durch die in seinem speziellen Fall die Not am besten abgewendet werden kann. Sie hat in diesem Rahmen ihre eigenen, ihr gemäßen Aufgaben. Die Mittel für die Fürsorge werden von der Allgemeinheit aufgebracht, doch wird bei ihrer Gewährung auf ein ursprüngliches, persönliches Hilfeverhältnis Wert gelegt. Aus diesem Grunde und wegen der individuellen Gestaltung der Hilfe sind mit dieser Aufgabe besondere, den Gemeinden verbundene Träger betraut.

1–3: Die Aufteilung in die Sicherungsformen Sozialversicherung, Sonderversorgungen und Fürsorge ist ein Ordnungsprinzip nach den Arten der zu erfüllenden Aufgaben, das seinerseits auf der Unterscheidung unterschiedlicher Lebenstatbestände beruht.

Diese Aufgabenteilung – womit nicht die derzeitige Organisation gemeint ist – ist auch heute noch sachlich begründet und sollte beibehalten werden.

Bei der Regelung der sozialen Sicherung muß darauf geachtet werden, daß die einzelnen Tatbestände und die ihnen entsprechenden sozialen Leistungen in jeden Sicherungssystemen, erforderlichenfalls in der Verbindung verschiedener Systeme, ihre Berücksichtigung finden, denen sie nach ihrer Art entsprechen.

Tatbestände, die als voraussehbare typische Notstände und Wechselfälle des Lebens gewertet werden müssen oder die aus den besonderen Aufgaben der Familie erwachsen, sind grundsätzlich in die Sozialversicherung einzubeziehen; Tatbestände, die Folgen der Kriege sind, gehören in den Bereich der Sonderversorgungen; für Tatbestände, die ihrer Natur nach weder der Sozialversicherung noch den Sonderversorgungen zugeordnet werden können, hat die Fürsorge einzutreten.

Dokument 4

**Vorlage des Interministeriellen Ausschusses für die
4. Sitzung am 11. Oktober 1955[1]**

RENTENANGLEICHUNG 1955

Vorschlag A:

Angleichung durch laufende Gewährung eines zusätzlichen Mehrbetrages nach dem Vorbild des RMG von 1954[2]

I.   Inhalt und Auswirkung des RMG von 1954

    1.   Der Mehrbetrag wurde gewährt zu

        a)   Invalidenrenten
            Witwenrenten   der IV[3]

        b)   Ruhegeldern
            Witwenrenten   der AV[4]

        c)   Knappschaftsrenten und Knappschaftsvollrenten sowie Witwenrenten und Witwenvollrenten der KnV[5]

        Er wurde nicht gewährt zu Waisenrenten sowie an Personen, die nach 1923 geboren sind.

    2.   Der Mehrbetrag wurde gewährt als ein Zuschlag zu

        den Steigerungsbeträgen für bestimmte Beitragszeiten, nämlich für solche bis zum 1.1.24 und für die Zeit vom 1.1.24 bis 31.12.38.

        Die für diese Zeiten nach den allgemeinen Bestimmungen zu errechnenden Steigerungsbeträge wurden erhöht

        a)   in der IV
            für Beitragszeiten bis 1.1.24   um 80%
            für Beitragszeiten vom 1.1.24 bis 31.12.38   um 40%

        b)   in der AV
            für Beitragszeiten bis 1.1.24   um 120%
            für Beitragszeiten vom 1.1.24 bis 31.12.38   um 60%

---

[1]   Abgedruckt ist die Vorlage des Interministeriellen Ausschusses vom 11. Okt. 1955 aus B 136/1361. – Vorentwurf, handschriftlich datiert auf den 11. Okt. 1955, in B 149/5355. – Die Vorlage wurde erst in der Sitzung des Ministerausschusses gereicht.

[2]   Renten-Mehrbetrags-Gesetz (RMG) vom 23. Nov. 1954 (BGBl. I 345).

[3]   Invalidenversicherung.

[4]   Altersversicherung.

[5]   Knappschaftsversicherung.

c) in der KnV

für Beitragszeiten bis 1.1.24   um 40% und 70%

für Beitragszeiten vom 1.1.24 bis 31.12.38   um 20% und 35%

Mindestbetrag der Erhöhung war: 1,00 DM

Höchstbetrag der Erhöhung war: 30,00 DM

Von der Erhöhung waren in der IV und AV von den bereits laufenden Renten 99,6% betroffen.

3. Das RMG von 1954 hat sich auf die Durchschnittsrenten wie folgt ausgewirkt: Durch das RMG stiegen die Durchschnittsrenten (Monatsbetrag)

		Für Männer	Für Frauen	Für Männer und Frauen
IV	Invaliden und Altersrenten	von 90,80 DM auf 104,90 DM	von 62,90 DM auf 67,60 DM	von 78,80 DM auf 88,80 DM
IV	Witwenrenten	---	von 49,00 DM auf 56,30 DM	---
AV	Ruhegelder und Altersruhegelder	von 130,60 DM auf 151,10 DM	von 99,70 DM auf 107,00 DM	von 121,10 DM auf 138,10 DM
AV	Witwenrenten	---	von 63,10 DM auf 72,70 DM	---

Das RMG hat also die bisherigen Durchschnittsrenten erhöht um:

		Für Männer	Für Frauen	Für Männer und Frauen
IV	Invaliden- und Altersrenten	14,10 DM	4,70 DM	10,00 DM
IV	Witwenrenten	---	7,30 DM	---
AV	Ruhegelder und Altersruhegelder	20,50 DM	12,30 DM[6]	17,00 DM
AV	Witwenrenten	---	9,60 DM	---

---

[6] Hier liegt ein Rechenfehler vor. Es muß heißen: 7,30 DM.

Im Einzelfall kann der Rentenmehrbetrag 1,00 DM bis 30,00 DM betragen. Unterlagen über die Streuung der Mehrbeträge und deren Höhe liegen nicht vor.

In der AV wurde an rund ein Drittel aller männlichen Ruhegeldempfänger der Höchstmehrbetrag von 30,00 DM gewährt, d.h. der gesetzlich bestimmte Höchstbetrag schnitt eine weitere Erhöhung ab.

4. Die finanzielle Auswirkung des RMG 1954 betrug: Jahresmehrbetrag für alle Rentenversicherungsträger 1955/56 684 Millionen DM.

Von diesem Mehrbetrag haben (nach einer für 1956 aufgestellten Berechnung) zu tragen (in Millionen DM):

	der Bund	die Versicherungsträger	zusammen
in der IV	52	344	396
in der AV	39	165	204
in der KnV	84	---	84
zusammen	175	509	684

Rentenangleichung 1955

II. Ohne besonders langwierige gesetzestechnische Vorbereitungen ließe sich eine Rentenangleichung vornehmen, indem eine Rentenerhöhung nach dem Muster des RMG 1954 erfolgt, d.h. den Renten ein bestimmter Prozentsatz des Mehrbetrages von 1954 nochmals zugeschlagen wird.

Die erforderlichen finanziellen Aufwendungen betragen bei einem Zuschlag

von 100% des Mehrbetrags 1954: 684 Millionen DM
von 75% des Mehrbetrags 1954: 513 Millionen DM
von 50% des Mehrbetrags 1954: 342 Millionen DM

Eine Abweichung von den Berechnungsgrundlagen und Bemessungsmethoden des RMG 1954 ist ohne zeitraubende technische Arbeiten nicht durchführbar und würde die Einbringung und die Durchführung eines entsprechenden Gesetzes um viele Monate hinausschieben. Bei Durchführung der Rentenerhöhung nach dem Vorbild des RMG 1954 ist es allerdings nicht möglich, allein durch die Rentenauszahlungsstellen (Post) die Erhöhung vornehmen zu lassen, weil die Berechnungsgrundlagen aus der Durchführung des RMG 1954 nicht mehr zur Verfügung stehen. Doch bestehen keine Schwierigkeiten, – entsprechend dem Vorgehen beim RMG 1954 – auf eine Rentenerhöhung durch die Auszahlungsstellen zu berechnende Vorschüsse zahlen zu lassen, so daß in der Zwischenzeit durch die Versicherungsträger die erforderlichen Neuanweisungen erstellt werden können.

Eine Vorschußzahlung für 6 Monate ist zu empfehlen, um eine nicht vertretbare Arbeitshäufung bei den Versicherungsträgern zu vermeiden.

Diesen Fristen entsprechend erscheint es angebracht, einen Mindestvorschuß von 15,00 DM zu bestimmen. Es bleibt zu prüfen, ob um der sichtbaren Auswirkung willen ein höherer Vorschuß wünschenswert erscheint. Beim RMG 1954 hat sich auf Grund der Vorschußzahlungen eine Überzahlung von 6 Millionen DM ergeben. Bei den Vorschußzahlungen sollte zur Erleichterung der Arbeiten durch die Auszahlungsstellen die Berücksichtigung von Sonderfällen (teilweise ruhende Renten) unterbleiben. Die Vorschüsse werden wie beim RMG 1954 auf andere Leistungen nicht angerechnet.

Um Vorschüsse im Monat Dezember auszahlen zu können (bis 10. oder 15. XII.), ist es erforderlich, daß bis Ende Oktober sich der Gang der Gesetzgebung absehen läßt. Für die Durchführung der Vorarbeiten bei der Post werden Überstunden erforderlich sein, die in Anlehnung an die Vorjahresregelung von den Versicherungsträgern vergütet werden müssen.

Das RMG 1954 hatte für den laufend zu zahlenden Mehrbetrag einen Mindestbetrag von 1,00 DM monatlich vorgesehen. Eine Erhöhung dieses Mindestbetrages würde zu einer Erhöhung der Mindestrente führen.

Die nach dem RMG 1954 geltende Regelung des Höchstmehrbetrages von monatlich 30,00 DM muß der Erhöhung entsprechend neu festgesetzt werden. Sie ist in die Kostenberechnung nicht einbezogen.

Die Finanzierung der Rentenerhöhung wäre entsprechend der Regelung im RMG 1954 vorzusehen, so daß bei einer Erhöhung des Rentenmehrbetrages zu tragen wäre (in Millionen DM):

Erhöhung um	vom Bund	von den Versicherungsträgern	insgesamt
100%	175	509	684
75%	131	382	513
50%	87	255	342

Vorschlag B:

Zahlung einer einmaligen Sonderzulage, ausreichend für die Dauer eines Kalenderjahres

Es bestehen hierfür 3 Möglichkeiten:

I. Berechnung der Zulage in einem für alle Renten gleichen Prozentsatz des Rentenzahlbetrages.

II. Berechnung der Zulage nach verschiedenen Prozentsätzen des Rentenzahlbetrages, gestaffelt nach der Höhe der Renten (Schwellstaffel).

III. Berechnung der Zulage nach verschiedenen Prozentsätzen des Rentenzahlbetrages, mit Erhöhung für niedrige Rentenzahlbeträge.

zu I.

Berechnung der Zulage in einem für alle Renten gleichen Prozentsatz des Rentenzahlbetrages.

Die monatlichen Rentenausgaben betragen (in Millionen DM):

IV	341
AV	166
KnV	96
insg.	603

Hinzu treten die Mehraufwendungen nach dem Dritten Änderungsgesetz zum SVAG und dem Zweiten Änderungsgesetz des KnVAG in Höhe von 15 Mio. DM in der IV und 1 Mio. DM in der Knappschaftlichen Rentenversicherung.

Die Kosten einer Sonderzulage betragen:

a) in Höhe einer vollen Rente	617 Mio. DM
b) in Höhe einer dreiviertel Rente	463 Mio. DM
c) in Höhe einer halben Rente	309 Mio. DM

Ein Höchstbetrag könnte dergestalt festgesetzt werden, daß eine Zulage nur insoweit gewährt wird, als sie zusammen mit der Dezemberrente einen Höchstbetrag nicht übersteigt (z.B. a) 400 DM, b) 350 DM, c) 300 DM).

Bei der Einführung einer solchen Begrenzung betragen die Kosten in Milliarden DM:

im Falle	IV	AV	KnRV	Zusammen
a)	356	164	97	617
b)	267	123	73	463
c)	178	82	49	309

Zu den Renten bis zu 200 DM würde in Stufen von 10 DM eine Zulage von 100, 75 oder 50% gezahlt werden, ab 200 bzw. 150 oder 100 DM jeweils ein geringerer Betrag, so daß die Höchstsumme von 400, 350 oder 300 DM nicht überschritten wird.

Monatl. Rentenbetrag DM			Rentenerhöhung um		
			100%	75%	50%
30,00	-	39,90	35,00	26,30	17,50
40,00	-	49,90	45,00	33,80	22,50
50,00	-	59,50	55,00	41,30	27,50
70,00	-	79,90	75,00	56,30	37,50
90,00	-	99,90	95,00	71,30	47,50
120,00	-	129,90	125,00	93,80	62,50
150,00	-	159,90	155,00	116,30	77,50
190,00	-	199,90	195,00	146,30	97,50
	200,00		200,00	150,00	100,00
200,00	-	209,90	195,00	145,00	95,00
210,00	-	219,90	185,00	135,00	85,00
230,00	-	239,00	165,00	115,00	65,00
250,00	-	259,90	145,00	95,00	45,00
270,00	-	279,90	125,00	75,00	25,00
290,00	-	299,90	105,00	55,00	5,00
310,00	-	319,90	85,00	35,00	– –
usw. bis					
390,00	-	319,90	5,00	– –	– –
usw. bis					

Die Finanzierung der Sonderzulage erfolgt entsprechend dem Verhältnis der in den Rentenzahlbeiträgen enthaltenen staatlichen Mittel zu den Mitteln der Versicherungsträger (38:62).

zu II:

Berechnung der Zulage nach verschiedenen Prozentsätzen des Rentenzahlbetrages, gestaffelt nach der Höhe der Renten (crescendo).

Bei diesem Vorschlag wird davon ausgegangen, daß die Empfänger höherer Renten nur einen gekürzten Zuschlag erhalten sollen, daß weiter bei den unteren Renten, insbesondere bei den Mindestrenten, ein Zuschlag entsprechend dem Rentenzahlbetrag ungerechtfertigt ist und daß es besonders darauf ankommt, die mittleren Renten, also etwa die zwischen 70 und 110 DM, anzuheben. Dementsprechend sollen die oberen und die unteren Renten um einen Zuschlag angehoben werden, der um 20–40% niedriger als der Anhebungssatz für die mittleren Renten liegt.

244

	a)	b)	c)
Bei einer Anhebung der mittleren Renten um	100–120%	75–90%	50–60%
Bei einem Höchstsatz von	270 DM	240 DM	210 DM
und einer Dregression von 150 DM an betragen die Kosten in der			
IV	277	207	138
AV	103	76	49
KnRV	61	45	29
insgesamt	441	328	216

Die Renten gestalten sich wie folgt (Beispiele):

Monatl. Rentenbetrag DM			Durchschnitt des Rentenbetrages	a)	b)	c)
50,00	-	59,90	55,00	44,00	33,00	22,00
70,00	-	79,90	75,00	75,00	56,30	37,50
90,00	-	99,90	95,00	114,00	85,50	57,00
110,00	-	119,00	115,00	117,30	88,00	58,70
	150,00		150,00	120,00	90,00	60,00
200,00	-	209,90	205,00	65,00	35,00	5,00
230,00	-	239,00	235,00	35,00	5,00	-
270,00	und mehr		275,00	-	-	-

zu III.:

Berechnung der Zulage nach verschiedenen Prozentsätzen des Rentenzahlbetrages mit Erhöhung für die unteren Rentenzahlbeträge

Der Vorschlag geht davon aus, daß die niedrigeren Renten, insbesondere für Witwen und Waisen, mindestens in dem gleichen Maße wie die übrigen Renten berücksichtigt werden müßten. Er sieht daher eine Anhebung dieser Renten in den gleichen Prozentsätzen wie die der mittleren Renten vor und nimmt die dadurch auch den Mindestrenten zufließende Erhöhung in Kauf. Für die höheren Renten soll der Abfall in ähnlicher Weise wie bei Vorschlag II einsetzen. Die Kosten dieses Vorschlages liegen entsprechend höher als bei Vorschlag II.

245

Eine weitere Variation der Vorschläge I und III würde es darstellen, wenn die Prozentsätze, insbesondere die Abnahme der prozentualen Anhebung, so festgesetzt würde, daß die Masse der Empfänger von Kinderzulagen in den Genuß einer erhöhten Anhebung gelangt und daß die Degression erst in den Fällen einsetzt, in denen Kinderzuschläge nur noch vereinzelt gewährt werden. Der Vorschlag läuft in etwa auf die zu I c vorgesehene Regelung hinaus.

Dokument 5

**Vorlage des Bundesministers für Arbeit für die
4. Sitzung am 11. Oktober 1955[1]**

EINMALIGE SOFORTLEISTUNG IN DER KRIEGSOPFERVERSORGUNG

Zahlung in Mio. DM	a) [von] einer Monatsrente	b) von $^3/_4$ Monatsrente	c) [von] $^1/_2$ Monatsrente
1. an alle Rentenempfänger	220,-	165,-	110,-
2. nur an Ausgleichsrenten- und Elternrentenempfänger	162,1	121,5	81,-

Betr.: Verbesserungen in der Kriegsopferversorgung

Antrag Abgeordnete Frau Probst	Vorschlag des BMA	Jährliche Mehrkosten / Mio DM	
		Antrag Probst	Vorschlag BMA
1. Erhöhung der Ausgleichsrente und der Einkommensgrenze Beschädigter bei einer MdE um 50/60 v.H. um 10 DM um 70 v.H. um 15 DM um 80 v.H. um 20 DM um 90 v.H. um 25 DM um 100 v.H. um 33 DM	1. Berücksichtigung des 2. Rentenmehrbetragsgesetzes	64,3	17,-
2. Die Beschädigten mit einer MdE um 80 v.H. und mehr sollen wenigstens ein Viertel der vollen Ausgleichsrente erhalten.	2. Kein Vorschlag	19,1	–

---

[1] Abgedruckt ist die Ausfertigung der Vorlage des BMA vom 11. Okt. 1955 in B 149/18418. Sie liegt ohne weiteres Anschreiben des BMA auch in den Unterlagen des Bundeskanzleramtes vor (B136/394). Offenbar wurde sie erst in der Sitzung gereicht.

247

Antrag Abgeordnete Frau Probst	Vorschlag des BMA	Jährliche Mehrkosten / Mio DM	
		Antrag Probst	Vorschlag BMA
3. Die Witwenrente soll auf 60 v.H. der Rente eines erwerbsunfähigen Beschädigten erhöht werden (das sind 162 DM monatlich).	3. Wie zu 1.	440,-	19,-
4. Erhöhung der Elternrente, wenn die Eltern das einzige Kind oder alle Kinder verloren haben, insoweit, daß Rente und sonstiges Einkommen zusammen einen Monatsbetrag ergeben	4. Wie Antrag Probst, jedoch	12,-	8,-
für ein Elternpaar von 150 DM,	für ein Elternpaar von 130 DM,		
für ein Elternteil von 105 DM.	für ein Elternteil von 90 DM.		
5. Kein Antrag	5. Erhöhung der Ausgleichsrente und der Einkommensgrenzen für Halbwaisen um je 9 DM Vollwaisen um je 10 DM (Höchstrente der Halbwasise alsdann 57 DM mtl.)	–	85,9
6. Verbesserungen in der orthopädischen Versorgung, die nicht näher bezeichnet sind. Regelung muß in der Verordnung zu § 13 BVG erfolgen.	6. Wie Antrag Probst	6,-	6,-
		541,4	135,9

Begründung:

Zu 1) Die Renten und Einkommensgrenzen sind erst ab 1.1.1955 erhöht worden. Es erscheint aber notwendig, Minderungen der Ausgleichsrenten infolge Erhöhung der Renten aus der gesetzlichen Rentenversicherung durch das 2. Rentenmehrbetragsgesetz zu verhindern.

Zu 2) Käme einer Erhöhung der Grundrente dieses Personenkreises gleich, für die eine Begründung fehlt.

Zu 3) wie zu 1).

Zu 4) Durch diese Maßnahme würde die Versorgung der Eltern ohne unterhaltspflichtige Angehörige den Bezügen von Berechtigten nach dem Lastenausgleichsgesetz angenähert. Es ist keine unbillige Forderung.

Zu 5) Eine Erhöhung der Waisenrenten ist von Frau Dr. Probst zwar nicht beantragt, aber gerade eine Verbesserung für diesen Personenkreis erscheint besonders dringlich. Die bisherige Rente von 48 DM reicht zum Unterhalt nicht aus.

Zu 6) Die einzelnen Verbesserungen in der VO zu § 13 BVG zu bestimmen, z.B. Motorisierung Schwerstbeschädigter, die im Erwerbsleben stehen; Ausstattung mit Schreibmaschinen von Ohnhändern usw.

Dokument 6

**Vorlage des Interministeriellen Ausschusses für die
5. Sitzung am 28. Oktober 1955**[1]

BERICHT ÜBER DEN STAND DER BERATUNGEN DES INTERMINISTERIELLEN AUS-
SCHUSSES ÜBER DIE ALTERSSICHERUNG

I. Personenkreis der Alterssicherung

Die Einbeziehung aller Personen in eine staatlich angeordnete Alterssicherung
wird abgelehnt. Ebenso konnte Vorschlägen, die eine Einbeziehung aller Erwerbstätigen in eine einheitliche Sicherungsform vorsehen, nicht zugestimmt werden.
Auch ein zwangsweiser Einschluß aller Selbständigen in eine gemeinsame Sozialversicherung mit den Arbeitnehmern wurde im Grundsatz nicht befürwortet.

Der Ausschuß hat die Erörterung über eine etwaige besondere Alterssicherung
der Selbständigen sowie der berufslosen Personen vorerst zurückgestellt. Er ist
dabei jedoch von der Auffassung ausgegangen, daß im Rahmen der Sozialreform
geprüft werden muß, welche Maßnahmen für die Altersvorsorge dieser Personengruppen vorgesehen werden können, da es nicht genügt, diese Personengruppen
von bestehenden Sicherungseinrichtungen abzuweisen. Über die Art und Weise
dieser Maßnahmen sind jedoch eingehendere Erörterungen notwendig. Von ihnen
hängt auch die Entscheidung über die Gestaltung der freiwilligen Versicherung in
der sozialen Rentenversicherung (Selbstversicherung und freiwillige Weiterversicherung) ab.

Der Ausschuß hat die Erörterungen über die Alterssicherung der Selbständigen auch deswegen zurückgestellt, um möglichst schnell zu konkreten Vorschlägen für die soziale Rentenversicherung, den in ihr zu erfassenden Personenkreis
und die Leistungen an diesen, zu kommen. Hierbei hat der Ausschuß mit einer
Ausnahme sich im Ergebnis für eine unbegrenzte Versicherungspflicht für Arbeiter
in der sozialen Rentenversicherung ausgesprochen. Eine Begrenzung der Beitrags-
und Leistungsbemessung wurde in Aussicht genommen. Während sich die Mehrheit der Ressorts davon leiten ließ, daß ein über einer Versicherungspflichtgrenze
liegendes Einkommen von Arbeitern nicht regelmäßig, sondern nur für bestimmte,
im Ablauf des Arbeitslebens nicht ins Gewicht fallende Zeiten erzielt wird, schlug
der Vertreter des Bundesministeriums der Finanzen die Festsetzung einer Versicherungspflichtgrenze vor allem deswegen vor, weil eine unterschiedliche Behandlung von Angestellten und Arbeitern im Rahmen der sozialen Sicherung
grundsätzlich nicht angebracht sei und weil eine solche Regelung dem Gedanken
der möglichst freien Gestaltung der Eigenvorsorge widerspreche.

---

[1] Abgedruckt ist ohne Begleitschreiben die behändigte Ausfertigung des Berichtes des Inter-
ministeriellen Ausschusses vom 26. Okt. 1955 aus B 136/50206. Der Bericht wurde mit
Schreiben vom 27. Okt. 1955 (B 136/1361) durch das Bundeskanzleramt den Mitgliedern des
Ministerausschusses übersandt. – Entwurf in B 149/392.

Für die Versicherungspflicht in der Angestelltenversicherung zeichnen sich folgende Lösungsmöglichkeiten ab:

a) Unbegrenzte Versicherungspflicht aller Angestellten, verbunden mit einer Begrenzung der Beitrags- und Leistungsbemessung (Vorschlag des Beirats für die Neuordnung der sozialen Leistungen).

b) Begrenzung der Versicherungspflicht

1) auf diejenigen Angestellten, deren Einkommen eine noch zu bestimmende Grenze nicht überschreitet. (Die Höhe der Versicherungspflichtgrenze blieb noch offen. Der Vertreter des Ministers für Familienfragen regte an zu prüfen, ob und in welcher Weise eine Versicherungspflichtgrenze nach dem Familienstand gestaffelt werden sollte.)

2) auf solche Angestellte, die keine von den übrigen Angestellten herausgehobene Stellung einnehmen, also z.B. nicht zu den leitenden Angestellten und ihnen gleichgestellten Gruppen gehören. (Dieser Vorschlag versucht, die mit der Festsetzung von Einkommensgrenzen verbundenen Änderungen und Änderungswünsche zu vermeiden, die bei jeder Veränderung der Löhne und Preise zu einer Erörterung über den Personenkreis der Sozialversicherung geführt haben. Die Abgrenzung des Personenkreises nach diesem Vorschlag macht gewisse Schwierigkeiten.)

Für den Fall einer Begrenzung der Versicherungspflicht für Arbeiter und Angestellte bedarf es einer Entscheidung, ob auch bei Überschreiten der Versicherungspflichtgrenze Anspruch auf Zahlung des Arbeitgeberanteils zum Zwecke der Alterssicherung bestehen soll.

Ebenso bedarf es für diesen Fall einer Entscheidung, ob Personen mit einem Einkommen über der Versicherungspflichtgrenze die Pflicht zu anderweitiger Altersvorsorge bei freier Wahl zwischen den verschiedenen Formen der privaten Sicherungsmöglichkeiten auferlegt werden soll.

Jede dieser Möglichkeiten ist in den Erörterungen vertreten worden. Eine erneute Beratung hierüber, insbesondere über den Vorschlag zu a 2) wird für erforderlich gehalten.

II. Leistungen der Alterssicherung

Die Rente soll nicht nach dem im Einzelfall im Alter sich ergebenden Bedarf berechnet werden, vielmehr soll für ihre Bemessung das durchschnittliche Arbeitseinkommen während des gesamten Arbeitslebens herangezogen werden.

Bei den Fragen

a) Soll die Rente die durch das Arbeitseinkommen ermöglichte Lebenshaltung unter Berücksichtigung der Minderung der notwendigen Aufwendungen bei alten und nicht mehr arbeitenden Menschen sichern?

oder

251

b) Soll die Rente die Lebenshaltung nicht voll sichern (unter Berücksichtigung des Umstandes, daß der Rentner anderweitige Ergänzungen zu seinem Lebensunterhalt nutzen kann und soll)?

ergab sich der Höhe nach eine weitgehende Annäherung. Es bestand Übereinstimmung, daß die Entlastung des Rentners von Steuern und Sozialversicherungsbeiträgen berücksichtigt werden muß (nur Vergleich der Nettoeinkommen aus Lohn und Rente).

Unter Berücksichtigung dieser Umstände und der für die soziale Rentenversicherung bestehenden finanziellen und wirtschaftlichen Möglichkeiten erscheint es nicht ausgeschlossen, daß bei der Festlegung in konkreten Fragen eine gemeinsame Basis gefunden werden kann.

Der Interministerielle Ausschuß stimmte darin überein, daß die Beziehung der Rente nicht nur zum einzelnen Arbeitseinkommen, sondern auch zu anderen volkswirtschaftlichen Faktoren bei der Ausgestaltung der Rentenformel nicht völlig unberücksichtigt bleiben darf.

In dieser Hinsicht wären für die Fortführung der Arbeiten folgende Fragen zu entscheiden:

1. Soll der Rentner in gewissem Umfang an der Entwicklung der Lebenshaltung beteiligt werden?

    Dies könnte z.B. dadurch erreicht werden, daß die Höhe der Rente in ein Verhältnis zu den vergleichbaren jeweiligen Einkommen der versicherungspflichtigen Personen (Löhne und Gehälter) gesetzt wird.

2. Soll die Rentenformel:

    a) das Verhältnis von früherem Arbeitsverdienst zu dem im Zeitpunkt der Rentenfestsetzung vorhandenen Geldwert beinhalten;

    b) die Änderung des Geldwertes während der Laufzeit der Renten berücksichtigen?

Dokument 7

Schreiben des Bundesministers für Wirtschaft Ludwig Erhard zur Alterssicherung der Selbständigen vom 23. November 1955 an den Bundesminister für wirtschaftliche Zusammenarbeit Franz Blücher und an alle Mitglieder des Ministerausschusses für die Sozialreform[1].

Betr.: Sozialreform
hier: Alterssicherung der Selbständigen

Sehr geehrter Herr Kollege Blücher!

Nachdem ich zu meinem großen Bedauern verhindert war, in der Sitzung des Ministerausschusses für die Sozialreform am 28. Oktober 1955 zu den dort erörterten Fragen der Alterssicherung der selbständigen Erwerbstätigen meine Auffassung selbst vorzutragen, liegt mir sehr daran, Ihnen auf diesem Wege meine Gedanken mitzuteilen. Ich möchte damit zugleich dem schon vor längerer Zeit geäußerten Wunsche des Herrn Bundesministers für Arbeit nachkommen, unter den Gesichtspunkten der Wirtschaftspolitik Stellung zu den betreffenden Problemen zu nehmen. Dies ist mir deshalb ein besonderes Anliegen, weil gerade bei der Frage der Altersvorsorge der Selbständigen die enge Verzahnung zwischen Wirtschaftspolitik und Sozialpolitik besonders deutlich wird.

Ich gehe davon aus, daß eine freiheitliche Wirtschafts- und Gesellschaftsordnung, wie sie von der Bundesregierung mit Erfolg vertreten wird, neben einer ihr entsprechenden Wirtschaftspolitik eine gleichermaßen freiheitliche Sozialpolitik erfordert. Daher halte ich es für notwendig, daß die Bundesregierung das Subsidiaritätsprinzip als eines der wichtigsten Ordnungsprinzipien für die Neuordnung der sozialen Sicherung anerkennt und der Selbsthilfe und Eigenverantwortung soweit wie möglich den Vorrang einräumt. Dies bedeutet – das ist oft genug ausgesprochen worden – für die Sicherung gegen die typischen Notstände und Wechselfälle des Lebens, daß der einzelne und die Familie zunächst in eigener Verantwortung für sich selbst Vorsorge treffen müssen und daß die größeren Gemeinschaften und der Staat erst dann einzutreten oder Hilfe zu leisten haben, wenn der einzelne und seine Familie dazu nicht fähig sind. Einem gesetzlichen Zwang zur Sicherung gegen die normalen Lebensrisiken sollten demnach nur diejenigen Personenkreise unterworfen werden, die in der Regel als schutzbedürftig anzusehen sind, d.h. von denen im allgemeinen nicht erwartet werden kann, daß sie freiwillig und ausschließlich mit eigenen Mitteln die notwendige Vorsorge treffen.

---

[1] Abgedruckt ist die dem Staatssekretär des Bundeskanzleramtes Globke am 23. Nov. 1955 übersandte Abschrift des Schreibens Erhards an Blücher vom gleichen Tag aus B 136/1362. Die Abschrift trägt den aufgesetzten Vermerk: „(An alle Mitglieder des Ministerausschusses für die Sozialreform)". Vgl. auch das Antwortschreiben Blüchers an Erhard vom 7. Dez. 1955, ebenda.

Da mit Ausnahme der selbständigen Handwerker, für die im Jahre 1938 eine im wesentlichen auf damaligen staatspolitischen Überlegungen begründete Versicherungspflicht eingeführt worden ist, die selbständig Erwerbstätigen keinem Versicherungs- oder Versorgungszwang unterliegen, ist nach dem eingangs Gesagten zunächst zu fragen, ob sich die wirtschaftlichen und sozialen Verhältnisse der selbständigen Gewerbe und der freien Berufe so stark verändert haben, daß ihren Angehörigen nicht mehr zugemutet werden kann, aus eigener Verantwortung und Kraft ihre Lebensführung zu gestalten, und ob sie daher als sozialpolitisch schutzbedürftig anzuerkennen sind.

Diese Frage muß nach meiner Überzeugung zumindest für den größten Teil dieser Berufsgruppe verneint werden. Es ist mir selbstverständlich bewußt, daß zahlreiche ältere selbständig Tätige, vor allem im Bereich der freien Berufe, durch Kriegsschäden, Vertreibung und Währungsreform unverschuldet in Not geraten sind. M.E. wäre es aber falsch und geradezu verhängnisvoll, eine in die Zukunft gerichtete Neugestaltung der Alterssicherung hierauf abzustellen; denn eine derartige, hoffentlich einmalige Katastrophe wie der letzte Weltkrieg kann keinesfalls einen geeigneten Maßstab für die normalerweise herrschenden wirtschaftlichen und sozialen Verhältnisse abgeben. Den besonderen Folgen einer derartigen Katastrophe muß vielmehr, wie es bereits geschieht, mit speziellen, auf die Eigenart der hervorgerufenen Notstände zugeschnittenen Maßnahmen abgeholfen werden, wozu m.E. auch entsprechende Hilfeleistungen der Berufsgruppen für ihre in Not befindlichen alten Kollegen gehören können.

Von den besonderen Kriegsfolgeerscheinungen abgesehen möchte ich jedenfalls davon ausgehen, daß die Möglichkeiten der Altersvorsorge, von denen die Angehörigen der selbständigen Gewerbe und der freien Berufe bisher selbstverantwortlich Gebrauch gemacht haben, auch in Zukunft eine ausreichende Existenz während des Lebensabends gewährleisten können. Dabei ist zu berücksichtigen, daß bei den Selbständigen im Gegensatz zu den in abhängiger Arbeit Beschäftigten in der Regel die Höhe des laufenden Einkommens nicht allein oder überwiegend maßgebend sein kann für die Beurteilung der Schutzbedürftigkeit und damit für die Notwendigkeit einer staatlichen Zwangshilfe. Der Besitz von Vermögen, insbesondere aber der Besitz eines Betriebes, Geschäftes oder Bauernhofes und im Zusammenhang damit das Zusammenleben im Familienverband und die hierdurch bestehenden Beschäftigungs- und Lebensmöglichkeiten auch nach der Betriebs- oder Hofübergabe an die Kinder, aber auch die erfahrungsgemäß größere Chance in höheren Lebensjahren ermöglichen den Selbständigen in den meisten Fällen nach wie vor eine Existenzsicherung auch im Alter[2].

Worauf es mir aber entschieden ankommt, ist die Überzeugung, daß Bereitschaft zu freier und eigenverantwortlicher Bewältigung der Lebensrisiken wesensgemäß mit zu den Grundelementen des Selbständigseins in einer freiheitlichen Wirtschafts- und Gesellschaftsordnung gehört. Die Stellung der Selbständigen in der marktwirtschaftlichen Ordnung ist dadurch gekennzeichnet, daß sie als Erwerbstätige, die aus eigenem Antrieb und auf eigene Verantwortung eine unabhän-

---

[2] Text entspricht der Vorlage.

gige Tätigkeit ausüben, die Träger der unternehmerischen oder geistigen Initiative sind; ihnen steht damit die Wahrnehmung der in der Wirtschaft liegenden Chancen offen, sie haben andererseits aber auch die wirtschaftlichen Risiken selbst zu tragen. Eine derart hervorgehobene Position im Wirtschaftsleben kann in einer Marktwirtschaft aber nicht durch den Staat verliehen oder garantiert werden, sondern muß – wenn sie ihren eigentlichen Sinn überhaupt erfüllen soll – allein durch wirtschaftliche Leistung, durch Bereitschaft und Mut zum Wagnis und durch den Willen zu selbstverantwortlicher und persönlicher Lebensgestaltung erworben werden.

Aus dieser Eigenart und besonderen Stellung der Selbständigen in unserer Wirtschafts- und Gesellschaftsordnung muß meiner Ansicht nach gefolgert werden, daß es ihnen zukommt, auch für die sozialen Lebensrisiken, insbesondere für das Alter, selbstverantwortlich und eigenständig vorzusorgen. Sowohl der unmittelbare staatliche Zwang als auch die gesetzliche Ermächtigung an berufsständische Organisationen, ihrerseits einen Zwang zur Alterssicherung auszuüben, würden zwar das Risiko mindern, damit zugleich aber auch den unternehmerischen Geist, die persönliche Initiative und die wirtschaftliche Elastizität beeinträchtigen, zu einer kollektiven Abhängigkeit führen und – zumindest bei bestimmten Formen der Zwangssicherung, die zur Gruppenbildung und berufsständischen Abkapselung führen – das gesellschaftliche und wirtschaftliche Gefüge erstarren lassen. Dadurch entstünde die Gefahr, daß letzten Endes ein Strukturwandel im Wesen und in den Grundlagen der selbständigen und freien Berufe einträte, der sich lähmend auf ihre wichtigen volkswirtschaftlichen und staatspolitischen Funktionen auswirken würde. Ich bin daher der Meinung, daß die Entwicklung zum Versorgungs- und Kollektivstaat mit all seinen wirtschafts- und gesellschaftspolitischen Konsequenzen nicht mehr aufzuhalten wäre, wenn im Rahmen der Sozialreform damit begonnen würde, ausgerechnet die Selbständigen in eine Zwangsversorgung zu befehlen oder ihnen auch nur einen Zwang zur Vorsorge aufzuerlegen. Darüber hinaus schiene mir ein grundlegender Widerspruch darin zu liegen, in einer freiheitlichen Gesellschaftsordnung und Marktwirtschaft einerseits jedem Staatsbürger die Chance zum Ergreifen einer selbständigen Tätigkeit einzuräumen und mit den Mitteln einer entsprechenden Wirtschaftspolitik die Schaffung, Erhaltung und den Ausbau einer selbständigen Existenz zu ermöglichen, dann aber andererseits den Selbständigen durch staatlichen Zwang die Verantwortung für ihre wirtschaftlichen und sozialen Risiken abzunehmen und damit letztlich materielle Sicherheit durch den Staat zu garantieren.

Meine bisher geäußerte, von grundsätzlichen Erwägungen ausgehende Auffassung wird dadurch bestärkt, daß der Zwang zu einer bestimmten Alterssicherung insofern nicht einmal im Interesse der Selbständigen liegen dürfte, als es sich bei ihnen um sehr heterogene und in sich differenzierte Gruppen handelt und sie daher eine individuelle, den jeweiligen Bedürfnissen des einzelnen entsprechende Vorsorge benötigten. Insbesondere würde die zwangsweise Abzweigung von laufenden Beiträgen aus dem Einkommen für eine bestimmte Form der Alterssicherung die wirtschaftliche Elastizität und den finanziellen Spielraum der Selbständigen einengen und dadurch eine andere, für den einzelnen günstigere Vorsorge und

Lebensplanung, wie z.B. den Eigentumserwerb und vor allem den Ausbau des eigenen Betriebes, erschweren oder gar verhindern, wenn eine solche erstrebt wird.

Diesen Bedenken wäre zwar die Auferlegung einer Vorsorgepflicht bei im übrigen freier Wahl zwischen den möglichen Formen der Altersvorsorge unter der Voraussetzung nicht ausgesetzt, daß alle Möglichkeiten der Altersvorsorge – also auch der Eigentumserwerb – anerkannt würden. Abgesehen von meinen grundsätzlichen Bedenken gegen jede Zwangsregelung für Selbständige könnte ich einer derartigen Lösung aber schon deshalb nicht zustimmen, weil eine wirksame Nachprüfung und Durchsetzung der Erfüllung der Vorsorgepflicht ohne einen umfangreichen, mit großen Befugnissen ausgestatteten Kontrollapparat nicht zu realisieren wäre.

Im übrigen würde der staatliche Zwang nicht einmal eine finanzielle Besserstellung für die Selbständigen bedeuten, da sie – weil eine staatliche Subventionierung der Alterssicherung der Selbständigen im allgemeinen wohl kaum in Betracht kommen dürfte – im Gegensatz zu den sozialversicherungspflichtigen Arbeitnehmern, für die zumindest der Arbeitgeber die Hälfte der Beiträge zahlt, die notwendigen Mittel für die Alterssicherung selbst aufbringen müßten. Ich hielte es aber für widersinnig, wenn der gesetzliche Zwang demnach allein damit begründet wäre, daß man den selbständig Erwerbstätigen eine selbstverantwortliche Sicherung gegen die Wechselfälle des Lebens nicht zutraut, obwohl sie gerade auf Grund ihrer Stellung als Selbständige im Wirtschaftsprozeß auf ihre eigene Kraft vertrauen und die wirtschaftlichen Risiken selbst tragen müssen. Meiner Ansicht nach rechtfertigen die bisherigen Erfahrungen – man denke nur an die überraschend starke Wiederbelebung des Sparens in allen Formen – eine derartige Argumentation in keiner Weise. Wenn es auch immer wieder einzelne Fälle einer mangelnden Vorsorge geben mag, so scheint mir dies ein Preis zu sein, der für die Erhaltung einer freiheitlichen Lebensplanung keinesfalls zu hoch sein dürfte.

Nicht zuletzt ist bei den Überlegungen über die Alterssicherung der Selbständigen zu berücksichtigen, daß die selbstverantwortliche, auf persönlichem Sparen beruhende Altersvorsorge dieser Personenkreise bisher eine wesentliche Quelle der privaten, dem allgemeinen Kapitalmarkt zugute kommenden Geldkapitalbildung war. Die meisten Formen der staatlich angeordneten oder sanktionierten Zwangssicherung für die selbständig Erwerbstätigen, insbesondere die Ausdehnung der Sozialversicherung auf Selbständige oder die Errichtung berufsständischer Zwangsversorgungseinrichtungen, würden aber die freie und persönliche Spartätigkeit und Eigentumsbildung erheblich vermindern und damit die Funktionsfähigkeit des Kapitalmarktes entscheidend beeinträchtigen. An die Stelle eines differenzierten, aus zahllosen Kanälen gespeisten und sich über die ganze Volkswirtschaft erstreckenden Kapitalmarktes träte die Aufspaltung der volkswirtschaftlichen Geldkapitalbildung in wenige große Kapitalsammelbecken, verbunden mit einer wirtschafts- und sozialpolitisch in gleicher Weise unerwünschten Finanzierung der industriellen Investitionen über die Preise oder mittels einer hohen Steuerbelastung durch den Staat. Ein funktionsfähiger und freier Kapitalmarkt ist nach meinem Dafürhalten aber nicht nur eine Voraussetzung für die marktwirtschaftliche Ordnung sowie für die Expansion und Stabilität der Wirtschaft, sondern stellt auch die Grundlage für das wirtschaftliche Bestehen einer möglichst breiten Schicht selbständiger Existenzen dar. Denn bei einer Verkümmerung des Kapitalmarktes können die Wünsche des selbständigen Mittelstandes nach einer ausreichenden und nicht zu teueren Kapital- und Kreditversorgung nicht mehr erfüllt werden, was zur Folge hätte, daß sich seine Wettbewerbsfähigkeit verminderte. Der gefährliche Zirkel wäre damit geschlossen, denn die geschwächte Wettbewerbsfähigkeit des Mittelstandes würde wiederum die Entwicklung zur staatlichen Hilfe und zur staatlichen Zwangssicherung verstärken. Ich bin daher auch aus diesen Gründen der Überzeugung, daß es im Interesse der Wirtschafts- und Sozialpolitik der Bundesregierung wie auch im Interesse der selbständigen Gewerbe und der freien Berufe selbst liegt, wenn sich letztere durch eigenverantwortliche und persönliche Vorsorge ihren Lebensabend sichern.

Es ist mir durchaus bewußt, daß Teile des selbständigen Mittelstandes, wie Kleinbauern, Kleinhandwerker und Kleinhändler, heute trotz Selbständigkeit und Eigentum wirtschaftlich und sozial schwächer sind als manche sozialversicherten Arbeitnehmer, weshalb auch in diesen Kreisen hier und da das Bedürfnis nach einer vom Staat angeordneten und gestützten sozialen Sicherung entstanden ist. Ich halte es nach dem bisher Gesagten aber nicht nur für falsch, sondern auch für gar nicht möglich, solche Notstände mit Mitteln der staatlichen Sozialpolitik zu beheben. Die eigentlichen Ansatzpunkte der staatlichen Hilfe für den gewerblichen und bäuerlichen Mittelstand und hierbei vor allem für seine schwächeren Angehörigen liegen m.E. vielmehr bei einer der Marktwirtschaft konformen und dem Prinzip der "Hilfe zur Selbsthilfe" entsprechenden Förderung des Mittelstandes. Darunter möchte ich – ohne hier ins einzelne zu gehen – vor allem die Ermöglichung einer ausreichenden Eigenkapitalbildung durch die Steuerpolitik, die Verbesserung der Kreditversorgung, strukturelle Maßnahmen und Umstellungshilfen für die Landwirtschaft u. dergl. verstehen. Durch derartige Maßnahmen müssen die mittelständischen Wirtschafts- und Berufsgruppen leistungs- und wettbewerbsfähig erhalten und damit in die Lage versetzt werden, aus eigener Kraft bestehen zu können.

Ganz allgemein sollte die staatliche Hilfe für die Alterssicherung aller selbständig Tätigen m.E. dadurch zum Ausdruck kommen, daß der Staat die wirtschaftlichen Voraussetzungen der Selbstvorsorge nicht beeinträchtigt, wozu vor allem auch die Stabilhaltung der Währung gehört, und daß darüber hinaus die eigenverantwortliche und individuelle Altersvorsorge durch geeignete steuerpolitische Maßnahmen soweit wie möglich gefördert wird.

Zu einer eigenständigen, dem Subsidiaritätsprinzip entsprechenden Alterssicherung rechne ich im übrigen auch eine auf freiwilliger und finanziell gesunder Grundlage beruhende gemeinschaftliche Selbsthilfe der verschiedenen Berufsgruppen; sie dürfte vor allem für die freien Berufe bedeutsam sein. Eine derartige Form der Altersvorsorge könnte z.B. durch Gruppenversicherungsverträge mit leistungsfähigen Versicherungsgesellschaften verwirklicht werden. Der Abschluß derartiger Verträge ist bereits möglich, wenn mindestens die Hälfte der Angehörigen einer in Betracht kommenden Berufsgruppe und mindestens 100 Personen versichert werden. Er bietet den interessierten Angehörigen der freien Berufe nicht nur den Vorteil einer erheblichen Ermäßigung der Beiträge gegenüber Einzelversicherungstarifen, sondern auch die Möglichkeit einer Anpassung an die besonderen Wünsche des Berufsstandes, der Einrichtung eines eigenen Gewinnverbandes und der Mitwirkung des Berufsverbandes bei der Anlage des Deckungskapitals (z.B. zugunsten des Hausbaues der Mitglieder). Diese Vorteile haben dazu geführt, daß vor allem von Ärzten und Rechtsanwälten bereits in großem Umfange Gruppenversicherungsverträge abgeschlossen worden sind. Wie ich höre, bieten auch schon die Raiffeisengenossenschaften den Landwirten eine Altenteilszuschuß-Versicherung an, die zweifellos den großen Vorteil hat, berufsnah zu sein und damit den besonderen Bedürfnissen der selbständigen Landwirte zu entsprechen.

Schließlich darf auch nicht übersehen werden, daß ein nicht unerheblicher Teil der selbständig Erwerbstätigen, vor allem auch der kleineren Landwirte, zeitweilig in abhängiger Beschäftigung tätig war und damit die Möglichkeit der freiwilligen Weiterversicherung in der Sozialversicherung wahrnehmen kann.

Ich hoffe, daß Ihnen meine Gedanken zu der Frage der Alterssicherung der selbständig Erwerbstätigen für Ihre Überlegungen zu diesem Problem und für die weiteren Beratungen, die hierüber im Ministerausschuß noch stattfinden, nützlich sein werden.

Ein gleichlautendes Schreiben habe ich an alle Mitglieder des Ministerausschusses für die Sozialreform übersandt.

Mit den besten Grüßen

Ihr

gez. *Ludwig Erhard*

Dokument 8

Vorlage des Bundesministers für wirtschaftliche Zusammenarbeit Franz Blücher vom 7. Dezember 1955 für die Mitglieder des Ministerausschusses für die Sozialreform[1]

Betr.: Neuordnung der sozialen Sicherung

Beigefügt überreiche ich in fünffacher Ausfertigung die in der Sitzung des Kabinettsausschusses vom 26. Oktober angekündigten Vorschläge meines Hauses zu den Problemen der Alterssicherung mit der Bitte um Kenntnisnahme.

gez. *Blücher*

Betr.: Neuordnung der sozialen Sicherung
hier: Fragen der Alterssicherung

Die wesentlichste Aufgabe der Sozialreform besteht nach übereinstimmender Auffassung der Ressorts darin, durch Förderung der eigenverantwortlichen Vorsorge eine Abkehr vom versorgungsstaatlichen Denken zu bewirken. Die seit Einführung der Sozialversicherung in Deutschland eingetretenen wirtschaftlichen und soziologischen Strukturwandlungen in der Bevölkerung und deren Einkommenslage sowie die Forderung des Grundgesetzes, die Prinzipien der Gleichbehandlung und der Wahrung der freien Persönlichkeit zu verwirklichen, erfordern für eine Alterssicherung im Rahmen eines sozialen Rechtsstaats eine Überprüfung der Abgrenzung des Personenkreises und der Gestaltung, Art und Höhe der Sicherung.

A. Allgemeine Grundsätze

1.) Personenkreis

Die Verwirklichung dieser Grundsätze erfordert, daß jeder Erwerbstätige – mit Ausnahme der auf verfassungsrechtlicher Grundlage durch besondere Versorgungsvorschriften gesicherten Beamten – ohne Rücksicht auf die Art seiner Erwerbstätigkeit und die Höhe seines Einkommens für sein Alter selbst vorzusorgen hat.

Damit soll der einzelne Bürger einmal von der staatlichen Versorgung und Fürsorge weitgehend unabhängig gemacht werden. Die Eigenverantwortung als ethisches und staatspolitisches Postulat erfordert zum anderen, daß der einzelne seine Verantwortung nicht auf den Staat abwälzt und dem Staatsversorgungsdenken erliegt. Der Schutz derjenigen Bürger, die eigenverantwortlich vorsorgen, berechtigt

---

[1] Abgedruckt ist die behändigte Ausfertigung der Vorlage des Bundesministers für wirtschaftliche Zusammenarbeit Blücher an das Bundeskanzleramt aus B 136/1362. Die Vorlage trägt Marginalien und Unterstreichungen von Pühl und Unterstreichungen in Rotstift. – Entwurf in B 146/1754. Schreiben auch in B 149/394 und B 126/13810.

und verpflichtet den Staat als organisierte Gemeinschaft aller Bürger, eine eigenverantwortliche Vorsorge seiner Bürger durch gesetzliche Normen sicherzustellen.

Da der größte Teil aller abhängig Tätigen einer gesetzlichen Vorsorgepflicht bereits unterliegt, bedarf es lediglich noch einer gesetzlichen Vorsorgeverpflichtung für die bisher nicht erfaßten Erwerbstätigen (höhere Angestellte, Selbständige). Die Ausschließung des bisher nicht erfaßten Personenkreises von der Vorsorgepflicht stellt eine ungerechtfertigte Benachteiligung für diesen dar, da der Beruf für sich allein im allgemeinen noch keine Sicherung für das Alter gewährleistet.

Die Ausdehnung auf alle Erwerbstätigen ist im Hinblick auf den Grundsatz der Gleichbehandlung auch verfassungsrechtlich eher zu verantworten als der derzeitige, auf einen bestimmten Personenkreis beschränkte Versicherungszwang.

Auch der Gesichtspunkt der Stärkung der Familie spricht für die Begründung einer Vorsorgeverpflichtung für alle Erwerbstätigen, da nach den bisher gemachten Erfahrungen eine finanzielle Unabhängigkeit der nicht mehr erwerbstätigen Familienmitglieder die Familiengemeinschaft stärkt. Die geäußerte Besorgnis, daß die Ausdehnung der gesetzlichen Vorsorgeverpflichtung die Familie gefährde, geht an der Tatsache vorbei, daß diese Befürchtung dann auch für die von der gesetzlichen Versicherungspflicht derzeit erfaßten etwa 80% der Erwerbstätigen gelten müßte.

2.) Umfang der Alterssicherung

Der Grundgedanke, daß kein Bürger im Alter zur Befriedigung seines Lebensbedarfs der staatlichen Fürsorge anheimfallen sollte, bestimmt zugleich eine untere Grenze für die angestrebte Alterssicherung. Ausgehend von den gegenwärtigen Lebensverhältnissen dürften im allgemeinen Ansprüche auf Leistungen, die einem Geldwert von durchschnittlich etwa 200 DM im Monat entsprechen, als angemessene Grundsicherung zu bezeichnen sein. Diese Sicherung liegt merklich über dem derzeitigen, als unzureichend anzusehenden Fürsorgerichtsatz und dürfte für die Befriedigung der Grundbedürfnisse im Alter ausreichen.

Die genannte Sicherung ist nur als Richtsatz anzusehen, der Abweichungen erfahren kann. Hierbei wird insbesondere an Vorsorgepflichtige gedacht, die durch gesetzliche oder vertragliche Ansprüche bereits ihre Lebenssicherung ganz oder teilweise anderweitig sicherstellen. Dies gilt beispielsweise für Landwirte mit Ansprüchen auf Naturalleistungen und für Personen, deren Alterssicherung in ähnlicher Weise durch den Fortbestand der Wirtschaftsgrundlagen der Familie gesichert ist. Ebenso kann eine der Pension angepaßte Altersversorgung auf vertraglicher Basis entsprechend berücksichtigt werden.

3.) Aufgaben des Staates

Eine gesunde Wirtschafts-, Finanz-, Währung- und Beschäftigungspolitik des Staates ist Voraussetzung für eine eigenverantwortliche Altersvorsorge des einzelnen. Wesentlichste Aufgabe des Staates ist es, den realen Wert der im Rahmen der gesetzlichen Vorsorgepflicht bewirkten Leistungen zu erhalten. Es sind deshalb Maßnahmen zu treffen, die ein angemessenes Verhältnis zwischen dem realen Wert der Eigenleistungen und dem realen Wert der Alterssicherung herstellen.

Dies würde zur sozialen Befriedigung und gleichzeitig zur Stabilisierung des Wirtschaftsablaufs beitragen.

B. Alterssicherung der selbständig Erwerbstätigen

4.) Art und Form der Vorsorge

Im Rahmen der gesetzlichen Verpflichtung ist den nicht in abhängiger Stellung stehenden Erwerbstätigen zur Wahrung ihrer persönlichen Freiheit grundsätzlich die freie Wahl der Form und des Trägers der Altersvorsorge zu gestatten. Das schließt ein, daß ein Beitritt zu dem Träger einer Sozial-Versicherung zulässig ist, jedoch nur mit dem Ziel des Erwerbs einer reinen Beitragsrente. Abgesehen von den bereits vorhandenen Formen der Alterssicherung kommen nur solche Arten der freiwilligen Vorsorge in Betracht, die der Grundsicherung entsprechende Leistungen sicherstellen, diese Leistungen dürften grundsätzlich nicht ablösbar sein. Es sind daher nur wenige Formen gesetzlich zuzulassen.

Der Abschluß von Leibrentenversicherungen sollte die Regelform der Alterssicherung bilden. Ausnahmsweise können auch gleichwertige Kapitalansammlungsverträge – bei Banken und Investmentgesellschaften – anerkannt werden, sofern eine Ablösung nur für den Fall des Erwerbs einer Leibrentenversicherung zulässig ist. Auf diesem Sektor können durch Koppelung von Versicherung und Investment-Sparen neue Sicherungsformen entwickelt werden.

5.) Finanzielle Belastung des Vorsorgepflichtigen

Die Beschränkung auf eine Grundsicherung von 200 DM wird von dem Vorsorgepflichtigen während seines Erwerbslebens Leistungen erfordern, die ihn nicht unzumutbar belasten dürften. Im Rahmen der privaten Rentenversicherung würde diese Alterssicherung bereits durch monatliche Prämien in Höhe von etwa 40 DM erreicht werden, so daß der Aufbau einer Existenz bzw. deren Erhaltung durch die Vorsorgeleistungen nicht gefährdet wird. Diese zusätzliche Belastung ist in Verbindung mit der Entlastung der unteren Einkommensstufen durch Heraufsetzung der Freibeträge bei den direkten Steuern tragbar.

Durch die genannten Eigenleistungen soll ein Anspruch auf Sicherung der Witwen in Höhe von 50–60% der Grundsicherung und eine angemessene Sicherung auch der Waisen erworben werden, wobei hier der Entwicklung der Kindergeld-Gesetzgebung Rechnung getragen werden muß.

6.) Kontrolle

Die Einhaltung der gesetzlichen Vorsorgepflicht ist durch bestehende Organe in einer Form sicherzustellen, die eine unzumutbare Beeinträchtigung der persönlichen Freiheit des einzelnen ebenso verhindert, wie die Entstehung eines bürokratischen Kontroll- und Zwangsapparats. Dies wird durch eine Beschränkung auf wenige Formen der Sicherung bereits erleichtert. Der Nachweis der Vorsorge könnte beispielsweise durch die Vorlage einer Leistungserklärung des Vorsorgeträgers beim Finanzamt im Zusammenhang mit der Einkommensteuererklärung erbracht werden. Die Erfüllung der Vorsorgeverpflichtung könnte mit der Gewährung bestimmter steuerlicher Vergünstigungen verknüpft und dadurch der Wille des Staatsbürgers zur Eigenvorsorge gestärkt werden. Wenn bei dieser lockeren Gestaltung der Kontrolle sich einzelne ihrer Vorsorgeverpflichtung entziehen, so sollte das hingenommen werden.

7.) Gruppenvorsorge

Die Verpflichtung zur Eigenvorsorge kann bei bestimmten Berufsgruppen durch den Abschluß von Gruppenversicherungen mit leistungsfähigen Privatversicherungen erfüllt werden.

Berufsgruppen, für die das Bedürfnis nach einer Versicherung aus sozialen Gesichtspunkten besteht, können ihre Vorsorge im Rahmen öffentlich-rechtlicher Versicherungsgemeinschaften treffen.

Der Rahmen für die Gestaltung derartiger Gruppenversicherungen ist gesetzlich zu normieren; hierbei ist der Selbstverwaltung der Versicherten ein möglichst weiter Spielraum zu gewähren. Das Bedürfnis zur Errichtung berufsmäßiger Versicherungen soll durch den Gesetzgeber auf Antrag der jeweiligen Berufsorganisation und nach eingehender Prüfung der Notwendigkeit festgestellt werden; eine derartige Notwendigkeit dürfte beispielsweise bei Landwirten und einzelnen Zweigen des Handwerks bejaht werden können.

Die Errichtung derartiger berufsmäßiger Versicherungen bedingt die Einführung des Versicherungszwangs für alle Angehörigen des betreffenden Berufs, um eine Abwanderung der guten Risiken zu verhindern. Die Beiträge der Versicherten sind auf die festgelegte Grundsicherung abzustimmen (Beitragsbemessungsgrenze). Bei Berufsgruppen, wie Landwirten und entsprechend gesicherten Erwerbstätigen, für die wegen anderweitiger Ansprüche eine geringere Grundsicherung vorgesehen wird, sind Beitragsbemessungsgrenze und Beiträge entsprechend niedriger festzusetzen.

C. Alterssicherung der abhängig Erwerbstätigen

8.) Art und Form der Sicherung

Auch für die in abhängiger Stellung Tätigen soll eine Altersgrundsicherung von durchschnittlich etwa 200 DM monatlich erreicht werden. Dies erfordert die Einführung einer Versicherung für alle abhängig Beschäftigten, und zwar ohne Rücksicht auf die Höhe ihres Einkommens, jedoch mit der Maßgabe, daß sie nur bis zu einer festgesetzten Höhe ihres Einkommens beitragspflichtig sind (Beitragsbemessungsgrenze). Für die Mehrzahl aller in abhängiger Stellung Tätigen wird mit der angestrebten Grundsicherung eine Vollsicherung im Alter erreicht.

Der auf eine Altersgrundsicherung gerichtete Anspruch soll durch laufende Beitragszahlungen in einem System öffentlich-rechtlicher Sozial-Versicherung erworben werden. Das System einer Sozial-Versicherung ist erforderlich, um die Anwendung des Solidaritätsprinzips in der Form eines gewissen sozialen Ausgleichs zwischen den verschiedenen Einkommensgruppen zu ermöglichen, der jedoch die Differenzierung der Rentenansprüche nicht zerstören darf.

Um den Gefahren entgegenzuwirken, die sich aus der Einheitsversicherung und deren Monopolstellung ergeben können, ist eine Dezentralisierung der bestehenden Rentenversicherungsträger durch Untergliederung nach regionalen Gesichtspunkten oder nach Wirtschaftsbereichen bzw. Gefahrengemeinschaften anzustreben.

9.) Rentenformel

Die Rentenleistungen der Sozialversicherungsträger sollen grundsätzlich von der Höhe aller Beitragszahlungen und der Versicherungsdauer abhängen. Im einzelnen ist bei der Aufstellung der Rentenformel in diesem Rahmen ein Solidarausgleich zwischen den unteren und oberen Einkommensgruppen sowie die Gewährung von Sonderzuschlägen für Weiterarbeit über das 55. Lebensjahr hinaus zu berücksichtigen. Diese Sonderzuschläge sollen einen Anreiz zur Weiterarbeit bieten und einer vorzeitigen Invalidisierung entgegenwirken. Die Abstellung dieser Sonder-Zuschläge auf die Versicherungsdauer ist wegen der teilweise erheblichen Unterschiede zwischen dem zeitlichen Eintritt der Versicherten in die Versicherung unzweckmäßig.

10.) Beitragsbemessungsgrenze

Die Beschränkung auf die Grundsicherung ermöglicht die Festsetzung einer Beitragsbemessungsgrenze bei einer Einkommenshöhe von etwa 600 DM, in die heute über 90% aller erwerbstätigen Einkommensbezieher fallen. Wird bei Erhöhung des Sozialprodukts eine Erhöhung des Grundsicherungsbetrages vorgenommen, so ist die Beitragsbemessungsgrenze unter Wahrung der gegebenen Relation von 1:3 gleichfalls anzuheben.

11.) Finanzielle Belastung des Vorsorgepflichtigen

Die Beiträge sind so zu bemessen, daß sie die angestrebte Grundsicherung von durchschnittlich etwa DM 200 monatlich bei einer Versicherungsdauer von 40 Jahren möglichst weitgehend decken. Sie sollen jedoch den Vorsorgepflichtigen nicht unzumutbar belasten. Ausgehend von einer Trennung des Invaliditätsrisikos von der Alterssicherung wird für die reine Alterssicherung eine Beitragserhöhung nur im Ausmaß von 3,5 bis 4% vorgeschlagen, wobei hier und bei den weiteren Finanzierungsvorschlägen eine 30%-ige Kürzung zugunsten der Sicherung gegen das Invaliditätsrisiko vorgenommen worden ist. Da ein Prozent von der Arbeitslosenversicherung auf die Alterssicherung übertragen werden kann, ist nur noch eine effektive Erhöhung um etwa 2,5–3% erforderlich. Die Heraufsetzung der Freibeträge bei den direkten Steuern rechtfertigt eine derartige Erhöhung.

12.) Staatszuschüsse

Um die volle Finanzierung der angestrebten Rentenanhebung zu gewährleisten, muß der Staat als dritter Beitragszahler Zuschüsse leisten. Bei der Bemessung der Staatszuschüsse sollte von einem einheitlichen Sozialhaushalt ausgegangen werden, der die Verwendung von Ersparnissen – insbesondere infolge des Abbaus der Kriegsfolgelasten – zur Erhöhung der Zuschüsse in anderen Bereichen gestattet und möglichst auch eine gewisse Relation zur Entwicklung des Gesamthaushalts herstellt.

Durch die Staatszuschüsse sollte gleichzeitig ein gewisser Überschuß der laufenden Einnahmen über die Ausgaben erreicht werden, der zur Ansammlung eines Sicherungsfonds verwendet werden sollte. Die Staatszuschüsse sollten darüber hinaus vor allen Dingen für solche Zwecke eingesetzt werden, die, wie Sonderzuschläge zu den erworbenen Rentenansprüchen bei Weiterarbeit über das 55. Lebensjahr hinaus, mittelbar zu einer Erhöhung der Leistungsfähigkeit der Volkswirtschaft beitragen. Es kann erwogen werden, diese gezielten Staatszuschüsse aufgrund statistischer Berechnungen zu pauschalieren.

Nach überschlägigen Berechnungen dürften die Staatszuschüsse für die Alterssicherung allenfalls zwischen 1963 und 1978 wegen der vorübergehenden Verschlechterung des Altersaufbaus der Bevölkerung ihre gegenwärtige Höhe überschreiten. Der staatliche Beitrag zur Abdeckung des Invaliditätsrisikos ist hierbei außer Betracht gelassen worden.

13.) Anpassung der Renten an die Wirtschaftsentwicklung

Das gegenwärtige System der Rentenbemessung ist unbefriedigend, weil sich insbesondere in Zeiten einer schnellen wirtschaftlichen Entwicklung die Lage des Rentners laufend relativ verschlechtert und deshalb unorganische Rentenverbesserungen erforderlich werden. Die häufige Umgestaltung der Rentenformel und die Unübersichtlichkeit des geltenden Rechts sind hierauf mit zurückzuführen. Aus diesem Grunde sollen die Renten in gewissen Zeitabschnitten nach einem vorher bestimmten Verfahren der Entwicklung des Sozialprodukts angepaßt werden. Als Methode empfiehlt sich die Punktbewertung der Rentenansprüche aufgrund der Einkommensentwicklung. Die Punktbewertung ist einmal für die Festsetzung der Renten bei Eintreten des Versicherungsfalles anzuwenden; außerdem ermöglicht sie auch eine Revision der Renten während ihrer Laufzeit.

Um die bei einer zu engen Koppelung der Renten an die Einkommensentwicklung auftretenden politischen und wirtschaftlichen Gefahren zu vermeiden und die Deckung der erhöhten Rentenbelastung aufgrund der Verschlechterung des Altersaufbaus zu erleichtern, ist für die jeweils laufenden Renten eine 50%-ige Beteiligung der Renten an der Einkommensentwicklung vorzusehen. In der gleichen Richtung würde auch die zeitlich nachträgliche Anpassung der laufenden Renten wirken. Bei einem konjunkturellen Rückgang des Sozialprodukts ist eine Senkung der Renten auszuschließen, da diese zu einer Minderung der Kaufkraft der Konsumenten führen und damit zur Verstärkung der Depression beitragen würde.

14.) Abschnittsdeckung

Wie sich bereits aus den Deckungsvorschlägen ergibt, wird ein modifiziertes Umlageverfahren angestrebt, das einen abschnittsweisen Ausgleich zwischen Einnahmen und Ausgaben der Versicherungsträger vorsieht. Die Länge des Abschnitts sollte zwischen 5 und 10 Jahren betragen, da sich in einem derartigen Zeitraum konjunkturelle Schwankungen erfahrungsgemäß weitgehend ausgleichen.

Der Übergang zu einem modifizierten Umlageverfahren wird vor allem deshalb empfohlen, um die Ansammlung von Deckungskapitalien in einer volkswirtschaftlich nicht zu vertretenden Höhe zu verhindern. Bei voller Verwirklichung des Anwartschaftsdeckungsverfahrens müßte zurzeit ein Vermögen in der Größenordnung von ca. 200–250 Mia. DM aufgebaut werden. Eine solche Kapitalmasse würde erheblich über dem gegenwärtig insgesamt vorhandenen industriellen Anlagevermögen liegen. Sie würde selbst bei einer Aufteilung auf eine Vielzahl von Versicherungsträgern zu einer wesentlichen Störung des Kapitalmarkts führen und wahrscheinlich den Zinsfluß für langfristiges Kapital auf den zur Deckung der Unkosten benötigten Satz herabdrücken. Damit würde der zur Verteidigung des Anwartschaftsdeckungsverfahrens immer wieder angeführte Verzinsungseffekt entfallen.

15.) Sicherungsfonds

Anstelle der vollen Kapitaldeckung ist die Bildung einer Sicherungsreserve in Höhe von etwa 2 bis 3 Jahresbeträgen der Rentenbelastung vorzusehen. Durch diese Sicherungsreserve sollen sowohl geringe Veränderungen in der Altersstruktur als auch vorübergehende konjunkturelle Schwankungen aufgefangen werden. In diesen Fällen braucht das Deckungsvermögen nicht liquidiert zu werden, zumal dies die wirtschaftlichen Spannungen vergrößern würde; vielmehr dürfte zumeist eine Lombardierung eines Teils der angesammelten Wertpapiere genügen. Dadurch würde in wirtschaftlich unbedenklicher Weise der zur Überwindung der konjunkturellen Schwankungen erforderliche Geldschöpfungseffekt erreicht werden. Wirtschaftliche Katastrophen können in jedem Falle nur durch staatliche Stützungsmaßnahmen, eine wesentliche über das bereits berücksichtigte Maß hinausgehende Verschlechterung der Bevölkerungsstruktur, durch Beitragserhöhungen bzw. durch Erhöhung der Staatszuschüsse ausgeglichen werden.

Der Aufbau einer Sicherungsreserve entlastet gleichzeitig in gewissem Umfang die Beitragszahler, da die aus der Anlage der Sicherungsreserve resultierenden Zinserträge eine Minderung der bei Durchführung eines reinen Umlageverfahrens erforderlichen Beitragssätze ermöglicht.

16.) Nicht-Erwerbstätige

Erwerbstätige, die vor Erreichung der Altersgrenze aus dem Erwerbsleben ausscheiden, können entweder die Erstattung der Leistungen einschließlich der Arbeitgeberanteile – deren Beibehaltung im Interesse der Aufrechterhaltung einer funktionsfähigen Selbstverwaltung für notwendig angesehen wird – beantragen oder die Versicherung in der Form der freiwilligen Weiterversicherung auf der Grundlage einer reinen Beitragsgrenze fortführen. Das Versicherungskapital wird von den für die Höherversicherung zuständigen Trägern, jedoch rechnerisch getrennt, verwaltet.

D. Wechsel zwischen Versicherungsträgern

17.) Die in den verschiedenen Trägern der sozialen Alterssicherung erworbenen Ansprüche sollten gleichartig und übertragbar sein. Insbesondere ist die z. Zt. bestehende Benachteiligung der Leistungen aus der Angestellten-Versicherung nicht gerechtfertigt. Die unterschiedliche Berechnung der Ansprüche erschwert zudem den Wechsel von der Invaliden- zur Angestelltenversicherung, der in unserer Wirtschaftsordnung relativ häufig erforderlich wird.

Durch eine derartige Regelung würde vor allem eine wesentliche Rechtsvereinheitlichung und Verwaltungsvereinfachung erreicht und gleichzeitig eine Dezentralisierung, die den Gefahren einer Einheitsversicherung vorbeugt, erleichtert.

Ebenso sollte angestrebt werden, einen Übergang von der Sozialen Alterssicherung zu anderen Einrichtungen der Alterssicherung zu ermöglichen, um auch dem Wechsel zwischen selbständiger und abhängiger Tätigkeit Rechnung zu tragen.

E.   Zusätzliche Eigenvorsorge

18.) Staatliche Förderung

Eine freiwillige Altersvorsorge über die gesetzlich festgelegten Pflichtgrenzen hinaus sollte vom Staat durch geeignete Maßnahmen gefördert werden. Hierbei ist nicht nur an steuerliche Vergünstigungen, sondern auch an Maßnahmen zu denken, wie sie z. Zt. zur Förderung des Bausparigedankens durchgeführt werden.

19.) Höherversicherung

In der Sozial-Versicherung sind für die freiwillige Höherversicherung besondere Einrichtungen zu schaffen, für deren Gestaltung die bereits bestehenden Zusatzversicherungsanstalten in organisatorischer Hinsicht Anhaltspunkte bieten. Die Leistungen der freiwilligen Höherversicherung sollen ausschließlich nach den entrichteten Beiträgen bemessen werden.

F.   Übergangsvorschriften

20.) Selbständig Tätige

Zur Alterssicherung der älteren selbständig Tätigen einschließlich der aus dem Berufsleben Ausgeschiedenen sind, soweit diese einer Hilfe bedürfen, durch Gesetz vorübergehende Hilfseinrichtungen möglichst auf beruflicher Basis zu errichten. Die Finanzierung dieser Hilfseinrichtungen soll durch zeitlich begrenzte und in ihrer Höhe festgelegte Umlagen unter den Berufsangehörigen erfolgen.

In Härtefällen ist zur Überbrückung vorübergehender Schwierigkeiten eine gewisse Hilfe der öffentlichen Hand vertretbar, zumal auf diese Weise sonst erforderliche Fürsogeunterstützungen erspart werden.

21.) Abhängig Beschäftigte

Die für die Sozial-Versicherung vorgeschlagene Reform kann wegen der damit verbundenen Änderung gesamtwirtschaftlicher Daten nicht zu einem bestimmten Stichtag in vollem Umfang durchgeführt werden. Es ist vielmehr eine Übergangszeit von etwa 3–5 Jahren vorzusehen, in der sowohl die Renten als auch die Beitragssätze etappenweise angehoben werden. Auf diese Weise würden durch den Produktivitätsfortschritt die zusätzlichen Belastungen aufgefangen und preissteigernde Wirkungen der zusätzlichen Nachfrage nach Konsumgütern, die mit der Einkommensverbesserung der Rentner verbunden ist, verhindert werden.

266

Im übrigen können die bis zum Inkrafttreten der neuen Regelung erworbenen Ansprüche der Versicherten in der Sozial-Versicherung sofort auf Punkt-Ansprüche umgerechnet werden, wobei in der Übergangszeit gewisse prozentuale Abschläge bei den neu festzusetzenden und den laufenden Renten erfolgen müssen.

22.) Nicht-Erwerbstätige

Nicht-Erwerbstätige, die in einer bestehenden Sozial-Versicherung versichert sind, können bei Inkrafttreten der neuen Regelung entweder die Erstattung ihrer Leistungen beantragen oder die Versicherung in der Form der freiwilligen Weiterversicherung auf der Grundlage einer reinen Beitragsrente fortführen.

23.) Abgrenzung zur Invaliditäts-Versicherung

Neben der Alterssicherung ist für die in abhängiger Stellung Tätigen eine Sicherung gegen das Invaliditätsrisiko vorzusehen. Sie ist nach dem Umlageverfahren zu finanzieren, wobei die zur Wiederherstellung der Erwerbsfähigkeit und Wiedereingliederung in das Erwerbsleben erforderlichen Maßnahmen (Rehabilitation) durch Staatszuschüsse gedeckt werden sollten. Falls die Trägerschaft der Invaliditäts-Versicherung den Trägern der sozialen Alterssicherung belassen wird, ist eine getrennte Verwaltung beider Aufgabenbereiche sicherzustellen.

24.) Verhältnis der Alterssicherung zu sonstigen Sozialleistungen

Auf die Leistungen im Rahmen der Alterssicherung besteht ein Rechtsanspruch, so daß eine Anrechnung sonstiger Sozialleistungen auf diese Ansprüche nicht erfolgen kann. Die Frage der Anrechnung von Leistungen der Alterssicherung auf sonstige Sozialleistungen ist bei deren Regelung zu prüfen.

Eine besondere Stellungnahme zu den beiden letzten Ziffern behalte ich mir vor.

Dokument 9

**Entwurf von Wilfrid Schreiber für seinen Vortrag
vor dem Ministerausschuß für die Sozialreform am 13. Dezember 1955**[1]

Sehr geehrter Herr Dr. Pühl!

Anbei sende ich Ihnen den Entwurf zu meinem Referat vor dem Sozial-Kabinett am 13.12.d.J.

Er ist ersichtlich noch zu umfangreich und muß auf eine Redezeit von 30 Minuten gekürzt werden. Um diese Kürzung werde ich mich in den nächsten Tagen bemühen, – so schwer es sein mag.

Ich rufe Sie am Freitag dieser Woche an, um Ihr Urteil zu hören.

Mit freundlichem Gruß

Ihr sehr ergebener

gez. *W.S.*

EXISTENZSICHERHEIT IN DER INDUSTRIELLEN GESELLSCHAFT

Referat Dr. Wilfrid Schreiber
Bonn, 13. Dezember 1955 (Entwurf)

1. Von der großen Aufgabe einer „Sozialreform" bildet die Neuordnung der sozialen Leistungen, die hier zur Erörterung steht, nur einen – freilich sehr wesentlichen – Teil.

Diese Neuordnung muß sich also, auch wenn sie jetzt sofort als Aufgabe für sich angepackt wird, notwendig an den Leitbildern orientieren, die uns für die erhoffte und erstrebte Entwicklung unserer Gesellschaftsstruktur als Ganzes maßgebend erscheinen.

2. Als Leitbild unserer zukünftigen Gesellschaftspolitik unterstelle ich eine Gesellschaft der Freien und Gleichen, die die Werte und Maximen des christlich-abendländischen Denkens in sich verwirklicht:

a. Würde und Freiheit der Person im Rahmen des Sittengesetzes und des positiven Rechts und ihr Korrelat: die Selbstverantwortung des mündigen Menschen,

b. Gerechtigkeit als Norm des Handelns und der Gesetzgebung, überhöht durch Nächstenliebe und Gemeinwohl-Verpflichtung,

---

[1] Anschreiben vom 6. Dez. 1955 und Entwurf, datiert auf das Datum der Sitzung am 13. Dez., in B 136/1384. – Abgedruckt ist der nachrichtlich an Paul Adenauer übersandte Durchschlag seines Schreibens an Pühl vom 6. Dez. 1955 mit dem Entwurf des Vortrags; beides wurde im Bundeskanzleramt zu den Akten genommen. Der Entwurf trägt Marginalien von unbekannter Hand.

c. das Leistungsprinzip, das die Ansprüche jedes Einzelnen nach dem Grade seiner Leistung für die Gesellschaft bemißt,

d. Wertschätzung und Festigung der Familie, der natürlichen kleinsten Einheit der Gesellschaft,

e. Bejahung und Schutz des persönlichen Eigentums mit dem Zielbild einer Eigentumsbildung für alle,

f. Nicht: nivellierende Gleichheit, wohl aber für jeden einzelnen Gleichgewicht von Rechten und Pflichten, Befugnis und Verantwortung, Chancen und Risiken. Startgleichheit für alle im Streben nach Betätigung und Entfaltung als Person.

3. Die Dynamik einer freiheitlichen Wirtschafts- und Gesellschaftsordnung drängt kraft ihrer immanenten Gesetzlichkeit zu einer Entwicklung hin, die dem eingangs dargelegten Leitbild entspricht. Freilich ist diese Entwicklung nicht zwangsläufig. Mit laissez faire kann die Freiheit nicht verteidigt werden. Es ist unsere Sache, Sache der Gesellschaftspolitik, diese Entwicklung zu steuern. Aber die aus der Freiheit entspringenden Kräfte kommen uns dabei zu Hilfe. Nicht gegen sie, sondern mit ihnen und kraft ihrer Dynamik kommen wir zum Ziel.

Irrig ist jedenfalls die Meinung, zur Lösung der sozialen Frage sei die Ordnungsmacht der Freiheit, d.h. im Wirtschaftlichen das Prinzip der Marktwirtschaft, im Politischen das Prinzip der Demokratie, prinzipiell ungeeignet, und es könne daher die soziale Gerechtigkeit nur durch Preisgabe, mindestens durch starke Einengung dieser Ordnungsprinzipien, also entgegen ihren natürlichen Vitalkräften, verwirklicht werden.

Die westliche Welt ist angesichts der sozialen Frage keineswegs am Ende ihres Lateins, im Gegenteil: sie steht an einem neuen Anfang und hat alle Trümpfe in der Hand. Es ist kein Anlaß zum Verzagen, wir haben im Gegenteil allen Grund zu einem überlegenen Kraftbewußtsein. Unser ist die soziale Zukunft.

4. Die Sozialpolitik steht vor einem neuen Start. Die Voraussetzungen der alten Sozialpolitik sind großenteils entfallen. Bei der Neuordnung der sozialen Leistungen geht es nicht mehr primär um Hilfeleistung für Arme, Schwache und Hilfsbedürftige. Primär geht es vielmehr um die Überwindung eines strukturellen Mißstandes, der die Lebensführung von $^4/_5$ aller Menschen in der entwickelten industriellen Gesellschaft erschwert, um einen Mißstand, den sie aber selbst – durch einen Solidar-Akt auf Gegenseitigkeit – aus eigener Kraft und auf der Grundlage von Leistung und Gegenleistung überwinden können.

5. Der Arbeitnehmer war zu Bismarcks Zeit eine Minderheit in der Gesellschaft und überaus einkommensschwach. Heute besteht die Gesellschaft der westlichen Welt zu $^4/_5$ aus Arbeitnehmern und heute ist der Arbeitnehmer, von schwindenden Ausnahmen abgesehen, nicht mehr funktionell arm.

Karl Marx hat nicht recht behalten. Die fortschreitende Kapitalakkumulation der Volkswirtschaft hat den besitzlosen Arbeitnehmer nicht immer mehr verelenden lassen, sie war und ist vielmehr der wirksamste und völlig unentbehrliche Motor des wirtschaftlichen Fortschritts, der sich in wachsender Produktivität, d.h.

wachsendem Sozialprodukt je Kopf, kundtut. Aber das ist nicht alles. Von dem Zeitpunkt an, da in der Entwicklung des industriellen Zeitalters die Kapitalbildung das Wachstum der Bevölkerung nachhaltig zu übertreffen begann, d.h. seit etwa 80–90 Jahren, wirken die Verteilungsgesetze der freien Marktwirtschaft eindeutig dahin, den Faktor Arbeit gegenüber dem Faktor Kapital entschieden zu begünstigen. Die Arbeitseinkommen haben – nicht entgegen, sondern gerade infolge – der Marktgesetze stark steigende, die Besitzeinkommen langsam sinkende Tendenz. Das Arbeitseinkommen, schon heute im Regelfall weit über das physische Existenzminimum hinausgewachsen, wird mehr und mehr zum Königseinkommen des entwickelten industriellen Zeitalters. Der Arbeitnehmer ist nicht mehr funktionell arm, – nein umgekehrt: er ist es, der am längeren Hebelarm sitzt.

6. Nicht die Bedürftigkeit ist das Handicap des heutigen Arbeitnehmers, sondern allein der Umstand, daß sein – zumeist alleiniges – Arbeitseinkommen kein fundiertes Einkommen ist. Seiner Natur nach – eben weil Arbeit von der Person dessen, der sie leistet, nicht zu trennen ist, – fließt es nur, solange der Träger der Arbeitskraft arbeitet und arbeiten kann. Es fließt also nur im Arbeitsalter, rund gerechnet zwischen dem 20. und 65. Lebensjahr, und hört im Krankheitsfall auf zu fließen. Das noch ungelöste Problem ist also: Verteilung des Einkommens auf die 3 Lebensphasen Kindheit, Arbeitsalter, Lebensabend, von denen nur die mittlere einkommenschaffend ist.

In der vorindustriellen, agrarisch-feudalistischen Zeit stellte sich dieses Problem nicht. Das Einkommen der freien oder auch unfreien Bauernfamilie war vielleicht karg, aber es hatte Stetigkeit. Es war fundiertes Einkommen, beruhend auf der Ertragskraft des Bodens. Der Hof ernährte stetig, wenn auch die Generationen wechselten, eine dauernd gleich strukturierte Familien-Gemeinschaft, bestehend aus Kindern, Vollkräftigen und Greisen.

Der Bürger, vorherrschender Typus im ersten Jahrhundert des industriellen Zeitalters, fand eine gleichwertige Lösung, indem er an die Stelle des Bodens das gewerbliche Vermögen setzte. Ein kleines Vermögen vom Vater erben, es im Laufe des Erwerbslebens durch Fleiß und Tüchtigkeit mehren, im Alter von seinen Erträgen leben und es schließlich den Kindern vererben, das war das urgesunde, ebenfalls auf Stetigkeit bedachte Ideal des Bürgertums.

7. Kann diese bürgerliche Lösung auch Vorbild und Rezept für den heutigen Typus Arbeitnehmer sein? Nein, als alleinige Lösung keinesfalls. Dafür würden die Vermögenserträge, d.h. die Gesamtheit der anfallenden arbeitslosen Einkommen – auch im Fall sehr gleichmäßiger Eigentumsverteilung – nicht ausreichen, heute nicht und morgen erst recht nicht. Das ändert nichts daran, daß Eigentumsbildung in den breiten Schichten im höchsten Grade wünschens- und erstrebenswert ist, – auch als sekundäre Quelle der individuellen Alterssicherung.

Der wesentliche Teil der Alterssicherung wird aber darin bestehen müssen, daß der Arbeitnehmer im Arbeitsalter Teile seines Einkommens zurücklegt, um sie im Lebensabend zu verzehren.

8. Braucht er dazu eine gesetzlich fundierte Solidar-Veranstaltung, wie es z.B. die heutige Soziale Rentenversicherung ist, – oder ist das Problem auf die triviale Weise zu lösen, daß man jedem Arbeitnehmer privates Sparen empfiehlt? Man braucht die Solidar-Veranstaltung. Kein Mensch weiß, wie lange er lebt. Die Rentenversicherung nivelliert das Risiko der ungleichen Lebenserwartung und ist allein deshalb schon vorteilhaft.

9. Da die heutige Rentenversicherung diesen Dienst schon leistet, warum dann noch Rentenversicherungs-Reform? Warum ist sie reformbedürftig? Die bestehende Rentenversicherung vermischt Elemente der Versicherung mit denen der Fürsorge und Armenpflege. Sie beruht auf dem Gedanken einer Neuverteilung der Einkommen zu Gunsten der Einkommensschwachen und zu Lasten der Einkommensstarken. Dieser Gedanke der Neuverteilung der Einkommen war der Königsgedanke der Kathedersozialisten vor 80 Jahren und wurde seit dem bestimmend für die ganze Sozialpolitik, – auch noch der heutigen. Es ist Zeit, diesen Gedanken über Bord zu werfen. Erstens ist eine durch Gesetz erzwungene Neuverteilung der Einkommen heute, da auch die Kleinsteinkommen durchweg über die kritische Schwelle des Existenzminimums hinaus gewachsen sind, nicht mehr notwendig, zumindest nicht im Rahmen einer gesetzlichen Versicherung. Zweitens ist es höchst fraglich geworden, ob der Versuch einer erzwungenen Einkommensneuverteilung unter Marktteilnehmern heute überhaupt noch gelingt.

Der Staatszuschuß, den die Gesetzgebung zu Bismarcks Zeit vorsah und [der] seitdem in steigendem Ausmaß geleistet wurde, war damals eine noble Hilfeleistung des Gesamtvolks für eine hilfsbedürftige Minderheit. Heute ist von der guten und edlen Absicht nur noch ein optisches Gaukelspiel zum Nachteil derer, die man begünstigen will, und ganz sicher zum Schaden für den Gedanken einer freien Gesellschaft übriggeblieben. Der Sozialversicherte von heute zahlt die Zuschüsse, die der Staat ihm gewährt, zu 90% oder mehr aus eigener Tasche, einfach weil keine einkommensstärkere Schicht mehr über ihm steht, die diese Zuschüsse im wahren Wortsinn aufbringen könnte. Man sollte aus diesem Sachverhalt den einzig sinnvollen Schluß ziehen. Und der wäre: die Staatszuschüsse einzustellen und die dadurch freiwerdenden Etatmittel für – soweit möglich – gezielte Steuersenkungen zugunsten der Sozialversicherten verwenden. Ersichtlich ändert sich dadurch rechnerisch wenig oder nichts. Der große Vorteil aber liegt darin, daß sie die Versicherten von dem durchaus irrigen, aber soziologisch höchst schädlichen Glauben an ihre Hilfsbedürftigkeit befreien.

Ein weiterer Prozeß der Einkommensverteilung, den die bestehende Rentenordnung sich zu vollziehen bemüht, steckt darin, daß das Verhältnis zwischen Rentenanspruch und Beitragshöhe für die Höherverdienenden ungünstiger ist als für die Minderverdienenden. Auch diese Bestimmung halte ich weder für notwendig noch für sinnvoll. Jedenfalls läuft sie dem Leistungsprinzip straks zu wider.

10. Ein drittes neues Faktum, das die heutige Rentenordnung unzulänglich macht, ist dies: Die Tatsache, daß die Wirtschaft des industriellen Zeitalters eine sich stetig entwickelnde, zu immer größerer Produktivität fortschreitende, dynamische Wirtschaft ist, ist heute in voller Deutlichkeit offenbar geworden und in unser

aller Bewußtsein getreten. Aus dieser Tatsache müssen bei allen wirtschaftlichen Veranstaltungen, die sich über längere Zeiträume erstrecken, z.B. auch bei Rentenversicherungen, unabweisbare Folgerungen gezogen werden.

Begriff und Größe des standesgemäßen Einkommens, bekanntlich eine Fixgröße im Lebenskalkül der stationären, vorindustriellen Wirtschaft und ebenso auch Begriff und Größe des sogen. Existenzminimums, das in neuerer Zeit in der Sozialpolitik eine Rolle spielt, sind in der dynamischen Wirtschaft von heute keine Fixgrößen mehr, sondern ebenfalls in stetiger Aufwärtsentwicklung begriffen. Ein Gütersortiment, das vor 30 Jahren noch als völlig ausreichend für die Bestreitung eines würdigen Daseins für z.B. einen Monat galt, ist heute, d.h. nach dem Urteil der öffentlichen Meinung von heute, schon völlig unzureichend und drückt das Lebensniveau seines Empfängers unter die Elends-Grenze.

Herr Bundesminister Storch hat mit Recht auf das Unrecht hingewiesen, das darin besteht, daß bei der Berechnung der Steigerungsbeträge zur Altersversicherung die Beiträge von vor 1914, d.h. in guter Goldmark geleistet, ebenso wie die Beiträge von 1924–1936 in guter Reichsmark, die von 1937–1948 in schlechter und immer schlechterer Reichsmark, und endlich die DM-Beiträge von 1948 bis heute im gleichen Nominalwert zugrunde gelegt werden, obwohl die Realwerte der jeweiligen Währungseinheiten sehr verschieden sind.

Aber selbst wenn der Realwert der Währungseinheit völlig konstant bliebe – bei wachsendem Lohnniveau, und damit müssen wir rechnen – , ist die Vorsorge-Kraft einer DM, die ich heute für meine Alterssicherung zurücklege, unweigerlich einem effektiven Schwund unterworfen. Eine Rente, die nach heutiger Rentenformel, die Höhe von – sagen wir – 300 DM je Monat erreicht, ist nach heutigen Maßstäben durchaus hinreichend und gestattet einem alten Rentner-Ehepaar eine sorglose und menschenwürdige Lebensführung. In 45 Jahren, wenn ein heute 20-jähriger ins Rentenalter tritt, liegt eine solche Rente aber wahrscheinlich unter der Elends-Grenze und sehr weit unter dem zuletzt verdienten Arbeitseinkommen.

Das Rentenniveau hinkt nach den heutigen Normen auch bei völliger Konstanterhaltung des Geldwerts immer um 20–25 Jahre hinter dem allgemeinen Lebensstandard her und ist daher stets und prinzipiell unzulänglich, es sei denn, daß längstens alle 3 Jahre ein neues „Rentenanpassungsgesetz" zu Lasten des Staatshaushalts almosenspendend eingreift.

11. Soweit der gegebene Sachverhalt. Und nun die positiven Reformvorschläge der von mir verfaßten Denkschrift.

Vier Grundforderungen:

I. Die Rentenversicherung für Arbeitnehmer oder, weiter gefaßt, für alle Empfänger von Arbeitseinkommen, muß als ein konstruktives Element der Gesellschafts- und Wirtschaftsordnung in der entwickelten industriellen Gesellschaft verstanden werden. Sie soll sein eine zweckmäßige geschäftliche Transaktion unter den Versicherten und hat nichts zu tun mit Hilfeleistung für Schwache und Hilfsbedürftige.

Sie muß daher aus der bedrückenden Atmosphäre der Armenpflege herausgehoben werden, in die sie versehens hineingeraten ist. Ich fordere daher: saubere, radikale Trennung der gesetzlichen Rentenversicherung als vorteilhafte autonome Selbsthilfeveranstaltung unter eigenständigen, selbststarken Menschen von allen Maßnahmen der staatlichen Versorgung für Katastrophenopfer, deren Schicksal der Staat zu verantworten hat, und von allen Maßnahmen der Fürsorge für Notleidende und Hilfsbedürftige. Diese beiden letzten Maßnahmen gehören sicherlich auch zu den wohlfahrtspolitischen Aufgaben des Staates, aber sie liegen auf einer ganz andern Ebene.

II. Die Absolut-Höhe der Renten muß der allgemeinen Wohlstandsentwicklung, gemessen z.B. am Lohn-Niveau, auf dem Fuße folgen.

III. Der Rentenanspruch jedes Versicherten muß seinen Beitragsleistungen vollkommen proportional sein. Eine relative Höherbelastung der Höherverdienenden findet nicht statt.

IV. Die Ausgaben der Rentenversicherungsträger müssen vollständig durch die Beiträge der Versicherten gedeckt werden.

12. Die von mir vorgeschlagene Rentenordnung sieht im einzelnen folgendes vor:

Jeder Versicherte leistet im Lauf seines Arbeitslebens Beiträge zur Rentenversicherung in Höhe von $a\%$ seines Bruttoeinkommens, führt also $a\%$ jeder Lohn- und Gehaltszahlung als Beitrag ab (worin die Arbeitgeber-Beiträge mitgezählt sind).

Gutschrift erfolgt nicht nur in DM, sondern daneben auch in „Rentenanspruchspunkten". Sie berechnen sich Quotient aus der jährlichen Beitragssumme jedes Versicherten und dem durchschnittlichen Jahresbeitrag aller Versicherten im gleichen Jahr. Die jährlich erworbenen Anspruchspunkte jedes Versicherten drücken mithin das Verhältnis des Jahreseinkommens jedes einzelnen Versicherten zum Durchschnitt der Jahreseinkommen aller Versicherten aus.

Tritt der Versicherte ins Rentenalter, so werden die in allen Jahren des Arbeitslebens erworbenen Anspruchspunkte aufaddiert. Ihre Summe bildet fortan die Grundlage des jährlichen Rentenanspruchs.

Die Versicherungskasse ihrerseits zählt am Anfang eines jeden Jahres die Anspruchspunkte sämtlicher Rentenberechtigter zusammen und teilt das zur Rentenauszahlung verfügbare Beitragsaufkommen des vergangenen Jahres durch die Gesamtzahl dieser wirksamen Anspruchspunkte. Diese Zahl ergibt den Geldwert jedes Anspruchspunkts für das betreffende Jahr. Die auszuzahlende Rente ist für jeden gleich dem Produkt aus diesem Punktwert und der Zahl der erworbenen Punkte.

13. Was bedeutet diese Formel im einzelnen?

1. Die Bindung der Rentenhöhe an die Größe des Jahr für Jahr eingehenden Beitragsaufkommens, das ja dem jeweiligen Einkommensniveau proportional ist, sichert dem Rentner eine Rentenhöhe, die mit der Einkommensentwicklung der arbeitstätigen Versicherten Schritt hält, unter der Voraussetzung, daß das Verhältnis zwischen aktiven und passiven Versicherten konstant bleibt und die durchschnittliche Lebenserwartung sich nicht ändert. Auf diese Voraussetzungen ist noch einzugehen.

2. Ein Deckungskapital ist für diesen Normalfall nicht erforderlich. Darin sehe ich einen sehr wichtigen Vorzug meines Vorschlags. Das Soll an Deckungskapital der heutigen Rentenversicherungsträger übersteigt die tatsächlich vorhandene Deckung um viele Zehnmilliarden. Wollten wir dieses Soll auffüllen, so bedeutete dies auf Jahrzehnte eine gewaltige Mehrbelastung sei es der Versicherten, sei es des Bundeshaushalts, was letztlich auf das Gleiche hinausläuft.

Ich bin zweitens auch der Meinung, daß die Bildung derart gewaltiger Vermögensmassen in anonymen Händen höchst unerwünscht, ja eine Gefahr und Versuchung darstellt, die den ungestörten Fortbestand jeder freiheitlichen Ordnung virtuell bedrohen würde.

Und drittens erweist die volkswirtschaftliche Analyse, daß Deckungskapital in einer gesetzlich vorgeschriebenen Rentenversicherung, der $^4/_5$ aller Erwerbstätigen angehören, rite überflüssig ist. Es handelt sich einfach nur um die Umlenkung eines Teils des laufenden Einkommensstroms. Ein Umweg über Kapitalrechnung ist hier gar nicht vonnöten. Die „Sicherheit" der von den Beitragszahlern erworbenen Ansprüche beruht in diesem Fall auf dem ewigen Bestand des Volkes, das nicht stirbt, sondern sich immer wieder erneuert. Sollte dieser natürliche Prozeß einmal aufhören – was Gott verhüten möge – so nutzen die materiellen Unterpfänder der Sicherheit, d.h. die angesammelten Vermögen, erst recht nichts. Die Güter zur Versorgung der Alten eines Volkes können immer nur aus dem laufenden Sozialprodukt entnommen werden. Eine andere Möglichkeit existiert im volkswirtschaftlichen Maßstab nicht. Was der einzelne tun kann, kann darum noch nicht das ganze Volk oder $^4/_5$ des Gesamtvolks tun.

Soziale Sicherheit heißt: Sicherheit durch Einbettung in die Gesellschaft. Das ist eine andere und höhere Art von Sicherheit, als die, die der einzelne sich durch Vermögensakkumulation erwerben kann.

Es handelt sich sozusagen um einen Solidarvertrag zwischen 2 Generationen: die jeweils Arbeitstätigen verpflichten sich, die jeweils Alten durch ihre Beitragsleistungen mit zu ernähren und erwerben dadurch den verbrieften Anspruch, in ihrem eigenen Alter von den dann Arbeitstätigen mit ernährt zu werden.

3. Die Bindung der individuellen Rentenhöhe an die individuell erworbenen Anspruchspunkte sichert die vollständige Proportionalität zwischen Beitragsleistung und Rentenempfang. Ich sage: Proportionalität – nicht Äquivalenz.

Die in DM zusammengezählte Rentensumme, die ein Rentner von mittlerem Sterbealter erhält, wird – bei wachsendem Lohnniveau – die DM-Summe seiner Beitragsleistungen weit übersteigen. Äquivalenz ergibt sich nur, wenn man als Maßeinheit nicht die DM, sondern etwa den Stundenlohn zugrunde legt. Der Rentner erhält als Rente genau so viel Arbeitsstunden-Entgelte zurück wie er als Arbeitstätiger eingezahlt hat.

4. Es ist Aufgabe der Wahrscheinlichkeits-Mathematiker auszurechnen, welchen Prozentsatz vom Einkommen der beruflich gleichartigen Arbeitstätigen meine Rentenformel dem Rentner als Monatsrente gewährt, für jedes Einkommensprozent, das er im Arbeitsalter als Beitrag abgeführt hat. Rund gerechnet dürfte diese Verhältniszahl bei 3 liegen. Wird also eine Rente in Höhe von 50% des Arbeitseinkommens gewünscht, so müßte der Beitragsprozentsatz 16 2/3% vom Arbeitseinkommen (einschl. des Arbeitgeberanteils) betragen.

14. Störungen dieser Rechnung treten auf, wenn das Zahlen-Verhältnis der aktiven zu den passiven Versicherten sich verschlechtert. Das ist z.B. der Fall in einem schrumpfenden Volk, in dem mehr Menschen sterben als geboren werden. In einem solchen Volk wird die Versorgung der Alten, ganz gleich ob eine gesetzliche Rentenversicherung besteht und ganz gleich ob Vermögensansprüche in Büchern eingetragen sind oder nicht, immer problematischer und schließlich unmöglich.

Die Überlegungen zur Rentenreform zeigen unabweisbar, daß die Sorge um den biologischen Bestand unseres Volkes, d.h. ein gewisses Mindestmaß von Bevölkerungspolitik, zu jeder vernünftigen Wirtschafts- und Sozialpolitik gehört, die den Kinderschuhen des statischen Denkens entwachsen ist.

Ich habe daher in meiner Denkschrift dargelegt, daß das Anliegen der Rentenreform zusammen mit den Anliegen eines sinnvollen Ausgleichs der Familienlasten als Einheit gesehen werden muß und neben der gesetzlichen Altersrente eine gesetzlich geregelte Kindheits- und Jugendrente zur Ablösung der bisherigen FAK-Gesetzgebung[2] in ihren Grundzügen beschrieben. Ich muß mich hier auf den Hinweis beschränken.

15. Nicht wieder gutzumachen und fürs Erste als Faktum hinzunehmen sind die gewaltigen Einbrüche in den Altersaufbau unserer Bevölkerung, die die beiden Kriege verschuldet haben. Die Folge ist, daß sich das Verhältnis zwischen aktiven und passiven Rentenversicherten etwa in den Jahren 1965–1980 merklich verschlechtern wird. Das würde nach der eben beschriebenen Rentenformel bedeuten, daß die Rentenhöhe in diesen Jahren nicht mit der Entwicklung des allgemeinen Lebensstandards Schritt halten und vielleicht sogar in ihrem Realwert absinken wird.

Das muß vermieden werden. Als Aushilfe habe ich vorgeschlagen: Erhöhung der Beiträge oder Heraufsetzung des Erwerbsalters um 1–2 Jahre, befristet auf diese 15 Jahre und genau dosiert nach dem recht genau vorausberechenbaren Fehlbedarf.

---

[2] Über die bei den Berufsgenossenschaften eingerichteten Familienausgleichskassen (FAK) erfolgte nach dem Kindergeldgesetz vom 13. Nov. 1954 (BGBl. I 333) die Beitragserhebung und Kindergeldzahlung.

Ich halte solche dosierten und zweckgerichteten Mehrbelastungen für tragbar und vertretbar. Es zeigt sich eben, daß Katastrophen von der Art der beiden Weltkriege nicht in wenigen Jahren verkraftet werden können, sondern auch noch Kinder und Enkel mit ihren Sekundärwirkungen treffen. Es wäre vielleicht sogar erzieherisch wertvoll, wenn solcherart einmal dem ganzen Volk drastisch vor Augen geführt würde, daß Prosperität eben nicht allein durch Verbesserung der sachlichen Produktionsmittel gesichert werden kann. Daß dazu vielmehr auch die schaffenden Hände gehören, also Menschen und kinderfreudige Familien, die sie hervorbringen.

Manche andere Gutachter haben im Gespräch mit mir die Meinung vertreten, es sei für diesen besonderen und genau abgegrenzten Zweck, nämlich die Überwindung jener kritischen 15 Jahre, dennoch eine beschränkte und genau dosierte Reserve-Kapital-Bildung empfehlenswert. Der heutige Deckungsbestand der Rentenversicherungsträger, den ich wohl auf etwa 6 Milliarden DM schätzen darf, würde auf Grund der Daten von heute schon zu $^3/_4$ ausreichen, um den Fehlbedarf dieser 15 kritischen Jahre zu decken. Bei weiter steigendem Lohnniveau läuft der Fehlbetrag freilich jeder vorgeplanten Deckung davon. Kapitalansammlung ist für eine Rentenversicherung mit dynamischer Rentenformel immer ein schlechtes Geschäft, weil ihre Ausgaben mit steigendem Lohnniveau größer werden, die angesammelten Vermögen aber bestenfalls ihren Realwert behaupten. Rationeller ist es stets, die Ausgaben aus den Einnahmen des gleichen Jahres zu decken. Gleichwohl halte ich die Bildung eines genau dosierten Deckungskapitals für diesen bestimmten Zweck für durchaus diskutabel.

16. Nicht beipflichten kann ich hingegen dem Argument, eine Kapitaldeckung sei auch als Sicherung gegen etwaige wirtschaftliche Rückschläge, auf deutsch: Wirtschaftskrisen mit Massenarbeitslosigkeit und stark rückläufigem Beitragsaufkommen, wünschenswert oder gar notwendig.

Ich weiß nicht, ob die heute – gerade im Volk – verbreitete Krisenfurcht noch berechtigt ist. Wir haben immerhin seit 1929 einiges hinzugelernt. Aber gesetzt den Fall, es wäre doch so. Was würde uns im Krisenfall ein Deckungskapital nutzen? Wenn es zinsbringend angelegt, d.h. investiert worden ist, kann es nur in sehr langsamem Zeitmaß, bestenfalls im Zeitmaß der Abschreibungen, desinvestiert und in Rentengeld zurückverwandelt werden, – immer aber zum Schaden der Volkswirtschaft. Erst recht in der Krise würde allein der Versuch einer Liquidation von Deckungsbeständen die Krise unerhört verschärfen. Diskutabel wäre nur die Anlage des Deckungskapitals als zinsloses Guthaben bei der Zentralnotenbank. Das käme ersichtlich einer laufenden Stillegung von Zahlungsmitteln gleich, und die Abrufung dieser Guthaben im Krisenfall hieße dann: Neuschöpfung von Zahlungsmitteln. Es würde zu weit führen, das Für und Wider dieser Verfahrensweise näher zu erörtern.

Was ich zur Erhaltung der Liquidität der Rentenversicherungsträger im Krisenfall anzubieten habe, ist mutmaßlich dasselbe, was Sie meine Herren Minister, ohnehin als Mittel der Krisenbekämpfung einsetzen werden und als Plan für den Fall X in der Schublade liegen haben. Nämlich autonome Kaufkraftschöpfung durch Verschuldung des Staates an die Zentralnotenbank. Nennen Sie es meinetwegen deficit spending. Was im Falle einer allgemeinen Wirtschaftskrise den Rentenkassen an Beitragsaufkommen fehlt, muß ihnen aus dieser Quelle, d.h. keinesfalls aus dem Steueraufkommen, vom Staat zugeschossen werden. Das ist die beste Art, die konjunkturpolitische Spritze der Kaufkraftschöpfung, die ja im Krisenfall nicht inflationistisch, sondern eher nur antideflationistisch wirkt, an der richtigen Stelle anzusetzen, nämlich zur Belebung des rückläufigen Massenkonsums. Konjunkturpolitik und Bedürfnisse der Rentenversicherungsträger gehen hier Hand in Hand.

17. Ich habe, in weitgehender Übereinstimmung mit dem 4-Professoren-Gutachten, empfohlen, die neue Rentenversicherung sozusagen chemisch rein herauszupräparieren, als Rentenversicherung für die Alten und ihren Witwen und Waisen, die Lebensrisiken der Arbeitsunfähigkeit durch Krankheit oder Unfall zusammen mit denen der Frühinvalidität und des Frühtodes aber einem zweiten System von Risikenträgern aufzulasten, das sich m.E. in stark differenzierten Einheiten, z.B. nach Wirtschaftszweigen und sogar noch in räumlicher Unterteilung, organisieren könnte. Es fehlt die Zeit, diese Empfehlung näher zu begründen. Ich darf auf das 4-Professoren-Gutachten und meine Denkschrift verweisen.

18. Für die Trägerschaft der reinen Rentenversicherung hatte ich die Naivität, eine einheitliche Rentenkasse des deutschen Volkes zu empfehlen, dies wirklich nur aus der sachlichen Erwägung, daß die Rechnungsgrundlagen der Rentenformel nach dem Gesetz der großen Zahl um so sicherer werden, je mehr das Strukturbild der Versicherten mit dem des Gesamtvolks übereinstimmt. Dies insbesondere im Hinblick auf die Entwicklung. Es ist z.B. heute schon abzusehen, daß die Quote der Bergbautätigen in den kommenden Jahrzehnten abnehmen wird, ebenso die Quote der Wochenlöhner, während die Quote der Angestellten stark steigende Tendenz hat.

Nun, nachdem ich erfahren mußte, daß wohl das wichtigste Anliegen vieler Praktiker an die Reform der Rentenversicherung die Erhaltung der „Dreigliederung" ist, ziehe ich diese Empfehlung beschämt zurück und erkläre, daß mein Reformplan auch unter Beibehaltung der angeblich so sehr bewährten Dreigliederung realisierbar ist, wenn nur eines vorgesehen wird: ein Spitzenausgleich der Beitragsaufkommen. Ohne diesen Spitzenausgleich würde nämlich die Knappschaftsrente und auch die Invalidenrente binnen weniger Jahrzehnte notleidend, die Angestellten-Rente überliquide.

Für den Bergbau sind ohnehin Sonder-Bedingungen gegeben, die notwendig berücksichtigt werden müssen. Die relativ hohe Knappschaftsrente ist z. Zt. ein wesentliches Anreizmittel des Hauerberufs. Ohne diesen Anreiz würde die ZechenFlucht, das moderne Gegenstück zur altbekannten Landflucht, noch katastrophaler. Der marktkonforme Weg des Ausgleichs über den Lohn ist nicht gangbar, weil der Kohlenpreis ein politischer Preis ist und wohl auch für lange Zeit bleiben wird. Bleibt also nur der Staatszuschuß zur Knappschaftsversicherung übrig. Ich halte ihn für unerläßlich, so wenig er in meine Konzeption paßt. Es geht hier wie überall: eine Sünde gegen die Logik des Marktes zieht mit Notwendigkeit eine Kette von weiteren Sünden nach sich.

277

19. Ich forderte klare Scheidung zwischen der gesetzlichen Rentenversicherung als zweckmäßiges Strukturelement der Lebensordnung unter wirtschaftlich eigenständigen, nicht hilfsbedürftigen Wirtschaftsbürgern von allen Maßnahmen der Versorgung und der Fürsorge für Arme und Schwache. Wir dürfen die Hilfeleistung an diese meist schuldlosen Katastrophen-Opfer, die z.Zt. zwar sehr zahlreich unter uns sind, mit fortschreitender Zeit aber größtenteils aus dem Bilde unserer Gesellschaft verschwinden werden, mit dem fundamentalen Anliegen der Rentenreform nicht in einen Topf werfen. Es ist für einen Arbeitnehmer, der durchaus willens und imstande ist, für seine soziale Sicherheit selber aufzukommen, entwürdigend, wenn ihm die irrige Meinung aufgedrängt wird, auch er lebe im Grunde von der Wohltätigkeit irgend eines mächtigen Wohltäters. Es ist nicht so und jede falsche Optik, die diese Vorstellung nährt, treibt auf die Dauer auch den, der durchaus willens ist zu einem Dasein auf eigene Rechnung und Gefahr, in die Arme des Kollektivismus. Warnende Beispiele in andern hochgeachteten Ländern Europas, ich nenne England, Schweden, demnächst Holland, sollten uns zu denken geben. Die „Sozialreform", wenn wir nicht sehr wachsam sind, läuft Gefahr, uns dem totalen Versorgungsstaat abermals um einen Schritt näherzubringen. Dies zu verhüten, war und ist das Grundanliegen meiner Denkschrift.

Zugegeben, daß meine Prämisse, der Arbeitnehmer von heute sei nicht mehr funktionell arm, in einigen Fällen nicht stimmen mag. Es gibt auch heute noch eine Anzahl miserabel entlohnter Arbeitnehmer. Aber sie sind eine kleine Minderheit, und es bleibt zu prüfen, wieweit sie ihr Los durch Indolenz oder objektive Unfähigkeit selber verschuldet haben.

Ich habe Verständnis für die Einwendungen mancher Kritiker, die aus dem Impuls der Nächstenliebe fordern, das von mir in aller Strenge vertretene Leistungsprinzip, das Prinzip der Entsprechung von Leistung und Gegenleistung, müsse in der gesetzlichen Rentenversicherung um der Schwachen und Hilflosen willen mindestens durch Statuierung einer Mindestrente modifiziert werden.

Und dennoch sage ich nein. Die neu geordnete Rentenversicherung darf keine Wohlfahrtsveranstaltung sein. Es braucht in unserem Volk keiner zu hungern und zu frieren. Wer, ob mitschuldig oder unschuldig, den Anschluß an die Prosperität des Gesamtvolks nicht findet, soll der großzügigen Hilfeleistungen der übrigen gewiß sein. Bloß sollte ihm das, was ihm an Mitteln der Existenzsicherung fehlt, durch einen als solchen erkennbaren Fürsorge-Akt zugeteilt werden und nicht im Rahmen der eigenständigen Rentenversicherung. Sonst laufen wir Gefahr, die überwiegende Mehrheit unseres Volkes entgegen allen Tatsachen in die Rolle des Almosen-Empfängers zu zwingen. Und das wäre das Ende aller Freiheit. Darum: großzügiger Ausbau der staatlichen Fürsorge, aber radikale Trennung von Fürsorge einerseits und selbstverdienter Lebens-Sicherheit andrerseits.

20. Wir stehen an einem entscheidenden Wendepunkt, oder wie es Professor Höffner ausdrückt, am Start zu einer neuen Sozialpolitik. Der Begriffsinhalt des Sozialen, so wie ihn unsere Väter und Großväter – damals mit Recht – begriffen haben, ist obsolet geworden. Nicht mehr der Mangel, die Not, die Hilfsbedürftigkeit ist das Problem, – die unerschöpfliche Produktivität der Wirtschaft hat dieses

Problem im Großen und Ganzen gelöst und wird es in naher Zukunft vollends aus der Welt schaffen.

Das wirkliche Sozialproblem von heute ist wesentlich erzieherischer Art: durch sinnvolle gesellschaftliche Institutionen den Menschen von heute fähig zu machen zu einem Dasein in Freiheit und Selbstverantwortung und ihn zu immunisieren gegen die mächtigen Versuchungen der organisierten Unmündigkeit. Freiheit, Demokratie, Marktwirtschaft sind nur möglich unter eigenständigen, selbstverantwortlichen, kritischen und mündigen Menschen. Diesen freiheitswilligen Typus zu ermutigen, zu stärken, vor den Versuchungen des Massendenkens zu bewahren, ihn wieder willig zu machen zur Selbstverantwortung und Mündigkeit, ihn wieder wagniswillig und mutig zu machen, ihm zu zeigen, daß ein Dasein auf eigene Rechnung und Gefahr nicht nur lebenswert, sondern auch möglich ist, und endlich: die Bedingungen zu schaffen, die dieses Lebensgefühl tatsächlich rechtfertigen, – das ist das A und O aller freiheitlichen Sozialpolitik.

Dokument 10

Vorlage des Bundeskanzleramtes für die 6. Sitzung am 13. Dezember 1955[1]

GRUNDSATZFRAGEN DER ALTERS- UND INVALIDENSICHERUNG

Im Rahmen der Sozialreform steht die Sicherung für das Alter und für den Fall der Invalidität im Vordergrund, und zwar

I. der Kreis der in die Sicherung einzubeziehenden Personen,
II. Art und Umfang der Sicherung in der sozialen Rentenversicherung,
III. Finanzierung der Sicherung in der sozialen Rentenversicherung.

I. Personenkreis

1) Kreis der in eine durch Gesetz vorgeschriebene Sicherung einzubeziehenden Personen (Zwangssicherung):

a) alle Staatsbürger?
b) alle Erwerbstätigen?
c) alle Arbeitnehmer? (Ausnahme:

aa) Angestellte mit hohem Arbeitsverdienst?
bb) Arbeiter mit hohem Arbeitsverdienst)?

d) auch sicherungsbedürftige Selbständige (kleine Gewerbetreibende, kleine Landwirte und gewisse freie Berufe)?

aa) Einbeziehung in die bestehende soziale Rentenversicherung?
bb) Schaffung eigenständiger Sicherungseinrichtungen für Selbständige?
cc) Pflichtversicherung bei privaten Versicherungen?

2) Personenkreis der freiwilligen Versicherung in der sozialen Rentenversicherung:

a) freiwillige Weiterversicherung im Anschluß an eine Pflichtversicherung?
b) Selbstversicherung, zugelassen für alle ohne vorausgegangene Pflichtversicherung?

---

[1] Abgedruckt ist die Zusammenstellung des Bundeskanzleramtes für die 6. Sitzung des Ministerausschusses, übersandt mit Einladungsschreiben vom 7. Dez. 1955, aus B 136/36235. Unterstreichungen blieben unberücksichtigt. – Entwurf mit Ausführungen zu den einzelnen Punkten in B 136/1384. – Pühl bemerkte zu dieser Zusammenstellung in einem Schreiben an Paul Adenauer vom 29. Nov. 1955: „Für die Diskussion wird zur Zeit vom Generalsekretariat in Zusammenarbeit mit mir eine Zusammenstellung der Fragen der Alterssicherung vorbereitet, die nur im Raume der Politik entschieden werden können. Ich möchte unter allen Umständen vermeiden, daß durch eine ungenügende Vorbereitung der Sitzung die Diskussion auseinanderläuft und die längst fälligen Entscheidungen wieder nicht getroffen werden. Ich bemerke, daß es sich bei dieser Zusammenstellung nicht um Thesen in dieser oder jener Richtung handelt, sondern daß hierbei dem Sozialkabinett alle Denkmöglichkeiten vorgetragen werden, damit jede einzelne Frage nach jeder Richtung hin erschöpfend beraten werden kann" (Entwurf des Schreibens in B 136/1359).

II. Art und Umfang der Sicherung für die Fälle des Alters und der Invalidität

1) Getrennte Betrachtung und Behandlung der Lebenstatbestände Alter und Invalidität?

2) Alterssicherung

   a) Altersgrenze: 65 Jahre? Herabsetzung? Heraufsetzung? Sonderregelung für Frauen? Wahlmöglichkeit nach Erreichung der Altersgrenze zur Weiterarbeit ohne Rente mit Erhöhung der späteren Rente?

   b) Rentenformel für die Altersrente

      aa) Einheitsrente (gleichhohe Rente für alle zur Abdeckung eines Mindestbedarfs)?

      bb) Leistungsrente (Rente nach der individuellen Lebensarbeitsleistung, die sich im erzielten Arbeitsverdienst und den geleisteten Beiträgen ausdrückt)?

      cc) Anpassung der Rente an die wirtschaftliche Entwicklung

         cc1) wie bisher fallweise Erhöhung nach der politischen Lage?

         cc2) Indexrente mit automatischer Anpassung an die Lebenshaltungskosten?

         cc3) Anpassung an die Entwicklung der Löhne und Gehälter, und zwar: entweder nur im Zeitpunkt der Rentenfestsetzung oder auch während der Laufzeit der Rente?

      dd) Höhere Bewertung der Beiträge aus späteren Lebensjahren (etwa ab 55. Lebensjahr) zur Stärkung des Arbeitswillens.

   c) Höhe der Altersrente bei normal verlaufenem Arbeitsleben

      aa) Rente nur als Zuschuß zur Lebenshaltung (etwa 30–40% des Bruttoarbeitsverdienstes vergleichbarer Arbeitnehmer)? oder

      bb) Rente als Sicherung des im Arbeitsleben erworbenen Lebensstandards, etwa (unter Berücksichtigung der geminderten Bedürfnisse nicht mehr arbeitender Personen) 50–60% des Bruttoarbeitsverdienstes vergleichbarer Arbeitnehmer?

   d) Problem des sozialen Ausgleichs bei der Festlegung der Rentenformel:

      aa) Soll Rente genau den erzielten Arbeitsverdiensten und den nach diesen geleisteten Beiträgen entsprechen (reines Äquivalenzprinzip)?

      bb) Anhebung der Renten aus niedrigen Arbeitsverdiensten zu Lasten der Renten aus hohen Arbeitsverdiensten (sozialer Ausgleich)?

3) Invaliditätssicherung

   a) Vorrang von Vorbeugung (Prävention) und Wiederherstellung der Leistungsfähigkeit (Rehabilitation).

   b) Neuordnung der Invaliditätssicherung mit dem Ziel einheitlicher Maßnahmen auf den Gebieten der Prävention und Rehabilitation.

c) Maßnahmen der Rehabilitation:

aa) solche medizinischer Art,

bb) solche beruflicher Art,

cc) solche wirtschaftlicher Art (Übergangshilfen während des Verfahrens).

d) Nach Abschluß der Rehabilitation: Rente auf Zeit.

e) Bei dauernder, d.h. nicht behebbarer Invalidität Dauerrente.

f) Höhe der Invaliditäts-Dauerrente:

Soll für vorzeitige Invalidität die Rentenformel für die Altersrente so abgewandelt werden, daß mit der Invaliditätsrente eine ausreichende Lebenssicherung des Invaliden erreicht wird?

4) Anpassung des derzeitigen Rentenbestandes (bereits laufende Renten):

Die laufenden Renten sollen den neuen Rentenformeln angepaßt werden, und zwar im Interesse einer beschleunigten Abwicklung möglichst in pauschalierter Form.

III. Finanzierung der Alters- und Invaliditätssicherung in der sozialen Rentenversicherung

1) Deckungssystem für die Zukunft

a) Anwartschaftsdeckungsverfahren?

b) Jahresumlageverfahren?

c) Abschnitts-Deckungsverfahren mit dem Ziel, die Beiträge über einen bestimmten Zeitraum (5 bis 25 Jahre) konstant zu halten und im Hinblick auf die Überalterung der Versicherten eine für den dadurch bedingten Mehraufwand ausreichende Reserve bilden zu können?

2) Finanzierungsquellen für den zu erwartenden Mehraufwand einschließlich der Anpassung der laufenden Renten:

a) Verlangsamung des Vermögenszuwachses bei den Rentenversicherungsträgern (Verwendung eines Teiles der laufenden Überschüsse zu Leistungsverbesserungen).

b) Übertragung eines Beitragsprozentes von der Arbeitslosenversicherung auf die Rentenversicherung.

c) Beitragserhöhung:

aa) allgemein für Arbeitnehmer und Arbeitgeber?

bb) nur für Arbeitgeber?

cc) durch Einbeziehung gewisser Teile der betrieblichen Sozialleistungen in die Beitragsberechnung für die Rentenversicherung?

d) Beteiligung des Bundes an der Mittelaufbringung.

Dokument 11

**Vorlage des Interministeriellen Ausschusses für die
6. Sitzung am 13. Dezember 1955[1]**

DIE GESTALTUNG DER ALTERSSICHERUNG FÜR DIE IN DER SOZIALEN RENTEN-
VERSICHERUNG PFLICHTVERSICHERTEN PERSONEN

I.   Die bisherige Gestaltung der Alterssicherung und ihre sozialen und wirtschaftlichen Auswirkungen

1. Die bisherige Rentenbemessung und ihre sozialen Auswirkungen

Die Kritik an der bisherigen Alterssicherung nimmt ihren Ausgang vor allem
von der im Durchschnitt ungenügenden Höhe der Renten. Die Durchschnittsrenten
(ohne Kinderzuschüsse) betrugen im August 1955

	in der Rentenversicherung der Arbeiter	in der Rentenversicherung der Angestellten
für männliche Versicherte über 65 Jahre	109,40 DM	155,00 DM
für weibliche Versicherte über 65 Jahre	70,10 DM	121,10 DM
für Witwen	57,50 DM	73,30 DM

Dabei sind unter den Versichertenrenten an Personen über 65 Jahre auch Renten solcher Personen enthalten, die infolge Invalidität bereits vor Erreichen des 65.
Lebensjahres zugegangen sind. Demgegenüber betrugen die Bruttodurchschnittslöhne
der Industriearbeiter im August 1955 für Männer 402,– DM, für Frauen 230,– DM. Im
Jahre 1955 beträgt das Durchschnitts-Bruttoeinkommen aus unselbständiger Tätigkeit aller Arbeitnehmer 350,– DM im Monat. Weiterhin ist es wichtig festzustellen,
daß von den Renten der versicherten Männer (ohne Kinderzuschüsse) am 1.3.1953
lagen

in der Rentenversicherung der Arbeiter
                89,7 v.H.   unter 120,– DM
        und   99,6 v.H.   unter 150,– DM,

in der Rentenversicherung der Angestellten
                73,3 v.H.   unter 150,– DM.

---

[1]   Abgedruckt ist ohne Begleitschreiben die Vorlage des Interministeriellen Ausschusses vom
10. Dez. 1955 aus B 136/1362. Sie wurde den Mitgliedern des Ministerausschusses vom Bundeskanzleramt am 12. Dez. 1955 übersandt.

Diese Angaben umschließen sowohl die wegen Invalidität gewährten Renten, als auch die Renten an freiwillige Versicherte, die wegen ihrer im allgemeinen geringeren Höhe den Durchschnitt drücken. Von dem Rentenzugang des Jahres 1953 entfielen von den Renten für Männer auf freiwillige Versicherte 20% (IV) bzw. 21% AV.

In der Zeit seit 1.3.1953 sind die Durchschnittsrenten für Männer um 15,10 DM in der IV und um 18,30 DM in der AV gestiegen. (Einzelheiten siehe Anhang zu Seite 2)[2]

Renten in der genannten Höhe sind offensichtlich unzureichend.

Selbst die über dem Durchschnitt liegenden Renten, die nur auf Grund einer beträchtlich langen Arbeitszeit und höherer Verdienste erreicht werden, gewährleisten nicht eine Lebenshaltung, die auch bei Berücksichtigung der geminderten Bedürfnisse des alten und nicht mehr arbeitenden Menschen mit derjenigen des vorausgegangenen Arbeitslebens verglichen werden könnte.

Die bisherige Rentenbemessung führt aber nicht nur zu ungenügenden Renten, ihre Ergebnisse sind auch im Verhältnis der einzelnen Versicherten zueinander ungerecht. Dies beruht einmal auf der Zusammensetzung der Rente zum Teil aus festen Rentenbestandteilen, die ohne Rücksicht auf die frühere Beitrags- und damit auch Arbeitsleistung des Versicherten gewährt werden. Es beruht zum anderen – und zwar in noch viel stärkerem Maße – auf der Entwicklung der Löhne, von denen der Steigerungsbetrag der Rente abhängig ist. Da die Nominalhöhe der Löhne und Gehälter zumindest seit 1891 (Einführung der Invalidenversicherung) ständig gestiegen ist und voraussichtlich ständig weiter steigen wird – für größere Zeitabschnitte mindestens um 2% pro Kopf und Jahr –, die Bemessung der Steigerungsbeträge aber auf die Summe der tatsächlich verdienten Entgelte abgestellt ist, spiegelt die Rente nur das Durchschnittsentgelt während der gesamten Versiche-

---

[2] „Anhang zu Seite 2: (Vom 1.3.53 bis zum 1.8.55 haben sich die Durchschnittsrenten für Männer in der IV (AV) von 87,40 DM monatlich (127,80) und 15,10 DM (18,30) auf 102,50 DM (146,10) erhöht. Von dieser Erhöhung entfielen 14,10 DM (17,–) auf den durchschnittlichen Rentenmehrbetrag, der Rest auf das Wachsen der Steigerungsbeträge im Zuge der konjunkturellen Einkommenserhöhungen). Gegen diese Ziffern ist eingewandt worden: Nach der Statistik des Verbandes der Deutschen Rentenversicherungsträger entfielen von den Rentenfestsetzungen in der Zeit vom 1.4. bis 31.12.1950 allein 34 % aller männlichen Versicherten und 77 % aller weiblichen Versicherten auf die freiwillige Versicherung. Diese große Zahl der freiwillig Versicherten mit naturgemäß niedrigerem Renteneinkommen (lediglich Zusatzeinkommen) drückt den Durchschnitt der Rentenhöhe nicht unerheblich herab, so daß auch die Angabe, daß 90 v.H. aller männlichen Versicherten in der Invalidenversicherung ein Sozialeinkommen unter 120 DM haben, nicht als repräsentativ für die Gesamtsituation angesehen werden kann. Das gleiche gilt für die Vomhundertsätze der Durchschnittsrenten zum Durchschnittsnettoeinkommen der Industriearbeiter. Die vom Vertreter des Bundesfinanzministeriums aus dem Jahre 1950 angeführte Zahl ist nicht verwertbar, weil in jenem Jahre in großem Umfange Renten für freiwillig Versicherte zugegangen sind, die erst durch das Sozialversicherungsanpassungsgesetz von 1949 anspruchsberechtigt wurden. Es ist auch zu beachten, daß die obigen Zahlen über die Streuung der Rentenzahlbeträge nur die Renten für Männer betreffen und daß es keine sicheren Anhaltspunkte für wesentliche Unterschiede in der durchschnittlichen Rentenhöhe der freiwillig und der pflichtversicherten Männer gibt."

rungszeit wider, nicht aber auch die Höhe der Löhne und Gehälter vergleichbarer Versicherter im Zeitpunkt der Rentenfestsetzung.

Nimmt man beispielsweise an, daß ein Versicherter in den 10 Jahren von 1945–1954 ständig den jeweiligen Durchschnittslohn der Industriearbeiter verdient hat, so ist sein Arbeitseinkommen in dieser Zeit von 1800,– RM auf 4211,– DM jährlich gestiegen. Die Rente für diesen Versicherten würde zwar 31,4% des Durchschnittseinkommens aus diesen 10 Versicherungsjahren, aber nur 21,8% des Arbeitseinkommens vergleichbarer Versicherter im Jahre 1954 betragen.

Das Mißverhältnis zwischen Rente und Arbeitseinkommen im Zeitpunkt der Rentenfestsetzung wird um so größer, je länger die Versicherungsdauer und je größer die Wachstumsrate des Sozialprodukts ist; denn das durchschnittliche Jahreseinkommen, berechnet für die gesamte Versicherungszeit, das sich in der heutigen Rente spiegelt, wird infolge der Steigerung der Löhne und Gehälter mit wachsender Versicherungsdauer immer geringer.

Ursache dafür, daß die Höhe der Renten ungenügend ist und die Art ihrer Bemessung zu Ungerechtigkeiten führt, ist also in erster Linie die mit der Entwicklung der industriellen Wirtschaft zusammenhängende stetige Steigerung der Löhne und Gehälter. Diese in ihrer Bedeutung für die Sozialversicherung erst in neuerer Zeit erkannte Entwicklung konnte in der bisherigen Rentenformel noch nicht erfaßt werden.

2. Die wirtschaftlichen Auswirkungen der bisherigen Rentenbemessung

Die bisherige Rentenbemessung geht für die Festsetzung der Renten von den Entgelten aus, die vor Jahren und Jahrzehnten entrichtet worden sind. Diese Beiträge beruhen nicht nur auf den damals geringeren Entgelten, sondern sind darüber hinaus noch durch die gesetzlich fixierten Beitragsbemessungsgrenzen gering und nicht den damaligen Effektivverdiensten entsprechend. Insofern erscheinen die auf früheren Beiträgen beruhenden Renten im Vergleich zur Gegenwart besonders gering. Andererseits ist jedoch zu berücksichtigen, daß die Renten nicht ausschließlich auf früheren Beiträgen beruhen, sondern durch die verschiedenen Ergänzungsgesetze seit 1949 bereits im Rückgriff auf die laufenden Einnahmen erhöht worden sind. Trotz einer beträchtlichen Steigerung der Beitragseinnahmen, die sich infolge der prozentualen Bemessung der Beiträge im Einklang mit der Steigerung der Löhne und Gehälter entwickelt, bleiben also die Renten auf einem zu niedrigen Niveau. Daraus erklärt sich, daß die heute bei den Rentenversicherungsträgern vorhandenen Vermögen auf eine Höhe von fast 6 Milliarden DM angestiegen sind. Der Vermögenszuwachs allein im Jahre 1954 betrug rd. 1,7 Milliarden DM; im Jahre 1955 wird er trotz der Rentenerhöhung durch das Renten-Mehrbetrags-Gesetz voraussichtlich an 2 Milliarden DM heranreichen. Nimmt man entsprechend der Vorausschätzung des Arbeitskreises „Volkswirtschaftliche Bilanzen" und der Berechnung des Statistischen Bundesamtes eine Vergrößerung des Sozialproduktes um mindestens 2 v.H. pro Kopf der Bevölkerung und pro Jahr an, so wird das Vermögen der Rentenversicherung in beträchtlichem Umfange zunehmen und die Ergebnisse der versicherungstechnischen Bilanzen des Bundesministeriums für Arbeit, die zunächst von einem gleichbleibenden Sozialprodukt ausgehen mußten, bei weitem übersteigen. Während nach den versicherungstechnischen Bilanzen im Jahre 1973 die Rentenversicherung der Arbeiter und die Rentenversicherung der Angestellten zusammen einen Vermögensbestand von über 28 Milliarden DM erreichen werden, der sich bis zum Jahre 1993 lediglich auf 25 Milliarden, sodann erheblich stärker vermindern wird, muß unter Berücksichtigung der Entwicklung des Sozialprodukts eine beträchtlich höhere Vermögensanhäufung, die unter Umständen den doppelten Betrag erreichen könnte, angenommen werden.

Eine solche Vermögensanhäufung bei öffentlich-rechtlichen Körperschaften würde wegen ihres Umfangs nicht ohne Auswirkungen auf das Gefüge der sozialen Marktwirtschaft bleiben und möglicherweise innerhalb des Staates wirtschafts- und finanzpolitische Schwerpunkte bilden, deren Bedeutung nicht zu übersehen ist. Darüber hinaus dürfte es auch der gegenwärtigen Generation nicht zuzumuten sein, die doppelte Belastung zu tragen, die in der Übernahme der „alten Last" und in dem Neuaufbau von Vermögen in solchem Umfang liegt.

Zudem führt nach der Erfahrung der letzten Jahre die Vermögensansammlung bei den Rentenversicherungsträgern dazu, daß in bestimmten, in letzter Zeit sogar jährlichen Abständen Rentenerhöhungen verlangt und durchgesetzt werden, zumal einer Zunahme der Vermögen der Rentenversicherungsträger eine Steigerung der Löhne und Gehälter vorausgegangen ist, denen die Renten dann nachfolgen. Diese Verhältnisse haben von dem Zeitpunkt der Ansammlung eines größeren Vermögens an mit zu Anträgen auf Rentenerhöhungen geführt, denen von Fall zu Fall unter Einschaltung des politischen Kräftespiels auch stattgegeben wurde. Diese Form der Rentenerhöhung mit ihren teilweise zufälligen Ergebnissen hat nicht zu einer wirklichen sozialen Befriedung geführt. Der zukünftige Gesetzgeber steht vor der Wahl entweder weiterhin eine fallweise Regelung zu treffen oder die Gestaltung der Alterssicherung auf die veränderten Bedürfnisse der Gegenwart und die Abstimmung mit den jeweiligen wirtschaftlichen Gegebenheiten abzustellen.

II.   Vorschläge zur Neugestaltung der Alterssicherung[3]

1. Die Anpassung der Renten an die Löhne

Den dargestellten sozialen und wirtschaftlichen Unvollkommenheiten der gegenwärtigen Rentenbemessung ist durch die Anpassung der Renten an die veränderten wirtschaftlichen Gegebenheiten zu begegnen.

Als Maßstäbe für die Angleichung der Renten kommen in Betracht

[1.1]   a) die Veränderungen der Preise und somit die veränderten Kosten der Lebenshaltung,

[1.2]   b) die Entwicklung der Löhne und Gehälter.

---

[3] Aufgrund der unübersichtlichen Gliederung wurde für diesen Teil in eckigen Klammern eine numerische Gliederung eingefügt.

[Zu 1.1] Zu a): Bei einer Anpassung der Renten an die Änderungen der Preise würde es sich um einen Ausgleich der Geldwertänderungen handeln. Maßstab für diese Änderungen wäre der Index der Lebenshaltungskosten. Die Anwendung dieses Maßstabes entspricht aber nicht den Grundsätzen der in der Bundesrepublik bestehenden Wirtschaftsordnung; auch könnten sich Gefahren für die Stabilität der Währung ergeben. Eine Bindung der Renten an die Preise könnte bei Preissteigerungen zu Rentenerhöhungen führen, während die Löhne konstant bleiben. Damit würde ein ausgewogenes Verhältnis zwischen Ausgaben und Beitragseinnahmen der Rentenversicherung gestört werden. Eine Anpassung an den Lebenshaltungskostenindex bedeutet zudem eine generalisierende Abstellung auf den Bedarf, dessen Berücksichtigung im einzelnen wie im großen abzulehnen ist. Die in einem solchen System liegenden Gefahren zeigen sich vor allem in den nordischen Staaten (Norwegen, Dänemark, Schweden), die die Anpassung an den Lebenshaltungskostenindex mit der Feststellung nivellierter Renten (Volkspensionen) verbinden. Indexrenten führen der Tendenz nach zu einem Streben nach dem Indexlohn.

[Zu 1.2] Zu b): Die wirtschaftlichen Gegebenheiten und ihre Veränderungen zeichnen sich von der Seite der Produktion in der Entwicklung der Löhne und Gehälter ab. Wie auf der Aufbringungsseite durch die prozentuale Bemessung der Beiträge vom Arbeitseinkommen eine Kongruenz zwischen Wirtschaftsentwicklung und Beitragsaufkommen besteht, sollte auch auf der Seite der Leistungen eine entsprechende Regelung herbeigeführt werden. Dies ist erforderlich, damit – entsprechend der Regierungserklärung vom 20. Oktober 1953 – nicht nur die im Arbeitsprozeß Tätigen, sondern auch die aus dem Produktionsprozeß Ausgeschiedenen, also insbesondere die Altersrentner, an der steigenden Lebenshaltung der im Erwerbsleben Stehenden teilnehmen und die bestehende Wirtschaftsordnung auch von ihnen bejaht wird. Darüber hinaus wird durch eine solche im Einklang mit der Wirtschaftsentwicklung stehende Rentenbemessung von selbst erreicht, daß die Vermögen der Versicherungsträger sich in einem sowohl für die Gesamtwirtschaft zuträglichen als auch für die dauernde finanzielle Leistungsfähigkeit der Träger notwendigen Rahmen halten.

Hiergegen wurde geltend gemacht, daß steigende Löhne und Gehälter nicht ausschließlich auf Produktivitätssteigerungen, sondern u. U. auch auf einer Steigerung der Lebenshaltungskosten beruhen können, und daß somit auch eine an die Löhne und Gehälter gekoppelte Rente mittelbar eine Indexrente darstelle. Gegen eine solche Regelung sprächen folgende sachliche und politische Gründe:

a) die Beschränkung auf den Personenkreis der Zwangsversicherten würde eine soziale Ungerechtigkeit gegenüber solchen Personengruppen bedeuten, die durch den Abschluß von Privatversicherungsverträgen oder durch Sparguthaben selbst für ihr Alter vorsorgen; die Bevorzugung der Zwangsversicherten würde den demokratischen Grundrechten zuwiderlaufen. Etwaige Kaufkraftschwankungen und Geldwertveränderungen müßten jeweils durch einmalige Akte des Gesetzgebers ausgeglichen werden. Daß diese Angleichung in der Vergangenheit von Fall zu Fall vorgenommen werden mußte, sei kein Beweis dafür, daß durch die Koppelung der Renten an die Lohn- und

Gehaltsbewegungen nunmehr ein „geordnetes Verfahren" eingeführt werden müsse.

Eine besondere Behandlung der Versicherten der sozialen Rentenversicherung ist – abgesehen von der rein sozialpolitischen Aufgabenstellung – auch deshalb gerechtfertigt, weil diese Personen zwangsweise versichert sind. Der Staat hat, weil er diesen Personen Form und Umfang der Vorsorge verbindlich vorschreibt, auch die Verpflichtung, den Erfolg dieser Vorsorge für den einzelnen wirksam und ausreichend zu gestalten. Gegenüber anderen Formen der Vorsorge, deren Form und Umfang auf freiem Entschluß beruht, besteht nicht die gleiche Verantwortung.

b) Mit dem Eingeständnis, daß die Rente wertbeständig erhalten werden müsse, würde der Gesetzgeber selbst seinem Mißtrauen in die Stabilität der Wirtschaftsordnung Ausdruck geben, womit ein entscheidender Anstoß für eine Inflation und aufgrund von Gegenmaßnahmen für eine depressive Wirtschaftsentwicklung und krisenhafte Erscheinung gegeben werden könne.

Dieser Einwand trifft nicht zu. Es handelt sich auch nicht allein darum, die Rente wertbeständig zu halten, vielmehr ist entscheidend, daß der periodische Zuwachs des Sozialproduktes nicht allein der erwerbstätigen Bevölkerung, sondern auch den Rentenempfängern zugute kommt.

c) Eine Koppelung der Renten an die Löhne bedeute einen Machtzuwachs für die Gewerkschaftsbewegung.

Wenn es zutrifft, daß Rentenempfänger bei der vorgeschlagenen Regelung an Lohnerhöhungen interessiert sind, so werden sie in gleichem Maße daran interessiert sein, daß Lohn- und Rentenerhöhungen nicht durch Preiserhöhungen gegenstandslos gemacht werden, d.h. daß Lohnerhöhungen sich im Rahmen des Produktivitätszuwachses halten. Außerdem ist, solange die Rente nur im Zeitpunkt ihrer Festsetzung in ein Verhältnis zu den gegenwärtigen Löhnen gebracht wird, nicht einzusehen, warum die Rentner an Lohnerhöhungen interessiert sein sollen, die ihnen nach erfolgter Festsetzung der Renten keine Vorteile mehr bringen.

d) Eine wie auch immer geartete automatische Regelung für die Rentenbemessung bedeute, daß sich der Gesetzgeber eines Teiles seiner Regierungsgewalt sowie eines Teiles der ihm obliegenden Verantwortung begebe.

Die rechte Verantwortung des Staates muß darin gesehen werden, daß sich ständig wiederholende, den sozialen Frieden störende politische Auseinandersetzungen um die Bemessung der Rente vermieden werden.

Soll eine Rentenformel, die die Veränderungen der Arbeitsentgelte berücksichtigt, entwickelt werden, so könnte das aus folgenden Ansätzen heraus geschehen:

Es wird festgestellt, in welchem Verhältnis das Arbeitsentgelt eines Versicherten zum Durchschnittsentgelt aller vergleichbaren Arbeitnehmer steht. Dieses Verhältnis wird in Punktwerten ausgedrückt.

Die Summe dieser Punktwerte, dividiert durch die Zahl der Versicherungsjahre, drückt das Verhältnis aus, in dem das Arbeitsentgelt des Versicherten wäh-

rend seines gesamten Arbeitslebens zu dem Durchschnittsentgelt aller vergleichbaren Arbeitnehmer im gleichen Zeitraum gestanden hat.

Von dieser Bemessungsgrundlage wird als Rente je nach der Dauer der Versicherungszeit und damit der Zahl und Höhe der geleisteten Beiträge ein bestimmter
Vomhundertsatz gewährt, etwa nach 40 Versicherungsjahren 60% der Bemessungsgrundlage. Dieser Vomhundertsatz ist nach den finanziellen Möglichkeiten und
den sozialpolitischen Zielsetzungen zu bestimmen.

Durch eine solche Rentenformel wird die Bindung der bisherigen Rentenformel an Nominalbeträge früher bezogener Arbeitsentgelte und geleisteter Beiträge,
die – wegen der stetigen Erhöhung der Nominallöhne – heute zu den dargestellten
unbefriedigenden Renten führt, gelöst und dem Rentner eine Rente gewährt, die
seiner Lebensarbeitsleistung und dem jeweiligen „Sozialwert" seines Entgeltes und
seiner Beiträge entspricht. Gemessen an dem Anteil, den er durch seine Arbeit an
der Erstellung des Sozialproduktes während seines Arbeitslebens beigetragen hat,
wird er als Rentner während der Dauer des Rentenbezuges an dem dann erstellten
Sozialprodukt beteiligt.

Auch aus wirtschaftlichen Gründen kann ein Zurückbleiben der Renten hinter
der Entwicklung der Löhne und Gehälter auf lange Sicht nicht als erwünscht angesehen werden; denn zu einem stetigen Wirtschaftsaufstieg gehört, daß Investition
und Verbrauch in einem ausgewogenen Verhältnis zueinander stehen. Bei einer
wachsenden Wirtschaft ist erfahrungsgemäß die Gefahr eines Zurückbleibens des
Verbrauchs hinter den Investitionen latent vorhanden. Diese Gefahr ist bisher teilweise dadurch vermieden worden, daß sich Erhöhungen der Sozialleistungen von
Zeit zu Zeit und von Fall zu Fall immer wieder durchgesetzt haben. Wirtschaftlich
zweckmäßiger wäre es, die Erhöhungen der Renten in ein geordnetes Verfahren zu
bringen, das mit den übrigen wirtschaftlichen Gegebenheiten durch die Verbindung zum Lohn abgestimmt ist.

Gegenüber den Bestrebungen auf Einführung einer allgemeinen und deshalb
zwangsläufig nivellierenden Staatsbürgerversorgung, die allgemein abgelehnt wird,
kann eine individuelle Alterssicherung, d.h. eine an der Beitragsentrichtung und
somit der Arbeitsleistung der Versicherten orientierte Bemessung der Renten nur
dann begründet werden, wenn sie die Gegebenheiten und Folgen der wirtschaftlichen Entwicklung berücksichtigt.

2. Ausmaß und Verfahren der Anpassung der Renten an die Entwicklung der
Löhne und Gehälter

Eine Anpassung der Renten an die Entwicklung der Löhne und Gehälter ist in
verschiedenem Ausmaß und mit unterschiedlichen Verfahren denkbar. Es kommt
hierfür eine Anpassung der Renten an die Entwicklung der Löhne und Gehälter in
Betracht

[2.1]   a) im Zeitpunkt der Rentenfestsetzung,
[2.2]   b) auch während der Laufzeit der Renten.

[Zu 2.1] Zu a): Eine Anpassung der Renten an die Entwicklung der Löhne ist
vor allem für den Zeitpunkt der Rentenfeststellung von Bedeutung.

[2.1.1]   aa) Die Anpassung der in Zukunft festzusetzenden Renten

Hierfür ist die Rentenformel so zu gestalten, daß gleiche im Laufe des Lebens erbrachte Arbeitsleistungen auch dadurch gleich bewertet werden, daß die Entwicklung der Löhne in Rechnung gestellt wird. Dadurch werden die unerwünschten Auswirkungen der bisherigen Rentenformel, vor allem die ungenügende Höhe der Rente für den Zeitpunkt der Rentenfeststellung ausgeglichen. Damit wird erreicht, daß der einzelne Versicherte mit dem Ausscheiden aus dem Arbeitsprozeß nicht ein plötzliches stärkeres Absinken seines Lebensstandards in Kauf nehmen muß, als den geminderten Bedürfnissen des alten und nicht mehr arbeitenden Menschen entspricht.

Diese Rentenformel vermeidet auch unerwünschte Auswirkungen, wie sie etwa die in Österreich eingeführte Rentenberechnung zur Folge hat. Hier werden die Renten, um den gleichen Effekt – nämlich die Berücksichtigung der wirtschaftlichen Entwicklung bis zum Zeitpunkt der Rentenfestsetzung – zu erzielen, nach dem in den 5 letzten Jahren vor der Rentenfestsetzung erreichten Verdienst bemessen. Weil dies jedoch zu Ungerechtigkeiten führen würde, kann die Rente auch nach dem in den 5 Jahren nach Vollendung des 45. Lebensjahres erreichten Verdienst bemessen werden, wodurch der erwünschte Effekt wieder verhindert wird.

[2.1.2]   bb) Die Anpassung der Renten des Bestandes

Die vorstehende Anpassung der Renten an die Entwicklung der Löhne und Gehälter wirkt sich in besonderer Weise für die Renten des Bestandes aus. Um die in der Vergangenheit liegenden beträchtlichen Veränderungen der Löhne und Gehälter angemessen berücksichtigen zu können, ist es notwendig, die zur Zeit gewährten Renten in ein angemessenes Verhältnis zur Höhe der heute gezahlten Löhne und Gehälter zu bringen. Die Entwicklung der Löhne und Gehälter während der vergangenen 50 Jahre hat dazu geführt, daß heute die Durchschnittsrenten für über 65-jährige Männer in der IV und AV zu den vergleichbaren Brutto-(Netto-)einkommen der männlichen Versicherten in beiden Versicherungszweigen im Verhältnis von 27,2% (32,2%) und 31,0% (36,6%) stehen.

Eine soziale Befriedigung der nicht unbeachtlichen Bevölkerungsgruppe der Rentner kann nur erreicht werden, wenn sich das Verhältnis der Durchschnittsrenten zu den heutigen Durchschnittslöhnen entscheidend verbessert. Die Anpassung der Renten an die Löhne der Gegenwart ist Voraussetzung für die Anerkennung der sozialen Marktwirtschaft durch die aus dem Produktionsprozeß ausgeschiedenen Personen.

[2.1.3]   cc) Die vorläufige Größenordnung der Finanzierung

Die vorstehenden Vorschläge wirken sich im Augenblick besonders fühlbar für die Renten des Bestandes aus. Deren Anpassung an die Höhe der gegenwärtigen Löhne erfordert im gegenwärtigen Augenblick eine beträchtliche Erhöhung der Gesamtaufwendungen.

Das Ausmaß dieser Erhöhung hängt davon ab, in welchem durchschnittlichen Verhältnis die Renten zu den Löhnen stehen sollen. Nach vorläufigen groben Schätzungen, wie sie in der Ausarbeitung vom 16.8.55 (IV 4) dargestellt sind, soll von einer zusätzlichen Ausgabe von 3,5 Mrd. DM pro Jahr ausgegangen werden. Dabei wird nach 50 Versicherungsjahren ein Verhältnis von Altersrente zu Nettolohn von 60%, ein Verhältnis von allen Versichertenrenten (incl. Invaliditätsrenten) zum Nettolohn von 50% unterstellt. Besondere Leistungsverbesserungen für einzelne Gruppen von Versicherten (z.B. Frühinvalide, Witwen mit Kindern) sind dabei noch nicht berücksichtigt.

Unterstellt man Aufwendungen in Höhe von 3,5 Mrd. DM, so wären diese nicht aus einer Quelle zu decken, sondern es wären verschiedene Maßnahmen erforderlich. Hierfür kommen in Betracht:

[2.1.3.1]   a)   Finanzierung aus den Einnahmeüberschüssen der Rentenversicherungsträger

[2.1.3.2]   b)   Übertragung eines weiteren Beitragsprozents von der Arbeitslosenversicherung auf die Rentenversicherung

[2.1.3.3]   c)   Beitragserhöhung

           aa)   Allgemeine Erhöhung der Beiträge von Arbeitnehmern und Arbeitgebern

           bb)   Einbeziehung gewisser Teile der betrieblichen Sozialleistungen in die Beitragsberechnung für die Rentenversicherung

[2.1.3.4]   d)   Beteiligung des Bundes an der Mittelaufbringung

[Zu 2.1.3.1] [Zu] a) Finanzierung aus den Einnahmeüberschüssen der Rentenversicherungsträger

Eine Vermögensbildung bei den Rentenversicherungsträgern ist nicht in dem gleichen Umfange erforderlich, wie sie sich zur Zeit anbahnt. Die Gründe dafür und die finanziellen Möglichkeiten sind oben (I. 2) dargelegt worden. Es besteht wohl allseitig Übereinstimmung darüber, daß Vermögensüberschüsse in diesem Umfang nicht angehäuft zu werden brauchen. Daraus folgt, daß die Versicherungsträger zur Finanzierung der Rentenerhöhungen entscheidend mit beitragen können.

Auf der anderen Seite kann kein Versicherungsträger, der kalkulieren muß, auf jegliche Deckung der gegen ihn gerichteten und auf ihn zukommenden Rentenansprüche verzichten.

Über eine Kassenreserve hinaus muß daher ein Vermögensstock in begrenztem Umfange vorhanden sein. Ein reines Umlageverfahren kann daher nicht in Frage kommen. Hiervon ausgehend hat der Beirat für die Neuordnung der sozialen Leistungen ein Abschnittsdeckungsverfahren ins Auge gefaßt, bei dem unter Berücksichtigung der Entwicklung des Sozialprodukts ein Gleichbleiben der Beiträge innerhalb einer längeren Finanzperiode (zwischen 15 und 25 Jahren) gesichert ist. Ein Schwanken der Beiträge, wie es mit einem Umlageverfahren verbunden ist, sollte in jedem Fall vermieden werden. Daher sollten in einem „modifizierten Beitragsdeckungsverfahren" Mittel in solchem Umfange angesammelt werden, daß die Alterung der Bevölkerung und deren Auswirkung auf den Rentenaufwand zu einem Teil durch den Abbau dieser Vermögen aufgefangen werden können. Es kommt daher darauf an, den Vermögenszuwachs der Rentenversicherungsträger mittelbar durch deren Beteiligung an den Mehrausgaben auf ein vernünftiges Maß zu beschränken und die freiwerdenden Mittel für die Erhöhung der laufenden Leistungen einzusetzen. Dementsprechend sollten die gegenwärtigen Einnahmeüberschüsse der Rentenversicherungträger zur Deckung er Aufwendungen für die Rentenerhöhungen nur insoweit herangezogen werden, daß den Rentenversicherungsträgern etwa die Hälfte der derzeitigen Überschüsse zur Anlegung in Deckungskapitalien verbleibt. Für den derzeitigen Finanzbedarf von insgesamt 3,5 Mrd. DM ergibt sich somit für das laufende Jahr ein Betrag von etwa 1 Mrd. DM.

Ein anderer Vorschlag geht dahin, die Reserven der Rentenversicherung so zu bemessen, daß der Leistungsbedarf für ein Jahr vorhanden ist.

[Zu 2.1.3.2] [Zu] b) Übertragung eines weiteren Beitragsprozents von der Arbeitslosenversicherung auf die Rentenversicherung

Bereits beim Renten-Mehrbetrags-Gesetz ist zur Erleichterung der Kostentragung ein Beitragsprozent von der Arbeitslosenversicherung auf die Rentenversicherung übertragen worden. Die günstige Konjunkturlage und mit ihr die Abnahme der Arbeitslosigkeit ermöglicht es der Arbeitslosenversicherung weiterhin, Einnahmeüberschüsse zu machen. Es wird geprüft werden müssen, ob diese Überschüsse einen solchen Umfang haben daß ein Beitragsprozent von der Arbeitslosenversicherung auf die Rentenversicherung übertragen werden kann oder ob nur die Übertragung eines halben Beitragsprozents sich ermöglichen läßt. Ein Beitragsprozent würde für die Rentenerhöhungen rd. 550 Mio. DM ausmachen, ein halbes Beitragsprozent 275 Mio. DM.

[Zu 2.1.3.3] [Zu] c) Beitragserhöhung

aa) Eine allgemeine Erhöhung der Beiträge von Arbeitnehmern und Arbeitgebern.

Wenn eine allgemeine Erhöhung der Beiträge in Erwägung gezogen werden soll, muß davon ausgegangen werden, daß eine Beitragserhöhung um 1 v.H. eine zusätzliche Belastung der Versichertenentgelte um etwa 550 Mio. DM ausmachen würde.

bb) Einbeziehung gewisser Teile der betrieblichen Sozialleistungen in die Beitragsberechnung für die Rentenversicherung.

Schließlich wird es als erwägenswert betrachtet, die Aufwendungen der Betriebe für die zusätzliche soziale Sicherung ihrer Belegschaften mit zur Finanzierung der allgemeinen Sicherung aller Beschäftigten heranzuziehen. Sowohl vom Standpunkt der Versicherten als auch von einer die kleinen Betriebe nicht benachteiligenden Wirtschaftspolitik aus ist es nicht erwünscht, daß die gleiche Arbeit, wenn sie sich in einem Großbetrieb vollzieht, in ungebührlichem Maße besser entlohnt wird und für sie mehr Sicherheit geboten wird als für diejenige, die in kleineren Betrieben vor sich geht. Wenn aber die wirtschaftliche Entwicklung eine Arbeit in Großbetrieben durch eine vermehrte soziale Sicherheit für den einzelnen besser bewertet, so könnte daraus die Folgerung gezogen werden, daß diese Bewertung jedenfalls nicht zu übertriebenen Unterschieden führen darf. Die Finanzierung der betrieblichen Sozialleistungen wird dadurch gefördert, daß diese weder wie andere Gewinne mit Steuern, noch wie andere Entgeltleistungen mit Sozialversicherungsbeiträgen belastet werden. Es erscheint daher angebracht, die betrieblichen zusätzlichen Sozialleistungen dem vom Arbeitgeber dem versicherten Arbeitnehmer gezahlten Entgelt für die Arbeit hinzuzurechnen. Eine Ausweitung des Entgeltbegriffs für die Sozialversicherung (§ 160 RVO) auf alle Einkünfte und geldwerten Leistungen aus dem Arbeitsverhältnis erscheint auch begrifflich konsequent, wenngleich die sich ergebenden Schwierigkeiten bei der Erfassung solcher Leistungen nicht verkannt werden können. Bei einer Gesamtsumme von 5 Mrd. DM für betriebliche Sozialleistungen und einer den heutigen Beitragssätzen der Sozialversicherung entsprechenden Belastung dieser zusätzlichen Entgelte würde für die Finanzierung der Rentenerhöhungen ca. 1 Mrd. DM zur Verfügung stehen. Mit dieser Maßnahme wäre zugleich auch das Problem des Zusammentreffens von betrieblichen, aber steuerlich geförderten Leistungen mit Leistungen aus der Sozialversicherung erheblich abgemildert.

[Zu 2.1.3.4] [zu] d) Beteiligung des Bundes an der Mittelaufbringung

Seit Bestehen der Invalidenversicherung hat sich der Staat, seinerzeit das Reich, an den Aufwendungen der Rentenversicherung beteiligt. Der Bund trägt heute rd. 37% der Rentenauslagen. Da eine befriedigende Sozialordnung auch im Interesse des gesamten Staates liegt, erscheint es gerechtfertigt, daß sich der Bundeshaushalt an der Erhöhung der Rentenausgaben etwa in gleichem Ausmaß beteiligt. Dementsprechend ist die Beteiligung des Bundes an der Finanzierung der geschätzten 3,5 Mrd. DM Aufwendungen für Rentenerhöhungen mit rd. 1,2–1,5 Mrd. DM anzusetzen.

Für die Finanzierung der Rentenerhöhung könnten also herangezogen werden:

a) Finanzierung aus den Einnahmeüberschüssen der Rentenversicherungsträger	1,0	Mrd. DM
b) Übertragung eines weiteren Beitragsprozents von der Arbeitslosenversicherung auf die Rentenversicherung mindestens	0,275	Mrd. DM
c) Einbeziehung gewisser Teile betrieblicher Sozialleistungen in die Beitragsberechnung für die Rentenversicherung	1,0	Mrd. DM
d) Beteiligung des Bundes an den Erhöhungen der genannten Renten mindestens	1,2	Mrd. DM
zusammen	3,475	Mrd. DM

Zur Finanzierung bemerkt der Vertreter des Bundesfinanzministeriums:

a) Man dürfe nicht ein einzelnes Problem, wie hier dasjenige der Rentenversicherung, vorziehen und isoliert behandeln, sondern müsse den finanzwirtschaftlichen Zusammenhang aller Sozialleistungssysteme beurteilen. Auch sei die künftig zu erwartende Erhöhung des Leistungsaufwandes der Rentenversicherungen als Folge des vermehrten Zugangs von Altersrenten in die Kalkulation einzubeziehen.

Weder im Bereich der Versorgung noch in demjenigen der Fürsorge wird eine nennenswerte Erhöhung der finanziellen Anforderungen zu erwarten sein. Möglicherweise eintretende Erhöhungen der absoluten Richtsätze und Anrechnungsgrenzen werden durch die Abnahme der Sozialleistungsfälle in diesen Bereichen, wie sie auch durch eine Rentenerhöhung verursacht wird, zum mindesten weitgehend ausgeglichen.

Es ist nicht möglich, das Reformwerk in einem Zuge zu planen oder legislatorisch zu behandeln; deshalb sind in Etappen jeweils zusammenhängende Sachgebiete zu behandeln.

b) Gegen den Gedanken, gewisse Teile der betrieblichen Sozialleistungen durch Ausweitung des Entgeltbegriffs zur Finanzierung des zusätzlichen Bedarfs heranzuziehen, wird eingewandt, daß eine solche Maßnahme zur Einschränkung der betrieblichen Sozialleistungen und damit der genannten Größenordnung des Finanzaufkommens führen würde.

Es ist richtig, daß die Zunahme der betrieblichen Sozialleistungen durch die Ausdehnung des Entgeltbegriffs wahrscheinlich gebremst wird. Für die Annahme, daß der Umfang dieser Leistungen zurückgehen könnte, gibt es keine hinreichenden Beweise. Auf jeden Fall scheint es richtiger, die betrieblichen Sozialleistungen auf die hier vorgeschlagene Weise zu behandeln, als sie nach dem Vorschlag des Finanzministeriums in einer individuellen Bedarfsprüfung auf andere Sozialleistungen anzurechnen.

c) Es müsse nunmehr ernstlich der Versuch unternommen werden, unter den Gesichtspunkten des individuellen Bedarfs zu untersuchen, inwieweit durch eine Umschichtung innerhalb des Sozialhaushalts berechtigte Ansprüche befriedigt werden können. Eine Bundesbeteiligung könnte nur in Form einer Ausgleichsrente, die nach dem individuellen Bedarf zu bemessen wäre, in Aussicht gestellt werden. Da selbst sozialistische Länder die Bedarfsprüfung kennen, sollte an diesen ausländischen Regelungen ein Beispiel genommen werden.

Dieser Versuch würde bedeuten, daß die auf einem Rechtsanspruch beruhende Versicherungsleistung in eine ihrem Wesen nach fürsorgeartige Leistung umgewandelt wird. Eine solche Entwicklung würde einen Rückschritt hinter die mit dem Namen Bismarck verbundenen Errungenschaften der Sozialpolitik bedeuten; sie würde die Bundesregierung schweren politischen Gefährdungen aussetzen und ist deshalb unerwünscht.

[Zu 2.2] [Zu] b) Die Anpassung der Renten an die Löhne und Gehälter auch während der Laufzeit der Rente.

Über die zu a) vorgeschlagene Regelung hinaus (Anpassung im Zeitpunkt der Rentenfestsetzung) bleibt zu fragen, ob eine solche Methode als ausreichend und dem wirtschaftlichen Fortschritt genügend angesehen werden kann. Will man die Renten auch während ihrer Laufzeit in bestimmten Zeitabständen der Entwicklung der Löhne anpassen, so müßte die nach der Rentenformel zu a) vorgesehene Rentenrechnung nicht nur für den Zeitpunkt der Rentenfestsetzung erfolgen, sondern auch für die Laufzeit der Renten gelten. Hierfür spräche insbesondere die zunehmende Alterung der Bevölkerung, aus der eine längere Laufzeit der Renten – und zwar sowohl der Alters- wie der Invaliditätsrenten – sich ergibt. Bei einer beträchtlichen Laufzeit der Renten würde die sich in der Entwicklung der Löhne und Gehälter ausdrückende Steigerung der Produktivität nur den im Erwerbsprozeß stehenden Personen zugute kommen. Wenn auch eine solche Zuordnung des Produktivitätszuwachses in der Natur der Sache liegt, so läßt sich doch nicht verkennen, daß über Zeiträume von 10–20 Jahren hinweg der Abstand zwischen diesen Personen und den Rentnern in einem so außerordentlichen Maße anwachsen würde, daß sich hieraus soziale Spannungen und sich ständig erneuernde Forderungen an den Gesetzgeber ergeben würden. Auf der anderen Seite ist das Ausmaß, in dem eine Anpassung der Renten an die Änderungen der Löhne und Gehälter auch während der Laufzeit der Rente erfolgen könnte, nicht unbedingt gleich dem Maß der Steigerung der Löhne zu setzen. Es ergeben sich hierfür folgende Möglichkeiten:

aa) Die Anpassung der Renten durch Akte der Gesetzgebung von Fall zu Fall.

bb) Die Anpassung der Renten auf der Basis des vorhergehenden Jahres in gleichem Ausmaß wie die Entwicklung der Löhne und Gehälter.

cc) Die Anpassung der Renten in der Hälfte des Ausmaßes der Entwicklung der Löhne und Gehälter auf der Basis des vorausgegangenen Jahres.

dd) Die Anpassung der Renten mit einer Verzögerung von 3 bis 5 Jahren derart, daß die Erhöhung der Renten dem Ausmaß der Lohnsteigerungen entspricht, das zu jener Zeit erreicht worden ist.

Gefahren, wie sie bei der oben erörterten Anpassung der Renten an die Lebenshaltungskosten dargelegt wurden, bestehen bei einer der Lohnentwicklung angepaßten Entwicklung der Renten nicht, insbesondere dann nicht, wenn die Lohnerhöhungen auf einer echten Zunahme der Produktivität beruhen. Hinsichtlich der Größenordnung muß noch berücksichtigt werden, daß das Verhältnis von Gesamtrentenaufwand zur Bruttolohnsumme zur Zeit etwa 1:9 ist. Eine Erhöhung der Bruttolohnsumme hat also nur eine Erhöhung des Rentenaufwandes um etwa ein Zehntel der Bruttolohnsummenerhöhung zur Folge; primäre Störungen des Wirtschaftslebens werden auch aus diesem Grunde von einer Anpassung der Renten an die Löhne im allgemeinen nicht ausgehen.

Dokument 12

Memorandum von Wilfrid Schreiber:
Zur Reform der gesetzlichen Rentenversicherung[1]

Sehr geehrter Herr Bundeskanzler!

Gemäß der Weisung, die Sie mir am 13. Dezember gegeben haben, lege ich Ihnen hiermit fristgerecht meine Ausarbeitung „Zur Reform der gesetzlichen Rentenversicherungen" in 31 Exemplaren vor. Ein Exemplar liegt diesem Brief bei. Die 30 anderen habe ich Herrn Staatssekretär Dr. Globke zugeleitet.

Ihr Ihnen aufrichtig ergebener

Wilfrid Schreiber

MEMORANDUM ZUR ERGÄNZUNG MEINES REFERATS VOR DEM „MINISTERAUSSCHUSS FÜR DIE SOZIALREFORM" ZU BONN, AM 13. DEZEMBER 1955. DEM HERRN BUNDESKANZLER UND DEM MINISTERAUSSCHUSS DER BUNDESREGIERUNG VORGELEGT AM 31. DEZEMBER 1955.

Inhalt[2]

A. Grund-Thesen

B. Grundforderungen zur Rentenversicherungsreform

C. Grundzüge einer Neuordnung

D. Rentenreform und Bevölkerungsbewegung

E. Die erweiterte dynamische Rentenformel

F. Was geschieht bei rückläufiger Konjunktur?

G. Einzelfragen der Rentenversicherungsreform

    1. Zur Organisation

    2. Zur Abgrenzung der Risiken

    3. Der Personenkreis der Pflichtversicherten

H. Die relative Höhe der Renten

J. Sozialversicherung und volkswirtschaftliche Kapitalbildung

K. Der Übergang von der heutigen zur reformierten Rente

---

[1] Abgedruckt ist die behändigte Ausfertigung des Schreibens und des Memorandums vom 30. Dez. 1955 in B 136/1384. Hervorhebungen im Text blieben unberücksichtigt. – Das Memorandum wurde am 4. Jan. 1956 vom Bundeskanzleramt den Mitgliedern des Ministerausschusses zugeleitet.

[2] Die Seitenangaben des Inhaltsverzeichnisses blieben unberücksichtigt.

A. Grund-Thesen.

Sicherung des Einkommens auch in Zeiten versiegenden Arbeitseinkommens (Alter, Krankheit, Invalidität) ist grundsätzlich auf zweierlei Weise möglich.

1. Durch Ansammlung zinsbringenden Vermögens, dessen Zinsertrag als Einkommen verzehrt wird.

Diese „bürgerliche Lösung" des Vorsorge-Problems ist heute (und wegen der sinkenden Tendenz der Vermögenserträge vielleicht für immer) der Masse der Staatsbürger unerreichbar.

Als zusätzliche Quelle der Existenzsicherung ist jedoch Vermögensbildung aus vielen ökonomischen und soziologischen Gründen erstrebens- und fördernswert. (Politik der Eigentumsbildung in breiten Schichten ist neben der Rentenreform ein vorrangiges Anliegen der „Sozialreform").

2. Durch Konservierung heute verfügbarer Einkommensteile in Form von Gütern oder von Ansprüchen auf Güter (= Kaufkraft) von heute in die Zukunft.

Die Kaufkraft-Konservierung kann – ähnlich wie bei 1. – durch Ansammlung eines Vermögens aus gespartem Einkommen erfolgen, in der Absicht, das Vermögen später als solches aufzuzehren (d.h. nicht bloß seinen Zinsertrag zu verbrauchen).

Da in der Gesellschaft stets Arbeitstätige und Rentner gleichzeitig nebeneinander leben, überdecken sich hierbei ständig Spar- und Entspar-Prozesse. Im Gesamtbild der Volkswirtschaft ergeben die gleichzeitig erfolgenden Spar- und Entsparprozesse daher nur einen sehr kleinen Saldo effektiver Vermögensbildung, der u. U. auch negativ werden kann.

In einer stationären Gesellschaft, in der das Zahlen-Verhältnis zwischen Arbeitstätigen und Rentnern ($A:R$) konstant bleibt, bewirkt Altersvorsorge nach 2. überhaupt keine effektive volkswirtschaftliche Vermögensbildung. Die Entspar-Akte der Rentner werden durch die Sparakte der Arbeitstätigen gerade kompensiert. M.a.W.: der Unterhalt der Alten wird jeweils aus dem laufenden Sozialprodukt entnommen.

Diese Ordnung der Dinge ist auch die einzig sinnvolle und rationale. Ein einzelner kann ohne Schaden für das Gemeinwohl ein angesammeltes Vermögen verzehren. Das Volk als Ganzes kann dies nicht. Vermögensverzehr, der nicht durch gleichzeitige Vermögensbildung kompensiert wird, verringert die produktiven Kräfte und führt daher zur Verelendung der Gesamt-Gesellschaft.

Zudem können Vermögen im realen Sinn nur sehr langsam „verzehrt", d.h. in einem Strom von Konsumgütern aufgelöst werden. Denn volkswirtschaftliches Vermögen besteht ja notwendig aus Sachgütern, z.B. Maschinen oder Wohnhäusern. Ihre Rückverwandlung in Kaufkraft gelingt (beim Fehlen kompensierender Vermögens-Neubildung) nur im Zeitmaß ihrer Abnutzung: man unterläßt die an sich gebotene Ersatz-Investition und lenkt die damit frei werdenden produktiven Kräfte auf die Erzeugung von Konsumgütern. Diese Überlegungen führen zu dem Schluß:

Bei einer gesetzlichen Rentenversicherung, der $^4/_5$ des Volkes angehören und die daher mit volkswirtschaftlichen Größenordnungen zu operieren hat, kann auf die Fiktion einer Vermögensbildung in der Sicht des einzelnen ohne Schaden verzichtet werden. Da de facto die Renten der Alten doch immer aus dem laufenden Sozialprodukt entnommen werden müssen, wird die Ordnung von Leistung und Gegenleistung am einfachsten auf einem Solidarakt zwischen den jeweils Arbeitstätigen und den jeweiligen Rentnern begründet, der folgende Rechtsbestimmung enthält:

Die jeweils Arbeitstätigen verpflichten sich, die jeweils im Rentenalter stehenden Versicherten mit zu unterhalten und erwerben dadurch den Anspruch, in ihrem eigenen Alter von den dann Arbeitstätigen unterhalten zu werden.

Das bedeutet nichts anderes als eine Übertragung der Funktion der Solidarhilfe zwischen Alten und Jungen, die vordem – in Zeiten einfacherer Wirtschaftsstruktur – mühelos und selbstverständlich im Schoß der Familie, der kleinsten gesellschaftlichen Einheit, vollzogen wurde, heute aber die Kräfte der Familie übersteigt, auf das größere Sozialgebilde der Versicherten in ihrer Gesamtheit. Minister Erhard hat mit Recht darauf hingewiesen, daß diese Ordnung auch im Ethischen eine solide Begründung findet.

B. Grundforderungen zur Rentenversicherungs-Reform

I. Die soziale Rentenversicherung muß aus der Atmosphäre der „Armenfürsorge" herausgehoben werden, in die sie zu Unrecht hineingeraten ist. Der Arbeitstätige ist nicht mehr arm. Was der Staat für ihn leisten kann und soll ist: Vertragshilfe, Rechtssicherheit und Sorge um Stetigkeit der wirtschaftlichen Entwicklung (vgl. Abschnitt F).

Die gesetzliche Rentenversicherung ist von allen Elementen der Versorgung und der Fürsorge zu bereinigen. Sie soll sein: eine zweckmäßige Solidarveranstaltung unter eigenständigen, selbstverantwortlichen Menschen.

II. Dem Grundsatz der Äquivalenz von Leistung und Gegenleistung, bezogen auf jeden einzelnen Versicherten, ist im strengsten Sinne Geltung zu verschaffen. Eine „Neuverteilung der Einkommen" unter den Versicherten findet nicht mehr statt. Jede Rente soll individuell durch Beitragsleistungen verdient sein.

III. Staatliche Zuschüsse zur Rentenversicherung – ehemals sinnvoll, da die Versicherten eine kleine und hilfsbedürftige Minderheit im Volk bildeten – haben ihren Sinn verloren. Sie werden ja doch in Form von Steuern von den Versicherten selbst aufgebracht. Dieser Umweg ist unnütz, kostspielig und psychologisch schädlich: er suggeriert den Versicherten – entgegen den Tatsachen – das Bewußtsein der Hilfsbedürftigkeit. Laufende Staatszuschüsse zur gesetzlichen Rentenversicherung sollten daher durch das Gesetz ausgeschlossen werden. (Unberührt davon bleibt das Recht und die Pflicht des Staates zu Maßnahmen der Krisen-Verhütung, vgl. Abschnitt F).

Die dadurch eingesparten Etatmittel sollten zu – möglichst „gezielten", d.h. den Versicherten zugute kommenden – Steuersenkungen verwendet werden, sofern sie nicht, was wahrscheinlich ist, zur Aufbesserung der weiterhin notwendigen Hilfeleistungen des Staates (Versorgung, Fürsorge) benötigt werden.

IV. Die Rentenhöhe soll mit der Entwicklung des allgemeinen Lebensstandards Schritt halten und gegen Geldwertveränderungen abgesichert sein.

Eine in DM fixierte Rente wird bei steigender Volkswohlfahrt (mit der wir rechnen dürfen und müssen) in relativ kurzer Zeit immer wieder unzulänglich, auch im Falle völlig stabilen Geldwerts (erst recht bei sinkendem Geldwert). Zu fordern ist eine Rentenordnung, die die Anpassung der Renten an den erhöhten Standard der Gesellschaft mit einer gewissen Selbsttätigkeit vollzieht und uns vor der lästigen und peinlichen Notwendigkeit bewahrt, alle paar Jahre ein neues „Rentenanpassungsgesetz" (mit all seinen politischen und sozialen Unruhe-Wirkungen) erlassen zu müssen.

C. Grundzüge einer Neuordnung

Den Überlegungen zu A und den Grundforderungen B entspricht am besten eine Rentenordnung, die folgendes vorsieht:

1. Die arbeitstätigen Versicherten leisten jährlich (monatlich, wöchentlich) einen Beitrag zur Rentenversicherung in Höhe von b% ihres Arbeitseinkommens. Das gesamte Beitragsaufkommen wird in derselben (oder darauf folgenden) Periode an die im Rentenalter stehenden Versicherten verteilt.

2. Jede Beitragsleistung wird dem Versicherten nicht nur in DM, sondern auch in „Renten-Anspruchspunkten" gutgeschrieben. Der Punktwert einer Beitragsleistung errechnet sich als Quotient aus ihrem DM-Betrag und dem DM-Betrag der durchschnittlichen Beitragsleistung aller Versicherten.

> Beispiel: Schmitz hat im Januar 1956 ein Bruttoeinkommen von DM 460,–. Der im Gesetz statuierte Beitragsprozentsatz zur Rentenversicherung sei 12%. Schmitz zahlt also im Januar 1956 einen Beitrag von DM 55,20 (darin enthalten: der heutige Arbeitgeber-Anteil). Im gleichen Monat habe die Rentenversicherung bei 10 Millionen Versicherten ein Gesamt-Beitragsaufkommen von 690 Millionen DM. Der Durchschnittsbeitrag ist mithin DM 69,–. Der Punktwert des Januar-Beitrags von Schmitz ist also
>
> $$\frac{55{,}20}{69{,}00} = 0{,}8.$$

Beim Eintritt ins Rentenalter werden die im Lauf des Arbeitslebens erworbenen Anspruchspunkte jedes Versicherten aufaddiert und bilden fortan die Grundlage seines Rentenanspruchs.

An Anfang jeden Jahres berechnet der Versicherungsträger die Summe der Anspruchspunkte aller in diesem Jahr rentenberechtigten Versicherten und teilt den zur Verteilung verfügbaren Netto-Rentenfonds (Beitragsaufkommen des vergangenen Jahres abzüglich Verwaltungskosten) durch diese Gesamt-Punktzahl. Die Division ergibt den DM-Punktwert jedes Anspruchspunkts. Die Rente jedes einzelnen Rentenberechtigten für dieses Jahr ist das Produkt aus der Zahl seiner Anspruchspunkte und dem Punktwert dieses Jahres.

> Beispiel: Schmitz habe in 45 Arbeitsjahren eine Gesamtzahl von 620 Anspruchspunkten erreicht und trete damit im Jahre 2001 ins Rentenalter ein. Im gleichen Jahr machen mit ihm 3 Millionen Rentner eine Gesamtzahl von 1,5 Milliarden Anspruchspunkten geltend. Der verteilbare Rentenfonds betrage in diesem Jahr 14,4 Milliarden DM. Auf jeden Anspruchspunkt entfällt mithin eine Jahresrente von
>
> $$\frac{14,4}{9,6} = 9,60\,DM.$$
>
> Schmitz mit seinen 620 Anspruchspunkten erhält mithin in diesem Jahr eine Rente von 9,60 x 620 = 5952,– DM = monatlich DM 496,–.

Diese Rentenformel verbürgt jedem Versicherten mit durchschnittlichem Sterbealter eine vollständige Äquivalenz zwischen der Summe aller Beitragsleistungen und der Summe aller Rentenbezüge, gerechnet freilich nicht in DM, sondern – vereinfacht ausgedrückt – in „Stundenlöhnen am Zahltag", unter der Voraussetzung einer stationären Bevölkerung. (Da die Versicherten $^4/_5$ der Bevölkerung ausmachen, darf hier und im folgenden der Altersaufbau der Bevölkerung ohne großen Fehler mit dem der Versicherten gleichgesetzt werden). Oder genauer: Das Äquivalenzprinzip ist bei der vorgeschlagenen Rentenformel nur dann im strengen Sinne gewahrt, wenn das Zahlenverhältnis zwischen arbeitstätigen und rentenempfangenden Versicherten $A:R$ über alle Zeiten konstant bleibt.

> Wird diese Verhältniszahl
> $$\frac{A}{R} = v$$

kleiner (vergreisendes Volk, mehr Alte als Junge), so hält der Rentenpunktwert nicht Schritt mit der allgemeinen Wohlstandsentwicklung, sondern bleibt dahinter zurück.

> Wird v größer (wachsendes Volk, mehr Junge als Alte), so würden die Renten schneller steigen als die Einkommen.

> Die eine wie die andere Abweichung wäre unerwünscht und ein Verstoß gegen das Äquivalenzprinzip.

> Tatsächlich ist der Zustand einer stationären Bevölkerung (v = konstant) ein selten realisierter Sonderfall.

In der Bundesrepublik von heute haben wir mit folgenden Tatbeständen zu rechnen:

1. Der Altersaufbau der deutschen Bevölkerung ist durch die Folgen zweier Weltkriege (Geburtenausfälle, reiche Ernte des Todes unter den jungen Jahrgängen) stark gestört. Wir können daher mit Gewißheit voraussehen, daß die Verhältniszahl $A:R=v$ in den Jahren 1965 bis 1980 (rund gerechnet) erheblich kleiner wird (im Verhältnis 1:1,5 – im Durchschnitt 1:1,3) und sich dann wieder langsam erholt.

2. Die Lebenserwartung der Alten hat steigende Tendenz. Dank den Fortschritten von Hygiene und Medizin leben die Menschen länger. Auch dadurch vergrößert sich (bei feststehendem Rentenalter) die Zahl der jeweils zu versorgenden Rentner.

3. Vernachlässigen darf man die Veränderung des Bevölkerungsaufbaus durch Zu- und Abwanderung. (Auch unter den Sowjetzonen-Flüchtlingen sind die Jungen und Alten ziemlich gleichmäßig vertreten).

4. Ob auf weitere Sicht das Volk der Bundesrepublik ein wachsendes oder schrumpfendes Volk sein wird, ist noch nicht abzusehen. Z. Zt. stehen wir auf der Kippe zwischen der einen oder anderen Entwicklung (relativ stationäre Bevölkerung).

Eines aber ist klar: die Überlegungen zur Rentenreform offenbaren uns mit voller Deutlichkeit, daß die Existenzsicherung der Alten in einem vergreisenden und schrumpfenden Volk immer schwieriger, immer drückender und schließlich unmöglich wird.

Und umgekehrt: die Lasten der Altersvorsorge (konkret: die Höhe der Beiträge zur Rentenversicherung) werden umso kleiner, je mehr Kinder geboren werden und ins Arbeitsalter nachwachsen. Zu einer prosperierenden Volkswirtschaft gehört auf die Dauer unweigerlich auch ein gesundes Bevölkerungswachstum.

Die unausweichliche Folgerung ist: zu einer gesunden Wirtschafts- und Sozialpolitik, die den Kinderschuhen des statistischen Denkens entwachsen ist, gehört notwendig auch ein gewisses Mindestmaß von – horribile dictu! – „Bevölkerungspolitik", die darauf hinwirkt, daß die Bevölkerung mindestens nicht schrumpft, möglichst aber langsam anwächst, und die vorhandenen Triebkräfte zu einer solchen Entwicklung ermutigt und fördert (statt sie, wie bisher, zu bestrafen).

In meiner Denkschrift „Existenzsicherheit in der industriellen Gesellschaft" habe ich dargelegt, daß Familienpolitik und Rentenreform eigentlich als Einheit gesehen werden müssen: Ein Ehepaar, das mehr als 2 gesunde Kinder in die Welt setzt, leistet der Gesellschaft – auch im rein ökonomischen Sinne! – einen Dienst, ein Ehepaar mit weniger als 2 Kindern und erst recht die lebenslang Ehelosen bleiben der Gesellschaft einen Dienst schuldig. Aus diesem Sachverhalt müssen – fernab von jeder gefühlsbetonten Ideologie und unabhängig davon – nüchterne ökonomische Konsequenzen gezogen werden. Hier muß ich mich auf den bloßen Hinweis beschränken. Nur ungern und nur aus politischer Zweckmäßigkeit konzediere ich, daß das Problem der Rentenreform auch getrennt von den Anliegen der Familienpolitik in Angriff genommen werden kann. Im Gesamtbild einer „Sozial- reform" aber nimmt die Familienpolitik einen vorrangigen Platz ein.

D. Rentenreform und Bevölkerungs-Bewegung

Welche Folgerungen hat die Rentenreform aus den unter C 1–4 dargelegten demographischen Sachverhalten zu ziehen?

a. Gegen chronische Schrumpfung der Verhältniszahl *v* in einem absterben- den Volk und die dadurch verursachten Beitragsausfälle ist kein Kraut gewachsen. Das Übel muß an der Wurzel gefaßt werden: Ein Absinken der Geburtenziffer ist unter allen Umständen zu verhindern. Unter den Gründen hierfür ist die Sorge um die Rentenversicherung noch die geringste.

b. Von praktischer Bedeutung für die Reform der Rentenversicherung sind nur die Punkte C 1 (die 15 „kritischen Jahre" 1965–1980) und C 2 (wachsende Lebens- erwartung der Rentner). Zum Ausgleich für das hierdurch verursachte zeitweilige Manko an Beitragsaufkommen bieten sich folgende Maßnahmen an:

1. Heraufsetzung des Beitragsprozentsatzes,

2. Heraufsetzung des Rentenalters,

3. Bildung einer Kapitalreserve und Auflösung derselben in den Jahren un- zureichenden Beitragsaufkommens oder eine Kombination dieser 3 Maß- nahmen.

Zu 1.: Eine Heraufsetzung des Beitragsprozentsatzes, befristet auf die genann- ten 15 kritischen Jahre und genau dosiert nach dem Fehlbedarf, wäre eine einfache Lösung, aber auch die bedenklichste. Die Rechtskonstruktion eines „Solidaraktes zwischen jeweils 2 Generationen", ohnehin dem europäischen Rechtsdenken neu und ungewohnt, erfordert als Korrelat gebieterisch die Konstanterhaltung des Bei- tragsprozentsatzes. Dieser Satz müßte für alle Zeiten unverrückbar und jeglicher Manipulation entzogen sein. Seine Unantastbarkeit müßte vielleicht gar in der Verfassung (im Grundgesetz) verankert werden. Eine Höherbelastung der Beitrags- zahler jener 15 Jahre würde die Last, die Spät-Folgen der Weltkriege – denn darum handelt es sich ja – auf höchst willkürliche Weise verteilen.

Zu 2.: Heraufsetzung des Rentenalters, so unpopulär sie sein mag, könnte im- merhin als sinnvolle Folge der erhöhten Lebenserwartung motiviert werden. Wer länger lebt, dem kann auch ein – um 1–2 Jahre – verlängertes Arbeitsleben zuge- mutet werden. Dieser Aktionsparameter ist höchst wirksam. Er wirkt auf 3 Wegen: erstens erhöht er die Zahl der beitragzahlenden Versicherten (A), zweitens verrin- gert er die Zahl der rentenempfangenen Versicherten (R), drittens verringert er überproportional die Lebenserwartung der Rentenempfänger. Eine Heraufsetzung des Arbeitsalters dürfte zudem in sehr vielen Fällen gar nicht als „Opfer", eher als Vergünstigung empfunden werden.

Zu 3.: Die Bildung von Reservekapital ist in jedem Fall ein Verstoß gegen die Grundkonzeption der von mir vorgeschlagenen Reform. Wenn ich sie, abweichend von meiner Denkschrift, hier dennoch in Betracht ziehe und sogar empfehle, so geschieht dies aus folgenden praktischen und taktischen Gründen:

1. In den Händen der Rentenversicherungsträger befinden sich heute bereits Kapitalreserven im Gesamtbetrag von ca. 8 Milliarden DM. Viel mehr wird zur Überwindung der kritischen 15 Jahre kaum erforderlich sein.

2. Eine gewisse Kassenreserve muß ohnehin in Händen der Rentenversicherungsträger verbleiben.

3. Die kompromißlose Absage an jegliche Reservenbildung begegnet gerade bei den alten Praktikern den größten Widerständen. Sie werden sich mit meinen Reformvorschlägen viel eher befreunden, wenn ihnen – übergangsweise – ein Faustpfand in der Hand verbleibt.

E. Die erweiterte dynamische Rentenformel

Ich schlage daher, unter Zulassung eines begrenzten Reservekapital-Polsters, folgende (gegenüber Abschnitt C) erweiterte Rentenformel vor:

Aus dem Brutto-Beitragsaufkommen B_t des Rentenversicherungsträgers errechnet sich das Netto-Beitragsaufkommen B'_t nach der Formel

Netto – Beitragsaufkommen = Brutto – Aufkommen abzüglich Verwaltungskosten.

Als verteilbarer Brutto-Rentenfonds F_t jedes Jahres wird nicht das Netto-Beitragsaufkommen des vergangenen Jahres, sondern das arithmetische Mittel der Netto-Beitragsaufkommen der letzten drei Jahre zugrundegelegt:

$$F_{1963} = \frac{B'_{1962} + B'_{1961} + B'_{1960}}{3}.$$

Diese Mittelwertbildung[3] schaltet Zufallsschwankungen der Einkommensentwicklung aus.

Der zur Verteilung gelangende Netto-Rentenfonds F'_t ist gleich dem Brutto-Rentenfonds F_t zuzüglich oder abzüglich einer Ausgleich-Summe ΔF_t

$$F'_t = F_t + \Delta F_t,$$

die dem Reservekapital entnommen bzw. dem Reservekapital zugeführt wird.

---

[3] In der Vorlage ist hier folgende Fußnote eingefügt: „Diese Empfehlung verdanke ich einem Arbeitskreis der Wirtschaftsvereinigung Bergbau und Herrn Prof. Dr. H. Müller, Freiburg. Letzterer hält sogar eine Mittelwertbildung über 5 Jahre für ratsam."

Sie berechnet sich wie folgt:

Als Richtgröße wird die Verhältniszahl $A:R = v_{1955}$ für das Jahr 1955 berechnet (Zahlenverhältnis der abreitstätigen zu den rentenempfangenden Versicherten). Ist in einem späteren Jahr t dieses Verhältnis

$$v_t = v_{1955},$$

so ist

$$\Delta F_t = 0.$$

Ist v_t kleiner als v_{1955}, so wird die Ausgleichssumme ΔF_t so bemessen, daß $^3/_5$ des Beitragsausfalls, der durch die Schrumpfung von v_t verursacht wurde, ausgeglichen werden, also

$$\Delta F_t = \frac{3}{5}\left(\frac{v_{1955}}{v_t} - 1\right) F_t.$$

Im allgemeinen kann aber außerdem mit einem gleichzeitigen Steigen jedes Einzelbeitrages – nämlich im Gleichschritt mit der Entwicklung des Lohnniveaus – gerechnet werden. (Im Jahresdurchschnitt 3%). Der nur zu $^3/_5$ vollzogene v-Ausgleich hat zur Folge, daß die Renten langsamer steigen als das Lohnniveau. Sinken werden sie jedoch nicht. Sinken würden sie nur dann, wenn der Schrumpfungsprozentsatz von v größer wäre als das Zweieinhalbfache des Zuwachsprozentsatzes des Lohnniveaus, d.h. im Durchschnitt größer als 7,5%. Eine so starke jährliche Schrumpfung von v ist jedoch auch auf dem Höhepunkt der „Vergreisungsperiode" 1965–1980 nicht zu erwarten.

Ein Zahlenbeispiel: Wenn das Verhältnis $v = A:R$ (Zahl der Beitragszahler zur Zahl der Rentner) sich von einem Jahr zum andern um 5% verschlechtert, so würden bei gleichbleibendem Lohnniveau (also auch gleichbleibenden Einzelbeträgen) die Renten um 2% sinken. 3% würden dann dem Reservekapital entnommen. Steigt aber – wie im Durchschnitt zu erwarten – das Lohnniveau um 3%, so würden die Renten um rd. 1% mitsteigen.

Es ist also, bei anhaltend steigender Lohnentwicklung im Gefolge wachsender volkswirtschaftlicher Produktivität, mit hoher Wahrscheinlichkeit sichergestellt, daß die Renten auch im ungünstigsten Jahr nicht sinken. Die Konzession an den verschlechterten Altersaufbau der Bevölkerung besteht dann vielmehr nur darin, daß sie nicht im Tempo der Lohnentwicklung, sondern langsamer wachsen.

Nach überschläiger Rechnung reicht das heute vorhandene Reservekapital der Rentenversicherungsträger (ca. DM 8 Milliarden) für diesen Zweck schon aus, – heutiges Lohnniveau zugrunde gelegt. Da das Lohnniveau mutmaßlich bis 1980 weiter steigen wird, wäre eine weitere Reservekapitalbildung von je $^1/_2$ Milliarde bis 1965 eine erwünschte zusätzliche Sicherungsmaßnahme.

Bessert sich das Zahlenverhältnis v_t zwischen aktiven und passiven Versicherten wieder so weit, daß v_t größer wird als v_{1955}, so wird dem Brutto-Jahresrentenfonds F_t die volle Ausgleichssumme

$$\Delta F_t = F_t \left(1 - \frac{v_{1955}}{v_t} \right)$$

abgezogen und dem Reservekapital zugeführt. Hat das Reservekapital etwa die dreifache Höhe des Netto-Jahres-Rentenfonds erreicht, so ist weitere Erhöhung des Reservekapitals nicht mehr sinnvoll. Was darüber hinaus in späteren Jahren (bei weiter zunehmendem v_t) an Überschüssen ΔF_t anfällt, kann zur Beitragsrückvergütung an arbeitstätige Versicherte verwendet werden, evtl. mit Vorzug an verheiratete Versicherte mit mehr als 2 Kindern, – denn diese sind es ja, die das Anwachsen von v_t ursächlich herbeiführen.

Diese Rentenformel erlaubt es den Versicherungsträgern bzw. der Bundesregierung, den Versicherten gegenüber folgende Garantie auszusprechen:

„In Zeiten normalen Altersaufbaus der Bevölkerung steigen die Renten genau im Tempo der Einkommensentwicklung. In Zeiten gestörten Altersaufbaus der Bevölkerung steigen sie auch, jedoch etwas langsamer als das Einkommensniveau. Sinken werden sie aber nie!"

Meine Empfehlung, ein kleines Reserve-Kapital (bis zum Dreifachen des Netto-Jahres-Rentenfonds) zu bilden, ist und bleibt eine zögernd gemachte Konzession. Das Anhäufen von Reserven ist für eine Rentenversicherung mit dynamischer Rentenformel stets ein schlechtes Geschäft. Die Kapitalreserve behauptet bestenfalls ihren Realwert, – die Verpflichtungen steigen im Tempo der Lohnentwicklung.

F. Was geschieht bei rückläufiger Konjunktur?

Die Vertreter des Prinzips der Kapitaldeckung (auch in der abgeschwächten Form der „Abschnittsdeckung") pflegen gegen das hier empfohlene, auf einem neuartigen Umlage-Verfahren beruhende Rentensystem das Argument ins Feld zu führen, daß das Umlage-Verfahren bei rückläufiger Konjunktur (mit Kurzarbeit und eventueller Massenarbeitslosigkeit) versagen müsse.

Tatsächlich geht bei verbreiteter Kurzarbeit und erst recht bei Massenarbeitslosigkeit das Beitragsaufkommen stark zurück.

Es sind hierbei zwei Tatbestände zu unterscheiden:

a) Kurzfristige Schwankungen der Prosperität, die durch zufällige Häufung von strukturellen Anpassungsprozessen entstehen können, aber keine eigentliche „Wirtschaftskrise" bedeuten. Diese Schwankungen werden im allgemeinen durch die Mittelwert-Bildung des Beitragsaufkommens über 3 Jahre aufgefangen und ausgeglichen (vgl. Formel F_{1963}, Seite 14).

b) Die ernstere und alle Branchen treffende Wirtschafts-Stockung, die gemeinhin als Krise bezeichnet wird. (Drastisches Beispiel: Krise 1929–32).

Aber gerade im Fall einer sich abzeichnenden oder schon entwickelten Krise ist es nicht (oder doch nur in sehr begrenztem Maß) möglich, ein vorhandenes Deckungskapital zur Auffüllung des notleidenden Beitragsaufkommens heranzuziehen. Schon der Versuch einer Veräußerung von Vermögenswerten in der hier in Frage kommenden Größenordnung würde die Krise unerhört verschärfen.

Es wird entgegnet, man brauche die Vermögenswerte ja nicht zu verkaufen, es genüge, sie bei der Zentralbank lombardieren zu lassen. Ich antworte: Gewiß, aber dieser Lombard-Kredit der Zentralbank bedeutet zusätzliche Geldschöpfung, sonst nichts. Zusätzliche Geldschöpfung in der Krise oder bei beginnender Krise ist in der Tat das gegebene Mittel der Konjunkturpolitik. Dazu bedarf es aber keiner lombardfähigen Pfandwerte.

Das primäre Problem ist nicht „Wie schützen wir die soziale Rentenversicherung vor Krisen-Wirkungen?", sondern: „Wie bekämpfen, vermeiden, verhindern wir Krisen?"

Konjunkturpolitik ist eine legitime und unabdingbare Staatsaufgabe, auch und gerade in einer freiheitlichen Wirtschafts- und Gesellschaftsordnung. Politik der Krisenbekämpfung besteht aber in erster Linie darin, daß der Staat Einbrüche in die effektive Nachfrage (die ja das Agens der Krise sind) durch Nachfrage-Belebung, wenn nötig auf dem Wege der autonomen Kaufkraftschöpfung, kompensiert.

Autonome Kaufkraft-Schöpfung heißt: Verschuldung des Staates bei der Zentralbank (oder Abruf staatlicher Guthaben bei der Zentralbank). Die Möglichkeiten, die dadurch verfügbare Kaufkraft in Staatshand in effektive Nachfrage umzusetzen, sind zahlreich. (Zusätzliche Kreditgewährung an Unternehmungen zu verbilligtem Zinsfuß, – u. U. unwirksam –, Staats-Aufträge an die private Wirtschaft, z.B. verstärkter Straßenbau). Die konjunkturpolitisch sicherste Verwendungsweise dieser zusätzlichen Kaufkraft in Staatshand ist jedoch: Stärkung der Kaufkraft der Konsumenten. Denn diese setzt sich mit Gewißheit sofort in vermehrte effektive Nachfrage um.

Bisher ist als Mittel zur Verstärkung der Konsumenten-Kaufkraft im Krisenfall hauptsächlich die Steuersenkung in Betracht gezogen worden. Ein gleichwertiges Instrument der Konjunkturpolitik ist jedoch auch: die im Krisenfall vom Staat zu garantierende Kompensation des Beitragsausfalls der sozialen Rentenversicherungen.

Die Antwort auf die Frage „Was wird im Krisenfall mit dem Haushalt der Rentenversicherungsträger?" lautet also:

Der Staat verpflichtet sich, im Krisenfall den Trägern der Rentenversicherung aus Mitteln der autonomen Kaufkraftschöpfung Zuschüsse zu leisten, die den krisenbedingten Ausfall an Beitragsaufkommen kompensieren und eine ungestörte Weiterzahlung der Renten nach der geltenden Rentenformel sicherstellen.

Das ist keine „Subvention", sondern optimaler Einsatz der ohnehin notwendigen staatlichen Konjunkturpolitik. Die Garantie ungestörter Rentenzahlung ist ein höchst wirksamer Faktor der Konjunktur-Stabilisierung. Die Notwendigkeit staatlicher Konjunktur-Politik und die Bedürfnisse der Rentenversicherung gehen hier Hand in Hand.

Für den Krisenfall brauchen die Träger der sozialen Rentenversicherung keine Vorsorge zu treffen, – sie sind dazu auch gar nicht im Stande. Die Erhaltung ihrer Liquidität ist in der ohnehin unerläßlichen staatlichen Konjunkturpolitik a priori vorzusehen.

Die Rentenversicherungen erhalten im Krisenfall diese „Staatszuschüsse aus autonomer Kaufkraftschöpfung" als verlorene Zuschüsse, d.h. sie sind weder zu verzinsen noch zurückzuzahlen, (weil ja auch der Staat sie der Zentralbank weder zu verzinsen noch zurückzuzahlen braucht).

Praktisch von Bedeutung ist die Frage der Feststellung, von welchem Zeitpunkt an eine „Krise" vorliegt. Denkbar wäre z.B., daß der „Beschäftigungs-Notstand" bei Überschreitung einer bestimmten Dauer-Arbeitslosen-Zahl (7, 8, 9, 10% des Vollbeschäftigungsniveaus) verkündet wird, und daß diese Verkündung sofort die vorbereiteten Krisenbekämpfungs-Maßnahmen des Staates (darunter: Überweisung kompensatorischer Mittel an die Träger der Rentenversicherung) auslöst.

Bis zu diesem Zeitpunkt müßten die Rentenversicherungen sich selber helfen: Sie können es durch Inanspruchnahme ihres Reservekapitals, sofern dieses in leicht liquidierbarer Form gehalten wird. Die Frage, wie das Reservekapital angelegt werden soll, verdient sorgfältige Überlegung. Bestimmungen hierüber sollten in das neue Rentengesetz aufgenommen werden. Die Höhe der Rendite dürfte nur in letzter Linie in Betracht kommen. Sinnvoll wäre für diesen Verwendungszweck (Ausgleich des notleidenden Beitragsaufkommens bei beginnender Krise) die Anlage in Vermögenswerten, die die Zentralbank lombardieren kann. Denn die damit verbundene Verstärkung des Zahlungsmittel-Umlaufs ist bei beginnender Krise nicht nur unbedenklich, sondern heilsam (vgl. oben) und mit der dann gebotenen Zentralbank-Politik konform.

Anders in dem oben behandelten Fall der Inanspruchnahme des Reservekapitals in den Jahren ungünstigen Bevölkerungsaufbaus (D,3). Für diesen Zweck müßte das Reservekapital ohne Hilfe der Zentralbank liquidierbar sein.

Der Gedanke, im Krisenfall die Renten zu senken (mit der Begründung, daß ja auch die Arbeitstätigen dann Einkommensausfälle durch Kurzarbeit oder Arbeitslosigkeit hinnehmen müssen), ist nahe liegend, aber konjunkturpolitisch bedenklich. Wir wollen die Deflationspolitik der Jahre 1930–32, die – wie wir heute wissen – die damalige Weltkrise unerhört verschärft hat, auch im kleinen nicht wiederholen.

G. Einzelfragen der Rentenversicherungs-Reform

1. Zur Organisation.

Starke Kräfte drängen auf eine Beibehaltung der bisherigen dreigegliederten Rentenversicherung: Invalidenversicherung, Angestelltenversicherung und Knappschaft. Die Beibehaltung dieser 3 traditionellen Träger ist mit meinem Reformplan durchaus vereinbar, wenn nur im Gesetz ein Spitzenausgleich der Beitragsaufkommen vorgesehen wird.

Dieser Ausgleich ist allerdings unabdingbar. Die Gliederung der Arbeitnehmer in allgemeine Lohnempfänger, Bergbautätige und Angestellte ist starken strukturellen Wandlungen unterworfen. Die Quote der Lohnempfänger, insbesondere der Bergbautätigen wird in den kommenden Jahrzehnten mutmaßlich schrumpfen, die Quote der Angestellten zunehmen. Das würde – ohne Spitzenausgleich – zur Folge haben, daß Invalidenversicherung und Knappschaft notleidend, die Angestellenversicherung überliquide würden.

Für die Knappschaftsrente gelten überdies besondere Bedingungen. Die relativ hohe Knappschaftsrente ist z. Zt. ein wesentliches Anreizmittel des Hauerberufs. Ohne sie würde die Zechen-Flucht, das moderne Gegenstück zur altbekannten Landflucht, noch katastrophaler als sie es ohnehin schon ist.

Da jedoch der Kohle-Preis ein politischer Preis ist, vermag der Steinkohlenbergbau diesen höheren Aufwand nicht – wie dies bei freier Preisbildung möglich wäre – auf den Preis abzuwälzen. Es verbleibt mithin nur der Ausweg, den Staatszuschuß zur Knappschaftsrentenversicherung beizubehalten, – so sehr dies der Grundkonzeption meines Reformplans zuwiderläuft. (Es zeigt sich auch hier: Ein Verstoß gegen das marktwirtschaftliche Prinzip zieht immer eine Kette weiterer Verstöße nach sich.)

2. Zur Abgrenzung der Risiken.

Es erscheint mir sinnvoll, die soziale Rentenversicherung als reine Altersrenten-Versicherung aufzubauen (mit Einschluß der Witwen- und Waisen-Renten), das Risiko der Frühinvalidität also auszuklammern. Dabei ist es belanglos, ob die Frühinvalidität zusammen mit den Risiken Unfall und Krankheit, die ja stets die ursächlichen Vorstadien der Frühinvalidität sind, in einem einheitlichen System von „Gefahren-Gemeinschaften" zusammengefaßt werden, oder ob die Versicherung gegen Frühinvalidität in einer rechnerisch getrennten (mit eigenen Beiträgen finanzierten) „Abteilung B" der Rentenversicherungsträger organisiert wird.

Notwendig wäre aber auch in diesem Fall, die Träger der Risiken Unfall und Krankheit am Risiko Frühinvalidität finanziell stark zu beteiligen. Beim Unfall-Risiko ist dies schon heute der Fall (Unfallrenten zahlt die Unfall-Berufsgenossenschaft), bei Krankheit noch nicht. Es muß m.a.W. auch für die Krankenkassen ein starker Anreiz bestehen, den oft mühevollen Weg der „Rehabilitation" zu beschreiten (statt, wie bisher, der Versuchung des kostensparenden „Abschiebens" ihrer arbeitsunfähigen Versicherten an die Rentenversicherung zu unterliegen). Eine Rentenzahlung sollte nur bei festgestellter dauernder Invalidität erfolgen; während der Dauer von Heilverfahren zur möglichen Rehabilitation sollte dagegen nur eine Unterhaltshilfe gezahlt werden.

3. Der Personenkreis der Pflicht-Versicherten.

Unbestritten ist, daß der Rentenversicherungspflicht wie bisher grundsätzlich alle Arbeitnehmer unterliegen sollen.

Im Sinne meines Reformvorschlags sollte jedoch die Einkommensgrenze der Versicherungspflicht nicht starr in DM fixiert werden. Die Grenze sollte vielmehr ein bestimmtes Vielfaches (z.B. das Dreifache) des durchschnittlichen Arbeitseinkommens des vergangenen Jahres sein.

Und ferner: die Bezieher von Einkommen, die die Pflichtgrenze übersteigen, sollten nicht gänzlich, sondern nur mit ihrem die Grenze überschreitenden Teil des Einkommens aus der Versicherungspflicht entlassen werden. (Dies vor allem zur Sicherung der wahrscheinlichkeitsmathematischen Rechnungsgrundlagen der Rentenversicherung).

Die Einbeziehung der kleinen Selbständigen (Freie Berufe, Handwerker, Einzelhändler, Kleingewerbetreibende, evtl. Kleinbauern) in die Versicherungspflicht wäre zu überlegen.

Übrigens wird, da die gesetzliche Rentenversicherung nach meinem Vorschlag eine unvergleichlich günstige Form der Altersvorsorge und Geldanlage darstellt, bald nicht mehr von Versicherungspflicht, sondern eher von einem Recht auf Teilnahme an dieser Einrichtung die Rede sein.

H. Die relative Höhe der Renten

Der von mir entwickelte Reformvorschlag besteht unabhängig von der relativen Höhe der Renten, für die sich der Gesetzgeber entschließen will. Er ist gleichermaßen anwendbar, – ob nun als Richtmaß für die Altersrente 50% , 60% oder 75% (oder irgend ein anderer Prozentsatz) vom zeitgenössischen Brutto-Einkommen eines arbeitstätigen Versicherten gleichen Berufsstandes zugrunde gelegt werden.

Als Grundlage für die Entscheidung des Gesetzgebers müßte zunächst, nach den bekannten Regeln der Wahrscheinlichkeits-Mathematik, berechnet werden, wieviel Prozent Rente jedes Beitragsprozent erbringt, wenn ein Arbeitsleben von 45 Jahren zugrunde gelegt wird. Diese Verhältniszahl dürfte nicht allzu weit von 3 entfernt liegen. Einer Rente von 60% entspräche mithin ein Beitrag von 20% (darin eingeschlossen der Arbeitgeber-Beitrag).

Die Gesamtheit der Versicherten (und – nach ihrem Votum – der Gesetzgeber) wird sich danach zu entscheiden haben: Hohe Rente – hoher Beitrag, geringe Rente – geringer Beitrag. Es handelt sich hier um eine für die Lebensgestaltung jedes einzelnen Versicherten entscheidende wirtschaftliche Disposition auf weiteste Sicht.

Freiwillige Höher-Versicherung ist nach meinem Reformplan nicht möglich; sie würde die Rechnungsgrundlagen zerstören. Da es viele Wege der zusätzlichen, nicht-gesetzlichen Altersvorsorge gibt, ist dies kein Mangel.

Bei der Entscheidung über die relative Höhe der Renten sind folgende Momente zu berücksichtigen:

1. Die Renten sind steuerfreies Einkommen. Für den Rentner entfällt ferner der Rentenversicherungs- und Frühinvaliditätsversicherungs-Beitrag (nicht der Krankenkassen-Beitrag). Die Rente ist also nahezu Netto-Einkommen.

2. Werbungskosten und viele weitere Aufwendungen, die für den Arbeitstätigen unumgänglich sind, kommen beim Rentner in Fortfall.

3. Der alte Mensch braucht relativ mehr an Pflege-Diensten (daher Ausbau des Krankenversicherungs-Schutzes für Rentner), aber relativ weniger an Konsum-Gütern.

4. Die privatwirtschaftlichen Lebensversicherungs-Unternehmungen haben Anspruch darauf, daß ihre Geschäfts-Chancen nicht durch eine überperfektionierte gesetzliche Altersrentenversicherung (deren Kalkulations-Daten viel günstiger sind) allzu stark beeinträchtigt werden.

5. Es soll auch für die Sozialversicherten eine möglichst breite Einkommens-Marge für private Vermögensbildung und ein starker Anreiz für individuelle Altersvorsorge erhalten bleiben. (Totale Sicherheit aus Solidarhaftung entspricht nicht der menschlichen Natur und schwächt den Willen zur Leistung und Selbstverantwortung).

Aus diesen Erwägungen wäre nach meinem persönlichen Urteil (das jedoch mit meinen Reform-Vorschlägen grundsätzlich nichts zu tun hat) eine Rente in Höhe von 50% des zeitgenössischen Arbeitseinkommens eines Arbeitstätigen in vergleichbarer Berufsstellung angemessen. Zu demselben Urteil kommt das „4-Professoren-Gutachten".

J. Sozialversicherung und volkswirtschaftliche Kapitalbildung

Der ernsteste Einwand, der gegen meinen Plan zur Reform der Rentenversicherung erhoben worden ist, ist der, daß das von mir empfohlene Umlage-Verfahren keine (oder keine nennenswerte) Kapitalbildung entstehen läßt, während die heutige Renten-Ordnung immerhin eine beachtliche Kapitalbildung vorsieht.

Volkswirtschaftliche Kapitalbildung ist jedoch eines der stärksten Anliegen der Wirtschaftspolitik. Reichliche Beschickung des Kapitalmarkts ist Motor des wirtschaftlichen Fortschritts und Garant der marktwirtschaftlichen Verteilungs-Gerechtigkeit. Die Wirtschaftspolitik des Staates wird nicht umhin können, die Kapitalbildung mit kräftigen Anreizen zu fördern.

Ist dies im Ernste ein Argument gegen meinen Reformplan?

Nein. Denn

1. ein auf Kapitaldeckung beruhendes Rentenversicherungs-System würde in naher Zukunft (bis 1980) weitaus eher in die Lage kommen, Kapital in Rentengeld aufzulösen, als Kapital neu bilden zu können.

2. Auf lange Sicht ist die Zusammenballung großer Kapitalmassen in anonymen Händen höchst unerwünscht und eine virtuelle Gefahr für den Bestand einer freiheitlichen Wirtschafts- und Gesellschaftsordnung.

3. Die Kapitalbildung der Rentenversicherungsträger seit 1948 ist nahezu ausschließlich den Staatszuschüssen zu danken. Sie hat also mit dem Wesen der Rentenversicherung nichts zu tun. Die so gebildeten Kapita-

lien hätten in gleicher Weise verwendet werden können, wenn sie in Staatshand verblieben wären.

4. Die „alte Last" in Höhe von 30–90 Milliarden DM, die die Rentenversicherungsträger angeblich vom Staat einzufordern haben, ist eine reine Fiktion. Mein Reformvorschlag beweist es.

Wenn die Rentenversicherungen gemäß meinen Vorschlägen auf die Bildung von Deckungskapital verzichten, so verringert sich damit die Beitragslast der Versicherten (oder die Steuerlast aller Staatsbürger). In jedem Fall erhöht sich die private Sparkraft um eben den Betrag, der sonst dem Deckungskapital der Rentenversicherungen zuwachsen würde. Es bleibt Sache der allgemeinen Wirtschaftspolitik des Staates, dahin zu wirken, daß die dadurch in Privathänden frei werdenden Mittel auch tatsächlich dem zusätzlichen Sparen (= Kapitalbildung) zugeführt werden.

Selbst ein „eisernes Sparen", d.h. gesetzlich vorgeschriebenes Sparen der Privaten, wäre besser als das „Zwangssparen" der Versicherungsträger, das den Privaten gleich großen Konsumverzicht auferlegt, ohne sie je in den Genuß des Ersparten kommen zu lassen.

K. Der Übergang von der heutigen zur reformierten Rente

Der oben entwickelte Reformplan hat den Vorzug, daß er sofort für alle Beteiligten realisiert werden kann; er bedarf m.a.W. keiner „Anlauf-Periode" und keines „Start-Kapitals". Er würde also auch die schon im Rentenalter stehenden Versicherten sofort in den Genuß der verbesserten Rente bringen (– ein politisch gewiß sehr vorteilhafter Effekt!).

Notwendig ist lediglich ein Wertungsschema, das es den Verwaltungsorganen ermöglicht, die den zurückliegenden Berufsjahren aller Versicherten (einschl. der heutigen Rentner) zuzuschreibenden Renten-Anspruchspunkte auf einfache und gerechte Weise festzusetzen. Als Daten für die Berechnung einer solchen Wertungstabelle wird kaum mehr benötigt als eine Statistik über das Durchschnittseinkommen der Rentenversicherten in den Jahren 1890[4]–1955. Jeder Versicherte hätte seinerseits das Jahr und die Höhe seines letzt empfangenen Brutto-Einkommens und die Zahl seiner Berufsjahre (bzw. Beitragsjahre) nachzuweisen oder glaubhaft zu machen, wobei Wehrdienstjahre als Berufsjahre mitzählen sollten.

---

[4] Vermutlich 1890: die letzte Ziffer ist in der Vorlage unleserlich.

Dokument 13

Vorlage des Bundeskanzleramtes für die 7. Sitzung am 18. Januar 1956[1]

GRUNDSÄTZE FÜR DIE ALTERS- UND INVALIDITÄTSSICHERUNG

Vordringlich innerhalb der Sozialreform ist die Neuordnung der Sicherung für den Fall des Alters und für den Fall der Invalidität.

I. Personenkreis

In die soziale Rentenversicherung sind alle Arbeitnehmer einzubeziehen. Für die Bemessung der Beiträge und Leistungen wird das Einkommen nur bis zu einer bestimmten Grenze zu Grunde gelegt.

Für Selbständige sollte eine Alterssicherung gesetzlich vorgesehen werden, soweit ihre Einkünfte eine bestimmte Höhe nicht übersteigen. Hierbei könnte man an die Schaffung eigenständiger Sicherungseinrichtungen denken.

II. Trennung von Alter und Invalidität

Alter und Invalidität sollen hinsichtlich der Leistungen als getrennte Lebenstatbestände behandelt werden; eine organisatorische Trennung der bestehenden Sicherungseinrichtungen nach Alter und Invalidität ist dagegen jedenfalls zum gegenwärtigen Zeitpunkt nicht durchführbar.

III. Alterssicherung

1. Altersgrenze

Die Altersgrenze soll wie bisher auf 65 Jahre festgesetzt werden. Der Versicherte soll die Möglichkeit erhalten, bei Weiterarbeit nach Erreichung der Altersgrenze eine erhöhte Rente zu beziehen.

2. Dynamische Leistungsrente

Die Rente soll nach der individuellen Arbeitsleistung bemessen werden, die sich im erzielten Arbeitsverdienst und den entsprechend geleisteten Beiträgen ausdrückt. Die Renten sollen im Zeitpunkt der Rentenfestsetzung und während der Laufzeit der Rente an die Entwicklung der Löhne und Gehälter angepaßt werden.

3. Höhe der Altersrente

Die Altersrente soll den im Arbeitsleben erworbenen Lebensstandard unter Berücksichtigung der geminderten Bedürfnisse nicht mehr arbeitender Personen sichern und daher nach einem normalen Arbeitsleben (33 Arbeitsjahre) mindestens 50% des Bruttoarbeitsverdienstes vergleichbarer Arbeitnehmer betragen.

---

[1] Abgedruckt ist die Ausfertigung aus B 136/36235. – Entwurf in B 136/50206. – Die Zusammenstellung des Bundeskanzleramtes war als Anlage der Einladung vom 16. Jan. 1956 für die 7. Sitzung des Ministerausschusses für die Sozialreform beigefügt. Die Sitzung sollte in „Anlehnung an die in der Anlage beigefügte Zusammenstellung der wichtigsten mit der Alters- und Invalidensicherung zusammenhängenden Fragen" durchgeführt werden.

4. Sozialer Ausgleich

Ein sozialer Ausgleich durch Anhebung der Renten aus niedrigen Arbeitsverdiensten zu Lasten der Renten aus hohen Arbeitsverdiensten ist notwendig, um
eine fühlbare Erhöhung der Renten aus niedrigen Arbeitsverdiensten (insbesondere auch bei Frauen) zu erreichen.

IV. Invaliditätssicherung

1. Prävention und Rehabilitation

Prävention und Rehabilitation sollen den Vorrang vor der Rentengewährung
haben. Auf diesen beiden Gebieten sollen möglichst einheitliche Maßnahmen
(medizinischer, beruflicher, wirtschaftlicher und organisatorischer Art) angestrebt
werden.

2. Rente auf Zeit

Im Anschluß an die Rehabilitation soll zunächst eine Rente auf Zeit gewährt
werden.

3. Dauerrente

Nur bei dauernder, d.h. nicht behebbarer Invalidität soll Dauerrente gewährt
werden. Die Rentenformel für die dynamische Altersrente soll so abgewandelt
werden, daß mit der Invaliditätsrente eine ausreichende Lebenssicherung des Invaliden erreicht wird.

V. Sicherung der Hinterbliebenen

Die Renten für Witwen und Waisen sollen der neuen Rentenformel nicht nur
angepaßt werden, sondern darüber hinaus eine zusätzliche Verbesserung erfahren.

VI. Unbedingter Rechtsanspruch

Für alle Renten soll ein unbedingter Rechtsanspruch bestehen.

VII. Anpassung des Rentenbestandes

Die Verbesserungen des neuen Leistungssystems sollen auch den gegenwärtigen Rentenbeziehern zugute kommen. Um diesen Personenkreis möglichst schnell
nach Verabschiedung des Gesetzes in den Genuß erhöhter Renten kommen zu
lassen, sind pauschalierte Rentenzahlungen vorgesehen.

VIII. Abschnittsdeckungsverfahren

Im Hinblick darauf, daß die Zusammensetzung des Versichertenbestandes altersmäßig ungünstiger wird, soll für den dadurch bedingten Mehraufwand eine
ausreichende, aber begrenzte Reserve gebildet werden. Damit soll erreicht werden,
daß die Beiträge und Leistungen über einen bestimmten Zeitraum möglichst konstant gehalten werden. Eine genaue Bestimmung dieses Zeitraums bleibt näheren
Berechnungen vorbehalten.

IX. Finanzierungsquelle

Zur Finanzierung der Mehraufwendungen sollen eine Verlangsamung des Ver-mögenszuwachses bei den Rentenversicherungsträgern, Beitragsverlagerungen und -erhöhungen sowie eine Beteiligung des Bundes in Aussicht genommen werden.

Dokument 14

Vorlage des Bundeskanzleramtes für die 8. Sitzung am 17. Februar 1956[1]

FRAGEN DER ALTERS- UND INVALIDITÄTSSICHERUNG

I. Höhe der Rente

1. Altersrente

Die Altersrente soll den im Arbeitsleben erworbenen Lebensstandard unter Berücksichtigung der geminderten Bedürfnisse nicht mehr arbeitender Personen sichern. Das bedeutet, daß

bei 33 Arbeitsjahren (derzeitige durchschnittliche Versicherungsdauer) eine Rente von 50% des Bruttoverdienstes vergleichbarer Arbeitnehmer = etwa 58 bis 60% des Nettoeinkommens,

bei 40 Arbeitsjahren 60% des Bruttoverdienstes vergleichbarer Arbeitnehmer = etwa 69 bis 72% des Nettoeinkommens erreicht wird.

Eine Mindestrente für Altersrentner soll nicht eingeführt werden.

2. Invaliditätsrente

Auch die Invaliditätsrente soll nach der Höhe der Arbeitsverdienste und der Versicherungsdauer berechnet und der Lohn- und Gehaltsentwicklung angepaßt werden.

Es soll unterschieden werden zwischen

a) Invalidität

= Minderung der Erwerbsfähigkeit um mindestens die Hälfte (Begriff des gegenwärtigen Rechts)

b) Vollinvalidität

= völlige Erwerbsunfähigkeit ohne Möglichkeit, Einkünfte aus Erwerbstätigkeit zu erzielen.

Zu a) Die Invalidenrente soll in der Höhe niedriger liegen als die Vollinvalidenrente.

Zu b) Die Vollinvalidenrente wird ebenso berechnet wie die Altersrente.

---

[1] Abgedruckt ist die Ausfertigung aus B 136/36235. – Entwurf aus B 136/50206. – Die Aufstellung wurde vom Bundeskanzleramt in Zusammenarbeit mit dem Generalsekretär für die Sozialreform erarbeitet und mit dem Einladungsschreiben vom 11. Febr. 1956 den Mitgliedern des Sozialausschusses übersandt. Laut Kanzlervorlage Pühls vom 16. Febr. 1956 enthält sie die bei der Beratung am 18. Jan. 1956 offengebliebenen Fragen (ebenda).

Zu a) und b): Bei Invalidenrente und Vollinvalidenrente soll für die Fälle vorzeitigen Eintritts der Invalidität zum Ausgleich der geringeren Versicherungsdauer eine günstigere Berechnungsart angewandt werden.

Vorzeitige Invalidität ist diejenige, die vor dem 55. Lebensjahr (Häufung des Anfalls von Invaliditätsrenten von diesem Zeitraum an) eintritt.

II. Kinderzuschüsse und Waisenrente

1. Kinderzuschüsse sollen für alle Kinder auf 25 DM monatlich erhöht werden.

2. Die Waisenrente soll bei der Anhebung des Bestandes auf etwa 50 DM monatlich erhöht werden.

Beide Leistungen sollen künftig wie die Versichertenrente der Lohn- und Gehaltsentwicklung folgen.

III. Finanzierung

1. Finanzierungsbedarf

Der Mehrbedarf für die vorgenannten Anhebungen des Rentenbestandes beträgt 1957 etwa 3,4 Milliarden DM.

Im Hinblick auf die Überalterung der Bevölkerung wird der Gesamtaufwand bis zum Jahre 1980 langsam wachsen. Dies wird bei der Bemessung der Deckungsreserve berücksichtigt werden müssen.

2. Möglichkeiten der Deckung des Mehrbedarfs

a) Verlangsamung des Vermögenszuwachses der Rentenversicherungsträger	1,00	Milliarden
b) Übertragung von einem Beitragsprozent zur Arbeitslosenversicherung auf die Rentenversicherung	0,55	Milliarden
c) Beitragserhöhung zur Rentenversicherung von insgesamt 1%	0,55	Milliarden
d) Zuschuß des Bundes	1,3	Milliarden
	3,4	Milliarden

IV. Ausfallzeiten

Zeiten des Wehrdienstes, der Arbeitslosigkeit, der Krankheit und der Ausbildung sollen bei der Errechnung der Versicherungsdauer künftig berücksichtigt werden, soweit dies finanziell vertretbar ist.

Dokument 15

Vorlage des Bundesministers für wirtschaftliche Zusammenarbeit Franz Blücher vom 16. Februar 1956 zu Fragen der Alters- und Invalidensicherung[1]

Betr.:   Fragen der Alters- und Invaliditätssicherung
hier: Sitzung des Ministerausschusses am 17. Februar
Bezug: Vorlage des Bundeskanzleramtes vom 11.2.1956 -
Az. 7–81000 –79/56 geh.–

Da mir aus terminlichen Gründen die Teilnahme an den zur Beschlußfassung vorgesehenen Sitzungen des Ministerausschusses verwehrt ist, gibt mir die ernste Problematik der zur Entscheidung anstehenden Fragen Veranlassung, mich schriftlich zu den wichtigsten Dingen zu äußern. Im übrigen nehme ich auf meine Vorlage vom 5.12.1955 – K 79/11 – und die in ihr entwickelte Konzeption Bezug.

I.   Höhe der Rente

Der Ministerausschuß ist ebenso wie ich von der Erkenntnis ausgegangen, daß Alter und Invalidität als versicherungsmäßig unterschiedliche Tatbestände auch bei der Rentenneuordnung getrennt zu behandeln sind. Trotz der äußerlichen Trennung der Tatbestände ist aber bei der Vorlage vom 11. Februar eine innere Verkoppelung beider Sicherungssysteme unverkennbar.

1.) Altersrente

Ich teile zwar vorbehaltlos die Auffassung, daß eine Mindestrente auf keinen Fall eingeführt werden darf, da sie stets Versorgungselemente enthält und dadurch die Gefahr einer mißbräuchlichen Ausnutzung in sich birgt, die das von allen Ressorts abgelehnte Versorgungsdenken zu fördern geeignet ist.

Die vorgeschlagene Festsetzung einer festen Relation zwischen Arbeitseinkommen und Altersrente bereits bei einer 33-jährigen Versicherungsdauer muß jedoch zwangsläufig zu Überschneidungen mit der Invaliditätssicherung führen und erleichtert die Einführung versicherungsfremder Versorgungselemente in das System. Die Zugrundelegung einer nur 33-jährigen Versicherungsdauer würde zur Vermeidung dieser Gefahr eine entsprechende Erhöhung der Beitragssätze erfordern; da jedoch die Beiträge nur um 1% des Arbeitseinkommens erhöht werden sollen, während der überwiegende Teil des entstehenden Fehlbedarfs durch Stei-

---

[1]   Abgedruckt ist die behändigte Ausfertigung aus B 126/15093. – Entwurf in B 146/1758. – Blücher, der aufgrund von Wahlkampfveranstaltungen in Baden-Württemberg an der Sitzung am 17. Febr. 1956 nicht teilnehmen konnte, richtete seine ausführliche Stellungnahme zur Vorlage des Bundeskanzleramtes vom 11. Febr. 1956 am 16. Febr. 1956 an den Bundeskanzler und die Mitglieder des Ministerausschusses. Elsholz notiert auf das Schreiben am 17. Febr. 1956: „Kam in der Ministerausschußsitzung nicht zur Sprache." – Vgl. auch die spätere Stellungnahme Blüchers zu noch offenen „Fragen der Alterssicherung" vom 19. März 1956 an die Mitglieder des Sozialkabinetts und nachrichtlich an die übrigen Ressorts in B 146/1755 und B 136/1359.

gerung der Bundeszuschüsse gedeckt werden soll, zeigen sich hier bereits deutliche Ansätze einer versorgungsrechtlichen Regelung.

Die auch für die Zukunft vorgeschlagene Abstellung auf eine Versicherungsdauer von nur 33 Jahren – die im gegenwärtigen System zwar unbestritten ist – steht zudem im Widerspruch zu der vorgesehenen Berücksichtigung von Ausfallzeiten, die zumindest zu einer fiktiven Verlängerung der Versicherungsdauer führen. Letztlich muß befürchtet werden, daß in der Öffentlichkeit der Eindruck entsteht, die Bundesregierung sei nicht von der Wirkung der von ihr mit Nachdruck herausgestellten Notwendigkeit einer Verstärkung der Vorbeugungs-, Wiederherstellungs- und Wiedereingliederungsmaßnahmen überzeugt.

Die Aufstellung einer festen Relation zwischen Rentenhöhe und Arbeitseinkommen erscheint mir zudem nur dann gerechtfertigt, wenn zuvor entschieden worden ist, bei welchem Einkommen die Beitragspflichtgrenze festgelegt werden soll. Der Staat wird seine allgemeine soziale Verpflichtung, die Zahlung der Renten auch in Krisenfällen und nach Katastrophen sicherzustellen, nur nachkommen können, wenn sich die Renten auf einer Höhe bewegen, die für die Wirtschaft und den Steuerzahler auch in Ausnahmezeiten finanziell tragbar ist. Dabei ist zu befürchten, daß mit Rücksicht auf den bereits erkennbaren Beginn des Wahlkampf für die Bundestagswahlen 1957 die Parteien bestrebt sein werden, die vorgeschlagene Relation und die Beitragsbemessungsgrenze noch zu erhöhen. Im übrigen würde bei einem Verhältnis von etwa 70% zwischen Rente und Netto-Arbeitseinkommen und einer hohen Beitragsbemessungsgrenze die Frage der Besteuerung der Rente geprüft werden müssen.

Ich glaube, daß gerade die von mir vorgeschlagene Grundsicherung, die die Festlegung einer verhältnismäßig niedrigen Beitragsbemessungsgrenze gestattet und eine zusätzliche freiwillige Eigenvorsorge erleichtert, den angedeuteten politischen Gefahren vorbeugt und die Staatsgarantie in Grenzen hält, die für die Allgemeinheit tragbar sind. Die Angemessenheit der Grundsicherung ergibt sich aus der Tatsache, daß die Rentenleistungen durchschnittlich in einer Relation von 55% zum Bruttoverdienst, also fast $^2/_3$ des Nettoverdienstes stehen.

2.) Invaliditätsrente

Die nicht sehr klaren Fragestellungen erschweren eine Beurteilung der Vorschläge; die Anpassung an die Lohn- und Gehaltsentwicklung, die anscheinend auch für die Alterssicherung vorgesehen ist, gibt mir zu ernsten Bedenken Anlaß.

Die vorgesehene Unterscheidung zwischen Invalidität – wobei anscheinend an Teil-Invalidität gedacht ist – und Vollinvalidität halte ich für gerechtfertigt. Bei Gestaltung der Rentenformel dürfte allerdings eine Konkretisierung der vorgeschlagenen „günstigeren Berechnungsart" erforderlich sein, die offenbar auf eine fiktive Verlängerung der Versicherungsdauer abzielt.

Die allgemeine Feststellung, daß die (Teil-) Invalidenrente niedriger als die Vollinvalidenrente liegen soll, dürfte kaum genügen. Ich halte es bei Teil-Invalidität zudem nicht für gerechtfertigt, eine feste Relation der Rentenhöhe zum Arbeitseinkommen herzustellen, da eine Teil-Invalidität sich in verschiedenen Berufen sehr unterschiedlich auswirkt. Es müßte daher, selbst wenn dies in Einzelfällen höhere Aufwendungen erfordern sollte, um der Gerechtigkeit willen die (Teil-) Invaliditätsrente die Form einer Lohnzusatzrente erhalten, die den Unterschied zwischen dem früheren Arbeitseinkommen und dem nach Wiederherstellungs-, Umschulungs- und Wiedereingliederungsmaßnahmen erzielten Arbeitseinkommen weitgehend berücksichtigt.

Die Berechnung der Vollinvaliditäts-Rente entsprechend der Altersrente kann selbst bei Anwendung einer günstigeren Berechnungsart zu Rentenleistungen von unzulänglicher Höhe führen; zudem fehlt es an einer konsequenten Durchführung der vorgesehenen Trennung zwischen Alters- und Invaliditätssicherung.

Bei der von mir vorgeschlagenen Gestaltung dieser Zweige der sozialen Sicherheit wird die Altersrente als reine Beitragsrente ohne Staatszuschüsse erreicht, während die Staatszuschüsse in vollem Umfang in die Invaliditätssicherung fließen. Diese Regelung entspricht dem Grundgedanken, daß Früh-Invalidität ein unverschuldeter individueller Notstand ist, für dessen Behebung die Allgemeinheit herangezogen werden sollte. Die Einführung von Fürsorge- oder Versorgungselementen ist daher vertretbar und rechtfertigt die Schaffung einer Mindestrente, die unter Überschreitung der Leistungen der Fürsorge die eigenen Vorsorgeleistungen berücksichtigt. Diese Regelung ist allerdings nur durchführbar, wenn die von mir vorgeschlagene klare Trennung zwischen Invaliditäts- und Alterssicherung durchgeführt wird.

Der Begriff der vor dem 55. Lebensjahr eintretenden „vorzeitigen Invalidität" steht im Widerspruch zur Festsetzung der Altersgrenze auf 65 Jahre. Auch hier wird von dem gegenwärtigen Stande ausgegangen und dadurch zu erkennen gegeben, daß in die als dringend notwendig herausgestellte Bekämpfung der Frühinvalidität anscheinend kein großes Vertrauen gesetzt wird.

Bei einer Weiterzahlung der Beiträge zur Alterssicherung durch die Träger der Invaliditätssicherung kann bei Vollendung des 65. Lebensjahres die Überführung des Invaliden in die Alterssicherung mit entsprechend höheren Rentenansprüchen ohne Schwierigkeiten erfolgen.

Besonders bedenklich erscheint mir die Bindung auch der Invaliditäts-Renten an die Lohn- und Gehaltsentwicklung. Dieser Faktor ist eine kurzfristig manipulierbare Größe, auf deren Veränderung nicht der Staat, sondern allein die Sozialpartner bestimmenden Einfluß haben; die daraus resultierenden wirtschaftlichen und politischen Gefahren sind bekannt.

Ich halte es deshalb entsprechend meinen Vorschlägen vom 5. Dezember für notwendig, für die Alters- und Invaliditätssicherung wie Hinterbliebenenversorgung einen jeder einseitigen politischen Manipulation entzogenen Faktor als Vergleichsbasis zu wählen wie ihn das Volkseinkommen, d.h. das Netto-Sozialprodukt zu Faktorkosten darstellt. Darüber hinaus wird eine auf einen mehrjährigen Durchschnitt bezogene Anpassung weiter zur Entschärfung beitragen. Letztlich wird eine nur 50%-ige Anpassung, die in etwa der Relation zwischen Rentenhöhe und Bruttoverdienst entspricht, die Finanzierung erleichtern und den Sozialpartnern die Verpflichtung zu vorsichtigem Handeln auferlegen, da der Rentner am günstigsten gestellt ist, wenn keine unangemessenen Lohnsteigerungen mit zwangsläufigen Folgen für das Preisniveau vorgenommen werden. Die Anpassungsrelation für die bereits laufenden Renten sollte zudem gesetzlich in der Rentenformel festgelegt werden, um eine bei einer bloßen Überprüfung der wirtschaftlichen Entwicklung denkbare unorganische Anpassung möglichst zu erschweren.

II. Kinderzuschüsse und Waisenrente

Die Gewährung von Kinderzuschüssen und Waisenrenten dürfte im allgemeinen altersmäßig nur bei Invaliditäts-Rentnern in Betracht kommen und daher unter Versorgungsgesichtspunkten betrachtet werden können. Gegen die Erhöhung des Kinderzuschusses auf 25,– DM erhebe ich keine grundsätzlichen Bedenken, weise jedoch auf die wahrscheinlichen Auswirkungen auf das Kindergeldgesetz hin, durch das derartige Zuschüsse erst vom 3. Kind ab zuerkannt werden.

Die Waisenrente sollte aus systematischen Gründen in Prozentsätzen der Versichertenrente gewährt werden; die Festsetzung eines Mindestbetrags von 50,– DM je Waise ist dabei angesichts des Versorgungscharakters der Leistung unbedenklich.

Bezüglich der Anpassung an die Lohn- und Gehaltsentwicklung verweise ich auf meine Ausführungen unter Abschnitt I Ziff. 2.

III. Finanzierung

Die Finanzierungsberechnungen gehen von einer Einheit der Alters- und Invaliditätssicherung aus; dies ist zwar im Hinblick auf die Gesamtaufwendungen gerechtfertigt, die kassen- und rechnungsmäßige Trennung dieser Zweige der sozialen Sicherung erfordert jedoch eine Differenzierung zumindest nach der Aufbringungsseite.

Die Annahme, daß ein Mehrbedarf von 3,4 Mia. DM entsteht, beruht auf Schätzungen, deren Richtigkeit keineswegs unzweifelhaft ist, zumal sie von dem derzeitigen Stande der Beschäftigten und Rentner ausgehen. Obwohl Verschlechterungen der Altersstruktur weitgehend durch Leistungen aus dem Reservefonds ausgeglichen werden können, müßte die voraussehbare Entwicklung des Altersaufbaus in die Schätzung des Mehrbedarfs einbezogen werden; sie würde zu einem erheblich höheren Mittelbedarf führen.

Die Abstellung auf die von mir vorgeschlagene Grundsicherung würde es ermöglichen, die Alterssicherung völlig von Versorgungselementen, also Staatszuschüssen zu befreien und sie auf die echte versicherungsmäßige Basis der Beitragsrente zu stellen. Die Gesamtaufwendungen für die Grundsicherung der abhängig Beschäftigten würde sich durchschnittlich auf 6,7 Mia. DM jährlich belaufen. Dieser Betrag kann von den Versicherten – unter hälftiger Beteiligung der Arbeitgeber – mit einem Beitragssatz von 13% (bisher 11%) aufgebracht werden. Die unwesentliche Erhöhung um 2% halte ich für gerechtfertigt, da die Rentenleistungen erheblich verbessert werden und der Wirtschaftsentwicklung folgen sollen; eine gleichzeitige Erhöhung der Steuerfreibeträge würde zudem diese Mehraufwendungen im allgemeinen mehr als kompensieren. Bei einer Beitragsleistung von 13% würde sich ein Überschuß von jährlich etwa 0,5 Mia. DM ergeben, der zur Bestreitung der

Verwaltungskosten und zur Erhöhung der bereits bestehenden Sicherungsreserve verwendet werden kann.

Die Invaliditätssicherung müßte dagegen vorwiegend vom Staat getragen werden. Für gerechtfertigt halte ich angesichts der Entwicklung des Arbeitsmarktes die Übertragung von 1 (evtl. sogar 1 1/2) Beitragsprozenten aus der Arbeitslosenversicherung auf die Invaliditäts-Sicherung. Wenn außerdem Staatszuschüsse zur Rentenversicherung in der gegenwärtigen Höhe künftig in die Invaliditätssicherung fließen, verbleibt noch ein Fehlbedarf in etwa 0,5 Mia. DM. Ich halte es zwar für vertretbar, diesen Beitrag durch Erhöhung der Staatszuschüsse auszugleichen; um jedoch der Invaliditäts-Sicherung den Versicherungscharakter nicht völlig zu nehmen, halte ich es für sinnvoller, ihn durch eine hälftig von Arbeitgeber und Arbeitnehmer zu tragenden Erhöhung der Versicherungsbeiträge um 1 weiteres Prozent auszugleichen. Bezüglich der Zumutbarkeit dieser Erhöhung gelten die im vorigen Absatz gemachten Ausführungen, insbesondere auch zur Frage der steuerlichen Besserstellung.

IV. Ausfallzeiten

Das in sehr allgemeiner Form angesprochene Problem der Berücksichtigung der Ausfallzeiten „soweit sie finanziell vertretbar ist" sollte noch einer sehr gründlichen Nachprüfung unterzogen werden.

Für völlig unbedenklich halte ich nur die Berücksichtigung des Wehrdienstes, soweit Wehrpflichtdienst in Betracht kommt. Diese Zeit kann sowohl versicherungsmäßig durch Einführung einer Pauschale einkalkuliert als auch in Form der Zahlung der Beiträge durch den Wehrfiskus beitragsmäßig ausgeglichen werden.

Problematischer ist bereits die Berücksichtigung von Zeiten der Arbeitslosigkeit; eine Pauschalbewertung halte ich nicht für zweckmäßig, jedoch dürfte individuell eine Berücksichtigung möglich sein, falls die Arbeitslosigkeit eine Folge gesamtwirtschaftlicher Gegebenheiten ist. In diesem Fall sollten Beiträge zur Alterssicherung von der Arbeitslosenversicherung gezahlt werden.

Die Entscheidung über die Anerkennung von Krankheitszeiten sollte bis zur Neuordnung der Krankenversicherung zurückgestellt werden, da eine Erhöhung der Krankenversicherungsbeiträge unvermeidbar erscheint. Hinzu kommt, daß das System der Weiterzahlung der Vergütung und damit auch der Beiträge durch den Arbeitgeber im Krankheitsfalle sich jedenfalls bei den Angestellten des öffentlichen Dienstes nicht bewährt hat, so daß eine vertiefte Analyse und Erörterung der Problematik geboten erscheint.

Auch die Berücksichtigung von Ausbildungszeiten bedarf noch gründlicher Prüfung, da die Unterschiedlichkeit der Ausbildungsdauer in den verschiedenen Berufen eine Generalisierung nicht erlaubt. Allenfalls vertretbar erscheint eine individuelle oder nach Berufsgruppen geordnete Anrechnung, wobei sich jedoch nicht nur bei den Lehr-Verhältnissen, sondern vor allem auch in den geistigen Berufen erhebliche Schwierigkeiten hinsichtlich der Beitragsaufbringung ergeben würden. Eine Übernahme auf die Träger der Alterssicherung in ihrer jetzigen Form könnte m.E. nicht durch das Solidaritätsprinzip gerechtfertigt werden, da eine echte Gefahrengemeinschaft zwischen allen Versicherten wegen der vielfältigen beruflichen Gliederung und der unterschiedlichen Einkommenslage nicht besteht; eine Anerkennung der Ausbildungszeiten könnte m.E. nur bei einer berufsmäßigen Aufgliederung auch der Versicherungsträger verantwortet werden.

gez. *Blücher*

Dokument 16

**Vorlage des Bundesministers für Arbeit und Sozialordnung für die
2. Sitzung am 24. Oktober 1958**[1]

GRUNDSÄTZE FÜR DIE NEUORDNUNG DER SOZIALEN KRANKENVERSICHERUNG

A.   Kreis der versicherten Personen

I. Der Kreis der versicherungspflichtigen Personen soll nicht ausgedehnt werden. Bisher bestehende Versicherungspflicht Selbständiger soll durch Versicherungsberechtigung ersetzt werden.

B.   Leistungen

Das Leistungsrecht soll in folgender Richtung neugestaltet werden.

II. Um die Gesundheit der versicherten Bevölkerung entsprechend den modernen Erkenntnissen der ärztlichen Wissenschaft zu erhalten und um Krankheiten zu verhüten, sollen als Leistungen der sozialen Krankenversicherung ärztliche und zahnärztliche Vorsorgeuntersuchungen, vorbeugende Kuren und sonstige geeignete Einzel- und allgemeine Maßnahmen zur Krankheitsverhütung gewährt werden.

III. Um Mängel des bisherigen Schutzes bei langdauernden Krankheiten, insbesondere die Härten der Aussteuerung zu beheben, sollen folgende Leistungsverbesserungen vorgesehen werden:

1. Krankengeld soll auch nach der 6. Woche in gleicher Höhe gezahlt werden wie für die ersten 6 Wochen.

2. Krankengeld soll grundsätzlich zeitlich unbegrenzt gewährt werden. Für Sonderfälle sind Sicherungen vorzusehen, um die Versicherungsgemeinschaft nicht über Gebühr zu belasten.

3. Die Krankenhauspflege soll Pflichtleistung werden.

4. Die Dauer der Krankenhauspflege soll in gleicher Weise ausgestaltet werden wie die Dauer des Krankengeldes.

5. Es soll sichergestellt werden, daß der Schutz der Rentenversicherung sich lückenlos an den Schutz der Krankenversicherung anschließt.

IV. Um die Unzulänglichkeiten des Gesetzes zur Verbesserung der wirtschaftlichen Sicherung der Arbeiter im Krankheitsfalle zu beseitigen, soll vorgesehen werden,

1. die Berechnung des Krankengeldes auf den Arbeitstag statt wie bisher auf den Kalendertag abzustellen;

---

[1]   Abgedruckt ist ohne Begleitschreiben die behändigte Ausfertigung der Vorlage des BMA vom 26. Sept. 1958 aus B 136/1391.

2. bei der Berechnung des Krankengeldes bestimmte Zuschläge außer Ansatz zu lassen;

3. die Vorschrift über die Nachzahlung des Krankengeldes für die beiden Karenztage nach 2-wöchiger Krankheitsdauer wegfallen zu lassen und grundsätzlich 2 Karenztage beizubehalten.

V. Familienangehörige sollen grundsätzlich den gleichen Schutz und die Leistungen in gleichem Umfang wie Versicherte erhalten. Ausnahmen sollen für Krankengeld, Hausgeld und Mutterschaftsgeld gelten.

VI. Um die Selbstverantwortung der Versicherten zu stärken und Gemeinschaftshilfe mit Eigenhilfe sinnvoll zu verbinden, soll eine Selbstbeteiligung der Versicherten an den Kosten der ärztlichen Behandlung sowie an den Kosten der Arznei- und Heilmittel vorgesehen werden. Die Selbstbeteiligung bei der ärztlichen Behandlung soll auf die Dauer von 6 Wochen begrenzt werden. Für die Selbstbeteiligung bei Arznei- und Heilmitteln soll eine Mindest- und Höchstgrenze festgesetzt werden. Die Selbstbeteiligung ist nach sozialen Merkmalen (Einkommen, Familienstand) abzustufen.

Eine Selbstbeteiligung soll auch an den Kosten der Krankenhauspflege vorgesehen werden, wenn der Versicherte sein bisheriges Einkommen während des Krankenhausaufenthalts weiterbezieht. Sie soll die häuslichen Ersparnisse während des Krankenhausaufenthalts berücksichtigen und nach der Höhe des Einkommens festgesetzt werden.

Grundsätzlich soll der Versicherte den Betrag der Selbstbeteiligung an den Leistenden (Arzt, Apotheke, Krankenhaus) entrichten.

C. Verhältnis zu Ärzten und Krankenhäusern

VII. Um eine angemessene Vergütung der ärztlichen Leistungen sicherzustellen, insbesondere um die Ärzte nicht mit dem Risiko der Krankheitshäufigkeit zu belasten, soll von der Pauschalhonorierung auf die Vergütung nach Einzelleistungen auf Grund einer besonderen Gebührenordnung übergegangen werden. Die Zulassung zur kassenärztlichen Tätigkeit soll erleichtert und für alle Kassenarten einheitlich geregelt werden.

VIII. Im Interesse einer förderlichen Zusammenarbeit zwischen Krankenhäusern und Krankenkassen soll die bisherige Preisbindung der Pflegesätze durch die freie Vereinbarung der Beteiligten, gegebenenfalls durch die Festsetzung einer Schiedsstelle, ersetzt werden. Die Pflegesätze müssen die mit einer stationären Krankenhausbehandlung bei sparsamer Wirtschaftsführung verbundenen Kosten nach näherer Bestimmung einer Rechtsverordnung abgelten.

IX. Der Ausbau eines selbständigen Ärztlichen Beratungsdienstes für die Krankenversicherung erscheint erforderlich, um die Mittel der Versichertengemeinschaft und die daraus finanzierten hohen Leistungen der Krankenversicherung unter Ausschaltung des Mißbrauchs zur Erreichung der bestmöglichen Hilfe für den Kranken einzusetzen.

Dokument 17

Vorlage des Bundesministers für Arbeit und Sozialordnung für die 3. Sitzung am 15. Januar 1959[1]

GRUNDSÄTZE FÜR EINE NEUORDNUNG DES BUNDESVERSORGUNGSGESETZES

A. Vorbemerkung

Die Versorgung von 3,6 Millionen Kriegsopfern (Stand: 30.9.1958) stellt einen nicht unbedeutenden Faktor innerhalb unserer Sozialordnung dar. Die Neuordnung der gesamten Sozialgesetzgebung muß deshalb auch die Gesetzgebung der Kriegsopferversorgung einbeziehen. Das Bundesversorgungsgesetz findet nicht nur Anwendung auf die Opfer der beiden Weltkriege, sondern nach dem Soldatenversorgungsgesetz auch auf Angehörige der Bundeswehr. Die Versorgung nach dem BVG hat somit auch eine wehrpolitische Bedeutung gewonnen. Sämtliche Fraktionen des 2. Deutschen Bundestages haben anläßlich der Verabschiedung der 6. Novelle zum Bundesversorgungsgesetz eine Neuordnung des Gesetzes gefordert. Die Verbände der Kriegsopfer haben ihre Wünsche bekanntgegeben. Der Ausschuß für Kriegsopfer- und Heimkehrerfragen des Bundestages hat vor einiger Zeit der übereinstimmenden Meinung aller Fraktionen Ausdruck gegeben, daß er eine Vorlage der Bundesregierung in absehbarer Zeit erwartet. Die Bundesregierung hat bei der Beantwortung der Großen Anfrage der SPD am 17.10.1958 im Bundestag eine Gesetzesvorlage für Anfang des Jahres 1959 in Aussicht gestellt.

B. Umfang der Neuordnung

Die Neuordnung des Bundesversorgungsgesetzes kann sich nur in Richtung auf das Erreichbare, aber auch unbedingt Notwendige, bewegen, nämlich eine systematische Gestaltung der Renten, durch die sichergestellt wird, daß derjenige eine ausreichende Versorgung erhält, der infolge der Schädigung entweder von der Rente zu leben gezwungen ist oder über keine ausreichenden Einkünfte verfügt.

I. Das Rentensystem

1. Die Beschädigtenrente

An der Zweiteilung der Rente in Grundrente und Ausgleichsrente wird festgehalten.

Die Grundrente stellt die Entschädigung für die Beeinträchtigung der körperlichen Integrität dar und soll die Mehraufwendungen ausgleichen, die der Beschädigte infolge der Schädigung gegenüber einem gesunden Menschen hat. Die Grundrente ist und bleibt unantastbar, d.h. sie wird ohne Rücksicht auf sonstiges Einkommen gewährt und bei Bemessung anderer Leistungen unberücksichtigt

---

[1] Abgedruckt ist ohne Begleitschreiben die behändigte Ausfertigung der Vorlage des BMA vom 8. Jan 1959 aus B 136/396. – Entwurf in B 149/16423.

gelassen. Eine Erhöhung der zur Zeit gültigen Sätze der Grundrenten ist daher nicht beabsichtigt mit Ausnahme der Grundrente des Erwerbsunfähigen, die wegen einer besseren Progression von 140,– auf 150,– DM monatlich erhöht werden soll.

Die Ausgleichsrente dient der Sicherstellung des Lebensunterhalts. Sie ist wegen dieser Zweckbestimmung gegenüber der Grundrente stärker als bisher hervorzuheben. Die Ausgleichsrenten des Schwerbeschädigten werden zu 3 Stufen zusammengefaßt, zu je einer für die Beschädigten mit einer Minderung der Erwerbsfähigkeit (MdE) von 50 und 60 v.H., 70 und 80 v.H. sowie 90 und 100 v.H. Die Ausgleichsrenten sollen gleichzeitig erhöht werden und bei einer MdE von 50 und 60 v.H. 150,– DM, bei einer MdE von 70 und 80 v.H. 200,– DM und bei einer MdE von 90 und 100 v.H. 250,– DM monatlich betragen. Mit dieser Regelung wird neben einer Verwaltungsvereinfachung die wirtschaftliche Lage der Schwerbeschädigten in Richtung auf die Sicherstellung des Lebensunterhalts verbessert, dabei aber auch der Tatsache Rechnung getragen, daß den Schwerbeschädigten mit einer geringeren MdE als 100 v.H. in größerem Umfange die Möglichkeit zum Erwerb von Arbeitseinkommen geblieben ist.

Die Verbesserung wirkt sich bei den Schwerbeschädigten, die über keine weiteren Einkünfte verfügen, wie folgt aus:

		jetzt	künftig
MdE 50 v.H.	Grundrente	48,– DM	48,– DM
	Ausgleichsrente	70,– DM	150,– DM
	Zuschlag (§ 32 Abs. 4)	20,– DM	–,– DM
	Zusammen	138,– DM	198,– DM
MdE 60 v.H.	Grundrente	60,– DM	60,– DM
	Ausgleichsrente	75,– DM	150,– DM
	Zuschlag	20,– DM	–,– DM
	Zusammen	155,– DM	210,– DM
MdE 70 v.H.	Grundrente	80,– DM	80,– DM
	Ausgleichsrente	95,– DM	200,– DM
	Zuschlag	20,– DM	–,– DM
	Zusammen	195,– DM	280,– DM
MdE 80 v.H.	Grundrente	100,– DM	100,– DM
	Ausgleichsrente	115,– DM	200,– DM
	Zuschlag	20,– DM	–,– DM
	Zusammen	235,– DM	300,– DM

MDE 90 v.H.	Grundrente	120,– DM	120,– DM
	Ausgleichsrente	135,– DM	250,– DM
	Zuschlag	20,– DM	–,– DM
	Zusammen	275,-	370,– DM

MdE 100 v.H.	Grundrente	120,– DM	150,– DM
	Ausgleichsrente	160,– DM	250,– DM
	Zuschlag	20,– DM	–,– DM
	Zusammen	320,– DM	400,– DM

Die Erhöhung der Ausgleichsrente für die Ehefrau (25,– DM) fällt fort; an ihrer Stelle wird ein Frauenzuschlag in Höhe von 25,– DM gezahlt, der jedoch entfällt, wenn die Frau über eigene Einkünfte verfügt, die ihren Unterhalt gewährleisten.

An Stelle der Erhöhung der Ausgleichsrente für Kinder (25,– DM) wird ein Kinderzuschlag in Höhe des Kindergeldes eingeführt, der entfällt, soweit entsprechende Leistungen für Kinder nach anderen gesetzlichen Vorschriften gewährt werden.

Der Zuschlag nach § 32 Abs. 4 BVG (20,– DM) entfällt, weil er in der Praxis zu ungerechten Ergebnissen im Einzelfall geführt hat. Er wird durch die Erhöhung der Ausgleichsrentensätze ausgeglichen.

2. Die Hinterbliebenenrente

Die Renten der Witwen, Waisen und Eltern werden in ein prozentuales Verhältnis zur Rente des Erwerbsunfähigen gebracht. Die Witwenrente liegt etwa bei 60 v.H., die Rente für eine Vollwaise bei 40 v.H., für eine Halbwaise bei 25 v.H., für ein Elternpaar bei 50 v.H. und für ein Elternteil bei 30 v.H. der Rente des Erwerbsunfähigen.

a) Witwen und Waisen

An der Zweiteilung der Rente in Grundrente und Ausgleichsrente wird auch bei Witwen und Waisen festgehalten.

Die Grundrente stellt eine Entschädigung für die im einzelnen nicht wägbaren Schäden dar, die für die Witwe und die Waisen durch den Verlust des Ernährers eingetreten sind. Sie ist – wie beim Beschädigten – unantastbar. Eine Erhöhung der z.Zt. gültigen Sätze der Grundrenten ist nicht beabsichtigt.

Die Ausgleichsrente dient der Sicherstellung des Lebensunterhalts der Witwen und Waisen. Sie ist deshalb – wie bei dem Schwerbeschädigten – gegenüber der Grundrente stärker als bisher hervorzuheben.

Die Ausgleichsrente der Witwe wird von 95 DM auf 150 DM monatlich erhöht. Darüber hinaus besteht ein dringendes Bedürfnis, die heute so stark in Erscheinung tretende Nivellierung der Witwenrente aufzulockern. Soweit Witwen durch den Tod des Mannes wirtschaftlich besonders betroffen, d.h. sozial abgesunken sind, erhöht sich die volle Ausgleichsrente auf 200 DM monatlich. Die Gesamtbezüge einer Witwe betragen somit einschließlich der Grundrente von 70 DM 220 DM oder 270 DM monatlich gegenüber bisher 180 DM.

Der Zuschlag nach § 41 Abs. 5 BVG in Höhe von 15 DM monatlich entfällt, weil er in der Praxis zu ungerechten Ergebnissen im Einzelfall geführt hat. Er wird durch die Erhöhung der Ausgleichsrentensätze ausgeglichen.

Die Ausgleichsrenten der Waisen werden erhöht, und zwar bei Halbwaisen von 50 auf 80 DM und bei Vollwaisen von 75 auf 120 DM. Die Gesamtbezüge der Waisen betragen somit einschließlich der Grundrente bei Halbwaisen 100 DM und bei Vollwaisen 150 DM monatlich gegenüber bisher 70 bzw. 105 DM.

b) Eltern

An der Gestaltung der Elternrente als einer reinen Bedürftigkeitsrente und an der Voraussetzung der Ernährereigenschaft wird festgehalten. Die Rentensätze werden jedoch für ein Elternpaar von 130 DM auf 190 DM und für einen Elternteil von 90 DM auf 130 DM monatlich erhöht.

II. Die Anrechnung des sonstigen Einkommens

Da die Ausgleichsrente und Elternrente der Sicherstellung des Lebensunterhalts dient, kann auf eine Anrechnung des sonstigen Einkommens bei der Bemessung dieser Renten nicht verzichtet werden. Es soll jedoch eine Modifizierung der Anrechnungsbestimmungen dergestalt, daß nur progressiv abgestufte Teile des Nettoeinkommens angerechnet werden, vorgenommen werden. Anzurechnen sind bei Einkünften aus nichtselbständiger Arbeit 5/10, bei Einkünften aus Land- und Forstwirtschaft, Gewerbebetrieb und selbständiger Arbeit 7/10 und bei allen anderen Einkünften 8/10 des Nettoeinkommens. Mit dieser Regelung, die nur bei der Bemessung der Ausgleichsrente anzuwenden ist, wird erreicht, daß den Berechtigten bei einer Erhöhung des Nettoeinkommens, solange die Einkommensgrenze nicht erreicht ist, ein bestimmter Betrag ohne Anrechnung verbleibt, so daß eine echte Erhöhung der Gesamteinkünfte gewährleistet ist. Damit bleibt auch der Anreiz zur Arbeit für den Schwerbeschädigten erhalten.

Die Anrechnung des Nettoeinkommens erfolgt bei Beschädigten, Witwen und Waisen einheitlich; es gelten also die gleichen Freibeträge. Die bisherige unterschiedliche Anrechnungsmethode entfällt. Bei der Elternrente ist das Nettoeinkommen jedoch in voller Höhe anzurechnen, weil es sich um eine reine Bedürftigkeitsversorgung handelt.

Die bisherigen Einkommensgrenzen für die Ausgleichs- und Elternrente entfallen, sie entsprechen künftig der vollen Ausgleichs- oder Elternrente. Damit wird eine gleitende und dem Einzelfall gerecht werdende Höhe der Rente erreicht.

III. Die Berücksichtigung des Berufsschadens

Der Berufsschaden soll wie bisher durch eine Höherstufung der MdE nach § 30 Abs. 1 Satz 2 BVG berücksichtigt werden.

Darüber hinaus ist beabsichtigt, Beschädigten mit einer MdE von 90 und 100 v.H., deren Berufsschaden durch eine Höherstufung nicht oder nicht mehr ausreichend ausgeglichen werden kann, in Zukunft zur Grundrente eine Zulage von 30,– DM monatlich, die in besonderen Fällen für Erwerbsunfähige bis zu 60,– DM monatlich erhöht werden kann, zu gewähren.

Der Bundesminister für Verteidigung schlägt demgegenüber für Beschädigte einen Berufsschadensausgleich vor, der unabhängig von der MdE gestaltet werden soll. Danach sind in Anlehnung an die Beamtenlaufbahnen (unterer, mittlerer, gehobener und höherer Dienst) vier Berufsgruppen zu bilden, nach denen sich der Berufsschadensausgleich bemißt. Der Umfang des auszugleichenden Berufsschadens ergibt sich aus der Gegenüberstellung der Zugehörigkeit zur jeweiligen Berufsgruppe vor und nach der Schädigung. Dadurch ist gewährleistet, daß jeder Beschädigte, der durch Schädigungsfolgen wirtschaftlich und sozial besonders betroffen ist, einen angemessenen Ausgleich erhält. Der Bundesminister für Verteidigung hält diese Regelung für notwendig, da sie eine individuelle Berücksichtigung des Berufsschadens zur Folge hat. Als Höchstbetrag des Berufsschadensausgleichs sind 400,– DM vorgesehen. Dieser Betrag wird nur in den Fällen erreicht werden, in denen der Beschädigte in die höchste Berufsgruppe eingereiht wird und ohne Arbeitseinkommen ist. Erhält der Beschädigte auch Ausgleichsrente, so ist der Berufsschadensausgleich auf diese anzurechnen.

Unter Berücksichtigung der besonderen Belange der Bundeswehr ist der Vorschlag des Bundesministers für Verteidigung vertretbar. Beschädigte, deren Berufsschaden bisher nach § 30 Abs. 1 Satz 2 BVG berücksichtigt worden ist, können an diese Regelung festhalten.

IV. Die Anpassung der Leistungen an die jeweilige Wirtschaftslage

Eine vielfach geforderte Regelung, die sicherstellt, daß die Leistungen laufend an die wirtschaftliche Entwicklung angepaßt werden, ist nicht zulässig, weil es nicht angeht, den Gesetzgeber im voraus zu verpflichten, Renten, die aus Steuermitteln aufgebracht werden müssen, zu erhöhen oder einer bestimmten Entwicklung anzupassen, wenn die Verwirklichung dieser Verpflichtung möglicherweise aus Mangel an Haushaltmitteln gar nicht vorgenommen werden kann.

V. Heil- und Krankenbehandlung

Die Vorschriften über die Heil- und Krankenbehandlung werden auf Grund der praktischen Erfahrungen systematisch neu gefaßt und zum Zwecke der Klarstellung ergänzt. Ihre endgültige Gestaltung hängt von der Entwicklung des Krankenversicherungsrechts ab.

VI. Soziale Fürsorge, Arbeits- und Berufsförderung (Absichten des Bundesministers des Innern)

Vorschriften über die soziale Fürsorge sind gegenwärtig sowohl im Bundesversorgungsgesetz (§§ 25 bis 27) wie auch im Recht der öffentlichen Fürsorge (insbesondere in den §§ 19 bis 32 der Reichsgrundsätze über Voraussetzung, Art und Maß der öffentlichen Fürsorge[2]) enthalten. Da die Einordnung dieser Vorschriften sowohl in das Versorgungs- wie auch in das Fürsorgerecht immer wieder zu Zweifeln über den Rechtscharakter der Leistungen Anlaß gab, ist vorgesehen, mit der Neuordnung auch den Rechtscharakter der sozialen Fürsorge als einer mit Rechtsanspruch ausgestatteten Versorgungsleistung klarzustellen. Zu diesem Zweck ist beabsichtigt, unter Aufhebung der einschlägigen Vorschriften des Fürsorgerechts die Ausgestaltung der sozialen Fürsorge nunmehr allein im Bundesversorgungsgesetz vorzunehmen.

Gleichzeitig werden unter Beibehaltung des fürsorgerischen Individualitätsprinzips, mit dessen Hilfe mehr als bisher auch einem sozialen Abgleiten der Beschädigten und Hinterbliebenen begegnet werden soll, und des Kausalitätsgedankens insbesondere die Vorschriften über die Arbeits- und Berufsförderung und die Erziehungsbeihilfen systematisch neu gefaßt und unter dem Gesichtspunkt einer modernen Rehabilitation ergänzt werden.

Soweit die bisher im Fürsorgerecht enthaltenen Vorschriften sich nicht für eine Übernahme in das Bundesversorgungsgesetz selbst eignen, was insbesondere für die Bestimmungen über Art und Maß der Leistungen zutrifft, soll der Erlaß entsprechender Rechtsverordnungen vorgesehen werden.[3]

VII. Wegfall der Fristvorschriften

Die Fristvorschriften für die Anmeldung von Versorgungsansprüchen (§§ 56 ff. BVG) entfallen, mit Ausnahme der Ansprüche, die auf eine Schädigung gestützt werden, die während einer vor dem 1. September 1939 beendeten Dienstleistung oder ohne eine solche vor diesem Zeitpunkt eingetreten ist, es sei denn, daß die Gesundheitsstörung anerkannt war oder mit einer anerkannten Gesundheitsstörung im ursächlichen Zusammenhang steht.

VIII. Generalüberarbeitung des Bundesversorgungsgesetzes und des Verfahrensgesetzes

Mit der Neuordnung des BVG wird eine Generalüberholung des Gesetzes, der Rechtsverordnungen und der Verwaltungsvorschriften verbunden. Dabei wird insbesondere eine Abstimmung mit anderen Sozialgesetzen in Richtung auf eine einheitliche Beurteilung verwandter Tatbestände vorgenommen und der höchstrichterlichen Rechtsprechung Rechnung getragen. Soweit Vorschriften des BVG verfahrensrechtlichen Charakter tragen, ist zum Zwecke der klaren Trennung von materiellem und formellem Versorgungsrecht ihre Übernahme in das Gesetz über

---

[2] RGr vom 26. Juni 1924 (RGBl. I 660).

[3] Abschnitt VI entspricht im Wortlaut einer Vorlage des BMI, die mit Schreiben vom 6. Jan. 1959 dem BMA übersandt wurde (B149/16423).

das Verwaltungsverfahren der Kriegsopferversorgung vom 2. Mai 1955 vorgesehen, wobei auch eine notwendige Änderung dieses Gesetzes selbst, die keine finanzielle Auswirkung haben werden, zugleich mit den Änderungen des BVG in einem Gesetzgebungsgang vorgenommen werden sollen.

C. Finanzielle Auswirkung der Neuordnung

Die in Abschnitt B. in den Grundzügen dargestellte und vom Bundesminister für Arbeit und Sozialordnung vorgeschlagene Neuordnung des Bundesversorgungsgesetzes wird gegenüber dem Haushaltsansatz für das Rechnungsjahr 1959/60 einen Mehraufwand von rund 550 Millionen DM erfordern.

Der vom Bundesminister für Verteidigung in Abschnitt B. III. vorgeschlagene Berufsschadensausgleich macht einen weiteren Aufwand von etwa 40 Millionen DM notwendig.

Den Mehraufwand für die Neuordnung der sozialen Fürsorge schätzt der Bundesminister des Innern auf 30 bis 40 Millionen DM.

Dokument 18

**Vorlage des Bundesministers für Arbeit und Sozialordnung für die
3. Sitzung am 15. Januar 1959[1]**

BETR.: KRIEGSOPFERVERSORGUNG IM SAARLAND

ANL.: – 12 –

Ich bitte, die Frage der Kriegsopferversorgung im Saarland auf die Tagesordnung einer der nächsten Kabinettsitzungen zu setzen.

Der Saarländische Minister für Arbeit und Sozialwesen hat den beiliegenden Entwurf eines Gesetzes zur Änderung und Ergänzung des Reichsversorgungsgesetzes mit der Bitte um Prüfung vorgelegt, ob die Bundesregierung gemäß § 6 des Gesetzes über die Eingliederung des Saarlandes vom 23. Dezember 1956 (BGBl. I S. 1011) ihre Zustimmung erteilen würde. Der Entwurf sieht eine Übernahme der durch die 6. Novelle zum Bundesversorgungsgesetz erzielten Verbesserungen des Leistungsrechts in das Reichsversorgungsgesetz (Saar) vor. Ein früherer Entwurf war bereits Gegenstand von Ressortbesprechungen mit Vertretern des BMI, BMJ, BMF und BWM. Bei diesen Besprechungen ist die Frage offengeblieben, ob die Bundesregierung dem Saarland vorschlagen soll, unter Verzicht auf Teilregelungen das Bundesversorgungsgesetz schon vor der wirtschaftlichen Rückgliederung des Saarlandes zu übernehmen. Ich habe die Auffassung vertreten, daß es mit Rücksicht auf den verhältnismäßig unbedeutenden Inhalt einer Grundsatzentscheidung des Kabinetts über die erwähnte Frage nicht bedarf. Dieser Auffassung haben sich die beteiligten Ressorts angeschlossen mit Ausnahme des Herrn Bundesministers der Finanzen. Dieser erhebt zwar keine direkten finanzpolitischen Bedenken, vertritt aber aus grundsätzlichen Erwägungen die Auffassung, daß durch den vorliegenden Gesetzentwurf die Übernahme des Bundesversorgungsgesetzes im Saarland erschwert werde. Diese Übernahme müsse entweder sofort erfolgen oder aber unter Verzicht auf Teilregelungen bis zur wirtschaftlichen Rückgliederung des Saarlandes zurückgestellt werden.

Demgegenüber sind nach meiner Ansicht gegen die vom Saarland angestrebte Teilregelung keine Bedenken zu erheben, es erscheint aus politischen und verwaltungsmäßigen Gründen nicht zumutbar, das Bundesversorgungsgesetz im Saarland vor der wirtschaftlichen Angliederung und der Neuordnung des Rechts der Kriegsopferversorgung einzuführen. Andererseits vermag ich mich dem Anliegen des Saarlandes nicht zu verschließen, die saarländischen Kriegsopfer so schnell wie möglich in den Genuß jener Verbesserungen des Leistungsrechts kommen zu lassen, die für die Kriegsopfer in der Bundesrepublik durch die 6. Novelle zum Bundesversorgungsgesetz erzielt worden sind. Nachdem die Regierung des Saarlandes Bestimmungen ihres 1. Entwurfs zurückgezogen hat, durch die die endgültige

---

[1] Abgedruckt ist ohne Anlage die behändigte Ausfertigung der Vorlage des BMA vom 19. Dez. 1958 aus B 136/414. – Entwurf in B 149/7120.

Übernahme des Bundesversorgungsgesetzes im Saarland hätte erschwert werden können, kann ich die entsprechenden Bedenken des Herrn Bundesministers der Finanzen nicht teilen. Die in Rede stehende Regelung kann auch nicht als Präjudiz für die Rechtsangleichung auf anderen Gebieten betrachtet werden, da sie lediglich die besonderen Verhältnisse der Kriegsopferversorgung im Saarland berücksichtigt.

Ich bitte, folgenden Beschluß der Bundesregierung herbeizuführen:

„Die Bundesregierung erhebt gegen die Absicht der Regierung des Saarlandes, eine Novelle zum Reichsversorgungsgesetz einzubringen, keine Bedenken."

Die Durchführung der Vorlage wirkt sich auf den Bundeshaushalt finanziell nicht unmittelbar aus. Wegen der Berechnung der Mehraufwendungen, die durch das vorgesehene Gesetz für den saarländischen Haushalt verursacht werden, darf auf die Anlage zum Gesetzentwurf hingewiesen werden.

12 Abdrucke dieses Schreibens und seiner Anlage sind beigefügt. Die Herren Bundesminister haben je 5 und der Herr Chef des Bundespräsidialamtes hat 2 Abdrucke dieses Schreibens und seiner Anlage erhalten.

In Vertretung

gez. Dr. Claussen

Dokument 19

**Vorlage des Bundesministers für Arbeit und Sozialordnung für die
4. Sitzung am 29. Juli 1960[1]**

GESETZ ZUR FÖRDERUNG DER VERMÖGENSBILDUNG DER ARBEITNEHMER

§ 1

(1) Die Vermögensbildung der Arbeitnehmer durch vereinbarte vermögenswirksame Leistungen der Arbeitgeber wird nach den Vorschriften dieses Gesetzes gefördert.

(2) Die Vorschriften dieses Gesetzes gelten nur für vermögenswirksame Leistungen an Arbeitnehmer im Sinne des Betriebsverfassungsgesetzes. § 4 Abs. 2 Buchstabe f des Betriebsverfassungsgesetzes findet keine Anwendung.

§ 2

(1) Vermögenswirksame Leistungen sind Leistungen, die der Arbeitgeber für den Arbeitnehmer erbringt

a) als Sparbeiträge des Arbeitnehmers, die nach dem Sparprämiengesetz prämienbegünstigt werden,

b) als Aufwendungen des Arbeitnehmers zur Förderung des Wohnungsbaus, die nach dem Wohnungsbau-Prämiengesetz prämienbegünstigt werden, oder

c) als Aufwendungen des Arbeitnehmers, für den Erwerb eigener Aktien des Arbeitgebers zu einem Vorzugskurs unter Vereinbarung einer 5-jährigen Sperrfrist (§ 6 des Gesetzes über steuerrechtliche Maßnahmen bei Erhöhung des Nennkapitals aus Gesellschaftsmitteln und bei Überlassung von eigenen Aktien an Arbeitnehmer vom 30.12.1959, Bundesgesetzbl. I S. 834).

(2) In den Fällen des Absatzes 1 Buchstaben a und b hat der Arbeitgeber für die berechtigten Arbeitnehmer unmittelbar an das Unternehmen oder Institut zu leisten, bei dem die vermögenswirksame Anlage zu erfolgen hat. Das Unternehmen oder Institut hat dem Arbeitgeber Art und Dauer der Anlage der Leistungen zu bestätigen; es hat die vermögenswirksame Leistung des Arbeitgebers als solche besonders kenntlich zu machen.

§ 3

Die vermögenswirksamen Leistungen müssen entweder allen Arbeitnehmern (§ 1 Abs. 2) des Betriebes oder eines Betriebsteils oder Gruppen von Arbeitnehmern zugesagt werden, die nach Tätigkeitsmerkmalen, nach der Berufsausbildung, nach der Dauer der Berufszugehörigkeit oder nach ähnlichen sachlichen Merkmalen abgegrenzt sind.

---

[1] Abgedruckt ist der Gesetzentwurf des BMA vom 4. Juli 1960 aus B 149/13243.

§ 4

(1) Betriebsvereinbarungen über vermögenswirksame Leistungen müssen Bestimmungen enthalten über:

    a) die Höhe und Fälligkeit der Leistungen,

    b) den Kreis der berechtigten Arbeitnehmer und

    c) die Art der vermögenswirksamen Anlage sowie das Unternehmen oder Institut, bei dem sie erfolgen soll.

(2) Sieht die Betriebsvereinbarung vor, daß der Arbeitnehmer zwischen verschiedenen Arten der Anlagen wählen oder das Unternehmen oder Institut, bei dem sie erfolgen soll, selbst bestimmen kann, so hat der Arbeitnehmer hierüber vor Eintritt der Fälligkeit eine schriftliche Erklärung gegenüber dem Arbeitgeber abzugeben. Die Betriebsvereinbarung muß bestimmen, in welcher Weise die vermögenswirksamen Leistungen für diejenigen Arbeitnehmer angelegt werden, die eine Erklärung nach Satz 1 nicht rechtzeitig abgegeben haben.

(3) Bei vermögenswirksamen Leistungen, die nicht auf Grund einer Betriebsvereinbarung gewährt werden, bedarf die Art der vermögenswirksamen Anlage und die Bestimmung des Unternehmens oder Instituts, bei dem sie erfolgen soll, der Zustimmung des Arbeitnehmers.

§ 5

Werden die vermögenswirksamen Leistungen auf Grund einer Ergebnisbeteiligung gewährt, so gelten an Stelle des § 4 die §§ 6 bis 9.

§ 6

(1) Ergebnisbeteiligung im Sinne dieses Gesetzes ist die vereinbarte Beteiligung der Arbeitnehmer an dem nach betriebswirtschaftlichen Gesichtspunkten für bestimmte Berechnungszeiträume ermittelten Leistungserfolg des Betriebes oder wesentlicher Betriebsteile, insbesondere soweit dieser durch Kostenersparnisse oder durch Verbesserung der Arbeitsmethoden bedingt ist. Die Ergebnisbeteiligung ist vor Beginn des ersten Berechnungszeitraumes zu vereinbaren.

(2) Die Ergebnisbeteiligung kann auch für die Gesamtheit der Betriebe eines Unternehmens erfolgen.

§ 7

(1) Verträge mit Arbeitnehmern über eine vermögenswirksame Ergebnisbeteiligung müssen Bestimmungen enthalten über die Art der Ergebnisbeteiligung, die Bemessensgrundlage, die Grundsätze für die Berechnung des Ergebnisanteils und den Berechnungszeitraum.

(2) Die Verträge sollen Bestimmungen enthalten über

    a) Frist und Form der Mitteilung des Ergebnisanteils an den Arbeitnehmer,

    b) die Fälligkeit des Ergebnisanteils,

    c) die Art der vermögenswirksamen Anlage und das Unternehmen oder Institut, bei dem die Anlage erfolgen soll,

d) die Beendigung der Ergebnisbeteiligung, insbesondere für den Fall der Beendigung des Arbeitsverhältnisses.

(3) Soweit die Verträge keine Bestimmungen nach Absatz 2 enthalten, gelten folgende Vorschriften:

a) Der Betrag des Ergebnisanteils ist binnen drei Monaten seit Ablauf des Berechnungszeitraumes dem beteiligten Arbeitnehmer schriftlich mitzuteilen, er wird mit Ablauf von zwei Monaten seit der Mitteilung fällig.

b) Fehlt die Bestimmung des Unternehmens oder Instituts, bei dem die vermögenswirksame Anlage des Ergebnisanteils erfolgen soll, so ist der Arbeitnehmer berechtigt, das Unternehmen oder Institut jeweils zu benennen.

c) Der Vertrag kann mit einer Frist von drei Monaten zum Schluß eines Berechnungszeitraumes gekündigt werden.

d) Endet das Arbeitsverhältnis während eines Berechnungszeitraumes, so ist der Arbeitnehmer an dem für diesen Berechnungszeitraum ermittelten Ergebnis beteiligt, wenn er dem Betrieb mindestens für die Dauer der Hälfte des Berechnungszeitraumes angehört hat; sein Ergebnisanteil bemißt sich nach dem Verhältnis des Berechnungszeitraumes zu der Zeit, die er während des Berechnungszeitraumes dem Betrieb angehört hat.

§ 8

(1) Betriebsvereinbarungen über eine vermögenswirksame Ergebnisbeteiligung der Arbeitnehmer müssen Bestimmungen enthalten über

a) die Art der Ergebnisbeteiligung, die Bemessungsgrundlage, die Grundsätze für die Berechnung des Ergebnisanteils und den Berechnungszeitraum;

b) den Kreis der beteiligten Arbeitnehmer;

c) die Art der vermögenswirksamen Anlage des Ergebnisanteils sowie das Unternehmen oder Institut, bei dem sie erfolgen soll; § 4 Abs. 2 gilt entsprechend.

(2) Die Betriebsvereinbarung soll Bestimmungen enthalten über:

a) Frist und Form der Mitteilung des Ergebnisanteils an den Arbeitnehmer,

b) die Fälligkeit der Ergebnisanteile,

c) die Beendigung der Betriebsvereinbarung,

d) die Beendigung der Ergebnisbeteiligung des Arbeitnehmers, insbesondere für den Fall der Beendigung des Arbeitsverhältnisses.

(3) Soweit Betriebsvereinbarungen keine Bestimmungen nach Absatz 2 enthalten, gelten folgende Vorschriften:

a) Für die Mitteilung der Ergebnisanteile an die Arbeitnehmer und ihre Fälligkeit gilt § 7 Abs. 3 Buchstabe a entsprechend.

b) Die Betriebsvereinbarung kann mit einer Frist von 3 Monaten zum Schluß eines Berechnungszeitraumes gekündigt werden.

c) Im Fall der Beendigung des Arbeitsverhältnisses eines Arbeitnehmers gilt § 7 Abs. 3 Buchstabe d entsprechend.

§ 9

(1) Der Arbeitgeber hat den beteiligten Arbeitnehmern auf Verlangen Auskunft über die Richtigkeit der Berechnung und Ergebnisanteile zu erteilen. Auf Wunsch des Arbeitgebers haben die beteiligten Arbeitnehmer aus ihrer Mitte nicht mehr als drei Beauftragte zur Wahrnehmung dieser Auskunftsrechte zu wählen. Die Beauftragten haben über vertrauliche Angaben, die ihnen vom Arbeitgeber ausdrücklich als geheimzuhalten bezeichnet worden sind, Stillschweigen auch nach Ausscheiden aus dem Betrieb zu wahren.

(2) An Stelle der Auskunft nach Absatz 1 kann der Arbeitgeber auch die Bestätigung eines Wirtschaftsprüfers oder eines vereidigten Buchprüfers über die Richtigkeit der Berechnung der Ergebnisanteile vorlegen.

(3) In Verträgen und Betriebsvereinbarungen kann ein von den Absätzen 1 und 2 abweichendes Verfahren bestimmt werden.

§ 10

(1) Auf Antrag des Arbeitgebers wird die Lohnsteuer nach einem festen Pauschsteuersatz von der Summe der Aufwendungen für vermögenswirksame Leistungen nach diesem Gesetz erhoben, die der Arbeitgeber an Arbeitnehmer mit einem Arbeitslohn von nicht mehr als 15 000 Deutsche Mark im Kalenderjahr gewährt, soweit sie bei dem einzelnen Arbeitnehmer 312 Deutsche Mark im Kalenderjahr nicht übersteigen. Der Pauschsteuersatz beträgt 10 von Hundert.

Soweit die Aufwendungen für den einzelnen Arbeitnehmer 312 Deutsche Mark im Kalenderjahr übersteigen, ist die Lohnsteuer nach den allgemeinen Vorschriften zu erheben.

(2) Voraussetzung für die Anwendung des Pauschsteuersatzes ist, daß der Arbeitgeber den Antrag jeweils für alle in einem Kalenderjahr zu erbringenden Leistungen stellt und sich verpflichtet, die Lohnsteuer zu übernehmen. In dem Antrag hat der Arbeitgeber zu versichern, daß die Leistungen nach diesem Gesetz erbracht werden. Beim Lohnsteuer-Jahresausgleich und bei einer Veranlagung zur Einkommensteuer bleiben die Beträge, die nach Absatz 1 besteuert worden sind, und die dafür entrichtete Lohnsteuer außer Betracht.

(3) Die Bundesregierung wird ermächtigt, mit Zustimmung des Bundesrates durch Rechtsverordnung Vorschriften zu erlassen über das Verfahren zur Anwendung des Pauschsteuersatzes sowie über die Nachforderung der Lohnsteuer in Fällen, in denen die Voraussetzungen für die Inanspruchnahme des Pauschsteuersatzes nicht vorgelegen haben.

§ 11

Vermögenswirksame Leistungen nach diesem Gesetz sind kein Entgelt im Sinne der Sozialversicherung, soweit sie zusammen mit Aufwendungen des Arbeitgebers für die Zukunftsicherung des Arbeitnehmers 312 DM im Kalenderjahr nicht übersteigen.

BEGRÜNDUNG EINES GESETZES ZUR FÖRDERUNG DER VERMÖGENSBILDUNG DER ARBEITNEHMER

1. Zur Verwirklichung der von der Bundesregierung vertretenen Eigentumspolitik sind in den letzten Jahren zahlreiche Maßnahmen getroffen worden, die beachtliche Anreize zur Vermögensbildung gerade von Beziehern auch kleiner und mittlerer Einkommen geschaffen haben.

Eine entscheidende Verstärkung der Anreize zur Vermögensbildung ist insbesondere vom Wohnungsbau-Prämiengesetz, von der großzügigen Förderung des Familienheimerwerbs, vom Spar-Prämiengesetz sowie vom Ausbau der steuerlichen Begünstigung der Vermögensbildung (Erhöhung der Höchstsätze für Sonderausgaben, Erleichterung bei der Kapitalertragssteuer, Vermögenssteuer und Versicherungssteuer) ausgegangen. Darüber hinaus haben die Maßnahmen zur Privatisierung bundeseigener Unternehmen durch Ausgabe von Kleinaktien (Volksaktien) und die Verabschiedung des Investmentgesetzes den Erwerb kleingestückelter Wertpapiere erleichtert. Zu erwähnen ist ferner, daß im Zusammenhang mit der sogenannten Kleinen Aktienrechtsreform gesellschaftsrechtliche und steuerrechtliche Vorschriften ergangen sind, die die Ausgabe von Belegschaftsaktien fördern und die Überlassung von eigenen Aktien an Arbeitnehmer zu Vorzugskursen begünstigen.

Eine gewisse Erhöhung der Sparfähigkeit breiter Schichten ist – abgesehen von der Einkommensentwicklung – vor allem durch die Neugestaltung des Einkommensteuertarifs, die Anhebung der tariflichen Freigrenzen, der Kinderfreibeträge sowie durch das Splittingverfahren erfolgt.

2. Seit langem wird in weiten Kreisen der Arbeitnehmerschaft die Forderung erhoben, die Vermögensbildung der unselbständig Beschäftigten, insbesondere mit geringen Einkommen, durch gezielte Maßnahmen zu fördern. Hierzu sind in den letzten Jahren zahlreiche Vorschläge entwickelt worden. Erörtert werden vor allem die Vorschläge zur Bildung betrieblichen Miteigentums sowie die Investivlohnpläne. Von gewerkschaftlicher Seite ist außerdem der Gedanke des überbetrieblichen Miteigentums zur Diskussion gestellt worden.

a) Die Miteigentumspläne sehen eine gesellschaftsrechtliche Kapitalbeteiligung der Arbeitnehmer am arbeitgebenden Unternehmen vor. Die Vertretung der Arbeitnehmer soll hierbei durch Werk- oder Sozialgenossenschaften erfolgen. Diese Vorschläge dürften im Hinblick auf eine Fülle von schwierigen eigentumsrechtlichen, gesellschaftsrechtlichen und sozialpolitischen Fragen, die sie aufwerfen, kaum durchführbar sein. Zudem ist gerade bei diesen Vorschlägen das doppelte Risiko des Arbeitnehmers, der nicht nur mit seinem Arbeitsplatz, sondern auch mit seiner Einlage vom Bestand des Betriebes abhängig wäre, zu beachten.

b) Die Investivlohnpläne sehen eine Festschreibung derjenigen Teile von Lohnerhöhungen vor, die aus gesamtwirtschaftlicher Sicht nicht in bar ausgezahlt werden können. Die Festlegung soll entweder im arbeitgebenden Unternehmen oder bei Investmentgesellschaften erfolgen. Diese Pläne können deshalb nicht verfolgt werden, weil die betriebliche Variante des Investivlohnes nur dort tragbar ist, wo in stärkerem Maße aus eigenen Mitteln investiert wird, d.h. vor allem in der Großindustrie. Überdies würde durch Verfolgung dieser Pläne die aus volkswirtschaftlicher Sicht unerwünschte übertriebene Selbstfinanzierung, insbesondere der Großindustrie, eine soziale Rechtfertigung erfahren. Für die mittelständische Wirtschaft käme die Einführung des Investivlohnes einer normalen Lohnerhöhung gleich. Auch könnte die Gefahr einer Überwälzung auf die Preise kaum ausgeschaltet werden. Dies würde auch für modifizierte Formen des Investivlohnes gelten, die nicht die Anlage im arbeitgebenden Betrieb vorsehen.

c) Die Vorschläge zur Bildung überbetrieblichen Miteigentums sehen eine zwangsweise Abschöpfung der Selbstfinanzierungsquote bei den Großunternehmen vor. Diese Unternehmen sollen einen Teil ihres Vermögenszuwachses in der Form von eigenen Aktien oder Obligationen an einen Sozialfonds übertragen, der seinerseits kleingestückelte Investmentzertifikate an die Arbeitnehmer ausgeben würde. Die Verwirklichung dieser Pläne würde ebenfalls eine Rechtfertigung der Selbstfinanzierung bedeuten und vor allem neue wirtschaftliche Machtpositionen schaffen, die eine beherrschende Stellung innerhalb der Gesamtwirtschaft einnehmen könnten. Sie sind deshalb mit dem bestehenden System der Sozialen Marktwirtschaft unvereinbar.

3. Die geschilderten Vorschläge zur Förderung der Vermögensbildung der Arbeitnehmer dürften sich aus den angeführten Gründen für eine allgemeine gesetzliche Regelung nicht eignen. Dagegen erscheint es angebracht, zur Förderung der Vermögensbildung der Arbeitnehmer eine Festlegung von Beträgen anzustreben, wie sie als regelmäßige oder einmalige Zuwendungen der verschiedensten Art bereits von vielen Betrieben gewährt werden.

Der vorliegende Gesetzentwurf sieht deshalb eine Begünstigung der vermögenswirksamen Anlage solcher Zuwendungen der Arbeitgeber vor. Dabei wird bewußt eine nicht zu enge Formulierung gewählt, um es auch kleinen und mittleren Unternehmen zu ermöglichen, derartige Leistungen in einer Weise zu erbringen, die ihrer besonderen Lage entspricht. Derartige Leistungen sollen deshalb auch dann gefördert werden, wenn sie nicht im voraus vereinbart werden können, sondern je nach der Ertragslage von Fall zu Fall gewährt werden. Erwünscht sind vor allem solche Zuwendungen, die an einen besonderen Beitrag der Arbeitnehmer zum Betriebserfolg anknüpfen. Diese leistungsbezogenen Formen sind sowohl aus einzelbetrieblicher wie aus gesamtwirtschaftlicher Sicht förderungswürdig:

Aus einzelwirtschaftlicher Sicht, weil sie geeignet sind, das Verhältnis zwischen Kosten und Ertrag des einzelnen Unternehmens, die Qualität seiner Erzeugnisse und damit seine Wettbewerbsfähigkeit zu verbessern; aus gesamtwirtschaftlicher Sicht, weil sie beispielsweise über eine Senkung des Kostenniveaus ein Gegengewicht gegen Preisauftriebstendenzen schaffen. Darüber hinaus entspricht die Vermögensbildung aus derartigen leistungsbezogenen Zuwendungen der weithin vertretenen Auffassung, daß die Eigentumsbildung nicht auf Geschenken, sondern auf eigenen Anstrengungen beruhen soll.

Begünstigt werden soll nur die vermögenswirksame Anlage derartiger Leistungen.

Dies entspricht der Zielsetzung des Entwurfes, den Aufbau persönlichen Vermögens bei Nichtunternehmern aus gesellschaftspolitischen Erwägungen und im Interesse der Kapitalbildung der Volkswirtschaft zu fördern.

Für die vermögenswirksame Anlage wird grundsätzlich eine fünfjährige Festlegung gefordert. Zur Erleichterung der Feststellung, ob die geleisteten Beträge auch tatsächlich in dieser Weise festgelegt worden sind, werden im Gesetz nur Anlagemöglichkeiten zur Wahl gestellt, bei denen die bei der Festlegung zu beachtenden Vorschriften bereits anderweitig geregelt sind. Als Anlagemöglichkeiten kommen in Betracht: Die im Spar-Prämiengesetz und Wohnungsbau-Prämiengesetz vorgesehenen Anlageformen sowie die Erbringung der Eigenleistung des Arbeitnehmers zum steuerbegünstigten Erwerb von Belegschaftsaktien zu Vorzugskursen nach den Bestimmungen des Gesetzes über steuerrechtliche Maßnahmen bei Erhöhung des Nennkapitals aus Gesellschaftsmitteln und bei Überlassung von eigenen Aktien an Arbeitnehmer.

Die Begünstigung der vermögenswirksamen Anlage erfolgt einmal durch die Einräumung eines günstigen Pauschsteuersatzes von 10 v.H. auf die Beträge, die der Arbeitgeber den Arbeitnehmern zuwendet, sofern der Arbeitgeber die Lohnsteuer übernimmt und soweit die Leistungen 312,– DM im Kalenderjahr je Arbeitnehmer nicht übersteigen. Außerdem werden vermögenswirksam angelegte Leistungen bis zu einem Betrag von 312,– DM im Kalenderjahr bei der Berechnung der Beiträge zur Sozialversicherung außer Ansatz gelassen, soweit dieser Betrag nicht bereits durch Aufwendungen des Arbeitgebers für die Zukunftssicherung des Arbeitnehmers in Anspruch genommen ist.

Das Gesetz sieht außerdem eine Reihe von Rahmenbestimmungen vor, um eine mißbräuchliche Ausnutzung von Vereinbarungen über vermögenswirksame Leistungen zu verhindern.

Begründung der einzelnen Vorschriften

Zu § 1: Die Vorschrift enthält in Absatz 1 den Grundsatz, daß bestimmte betriebliche Leistungen zur Vermögensbildung der Arbeitnehmer gefördert werden sollen. Die Leistungen können als einmalige Zuwendungen ohne Rücksicht auf bestimmte Beweggründe des Arbeitgebers gewährt werden, wenn auch in der Regel eine Bezugnahme auf den Beitrag der Arbeitnehmer zum Erfolg des Betriebes wünschenswert erscheint. Für einmalige Zuwendungen gelten die Vorschriften des § 4. Daneben besteht die Möglichkeit der Vereinbarung von vermögenswirksamen Ergebnisbeteiligungen nach Maßgabe der §§ 5 bis 9. Die Förderung durch das Gesetz bezieht sich nur auf vermögenswirksame Leistungen des Arbeitgebers (§ 2); sie besteht in steuerlichen (§ 10) und sozialversicherungsrechtlichen (§ 11) Begünstigungen.

Entsprechend der Zielsetzung des Gesetzes, die Vermögensbildung gerade bei Beziehern geringer und mittlerer Arbeitseinkommen zu fördern, kann die Begünstigung des Gesetzes nur für vermögenswirksame Leistungen an Arbeitnehmer im Sinne des Betriebsverfassungsgesetzes in Anspruch genommen werden, d.h. nicht für Leistungen an leitende Angestellte, Vorstandsmitglieder usw., und, wie sich aus § 10 Absatz 1 ergibt, nicht für Arbeitnehmer mit Jahreseinkünften aus unselbständiger Arbeit über 15 000 DM.

Das Betriebsverfassungsgesetz schließt die Familienangehörigen des Arbeitgebers, die in häuslicher Gemeinschaft mit dem Arbeitgeber leben, von dem Arbeitnehmerbegriff aus. Da ein Ausschluß dieses Personenkreises, soweit er in einem – auch steuerlich anerkannten – Arbeitsverhältnis beschäftigt ist, nicht gerechtfertigt erscheint, wird die entsprechende Vorschrift des Betriebsverfassungsgesetzes (§ 4 Absatz 2 Buchstabe f) als nicht anwendbar erklärt. Hierdurch wird insbesondere den im Arbeitsverhältnis beschäftigten Familienangehörigen in Kleinbetrieben ermöglicht, die Förderungsmaßnahmen des Gesetzes in Anspruch zu nehmen.

Zu § 2: Absatz 1 der Vorschrift umschreibt den Begriff der vermögenswirksamen Leistung. Hierunter sind solche Zuwendungen des Arbeitgebers zu verstehen, die nach den Vorschriften der unter a bis c angegebenen Gesetze in der Regel auf mindestens 5 Jahre festgelegt sind. Auf diese Weise wird insbesondere erreicht, daß die angestrebte Ansparung von Kleinvermögen sich in denjenigen Formen vollzieht, die der Gesetzgeber bereits als förderungswürdig angesehen hat.

Auch die Vorschriften des Absatzes 2 dienen der Sicherstellung des Gesetzeszweckes; insbesondere im Hinblick auf die steuerlichen Vorschriften ist bestimmt, daß der Arbeitgeber die Beträge unmittelbar an die Stelle (Kreditinstitut oder Bausparkasse) zu leisten hat, bei der die Festlegung erfolgen soll.

Zu § 3: Die Vorschrift soll sicherstellen, daß, sofern nicht alle Arbeitnehmer in den Genuß der Leistungen des Arbeitgebers gelangen sollen, eine Abgrenzung des Kreises der Begünstigten nur nach sachgerechten Gesichtspunkten vorgenommen wird.

Zu § 4: Die Vorschrift enthält Rahmenbestimmungen über den Mindestinhalt von Betriebsvereinbarungen und Verträgen über vermögenswirksame Leistungen der verschiedensten Art. Sie gelten nicht für den Sonderfall der Ergebnisbeteiligung.

Beruhen die Leistungen des Arbeitgebers auf (u. U. von Fall zu Fall abzuschließenden) Betriebsvereinbarungen, so müssen sie die in Absatz 1 Buchstaben a bis c genannten Angaben enthalten. In diesen Fällen kann die Betriebsvereinbarung insbesondere die Art der vermögenswirksamen Anlage und die Stelle, bei der die Anlage erfolgen soll, mit bindender Wirkung für die Arbeitnehmer bestimmen. Soweit dies untunlich erscheint, vor allem, weil nicht alle Arbeitnehmer denselben Wohnort haben oder weil die Sparwünsche der Arbeitnehmer unterschiedlich sind, kann die Betriebsvereinbarung vorsehen, daß der Arbeitnehmer zwischen verschiedenen Arten der Anlage wählen oder die Stelle benennen kann, bei der die Festlegung erfolgen soll (Absatz 2). In diesen Fällen hat der Arbeitnehmer die Wahlmöglichkeit vor Eintritt der Fälligkeit durch schriftliche Mitteilung an den

Arbeitgeber auszuüben. Da andererseits nicht sicher ist, daß sämtliche Arbeitnehmer rechtzeitig diese Erklärung abgeben, muß die Betriebsvereinbarung Vorsorge treffen, daß für diejenigen Arbeitnehmer, die sich nicht fristgerecht geäußert haben, eine bestimmte Form der Anlage Platz greift.

In Absatz 3 ist vorgesehen, daß bei Nichtbestehen einer Betriebsvereinbarung die Entschließungsfreiheit des Begünstigten bezüglich der Art der vermögenswirksamen Anlage und der Stelle, bei der sie erfolgen soll, gewahrt bleibt.

Zu §§ 5 und 6: Aus § 5 ergibt sich, daß vermögenswirksame Leistungen insbesondere dann gefördert werden sollen, wenn sie auf Grund von Ergebnisbeteiligungen gewährt werden, wie sie in den verschiedensten Formen bereits in zahlreichen Betrieben eingeführt sind. Für diese Fälle kann die allgemeine Vorschrift des § 4 keine Anwendung finden. Die in jener Vorschrift enthaltenen Normen wurden vielmehr durch die §§ 7 und 8 entsprechend den Besonderheiten der Ergebnisbeteiligung modifiziert.

§ 6 enthält eine allgemeine Bestimmung des Begriffes der Ergebnisbeteiligung, der bisher in der Gesetzessprache nicht eingeführt ist. Bei dieser Beteiligung handelt es sich um die Einräumung von Ansprüchen an die Arbeitnehmer nach Maßgabe des Leistungserfolges des Betriebes oder wesentlicher Betriebsteile. Der Unterschied zur marktabhängigen Gewinnbeteiligung besteht darin, daß es sich primär um die Beteiligung an dem arbeitstechnischen Erfolg des Betriebes handelt, der nicht zuletzt auf die verantwortliche Mitarbeit der Arbeitnehmer zurückzuführen ist. Auf welche Weise dieser Leistungserfolg im einzelnen Betrieb ermittelt wird, muß den Gegebenheiten im Einzelfall überlassen bleiben. Der Entwurf führt als Beispiel die Bezugnahme auf Kostenersparnisse und Verbesserung der Arbeitsmethoden an, insbesondere um jeden Zweifel bezüglich der Abgrenzung gegenüber der Gewinnbeteiligung auszuschließen. Andererseits sind auch völlig andersgeartete Beteiligungssysteme möglich und in der Praxis mit gutem Erfolg durchgeführt worden. Dabei ist besonders an die Berücksichtigung von Qualitätsverbesserungen, Produktivitätsprämien und Umsatzbeteiligungen zu denken.

Die Ergebnisbeteiligung erfolgt grundsätzlich für den einzelnen Betrieb. Sie kann auf wesentliche Betriebsteile und darüber hinaus – wie sich aus § 3 ergibt – auf bestimmte Gruppen von Arbeitnehmern beschränkt werden. Andererseits soll es zulässig sein, auch die Gesamtbelegschaft eines Unternehmens oder Gruppen dieser Gesamtbelegschaft am Leistungserfolg zu beteiligen, zumal in vielen Fällen eine gewisse Arbeitsteilung zwischen mehreren Betrieben desselben Unternehmens vorausgesetzt werden kann.

Der Entwurf enthält in § 7 Rahmenbestimmungen für Einzelverträge mit Arbeitnehmern, in § 8 die entsprechenden Vorschriften über den Mindestinhalt von Betriebsvereinbarungen. Die Einführung der Ergebnisbeteiligung ist völlig freiwillig. Die Frage der Auskunftpflicht des Arbeitgebers ist für alle Fälle der Ergebnisbeteiligung in § 9 geregelt.

Nach Sinn und Zweck des Entwurfes, die Vermögensbildung zu fördern, fallen unter seine Vorschriften nur solche Formen der Ergebnisbeteiligung, die ausschließlich zur vermögenswirksamen Anlage der Ergebnisanteile führen, nicht dagegen solche, die eine Barauszahlung der Anteile vorsehen.

Zu § 7: Die Vorschrift regelt den Mindestinhalt von Verträgen über die vermögenswirksame Ergebnisbeteiligung. Dabei ist zu unterscheiden zwischen der zwingenden Vorschrift des Absatzes 1 und den Soll-Vorschriften des Absatzes 2.

In Absatz 1 ist bestimmt, daß eine Ergebnisbeteiligung nur dann vorliegt, wenn der Vertrag nach der Eigenart des Betriebes und der mit dem Arbeitnehmer getroffenen Vereinbarung klarstellt, an welcher Art von Ergebnis der Arbeitnehmer beteiligt ist, von welchen Größen ausgehend dieses Ergebnis ermittelt wird (Bemessungsgrundlage) und wie sich der Anteil des Arbeitnehmers an dem so ermittelten Ergebnis errechnet und für welchen Zeitraum die Ermittlung des Ergebnisses jeweils erfolgt (Berechnungszeitraum).

Die Soll-Vorschriften des Absatzes 2 werden ergänzt durch die subsidiären Normen des Absatzes 3, die eintreten für den Fall, daß Bestimmungen im Vertrage insoweit fehlen.

Zu § 8: § 8 enthält Rahmenvorschriften für Betriebsvereinbarungen.

Unter den zwingenden Vorschriften des Absatzes 1 entspricht der Buchstabe a dem § 7 Absatz 1 (vgl. die Begründung hierzu). Des weiteren muß die Betriebsvereinbarung angeben, welche Arbeitnehmer beteiligt sind, wobei für die Abgrenzung der beteiligten Arbeitnehmer die Grundsätze des § 3 Anwendung finden. Schließlich muß die Betriebsvereinbarung, wie im Falle des § 4 Absatz 1 Buchstabe c, die Art der vermögenswirksamen Anlage und die Stelle, bei der sie erfolgen soll, angeben sowie bei Einräumung von Wahlmöglichkeiten der Arbeitnehmer eine dem § 4 Absatz 2 entsprechende Regelung vorsehen.

Die Soll-Bestimmungen für den Inhalt der Betriebsvereinbarungen (Absatz 2) und die ersatzweise geltenden Normen des Absatzes 3 entsprechen § 7 Absatz 2 und 3 mit denjenigen Abweichungen, die sich aus dem Wesen der Betriebsvereinbarung ergeben.

Zu § 9: Die Ergebnisbeteiligung kann ihrem Wesen nach nur dann erfolgreich sein, wenn die Arbeitnehmer überzeugt sind, daß die Errechnung der Ergebnisanteile korrekt erfolgt. Andererseits besteht in den Betrieben häufig ein anzuerkennendes Interesse an der Geheimhaltung gerade derjenigen Größen, auf die sich die Ergebnisbeteiligung bezieht. Das Bekanntwerden solcher Angaben kann die Stellung des Unternehmens im Wettbewerb schädigen.

Bei Abwägung dieser Interessen sieht der Entwurf vor, daß zwar grundsätzlich ein Auskunftsrecht der Arbeitnehmer besteht hinsichtlich der Richtigkeit der Berechnung der auf sie entfallenden Ergebnisanteile. Der Arbeitgeber soll andererseits je nach der Lage seines Betriebes zwei Möglichkeiten haben, durch die eine Offenlegung von Kalkulationsgrundlagen und Betriebsergebnissen vermieden wird.

Nach Absatz 1 Satz 2 und 3 kann der Arbeitgeber verlangen, daß die beteiligten Arbeitnehmer aus ihrer Mitte nicht mehr als 3 Beauftragte wählen, die anstelle der Arbeitnehmer deren Auskunftsrecht ausüben. Diese Beauftragten sind im gleichen Umfange zur Verschwiegenheit verpflichtet wie z.B. die Mitglieder des Wirtschaftsausschusses nach § 68 Absatz 1 Satz 2 in Verbindung mit § 55 Absatz 1 Satz 1 Betriebsverfassungsgesetz. Die Schweigepflicht besteht auch gegenüber den Mitgliedern des Betriebsrates.

Soweit nach Ansicht des Arbeitgebers auch die Auskunftserteilung an einen so begrenzten Kreis von Arbeitnehmern nicht tunlich erscheint, kann der Arbeitgeber an Stelle der Auskunft auch das Testat eines Wirtschaftsprüfers oder vereidigten Buchprüfers über die Richtigkeit der Berechnung der Ergebnisanteile vorlegen (Absatz 2).

Schließlich kann jede andere Regelung der Auskunftserteilung einzelvertraglich oder durch Betriebsvereinbarung festgelegt werden (Absatz 3).

Zu § 10: § 10 regelt die steuerliche Behandlung der vermögenswirksamen Leistungen an Arbeitnehmer, die der Arbeitgeber nach Maßgabe dieses Gesetzes erbringt. Diese Leistungen gehören zum steuerpflichtigen Arbeitslohn und sind grundsätzlich als sonstige Bezüge der Lohnsteuer zu unterwerfen.

§ 10 Absatz 1 sieht vor, daß auf Antrag des Arbeitgebers die auf diese Leistungen entfallende Lohnsteuer bei Arbeitnehmern, deren Jahresarbeitslohn im Sinne des Steuerrechts den Betrag von 15 000 DM nicht übersteigt, durch eine Pauschsteuer abgegolten wird. Dies gilt jedoch nur für vermögenswirksame Leistungen, soweit sie bei dem einzelnen Arbeitnehmer im Kalenderjahr 312,– DM nicht übersteigen. Bei höheren Leistungen wird die Lohnsteuer von dem 312,– DM übersteigenden Betrag nach den allgemeinen Vorschriften erhoben. Die vermögenswirksamen Leistungen des Arbeitgebers, die nach dem vorliegenden Gesetz gefördert werden, sollen mit dem günstigen Pauschsteuersatz von 10 v.H. besteuert werden.

Absatz 2 bestimmt, daß der Antrag auf Pauschbesteuerung für alle in einem Kalenderjahr nach diesem Gesetz zu erbringenden vermögenswirksamen Leistungen des Arbeitgebers zu stellen ist und daß der Arbeitgeber sich verpflichten muß, die Lohnsteuer zu übernehmen. Liegen die Voraussetzungen für die Pauschbesteuerung vor, so setzt das Finanzamt die Pauschsteuer fest. Mit der Zahlung der Pauschsteuer durch den Arbeitgeber ist die auf die erbrachten Leistungen entfallende Einkommensteuer des Arbeitnehmers abgegolten.

Absatz 3 ermächtigt die Bundesregierung, mit Zustimmung des Bundesrates das Verfahren zur Anwendung des Pauschsteuersatzes durch Rechtsverordnung zu regeln, sowie Vorschriften über die Nachforderung der Lohnsteuer für die Fälle zu erlassen, in denen sich nachträglich herausstellt, daß die Voraussetzungen für die Inanspruchnahme des Pauschsteuersatzes nicht vorgelegen haben, z.B. weil der Jahresarbeitslohn des Arbeitnehmers 15 000 DM überstiegen hat, weil die in § 3 des Gesetzes vorgeschriebene gleichmäßige Behandlung der Arbeitnehmer nicht beachtet worden ist oder weil die Voraussetzungen des § 2 des Gesetzes (Anlagezwang) nicht gegeben waren.

Zu § 11: Die Vorschrift sieht vor, daß vermögenswirksame Leistungen des Arbeitgebers bei dem begünstigten Arbeitnehmer im bestimmten Umfange kein Entgelt im Sinne der Sozialversicherung sind und damit bei der Berechnung der Beiträge zur Sozialversicherung einschließlich der Arbeitslosenversicherung (i.w.S. Sozialversicherung) außer Ansatz bleiben. Neben der in § 10 vorgesehenen lohnsteuerlichen Vergünstigung stellt sie mithin vermögenswirksame Leistungen, die zusammen mit anderen Aufwendungen des Arbeitgebers für die Zukunftssicherung des Arbeitnehmers 312,– DM im Kalenderjahr nicht übersteigen, auch von sozialen Lasten frei. Diese Regelung, die im geltenden Recht bereits für Aufwendungen des Arbeitgebers zur Zukunftssicherung des Arbeitnehmers gilt, beruht auf dem Gedanken, daß von Leistungen des Arbeitgebers zugunsten des Arbeitnehmers, die neben dem eigentlichen Arbeitsentgelt gewährt werden und dem Arbeitnehmer zum Verbrauch nicht zur Verfügung stehen, jedenfalls dann keine Beiträge zur Sozialversicherung erhoben werden sollen, wenn sie der Zukunftssicherung des Arbeitnehmers oder vergleichbaren Zwecken dienen. Da solche Leistungen des Arbeitgebers eine zusätzliche Sicherung des Arbeitnehmers bezwecken, die neben die in erster Linie durch die Sozialversicherung garantierte Sicherung tritt und diese nur ergänzen soll, erscheint es nicht erforderlich, sie bei der Beitragsberechnung zu berücksichtigen und damit im Ergebnis eine zusätzliche Sicherung zum Gegenstand der primären Sicherung durch die Sozialversicherung zu machen. Dies gilt auch für vermögenswirksame Leistungen nach diesem Gesetzentwurf, weil sie ausschließlich der zusätzlichen Sicherung des Arbeitnehmers durch Bildung von Vermögen, auf das er bei Eintritt von Wechselfällen des Lebens in Ergänzung der ihm durch die Sozialversicherung zu gewährenden Leistungen zurückgreifen kann, dienen soll.

Allerdings kann eine solche Betrachtungsweise – wie es schon in der vorgesehenen Begrenzung auf 312,– DM im Kalenderjahr zum Ausdruck kommt – nicht unbeschränkt gelten. Wenn nämlich solche Leistungen des Arbeitgebers eine gewisse Höhe überschreiten, besteht die Gefahr, daß sie sich zu Lasten des eigentlichen Lohnes und damit nachteilig auf den der Sozialversicherung eigenen Zweck, einen dem Arbeitsleben entsprechenden Lebensstandard zu erhalten, auswirken. Die Förderung von vermögenswirksamen Leistungen des Arbeitgebers nach diesem Gesetz wird deshalb zusammen mit anderen Leistungen des Arbeitgebers für die zusätzliche Sicherung soweit die Sozialversicherung in Betracht kommt, bei dem in der Vorschrift vorgesehenen Betrag von 312,– DM im Kalenderjahr ihre Grenze finden müssen.

Dokument 20

Vorlage des Bundesministers für Arbeit und Sozialordnung für die 4. Sitzung am 29. Juli 1960[1]

ALTERS- UND HINTERBLIEBENENSICHERUNG BESTIMMTER GRUPPEN DER ZULASSUNGSPFLICHTIGEN FREIEN BERUFE

Ich bitte, eine Grundsatzentscheidung des Kabinetts über eine gesetzliche Alters- und Hinterbliebenensicherung bestimmter Gruppen der zulassungspflichtigen freien Berufe herbeizuführen und diese Angelegenheit auf die Tagesordnung der nächsten Kabinettssitzung zu setzen.

Die rechts-, wirtschafts- und steuerberatenden freien Berufe und die Zahnärzte haben an die Bundesregierung den Wunsch gerichtet, daß für sie durch Bundesgesetz die Voraussetzungen für eine Pflichtversicherung mit Alters- und Hinterbliebenenrenten in jeweils einer eigenständigen Versicherungsanstalt geschaffen werden. Sie haben dazu bereits Gesetzentwürfe vorgelegt. Danach soll die Versicherungspflicht alle Angehörigen der Berufsgruppen ohne Rücksicht auf die Höhe des Einkommens umfassen, jedoch soll die Beitragsbelastung nicht über diejenige zur Angestelltenversicherung hinausgehen. Die Rentenvoraussetzungen, insbesondere die Altersgrenze, und die Rentenhöhe sollen so festgesetzt werden, daß die Rentenlast die Beitragseinnahmen nicht übersteigt (Sockelsicherung). Die Rente soll eine Produktivitätsrente sein.

I. Die grundsätzlichen Auffassungen über eine gesetzliche Alters- und Hinterbliebenensicherung für die genannten Gruppen der freien Berufe

Die Vorschläge und die damit zusammenhängenden Probleme sind in Ressortbesprechungen erörtert worden. Es handelt sich trotz der kleinen Zahl von insgesamt rd. 50 000 betroffenen Berufsangehörigen um eine prinzipielle Frage.

a) Die Regierungserklärung vom 29.10.1957 hat den Mittelschichten die Sorge des Staates zugesichert und vom „Ausbau solidarischer Sicherungseinrichtungen" gesprochen und dabei ausgeführt, daß sich die Sozialreform nicht in diesem Ausbau und in der Reform der Rentenversicherung erschöpfen dürfe; vielmehr sei der Gedanke der Selbsthilfe und privaten Initiative in jeder Weise zu fördern und das Abgleiten in einen totalen Versorgungsstaat zu verhindern. Die Herren Bundesminister der Finanzen und für Wirtschaft weisen darauf hin, daß gerade die freien Berufe zu den höheren Einkommensschichten gehören und weitgehend für sich selbst sorgen können. Sie befürchten bei einer Verwirklichung der oben genannten Vorschläge der Berufsgruppen eine Schwächung der privaten Initiative und eine Gefährdung der selbstverantwortlichen Vorsorge und Dispositionsmöglichkeit des einzelnen Berufsangehörigen. Der Bundesminister für Arbeit und Sozialordnung sieht in den vorgeschlagenen Sicherungseinrichtungen eine zulässige genossen-

---

[1] Abgedruckt ist die behändigte Vorlage des BMA vom 30. Juni 1960 aus B 136/2662. – Entwurf in B 149/4097.

schaftliche Selbsthilfe. Ein Sicherungsbedürfnis für die freien Berufe begründet er in Anlehnung an das Urteil des Bundesverfassungsgerichts vom 25. Februar 1960 – 1 BvR 239/52 – mit dem Wandel der Lebenssituation der freien Berufe und deren Streben, die Vorteile der Arbeitnehmer hinsichtlich der sozialen Sicherung ebenfalls zu erhalten. Von den Herren Bundesministern des Innern, der Finanzen und für Wirtschaft wird ein Sicherungsbedürfnis der freien Berufe – wie wohl aller Menschen – nicht bestritten. Es anzuerkennen heiße aber noch nicht, eine kollektive Form der Versicherung in der von den Rechtsanwälten und Zahnärzten geforderten Art zu bejahen.

b) Die Herren Bundesminister der Finanzen und für Wirtschaft sind der Auffassung, daß die Einführung einer Pflichtversicherung für die genannten Gruppen der freien Berufe unübersehbare Auswirkungen für die gesamte Bevölkerung und die allgemeine Sozialpolitik haben werde. Mit Ausnahme der Altersversorgung der Landwirte, die keine Alterssicherung – selbst nicht im Sinne einer Sockelrente – darstelle und als agrarstrukturelle Maßnahme gedacht sei, seien alle anderen gesetzlichen Altersversicherungen auf Versicherte beschränkt, die Arbeitnehmer seien oder gewesen seien. Dieses Prinzip würde mit einer gesetzlichen Pflichtversicherung für freie Berufe nunmehr durchbrochen. Eine Gleichsetzung von Selbständigen und Arbeitnehmern hinsichtlich ihrer Sicherung sei aber falsch. Die Zubilligung einer Bundesgarantie für eine Versorgungseinrichtung oder gar die Gewährung eines Bundeszuschusses für die uralte Last würden entsprechende Forderungen auch der anderen Berufsgruppen innerhalb der freien Berufe und der übrigen Selbständigen auslösen, auch jener, die bereits solidarische Versorgungswerke besitzen. Ein Bundeszuschuß zur uralten Last würde darüber hinaus eine Art zweiten Lastenausgleichs mit weitgehenden finanziellen Konsequenzen sein. Würde keine Versicherungspflichtgrenze vorgesehen, so müßte sich dies auf die Angestelltenversicherung auswirken, in der zur Zeit die Pflichtversicherung bei einem Einkommen von 15 000 DM jährlich ende.

Es bedürfe darüber hinaus sorgfältiger Prüfung, inwiefern die vorgeschlagenen Maßnahmen noch weitergehende Rückwirkungen auf andere Sozialleistungsbereiche hätten.

Der Bundesminister für Arbeit und Sozialordnung hält den Ausgangspunkt dieser Auffassungen für unzutreffend. Von den rd. 3,2 Millionen selbständig erwerbstätigen Personen sind 1,2 Millionen Landwirte und 800 000 Handwerker durch eine gesetzliche Pflichtversicherung erfaßt. Von den freien Berufen (rd. 220 000) sind entweder in der Angestelltenversicherung oder in landesgesetzlichen Versorgungswerken mehr als 100 000 Personen, also etwa die Hälfte, pflichtversichert. Aus den Handels- und Verkehrsberufen und dem produzierenden Gewerbe machen – nach den Ergebnissen des Mikrozensus des Statistischen Bundesamtes – bis zu 713 000 selbständig erwerbstätige Männer von der freiwilligen Versicherung in der sozialen Rentenversicherung (mit Produktivitätsrente und Staatszuschuß) Gebrauch. Insgesamt besitzen also fast 60% der Selbständigen eine Pflichtversicherung und weitere 20% eine freiwillige, aber gesetzliche Versicherung. Auswirkungen seien also deswegen nicht in großem Umfange zu erwarten, weil der überwiegende Teil der Selbständigen bereits gesetzliche Sicherungsmöglichkeiten besitzt. Für Selbständige bestünde bereits jetzt keine Versicherungspflichtgrenze (so bei Handwerkern, Landwirten und landesgesetzlichen Versorgungswerken der freien Berufe). Lediglich eine steuerliche Förderung privater Altersvorsorge würde das Problem der Alterssicherung für den Großteil der freien Berufe nicht lösen können.

II.   Entscheidungsmöglichkeiten

Zur Vorbereitung der Entscheidung des Kabinetts sind eine Reihe von Möglichkeiten:
- Förderung privater Altersvorsorge durch steuerliche Begünstigung -
- Verpflichtung zum Abschluß privater Lebensversicherungsverträge (Einzel oder Gruppenverträge) -
- gesetzliche Ermächtigung zu einer Pflichtversicherung für die Berufsgruppen -
- Einbeziehung in die Rentenversicherung der Angestellten -
- Einführung einer Staatsbürgerversorgung -

erörtert worden.

Nach dem Ergebnis der Ressortbesprechungen ist nach Ablehnung der übrigen Möglichkeiten nunmehr über folgende 3 Fragen zu entscheiden:

A.   Soll durch Bundesgesetz den Berufsgruppen eine Ermächtigung gegeben werden, eine Pflichtversicherung für die Berufsangehörigen einzuführen und die Art und Weise der Pflichtversicherung im Rahmen gesetzlicher Bestimmungen auszuwählen?

B.   Soll sich der Bund durch einen Zuschuß für die sogenannte uralte Last und durch eine Bundesgarantie an der Alters- und Hinterbliebensicherung beteiligen?

C.   Soll die Altersvorsorge der freien Berufe steuerlich gefördert werden, gegebenenfalls zusätzlich zu den unter A und B erwähnten Möglichkeiten.

Zu A: Ermächtigung der Berufsgruppe zur Pflichtversicherung mit freier Wahl der Art und Weise

Es ist im einzelnen zu entscheiden,

1.   ob eine Regelung durch Gesetz für zweckmäßig und notwendig gehalten wird;

2.   ob in diesem Gesetz die genannten Gruppen der freien Berufe lediglich ermächtigt werden sollen, mit erheblicher Mehrheit eine Verpflichtung zur Alters- und Hinterbliebenenversicherung für ihre Berufsangehörigen beschließen zu können;

3.   ob in einem solchen Gesetz – abgesehen von der Ermächtigung zur Einführung einer Pflichtversicherung – den freien Berufen eine Reihe von Typen der Alters- und Hinterbliebenenversicherung zur Verfügung gestellt werden sollen, zwischen denen die Berufsgruppen die Entscheidung treffen können, wofür in Betracht kommen:

a) Abschluß von Einzelversicherungsverträgen bei privaten Versicherungsunternehmen.

b) Abschluß von Gruppenversicherungsverträgen bei privaten Versicherungsunternehmen.

c) Errichtung eigenständiger öffentlich-rechtlicher Körperschaften, die feste Renten gewähren und die alte Last (noch aktive Berufsangehörige in vorgerückten Lebensjahren) selbst tragen (siehe zu B).

d) Errichtung eigenständiger öffentlich-rechtlicher Körperschaften, die Produktivitätsrenten gewähren und die alte Last selbst tragen (siehe zu B);

4. ob für die Verpflichtung zur Alters- und Hinterbliebenenversicherung gesetzliche Mindest- und Höchstbedingungen aufgestellt werden sollen, welche die Eigenart der jeweiligen Typen berücksichtigen, z.B. Regelungen darüber, ob die Beitragsbelastung und damit die Rentenhöhe aufgrund der Versicherungspflicht bestimmte Grenzen – nur um einen Maßstab zu nennen –, etwa diejenigen zur Rentenversicherung der Angestellten, nicht übersteigen sollen und ob landesgesetzliche Versorgungswerke von der gesetzlichen Regelung nicht berührt werden sollen, soweit sie nicht ausdrücklich wünschen, daß die gesetzliche Regelung sich auch auf die bezieht.

Zwischen den hauptbeteiligten Ressorts hat sich eine Annäherung dahin ergeben, daß die vorstehend dargestellte Regelung (A) von den verschiedenen grundsätzlichen Standpunkten aus annehmbar erscheint. Die Herren Bundesminister der Finanzen und für Wirtschaft haben Bedenken bezüglich der Notwendigkeit und des Umfanges der zu 4. erwähnten Bedingungen. Der Herr Bundesminister für Familien- und Jugendfragen legt Wert darauf, daß auch Leistungen für Familienangehörige (Kinderzuschüsse) vorgesehen werden. Der Herr Bundesminister des Innern hält eine Beschränkung der vorgesehenen Regelung auf die genannten Gruppen nicht für möglich; er ist der Meinung, daß die Regelung auf die übrigen Gruppen der zulassungspflichtigen freien Berufe ausgedehnt werden muß.

Zu B: Übernahme der sog. uralten Last und Bundesgarantie

Es wird davon ausgegangen, daß die Berufsgruppen alle Ansprüche der heute noch aktiven Berufsangehörigen (einschließlich der alten Last) selbst tragen. Es sind dann noch folgende Fragen zu entscheiden:

1. Sollen – wie es die eingangs genannten Berufsgruppen beantragen – Bundesmittel für Leistungen an solche Personen bereitgestellt werden, die am Stichtag bereits die Berufstätigkeit endgültig aufgegeben haben sowie für vorhandene Witwen und Waisen (uralte Last)?

a) Sollen gegebenenfalls diese Mittel als Zuschuß oder als Darlehen gewährt werden?

b) Soll die uralte Last, sofern ein Zuschuß bejaht wird, vom Bund in vollem Umfang oder nur teilweise übernommen werden?

c) Für den Fall einer Übernahme durch den Bund ist zu entscheiden, ob der Zuschuß

   aa) von einer Prüfung des Bedarfs der Berufsangehörigen abhängig gemacht werden soll – z.B. einer Einkommens- und Vermögensprüfung entsprechend der Regelung der Unterhaltshilfe im Lastenausgleich oder nur von einer Einkommensprüfung entsprechend der Regelung der Ausgleichsrente in der Kriegsopferversorgung –

   bb) oder nach einem davon unabhängigen Maßstab berechnet werden soll – z.B. unter Ansatz einer „Interessenquote" der Berufsgruppe oder in Anlehnung an die Höhe des durchschnittlichen Bundeszuschusses je Rente in den Rentenversicherungen der Arbeitnehmer –.

2. Soll eine Bundesgarantie, wie sie in § 1384 Reichsversicherungsordnung vorgesehen ist, auch den Einrichtungen der freien Berufe unter der Voraussetzung zugebilligt werden, daß irgendwelche Bundesleistungen nicht durch autonome Satzungsvorschriften ausgelöst werden können?

Der Herr Bundesminister der Finanzen hat gegen eine Übernahme der „uralten Last" durch den Bund ohne Rücksicht auf vorhandenes Vermögen an Personen, die keine eigenen Beitragsleistungen erbracht haben, schwere Bedenken und lehnt eine Bundesgarantie ab; seine Auffassung ist in der Anlage erläutert. Der Herr Bundesminister für Wirtschaft hält allein eine Finanzierungshilfe (Darlehen) außerhalb einer gesetzlichen Regelung mit einer Bedarfsprüfung für angebracht und lehnt eine Bundesgarantie ab. Die Herren Bundesminister des Innern und für Arbeit neigen zu einer begrenzten Übernahme der uralten Last durch den Bund.

Zu C:

Es ist zu entscheiden, ob eine steuerliche Begünstigung

1. bei der Einkommensteuer,
2. bei der Vermögens- und Erbschaftsteuer

erfolgen soll.

Eine steuerliche Förderung bei der Einkommensteuer wäre in der Weise möglich, daß die Hälfte der Beiträge der freien Berufe für eine Altersvorsorge nicht zu versteuern ist.

Die hauptbeteiligten Ressorts treten für eine steuerliche Begünstigung ein. Der Herr Bundesminister der Finanzen lehnt eine solche Begünstigung ab; seine Auffassung ist in der Anlage dargelegt.

Die Herren Bundesminister und der Herr Chef des Bundespräsidialamtes haben je 5 bzw. 2 Abdrucke erhalten.

12 Abdrucke dieses Schreibens nebst Anlage sind beigefügt.

Blank

ANLAGE

Stellungnahme des Herrn Bundesministers der Finanzen zu B (Bundeszuschuß und Bundesgarantie) und zu C (steuerliche Begünstigung)

Eine gesetzliche Regelung werde sich auf die 50 000 Angehörigen der genannten Berufsgruppen nicht beschränken lassen. Auch die übrigen, Gruppen der freien Berufe, wie z.B. der Ärzte, Tierärzte, Ingenieure, Architekten, freiberufliche Chemiker, Künstler und letztlich auch die selbständigen Kaufleute und Industriellen würden auf Verlangen das gleiche Recht erhalten müssen. Eine Grundsatzentscheidung, die zunächst nur für 50 000 Berufsangehörige gelten soll, dürfte daher tatsächlich Auswirkungen auf alle 220 000 Angehörigen der freien Berufe und sehr wahrscheinlich auch auf alle übrigen Selbständigen (ohne Handwerker und Landwirte), d.h. auf eine Gruppe von insgesamt 1,2 bis 1,5 Millionen Personen haben. Auch jene, die bereits solidarische Versorgungswerke, jedoch ohne Bundesgarantie und ohne Bundeszuschuß, besitzen sowie die heute freiwillig Versicherten (Zusatz des BMA: mit Bundeszuschuß und mit Bundesgarantie) würden von einer solchen Regelung mit erfaßt werden. Folge die Regierung den Wünschen der genannten Berufsstände auf Einrichtung von Pflichtversicherungsanstalten nebst Bundeszuschuß und Bundesgarantie, dann bestehe kein Zweifel, daß weite Kreise der Selbständigen von dieser Möglichkeit einer „Steuerrückvergütung" Gebrauch machen werden.

Bei einer Übernahme der sog. uralten Last ohne Rücksicht auf vorhandenes Vermögen wäre mit folgenden Rückwirkungen zu rechnen:

a) Öffentliche Fürsorge

Wenn bei Personen des im Durchschnitt gut situierten Mittelstandes auf eine Bedarfsprüfung verzichtet wird, kann diese Bedarfsprüfung bei in verschuldete oder unverschuldete Notlage geratende Personen, die von der öffentlichen Fürsorge unterstützt werden, nicht mehr aufrecht erhalten werden. Welches Vorrecht haben Angehörige und Hinterbliebene der freien Berufe, aus der Fürsorge oder der Unterhaltshilfe des Lastenausgleichs herausgenommen und durch direkte oder indirekte Bundesleistungen ohne Prüfung der Bedarfsfrage versorgt zu werden?

b) Kriegsopferversorgung

Nach dem Gleichbehandlungsgrundsatz des Grundgesetzes wird bei der Berechnung der Ausgleichsrente in der Kriegsopferversorgung das Bedarfsprinzip ebenfalls nicht mehr beibehalten werden können, wenn es bei den Angehörigen der freien Berufe aufgegeben wird. Dies dürfte die Forderungen nach einer Einheitsrente verstärken.

c) Die gesetzliche Rentenversicherung

Wenn bei Angehörigen der freien Berufe ohne jede Bedarfsprüfung Renten von 250 bis 350 DM und zwar ohne eigene Vorsorgeleistungen (Beiträge) gezahlt werden, dürfte die Forderung auf Einführung einer "Mindestrente" in etwa der gleichen Höhe auch in der gesetzlichen Rentenversicherung erhoben werden.

Es sei offensichtlich, daß die auch nur als Übergangsmaßnahmen gedachte Übernahme der sogenannten uralten Last durch den Bund die Einführung einer allgemeinen Staatsbürgerversorgung präjudiziere, da Rentenleistungen bei Alter und Invalidität im Grundsatz nicht mehr an Eigenvorsorge (Versicherungsbeiträge) und Bedarfsprüfung gebunden sind.

Auch bei Einführung einer Bedarfsprüfung – wozu sich die Anwaltsvertreter unter Würdigung obenstehender Gründe bereiterklärt haben – hält der Bundesminister der Finanzen die Gewährung von Bundesmitteln nicht für vertretbar, da dann lediglich eine ungerechtfertigte Überwälzung der bisher von den Kostenträgern für Fürsorge (Länder und Gemeinden) und dem Lastenausgleich aufgebrachten Lasten auf den Bund eintreten würden. Zudem könnten sich auch die zunächst nicht unmittelbar begünstigten Berufsgruppen auf eine solche Regelung berufen und künftig – unter Ausschaltung der Fürsorge – direkte Unterstützungsleistungen vom Bund fordern.

Wegen dieser präjudizierenden Wirkungen sollte nach Auffassung des Herrn Bundesministers der Finanzen die uralte Last grundsätzlich ebenso wie die alte Last von der Pflichtversicherungseinrichtung des Berufsstandes selbst getragen werden. Allenfalls könnte außerhalb einer gesetzlichen Regelung etwa eine Bundesbürgschaft für Kredite zur Abdeckung der uralten Last durch den Versicherungsträger zwecks Ermöglichung tragbarer Zinssätze und Rückzahlungsbedingungen erwogen werden.

Eine Bundesgarantie wird dann für besonders bedenklich gehalten, wenn für jede kleine Gruppe der freien Berufe eine eigene Zwergversicherungsanstalt errichtet würde, da dann – abgesehen von den unnötig hohen Verwaltungskosten – wegen der geringen Zahl der Mitglieder finanzielle Schwierigkeiten nicht ausbleiben dürften. Würde man sich also für eine Bundesgarantie entscheiden, wäre eine gemeinsame Versicherungsanstalt für alle Selbständigen oder aber die Eingliederung in die Angestelltenversicherung zu erwägen. Da diese beiden organisatorischen Vorschläge aber von den übrigen Ressorts abgelehnt werden, empfehle es sich, von einer Bundesgarantie abzusehen und den Vorschlägen unter A. zu folgen.

In diesem Zusammenhang weist der Herr Bundesminister der Finanzen auch auf seine Bedenken gegen die Einführung einer Produktivitätsrente hin. Abgesehen davon, daß es fraglich erscheine, wie lange innerhalb der gesetzlichen Rentenversicherung selbst die Produktivitätsrente aus finanziellen Gründen noch aufrecht erhalten werden kann, sei es auch unter volkswirtschaftlichen Gesichtspunkten höchst bedenklich, weitere dynamisch wirkende Faktoren durch Gesetz einzuführen.

Der Bundesminister der Finanzen ist schließlich der Auffassung, daß eine besondere einkommensteuerliche Begünstigung der Beiträge zu den zu schaffenden Versorgungseinrichtungen der freien Berufe grundsätzlich nicht möglich sei. Ein Abzug der Beiträge als Betriebsausgaben könne aus systematischen Gründen nicht erwogen werden, weil Aufwendungen für die eigene Altersvorsorge ausschließlich die private Sphäre des Steuerpflichtigen berührten. Bei den Sonderausgaben wäre die Einführung eines besonderen Abzugs nur für solche Angehörige der freien Berufe gerechtfertigt, deren Einkommen sich im Rahmen der Jahresbeitragsgrenze der Angestelltenversicherung (zur Zeit 15 000 DM) bewege.

Nur insoweit könne eine Gleichstellung mit den Arbeitnehmern, bei denen die Arbeitgeberanteile der Pflichtbeiträge zur Sozialversicherung nicht zum steuerpflichtigen Arbeitslohn gehörten, vorgenommen werden. Die Einführung einer entsprechenden Vorschrift, die einen zusätzlichen Sonderausgabenhöchstbetrag für nicht sozialversicherungspflichtige Personen mit einem Gesamtbetrag der Einkünfte bis zu 15 000 DM vorgesehen habe, sei anläßlich der Steuerreform 1958 im Finanzausschuß des Bundestages erörtert worden. Von der Verwirklichung dieses Vorhabens sei jedoch abgesehen worden, weil die Vorschrift ohne praktische Bedeutung geblieben wäre, da die bezeichneten Personen die normalen Sonderausgabenhöchstbeträge kaum hätten ausschöpfen können. (Entgegenstehendes Material sei auch trotz Aufforderung bis heute nicht vorgelegt worden.) Statt dessen sei der feste Sonderausgabenhöchstbetrag von 1 000 DM allgemein auf 1 100 DM erhöht worden. Die Einführung eines besonderen Sonderausgabenabzugs für Beiträge zu Versorgungseinrichtungen freier Berufe unter Verzicht auf die 15 000 DM Einkommensgrenze wäre mit dem Grundsatz der Gleichmäßigkeit der Besteuerung nicht vereinbar. Eine solche Maßnahme würde eine einseitige Begünstigung der freien Berufe darstellen. Sie würde unmittelbar zu der Forderung führen, daß auch anderen Kreisen, z.B. Gewerbetreibenden und nicht versicherungspflichtigen Arbeitnehmern, der Abzug höherer Sonderausgaben zur Alterssicherung zugestanden werden müsse, was im Ergebnis wiederum auf eine allgemeine Erhöhung der Sonderausgabenhöchstbeträge hinauslaufen würde. Mit einer solchen Entwicklung wäre ein sehr erheblicher Steuerausfall verbunden. Auch selbst wenn man der Auffassung wäre, daß die Angehörigen der freien Berufe, und zwar gerade auch diejenigen mit höheren Einkommen als 15 000 DM, aus strukturellen Gründen eine stärkere Begünstigung der Beiträge zur Alterssicherung brauchten als etwa die Gewerbetreibenden und die Lohnempfänger, so könnte eine Erhöhung der Sonderausgabenhöchstbeträge jedenfalls solange kaum in Erwägung gezogen werden, als für die freien Berufe allgemein ein Steuerfreibetrag bis zur Höhe von 1 200 DM bestehe. Bei Einführung dieses Freibetrags habe alternativ eine Erhöhung der Sonderausgabenhöchstgrenzen für die freien Berufe im Bundestag zur Debatte gestanden. Der Bundestag habe sich aber damals für den allgemeinen Freibetrag für die freien Berufe entschieden. Dieser Freibetrag stelle gegenüber den anderen Steuerpflichtigen einen sehr erheblichen Vorteil dar, der nur noch mit dem Freibetrag von 1 000 DM für die nicht buchführenden Landwirte zu vergleichen sei.

BIOGRAPHISCHE ANGABEN ZU DEN TEILNEHMERN AN DEN SITZUNGEN DES
MINISTERAUSSCHUSSES FÜR DIE SOZIALREFORM
1955–1960

DER BUNDESKANZLER UND DIE MINISTER

Der Bundeskanzler

Konrad Adenauer (1876–1967)

1917–1933 Oberbürgermeister von Köln (Zentrum), 1921–1933 Präsident des Preußischen Staatsrates, bis 1933 Mitglied des Reichsvorstandes der Zentrumspartei,
1945 erneut Oberbürgermeister von Köln, 1946–1950 MdL Nordrhein-Westfalen
(CDU, 1946–1949 Fraktionsvorsitzender), 1946–1950 Vorsitzender der CDU der
britischen Besatzungszone, 1948–1949 Präsident des Parlamentarischen Rates,
1949–1967 MdB, 1949–1963 Bundeskanzler, zugleich 1951–1955 Bundesminister
des Auswärtigen, 1950–1966 Bundesvorsitzender der CDU.

Der Stellvertreter des Bundeskanzlers

Franz Blücher (1896–1959)

1919–1946 kaufmännische Tätigkeit u.a. als Direktor eines Bankhauses in Essen,
1946–1947 MdL Nordrhein-Westfalen, 1946–1947 Finanzminister des Landes
Nordrhein-Westfalen, 1946–1949 Vorsitzender der FDP in der Britischen Zone,
1947–1949 Vorsitzender der FDP-Fraktion im Wirtschaftsrat des VWG, 1949–1954
Bundesvorsitzender der FDP, 1949–1958 MdB (1956 FVP, 1957 DP/FVP, 1957 DP),
1949–1957 Stellvertreter des Bundeskanzlers und 1949–1953 Bundesminister für
Angelegenheiten des Marshallplanes, 1953–1957 Bundesminister für wirtschaftliche Zusammenarbeit, 1958–1959 Mitglied der Hohen Behörde der Montanunion.

Der Bundesminister des Innern

Dr. Gerhard Schröder (1910–1989)

1939 Rechtsanwalt, nach 1945 persönlicher Referent des Oberpräsidenten der
Nordrhein-Provinz, dann Oberregierungsrat bei der Landesregierung Nordrhein-
Westfalen, ab 1947 Abteilungsleiter in der Stahltreuhändervereinigung, 1947–1953
Rechtsanwalt, 1949–1980 MdB (CDU, 1951–1953 stellvertretender Fraktionsvor-
sitzender, 1969–1980 Vorsitzender des Auswärtigen Ausschusses), 1953–1961
Bundesminister des Innern, 1961–1966 Bundesminister des Auswärtigen, 1966–
1969 Bundesminister der Verteidigung, 1955–1978 Vorsitzender des Evangelischen
Arbeitskreises der CDU/CSU-Fraktion, 1967–1973 stellv. Bundesvorsitzender der
CDU.

Der Bundesminister der Finanzen

Fritz Schäffer (1888–1967)

1920 Bayerisches Staatsministerium für Unterricht und Kultus, 1920–1933 MdL Bayern (Bayerische Volkspartei), 1929–1933 Vorsitzender der Bayerischen Volkspartei, 1931–1933 als Staatsrat Leiter des Bayerischen Staatsministeriums der Finanzen, anschließend Anwaltstätigkeit, 1945 Bayerischer Ministerpräsident (CSU), MdB 1949–1961, 1949–1957 Bundesminister der Finanzen, 1957–1961 Bundesminister der Justiz.

seit dem 29. Oktober 1957:

Franz Etzel (1902–1970)

1930–1952 Rechtsanwalt und Notar, 1949–1952 und 1957–1965 MdB (CDU), 1952–1957 Vizepräsident der Hohen Behörde der EGKS, 1957–1961 Bundesminister der Finanzen.

Der Bundesminister für Wirtschaft

Dr. Ludwig Erhard (1897–1977)

1928–1942 wissenschaftlicher Assistent und Mitglied der geschäftsführenden Leitung des Instituts für Wirtschaftsbeobachtung der deutschen Fertigware, 1942–1945 Leiter des Instituts für Industrieforschung. 1945–1946 Bayerischer Staatsminister für Handel und Gewerbe, 1947 Honorarprofessor der Universität München, Vorsitzender der Sonderstelle Geld und Kredit der Verwaltung des VWG, 1948–1949 Direktor der Verwaltung für Wirtschaft des VWG, 1949–1977 MdB (CDU), 1949–1963 Bundesminister für Wirtschaft, 1963–1966 Bundeskanzler, 1966–1967 Bundesvorsitzender der CDU.

Der Bundesminister für Ernährung, Landwirtschaft und Forsten

Heinrich Lübke (1894–1972)

1923–1933 Geschäftsführer des Reichsverbandes der landwirtschaftlichen Klein- und Mittelbetriebe, 1927–1933 Geschäftsführer der Deutschen Bauernschaft, 1929 Vorstandsmitglied der Wirtschafts- und Treuhandstelle der Deutschen Bauernschaft und 1930 der Siedlungsgesellschaft Bauernland, 1932–1933 MdL Preußen (Zentrum), 1934–1935 Untersuchungshaft, 1937–1939 Leitender Mitarbeiter der Niedersächsischen Wohnungsbau- und Siedlungsgesellschaft, 1939–1945 Vermessungsingenieur und Bauleiter, 1944 stellvertretender Leiter der „Baugruppe Schlempp" u.a. in der Heeresversuchsanstalt Peenemünde, 1945–1946 „Baubüro Lübke", 1946 Mitglied des Beratenden Westfälischen Provinzialrates in Münster (CDU), 1947–1952 Ernährungs- und Landwirtschaftsminister in Nordrhein-Westfalen, 1949–1950 und 1953–1959 MdB, 1953–1959 Bundesminister für Ernährung, Landwirtschaft und Forsten, 1959–1969 Bundespräsident.

Der Bundesminister für Arbeit

Anton Storch (1892–1975).

1920–1933 Angestellter im Zentralverband Christlicher Holzarbeiter Deutschlands (bis 1921 Unterbezirksleiter in Koblenz, 1921–1933 Bezirksleiter in Hannover) 1931–1933 Leiter des Allgemeinen Deutschen Gewerkschaftsbundes in der Provinz Hannover, 1945 Mitbegründer der CDU in Hannover und des Deutschen Gewerkschaftsbundes in Niedersachsen, 1946–1948 Leiter der Hauptabteilung Sozialpolitik des Deutschen Gewerkschaftsbundes (Britische Zone), 1947–1948 Mitglied des Wirtschaftsrats des VWG, 1948–1949 Direktor der Verwaltung für Arbeit des VWG, 1949–1965 MdB (CDU), 1949–1957 Bundesminister für Arbeit, 1958–1965 MdEP.

Seit dem 29. Oktober 1957:

Theodor Blank (1905–1972)

1930–1933 Sekretär im Zentralverband Christlicher Fabrik- und Transportarbeiter, 1945 Mitbegründer der CDU Westfalen und des Deutschen Gewerkschaftsbundes, 1945 Stadtverordneter in Dortmund, 1945–1950 Mitglied des Vorstandes der IG Bergbau, 1946 MdL Nordrhein–Westfalen (CDU), 1947–1949 Mitglied des Wirtschaftsrates des VWG, 1949–1972 MdB (CDU, 1965–1969 stellvertretender Fraktionsvorsitzender), 1950–1955 Beauftragter des Bundeskanzlers für die mit der Vermehrung der alliierten Truppen zusammenhängenden Fragen, 1955–1956 Bundesminister für Verteidigung, 1957–1965 Bundesminister für Arbeit und Sozialordnung.

Der Bundesminister für das Post- und Fernmeldewesen

Prof. Dr. Siegfried Balke (1902–1984)

1925–1953 Tätigkeit in der chemischen Industrie (1945 technischer Betriebsleiter, 1952 Direktoriumsmitglied der Wacker-Chemie GmbH, Vorsitzender des Vereins der Bayerischen Chemischen Industrie, Präsidialmitglied des Landesverbandes der Bayerischen Industrie), 1953–1956 Bundesminister für das Post- und Fernmeldewesen, 1956–1962 Bundesminister für Atomenergie bzw. ab Okt. 1957 für Atomkernenergie und Wasserwirtschaft, 1957–1969 MdB (CSU), 1964–1969 Präsident der Bundesvereinigung der Deutschen Arbeitgeberverbände.

Der Bundesminister für Vertriebene, Flüchtlinge und Kriegsgeschädigte

Prof. Dr. Dr. Theodor Oberländer (1905–1998)

1933 Direktor des Instituts für Osteuropäische Wirtschaft in Königsberg, 1934 Professor für Agrarpolitik in Danzig, ab 1940 in Prag, 1934–1937 Leiter des Bundes Deutscher Osten, 1940–1943 Ostexperte bei einer von der deutschen Wehrmacht ausgebildeten Ukrainer-Einheit, 1950 Mitbegründer des BHE in Bayern und MdL, 1951–1953 Staatssekretär für das Flüchtlingswesen in Bayern, 1954–1955 Bundesvorsitzender des BHE, 1953–1961 und 1963–1965 MdB (ab 1956 CDU), 1953–1960 Bundesminister für Vertriebene, Flüchtlinge und Kriegsgeschädigte.

Der Bundesminister für gesamtdeutsche Fragen

Jakob Kaiser (1888–1961)

Ab 1918 Geschäftsführer des Gesamtverbandes der christlichen Gewerkschaften Deutschlands, 1933 MdR (Zentrum), 1945–1947 Vorsitzender der CDU in Berlin und der Sowjetischen Besatzungszone, 1946 Mitglied des Abgeordnetenhauses Berlin, 1948–49 Mitglied des Parlamentarischen Rates, 1949–1957 MdB, 1949–1957 Bundesminister für gesamtdeutsche Fragen.

Der Bundesminister für Angelegenheiten des Bundesrates

Prof. Dr. Hans-Joachim von Merkatz (1905–1982)

1935–1938 Kaiser-Wilhelm-Institut für ausländisches öffentliches Recht und Völkerrecht, 1938–1945 Generalsekretär des Ibero-Amerikanischen-Instituts in Berlin, 1946 Rechtsberater des Direktoriums der Deutschen Partei (DP), 1947 MdL Niedersachsen (DP), 1948–49 wissenschaftlicher Mitarbeiter der DP-Fraktion im Parlamentarischen Rat, 1949–1969 MdB (DP, seit 1960 CDU, 1953–1955 Fraktionsvorsitzender der DP), 1951–1958 Mitglied der Beratenden Versammlung des Europarates und 1952–1958 der Gemeinsamen Versammlung der EGKS, 1952–1960 Mitglied des Direktoriums bzw. des Parteivorstandes der DP, 1955–1962 Bundesminister für Angelegenheiten des Bundesrates (ab 1957: und der Länder) 1956–1957 zugleich Bundesminister der Justiz und 1960–1961 Bundesminister für Vertriebene, Flüchtlinge und Kriegsgeschädigte.

Der Bundesminister für Familienfragen

Dr. Franz Josef Wuermeling (1900–1986)

1926–1931 Preußisches Innenministerium, 1931–1939 Landrat und Finanzdezernent in Kassel, 1940–1947 in der Industrie tätig, 1945 Bürgermeister von Linz am Rhein, 1947–1951 MdL Rheinland-Pfalz (CDU) und 1947–1949 Staatssekretär im Ministerium des Innern des Landes Rheinland-Pfalz, 1949–1969 MdB, 1953–1962 Bundesminister für Familienfragen (ab 1957: für Familie und Jugend).

Der Bundesminister für besondere Aufgaben

Dr. Hermann Schäfer (1892–1966)

1920–1924 Redakteur und geschäftsführender Vorstand der Vereinigung der leitenden Angestellten, 1925–1933 Mitglied des Reichsvorstandes der DDP/DStP, 1946 Mitglied und stellvertretender Vorsitzender der FDP im Landesverband Hamburg, 1947 stellvertretender Zonenvorsitzender, 1948 Vizepräsident des Parlamentarischen Rates, 1950–1956 stellvertretender Vorsitzender der FDP, 1949–1957 MdB (FDP, ab 1956 FVP), 1949–1951, Vorsitzender der FDP-Fraktion, 1953–1956 Bundesminister für besondere Aufgaben, ab 1961 wieder in der FDP.

DIE STAATSSEKRETÄRE

Bundeskanzleramt

Dr. Hans Globke (1898–1973)

1925 stellvertretender Polizeipräsident von Aachen, 1932 Preußisches Innenministerium, 1933–1945 Referent für Staatsangehörigkeitsfragen im Reichsministerium des Innern, 1946–1949 Stadtkämmerer von Aachen, 1949 Vizepräsident des Landesrechnungshofes Nordrhein–Westfalen, 1949–1963 Bundeskanzleramt, dort 1949–1950 Leiter der Abteilung II (Koordinierung und Kabinettsangelegenheiten), 1950–1953 Leiter der Abteilung I (Allgemeine Angelegenheiten, Gesetzgebung und Koordinierung), zugleich Vertreter des Staatssekretärs, 1953–1963 Staatssekretär

Bundesministerium des Innern

Karl Theodor Bleek (1898–1969)

1927–1932 Preußisches Innenministerium, 1932–1933 Landrat im Kreis Arnswalde/Neum., 1933 Bezirksregierung in Stade, 1934–1937 in Arnsberg und 1937–1939 in Breslau, 1939–1945 Stadtkämmerer von Breslau, 1946–1951 Oberbürgermeister von Marburg, 1951–1959 Staatssekretär im BMI, 1959–1961 Chef des Bundespräsidialamtes.

Dr. Georg Anders (1895–1972)

1933–1945 Preußisches, seit 1934 Reichsjustizministerium, 1949 Personalamt der Verwaltung des VWG, 1949–1962 BMI, dort 1949–1952 Leiter des Referates II 5 (u.a. Bundesbeamtengesetz und Versorgungsrecht), 1952–1953 Leiter der Unterabteilung I A (Verfassung und Staatsrecht), 1953–1957 Leiter der Abteilung II (Beamtenrecht), 1957–1962 Staatssekretär, 1957–1960 Staatssekretär II mit Zuständigkeit u.a. für die Abteilungen II (Beamtenrecht und sonstiges Personalrecht des öffentlichen Dienstes, Wiedergutmachung), IV (Gesundheitswesen) und V (Soziale Angelegenheiten und Wohlfahrt), 1960–1962 Staatssekretär I mit Zuständigkeit u.a. für die Abteilungen Z (Personal-, Haushalts- u. Organisationsangelegenheiten), II, IV und V.

Bundesministerium der Justiz

Dr. Walter Strauß (1900–1976)

1928–1935 Reichswirtschaftsministerium, 1935–1945 Wirtschaftsberater und Anwalt, 1946–1947 Staatssekretär im Hessischen Staatsministerium, 1947–1949 stellvertretender Direktor der Verwaltung für Wirtschaft des VWG, Leiter des Rechtsamtes der Verwaltung des VWG, 1948/49 Mitglied des Parlamentarischen Rates (CDU), 1950–1962 Staatssekretär im BMJ, 1963–1970 Mitglied des Gerichtshofes der Europäischen Gemeinschaften.

Bundesministerium der Finanzen

Alfred Hartmann (1894–1967)

1923–1935 Reichsfinanzverwaltung, 1935–1942 Finanzamt Berlin-Friedrichshain, 1942–1943 Rechnungshof des Deutschen Reiches, 1944–1945 Militärdienst, 1945–1947 Bayerisches Finanzministerium, 1947–1949 Direktor der Verwaltung für Finanzen des VWG, 1950–1959 Staatssekretär im BMF.

Prof. Dr. Karl Maria Hettlage (1902–1995)

1934–1938 Stadtkämmerer von Berlin, 1938–1951 Vorstandsmitglied der Commerzbank, seit 1949 Honorarprofessor für Finanz- und Steuerrecht an der Universität Mainz, 1958–1962 BMF, dort 1958–1959 Leiter der Abteilung II (Bundeshaushalt), 1959–1962 Staatssekretär, 1962–1967 Mitglied der Hohen Behörde der EGKS, 1967–1969 erneut Staatssekretär im BMF

Bundesministerium für Wirtschaft

Dr. Ludger Westrick (1894–1990)

1921–1948 Vereinigte Aluminium-Werke AG, 1948–1951 Finanzdirektor der Deutschen Kohlenbergbauleitung, 1951–1963 Staatssekretär im BMWi, 1963–1964 Staatssekretär im Bundeskanzleramt, 1964–1966 Bundesminister für besondere Aufgaben.

Bundesministerium für Ernährung, Landwirtschaft und Forsten

Dr. Theodor Sonnemann (1900–1987)

1923–1933 Syndikus im Reichslandesbundes, 1934–1936 Reichsnährstand, 1936–1945 Kriegsmarine und Reichsministerium für Rüstung und Kriegsproduktion, 1947–1949 Hauptgeschäftsführer des Landesverbandes des Niedersächsischen Landvolkes, 1950–1961 Staatssekretär im BML, 1961–1973 Präsident des Deutschen Raiffeisenverbandes e.V.

Bundesministerium für Arbeit

Max Sauerborn (1889–1963)

1923–1945 Reichsarbeitsministerium, 1948–1949 Bayerisches Arbeitsministerium und zugleich Präsident des Bayerischen Landesversicherungsamtes, 1950–1957 Staatssekretär im BMA.

Dr. Wilhelm Claussen (1901–1980)

1937 Leiter der Wirtschaftspolitischen Abteilung der IG Farben AG, Berlin, 1939–1942 Wehrdienst, 1942–1945 beim Generalbevollmächtigten für die Wirtschaft in Serbien, 1946–1949 stellvertretender Leiter des Seeschiffahrtsamtes Hamburg, 1949–1951 Direktor der See-Berufsgenossenschaft Hamburg, 1951–1957 BMV, dort

1951–1953 Leiter des Referates A 1 (Personal, Soziale Fragen, Gesundheitswesen), 1953–1957 Leiter der Zentralabteilung, zugleich Leiter des Referates Z 1 (Personalangelegenheiten des BVM, des Vorstandes der deutschen Bundesbahn u.a.), 1957–1965 Staatssekretär im BMA.

Bundesministerium für Verteidigung

Dr. Josef Rust (1907–1997)

1934–1945 Reichswirtschaftsministerium, 1948–1949 Niedersächsisches Finanzministerium, 1949–1952 Bundeskanzleramt, dort Leiter des Referates 6 (Finanzen, Wirtschaft, Landwirtschaft, ERP, Bundesbank, ab 1951: Grundsatzfragen, Koordinierung und Kabinettssachen aus den Geschäftsbereichen des BMM, BMF, BMWi, BML, Bundesbank), 1952–1955 BMWi, dort Leiter der Abteilung III (Bergbau, Energie und Wasserwirtschaft, Eisen und Stahl, Europäische Gemeinschaft), 1955–1959 Staatssekretär im BMVtg, 1959–1969 Vorstandsvorsitzender und 1969–1978 Aufsichtsratsvorsitzender der Wintershall AG (Kassel), 1966–1974 Aufsichtsratsvorsitzender der Volkswagen AG.

Bundesministerium für das Post- und Fernmeldewesen

Prof. Dr. Karl Herz (1896–1970)

1935–1939 Geschäftsführer der Deutschen Fernkabel-Gesellschaft, Berlin, 1939–1942 Leiter des Reichspostzentralamtes, 1942–1945 Gruppenleiter für Weitverkehrstechnik im Reichspostministerium, 1945–1947 Leiter der Abt. II (Fernmeldewesen) der Reichspost-Oberdirektion für die britische Zone, Bad Salzuflen, 1947–1959 Fernmeldetechnisches Zentralamt (FTZ), Darmstadt, dort 1950–1959 Präsident, 1960–1963 Staatssekretär im BMP.

Bundesministerium für Vertriebene, Flüchtlinge und Kriegsgeschädigte

Dr. Peter Paul Nahm (1901–1981)

1945–1946 Landrat des Rheingaukreises, 1947–1949 Leiter des hessischen Landesamtes für Vertriebenen- und Flüchtlingsfragen, 1949–1952 Hessisches Innenministerium, 1953 Leiter der Zentralstelle für Sowjetzonenflüchtlinge im BMVt, 1953–1967 Staatssekretär im BMVt.

Bundesministerium für gesamtdeutsche Fragen

Franz Thedieck (1900–1995)

1923–1930 Kölner Abwehrstelle des Preußischen Innenministeriums gegen den Separatismus. 1931–1940 Bezirksregierung Köln, 1940–1943 Militärverwaltung in Belgien und Nordfrankreich, 1946–1949 erneut Bezirksregierung Köln, 1950–1964 Staatssekretär im BMG, 1961–1972 Deutschlandfunk, dort 1961–1966 Vorsitzender des Verwaltungsrates, 1966–1972 Intendant.

Bundesministerium für wirtschaftliche Zusammenarbeit

Prof. Dr. Hans Georg Dahlgrün (1901–1974).

1936–1945 Reichsfinanzministerium, 1945–1952 Finanzministerium Rheinland-Pfalz, 1952–1958 Präsident des Rechnungshofes Rheinland-Pfalz, 1954–1957 mit der Wahrnehmung der Geschäfte des Staatssekretärs im BMZ beauftragt, 1959–1969 Präsident der Landeszentralbank Rheinland-Pfalz.

Bundesministerium für Angelegenheiten des Bundesrates

Dr. Georg Ripken (1900–1962)

1924–1926 Generalsekretär der Deutschen Liga für Völkerbund, 1927–1945 Auswärtiger Dienst, 1944 Stellvertretender Leiter der Handelspolitischen Abteilung, 1951–1958 BMBR, dort ab 1952 Ständiger Vertreter des Ministers, 1954–1958 Staatssekretär, 1958–1961 MdB (DP, ab 1960 CDU).

Bundesministerium für Familie und Jugend

Dr. Gabriele Wülker (geb. 1911)

1949–1951 German Consultant OMGUS und HICOG, 1951–1952 Wissenschaftliche Referentin am Institut zur Förderung öffentlicher Angelegenheiten (Frankfurt/M.), 1952–1957 wissenschaftliche Referentin im Deutschen Landesausschuß der Internationalen Konferenz für Sozialarbeit, 1957–1959 Staatssekretärin im BMFa, später bis 1978 Privatdozentin und apl. Professorin an der Universität Bochum.

DIE MINISTERIALBEAMTEN

Franz Antoni (1902–1961)

1928–1955 Landesversicherungsanstalt Hessen–Nassau, ab 1945 Hessen, 1955–1961 BMA, dort bis 1956 Referent im Generalsekretariat für die Sozialreform, 1957–1960 Leiter der Unterabteilung IV b (Rentenversicherung und internationale Sozialversicherung), 1960–1961 Leiter der Abteilung II (Arbeitsmarktfragen, Arbeitslosenversicherung, Kindergeld, Ziviler Ersatzdienst).

Horst Backsmann (1920–1984)

1953–1954 Richter am Amtsgericht Siegburg und Landgericht Bonn, 1954–1961 BMZ bzw. BMBes, dort zunächst Hilfsreferent, 1956–1958 Leiter des Referates K 2 (Kabinettsangelegenheiten BMJ, BMVt, BMV, BMP sowie Justitiariat und internationale Rechtsfragen), 1959–1960 Hilfsreferent im Referat II B/1 (Grundsatzfragen und Maßnahmen zur Privatisierung, Verwaltung der Vereinigten Elektrizitäts- und Bergwerks AG -Veba- und kleinerer Beteiligungen), 1960–1961 Leiter des Referates II B/4 (Privatisierung von Bundesbeteiligungen, ab 1961 zusätzlich Volkswagenwerke AG), 1961 Volkswagenwerk Wolfsburg, dort 1969–1978 Mitglied des Vorstandes, 1978–1984 Präsident des Verbandes der Automobilindustrie.

Wilhelm Boden (geb. 1924)

1952–1957 Bankgewerbe, 1957–1966 Bundeskanzleramt, dort Hilfsreferent im Referat II 7 (u.a. BMA und Geschäftsführung des Ministerausschusses für Sozialreform), 1966–1969 BMBR, dort in der Abteilung Bundesrats- und Länderangelegenheiten – Grundsatzfragen und Koordinierung Leiter des Referates II 7 (Angelegenheiten aus dem Geschäftsbereich des BMF, Angelegenheiten aus dem Finanzausschuß, Konferenzen der Finanzminister der Länder).

Hans Bott (1902–1977)

Bis 1945 Buchhändler und Verleger, 1945–1949 Referent im Kultministerium des Landes Württemberg-Baden, 1949–1959 Persönlicher Referent des Bundespräsidenten und stellvertretender Chef des Bundespräsidialamtes, dann Mitglied des Stiftungsrates und Kuratoriums der Elly-Heuss-Knapp-Stiftung „Deutsches Müttergenesungswerk".

Josef Busch (geb. 1905).

1949–1953 OPD Frankfurt/M., 1953–1970 BMP, dort bis 1955 Leiter des Referates I A (u.a. Postordnung; Postgebühren, Postbetriebsdienst), 1956–1959 Unterabteilungsleiter III a (Generalreferent für allgemeine Personalangelegenheiten), 1959–1962 Leiter der Unterabteilung I a, 1962–1970 Leiter der Abteilung I (Postwesen).

Johannes Duntze (1901–1987)

1949–1951 beim Präsidenten des Landbezirks Baden, 1951–1952 Innenministerium Württemberg-Baden, 1952–1958 Ministerium für Vertriebene, Flüchtlinge und Kriegsgeschädigte des Landes Baden-Württemberg, 1958–1968 BMI, dort Leiter der Abteilung V, ab 1967 der Abteilung S (Sozialwesen, Soziale Angelegenheiten und Wohlfahrt).

Georg Eigenwillig (1909–1965)

1936–1945 Heeresjustizdienst, 1945–1953 Kriegsgefangenschaft, ab 1954 Amt Blank/BMVtg, dort 1954–1955 Referent in der Abteilung V (Heer), 1955–1965 Leiter des Referates P I 5 (Soldatenversorgungsrecht, insbesondere Dienstzeitversorgung der Soldaten)

Dr. Konrad Elsholz (1911–1990)

1949–1962 BMF, dort zunächst Leiter des Referates II C 4 (Sozialaufwendungen), 1952–1954 Leiter der Referate II C 6 (Sozialleistungen: Generalreferat) und II A 11 (Bundeshaushalt: Einzelpläne XI und XXVI), 1954–1958 Leiter des Referates

II C 10 (Sozialreform, Sozialversicherung, Kriegsopferversorgung), 1957–1962 Leiter des Referates II A 7 (Bundeshaushalt: Einzelplan 11, Sozialreform, Sozialversicherung, Kriegsopferversorgung), 1962–1965 Oberstadtdirektor von Remscheid, anschließend Beigeordneter des Deutschen Städtetages.

Dr. Manfred Fauser (1906–1981)

1937–1945 Reichsministerium des Innern, 1947–1948 Hilfswerk der evangelischen Kirche, 1948 Arbeitsgruppe Lastenausgleich der Verwaltung für Finanzen des VWG, 1949–1971 BMF, dort 1950–1954 in der Sondergruppe Lastenausgleich Leiter des Referates B 1 (u.a. Kriegsschädenrecht, Leistungen der Soforthilfe, Lastenausgleichsgesetz), 1954–1959 nacheinander Leiter der Referate II C 8, V/LA und V B 5 (vor allem Lastenausgleichsgesetz, Feststellungsgesetz, Währungsausgleichsgesetz, Alterssparergesetz), 1960–1971 Leiter der Unterabteilung VI A (Liquidation des Krieges, einschließlich Wiedergutmachung).

Edmund Forschbach (1903–1988)

1933 MdL Preußen, 1933–1934 MdR (DNVP), 1940–1945 Richter beim Amts- und Landgericht Breslau, 1946–1951 Verwaltungsdirektor in der Stadtverwaltung Köln, 1951–1954 BMI, dort Leiter des Referates Z B 2 (Ziviler Bevölkerungsschutz), 1954–1955 stellvertretender, 1955–1956 kommissarischer Leiter des BPA, 1957–1961 erneut BMI, dort Leiter der Unterabteilung IV B (Rechts- und Verwaltungsangelegenheiten des Gesundheitswesens, Lebensmittel- und Arzneimittelrecht, ab 1960 Lebensmittel- und Veterinärwesen), 1961–1968 BMGes, dort Leiter der Unterabteilung, später Abteilung Lebensmittelwesen und Veterinärmedizin.

Dr. Hanns Gareis (1896–1972)

1924–1933 Geschäftsführer des Bayerischen Landbundes, 1934–1945 Hauptstabsleiter im Reichsnährstand, 1948–1950 Direktor des Bayerischen Bauernverbandes, 1950–1957 BML, dort Leiter der Abt. IV (Agrarwesen).

Hermann Gottschick (geb. 1908)

1936–1938 Reichsanstalt für Arbeitsvermittlung, 1939–1945 Reichsarbeitsministerium, 1949–1970 BMI, dort zunächst Hilfsreferent in der Abteilung Öffentliche Fürsorge und Leibesübungen, 1951–1955 Referent im Referat V A 1 (Grundlagen und Sondergesetze der öffentlichen Fürsorge), 1955–1958 Leiter des Referates V A 4 (Sozialreform), 1958–1970 Leiter des Referates V 4 (Neuordnung der sozialen Leistungen im Rahmen der Sozialreform), 1970–1973 BMJFG, dort 1970–1972 Leiter des Referates S 4 (Neuordnung der sozialen Leistungen im Rahmen der Sozialreform), 1973 in der Gruppe JFS 2 zuständig für Gesetzgebung auf dem Gebiet der Sozialhilfe und des sonstigen Sozialleistungsrechts.

Dr. Hartmut Hensen (1928–1978)

1955–1977 BMA, 1955–1957 Hilfsreferent im Generalsekretariat für die Sozialreform, 1957–1959 dort Leiter des Referates GS II/5 (Finanzwirtschaftliche und
volkswirtschaftliche Grundsatzfragen bei der Neugestaltung der Sozialen Sicherheit,
Erstellung von Rechnungsgrundlagen für die Sozialreform), 1960–1970 nacheinander Leiter der Referate IV c 4 und I a 4 (vor allem volkswirtschaftliche Fragen
der sozialen Sicherung, Sozialberichte), 1970–1977 zunächst Leiter der Unterabteilung I c, später I b (Mathematische Fragen der Sozialpolitik, Sozialbudget).

Dr. Hans-Erich Hornschu (1914–1986)

1948–1951 Institut für Weltwirtschaft Kiel, dort 1950–1951 Verwaltungsdirektor,
1951–1952 BMF, dort in der Unterabteilung II C (Bund und Länder) Hilfsreferent
im Referat 1 (Öffentliche Finanzwirtschaft, Finanzverfassung, Finanzausgleich),
1953–1978 Bundeskanzleramt, dort 1953–1956 Hilfsreferent im Referat 6 (u.a.
Grundsatzfragen, Kabinettssachen aus den Geschäftsbereichen des BMM, BMF,
BMWi, BML), 1956–1969 Leiter des Referates 8, später II 5 und III 5 (BMF, BMWo,
Bundesrechnungshof u.a.), 1969–1978 des Referates III 4, ab 1978 34 (BMV, BMP,
Bundesbahn).

Dr. Kurt Jantz (1908–1984)

1935–1938 Reichsversicherungsamt, 1938–1945 Reichsarbeitsministerium, dort in
der Abteilung Sozialversicherung zunächst Hilfsreferent, dann Referent für die
Kranken- und Unfallversicherung, nach 1945 Theologiestudium, anschließend
Vikar und Dozent an der Kirchlichen Hochschule Bethel, 1951–1953 BMF, dort
Leiter des Referates II C 8 (Sozialversicherung, Kriegsopferversorgung), 1953–1973
BMA, dort zunächst Leiter des Referates VI 1 (Generalreferat für die Reform der
Sozialversicherung), 1955 Leiter der Abteilung IV (Sozialversicherung), ab Juli
1955 Generalsekretär für die Sozialreform, ab 1957 Mitglied des Sachverständi-
genbeirats für soziale Sicherheit im Internationalen Arbeitsamt in Genf, ab 1966
Honorarprofessor für Sozialpolitik an der Universität Köln.

Otto Jerratsch (1900–1975)

1946–1947 Provinzialregierung Pfalz, 1947–1950 Verwaltung für Ernährung,
Landwirtschaft und Forsten des VWG, 1950–1961 BML, dort bis 1953 Leiter des
Referates IV 7 (Ländliche Siedlung, Besitzfestigung), 1953–1961 in der Abteilung
IV (Agrarwesen) Leiter der Unterabteilung B (Ländliche Sozialfragen, Siedlung,
Flurbereinigung, ab 1958 Agrarstruktur), bis 1961 auch Vorstandsmitglied der
Deutschen Siedlungsbank..

Ludwig Kattenstroth (1906–1971)

1947–1948 Dokumentenabteilung des Internationalen Gerichtshofes Nürnberg,
1949 Verwaltung für Wirtschaft des VWG, 1949–1962 BMWi, dort 1949–1954 Leiter der Abteilung II (Wirtschaftsordnung und -förderung), 1954–1956 der Abteilung

Z (Zentralabteilung), 1956–1962 der Abteilung III (Bergbau, Energie und Wasserwirtschaft, Eisen und Stahl, Europäische Gemeinschaft für Kohle und Stahl), 1962–1963 Bundeskanzleramt, dort Leiter der Abteilung II (Wirtschaft, Finanzen, Soziales), 1963–1965 Staatssekretär im BMSchatz, 1965–1969 Staatssekretär im BMA.

Dr. Ruprecht Keller (geb. 1913)

1949 Oberfinanzpräsidium Nürnberg, 1949–1953 Verwaltung für Finanzen des VWG/BMF, dort 1949–1952 Hilfsreferent im Referat I A 2, ab 1950 I 2 (Haushalt des Ministeriums, ab 1951 Haushalt der Bundesfinanzverwaltung), 1952–1953 im Referat II A 8 (Bundeshaushalt: Einzelpläne VIII-BMF und XX-Bundesrechnungshof), 1953–1957 BMS Schäfer, dort im Kabinettsreferat.

Hans Kilb (1910–1984)

1936–1945 Berufsoffizier, 1946–1948 Tätigkeit als Prokurist, 1948–1951 Stadtverwaltung Göttingen, 1951 Persönlicher Referent des Staatssekretärs im BMM, 1952–1958 Persönlicher Referent des Bundeskanzlers, 1958–1974 Direktor bei der Verwaltung der Europäischen Atomgemeinschaft und ab 1967 bei der Kommission der Europäischen Gemeinschaften.

Werner Kroener (1911–1988)

1939–1945 Reichsfinanzverwaltung, 1946–1951 Regierungspräsidium Koblenz, 1951–1953 BMF, dort Leiter des Referates I B 6 (Besoldungsnebengebiete), 1953–1973 Amt Blank/BMVtg, dort 1958–1967 Leiter der Unterabteilung für Recht und Grundsatzangelegenheiten des öffentlichen Dienstes, zunächst in der Abteilung P (Personal), ab 1966 in der Abteilung VR (Verwaltung und Recht), 1967–1973 Leiter der Abteilung VR.

Dr. Werner Lamby (geb. 1924)

1952–1960 Bundeskanzleramt, dort 1952–1958 Hilfsreferent im Referat 7 (u.a. Grundsatzfragen, Kabinettssachen aus den Geschäftsbereichen des BMA, BMWo, BMVt), 1957–1958 auch Persönlicher Referent des Staatssekretärs Globke, 1958–1960 Hilfsreferent im Referat I 3 (u.a. BMI, BMJ, Bundespresseamt, Bundestag, Bundesrat), 1960–1962 BMWi, dort in der Abt. V (Außenwirtschaft und Entwicklungshilfe) Hilfsreferent im Referat V A 4 (Entwicklungsländer), 1962–1968 BMZ, dort zuletzt Unterabteilungsleiter II A (Internationale Entwicklungshilfe, Zusammenarbeit mit der Privaten Wirtschaft, Bildungshilfe), 1968–1969 BMSchatz, 1969–1973 BMF, dort jeweils Leiter der Abteilung Industrielles Bundesvermögen, anschließend Tätigkeit in der Privatwirtschaft.

Franz Loosen (1900–1968)

1931–1947 Rechtsanwalt, 1950–1955 BMF, dort 1950–1952 Hilfsreferent im Referat V 6 (ERP-Angelegenheiten), 1952–1955 Leiter des Referates V 7 (Liquidation der JEIA, Abwicklung der StEG), 1955–1958 Referent des Bevollmächtigten der Bundesrepublik Deutschland in Berlin, 1959–1965 Bundeskanzleramt, dort 1959–1965 Leiter des Referates 7 (u.a. BMA, Geschäftsführung des Ministerausschusses für Sozialreform), 1965 des Referates II 2 (u.a. BMWi, Bundesbank, Kabinettsausschuß für Wirtschaft).

Philipp Ludwig (geb. 1912)

1949–1951 Innenministerium des Landes Rheinland-Pfalz, 1951–1953 BMF, dort Hilfsreferent im Referat VI 5 (Wiedergutmachung, Rückerstattungs- und Entschädigungsansprüche), 1953–1969 BMFa, dort 1953–1958 Leiter des Referates 2, ab 1958 F 2 (Sozialpolitik, einschließlich Wohnungsbau, ab 1954 Wahrung der Belange der Familie u.a. auf den Gebieten der Sozialpolitik, des Sozialrechts und des Wohnungsbaues, ab 1955 Sozialpolitik und Familienausgleichskassen, ab 1958 Sozialpolitik, Sozialreform, Kindergeldgesetzgebung, Familienausgleichskassen, Sozialversicherung, Versorgungswesen, Fürsorge, Arbeits- und Tarifrecht, Verkehrstarife), 1960–1962 Leiter der Zentralabteilung, 1962–1969 Leiter der Abteilung III (Jugendpolitik).

Dr. Gerhard Malkewitz (1903–1977)

1928–1945 Landesversicherungsanstalt Pommern, 1947–1948 Regierungswirtschaftsamt Ober- und Mittelfranken, dort Leiter der Rechtsabteilung, 1948–1954 Landesversicherungsanstalt Schleswig-Holstein, 1954–1955 Bundesversicherungsanstalt für Angestellte (BfA), dort Leiter der Rentenabteilung, 1955–1957 BMA, dort Referent im Generalsekretariat für die Sozialreform, 1957–1960 erneut BfA, 1960–1964 erneut BMA, dort Leiter des Referates IV b 2 (u.a. Rentenversicherung der Angestellten, Grundsatzfragen der betrieblichen Altersfürsorge).

Dr. Udo Müller (geb. 1902)

1932–1945 Rechtsanwalt, 1945–1949 Präsident des Landgerichtes Dessau, 1950–1952 Hauptreferent und zuletzt Senatsdirektor beim Senator für Bundesangelegenheiten des Landes Berlin in Bonn, 1953–1965 BMG, dort 1953–1965 Leiter der Abteilung I (SBZ, deutscher Osten, ab 1954 Sowjetische Besatzungszone Deutschlands und deutsche Ostgebiete, Maßnahmen zur Wiedervereinigung dieser Gebiete mit der Bundesrepublik, Förderung des gesamtdeutschen Gedankens).

Friedrich Nonhoff (1903–1974)

1930–1945 beim Reichskommissar für die Osthilfe und Reichsministerium für Ernährung und Landwirtschaft, 1946–1948 Zentralamt für Ernährung und Landwirtschaft in der britischen Zone, 1948–1950 Verwaltung für Ernährung, Landwirtschaft und Forsten des VWG, 1950–1968 BML, dort 1950–1958 Leiter des Referates IV 2, ab 1953 IV A 2 (Agrarrecht), 1953–1958 zusätzlich Leiter der Unterabteilung IV A (Agrar- und Bodenrecht), 1958–1968 Leiter der Abteilung IV (Agrarwesen).

Dr. Heinz Maria Oeftering (geb. 1903)

1930–1943 Reichsfinanzverwaltung, 1945–1947 Präsident der Rechnungskammer Rheinhessen-Pfalz, 1947–1949 Präsident des Rechnungshofes Rheinland-Pfalz, 1949–1957 BMF, dort Leiter der Abteilung II (Allgemeine Finanzpolitik und öffentliche Finanzwirtschaft) und ständiger Vertreter des Staatssekretärs, 1957 Präsident des Bundesrechnungshofes, 1957–1972 Vorstandsvorsitzender und Erster Präsident der Deutschen Bundesbahn, 1972–1975 Präsident des Verwaltungsrates der Deutschen Bundesbahn.

Siegfried Palmer (geb. 1904)

1946–1947 Referent für Siedlungs- und Bodenreform in der Abteilung Ernährung und Landwirtschaft des Landesrates Stuttgart, 1947–1948 Referent für Siedlung im Ernährungs- und Landwirtschaftsrat der amerikanischen und britischen Zone, 1949–1950 Referent für Siedlungs- und Flüchtlingsfragen in der Verwaltung für Ernährung, Landwirtschaft und Forsten des VWG, 1950–1957 BML, dort 1950–1952 Hilfsreferent im Referat IV 7 (Ländliche Siedlung, Besitzfestigung), 1952–1957 Leiter des Referates IV B 1 (Ländliche Sozialfragen), 1957–1969 BMVt, dort Leiter des Referates II 6, ab 1964 II 4 (Eingliederung der Vertriebenen und Flüchtlinge in die Landwirtschaft; Betreuung der kriegssachgeschädigten Landwirte), 1969–1970 BMI, dort Leiter des Referates Vt I 3 (Eingliederung der Vertriebenen und Flüchtlinge in die Landwirtschaft, Betreuung der kriegsgeschädigten Landwirte).

Dr. Karl-Heinz Pühl (geb. 1912)

1947–1950 Finanzministerium des Landes Schleswig-Holstein, 1950–1956 Bundeskanzleramt, dort 1950–1952 Hilfsreferent im Referat 6 (Finanzen, Wirtschaft, Landwirtschaft, ERP, Bundesbank), 1952–1956 Leiter des Referates 7 (Grundsatzfragen, Kabinettssachen aus den Geschäftsbereichen des BMA, BMWo, BMVt, BAA), 1960–1973 Tätigkeit in der Privatwirtschaft.

Dr. Adolf Riedel (geb. 1893)

1928–1938 Zentralversicherungsanstalt Prag, 1939–1945 Landesversicherungsanstalten Sudetenland und Berlin, 1945–1949 Nordböhmischen Braunkohleschächte, Brüx, 1950–1957 BMVt, dort Leiter der Abteilung IV, ab 1953 der Abteilung III (Bevölkerungs- und Sozialpolitik: Aufnahme, Verteilung, soziale Betreuung der Vertriebenen und Flüchtlinge).

Dr. Kurt Schäffer (geb. 1903)

1929–1938 leitender Angestellter der Gewerkschaft der deutschen Angestellten in Mähren, 1938–1945 Sozialversicherungsrechtsberater der Deutschen Arbeitsfront u.a. für das Sudetenland, 1949–1950 Geschäftsführer des Landesverbandes der Vertriebenen, Stuttgart, 1950–1968 BMVt, dort 1950–1954 Hilfsreferent im Referat IV 3 (Soziale Eingliederung, Soziales Recht), 1954–1957 im Referat III 2 (Arbeitsrecht, Sozialversicherung, Kriegsopferversorgung), 1957–1968 zunächst Hilfsreferent, ab 1964 Leiter des Referates III 1 (Fürsorgewesen und Sozialversicherung, Familien- und Frauenfragen, Jugendrecht und -fürsorge, Arbeitsrecht).

Dr. Hermann Schauer (geb. 1905)

1931–1945 im Postdienst, 1948 OPD München, 1954–1962 BMP, dort in der Abteilung Z (Zentralabteilung) zunächst Hilfsreferent, 1955–1959 Leiter des Referates Z C (u.a.Vorbereitung der Kabinettsitzungen und Mitbearbeitung der nichtposteigenen Gesetzgebung) 1960–1962 im Ministerbüro Referent für Kabinettsachen, 1962–1968 Präsident der OPD Regensburg.

Dr. Gerhard Scheffler (1894–1977)

1933–1940 Preußisches bzw. Reichsministerium des Innern, 1940–1945 Oberbürgermeister von Posen, 1950–1958 BMI, 1950–1952 Leiter des Referates V 2 (Kriegsfolgenhilfe, Lastenausgleich, freie Wohlfahrt, soziale Auslandshilfe), 1952–1955 Leiter der Unterabteilung V B (Soziale Angelegenheiten), 1955–1958 Leiter der Abteilung V (Sozialwesen, Soziale Angelegenheiten und Wohlfahrt).

Dr. Günther Schelp (1909–1966)

1935–1945 Reichsarbeitsministerium, 1950–1966 BMA, dort 1950–1953 Leiter des Referates III a (Kollektives Arbeitsrecht, insbesondere Tarifvertrags- und Schlichtungsrecht, Arbeitsverfassungsrecht), 1953–1958 Leiter der Unterabteilung III a (Arbeitsrecht), 1958–1960 Leiter der Arbeitsgruppe Sonderprobleme der Sozialordnung, 1960–1966 Leiter der Abteilung III (Arbeitsrecht, Lohn-, Tarif- und Schlichtungswesen, Arbeitsschutz, Sonderprobleme der Sozialordnung).

Dietrich Schewe (geb. 1924)

1949–1954 Assistent für Arbeits- und Sozialrecht an der Hochschule für Sozialwissenschaften in Wilhelmshaven, 1954–1975 und 1977–1982 BMA, dort 1954–1955 Hilfsreferent im Referat IV 1 (Generalreferat für die Reform der Sozialversicherung), 1955–1960 Generalsekretariat für die Sozialreform, dort 1956–1961 Leiter des Referates GS II/3, ab 1960 Leiter des Referates IV b 4 (u.a. Alterssicherung der Handwerker und der freien Berufe, Vorbeugung und Wiederherstellung), 1961–1970 Leiter des Referates IV b 3 (Rentenversicherung der Arbeiter, Alterssicherung der Handwerker und der freien Berufe), 1970–1971 Leiter der Unterabteilung IV c (Gemeinsame Fragen der Sozialversicherung, Verfahrensrecht), 1971–1975 Leiter der Unterabteilung IV b (Rentenversicherungen), 1975–1977 Präsident des Bundesversicherungsamtes, 1977–1982 erneut BMA, dort 1977–1982 Leiter der Abteilung IV (Sozialversicherung, Sozialgesetzbuch).

Dr. Fritz Schiettinger (1909–1984)

1942–1945 Hauptgeschäftsführer der IHK Metz, 1952–1955 Bundesgeschäftsstelle der CDU, 1955–1957 Geschäftsführer der IHK Düsseldorf, 1958–1963 BMF, dort 1958–1961 in der Finanzpolitischen und Volkswirtschaftlichen Gruppe Leiter des Referates 1 (Finanz- und wirtschaftspolitische Grundsatzfragen in der Bundesrepublik), 1960–1963 Leiter der Finanzpolitischen und Volkswirtschaftlichen Gruppe, 1964–1970 BMWi, dort 1964–1966 Leiter der Abteilung II (Gewerblicher Mittelstand, Absatzwirtschaft, Leistungssteigerung), 1966–1967 Leiter der Abteilung VI (Geld und Kredit), 1968–1970 Leiter der Abteilung V (Außenwirtschaft und Entwicklungshilfe), 1970–1972 Vorsitzender des Türkei-Konsortiums der OECD, Paris, 1972–1976 Präsident der Landeszentralbank Baden-Württemberg.

Dr. Friedrich Schiller (1895–1990)

1928–1933 Württembergisches Wirtschaftsministerium, 1933–1946 u.a. Vorstandsmitglied der Deutschen Eisenbahn-Gesellschaft AG, 1946–1947 Vorsitzender des Verwaltungsrates für Verkehr des VWG, 1946–1949 stellvertretender Direktor der Verwaltung für Verkehr des VWG, 1949–1960 BMV, dort Stellvertreter des Staatssekretärs.

Prof. Dr. Otto Schlecht (geb. 1925)

1953–1991 BMWi, dort 1953–1959 Hilfsreferent im Referat Z A 3 (Fragen des Arbeitsrechts und der Sozialpolitik), 1960–1962 Persönlicher Referent des Staatssekretärs Westrick, 1962–1967 Leiter der Referate I A 1 (Grundsatzfragen der Wirtschaftspolitik) und E 1 (Grundsatzfragen der europäischen Wirtschafts-, Währungs- und Konjunkturpolitik, Koordinierung der europäischen Finanz-, Agrar-, Verkehrs- und Sozialpolitik), 1967–1973 zunächst Leiter der Unterabteilung I A (Grundsatzfragen der Wirtschaftspolitik und der internationalen wirtschaftlichen Zusammenarbeit), dann Leiter der Abteilung I (Wirtschaftspolitik), 1973–1991 Staatssekretär im BMWi, dann Vorsitzender der Ludwig-Erhard-Stiftung.

Dr. Hans Schmatz (geb. 1918)

1952–1969 BMA, dort 1952–1957 Hilfsreferent im Referat I a 4 (Parlaments- und allgemeine Rechts- und Gesetzgebungsangelegenheiten, Justitiariat) und IV a 2 (Krankenversicherung, Beziehungen zu Ärzten und sonstigen Heilberufen, zu Krankenhäusern und Apotheken), 1957 Referent im Generalsekretariat für die Sozialreform, 1959 als Leiter des Referates GS I/2 (Neuregelung des Rechts der Krankenversicherung) unmittelbar dem Generalsekretär für die Sozialreform unterstellt, 1960 des Referates IV a 5 (Reform der Krankenversicherung), 1961–1966

Leiter des Referates IV a 4 (Grundsatzfragen, Umfang und Leistungen der Kranken-versicherung), 1966–1969 Unterabteilungsleiter III b (Arbeitsschutz).

Dr. Gustav Schmitz (1910–1965)

1952–1958 BMWi, dort Hilfsreferent im Referat II A 3, ab 1954 Z A 3 (Fragen des Arbeitsrechts und der Sozialpolitik), 1959–1965 Direktor des Sekretariates des Wirtschafts- und Sozialausschusses der EWG in Brüssel.

Dr. Waldemar Schönleiter (1903–1978)

1942–1945 Reichsarbeitsministerium, 1945–1947 Versorgungsamt Verden und Hauptversorgungsamt Niedersachsen, 1947–1948 Zentralhaushaltsamt und Zentral-amt für Arbeit in der Britischen Zone, 1948–1950 Referent in der Verwaltung für Arbeit des VWG, 1950–1962 BMA, dort 1950–1954 Leiter der Unterabteilung IV b (Kriegsopferversorgung) und Leiter des Generalrefererates IV b 1, 1955–1968 Leiter der Abteilung V (Kriegsopferversorgung, Sozial- und Arbeitsmedizin) und 1955–1962 Leiter der Unterabteilung V a (Versorgung der Kriegsopfer).

Dr. Maria Schulte Langforth (1903–1980)

1950–1963 BMA, dort Leiterin des Referates III c 3, ab 1960 III b 3 und ab 1961 III b 2 (u.a. Jugendlichen-, Frauen- und Mutterschutz, Arbeitsschutz in Verbindung mit der Berufsausbildung und für Schwerbeschädigte).

Josef Selbach (geb. 1915)

1948–1950 Amtsgericht Baden-Baden, 1950 Hilfsrichter am Landgericht Offen-burg/Baden, 1950–1963 Bundeskanzleramt, dort 1952–1963 Leiter des Kanzlerbüros, 1963–1967 als Mitarbeiter von Bundeskanzler a.D. Konrad Adenauer beurlaubt, 1969–1983 Vizepräsident des Bundesrechnungshofes und stellvertretender Vorsitzender des Bundespersonalausschusses.

Rudolf Senteck (1898–1975)

1926–1929 Landratsamt Gleiwitz, 1929–1937 bei der Regierung in Oppeln, 1938–1945 beim Reichskommissar für die Preisbildung in Oppeln, 1949–1967 BMVt, dort 1949–1952 Leiter der Referate IV 1 (Umsiedlung, Aussiedlung und Rückführung, Ostzonenflüchtlinge, Heimatlose, Ausländer, Lager) und I 1 (Verbindung zum Bundestag, Bundesrat, zur Bundesregierung und zu den Ländern, Vertretung des Bundesministeriums in Berlin), 1952–1953 Leiter des Referates I/5 (Vertretung des Bundesministeriums für Vertriebene in Berlin) und zugleich vertretungsweise des Referates IV/1 (Umsiedlung), 1953–1956 Leiter des Referates I/2 (Haushalts-, Kassen und Rechnungswesen), ab 1956 zusätzlich Kabinettssachen), 1957–1964 Leiter der Abteilung IV (in Berlin), zugleich 1961–1967 Leiter der Vertretung Berlin des BMVt.

Dr. Heinz Simon (geb. 1907)

1937–1940 Finanzamt Landshut, 1940–1945 Oberfinanzdirektion Breslau, 1951–1954 Oberfinanzdirektion Münster, dort Organisationsreferent, 1954–1966 BMFa, dort 1954–1956 Leiter des Referates 3 (Wahrung der Belange der Familie in der Steuer- und Wirtschaftspolitik, ab 1955 auch Personal-, Beamten- und Tarifrecht, ab 1956 zusätzlich Familienlastenausgleich), 1957 Vertreter des Ministers, 1957–1966 Leiter der Abteilung Familienfragen, ab 1962 Abteilung II (Familienpolitik).

Karlhans Sonnenburg (geb. 1911)

1951–1957 BMM bzw. BMZ, dort 1951–1953 Hilfsreferent für Rechts-, Kabinetts- und Parlamentsangelegenheiten, 1953–1956 Leiter des Referates K 2 (u.a. Kabinettsangelegenheiten BMJ, BMA, BMV, BMP und BMVt), 1956–1962 Leiter der Abteilung K (Rechts- und Kabinettsangelegenheiten) 1962–1969 BMBes, dort Leiter der Abteilung I (v. a. Personal, Organisation, Haushalt, Rechtsfragen, Kabinettsachen, ab 1966 Zentralabteilung, ab 1969 Allgemeine Verwaltungsangelegenheiten).

Carl Peter Spahn (geb. 1906)

1934–1944 beim Kommissar für die Osthilfe (Landstelle) Stettin, 1944–1945 Oberfinanzpräsidium Pommern, 1947–1951 Deutscher Städtetag, 1951–1970 BMI, dort 1951–1953 Hilfsreferent im Referat V A 2 (Auslandsfürsorge, allgemeine Fürsorge), 1953–1958 Leiter des Referates V A 2 (Auslandsfürsorge und fürsorgerische Sonderaufgaben), 1958–1970 Leiter des Referates V 2, ab 1967 S 2 (Ausländisches und zwischenstaatliches Sozialrecht, Sozialhilfe für Deutsche im Ausland, Tuberkulosehilfe), 1970–1971 BMJFG, dort Leiter des Referates S 2 (Ausländisches und zwischenstaatliches Recht des Fürsorge- und Wohlfahrtswesens, Sozialhilfe für Deutsche im Ausland, Tuberkulosehilfe).

Helmut Stukenberg (1909–1991)

1937–1946 Deutsche Reichsbahn, ab 1950 BMV, dort 1950–1952 Hilfsreferent in der Abteilung Z, 1953–1957 Leiter des Referates Z 2 (Beamtenrecht, Personalangelegenheiten der Deutschen Bundesbahn und nachgeordneter Stellen) sowie ständiger Vertreter des Abteilungsleiters Z, 1957–1962 Leiter der Abteilung Z, 1962–1972 im Vorstand der Deutschen Bundesbahn.

Alexander Freiherr von Süßkind-Schwendi (1903–1973)

1934–1944 Reichswirtschaftsministerium, 1948–1949 Leiter der Verbindungsstelle der Wirtschaftsministerien in den Ländern der französischen Zone zur Verwaltung für Wirtschaft des VWG, 1950–1951 im BMM, dort Leiter des Referates II 2 (Methoden der europäischen Zusammenarbeit und der Marshallhilfe), 1951–1956 stellvertretender Leiter der Vertretung der Bundesrepublik Deutschland bei der OEEC in Paris, 1957 BMZ bzw. BMBes, dort 1957 Dienstaufsicht über die Abteilungen II

(Europäische wirtschaftliche Zusammenarbeit) und III (Verwaltung des ERP-Son-dervermögens), 1959 Leiter der Abteilung II (Bundes- und ERP-Vermögen).

Dr. Martin Türk (geb. 1900)

1946–1947 Stellvertretender Bürgermeister von Berlin-Mitte, 1947–1949 Zweiter Bürgermeister von Berlin-Charlottenburg, 1949–1961 BMG, dort 1949 kommissari-scher Leiter der Abteilung I (Angelegenheiten des deutschen Ostens), zugleich Leiter des Referates I/1 (Behördenverkehr mit Berlin, politische Angelegenheiten), 1952 Leiter der Abteilung II (Vertretung des Ministeriums in Berlin), 1953 Leiter des Referates I/6 (Maßnahmen zur Herstellung der deutschen Einheit), 1954–1961 Leiter des Referates I 8, ab 1958 I 11 (Vorbereitung von besonderen Maßnahmen für die Zeit der Wiedervereinigung).

Dr. Friedrich Karl Vialon (1905–1990)

1937–1942 und 1944–1945 Reichsfinanzministerium, 1942–1944 Leiter der Finanz-abteilung beim Reichskommissariat Ostland in Riga, 1950–1957 BMF, dort 1950–1952 Leiter des Referates II A 5 (Bundeshaushalt: Einzelpläne VI, VIII, XV, XXVI und ERP), 1952–1953 des Referates II A 9 (Finanzielle Verteidigungsfragen), 1953–1954 des Referates II A 1 (Generalreferat Bundeshaushalt, Einzelpläne 60 und 32), 1955–1957 Leiter der Unterabteilung II A (Bundeshaushalt), 1957 Leiter der Abtei-lung II (Bundeshaushalt), 1958–1962 Bundeskanzleramt, dort Leiter der u.a. für Wirtschaft, Landwirtschaft, Soziales und Verkehr zuständigen Abteilung II, 1962–1966 Staatssekretär im BMZ.

Joseph Viehöver (1925–1973)

Journalist, 1945–1949 Redakteur u.a. bei der Tageszeitung "Die Welt", 1949–1953 DGB, 1953–1958 Presse- und Informationsamt der Bundesregierung, dort 1953–1958 Leiter des Referates III/3 (Sozialpolitik), 1958–1961 Saarländischer Rundfunk, 1961–1965 Deutschlandfunk, ab 1965 ZDF, dort Programmdirektor.

Dr. Anne Vogl (geb. 1903)

1940–1945 Leiterin der Bildungsanstalt für sozialpädagogische Frauenberufe in Reichenberg, 1946–1950 Leiterin der Caritas-Schulungsstätte Croding/Würzburg, 1950–1964 BMVt, dort 1950–1953 Leiterin des Referates IV 2, ab 1952 IV/4 (Ver-triebene Frauen, vertriebene Jugend, Volksgesundheit, Hilfsaktionen), 1953–1955 Leiterin des Referates III 3 (Bevölkerungspolitik und Fürsorgewesen, Jugendrecht und Jugendfürsorge, Familien- und Frauenfragen), 1956–1964 Leiterin des Refera-tes III 1 (Fürsorgewesen und Sozialversicherung, Familien- und Frauenfragen, Jugendrecht und Jugendfürsorge, ab 1957 zusätzlich Arbeitsrecht).

Dr. Franz Walter (1908–1997)

1933–1945 Bankwesen, 1949 Verwaltung für Wirtschaft des VWG, 1949–1973 BMWi, dort 1949–1950 Leiter des Referates II R 1 (Rechtsangelegenheiten: Wirtschaftsrecht und Wirtschaftsstrafrecht, internationales Privatrecht, Justitiariat), 1950–1956 Leiter des Referates II R (Rechtsreferat) und 1952–1956 Leiter der Unterabteilung II C (Handel, Fremdenverkehr, Gewerberecht, Verbraucherpolitik), 1956–1973 Leiter der Zentralabteilung.

Arnold Weller (geb.1905)

1950–1955 Innenministerium Baden–Württemberg, 1955–1970 BMI, dort 1955–1958 Leiter des Referates V A 1 (Grundlagen und Sondergesetze der öffentlichen Fürsorge), 1958–1970 Leiter des Referates V 1, ab 1967 S 1 (Allgemeine Fürsorge und fürsorgerische Sonderaufgaben, ab 1965 Sozialhilfe und sonstige fürsorgerische Aufgaben), 1970 BMJFG, dort Leiter der Referate S 1 (Sozialhilfe und sonstige fürsorgerische Aufgaben) und S 8 (Altenhilfe, Probleme der älteren Generation).

Dr. Siegfried Woelffel (1904–1967)

1952–1965 BMF, dort 1952–1955 in der Unterabteilung II A (Bundeshaushalt) Leiter des Referates II A 5 (Einzelpläne VI, XV) und bis 1954 des Referates II A 8 (Einzelpläne VIII, XX), 1955–1957 Leiter des Referates II A 1 (Generalreferat Bundeshaushalt: Einzelpläne 60 und 32, ab 1957 auch 20), 1957–1965 Leiter der Unterabteilung II A, ab 1963 II C (Gesamthaushalt, Verwaltungs- und Sozialhaushalte, ab 1959 Allgemeines Haushaltswesen, Teile des Bundeshaushalts, insbesondere Sozialhaushalte), ab 1965 Präsident der Oberfinanzdirektion Karlsruhe.

Dr. Joachim Wolf (1906–1980)

1948–1949 Rechtsamt des VWG, 1949–1950 BMJ, 1950–1964 BMWi, dort 1950–1952 Leiter des Referates II 9 (Sozialpolitische Fragen), 1952–1964 Leiter des Referates II A 3, ab 1954 Z A 3 (Fragen des Arbeitsrechts und der Sozialpolitik), ab 1965 juristischer Vizepräsident des Landeskirchenamtes der Evangelischen Kirche von Westfalen.

GÄSTE

Prof. Dr. Hans Achinger (1889–1981)

1925–1937 Geschäftsführer des Vereins für private Fürsorge, Frankfurt/Main, 1946–1952 sozialpolitischer Redakteur der „Deutschen Zeitung und Wirtschaftszeitung", seit 1951 im Vorstand des Deutschen Vereins für öffentliche und privte Fürsorge, seit 1952 Professor für Sozialpolitik an der Universität Frankfurt/Main. Mitglied des Arbeitsausschusses für Grundsatzfragen des Beirates für die Neuordnung der sozialen Leistungen, Mitverfasser der von Adenauer veranlaßten Denkschrift „Neuordnung der sozialen Leistungen".

Prof. Dr. Joseph Höffner (1906–1987)

1951–1962 Professor für Christliche Sozialwissenschaften an der Universität Münster, Leiter des Sozialreferats im Zentralkomitee der deutschen Katholiken, geistlicher Beirat des Bundes katholischer Unternehmer, ab 1953 Mitglied des Beirats für die Neuordnung der sozialen Leistungen beim BMA, Mitverfasser des von Adenauer veranlaßten Professoren–Gutachtens „Neuordnung der sozialen Leistungen". 1962 Bischof von Münster, 1969 Erzbischof von Köln, 1976–1987 Vorsitzender der Deutschen Bischofskonferenz.

Prof. Dr. Ludwig Neundörfer (1901–1975)

Seit 1943 Direktor des soziographischen Instituts der Universität Frankfurt, Professor für Soziologie der Erziehung, ab 1954 Mitglied des Beirates für die Neuordnung der sozialen Leistungen beim BMA, Mitverfasser des von Adenauer veranlaßten Professoren–Gutachtens „Neuordnung der sozialen Leistungen".

Prof. Dr.Wilfrid Schreiber (1904–1975)

1949–1960 Geschäftsführer des Bundes Katholischer Unternehmer, 1955–1960 Privatdozent und apl. Professor an der Universität Bonn, 1960–1972 Professor für Sozialpolitik an der Universität Köln.

ÜBERSICHT ÜBER DIE TEILNAHME AN DEN SITZUNGEN DES MINISTERAUSSCHUSSES
IN DER 2. LEGISLATURPERIODE 1955/1956[1]

1. DER BUNDESKANZLER UND DIE MINISTER

Sitzungen	*1.* 16.08. 1955	*2.* 14.09. 1955	*3.* 07.10. 1955	*4.* 11.10. 1955	*5.* 28.10. 1955	*6.* 13.12. 1955	*7.* 18.01. 1956	*8.* 17.02. 1956
Adenauer						●	●	●
Blücher	●	●	●	●	●	●		
Schröder		●					○	
Schäffer		●			●	●	●	●
Erhard						●	●	●
Storch	●	●	○	●	●	●	●	●
Oberländer		●	●	●	●		●	●
Balke	●	●	●					
Lübke				●				
von Merkatz							●	
Wuermeling	●	●	●	●	●	●	●	
Kaiser								●
Schäfer		●	●	●		●	●	●

---

[1] ● = anwesend, ○ = zeitweise anwesend.

2. DIE STAATSSEKRETÄRE

Sitzungen	1. 16.08. 1955	2. 14.09. 1955	3. 07.10. 1955	4. 11.10. 1955	5. 28.10. 1955	6. 13.12. 1955	7. 18.01. 1956	8. 17.02. 1956
Globke BK						●	●	
Sauerborn BMA	●		●	●	●	●	●	●
Dahlgrün BMZ	●						●	
Bleek BMI	●	●	●	●	●	●	●	●
Hartmann BMF			●	●				
Strauß BMJ	●							
Westrick BMWi	●		●					
Sonnemann BML	●						●	
Nahm BMVt	●					●		
Thedieck BMG	●	○				●	●	
Ripken BMBR								●

378

ÜBERSICHT ÜBER DIE TEILNAHME AN DEN SITZUNGEN DES MINISTERAUSSCHUSSES
IN DER 3. LEGISLATURPERIODE 1958-1960

1. DIE MINISTER

Sitzungen	1. 9. 10. 1958	2. 24. 10. 1958	3. 15. 01. 1959	4. 29. 07. 1960
Blank	●	●	●	●
Schröder	●			
Etzel		●		
Lübke			●	
Wuermeling	●			

2. DIE STAATSSEKRETÄRE

Sitzungen	1. 9. 10. 1958	2. 24. 10. 1958	3. 15. 01. 1959	4. 29. 07. 1960
Anders, *BMI*			●	
Hartmann, *BMF*			●	
Hettlage, *BMF*				●
Sonnemann, *BML*	●			
Claussen, *BMA*	●		●	
Wülker, *BMFa*		●		
Herz, *BMP*				●
Rust, *BMVtg*			●	

ÜBERSICHT ÜBER DIE SITZUNGEN DES MINISTERAUSSCHUSSES FÜR DIE SOZIAL-
REFORM UND DES INTERMINISTERIELLEN AUSSCHUSSES 1955/1956

Ministerausschuß	Interministerieller Ausschuß
1. Sitzung: 16. August 1955	
	1. Sitzung: 17. August 1955
	2. Sitzung: 1./2. September 1955
	3. Sitzung: 9. September 1955
	4. Sitzung: 12. September 1955
2. Sitzung: 14. September 1955	
	5. Sitzung: 21. September 1955
	6. Sitzung: 27. September 1955
	7. Sitzung: 5. Oktober 1955
3. Sitzung: 7. Oktober 1955	
	8. Sitzung: 11. Oktober 1955
4. Sitzung: 11. Oktober 1955	
	9. Sitzung: 19. Oktober 1955
	10. Sitzung: 26. Oktober 1955
5. Sitzung: 28. Oktober 1955	
	11. Sitzung: 3. November 1955
	12. Sitzung: 18. November 1955
	13. Sitzung: 24. November 1955
	14. Sitzung: 2. Dezember 1955
	15. Sitzung: 8. Dezember 1955
6. Sitzung: 13. Dezember 1955	
	16. Sitzung: 21. Dezember1955
7. Sitzung: 18. Januar 1956	
	17. Sitzung: 15. Februar 1956
8. Sitzung: 17. Februar 1956	
	18. Sitzung: 5. April 1956

Abs.	Absatz
Abt.	Abteilung
ACDP	Archiv für Christlich-Demokratische Politik der Konrad-Adenauer-Stiftung, St. Augustin
ADL	Archiv des deutschen Liberalismus, Gummersbach
Anl.	Anlagen
AOK	Allgemeine Ortskrankenkasse
apl.	außerplanmäßig
AV	Altersversicherung
Az.	Aktenzeichen
BAnz.	Bundesanzeiger
BArbBl.	Bundesarbeitsblatt
BEG	Bundesentschädigungsgesetz
betr.	betrifft
BfA	Bundesversicherungsanstalt für Angestellte
BGBl.	Bundesgesetzblatt
BHE	Block der Heimatvertriebenen und Entrechteten
BK	Bundeskanzleramt
BKU	Bund katholischer Unternehmer
BMA	Bundesminister / Bundesministerium für Arbeit / ab 1957: für Arbeit und Sozialordnung
BMBes	Bundesminister / Bundesministerium für wirtschaftlichen Besitz des Bundes
BMBR	Bundesminister / Bundesministerium für Angelegenheiten des Bundesrates
BMF	Bundesminister / Bundesministerium der Finanzen
BMFa	Bundesminister / Bundesministerium für Familienfragen
BMJFG	Bundesminister / Bundesministerium für Jugend, Familie und Gesundheit
BML	Bundesminister / Bundesministerium für Ernährung, Landwirtschaft und Forsten
BMM	Bundesminister / Bundesministerium für den Marshallplan

BMP	Bundesminister / Bundesministerium für das Post- und Fernmeldewesen
BMS	Bundesminister / Bundesministerium für besondere Aufgaben
BMV	Bundesminister / Bundesministerium für Verkehr
BMVt	Bundesminister / Bundesministerium für Vertriebene, Flüchtlinge und Kriegsgeschädigte
BMVtdg	Bundesminister / Bundesministerium für Verteidigung
BMVtg	Bundesminister / Bundesministerium für Verteidigung
BMWi	Bundesminister / Bundesministerium für Wirtschaft
BMWo	Bundesminister / Bundesministerium für Wohnungsbau
BPA	Presse- und Informationsamt der Bundesregierung
BPräsAmt	Bundespräsidialamt
BR	Bundesrat
BT	Bundestag
BVG	Bundesversorgungsgesetz
BWM	Bundesministerium für Wirtschaft
CDA	Christlich-Demokratische Arbeitnehmerschaft
CDU	Christlich-Demokratische Union Deutschlands
CSU	Christlich-Soziale Union
DAG	Deutsche Angestellten-Gewerkschaft
DDR	Deutsche Demokratische Republik
DGB	Deutscher Gewerkschaftsbund
DM	Deutsche Mark
DNVP	Deutsch-Nationale Volkspartei
DP	Deutsche Partei
Drs.	Drucksache
E.Pl.	Einzelplan
EGKS	Europäische Gemeinschaft für Kohle und Stahl
ERP	European Recovery Program
EWG	Europäische Wirtschaftsgemeinschaft
FDP	Freie Demokratische Partei
FVP	Freie Volkspartei
GB	Gesamtdeutscher Block
gez.	gezeichnet

GG	Grundgesetz
GKV	Gesetzliche Krankenversicherung
GMBl.	Gemeinsames Ministerialblatt
GS	Generalsekretariat
HICOG	United States High Commissioner for Germany
IfZ	Institut für Zeitgeschichte
I.G. Metall	Industriegewerkschaft Metall
IHK	Industrie- und Handelskammer
IV	Invalidenversicherung
JEIA	Joint Export-Import-Agency
Kl. Erw.	Kleine Erwerbung
KnRV	Knappschaftliche Rentenversicherung
KnV	Knappschaftsversicherung
KnVAG	Knappschaftsversicherungs-Anpassungsgesetz
MdB	Mitglied des Bundestages
MdE	Minderung der Erwerbsfähigkeit
MdL	Mitglied des Landtages
MdR	Mitglied des Reichstages
Mia.	Milliarden
Min.Dirig.	Ministerialdirigent
Mio.	Millionen
Mrd.	Milliarden
o.D.	ohne Datum
OECD	Organization for Economic Cooperation and Developement
OEEC	Organization for European Economic Cooperation
OMGUS	Office of Military Government, United States
OPD	Oberpostdirektion
RArBl.	Reichsarbeitsblatt
Reg.Dir.	Regierungsdirektor
RGBl.	Reichsgesetzblatt
RHO	Reichshaushaltsordnung
RMG	Renten-Mehrbetrags-Gesetz
RMI	Reichsministerium des Innern
RVO	Reichsversicherungsordnung

SBZ	Sowjetische Besatzungszone
SPD	Sozialdemokratische Partei Deutschlands
StBKAH	Stiftung Bundeskanzler-Adenauer-Haus, Bad Honnef Rhöndorf
SVAG	Sozialversicherungs-Anpassungsgesetz
Tbc	Tuberkulose
TOP	Tagesordnungspunkt
u. Gen.	und Genossen
USA	United States of America
v.H.	von Hundert
VAB	Sozialversicherungsanstalt Berlin
VdK	Verband der Kriegsbeschädigten, Kriegshinterbliebenen und Sozialrentner Deutschlands
VOBl.	Verordnungsblatt
VS	Verschlußsache
VWG	Vereinigtes Wirtschaftsgebiet
WiBGl.	Gesetzblatt der Verwaltung des Vereinigten Wirtschaftsgebietes

QUELLEN- UND LITERATURVERZEICHNIS

1. UNGEDRUCKTE QUELLEN

In den Anmerkungen wurde für die Bestände des Bundesarchivs auf die Nennung des Aufbewahrungsortes verzichtet.

Bundesarchiv

B 102	Bundesministerium für Wirtschaft
B 106	Bundesministerium des Innern
B 126	Bundesministerium der Finanzen
B 136	Bundeskanzleramt
B 141	Bundesministerium der Justiz
B 142	Bundesministerium für Gesundheitswesen
B 145	Presse- und Informationsamt der Bundesregierung
B 146	Bundesministerium für wirtschaftliche Zusammenarbeit
B 149	Bundesministerium für Arbeit
B 153	Bundesministerium für Familienfragen, ab 1957 für Familie und Jugend
BD 19	Bundesministerium für Familienfragen, ab 1957 für Familie und Jugend – Amtsdrucksachen
Kl. Erw. 765	Kleine Erwerbung Nachlaßsplitter Prof. Hans Muthesius
R 41	Reichsarbeitsministerium
NSD 50	Deutsche Arbeitsfront – Drucksachen
N 1080	Nachlaß Franz Blücher
N 1299	Nachlaß Wilhelm Claussen
N 1331	Nachlaß Wilfrid Schreiber

Archiv für Christlich-demokratische Politik der Konrad-Adenauer-Stiftung, St. Augustin (ACDP)

VIII-001	CDU/CSU-Fraktion
VIII-005	CDU/CSU-Fraktion: Unterausschuß Eigentum
I-098	Nachlaß Theodor Blank

I-028   Nachlaß Heinrich Krone

Friedrich-Naumann-Stiftung, Archiv des deutschen Liberalismus, Gummersbach (ADL)

A 6-3   Sozialpolitischer Bundesfachausschuß der FDP

Institut für Zeitgeschichte (IFZ)

ED 431   Nachlaß Kurt Jantz

Stiftung Bundeskanzler-Adenauer-Haus, Bad Honnef-Rhöndorf (StBKAH)

I 04   Nachlaß Konrad Adenauer: Tageskalender

2. GEDRUCKTE QUELLEN UND LITERATUR

Abelshauser, Werner: Erhard oder Bismarck? Die Richtungsentscheidung der deutschen Sozialpolitik am Beispiel der Sozialversicherung in den Fünfziger Jahren. In: Geschichte und Gesellschaft 22 (1996), S. 376–392

Adenauer – Heuss. Unter vier Augen. Gespräche aus den Gründerjahren 1949–1959. Bearb. von Hans Peter Mensing. Hrsg. von Rudolf Morsey und Hans-Peter Schwarz. (Rhöndorfer Ausgabe) Berlin 1997

Adenauer. Briefe 1955 - 1957. Bearb. von Hans Peter Mensing. Hrsg. von Rudolf Morsey und Hans-Peter Schwarz. (Rhöndorfer Ausgabe) Berlin 1998

Adenauer: „....um den Frieden zu gewinnen". Die Protokolle des CDU-Bundesvorstandes 1957–1961. Bearb. von Günter Buchstab. (Forschungen und Quellen zur Zeitgeschichte, Bd. 24. Im Auftrag der Konrad-Adenauer-Stiftung hrsg. von Günter Buchstab u.a.) Düsseldorf 1994

Adenauers Verhältnis zu Wirtschaft und Gesellschaft. Hrsg. von Hans Pohl. (Rhöndorfer Gespräche, Bd. 12) Bonn 1992

Der Arbeitgeber. Jgg. 1956 und 1958

Auftakt zur Ära Adenauer. Koalitionsverhandlungen und Regierungsbildung 1949. Bearb. von Udo Wengst. (Quellen zur Geschichte des Parlamentarismus und der politischen Parteien, Vierte Reihe, Bd. 3. Hrsg. von der Kommission für Geschichte des Parlamentarismus und der politischen Parteien sowie dem Archiv für Christlich-Demokratische Politik der Konrad-Adenauer-Stiftung) Düsseldorf 1985

Blank, Theodor: Das sozialpolitische Programm. In: BArbBl. 1958, S. 84–86

Blank, Theodor: Eine Sozialpolitik neuen Stils. In: Der Arbeitgeber vom 28. Jan. 1958, S. 29–30

Blank, Theodor: Sozialreform und Sozialordnung. Aufgabe des Sozialpolitikers: Wirtschaft und Gesellschaft in Richtung auf bestimmte vorgegebene Ordnungsvorstellungen beeinflussen. In: Bulletin Nr. 80 vom 30. Apr. 1958, S. 789–790

Böckenförde, Ernst-Wolfgang: Die Organisationsgewalt im Bereich der Regierung. Eine Untersuchung zum Staatsrecht der Bundesrepublik Deutschland. (Schriften zum Öffentlichen Recht, Bd. 18) Berlin 1964

Boelcke, Willi A.: Die Kosten von Hitlers Krieg. Kriegsfinanzierung und finanzielles Kriegserbe in Deutschland 1933–1948. Paderborn 1985

Bogs, Walter: Grundfragen des Rechts der sozialen Sicherheit und seiner Reform. Berlin 1955

Bulletin des Presse- und Informationsamtes der Bundesregierung. Ab 1949

Bundesarbeitsblatt. Hrsg. vom Bundesminister für Arbeit, ab 1957 - für Arbeit und Sozialordnung. Jgg. 1954–1960

Bundesgesetzblatt. Hrsg. vom Bundesminister der Justiz. Ab 1949

Bundesrat (BR)-Sitzungsberichte und Drucksachen siehe Verhandlungen des Bundesrates

Bundestag (BT)-Sitzungsprotokolle und Drucksachen siehe Verhandlungen des Bundestages

[CDU-Bundesvorstand:] Adenauer: „....um den Frieden zu gewinnen". Die Protokolle des CDU-Bundesvorstandes 1957–1961. Bearb. von Günter Buchstab. (Forschungen und Quellen zur Zeitgeschichte, Bd. 24. Im Auftrag der Konrad-Adenauer-Stiftung hrsg. von Günter Buchstab u.a.) Düsseldorf 1994

Conrad, Christoph: Alterssicherung. In: Drei Wege deutscher Sozialstaatlichkeit. NS-Diktatur, Bundesrepublik und DDR im Vergleich. Hrsg. im Auftrag des Instituts für Zeitgeschichte von Hans Günter Hockerts. (Schriftenreihe der Vierteljahrshefte für Zeitgeschichte, Bd. 76) München 1998, S. 101–116

Deutscher Gewerkschaftsbund. 3. Ordentlicher Bundeskongreß Frankfurt/M. 4.–9. Oktober 1954. Protokoll. Frankfurt [1954]

Dietrich, Yorck: Eigentum für jeden. Die vermögenspolitischen Initiativen der CDU und die Gesetzgebung 1950–1961. (Forschungen und Quellen zur Zeitgeschichte, Bd. 29. Im Auftrag der Konrad-Adenauer-Stiftung hrsg. von Günter Buchstab u.a.) Düsseldorf 1996

Domes, Jürgen: Bundesregierung und Mehrheitsfraktion. Aspekte der Verhältnisse der Fraktionen der CDU/CSU im zweiten und dritten Deutschen Bundestag zum Kabinett Adenauer. Köln und Opladen 1964

Elsholz, Konrad: Der Sozialhaushalt des Bundes. In: Bulletin 186 vom 4. Okt. 1955. (Beilage: Finanzpolitische Mitteilungen des Bundesministeriums der Finanzen)

Entscheidungen des Bundesarbeitsgerichts, Bd. 5. Berlin 1958

Der Familienlastenausgleich. Erwägungen zur gesetzgeberischen Verwirklichung. Eine Denkschrift des Bundesministers für Familienfragen. Bonn 1955

Farny, Dieter: Sozialversicherung. In: Handwörterbuch der Wirtschaftswissenschaften (HdWW), zugleich Neuauflage des Handwörterbuchs der Sozialwissenschaften, Bd. 7. Stuttgart 1977

Frankfurter Allgemeine Zeitung. Jgg. 1955–1958

Frerich, Johannnes und Frey, Martin: Handbuch der Geschichte der Sozialpolitik in Deutschland. 3 Bde. München 1993

Gesetz- und Verordnungsblatt für Berlin. Hrsg. vom Senator für Justiz. Jg. 1952

Gesetz- und Verordnungsblatt für das Land Nordrhein-Westfalen. Hrsg. von der Landesregierung Nordrhein-Westfalen. Jg. 1948

Die Grundlagen des sozialen Gesamtplans der SPD. Unsere Forderungen auf soziale Sicherung. Bonn 1953

Hamburgisches Gesetz- und Verordnungsblatt. Hrsg. vom Senat der Hansestadt Hamburg. Jg. 1949

Heisig, Michael: Armenpolitik im Nachkriegsdeutschland (1945–1964). Die Entwicklung der Fürsorgeunterstützungssätze im Kontext allgemeiner Sozial- und Fürsorgereform. Frankfurt am Main 1995

Herder-Dorneich, Philipp: Wilfrid Schreiber und sein Beitrag für die moderne Sozialpolitik. In: Zeitschrift für Sozialreform 9 (1976), S. 513–528

Herder-Dorneich, Philipp: Rentenreform als Ordnungspolitik. In: Die dynamische Rente in der Ära Adenauer und heute. Hrsg. von Konrad Repgen. (Rhöndorfer Gespräche, Bd. 1) Stuttgart/Zürich 1978, S. 30-39

Herrmann, Hans-Christian: Sozialer Besitzstand und gescheiterte Sozialpartnerschaft. Sozialpolitik und Gewerkschaften im Saarland 1945 bis 1955. Saarbrücken 1996

Hockerts, Hans Günther: Sozialpolitische Entscheidungen im Nachkriegsdeutschland. Alliierte und deutsche Sozialversicherungspolitik 1945 bis 1957. (Forschungen und Quellen zur Zeitgeschichte, Bd. 1. Im Auftrag der Konrad-Adenauer-Stiftung hrsg. von Klaus Gotto u.a.) Stuttgart 1980

Hockerts, Hans Günther: Integration der Gesellschaft: Gründungskrise und Sozialpolitik in der frühen Bundesrepublik. In: Zeitschrift für Sozialreform 32 (1986), S. 25-41

Hockerts, Hans Günther: Metamorphosen des Wohlfahrtsstaats. In: Zäsuren nach 1945. Essays zur Periodisierung der deutschen Nachkriegsgeschichte. Hrsg. von Martin Broszat. (Schriftenreihe der Vierteljahrshefte für Zeitgeschichte, Bd. 61. Im Auftrag des Instituts für Zeitgeschichte hrsg. von Karl Dietrich Bracher und Hans-Peter Schwarz) München 1990, S. 35-45

Hockerts, Hans Günther: Konrad Adenauer und die Rentenreform von 1957. In: Die dynamische Rente in der Ära Adenauer und heute. Hrsg. von Konrad Repgen. (Rhöndorfer Gespräche, Bd. 1) Stuttgart/Zürich 1978, S. 11-29

Die Industriegewerkschaft Metall in der frühen Bundesrepublik. Bearb. von Walter Dörrich und Klaus Schönhoven. (Quellen zur Geschichte der deutschen Gewerkschaftsbewegung im 20. Jahrhundert. Hrsg. von Klaus Schönhoven und Herrmann Weber, Bd. 10) Köln 1991

Jantz, Kurt: Zum Entwurf des Krankenversicherungs-Neuregelungsgesetzes. In: Sozialpolitische Mitteilungen Nr. 235, 1958, S. 2333

Jantz, Kurt: Einige Gedanken zur Sozialreform. In: Politisch-Soziale Korrespondenz Nr. 6 vom 15. März 1958

Die Kabinettsprotokolle der Bundesregierung. Hrsg. für das Bundesarchiv von Hans Booms und Friedrich P. Kahlenberg.
Bd. 6: 1953. Bearb. von Ulrich Enders und Konrad Reiser. Boppard 1989
Bd. 7: 1954. Bearb. von Ursula Hüllbüsch und Thomas Trumpp. Boppard 1993
Bd. 8: 1955. Bearb. von Michael Hollmann und Kai von Jena. München 1997
Bd. 9: 1956. Bearb. von Ursula Hüllbüsch. München 1998

Die Kabinettsprotokolle der Bundesregierung. Kabinettsausschuß für Wirtschaft. Hrsg. für das Bundesarchiv von Friedrich P. Kahlenberg.
Bd. 1: 1951–1953. Bearb. von Ulrich Enders. München 1999

Kleinmann, Hans-Otto: Theodor Blank. In: Zeitgeschichte in Lebensbildern Bd. 6: Aus dem deutschen Katholizismus des 19. und 20. Jahrhunderts. Hrsg. von Jürgen Aretz, Rudolf Morsey und Anton Rauscher. Mainz 1984, S. 171-188

Klüber, Franz: Soziallehre. In: Lexikon für Theologie und Kirche (LThK). 2. Aufl. Freiburg 1964 (TB-Ausgabe 1986)

Krone, Heinrich: Tagebücher. Erster Band: 1945–1961, Bearb. von Hans-Otto Kleinmann. (Forschungen und Quellen zur Zeitgeschichte, Bd. 28. Im Auftrag der Konrad-Adenauer-Stiftung hrsg. von Günter Buchstab u.a.) Düsseldorf 1995

Krüger, Dieter: Das Amt Blank. Die schwierige Gründung des Bundesministeriums für Verteidigung. Freiburg/Breisgau 1993

Mackenroth, Gerhard: Die Reform der Sozialpolitik durch einen deutschen Sozialplan. In: Schriften des Vereins für Sozialpolitik 4 (1952), S. 39-76

Gemeinsames Ministerialblatt. Hrsg. vom Bundesminister des Innern. Ab 1949

von Nell-Breuning, Oswald: Sozialordnung, in: Lexikon für Theologie und Kirche (LThK). 2. Aufl. Freiburg 1964 (TB-Ausgabe 1986)

Neuordnung der sozialen Leistungen. Denkschrift auf Anregung des Herren Bundeskanzlers erstattet von den Professoren Hans Achinger, Joseph Höffner, Hans Muthesius, Ludwig Neundörfer. Köln 1955

Die Neuordnung Deutschlands. Sozialdemokratische Vorschläge und Forderungen zu innenpolitischen Gegenwartsaufgaben. Vorgetragen auf dem SPD-Kongreß in Köln am 14./15. Januar 1956. Hrsg. vom Vorstand der SPD [1956]

Niedersächsisches Gesetz- und Verordnungsblatt. Hrsg. von der niedersächsischen Staatskanzlei. Jg. 1949

Noetzel, Michael: Die Berliner Sozialversicherung der Nachkriegsjahre. In: Bartholomäi, Reinhart u.a.: Sozialpolitik nach 1945. Geschichte und Analysen. Prof. Dr. Ernst Schellenberg zum 70. Geburtstag. Bonn-Bad-Godesberg 1977

Pius XI. Rundschreiben über die gesellschaftliche Ordnung, ihre Wiederherstellung und ihre Vollendung nach dem Heilsplan der Frohbotschaft zum 40. Jahrestag des Rundschreibens Leos XIII. 'Rerum Novarum' [Quadragesimo anno]. Autorisierte Ausgabe mit authentischem lateinischem Text und amtlicher deutscher Übersetzung. Freiburg/Breisgau 1931

Recker, Marie-Luise: Nationalsozialistische Sozialpolitik im Zweiten Weltkrieg. München 1985

Reichsgesetzblatt. Jgg. 1871–1945

Reichsversicherungsordnung. Angestelltenversicherungsgesetz. Textausgabe mit Anmerkungen und Sachverzeichnis. Stand 10. August 1956. München/Berlin 1956

Reidegeld, Eckart: Die Sozialversicherung zwischen Neuordnung und Restauration. Soziale Kräfte, Reformen und Reformpläne unter besonderer Berücksichtigung der Versicherungsanstalt Berlin (VAB). Frankfurt/Main 1982

Die dynamische Rente in der Ära Adenauer und heute. Hrsg. von Konrad Repgen. (Rhöndorfer Gespräche, Bd. 1) Stuttgart/Zürich 1978

Reucher, Ursula: Reformen und Reformversuche in der gesetzlichen Krankenversicherung (1956–1965). Ein Beitrag zur Geschichte bundesdeutscher Sozialpolitik. (Forschungen und Quellen zur Zeitgeschichte, Bd. 34. Im Auftrag der Konrad-Adenauer-Stiftung hrsg. von Günter Buchstab u.a.) Düsseldorf 1999

Ritter, Gerhard A.: Der Sozialstaat. Entstehung und Entwicklung im internationalen Vergleich. München 1989

Rohwer-Kahlmann, Harry: Zeitschrift für Sozialreform seit 1955. Ein persönlicher Rückblick. In: Zeitschrift für Sozialreform 32 (1986), S. 1-9

Ruf, Thomas: Zur Geschichte der Vermögensbildung nach dem Krieg. In: Sozialpolitik nach 1945. Geschichte und Analysen. Hrsg. von Reinhart Batholomäi u.a. (Festschrift für Prof. Dr. Ernst Schellenberg zum 70. Geburtstag) Bonn-Bad Godesberg 1977, S. 427–440

Ruhl, Klaus-Jörg: Verordnete Unterordnung. Berufstätige Frauen zwischen Wirtschaftswachstum und konservativer Ideologie in der Nachkriegszeit (1945–1963). München 1994

Schewe, Dieter: Soziale Sachverhalte im Widerspruch zu sozialen Leistungen. In: Sozialer Fortschritt 4 (1955), S. 215–219

Scheybani, Abdolreza: Handwerk und Kleinhandel in der Bundesrepublik Deutschland. Sozialökonomischer Wandel und Mittelstandspolitik 1949–1961. (Studien zur Zeitgeschichte. Hrsg. vom Institut für Zeitgeschichte, Bd. 48) München 1996

Schreiber, Wilfrid: Existenzsicherheit in der industriellen Gesellschaft. Vorschläge zur Sozialreform. Köln 1955

Schulin, Bertram: Soziales Entschädigungsrecht. In: B. Baron von Maydell/F. Ruland (Hrsg.): Sozialrechtshandbuch (SRH). Neuwied-Darmstadt 1988, S. 1041–1080

Schulz, Günther: Konrad Adenauers gesellschaftspolitische Vorstellungen. In: Adenauers Verhältnis zu Wirtschaft und Gesellschaft. Hrsg. von Hans Pohl. (Rhöndorfer Gespräche, Bd. 12) Bonn 1992, S. 154–181

Schwarz, Hans-Peter: Die Ära Adenauer. Epochenwechsel 1957–1963. (Geschichte der Bundesrepublik Deutschland. Hrsg. von Karl Dietrich Bracher, Theodor Eschenburg u.a., Bd. 2) Stuttgart 1983

Schwarz, Hans-Peter: Adenauer. [Bd. 2]: Der Staatsmann 1952–1967, München 1994

Silber-Bonz, Christoph: Pferdmenges und Adenauer. Der politische Einfluß des Kölner Bankiers. Bonn 1997

Sonderprobleme der Sozialordnung. Bericht über die neuen Aufgaben des Bundesministers für Arbeit und Sozialordnung. In: Sozialpolitische Informationen Nr. 49 vom 25. Febr. 1960

Sozialplan für Deutschland. Auf Anregung des Vorstandes der Sozialdemokratischen Partei Deutschlands vorgelegt von Walter Auerbach u.a. Berlin und Hannover 1957

Der Spiegel. Jgg. 1955–1960

Spitzmüller, Kurt: Reform der Unfallversicherung. In: Sozialpolitik nach 1945. Geschichte und Analysen. Hrsg. von Reinhart Batholomäi u.a. (Festschrift für Prof. Dr. Ernst Schellenberg zum 70. Geburtstag) Bonn-Bad Godesberg 1977, S. 325-338

Storch, Anton: Lebenserinnerungen. Erfahrungen und Erlebnisse. In: Abgeordnete des Deutschen Bundestages. Aufzeichnungen und Erinnerungen, Bd. 2. Hrsg. vom Deutschen Bundestag. Boppard 1983

Strauß, Franz-Josef: Die Erinnerungen. Berlin 1989

Teppe, Karl: Zur Sozialpolitik des Dritten Reiches am Beispiel der Sozialversicherung. In: Archiv für Sozialgeschichte 17 (1977), S. 195–250

Trometer, Leonhard: Die Kriegsopferversorgung nach 1945. In: Sozialpolitik nach 1945. Geschichte und Analysen. Hrsg. von Reinhart Batholomäi u.a. (Festschrift für Prof. Dr. Ernst Schellenberg zum 70. Geburtstag) Bonn-Bad Godesberg 1977, S. 191-205

Übersicht über die soziale Sicherung in der Bundesrepublik Deutschland. Hrsg. vom Bundesminister für Arbeit und Sozialordnung. (Generalsekretariat für die Sozialreform). Bonn 1958

Verhandlungen des Bundesrates 1955–1958. Stenographische Berichte. Bonn 1955–1958.
Anlagen zu den Stenographischen Berichten (Drucksachen). Bonn 1955–1958

Verhandlungen des Deutschen Bundestages. 1., 2. und 3. Wahlperiode. Stenographische Berichte. Bonn 1949–1961.
Anlagen zu den Stenograpischen Berichten (Drucksachen). Bonn 1949–1961

Verordnungsblatt der Stadt Berlin (Gesamt). Hrsg. vom Magistrat der Stadt Berlin. Jg. 1945

Drei Wege deutscher Sozialstaatlichkeit. NS-Diktatur, Bundesrepublik und DDR im Vergleich. Hrsg. im Auftrag des Instituts für Zeitgeschichte von Hans Günter Hockerts. (Schriftenreihe der Vierteljahrshefte für Zeitgeschichte, Bd. 76) München 1998

Wengst, Udo: Staatsaufbau und Regierungspraxis 1948–1953. Zur Geschichte der Verfassungsorgane der Bundesrepublik Deutschland. (Beiträge zur Geschichte des Parlamentarismus und der politischen Parteien, Bd. 74) Düsseldorf 1984

Indexiert wurden Einleitung und Protokoll. Im Protokoll ausgewiesene Redebeiträge wurden sachlich spezifiziert. Nicht aufgenommen wurden die Namen der Verfasser der in den Anmerkungen zitierten Publikationen bzw. Quellensammlungen. Fundstellen mit biographischen Angaben zur Person sind durch Fettdruck hervorgehoben.